W0105329

Von Ewigkeit
zu Ewigkeit

Dieses Buch ist allen Menschen gewidmet, die
auf der Suche sind, auf dass sie finden werden.
Oder mit den Worten von Jesus Christus ausgedrückt:

*»Denn jeder Bittende empfängt, und der Suchende findet,
und dem Anklopfenden wird aufgetan werden«
(Matthäus 7,8).*

Gian Luca Carigiet

Von Ewigkeit zu Ewigkeit

Die Suche nach dem Sinn des Lebens

Carigiet, Gian Luca:
Von Ewigkeit zu Ewigkeit
Die Suche nach dem Sinn des Lebens

ISBN 3-89436-301-0

© 2001, Christliche Verlagsgesellschaft, Dillenburg
2. überarbeitete Auflage

Satz: mediaService, Siegen
Umschlaggestaltung: Werbestudio 71a, Wuppertal
Druck: GGP Media, Pößneck

Printed in Germany

Inhaltsverzeichnis

Schöpfung oder Evolution

1.1 Einleitung

Die Suche nach dem Sinn des Lebens ist der innere Antrieb, der die Menschen zu suchenden Wanderern im Universum macht. Es gibt viele Wege, die der Mensch auf der Suche nach diesem Sinn beschreiten kann, und deshalb auch sehr viele Irrwege. Vor allem die heutige Zeit ist eine Zeit von Suchenden, die alles Mögliche suchen, und in einer solchen Zeit treibt es auch sehr viele »Weise, Gelehrte und Irrlehrer« auf die Bühne, die diesen Suchenden ihre Lehre verkaufen wollen. Ich denke, die Welt hat in Bezug auf die Sinnhaftigkeit des Lebens selten einen solchen Notstand erlebt wie gerade in der heutigen Zeit, und das Paradoxe daran ist, dass das Fehlen der Sinnhaftigkeit des Lebens ausgerechnet in der heutigen, »aufgeklärten« Zeit am größten ist und die Menschen in den wohlhabenden Ländern des Westens am meisten davon betroffen sind. Das Hauptproblem daran ist nun, dass diese Suche nach dem Sinn des Lebens eine so starke Triebfeder in unserem Inneren ist, dass wir diesen Gedanken immer wieder aufgreifen, so geschickt wir dieses Thema auch verdrängen, und Möglichkeiten für das Verdrängen bietet unsere Gesellschaft überall an: Denken wir nur an alle Konsumgüter, von denen uns weisgemacht wird, dass wir sie zu unserem Glück benötigen, oder die ganze Unterhaltungsindustrie, die Glimmer- und Glitzerwelt des Show-Business, des Fernsehens und des Kinos, die uns die Welt so vorgaukeln wollen, wie sie einfach nicht ist, oder die raffiniert aufgemachten Werbefilme und -plakate, die uns Bedürfnisse suggerieren, die wir von Natur aus gar nicht haben.

Ein weiterer Weg des Verdrängens ist die große, weite Welt der Süchte. Eine Sucht beginnt sich durchzusetzen, wenn der Mensch sich so sehr mit ihr beschäftigt, dass er eine Einheit mit seiner Sucht wird und sich selbst darin verliert, sich selbst darin aufgibt. Nicht nur die klassischen Süchte wie Drogen und Alkohol seien hier genannt, sondern es gibt viele ganz alltägliche Süchte, bei denen es dem betroffenen Menschen manchmal nicht einmal bewusst wird, dass er süchtig ist, und die auch von der Gesellschaft nicht als solche eingestuft werden. Solche Süchte sind Arbeitssucht, Gewinnsucht, Streben nach Macht und Reichtum. Andere sind ein Zeichen der Maßlosigkeit, wie z.b. Magersucht oder Fettsucht, wieder andere des maßlosen Umgangs mit unserem heutigen Freizeitangebot, wie Fernsehen oder auch das übermäßige Betreiben von Sport. Alle Süchte haben aber eines gemeinsam: Sie halten den Menschen bewusst oder unbewusst gefangen, sie lenken ihn von den großen Fragen des Lebens ab, sie halten ihn von der Suche nach der Wahrheit, von der Suche nach sich selbst ab. Süchtige wollen sich selbst nicht ansehen, sich selbst nicht erkennen. Deshalb fliehen sie in die Sucht. Es geht ihnen dort zwar nicht besser, aber dort gibt es vermeintlich keinen Spiegel, in dem sie sich selbst anschauen müssen. Das ist die große Angst der Süchtigen, die Angst vor sich selbst!

Im Weiteren betreibt die Menschheit je länger, je mehr eine moderne Art des Götzendienstes, indem sie beginnt, Menschen zu idealisieren, Menschen über sich zu stellen, sie anzuhimmeln und schlussendlich auch *anzubeten*! An die Stelle der mesopotamischen, griechischen, römischen oder indischen Götter stellt die Menschheit heute ihre Film-, Bühnen- und vor allem ihre Musik-»Stars«. Schon das Wort »Star«, mit dem sie betitelt werden, sagt ja aus, dass diese angehimmelten Personen keine Menschen mehr sind, sondern »Sterne«, die an den Himmel projiziert werden. Wer schon einmal in einem Konzert eines »Megastars« war, der hatte die Gelegenheit, diesen modernen Götzendienst direkt mitzuerleben, ja, mitzufühlen. Mit dem dazu nötigen Bewusstsein und der Distanz kann er die Anbetung miterleben, die die hysterisch kreischenden und schreienden und die sich in Ekstase windenden und bewegenden Körper ausüben. Zu den Verehrern gehört auch die Masse der modernen Sammler, die ein Vermögen dafür ausgeben, irgendeinen Gegenstand zu erwerben, der ihrem »Idol« gehört hat. Das ist nicht nur »Fetischismus«, nein, das ist primitivste »Abgötterei«. Es macht den Anschein, dass die Menschheit heute irgendetwas Fassbares benötigt, dem sie ihre Ehrerbietung darbringt. Die Menschen müssen sehen und tasten, damit sie glauben, damit sie etwas verehren können; das Unfassbare, das »Übernatürliche« macht ihnen Angst, und weil es ihnen Angst macht, negieren sie es, lehnen sie es als »nichtexistent« ab. Doch die Frage nach dem Sinn des Lebens steigt immer wieder aus den Tiefen der menschlichen Seele an die Oberfläche und muss mit immer mehr von denselben Suchtmitteln verdrängt werden, und so entsteht der alltägliche Wahnsinn einer Teufelsspirale, die, wenn sie nicht verlassen werden kann, eines Tages zur Zerstörung der Persönlichkeit und schlussendlich des Menschen selbst führt. Aber was ist denn nun die Ursache für diese Sinnlosigkeit in der heutigen Zeit? Sicher gibt es unendlich viele, die selbst auch wieder Ursachen haben. Nein, die Ursache lässt sich nicht über Kausalzu-sammenhänge und Kausalketten ermitteln; ich glaube, es gibt tatsächlich eine einzige **Ur-Sache**. Wir haben unseren Urgrund, unseren Ursprung verloren, und das macht uns zu Suchenden in dieser Welt. Was ist nun aber unser Urgrund und unser Ursprung? **Woher kommen wir, weshalb sind wir und wohin gehen wir?** Das sind die drei großen Fragen des Lebens, die zentralen Fragestellungen des menschlichen Daseins. Jede Lebensein-stellung und Lebensphilosophie ist sinn- und wertlos, wenn sie auf diese drei Fragen keine Antwort weiß. Heute existiert ein beinahe unendliches Angebot an Wegen, Richtungen und Lebensphilosophien, die alle von sich behaupten, den Ursprung und damit auch den Sinn des Lebens erklären zu können. Wenn man nun versuchen wollte, alle diese vielen Wege in Grup-pen zu ordnen, so lassen sich in etwa die fünf folgenden Gruppen bilden:

1. Die moderne Wissenschaft
   Die Evolutionslehre von Darwin und deren Einfluss auf die moderne Wissenschaft sowie die »Anbetung« der Vernunft

2. Die Esoterik
   Das Übersinnliche im Urwissen der Menschheit, der kosmische Ein-fluss auf unser Schicksal, die »Geheimlehren«

3. Der Okkultismus
   Das Spiel mit dem Dämonischen, dem Satanischen in Satanskirchen so-wie dem Spiritismus

4. Die fernöstlichen Philosophien
   Die Lehre vom »Nichts« und die Reifung durch Reinkarnation im Bud-dhismus sowie im Hinduismus

5. Die Heilige Schrift
   Das inspirierte Wort Gottes der Bibel

Es ist nicht ganz unproblematisch, überhaupt solche Gruppen zu bilden, da die Grenzen zwischen den einzelnen fließend sind. Dabei lassen sich nur die Evolutionslehre und die Heilige Schrift völlig klar abgrenzen, wobei auch in der Heiligen Schrift gewisse »Urprinzipien« vorkommen, ja viel-leicht sogar vorkommen müssen, denn von irgendwoher muss die Mensch-heit diese »Urprinzipien«, das »Urwissen« ja übernommen haben. Die Un-terschiede ergeben sich aus dem, was die einzelnen Gruppen oder Richtungen aus diesem »Urwissen« gemacht haben. Diese Gruppen haben auch mein eigenes Leben begleitet und ich habe diese Richtungen größten-teils selbst kennen gelernt, wenn auch nicht alle sehr ausführlich. Mein per-sönlicher Weg durch diese Richtungen ist vielleicht bezeichnend für die heutige Zeit, deshalb möchte ich diesen, meinen Weg stellvertretend für andere Menschen hier schildern.

Ich stamme aus einer sehr religiösen Familie, die strenggläubig der römisch-katholischen Kirche angehört. Von Kindesbeinen an bin ich mit dieser Kirche aufgewachsen und erzogen worden. Doch erfüllt und begeistert hat sie mich nie, im Gegenteil, der unerhörte Zwang des Kirchenganges, die Rituale und die fehlende Wärme und Liebe der Kirche hat aus mir in meiner Jugend nicht gerade einen Atheisten gemacht, aber doch einen Menschen, der sich von dieser Kirche distanziert hat. So habe ich in ihr nie das gefunden, was ich erwartet habe, nämlich den Sinn im Leben. Und trotzdem, ich habe Gott nie aufgegeben, aber ich habe ihn von der Kirche getrennt, ich habe gesehen, dass Kirche und Glaube letztlich nicht viel miteinander zu tun haben. Mit dieser großen Sehnsucht nach dem Unendlichen, nach dem Göttlichen, nach dem Sinn des Lebens umzugehen, ohne Antworten auf die brennenden Fragen zu erhalten – ich denke, gerade dieser Aspekt, das Suchen ohne zu finden, ist das Tragische an unserer Zeit. Mich hat die äußerliche, wahrnehmbare Welt nie in ihren Bann zu ziehen vermocht, ich habe diese Welt der Materie immer schon als solche durchschaut – eben dieses Nicht-von-dieser-Welt-Seiende, das mit unseren Sinnesorganen nicht Wahrnehmbare, das ist das, was wir in unseren Tiefen fühlen, wie einen Urinstinkt, der in der Tiefe der Seele oder des Herzens seinen Sitz hat. Das war meine innere Zerrissenheit als Jugendlicher, und diese Zerrissenheit habe ich 20 Jahre meines Lebens mit mir herumgetragen.

Mein ganz persönlicher Konflikt, bezüglich dessen ich das Gefühl habe, dass ich damit nicht alleine auf der Welt bin, ist nun folgender: Nach jahrelangem Suchen und Wühlen in der Esoterik und den fernöstlichen Philosophien ließ ich diese fallen, da sie mir persönlich den Weg nicht zeigen konnten. Bei der Esoterik werden in mir Erinnerungen wach an kultische Bräuche des Altertums und des Mittelalters; es ist ein Weg, der sehr viel mit »Hokuspokus« zu tun hat, mit heidnischen Bräuchen und mit Aberglauben. Esoterik ist für mich ein Götzendienst übelster Art, ein sehr naives Spiel mit dem Schicksal. Was sind beispielsweise Horoskope anderes als die indirekte Anbetung des Mondes und der Sterne? Der Mensch misst den toten Himmelskörpern eine »göttliche« Kraft und Inspiration bei, die sie in Wirklichkeit aber nicht besitzen können. Da gibt es »Quacksalber« wie Kartenleger, Handleser und andere Scharlatane, die gutgläubigen, verirrten Seelen die Zukunft und das Schicksal deuten können wollen, oder die fernöstlichen Philosophien, die das Nirwana, das absolute Nichts, das reine Sein auf höherer Ebene anstreben, eine Aussicht, die sehr verlockend für mein suchendes Ohr klang. Siddharta Gautama (Buddha), der Begründer des Buddhismus, der ca. 500 Jahre v.Chr. lebte, hat sich sein ganzes Leben lang kasteit und ging den dornenvollen Weg der Selbsterlösung. Am Ende seines Lebens rief er verzweifelt: »Ich suche nach Wahrheit«, und seine letzten Worte waren: »Ich habe es nicht geschafft!« Keiner hat es geschafft, weder Buddha selbst noch einer aus den Heerscharen seiner Jünger nach ihm, und auch künftig wird es keinem Menschen gelingen, die Selbsterlösung zu finden! Trotz all seiner schönen aber schlussendlich wertlosen Lebensweisheiten ist Buddha nicht zur wahren Erkenntnis Gottes gelangt und ist deshalb auf seinem egozentrischen Weg gescheitert. Beim Studium des Buddhismus wurde mir bewusst, dass wir zwar erlösungsbedürftig sind, aber die Erlösung nicht selbst herbeiführen können. Aus diesem Grund verwarf ich den Buddhismus und somit auch alle fernöstlichen Heilslehren. Auch der Hinduismus brachte mich nicht weiter, denn das völlig naive, primitive, sehr mythologisch anmutende Weltbild der indischen Veden, die sich die Welt in einem Weltmeer treibend vorstellen, die sich auf dem Rücken von Elefanten befindet, die auf einer Schildkröte stehen, ein solches Weltbild kann ich unmöglich für mich annehmen, das ist mir zu primitiv und naiv. Das Gleiche gilt auch für die indische Götterwelt.

Das Dämonische und damit natürlich auch der Widersacher, der Herr dieser Welt, Satan, ist für mich nicht einfach ein frommes Märchen von Gut und Böse. Das Dämonische ist eine Realität, und es ist wichtig, dies auch zu erkennen. Dem Dämonischen ist sein Bereich auf dieser Welt klar zugeteilt und ich bin überzeugt davon, dass es Menschen gibt, die mit der dämonischen Welt in Kontakt treten können. Zwischen weißer und schwarzer Magie liegt irgendwo der nicht wahrnehmbare Übergang vom Okkultismus zur Esoterik, und es ist reiner Selbstbetrug zu behaupten, weiße Magie gehöre nicht in den Bereich des Okkulten. Dies bedeutet denn auch, dass sich Okkultismus und Esoterik nicht klar abgrenzen lassen. Okkulte Praktiken erfreuen sich nicht nur bei so genannten »Primitiv- oder Natur-Völkern« großer Beliebtheit, sondern sie halten je länger, je mehr auch in unserer Kultur Einzug. Und dies in unserer angeblich aufgeklärten Zeit, wo anscheinend niemand mehr an Geister glaubt. Nur denke ich, dass das Spiel mit dem Okkulten, mit den Mächten der Finsternis, sei es weiße oder schwarze Magie, für den Menschen ein Spiel ist, das er **immer** verliert, für die Suche nach dem Sinn des Lebens also völlig ungeeignet ist.

Abbildung 1.1: Die Tatsache, dass die Erde eine Kugel ist, die im Weltraum
»hängt«, ist in der Bibel bereits seit mehr als 4000 Jahren bekannt. Im Gegensatz
dazu stehen die uralten Vorstellungen der Völker im Orient, nach denen die Erde
auf dem Rücken von Elefanten befestigt ist, die auf einer Riesenschildkröte stehen.

So bin ich dann nach jahrelanger Suche wieder an meinem Ausgangspunkt
angekommen. Mein Hauptproblem war, ob ich als rational denkender
Mensch die Heilige Schrift als historisch verlässlichen Bericht überhaupt
ernst nehmen konnte. Alles, was uns bereits im Kindesalter mit auf den Lebensweg gegeben wurde, vor allem aber unsere Schulbildung, war nicht zu
vereinbaren mit dem Wort Gottes. Ich entdeckte mit großem Entsetzen,
dass sich mein Weltbild, das ich mir im Laufe meines Lebens, vor allem
durch äußere Einflüsse der Wissenschaft aufgebaut hatte, mit demjenigen,
das uns Gott in der Bibel aufzeigt, überhaupt nicht zu vereinbaren war. Diese Erkenntnis stürzte mich in das größte Dilemma meines Lebens, denn
wenn das Weltbild der Bibel nicht richtig ist, was uns die Wissenschaft ja

zu beweisen versucht, wie kann dann die Bibel ein göttliches Buch sein, das ernst zu nehmen ist? Wenn die Wissenschaft nun tatsächlich in der Lage wäre, und alles sah für mich tatsächlich danach aus, zu beweisen, dass die Bibel mit ihrem Weltbild eines kreativen Schöpfergottes nichts anderes als ein frommes Märchen ist, das mit den indischen Veden gleichzustellen ist, weil es eben nur noch eine mythologische Geschichte aus uralten Zeiten ist, die von Mund zu Mund über die Erzväter zu uns gelangte, ja dann war die Suche nach einem Sinn im Leben wirklich vergebens, denn in allen anderen Philosophien konnte ich ihn nicht finden. Sollte das nun das Ende sein?

Von den fünf aufgeführten Gruppen blieben schlussendlich nur noch zwei übrig, wobei ich alle »modernen Philosophien« unter die Gruppe »moderne Wissenschaft« rechne, die von der Evolutionslehre Darwins sehr stark beeinflusst ist. Für mich war völlig klar, dass entweder die »Evolutionslehre« oder die Heilige Schrift die »absolute Wahrheit« verkündet. Diese eine Frage der Wahrheit ist von solch grundsätzlicher Bedeutung, dass es nur das eine oder das andere geben kann. So begann ich nun meine Suche nach Literatur, die mir diese Frage beantworten könnte. Dabei wurde mir langsam, aber sicher bewusst, dass die Evolutionslehre von Darwin unser heutiges Denken, unser heutiges Weltbild total beherrscht, wir denken und fühlen beinahe evolutionär. Unser Leben und Handeln ist von der Evolutionslehre stark geprägt, sogar die Werbung benutzt sie heute als Verkaufsargument. Wir haben es als Selbstverständlichkeit hingenommen, dass unsere Vorfahren als affenähnliche Kreaturen und Höhlenbewohner in allen Museen und Schulbüchern präsentiert werden, die anscheinend vor hunderttausenden von Jahren gelebt haben und sich in dieser Zeitspanne durch Evolution und natürliche Selektion (Auswahl des Bestangepassten) zu dem Menschen von heute entwickelt haben sollen. Es ist eine erschütternde Tatsache, wie unkritisch wir dieses ganze Weltbild in unser Bewusstsein übernommen haben. Dazu gehört die Zeittafel der Erdschichten, die die Entstehung der Erde über eine Zeitspanne von Millionen und Milliarden von Jahren festlegt, obwohl diese Jahreszahlen völlig außerhalb unserer Vorstellungskraft liegen. Oder denken wir an die Urknall-Theorie. Wir nehmen es heute als selbstverständlich an, dass das Weltall durch diesen Urknall vor Milliarden von Jahren von selbst entstanden sein soll. Alle diese wissenschaftlichen *Theorien* sind so stark in unserem Bewusstsein verankert, dass wir sie bereits als absolute »Wahrheiten« anerkannt haben und uns die Frage gar nicht mehr zu stellen wagen, ob diese Theorien überhaupt stimmen und im wissenschaftlichen Sinne beweisbar sind; wenn es die Wissenschaft behauptet, *muss* es einfach stimmen!

Eines Tages fiel mir durch einen glücklichen Zufall ein populärwissenschaftliches Buch mit dem viel versprechenden Titel »So entstand die Welt« in die Hand. Das war das erste Buch, das ich fand, das der Evolutionslehre sehr kritisch begegnete und diese Lehre in Frage stellte. Dies war das erste Buch, das mir das Gefühl gab, dass es durchaus im Bereich des Möglichen liegen könnte, dass die Evolutionslehre vielleicht gar nur eine Theorie ist, die gar nicht zu beweisen ist? Das war natürlich Balsam auf meine Seele, und es trieb mich an, weitere Bücher dieser Art zu studieren. Das Erschütternde aber war die Erkenntnis, dass die Menschheit und allen voran Wissenschaftler und Theologen der letzten 150 Jahre von der Heiligen Schrift nichts mehr übrig gelassen haben als ein frommes mythologisches Märchen, an das man mit der dazu notwendigen Naivität glauben kann. Und die Kirche hat das ihre dazu beigetragen, die Historizität der Bibel weiter zu untergraben. Moderne Theologen lassen von der Bibel nicht mehr sehr viel gelten, alles und jedes wird kritisiert und in Frage gestellt, und zu meinem Entsetzen stelle ich immer wieder fest, dass viele moderne Theologen aufgrund ihrer Schriften als Atheisten oder Agnostiker einzustufen sind. Hat nun die Wissenschaft und die moderne Theologie Recht; ist die Bibel historisch tatsächlich nicht glaubwürdig?

Unter anderem werde ich in diesem Buch dieser Frage nachgehen, denn für mich ist eines völlig sicher: Wenn die Heilige Schrift tatsächlich Gottes inspiriertes Wort ist und wenn es Gott tatsächlich gibt, dann ist die Heilige Schrift auch historisch unumstößlich, dann ist die Heilige Schrift nicht ein »mythologisches« Märchen, sondern ein »Tatsachenbericht«. Ich werde nicht versuchen, die Bibel zu beweisen, sondern ich versuche, mich *rational*, als »modern« denkender Mensch mit der Heiligen Schrift auseinander zu setzen und die Historizität der Bibel anhand von Fakten nachzuvollziehen, soweit dies möglich ist! Daraus ergibt sich eine wesentliche Konsequenz: Wenn es der Wissenschaft tatsächlich gelingen sollte zu beweisen, dass die Welt durch die Mechanismen der Evolution entstand, dann ist ebenso klar, dass der Inhalt der Bibel nichts mehr wert ist. Diesbezüglich gibt es nur eine einzige »Wahrheit«: Entweder stimmen die Aussagen der Bibel oder diejenigen der »Wissenschaft«; beide können in der Beantwortung der einen großen Frage nach der Entstehung von Raum, Zeit und Materie nicht Recht behalten. Weil die Beantwortung dieser Frage entscheidend ist für die Ausprägung unseres Weltbildes, widmet sich das erste Kapitel dieses Buches diesem Problem.

Nach der Beantwortung der Frage »Schöpfung oder Evolution« im ersten Kapitel fragen die weiteren sechs Kapitel nach dem Handeln Gottes. Es geht dabei aber nicht darum, die Existenz Gottes »beweisen« zu wollen, denn dies ist genauso unmöglich wie z.B. den Urknall beweisen zu wollen.

Es geht vielmehr darum, eine biblisch begründete »Lebensphilosophie« zu entwerfen und den roten Faden durch die Geschichte der Menschheit aufzuzeigen und zu verfolgen. Im zweiten Kapitel wird der Versuch unternommen, ein Konzept Gottes zu entwerfen. Wie bei jedem Unternehmen des Menschen, z.B. beim Bau eines Hauses, steht am Anfang immer eine Idee, und aus dieser Idee wird ein Plan erarbeitet. Sonst können die Arbeiter nicht wissen, wie das Haus gebaut werden soll. Für mich persönlich ist das Konzept Gottes der rote Faden, durch den es für mich möglich geworden ist, Gottes Handeln mit der Menschheit zu verstehen. Die Kapitel drei bis sechs handeln von der Geschichte der Menschheit. Es geht hier nicht primär um die Aufzeichnung von Ereignissen, sondern darum, die Menschheitsgeschichte anhand der Bibel zu erklären. Auch soll nicht die Geschichte der Bibel nacherzählt werden, sondern es ist ein Versuch, den roten Faden aufzuzeigen. Dabei wird, wo immer möglich, die biblische Erzählung mit Hinweisen aus der Archäologie und den Zeugnissen der Vergangenheit ergänzt. Diese Zeugnisse sind um so spärlicher vorhanden, je weiter wir in die Vergangenheit zurückgehen. Deshalb ist dieses Buch eine philosophisch/historische Auseinandersetzung mit dem Leben. Es ist philosophisch, weil es versucht, die drei großen Fragen des Lebens zu beantworten und historisch, weil es die philosophische Deutung in einen historischen Rahmen stellt, nämlich in den der gesamten Menschheitsgeschichte. Diese philosophisch/historische Auseinandersetzung beginnt mit dem Konzept Gottes und fährt fort mit dem Schöpfungsbericht und der Sintflut, welchen je ein ganzes Kapitel gewidmet wurde, denn diese beiden Ereignisse waren einschneidend für die Erdgeschichte und die Geschichte der Menschheit. Das Kapitel fünf behandelt das Altertum, also die Zeit von Abraham bis zur Zeitenwende. Das Kapitel sechs widmet sich der Person Jesu Christi, seiner Herkunft, seiner Ankunft auf dieser Welt, seinem Leben und Wirken sowie dem Entstehen seiner Gemeinde.

Das Kapitel sieben handelt von der Zukunft der Menschheitsgeschichte. Die Bibel gibt nicht nur Auskunft über die Geschichte und das Handeln Gottes mit der Menschheit, sondern die Bibel zeigt uns als einziges Buch auf dieser Welt auch die Geschehnisse auf, die noch vor uns stehen. Das Kapitel sieben beschäftigt sich deshalb auch mit der biblischen Prophetie. Die Welt ist wie eine Bühne, die für das große Finale der Menschheit vorbereitet wird. Es gibt eine Fülle von Prophezeiungen in der Bibel, die uns das Handeln Gottes mit der Menschheit in der Zukunft aufzeigen. Einige davon haben sich im letzten Jahrhundert bereits vor unseren Augen erfüllt; aber die Erfüllung des größten Teiles dieser »Endzeit-Prophezeiungen« liegt noch in der Zukunft. Es ist auch kein Zufall, dass dieses Buch aus sieben Kapiteln besteht, denn die Zahl sieben kommt in der Bibel auffällig häufig vor und besitzt deshalb eine tiefere Bedeutung. Die Zahl sechs ist die Zahl des Menschen. Deshalb widmet sich das Kapitel sechs auch der Inkarnation bzw. Menschwerdung Gottes im Menschen Jesus Christus. Die Zahl sieben hingegen ist die Zahl Gottes; so dauerte die Schöpfung sieben Tage. In Kapitel sieben also geht es um die Wiederherstellung der Schöpfung Gottes. Dieses Buch ist somit eine Reise durch Raum und Zeit, eine Reise durch die gesamte Geschichte der Menschheit von den Anfängen bis zum Ende, von Alpha bis Omega, von Ewigkeit zu Ewigkeit. Lassen Sie sich mitreißen und steigen Sie in dieses Abenteuer ein, vielleicht werden auch Sie am Ende dieses Buches die Welt mit anderen Augen anschauen. Das vorliegende Buch ist nicht alleine mein Werk, sondern viele weise, gelehrte und gottesfürchtige Menschen haben mich mit ihren Werken inspiriert, und ich habe vieles davon in dieses Buch eingearbeitet und werde jeweils darauf hinweisen, wenn ich mich auf diese Autoren beziehe oder sie zitiere. Ich bin diesen Autoren sehr dankbar, dass sie mir den Weg aus meiner geistigen Umnachtung gezeigt haben. In diesem Sinne hoffe auch ich, dass das vorliegende Buch für viele Menschen zu einem Gewinn werden möge, indem es eine alternative Deutung der Menschheitsgeschichte aufzeigt sowie einen Weg zu Gott, unserem allmächtigen Schöpfer und Erhalter allen Seins.

1.2 Das griechische Denken

1.2.1 Griechische Philosophie

Unser heutiges Weltbild ist so sehr mit demjenigen der modernen Wissenschaft verknüpft, dass es von entscheidender Bedeutung ist, dieses wissenschaftliche Weltbild zu durchleuchten. Die Wissenschaft besitzt heute einen solch hohen Stellenwert in unserer »modernen« Welt, wir Menschen sind heute derart »wissenschaftsgläubig«, dass man nicht umhinkommt zu vermuten, dass sie für viele die Stelle von Gott eingenommen hat. So wird die Wissenschaft von vielen Menschen verehrt und vergöttert; ja wir sind sogar bereit, unsere Zukunft in die Hände der Wissenschaft zu legen. Das Hauptproblem ist die völlige Trennung von Wissenschaft und Glauben, die in den letzten Jahrhunderten so radikal vollzogen wurde, dass dem Glauben der historische Boden immer mehr entzogen wurde und er heute für viele Menschen nicht mehr als eine mystische Erfahrung ist. Aber auch für die Wissenschaft selbst war diese Trennung unheilvoll, da ihr heute der eigentliche Sinn und Inhalt oder der Urgrund fehlt. Rein naturwissenschaftlich lässt sich auch heute nur der messbare Bereich erforschen, jede andere Wirklichkeit bleibt dieser Wissenschaft verschlossen. Der Evolutionsgedanke passt hier natürlich hervorragend, denn dieser besagt, dass alles nach naturwissenschaftlichen Prinzipien entstanden sei. Wenn wir die griechische Philosophie, das älteste heidnische »Denken«, durchforsten, stoßen wir bereits sehr früh in der Geschichte auf den Evolutionsgedanken. Willem J. Ouweneel hat dessen Entwicklung in seinem Buch »Evolution in der Zeitenwende« herausgearbeitet. Als erstes Beispiel nennt er den frühen ionischen Philosophen Anaximander (ca. 610 – 540 v.Chr.) Für ihn entstand alles aus dem Urprinzip des »Unbestimmten«. Nach ihm entwickelte sich Leben durch die Erwärmung der Sonne auf einer feuchten Erde. Die ursprüngliche Lebensform sei die der Fische gewesen, die, als sie ausgewachsen waren, auf das trockene Land gingen, ihre Schalen zerbrachen und fortan in der freien Luft lebten. Als weiteres Beispiel nennt Ouweneel den auf Sizilien geborenen Empedokles (ca. 495 v.Chr.). Dieser »sah als Urgrund von allem vier Wurzeln (seit Plato Elemente genannt), nämlich Feuer, Luft, Wasser und Erde. Danach sind alle Dinge im Kosmos Mischungen aus diesen vier Elementen in verschiedenen Proportionen, die durch zwei entgegengesetzte Kräfte, nämlich Liebe und Hass, zusammenkommen und wieder zerfallen. Die kosmische Wirklichkeit durchlaufe einen Zyklus, in dem zuerst die Elemente durch die Liebe vollkommen homogen vermischt seien. Dann dringe der Hass ein und trenne allmählich die Elemente. [...] Diese wüchsen allmählich zu Organismen zusammen, bis sich die jetzige Welt entwickle. Durch die weitere Einwirkung des Hasses werde diese Welt zerfallen, bis die Elemente nur noch in reiner Form vorkämen. Dann werde die Liebe sie allmählich wieder vermischen, bis der Zyklus vollständig sei und sich wiederhole.« [1] Die Theorie der vier Elemente wurde von allen griechischen Philosophen übernommen und erst im 17. Jahrhundert endgültig widerlegt. Ouweneel fährt fort mit Aristoteles (ca. 383 – 323 v.Chr.), der als Erster eine Art »theistischen Evolutionismus« entwickelt hat. »In seiner Lehre von den vier Seinsprinzipien ist der Stoff oder die Materie das Rohmaterial allen Werdens. Dieser Stoff hat ›potentes‹ oder Möglichkeiten; das ist das so genannte Form-Prinzip. Diese Möglichkeiten streben nun nach Verwirklichung, nach einem bestimmten Ziel: dem ›actus‹. Gott oder die unpersönliche Ratio sei der ›actus purus‹, die reinste Wirklichkeit und Verwirklichung. Gott ist aber auch der Anfang dieses Werdungsprozesses: Das Treiben in diesem Prozess, das den Widerstand, der dem Stoff eigen ist, überwinden muss, nennt er ›Bewegung‹, und Gott ist der Anfang dieser Bewegung, der selbst ›unbewegte Beweger‹. Demnach ist die Bewegung das Treiben im Stoff zu seinem Ziel, d.h. der Verwirklichung der Form. Alles besteht aus Stoff und Form. Die Pflanze besteht aus Physikalischem sowie einer vegetativen Seele, das ist zusammen organischer Stoff. Daraus entwickelte sich das Tier, das aus organischem Stoff und einer sinnlichen Seele besteht, das ist zusammen psychischer Stoff. Daraus entwickelte sich der Mensch, der aus psychischem Stoff und einer rationalen Seele besteht. Darüber steht die Gottheit, Anfang und höchstes Ziel, das Sein selbst, reines Leben und reiner Geist. Die griechische Philosophie hat sich zum ersten Mal in der Geschichte rational mit der Frage auseinander gesetzt, was der Grund und der Ursprung der Wirklichkeit ist.« [2] Die alten Griechen »kämpften vom 6. bis zum 4. Jahrhundert v.Chr. um die Frage, wo die *archä* (das Urprinzip) zu finden sei: entweder in dem blinden Stoff (Materie) oder in der Form (Geist) oder in einer dualistischen Synthese von beiden wie bei Aristoteles. Alle diese (griechischen und späteren) metaphysischen Systeme aber leiden unter demselben Irrtum: Sie verabsolutieren *einen* Aspekt der vollen Wahrheit und reduzieren die anderen Aspekte oder wissen mit ihnen nichts anzufangen. [...] Wissenschaftlich bedeutet das, dass das heidnische Denken sich von Anfang an ständig im ›Reduktionismus‹ verliert, indem z.b. die ganze Menschheitsgeschichte auf ihren biotischen Aspekt reduziert wird.« [3]

1.2.2 Christliche Philosophie

Kaum war das Christentum entstanden, musste es sich, wenigstens auf der philosophischen Ebene, mit dem griechischen Denken auseinandersetzen. Die frühen christlichen Gelehrten bekämpften zwar das antike Denken, aber sie taten dies bereits mit Argumentationsmethoden, die sie dem hellenistischen Gedankengut entlehnt hatten. Die Entwicklung im Mittelalter fasst Ouweneel so zusammen:»Die mittelalterliche Philosophie entwickelte sich zu einer ›Synthesephilosophie‹, einer Verschmelzung heidnischer und christlicher Auffassungen. Aurelius Augustinus (354 – 430) bildete unter den Kirchenvätern eine Ausnahme, doch auch dieses gewaltige Licht war nicht ganz frei von hellenistischen, besonders neoplatonischen Einflüssen.« [4] Er begriff die Kluft zwischen Schöpfer und Schöpfung und dachte sich die Schöpfung nicht (neoplatonisch) aus Gott »hervorgeflossen«, sondern aus dem Nichts erschaffen, was ein gänzlich ungriechischer Gedanke ist. Er glaubte an **eine** Schöpfung und nicht wie Origines an einen Zyklus, und er hielt die erschaffene Materie für ursprünglich gut. Der negative Einfluss von Augustinus war, dass er eine Erschaffung in sechs buchstäblichen Tagen verwarf und für den Anfang die Erschaffung der größtenteil noch formlosen Materie postulierte. Direkt im Anfang habe dieser Stoff »rationes seminales«, was in etwa »Urkeime« bedeutet, enthalten, aus denen sich zu gelegener Zeit die leblosen und lebenden Dinge entwickelt hätten. Obwohl diese Auffassung bei Augustinus als rein exegetische Deutung entstand, half sie dennoch mit, die tragische scholastische Spaltung zwischen Wissenschaft und Glauben vorzubereiten. Besonders Thomas von Aquin (1225 – 1274) vertrat die Auffassung, dass die Schrift zwar alle Autorität über das geistliche und kirchliche Leben innehabe, das heidnische Denken aber alle Autorität über das natürliche Denken ausübe. Nach ihm hat die menschliche Vernunft auf dem Gebiet der »Natur« eine relative Autonomie, wodurch sie in der Lage sei, die natürlichen Wahrheiten zu entdecken. In dem übernatürlichen Bereich der »Gnade« aber sei die menschliche Vernunft von der Gottesoffenbarung abhängig. Damit war das Gebiet der dogmatischen Theologie begründet, und fortan war dem Glauben der historische und wissenschaftliche Boden entzogen.

1.2.3 Die Vernunft des Menschen

Es entwickelte sich allmählich eine neutrale, selbstständige Wissenschaft, in der der alte Evolutionismus immer besser gedeihen konnte; die Autorität der Bibel war auf das »geistliche« Leben zurückgedrängt, und sie hatte über die Wissenschaft nichts mehr zu sagen. Nicht naturwissenschaftliche Entdeckungen waren die Ursache für die rasante Entwicklung des Evolutionismus, sondern einzig *philosophische Spekulationen*. Durch die Entstehung der humanistischen Philosophie erhielten diese vor allem durch René Descartes (1596 – 1650) einen unheimlichen Auftrieb.

Abbildung 1.2: »Cogito ergo sum »Ich denke, also bin ich«. Ich kann an allem zweifeln, ja sogar an der Tatsache, dass es Gott gibt oder dass die Welt existiert, aber an einer Sache kann ich nicht zweifeln, nämlich dass ich in diesem Augenblick zweifle.« In der Nacht vom 10. zum 11. November 1619 fährt René Descartes dieser Gedanke wie ein Blitz durch den Kopf, und seither hat nicht mehr die Bibel, sondern das eigene Denken des Menschen das letzte Wort.

Dazu wieder Ouweneel:»Die ›göttliche Vernunft‹, die für Thomas noch mit dem geistlichen Glaubensleben auf einer Stufe stand, ist seit Descartes identisch mit der Vernunft des freien, autonomen Menschen.

Obwohl der Körper Naturgesetzen unterworfen ist, kann der Mensch durch seinen von der Vernunft gelenkten Geist selbstständig denken und entscheiden. Descartes kam in seinem Denken zu dem berühmten ›Cartesischen Zweifel‹, d.h. dass er nichts als wahr annehmen wollte, wovon er nicht sicher wusste, dass es wahr ist. Das einzige, woran er mit Bestimmtheit nicht zweifeln konnte, war die Tatsache, dass er zweifelte; das war für ihn der Beweis, dass er dachte. Daher seine berühmte Aussage: ›Cogito ergo sum‹ – ich denke, also bin ich.« [5]

Am Anfang der humanistischen Philosophie steht also eine epochale Umwertung aller Dinge: Nicht mehr Gott ist der Mittelpunkt allen Seins, sondern der souveräne Mensch ist von nun an der Referenzpunkt für sein Denken und Handeln. Nicht mehr die Offenbarung Gottes, sondern die Vernunft ist die Quelle unserer Erkenntnis. Descartes entwickelte von dem erwähnten Ausgangspunkt her sein Denken in Richtung »Rationalismus« weiter. Der Rationalismus wurde die führende Denkrichtung auf dem europäischen Kontinent. Gleichzeitig entstand in Großbritannien ein zweiter Herd humanistischer Philosophie, und zwar der »Empirismus«. Im Gegensatz zum Rationalismus »ging der Empirismus nicht von rationalen, angeborenen Grundideen aus – er verwarf diese sogar kräftig –, sondern von der Empirie: der sinnlichen Wahrnehmung. Die konsequentesten Empiristen (Thomas Hobbes und David Hume) wollten eigentlich *nichts* als wahr hinnehmen, was nicht auf sinnliche Wahrnehmung gegründet war. Diese Strömung mündete im 18. Jahrhundert in die so genannte ›Aufklärung‹ ein, eine Bewegung, die von England aus hauptsächlich in Frankreich und Deutschland Eingang fand. Es war aber gerade Jean-Jacques Rousseau (1712 – 1778), einer der führenden Männer der Aufklärung, der sich zutiefst bewusst war, dass eine Weltanschauung, die ausschließlich auf wissenschaftlichen Wahrnehmungen und Theorien gegründet war, letzten Endes von dem Wesen des Menschen und der Natur nichts übrig lassen würde. [...] Rousseau verwarf deshalb dieses Ideal [...] radikal und predigte statt dessen die »Freiheit« des Menschen: Um ›leben‹ zu können, muss der Mensch nicht ›denkend herrschen‹, sondern sich ›frei fühlen‹. [...] Durch diese philosophische ›Revolution‹, die auch zu der französischen Revolution führte, war eine große Krise in der westlichen (humanistischen) Wissenschaft entstanden. Es war Immanuel Kant (1724 – 1804) der versuchte, diese Krise zu überwinden und die Frage zu lösen, wie die Wissenschaft (die autonome Vernunft des vergöttlichten Menschen) auf dem Thron sitzen bleiben und zugleich die ›Freiheit‹ des Menschen bewahrt bleiben könnte. Kant sah, dass die Verabsolutierung der (empirischen) Wissenschaft das andere Ideal des Humanismus, die Verherrlichung der freien Persönlichkeit des Menschen, bedrohte und damit auch alle höheren Werte wie die Ethik und sogar den Glauben an Gott selbst. Er fand die Lösung darin, dass er beiden einen eigenen Bereich zuteilte: einen sakralen Bereich für die Ethik und die Religion [...] und einen säkularen Bereich für die Wissenschaft.« [6] Kant grenzte ein für alle Mal die so genannte »neutrale Wissenschaft« vom Glauben ab. Der Glaube seinerseits brauchte nicht länger wissenschaftlich oder geschichtlich relevant zu sein; er war nur noch insoweit nützlich, als er die menschliche Freiheit fördert. Diese fatale Trennung ist nach Ouweneel unsinnig, weil gerade bei Theorien über den Ursprung bei jedem Forscher Glaubensvoraussetzungen eine entscheidende Rolle spielen. Entweder akzeptiert er nur natürliche Ursachen in einem völlig geschlossenen Weltbild, oder er bezieht sich auf einen transzendenten Schöpfer-Gott.

Folgen wir weiter Ouweneels Analyse. Kants Philosophie wurde – wie es immer geschieht – bereits von seinen direkten Nachfolgern scharf angegriffen. Fichte verwarf Kants Scheinsynthese, indem er einfach das mathematische Wissenschaftsideal verwarf und sehr stark den historischen Entwicklungsprozess betonte. Damit versuchte der westliche Mensch zum ersten Mal, die großen Fragen nach Ursprung und Wesen der Dinge dadurch zu erklären, dass er sich auf die Geschichte berief. Nach ihm ist die Freiheit der Natur nicht entgegengesetzt, sondern sie entwickelt sich in einem »dialektischen Prozess« aus der Natur. Dieser Prozess wird gesteuert durch eine Wechselwirkung zwischen entgegengesetzten Kräften, die er »dialektisch« nennt. Das Persönliche hat sich demnach aus dem Unpersönlichen entwickelt. Die »Dialektik« hebt nun aber die alten Gegensätze auf: »Natur/Form« bei den Griechen, »Natur/Gnade« im Mittelalter und »Natur/Freiheit« in der humanistischen Philosophie. Diese Verherrlichung des Historischen, wie sie Fichte und Schelling vertraten, mündete schliesslich in den deutschen Idealismus. Dessen einflussreichster Denker »war aber Georg W. F. Hegel (1770 – 1831). Nach anderen und auch nach ihm selbst war seine eigene Philosophie die endgültige und alles krönende Weltanschauung. Der Einfluss seines Denkens war tatsächlich enorm:« [7]

- Sein Dialektizismus änderte ein für alle Mal den westlichen Wahrheitsbegriff: Hegel legte dar, dass wir These und Antithese (das bedeutet eigentlich: Wahrheit und Lüge) nicht einander bekämpfen lassen sollten, sondern in einer höheren Wahrheit aufgehen lassen müssten. Wahrheit ist nicht länger etwas Absolutes und Unveränderliches, sondern entwickelt sich evolutionär. Diese Auffassung führte zu einer unentwirrbaren Vermischung von Wahrheit und Lüge.

- Der Evolutionismus Hegels bildete die philosophische Grundlage für den späteren naturwissenschaftlichen Evolutionismus Darwins, Haeckels, Huxleys usw.! Obwohl seine Lehre eine Bastion gegen den Materialismus bildete, griff doch der dialektische Materialismus Karl Marx' wesentlich auf Hegels Dialektizismus zurück.

Der deutsche Idealismus [8], der Ende der Dreißigerjahre zusammenstürzte, wies auch die neue Richtung, nämlich die des »dialektischen Horizontalismus« (d.h. Verabsolutierung des historischen Wirklichkeitsaspektes und Erklärung der Geschichte als dialektischen Prozess) und die des »Evolutionismus« (d.h. Erklärung der Wirklichkeit als aus naturgesetzmäßigen Entwicklungsprozessen entstanden). Die Hauptpersonen in der Sturm-und-Drang-Periode und der Romantik (um 1775), wie Herder, Schiller und Goethe, dachten auch schon historizistisch: Bei ihnen entwickelte sich eine irrationale Verehrung der Gemeinschaft, der Volksmasse. »Auch ein ziemlich für sich stehender Philosoph des 19. Jahrhunderts wie Arthur Schopenhauer (1788 – 1860), der in keine einzige Schule einzuordnen ist, dachte historizistisch: Den Menschen selbst und alle Naturkräfte und deshalb auch den ganzen Fortgang der Geschichte sah Schopenhauer als die Äußerung des irrationalen, blinden, triebmäßigen ›Willens‹.« [9]

1.3 Der naturwissenschaftliche Evolutionismus

1.3.1 Philosophische Entwicklung

Um den naturwissenschaftlichen Evolutionismus zu verstehen, ist es sehr wichtig, den Unterschied zwischen Evolution und Evolutionismus aufzuzeigen. Unter dem Ersten verstehe ich die Entwicklung aller Organismen aus gemeinsamen Vorfahren, welche sich in der Evolutionslehre bzw. Evolutionstheorie niederschlägt, unter dem Zweiten die **Glaubensüberzeugung**, dass diese Entwicklung tatsächlich stattgefunden hat. Der naturwissenschaftliche Evolutionismus ist nicht aufgrund neuer wissenschaftlicher Entdeckungen aufgekommen, sondern aufgrund neuer **philosophischer Entwicklungen**. Deshalb ist der Evolutionsmus keine Wissenschaft im eigentlichen Sinne, sondern eine Lebensphilosophie, welche man seit über 100 Jahren mit der Evolutionslehre zu beweisen versucht. Im Weiteren ist der Evolutionsmus im eigentlichen Sinne eine Religion, denn dafür ist Glaube nötig, weil die Evolution trotz aller Versuche bis heute noch nicht bewiesen ist. Dazu wieder Ouweneel: »Es war Immanuel Kant, der sich nicht nur mit der Philosophie, sondern z.B. auch mit dem Entstehen des Sonnensystems befasste. Im Jahr 1755 veröffentlichte er seine *Allgemeine Naturgeschichte und Theorie des Himmels,* in der er sich gegen Newton wandte. Newton hatte gelehrt, dass die gegenwärtige Ordnung des Sonnen-systems nicht auf rein mechanische Weise zu erklären sei, und glaubte an eine übernatürliche Ursache.« [10]

Kant entwickelte im Gegensatz zu Newton »eine Theorie, nach der das Sonnensystem durch Wirbel eines Urnebels entstanden sei.« Der wesentli-che Inhalt des naturwissenschaftlichen Evolutionismus war deshalb, eine **übernatürliche Ursache** auszuschließen. Dieses »mechanistische Evolu-tions-prinzip« wandten später James Hutton und Charles Lyell an, indem sie versuchten, die Entstehung der verschiedenen Erdschichten »aus Er-scheinungen zu erklären, die heute noch auf der Erde wahrgenommen wer-den können.« Sie entwickelten aus dem Prinzip der Uniformität in einem geschlossenen System eine Lehre: den *Uniformitarismus.* Lyell wurde da-bei von dem Wunsch angetrieben, mit der Katastrophentheorie von Geor-ges Cuvier abzurechnen.

Der große französische Aufklärer Voltaire (1694 – 1778) [11] war theo-retisch ein Deist, ein Anhänger der Auffassung, dass die Gottheit zwar die Erde und das Weltall erschaffen habe, dass diese »Weltmaschine« aber seither aus eigener Kraft laufe, ohne Eingriffe des Übernatürlichen. »Voltaire sagte einerseits: ›Die ganze Natur ruft uns zu, dass Gott existiert‹, fährt dann aber fort, ›wenn Gott nicht existierte, dann müssten wir ihn er-finden‹.« Ihm geht es nicht um Gott, sondern ihm geht es ausschließlich »um die Weltmaschine, und die Weltmaschine ist für ihn Gott, und das wiederum bedeutet, dass die Vernunft, die Wissenschaft, Gott ist.« Es ist nicht ausgeschlossen, dass Voltaire die Quelle für Darwins Evolutionsge-danken war. Auf der Suche nach dem Ursprung des modernen Evolutionis-mus stoßen wir immer wieder auf die Aufklärung. »In einem von Männern wie Voltaire und Jean-Jacques Rousseau geschaffenen Klima blühten die ersten modernen Evolutionstheorien, und zwar gerade in Frankreich. Der große Naturhistoriker und Philosoph Georges Buffon (1707 – 1844) stellte Spekulationen an über den Ursprung des Sonnensystems, ein hohes Alter der Erde und über eine unter Umwelteinflüssen stehende Entwicklung des Lebens.« Jean Baptiste Lamarck beschrieb in seiner *Philosophie Zoolo-gique* (1809) »eine Aufwärtsentwicklung des Lebens, wobei er die Orga-nismen nach den fortschreitenden Stadien größerer Komplexität ordnete.« Darwin hatte nicht viel für Lamarck übrig, doch übernahm er mit der Zeit immer mehr die Ideen Lamarcks und ging auch »weiter als Lamarck, in-dem er annahm, dass durch Umwelteinflüsse hervorgerufene Eigenschaf-ten möglicherweise vererbbar seien.« [12]

1.3.2   Charles Darwin [13]

Es ist heute allgemein bekannt, dass Charles Darwin die wenigsten seiner
Gedanken selbst entwickelt hat. Vor allem der zentrale Gedanke seiner
Theorie, die natürliche Auslese, stammt sicher nicht von ihm. Wie kam nun
Charles Darwin zu dieser Vorstellung? Als junger Mann, zu der Zeit bereits
ein nicht mehr ganz unbekannter Naturforscher, unternahm er in den Jahren 1831 bis 1836 seine berühmte Reise mit dem Forschungsschiff »Bea-
gle«. »Auf dieser Fahrt nahm er Gemeinsamkeiten und Unterschiede zwischen ausgestorbenen und lebenden Arten wahr und stellte fest, wie Arten
wandern und in isolierten Populationen teilweise stark voneinander abwei-
chende Varianten entwickeln konnten.« [14] Des Weiteren hatte er bemerkt, wie durch gezielte Züchtungen von Pflanzen und Tieren Varianten
hergestellt werden konnten. Dies brachte seine bisherige Überzeugung ins
Wanken, dass Arten absolut unveränderlich seien. Er bekam aber keinen
Aufschluss darüber, durch welche Mechanismen sich die Arten in der Natur verändern. Den Schlüssel dazu erhielt er vom Ökonomen Thomas Malthus. »Weil die Bevölkerung schneller wachse als die Produktionsmittel,
sei der Mensch, so meinte Malthus, stets dazu gezwungen, einen ›Kampf
ums Dasein‹ zu führen, wobei Hungersnöte, Epidemien und Kriege als natürliche Bremsen erforderlich seien.« Nachdem Darwin das gelesen hatte,
stand seine Überzeugung völlig fest – nicht aufgrund von Beobachtungen,
sondern aufgrund der unbegründeten Lehre von Malthus. »Über diesen Gedanken von Malthus schrieb Darwin: ›Ich war getroffen von dem Gedanken, dass unter diesen Umständen, des Kampfes ums Dasein, günstige Va-
riationen dazu neigen, erhalten zu bleiben und ungünstige, vernichtet zu
werden. Das Ergebnis davon müsste die Bildung neuer Arten sein.‹« [15]
In den folgenden 20 Jahren beschäftigte sich Darwin mit dem Zusammen-
tragen von »Beweismaterial«, welches seine neu gewonnene Überzeugung
stützen sollte. Aufgrund von psychosomatischen Krankheiten und geplagt
vom Mangel an Selbstvertrauen bezüglich seiner Schlussfolgerungen, publizierte er diese aber lange Zeit nicht. Erst als der junge Naturforscher A.
Russell Wallace 1858 dieselbe Auffassung äußerte, brachte dies Darwin
endlich dazu, im Jahre 1858 zuerst einen kurzen Artikel zusammen mit
Wallace zu veröffentlichen. Erst anschließend entschloss sich Darwin dazu, im Jahr 1859 das in Eile geschriebene Werk, »das weltberühmt gewordene Buch *On the Origin of Species,* zu veröffentlichen. Interessanterweise
schrieb auch Wallace den Gedanken der natürlichen Auslese Malthus zu.«
Dieser wiederum »hatte seine Auffassung allerdings ebenfalls nicht auf direkte Wahrnehmung aus der Natur begründet«, sondern, wie er uns in einem Essay mitteilt, verdankt er seine Einsichten über den Kampf ums Dasein Benjamin Franklin. Franklin war in den Jahren 1776 bis 1783

Botschafter in Frankreich und unterhielt freundschaftliche Beziehungen zu Voltaire. Dass Franklin seine Auffassung auf Ergebnisse der Naturforschung gründete, dafür gibt es keine Hinweise. Die Vermutung liegt nun nahe, dass der Gedanke der natürlichen Auslese nicht aufgrund wissenschaftlicher Forschung entstanden ist, sondern »seinen Ursprung im antichristlichen Klima der Aufklärung fand, zumal der Gedanke der Evolution zu der Zeit längst populär war.«

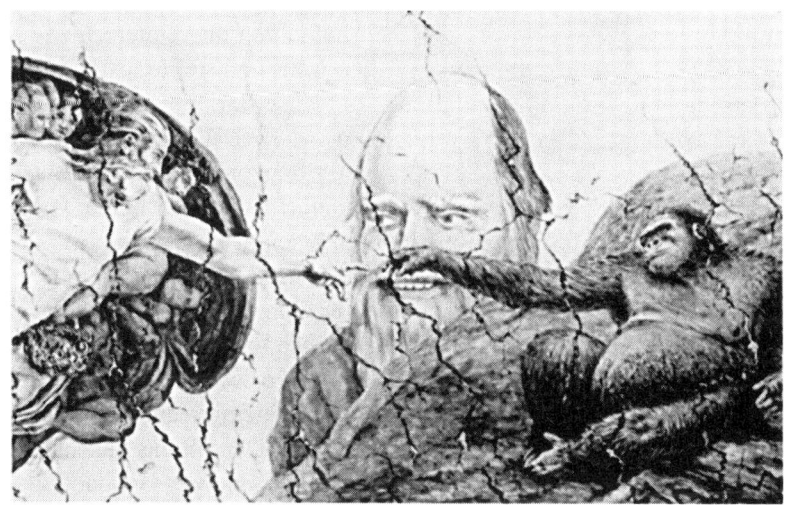

Abbildung 1.3: Diese Karikatur zeigt einen grinsenden Darwin, der die Schöpfung des Menschen, wie sie Michelangelo dargestellt hat, in die Erschaffung eines Affen verändert hat. Obwohl die biologischen Grundmuster von Menschen und Affen in ihrem Entwurf Parallelen aufweisen, bedeutet das noch lange keine Verwandtschaft.

Aus welchen Gründen hatte sein Werk einen solch großen Erfolg, dass die erste Auflage bereits am ersten Tag ihres Erscheinens vergriffen war? Wie wir gesehen haben, ersann Darwin den Evolutionsgedanken nicht selbst, auch war er nicht der erste, welcher eine wissenschaftliche Begründung für die Evolutionslehre darlegte, es war auch nicht so, dass seine Lehre besser oder fundierter war als die seiner Vorgänger. Im Gegenteil, Darwin zweifelte später selbst »zunehmend an vielen Teilen seiner eigenen Theorie«, und es gibt heute »niemanden mehr, der seine Theorie in der Form, in der er sie vertrat, noch akzeptiert.« Sein Erfolg gründete sich auf folgende Ursachen: »Erstens gab Darwin nie an, woher er seine Ideen hatte. [...] Darwin sprach immer von ›meiner Theorie‹, sodass er bei Publikationen immer den Eindruck erweckte, etwas völlig Neues anzubieten. Seine Theorie wurde dann bald auch als ›Darwinismus‹ bekannt, obwohl kaum eine einzige Idee von ihm selbst stammte.« Zweitens war er 1859 so vernünftig, den Menschen in seiner Evolutionsgeschichte außer Betracht zu lassen. Erst 1871 wagte er sich mit seinem *The Descent of Man* an die Öffentlichkeit, nachdem ihm die Welt zu Füßen lag. Drittens war die lockere wissenschaftliche Argumentation ein Grund für seinen Erfolg. Dadurch wurde Darwins Buch nicht von unterschiedlichen Parteien Gelehrter zerrissen, sondern durch die volkstümliche Schreibweise konnte ein großes Publikum erreicht werden, welches reif war für eine allgemeine Evolutionsidee. [16]

1.3.3 Huxley, Spencer, Haeckel [17]

Nicht die wissenschaftliche Argumentation war ausschlaggebend für den phänomenalen Erfolg des »Darwinismus«, sondern ein wachsender Widersinn gegen das offizielle Christentum. Durch die humanistische Entwicklung war die damalige Gesellschaft reif für Darwins Theorie und viele christenfeindliche Wissenschaftler setzten sich dafür ein, dass Darwins Theorien in verschiedene wissenschaftliche Disziplinen Eingang fanden, Männer wie Thomas H. Huxley in England, Herbert Spencer in Amerika und Ernst Haeckel in Deutschland. Bei Huxley führte dies zu einem »Agnostizismus«, das ist »eine kritische Haltung, die jede endgültige Formulierung über das Wesen der Wirklichkeit ablehnt. Bei Spencer, einem der wichtigsten Vertreter des ›Empirismus‹ im 19. Jahrhundert, ist die Geschichte die Evolution der Kultur. Evolution ist sein alles umschließendes Ideal bis hinein in Ethik und Religion. Bei Haeckel wird die Evolution zur Grundlage für eine neue, »monistische« Philosophie, die von der grundsätzlichen Gleichschaltung der lebenden und leblosen Natur ausgeht. [...] Bei diesen drei Männern ist es sehr auffallend, dass sie, ebenso wenig wie Malthus und Darwin, aufgrund naturwissenschaftlicher Entdeckungen zur Annahme der Evolutionslehre kamen.« [18] Sie bekehrten sich alle zum Evolutionismus wegen ihrer Abneigung gegen die Vorstellung einer Schöpfung.

Den eifrigsten und fanatischsten Streiter für seine Theorien fand Charles Darwin in Thomas H. Huxley. Darwins Buch befreite ihn aus einem großen Dilemma, denn bisher fehlte ihm die richtige Waffe, um die verhassten Christen mit Feuer und Schwert zu bekämpfen. Und trotzdem, Huxley war sich selbst gegenüber ehrlich genug zuzugeben, »dass er einer völlig unbewiesenen Lehre anhing.« »Sir Edward Poulton von der Universität Oxford sagte einmal: ›Obwohl niemand so edel und gegen eine solche Übermacht kämpfte bei der Verteidigung der Theorie der natürlichen Auslese, gegen unehrliche Angriffe, obwohl niemand jemals den Kampf der Wissenschaft mit größerem Erfolg führte als er, war Huxley nicht einen

Augenblick ein überzeugter Anhänger der Theorie, welche er in Schutz nahm.‹« [19] Wie er selbst dazu schrieb, gab es für ihn keine andere Wahl. »Ich glaube wirklich, dass die Alternative darin besteht: entweder Darwinismus oder gar nichts. Denn ich kenne keine einzige rationale Konzeption oder Theorie über das organische Universum, die überhaupt irgendeine wissenschaftliche Stellung besitzt, wie die von Herrn Darwin.« [20] Es ist die Verzweiflung eines Agnostikers, der eine solche Theorie vertritt, ohne davon überzeugt zu sein.

Bei Spencer hatte sich bereits vor seinem 20. Lebensjahr eine endgültige Abwendung von allem Übersinnlichen entwickelt. Trotzdem bezeichnete er sich selbst nicht als Atheist, sondern wie Darwin und Huxley, als Agnostiker. Sie waren alle drei der Überzeugung, dass die Existenz Gottes weder beweis- noch widerlegbar ist. Eine Schöpfung und damit ein Schöpfer, war für sie deshalb außerhalb jeder wissenschaftlichen Relevanz. Spencer beschrieb die Beweise für diese Überzeugung so: »Beweise, die sich *nicht* auf zahllose besondere Fälle stützen, sondern die zurückzuführen waren auf allgemeine Aspekte der organischen Natur *und auf die Notwendigkeit, eine Evolutionshypothese anzunehmen, nachdem die Lehre von einer speziellen Schöpfung [...] verworfen ist*. Der Glaube an eine spezielle Schöpfung war bereits viele Jahre zuvor aus meinen Gedanken verschwunden und ich konnte nicht in einem Schwebezustand bleiben: *Die Annahme der einzig denkbaren Alternative war notwendig*.« [21] Ouweneel kommt zu dem Schluss, dass Spencer in demselben Dogmatismus verfangen war wie Huxley und deshalb ein ebenso eifriger Verteidiger der Evolutionslehre wurde. [22]

Die ältesten Briefe Haeckels zeigen deutlich auf, dass er als junger Mann eine christliche Gesinnung und Orientierung besass. Dies steht im krassen Widerspruch zu seinen antichristlichen Tendenzen, die er später entwickelte und die darin mündeten, dass er einen radikalen Bruch mit den christlichen Werten vollzog. Er wandte sich völlig seiner neuen Religion, dem Darwinismus, zu und begann wie Spencer, den christlichen Glauben zu bekämpfen. Obwohl er in seinem späteren Leben ein Anti-Christ war, blieb er doch »religiös« in dem Sinn, dass er vor allem versuchte, den Evolutionismus als eine materialistische Religion zu predigen. Singer schrieb über ihn: »Seine Fehler sind nicht schwer festzustellen. Während einer Generation und mehr lieferte er der halbgebildeten Öffentlichkeit ein System gröbster Philosophie – wenn man eine Menge Widersprüche mit diesem Namen bezeichnen kann. Er gründete etwas, das das Gewand einer Religion trug, deren Hoher Priester und Gemeinde er gleichzeitig war.« [23] Berühmt wurde Haeckel auch durch sein Biogenetisches Grundgesetz, welches aussagt, dass der Ablauf der Ontogenese (Entwicklung von der

Zeugung bis zur Geburt) eines Organismus das unmittelbar Resultat seiner Stammesgeschichte ist. Dies versuchte er in der »Entwicklungsge-
schichte des Menschen« zu beweisen. Diese Darstellung wird heute als un-
richtig und zum Teil gar als gefälscht angesehen, und trotzdem steht sie
noch in vielen Biologie-Lehrbüchern!

1.3.4 Friedrich Nietzsche [24]

Beim deutschen Philosophen Friedrich Nietzsche begann im Todesjahr
Darwins (1882) die dritte und letzte Phase seines Schaffens, die bis 1889
andauerte, als er geisteskrank wurde. In dieser Zeit entwickelte Nietzsche
seine antichristliche Philosophie, in der er sich heftig gegen das Christentum und die christlichen Werte richtet. Nach ihm steht am Ende der durch
den Menschen gesteuerten Evolution der Übermensch, die ungezähmte
blonde Bestie! Nietzsche wurde hierin zweifellos durch den Evolutionsgedanken als solchem inspiriert – seine Orientierung war völlig »darwinis-
tisch«, obwohl er im Widerspruch zu Darwin stand, welcher den Evolutionsprozess als ruhigen Glauben sah, der selbst dafür sorgen würde, dass
unser Milieu automatisch bessere Menschen liefere. Für Nietzsche war die
Evolution hingegen ein Aufruf zum Kampf, um die Erde für den Übermenschen vorzubereiten. Nach Nietzsche muss der Mensch selbst die Hände
rühren und das Leben als Kampf zwischen den Menschen führen. Er muss
mit dem Äußersten seiner Fähigkeiten seinen Willen zum Kampf ausüben.
»›Der Wille zur Macht‹, wie der Titel eines seiner berühmtesten Bücher
heißt, ist die treibende Kraft der Evolution, nicht eine passive Anpassung
an das Milieu. Dieser Wille reizt die Edlen auf, vergrößert ihre Macht
durch Kampf, und weil sie eine sinnliche Rasse sind, üben sie ihren Willen
zur Macht in sexuellen Beziehungen aus und zeugen starke Kinder, die
auch wieder ihre Macht durch Gewalt ausbreiten. Deshalb gibt es nichts,
das Nietzsche mehr hasst als das gewaltlose Christentum, das das *Umge-
kehrte* des Grundsatzes der Auslese sei. Wenn der Degenerierte und Kranke (›der Christ‹) den gleichen Wert haben solle wie der Gesunde (›der Hei-
de‹), dann werde dem natürlichen Lauf der Evolution entgegengearbeitet
und das *Unnatürliche* zum Gesetz.« [25]

   »Und dann bricht Nietzsche los mit seiner Hasstirade über die Christenheit: O die Christen! Diese Lügner! Diese giftigen Fliegen! Ich frage mich,
warum hat das Leben diesen Pöbel nötig? Sind vergiftete Quellen nötig?
Sind stinkende Feuer nötig? Sind Maden nötig im Lebensbrot? Weg mit denen, die mit dem Leben nicht fertig werden! Weg mit dem Christentum, das
den Schwachen und Gebrechlichen einen Platz unter der Sonne einräumt!

Was ist lächerlicher und unwürdiger als das biblische Bethesda, wo das Klagen der Kranken mitleidsvoll angehört wird! Das erste Gebot der Nächstenliebe ist: Die Schwachen und Unglücklichen müssen zu Grunde gehen. Das zweite Gebot ist: Man muss ihnen dabei ein wenig nachhelfen. Die Auslese muss ihr Werk tun! Nur einige Bevorrechtigte werden sich fortpflanzen dürfen; aus ihnen müssen die ›Wenigen‹ wachsen, werden die Koryphäen der Menschheit, die Orchideen auf dem Acker der Geschichte gezüchtet. Sie werden die Argonauten des Geistes sein, die als starke Böcke mit gekrümmten Hörnern über die Herde emporragen werden. Der Mensch als eine Art Übergang zwischen Affe und Übermensch; eine Brücke, die wir langsam abbrechen müssen, eine gefährliche Krankheit, von der wir erlöst werden müssen. - Wenn der Übermensch gekommen ist, wird Nietzsches Ideal in Erfüllung gehen; dann wird die Herrenmoral triumphieren und sich mit Gewalt und Glorie geltend machen. [...] Die lange gezähmte, lange gebundene ›blonde Bestie‹ erwacht! Der Übermensch kommt, der Philosoph der Zukunft, der Europäer von übermorgen. Ein neuer Adel lachender Löwen und brüllender Wölfe mit blutigen Messern zwischen den Zähnen. In diesen Tagen wird man über das Christentum die Totenglocke läuten und sagen: Gott? Gott ist tot! Und wir haben ihn getötet. Also sprach Friedrich Nietzsche.« [26]

Die Philosophie von Nietzsche ist selbstsprechend, und es ist grauenhaft, ansehen zu müssen, welch einen Einfluss der Evolutionismus auf den Geist des Menschen ausüben kann und wie aktuell diese evolutionistische Selektionsidee nun wieder geworden ist. Das größte Grauen der Geschichte, die Verbrechen an der Menschheit, welche durch Nazi-Deutschland begangen wurden, gründen ihr Tun auf die Philosophie von Friedrich Nietzsche. Aber ebenso grauenhaft ist es zu sehen,»wie treffend Nietzsche die Ankunft des Übermenschen vorausgefühlt hat, von dem Gott in symbolischer Sprache sagt: ›Ein ... Tier, schrecklich und furchtbar und sehr stark, und es hatte große eiserne Zähne; es fraß und zermalmte, und was übrig blieb, zertrat es mit seinen Füßen‹ Es ist sehr treffend, dass sowohl in Nietzsches Sprachgebrauch über die ›blonde Bestie‹ wie in der Beschreibung des Antichristen in der Bibel der Übermensch mit einem Raubtier identifiziert wird. Die nächste Stufe der Evolution des Menschen ist – ein Tier!« [27] Kein anderer hat wie Nietzsche aufgezeigt, dass die Evolution in erster Linie eine Philosophie ist, und kein anderer hat wie er den Evolutionsgedanken bis zum bitteren Ende gedacht. Letztlich landen alle, die den Evolutionsgedanken weiterdenken, im Wahnsinn wie Nietzsche oder im Irrsinn wie Hitler, der die Philosophie von Nietzsche in die Realität umsetzen wollte. Die Evolution ist nicht einfach nur eine Theorie, an die man glauben kann oder nicht, die Evolution hat unser ganzes Leben, unser ganzes Dasein und vor allem unser geistiges Leben erfasst und von uns Besitz ergriffen. Keine wissenschaftliche Disziplin ist frei von ihr, alles ist durchdrungen vom Evolutionsgedanken. Dies gilt insbesondere auch für Disziplinen wie Soziologie, Pädagogik und Psychologie. Deshalb ist die Evolution keine harmlose Philosophie, sondern etwas vom Gefährlichsten, was dem Widersacher Gottes eingefallen ist, um die Menschen in die Irre zu führen.

1.4 Schöpfung oder Evolution [28]

Es ist sehr wichtig zu verstehen, dass wir es bei den beiden Modellen Schöpfung oder Evolution mit zwei philosophisch gleichberechtigten Voraussetzungen zu tun haben, nämlich dem Schöpfungsgedanken und dem Evolutionsgedanken. Welchem dieser Gedanken man den Vorzug gibt, ist in erster Linie eine persönliche, zutiefst *religiöse* Frage. Da es sich bei diesen beiden Modellen um philosophische Denkansätze handelt, können diese mit wissenschaftlichen Methoden und Instrumenten weder bewiesen noch restlos widerlegt werden.

Deshalb ist es wichtig, dass die Schöpfungslehre und die Evolutionslehre, wissenschaftstheoretisch gesehen, völlig gleichberechtigt sind. Für beide Lehren ist Glaube notwendig, und für beide Lehren lassen sich wissenschaftliche Argumente anführen. Unser heutiges Bewusstsein ist sehr stark von der Evolutionslehre geprägt. Wir gehen wie selbstverständlich damit um, wir handeln diesen Gedanken bereits so, als wenn er eine wissenschaftlich *bewiesene* Tatsache wäre. Und genau das trifft nicht zu. Die Evolutionslehre lässt sich im wissenschaftlichen Sinn genauso wenig beweisen wie die Schöpfungslehre, sie beruhen beide, profan gesehen, auf einer Lebensphilosophie bzw. auf einem Glaubenfundament. Und doch besteht gerade in diesen Punkten ein wesentlicher Unterschied zwischen den beiden Modellen: **der Unterschied im Glauben.**

»Historisch gesehen ist es offenkundig, [...] dass die Schöpfungslehre auf **positiven Glauben** gegründet ist: Ihre Kosmologie geht aus von der Existenz eines persönlichen, unendlichen Gottes, ihre Ethik geht aus von einer absoluten Moral, die ihren Ursprung in diesem Gott findet, und ihre in absoluten Thesen formulierte Wahrheit ist in der durch Gott inspirierten Bibel niedergeschrieben. Die Evolutionslehre ist dagegen auf einen **negativen Glauben** gegründet: die emotionelle Abneigung gegen einen persönlichen Gott, eine absolute Moral und eine absolute Wahrheit.« [29] Dieser Punkt hat der Evolutionslehre einen solchen Auftrieb gegeben, nicht weil sie eine bessere Lehre oder gar eine wissenschaftliche Lehre wäre, das ist völlig nebensächlich, sondern sie ist die **einzige Alternative** zur Schöpfungslehre, und sie kommt **ohne einen persönlichen Gott** aus.

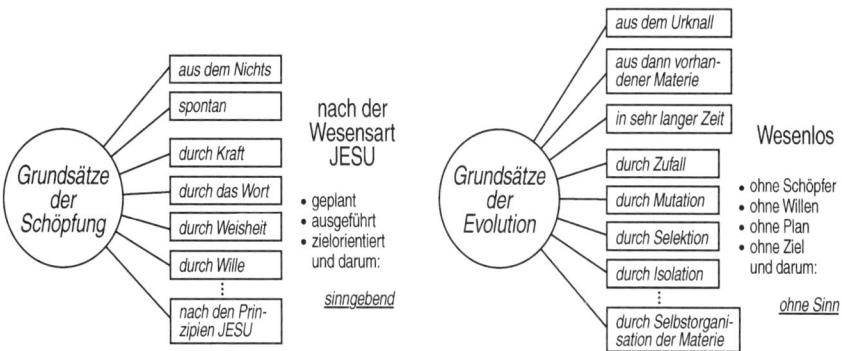

Abbildung 1.4: Diese Grafik zeigt einen Vergleich der Grundsätze der Schöpfung und der Evolution. Bedingt durch die unterschiedlichen Grundsätze ist das Ergebnis der Evolution letztlich ohne Ziel und deshalb auch ohne Sinn im Gegensatz zur Schöpfung, deren Ergebnis aufgrund der ihr zugrunde liegenden Planung zielorientiert und deshalb auch sinngebend ist.

Den Ursprung der Evolutionslehre findet man nicht in epochalen Entdeckungen der Naturwissenschaft, sondern in einer fundamentalen Veränderung in der Philosophie. Deshalb kann man die Behauptung aufstellen, dass das Fundament der Evolutionslehre die humanistische Philosophie ist. Viele Evolutionisten verstecken ihre philosophische Denkweise unter dem Deckmantel der Wissenschaft und verkaufen ihre Forschungsergebnisse als »wissenschaftliche Tatsachen« oder gar als »wissenschaftliche Beweise«. Es ist nicht nur unredlich, zu behaupten, die Evolution sei eine bewiesene Tatsache, sondern es ist schlichtweg gelogen. Bereits Thomas Huxley, »Darwin`s bulldog« wie er sich selbst nannte, schrieb 1863: »Ich akzeptiere Darwins Hypothese unter der Voraussetzung, dass ein Beweis geliefert wird, dass physiologische Arten durch selektive Zeugung produziert werden können.« [30] Wenn schon ein Huxley, der einer der größten Verfechter von Darwins Evolutionslehre war, diese Lehre nur unter dem Vorbehalt eines wissenschaftlichen Beweises akzeptiert, der Zeit seines Lebens und bis heute nie erbracht werden konnte, dann wird schnell ersichtlich, dass er nur aus einem einzigen Grund ein Verfechter dieser Lehre wurde: Die Evolutionslehre ist die einzige Alternative zur Schöpfungslehre.

Diese unbewiesene Lehre ist für die moderne Biologie insofern ein sehr großes Problem, weil die Evolutionstheorie als Rückgrat der Evolutionsbiologie angesehen wird (sie ist es nicht wirklich!). Somit nimmt die Evolutionsbiologie die sonderbare Stellung ein, dass sie eine Wissenschaft ist, die sich auf eine unbewiesene Theorie gründet. Ist nun die Evolutionsbiologie eine Naturwissenschaft oder ein *Glaube*? »Der Glaube an die Evolutionslehre läuft somit vollkommen parallel zu dem Glauben an eine besondere Schöpfung – beides sind Auffassungen, von denen die daran Glaubenden sagen, dass sie wahr sind, aber keine von beiden konnten bis heute bewiesen werden.« Es ist, so Ouweneel, wenigstens erfreulich zu wissen, dass einige Evolutionisten selbst davon überzeugt sind, dass ihre Theorie nicht auf den Ergebnissen einer rein wissenschaftlichen Untersuchung beruht, sondern auf einer religiösen Voreingenommenheit! »Einige Wissenschaftler geben dies auch rundweg zu. Der berühmte britische Biologe Prof. D.M.S Watson schrieb bereits 1929 in ›Nature‹: ›Die Evolutionstheorie ist eine Theorie, die allgemein anerkannt wird, nicht weil sie durch logisch zusammenhängende Beweise als richtig bewiesen werden kann, sondern weil die einzige Alternative, nämlich eine spezielle Schöpfung, deutlich unglaubwürdig ist.‹ Das ist eine gewaltige Aussage, denn wie kann man so sicher wissen, dass die spezielle Schöpfung unglaubwürdig ist? Prof. H.M. Morris hat das so kommentiert: ›Das kann man nur wissen, wenn man mit Sicherheit weiß, dass es keinen Gott gibt – und das kann man nur wissen, wenn man selbst allwissend ist.‹« [32]

Warum nun gibt es diese wissenschaftliche Abneigung gegen eine spezielle Schöpfung? Die Antwort liegt in der Geschichte. Dabei ist sicher das Aufkommen und die Verbreitung des Evolutionismus eines der herausragenden Symptome dieser Entwicklung. Aber auch die Kirchen und das offizielle Christentum haben dazu beigetragen, denn sie sind fossiliert, erstarrt und verkümmert. Die Kirche ist teilweise zu einem Museumsstück geworden, das keine Beziehung mehr zu der Wirklichkeit unserer Zeit hat. Sie vermag bereits seit Jahrhunderten keine Antworten mehr auf die großen Fragen des Lebens zu geben. Leider wird viel zu wenig zwischen Kirche und Glaube getrennt, denn das, was der Mensch heute in der Kirche vorfindet, das hat häufig wenig mit biblischem, mit christlichem Glauben zu tun. Der Evolutionismus ist schlussendlich nichts anderes als eine Antwort auf eine Kirche bzw. auf ein Christentum, das erstarrt und verkümmert war und das sich trotzdem auf die Wahrheit der Bibel berufen hat, ja teilweise diese Wahrheit für sich alleine in Anspruch nahm.

Das war der Nährboden des Evolutionismus, ein fanatischer Hass gegenüber der Kirche und damit auch gegenüber dem Christentum. Es war vor allem der Enthusiasmus des Hassers des Christentums, Thomas Huxley, der Darwins Buch »Über den Ursprung der Arten« weit und breit Eingang verschaffte. Huxley schrieb, dass Darwins Ideen auf ihn und seine Zeitgenossen eine Wirkung gehabt hätten »wie ein Lichtblitz, der jemandem, der sich in der Dunkelheit der Nacht verirrt hat, plötzlich einen Weg zeigt, der, ob er nun direkt nach Hause führt oder nicht, sicher irgendwohin führt. Das, was wir suchten und nicht finden konnten, war eine Hypothese bezüglich des Ursprungs bekannter organischer Formen, die keine anderen Ursachen voraussetzte als solche, deren Wirkung tatsächlich gezeigt werden konnte ... Der *Ursprung* verschaffte uns die Arbeitshypothese, die wir suchten. Überdies erwies diese uns den gewaltigen Dienst, dass sie uns für immer von diesem Dilemma befreite: Weigerst du dich, die Schöpfungshypothese anzuerkennen, was hast du dann anzubieten, das von einem vorsichtigen Denker angenommen werden kann? Im Jahre 1857 hatte ich dafür keine Antwort, und ich glaube nicht, dass irgendjemand sie hatte. Ein Jahr später (nach einer ersten Veröffentlichung Darwins) verwunderten wir uns, dass wir so dumm gewesen waren und auf eine solche Frage keine Antwort gehabt hatten.« [33] »Hier hören wir etwas aus der ›Bekehrungshypothese‹ eines Mannes, der sich mit Begeisterung endlich vom Schöpfungsglauben lösen konnte, um der modernen Evolutionsreligion freie Bahn zu machen. Es waren vor allem die Aktivitäten dieses Thomas Huxley, die für die phänomenale Verbreitung des Evolutionismus sorgten. Zu Recht schrieb Prof. W.R. Thompson in seinem Vorwort zu Darwins ›Ursprung der Arten‹: ›Gepaart mit dem Erfolg des Darwinismus war ein Rückgang in wissenschaftlicher Unbestechlichkeit. Dies wird bereits an den vermessenen Behauptungen Haeckels deutlich und an der schwärmerischen, gewundenen und theatralischen Argumentation T.H. Huxleys.‹« [34]

»Der Historiker C.J.H. Hayes schrieb 1941, dass Huxley die wissenschaftliche Forschungsarbeit vernachlässige, so sehr sei er mit seiner Rolle als ›Darwin's bulldog‹ beschäftigt, indem er die Theologen ankläffte und biss. Die treibende Kraft seiner Propaganda war sein Hass. Dieser Hass war die Ursache des Triumphzuges des Darwinismus – nicht die Liebe zur Wahrheit.« Er förderte nicht nur den Evolutionismus, sondern er sah auch, welche Auswirkung diese Lehre auf das Christentum selbst haben würde. »Er schrieb 1890, er stelle sich vor, dass der Tag nicht mehr fern sei, an dem der Glaube von allen Tatsachen getrennt werden würde, vor allem von aller Geschichte vor Abraham, und dass der Glaube dann für immer im Triumph voranschreiten werde. Was er meinte, war, dass der christliche Glaube, solange er über absolute Wahrheiten und Normen spreche und sich auf klare historische Fakten gründe – wie die Erschaffung der Welt – ein ausgemachter Feind sei, mit dem man rechnen müsse.« Er sah voraus, »dass bald eine Zeit kommen würde, wo der Glaube diesen rationalen historischen Charakter verlieren und vor allem mit den Berichten in 1. Mose 1-11 abrechnen würde.« Dann würde der Glaube, »wie das *ganze* moderne Denken, ein Sprung ins Dunkle werden. Auf diese Weise würde der Glaube eine mystische Erfahrung werden, deren Inhalt außerhalb des Bereiches der *Tatsachen* der Geschichte und der Natur liegen würde und darum auch niemals kritisiert werden könnte. In dieser Form würde der ›Glaube‹ (fortan ohne wissenschaftliche Relevanz) dann unantastbar und triumphierend voranschreiten. Huxley scheint das wohl für eine sehr amüsante Entwicklung gehalten zu haben, denn er begriff (was heutige christliche Führer nicht begreifen, was aber viele junge Menschen intuitiv empfinden), dass der Glaube, getrennt von den historischen Tatsachen, dann noch gerade so viel wert sein würde wie eine sexuelle Erfahrung oder ein Discoabend oder eine LSD-Halluzination.« [35] Es stimmt tatsächlich, ein solchermaßen reduzierter Glaube *kann* auf die großen Fragen des Lebens keine Antworten geben. Nun, glücklicherweise ist es aber nicht so, nur weiß das nur noch eine sehr kleine Minderheit. Wir werden sehen, dass die Evolutionslehre *keine* bewiesene Tatsache ist und auf die großen Fragen des Lebens *keine* einzige Antwort geben kann. Wir werden ebenfalls sehen, dass der Schöpfungsbericht und damit auch die Sintflutgeschichte für rational denkende Menschen unseres Jahrhunderts durchaus als historische Tatsachen gelten können und dass die Theorie des »Kreationismus«, wie die Schöpfungslehre als wissenschaftliches Modell bezeichnet wird, viel bessere Argumente liefert, um die Entstehung der Welt zu erklären, als der »Evolutionismus«.

1.5 Zwei Modelle [36]

In dieser Übersicht sind die Hauptkennzeichen der beiden wissenschaftlichen Modelle »Kreationismus« und »Evolutionismus« einander gegenübergestellt. [37]

Schöpfungsmodell	Evolutionsmodell
Das erste Leben ist durch Input exogener Information aus lebloser Materie entstanden.	Das erste Leben ist durch biochemische Zufallsprozesse aus lebloser Materie entstanden.
Alle Grundtypen sind ungefähr gleichzeitig entstanden und waren von Anfang an alle in ihren ersten Repräsentanten vertreten.	Alle Grundtypen entstammen durch einen langsamen Wandlungsprozess einer einzigen oder einigen Urzellen.
Die Natur wird von einem Prinzip der ständigen Abnahme von Komplexität und Informationsinhalt (Entropiegesetz) gesteuert.	Die Natur wird von einem Prinzip der ständigen Steigerung von Komplexität und Informationsinhalt (Evolutionsgesetz) gesteuert.

Schöpfungsmodell	Evolutionsmodell
Variation und Artbildung finden nur innerhalb der Grenzen der Grundtypen statt; Mutation ist nicht informationssteigernd und natürliche Auslese ist konservativ.	Grundtypen können durch spontane Mutation und natürliche Auslese in höhere Lebensformen übergehen.
Biochemische und morphologische Verwandtschaft ist auf gemeinsamen Entwurf und Planmäßigkeit zurückzuführen.	Biochemische und morphologische Verwandtschaft ist auf Abstammungsverwandtschaft zurückzuführen.
Die fossilen Organismen weisen dieselben systematischen Lücken zwischen größeren Ordnungsgruppen wie die lebende Natur auf.	Die fossilen Organismen weisen auf eine allgemeine Evolution von niedrigeren zu höheren Lebensformen hin.
Die meisten Erdschichten sind sehr schnell durch große Katastrophen entstanden; die Gegenwart ist nicht der Schlüssel zur Vergangenheit.	Die Erdschichten sind sehr langsam über Millionen von Jahren durch Prozesse entstanden, die auch heute noch auf der Erde stattfinden.
Die Erdschichten vertreten fossile Floren und Faunen, die gleichzeitig auf der Erde gelebt haben oder sich in dieser Abfolge abgelöst haben.	Die Erdschichten vertreten fossile Floren und Faunen, die über riesige Zeiträume hinweg nacheinander auf der Erde gelebt haben.

Aus dieser Gegenüberstellung wird deutlich, dass es sich bei diesen Modellen um zwei verschiedene »philosophisch-religiöse« Voraussetzungen handelt. Auf der einen Seite steht das Evolutionsmodell, eine materialistische Weltanschauung, bei der alle übersinnlichen Elemente ausgeschlossen sind, und bei der einzig die Logik und die sinnliche Wahrnehmung als Erklärungsmöglichkeiten zugelassen sind. Der Evolutionsprozess ist nicht gelenkt und seine Triebfedern sind Zufall, lange Zeiträume sowie Überlebenskampf. Diametral gegenüber steht das Schöpfungsmodell, eine auf den Schöpfer-Gott bezogene Weltanschauung, bei der die uns umgebende Wirklichkeit durch diesen Gott in einer einmaligen Schöpfung erschaffen wurde. In dieser Weltanschauung heißt »Input exogener Information in leblose Materie« einfach Erschaffung des Lebens aus lebloser Materie. Die Entstehung der Grundtypen ungefähr gleichzeitig heißt dann Erschaffung der Pflanzen und Tiere »nach ihrer Art«. »Entwurf und Planmäßigkeit« sind dann direkt auf Gott als Entwerfer und Planer zurückzuführen. Und die »großen Katastrophen« sind dann die biblische Sintflut und andere gewaltige Prozesse (z.B. Folgekatastrophen nach der Sintflut).

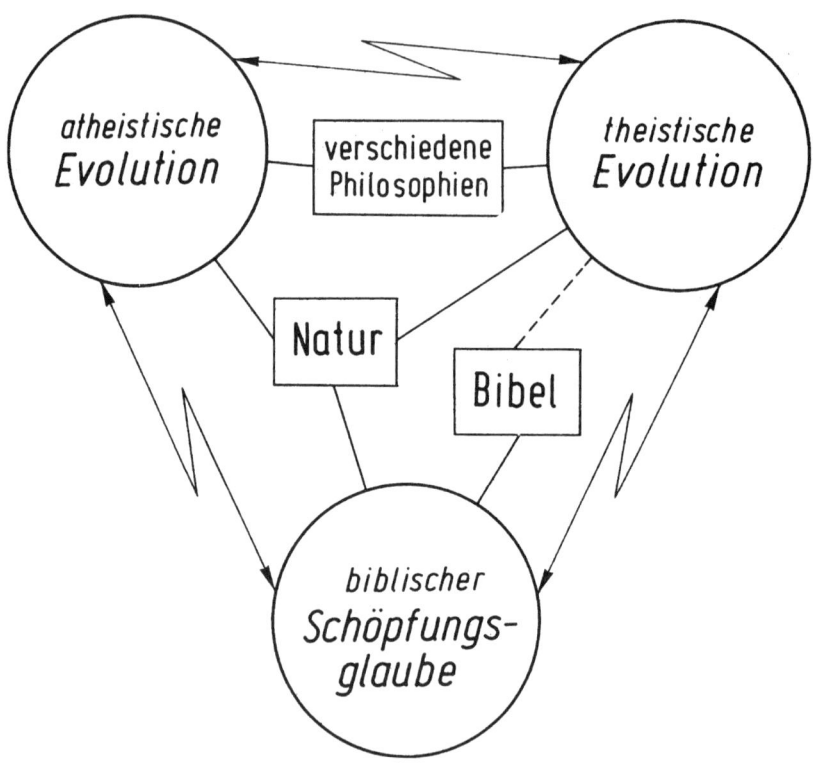

*Abbildung 1.5: Diese Grafik zeigt die drei generellen Grundhaltungen zur Her-
kunft des Lebens und dieser Welt mit ihren zugehörigen Informationsquellen. Die
»theistische« Evolution ist dabei ein »Zwitter« zwischen den zwei Alternativen
Evolution oder Schöpfung und in diesem Sinne weder Fisch noch Vogel.*

Bei der Gegenüberstellung dieser beiden Modelle wurden von Ouweneel
mit Absicht nicht diese biblischen Ausdrücke gewählt, »weil nicht alle
Kreationisten notwendigerweise Christen sind – genauso wie nicht alle Anhänger des Evolutionsmodelles [...] Materialisten sind. Es gibt ja sogar
»theistische Evolutionisten«, die glauben, dass Gott die Welt mittels des
Evolutionsprozesses erschaffen habe.« Die Vertreter dieser Meinung finden sich vor allem in der modernen Theologie. Diese Auffassung hat nämlich weder viel mit dem Glauben an Gott noch mit Evolutionismus zu tun.
Mit der Evolutionslehre wird beabsichtigt, »die Ursprünge der Natur allein
durch natürliche Ursachen und Gesetzmäßigkeiten zu erklären, und darin
gibt es für einen Schöpfer-Gott also keinen Platz.« Es kommt einer »ge-
danklichen Perversion« sehr nahe, einerseits an den Schöpfer-Gott zu glauben und diesen Gott den Allmächtigen zu nennen, ihm aber gleichzeitig die

Schöpfung, wie sie in der Bibel beschrieben ist, nicht zuzutrauen. Denn wenn der allmächtige Gott tatsächlich existiert, dann benötigt dieser Gott keine Evolution als Schöpfungsmethode. Deshalb wird diese Auffassung hier nicht weiter verfolgt.

Wie wir nun ausführlich geschildert haben, handelt es bei den Modellen »Schöpfung oder Evolution« um zwei philosophisch gleichberechtigte Voraussetzungen. Welchem dieser beiden Modelle man den Vorzug gibt, ist keine Frage der Wissenschaft, sondern des persönlichen Glaubens. Im wissenschaftlichen Sinn lassen sich beide »Theorien« weder restlos beweisen noch widerlegen. Die Voraussetzungen stehen auf beiden Seiten unumstößlich fest. Es gibt Evolutionisten, die allerdings zugeben wollen, dass wir in Wirklichkeit vielleicht überhaupt keine befriedigende wissenschaftliche Erklärung für den Evolutionsprozess haben; sie stellen aber für keinen Augenblick in Frage, dass es eine allgemeine Evolution gegeben hat. Dies ist auch der Kernpunkt: »Der Evolutionist, der wirklich die Tatsachen kennt, glaubt im tiefsten Wesen ausschließlich an eine Evolution, weil er die Alternative ablehnt; das ist ein negativer Grund. Der Kreationist glaubt im tiefsten Wesen ausschließlich an die Schöpfung, weil er Gott in seinem Wort glaubt; das ist ein positiver Grund. Daraus ergibt sich, wie relativ die Frage nach den naturwissenschaftlichen ›Beweisen‹ für die Evolution ist. Die meisten dieser ›Beweise‹ haben nämlich nur für solche Beweiskraft, die bereits an die Evolution glauben. Es sind keine Beweise mathematischer Art.« Wenn es darum geht »zu beweisen, dass (wenigstens in einer euklidischen Welt) die Winkel eines Dreiecks zusammen immer 180° ergeben«, ist dies »eine Frage abgesprochener Axiome und Definitionen und dann weiterhin einfacher Logik. Doch mit den ›Beweisen‹, die uns für die Evolution aufgetischt werden, liegt es völlig anders.« Die Grundlagen »der evolutionistischen ›Beweise‹ beruhen nicht auf logischen Denkgesetzen, sondern auf evolutionistischen Vorurteilen.« Beide Ansätze zur Erklärung der Entstehung der Welt sind deshalb im wissenschaftstheoretischen Sinn »gleichwertig *und letztlich religiöser Art*«. [38]

1.6 Gedanken gegen die Evolution

1.6.1 Körper, Seele und Geist

Unabhängig davon, ob die wahrnehmbare Wirklichkeit, das Universum, die Erde und die Natur durch Schöpfung oder Evolution entstanden ist, bleibt die Tatsache, dass alles gekennzeichnet ist von einer beinahe unendlichen Komplexität, Fülle, Schönheit und Ordnung, sodass man sich Himmel und die Erde als wunderbare Skulptur vorstellen kann. Jedem Betrachter des »David« von Michelangelo, dieser wunderschönen, stil- und kunstvoll gefertigten Skulptur, ist es völlig klar, dass ein begnadeter Bildhauer und Künstler dieses Werk geschaffen haben *muss*. Beim Schöpfungsbericht wird uns denn auch genau diese Einsicht vermittelt. Wir sehen den Schöpfer beim kreativen Akt. Er erschafft alles, was ist, aus dem Nichts. Anders sieht es bei der Evolutionslehre aus. Hier wird die Skulptur Erde aus nichts anderem als purem Zufall durch irgendwelche Kräfte und anderen, teilweise noch nicht bekannten Einflüssen wie Feuer und Außerirdischem in Jahrmillionen geformt. Beim Betrachter des »David« von Michelangelo ist ein solcher Gedanke völlig absurd, und kein Mensch würde jemals einen solchen Gedanken öffentlich äußern. Und trotzdem gibt es Heerscharen von Wissenschaftlern, welche für die Entstehung des Universums, der Erde und der Natur genau diesen Gedanken postulieren, und dies gar ohne jegliche Anzeichen von Verlegenheit. Urknall und Zufall sollen diese unendliche Fülle von Leben, diese unendliche Komplexität, diese unendliche Ordnung des Universums geschaffen haben.

Wie wir aus dem Schöpfungsbericht erfahren, ließ Gott am dritten Tage, nachdem er die Wasser von dem Trockenen getrennt hatte, die Pflanzen hervorsprießen. Die Pflanzen sind verbunden und untrennbar verwachsen mit der Erde, sie sprießen aus der Erde, sie bringen Samen hervor, der wieder in die Erde geht und neue Pflanzen sprießen lässt. Die Pflanzen sind auch der Beginn der Nahrungskette, sie benötigen Erde, Luft, Sonne und Wasser. Sie produzieren des Weiteren Sauerstoff, den die Tiere und Menschen zum Leben benötigen. Die Pflanzen sind der »Urgrund« und der Grundstein im göttlichen Bauplan, sie ernähren uns mit dem Kraut, den Samen, den Früchten sowie dem Sauerstoff. Es trifft aber niemals zu, dass sich die Tiere aus den Pflanzen entwickelt haben, denn den Pflanzen fehlt etwas, was die Tiere haben – die Pflanzen sind ausdrücklich keine »beseelten« Wesen. Denn nachdem die Erde als Lebensraum für die Tiere und den Menschen hergerichtet war, erschuf Gott am fünften Tag die großen Seeungeheuer (das dürften die Saurier gewesen sein) und alle sich regenden lebenden (oder besser »beseelten«) Wesen. Die Tiere werden ausdrücklich »beseelte« Wesen genannt, und dies gibt uns ein biblisches Verständnis der Seele – Seele ist das selbstständige, eigenständige, von der Erde losgelöste Leben; Seele, das ist das biotische Leben, das Unbewusste, die »Steuerungszentrale« des selbstständigen Lebens. Am sechsten Tag erschuf Gott die Landtiere. Und Gott sprach: »Die Erde bringe lebende Wesen hervor!«. Auch hier wird wieder von beseelten Wesen gesprochen, die die Erde hervorbringen soll. Den Menschen schuf Gott zuletzt, sozusagen als Krönung der Schöpfung. Damit vereinigt der Mensch alle »Urprinzipien« der Schöpfung in sich. Wie die Pflanzen und Tiere besteht er aus einem Körper, wie die Tiere besitzt auch er eine Seele. Aber er besitzt etwas, das ihn über die Tiere erhebt, er besitzt etwas, das durch keine Evolution zufällig entstehen kann. Die Evolutionslehre hat bereits unlösbare Probleme damit, das Entstehen des Biologischen zu erklären – wie unendlich groß werden da die Probleme, die Entstehung der Seele erklären zu wollen, und wie unmöglich erscheint es, die Entstehung des menschlichen Geistes aus der Evolution erklären zu wollen. Diesen Geist besitzt nur der Mensch. Und dieser Geist wurde ihm als »Odem des Lebens« von Gott selbst in die Nase gehaucht. Mit diesem Geist ist der Mensch ein Wesen, nach Gottes Bilde, *ihm* ähnlich geschaffen. Der Geist erhebt den Menschen über die Tierwelt, und deshalb *kann* er niemals aus dem Tierreich stammen!

Der Geist ist die Persönlichkeit und das Bewusstsein des Menschen. Durch den Geist ist der Mensch sich seiner selbst bewusst und kann sich selbst als eigenverantwortliche Person wahrnehmen. Durch seinen Geist ist rationales *und* emotionales Vorgehen möglich, denn das Gefühl und im Zusammenhang damit vor allem Liebe und Hass entspringen dem Geist des Menschen und nicht, wie viele annehmen, der Seele. Mit dem Geist ist der Mensch in der Lage, zwischen Recht und Unrecht zu unterscheiden, mit dem Geist ist er ein moralisches, ethisches Wesen, mit dem Geist wurde ihm die Verantwortung über sich selbst, über sein Tun und Lassen übergeben; er kann damit entscheiden zwischen Gut und Böse. Mit dem Geist erhielt er auch die Fähigkeit zur Erkenntnis, mit dem Geist erhielt er aber auch die Möglichkeit, seine Hybris (Selbstüberschätzung) zu stärken und über sich selbst hinauszuwachsen. Damit erhielt er auch das menschliche Verlangen, Gott ähnlich zu sein, seinen Platz einnehmen zu wollen. Und genau die menschliche Hybris wurde bereits dem ersten Menschenpaar zum Verhängnis. »Ihr werdet sein wie Gott«, flüsterte die Schlange, der auch an derselben Hybris gestrauchelte und gefallene Engel Satan, in das Ohr des empfänglichen Teiles dieses ersten Menschenpaares, der Frau Eva. Damit ist auch ersichtlich, dass der Geist, obwohl von göttlicher Herkunft, als Teil des sterblichen Menschen Zeitlebens *nie* aus seiner Hülle treten kann, dass dieser Geist mit dem Körper und der Seele die menschliche Einheit bildet, die nicht verlassen werden kann. Es ist sehr schwierig für den Menschen als Geschöpf aus Fleisch und Blut, im Bauplan seines Körpers und seiner Seele, dem Tiere »ähnlich«, aber mit einem »göttlichen« Geist ausgestattet, mit sich selbst richtig umzugehen. Genau dieser Umstand ist es auch, der den Menschen manchmal seine Grenzen nicht mehr sehen lässt – die Weltgeschichte ist voll von solchen tragischen Gestalten, die wie Gott sein wollten.

Bei diesem Problemkreis, der weit über die von uns erfahrbare Wirklichkeit hinausgeht, ist es hilfreich, wenn wir uns noch einige Gedanken über unseren Geist machen. Der Mensch ist eine Einheit aus Körper, Seele und Geist, und dabei ist er auf der Ebene des Körpers und der Seele dem Tier ähnlich, aber nicht mit ihm verwandt. Den Geist hingegen besitzt nur der Mensch, und der Geist ist der göttliche Funke in uns. Wir wissen nicht, wie und wann unser persönlicher Geist, das Bewusstsein und Selbst, geschaffen wurde, wir wissen nur so viel, dass der Geist als »Odem des Lebens« direkt von Gott stammt. Der bekannte Hirnforscher John C. Eccles, der trotz jahrzehntelanger Forschung am menschlichen Gehirn den Sitz des Bewusstseins nicht lokalisieren konnte, gelangte zur Überzeugung, dass das Bewusstsein geistiger bzw. spiritueller Natur sein muss: »Da materielle Lösungen darin versagen, unsere erfahrene Einzigartigkeit zu erklären, bin ich gezwungen, die Einzigartigkeit des Selbst bzw. der Seele auf eine übernatürliche, spirituelle Schöpfung zurückzuführen« (John C. Eccles). [39] Das bedeutet, dass der Geist in diesem Sinn keinen Sitz im Körper hat, obwohl er während der Dauer des Lebens an das Körperliche gebunden ist und damit zur Einheit von Körper, Seele und Geist führt. Da wir den Geist im Körper nirgends lokalisieren können, bedeutet das, dass der Geist über dem Körper steht, aber an den Körper gebunden ist. Wir können uns zwar in Gedanken bzw. im Geist vom Körper trennen, aber wir können ihn zeit unseres Lebens nicht verlassen.

Es ist nun einmal eine Tatsache, dass zu einem vollständigen Menschen neben dem Körper, der sich aus einem affenähnlichen Geschöpf entwickelt haben soll, auch die Seele und vor allem auch der Geist gehören. Wie sich nun der menschliche Geist, auf dessen Leistung sich die Wissenschaft häufig beruft, aus einem geistlosen Affengeschöpf entwickeln konnte, und warum sich nicht alle Affen zu Menschen entwickelt haben, denn viele sind noch heute Affen, dies alles bleibt ein großes Rätsel, das die Evolutionslehre nicht lösen kann. Es ist auch interessant zu wissen, dass der Mensch sich einige hunderttausend Jahre in diesem affenähnlichen Zustand befunden haben soll und nicht daran gedacht hat, sich von dieser Stufe weiterzuentwickeln, und plötzlich, wie aus heiterem Himmel, vielleicht wieder mit Hilfe des bereits erwähnten sagenhaften unwahrscheinlichen Zufalls, gründet eben dieses affenähnliche Geschöpf die ersten großen Kulturen auf dieser Erde! Wie kam es nun zu diesem »evolutionären Quantensprung«, wie war denn das möglich? Zu dieser Frage gibt es in der Evolutionslehre viele Spekulationen, aber keine Antwort. Wenn nun diese ersten menschlichen Hochkulturen wenigstens »halbsteinzeitlich« und »primitiv« gewesen wären, aber die älteste uns heute bekannte Kultur, diejenige der Sumerer, war bereits genau so hoch entwickelt wie diejenige der Ägypter, der Babylonier, der Griechen, der Römer und auch – abgesehen von der Zivilisation – wie die heutige Kultur. Nun, alle diese Fragen, die von den Evolutionisten nicht beantwortet werden können, stellen für den »Kreationisten« überhaupt keine Probleme dar denn sie können allesamt mit dem Bericht in 1. Mose 1 - 11 beantwortet werden.

1.6.2 Erkenntnistheorie

Wissenschaftstheoretisch gesehen kann die Evolutionstheorie nicht mit dem Absolutheitsanspruch vertreten werden, wie sie in der heutigen Wissenschaft vertreten wird. Wissenschaftliche Theorien beschreiben und erklären Ausschnitte aus der Wirklichkeit nur vorbehaltlich besserer Ansätze, und deshalb können sich auch vielfach bestätigte und fest etablierte Theorien als falsch erweisen. »Diese Situation wird im Theorienpluralismusmodell der Erkenntnistheorie aufgegriffen (Spinner, Popper). Danach sind Alternativsätze, die mit etablierten Theorien konkurrieren, wünschenswert und notwendig, um ein Höchstmaß an Kritik und dadurch maximalen Erkenntnisfortschritt zu ermöglichen. Denn die empirischen und historischen Wissenschaften können den Wahrheitsanspruch ihrer Theorien niemals hinreichend begründen und dadurch geltungsmäßig rechtfertigen. Letzte Gewissheit, die nach dem Rechtfertigungsmodell der Erkenntnis (Certismus) angestrebt wird, ist nicht möglich, und eine Basis der Erkenntnis, die nicht mehr problematisiert werden kann, gibt es nicht.« [40] Wenn die Wissenschaft genau dies von der Evolutionstheorie behauptet, gibt sie dieser Theorie einen Absolutheitsanspruch, was für eine Theorie ja widersinnig ist. Dem Ziel der Wahrheitserkennung kann man sich nur durch Elimination des Falschen nähern, und um Falsches erkennen zu können, ist Kritik notwendig, und zwar je mehr, desto besser. Kritik erhält man aber vor allem durch Alternativ-Theorien. Da alle Theorien metaphysische Grundlagen besitzen, stellt sich eine auf die biblische Überlieferung gegründete Schöpfungsforschung (Kreationismus) nicht außerhalb der Wissenschaft und ist deshalb wissenschaftstheoretisch legitimiert. »Wahrheit« im wissenschaftlichen Sinne bleibt somit immer relativ, solange es keine verbindliche Offenbarung gibt. [41] Das Ziel einer »neutralen« Wissenschaft sollte deshalb sein, verschiedene alternative Theorien zuzulassen und zu fördern. Stattdessen bekämpft die Wissenschaft sämtliche Alternativen zur Evolutionslehre mit Feuer und Schwert und einem fanatischen Eifer, welcher die evolutionsorientierte Wissenschaft als Religion mit einem absoluten Wahrheitsanspruch erkennen lässt.

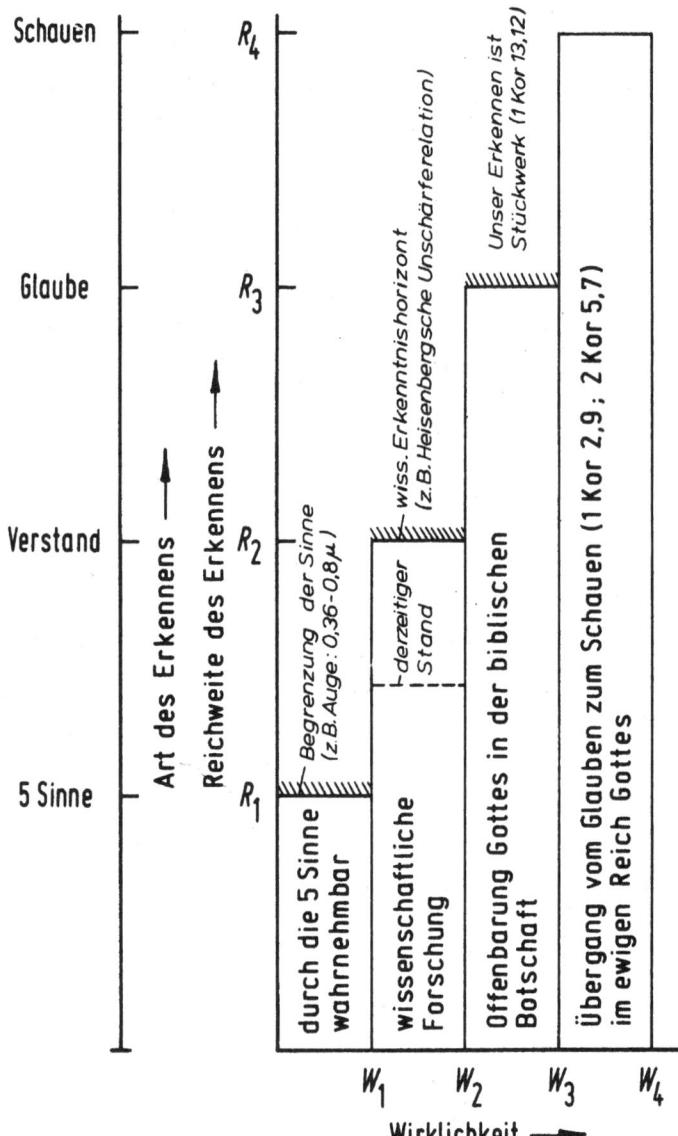

Abbildung 1.6: Diese Grafik zeigt eine vereinfachte Darstellung der Zuordnung der Wirklichkeitsbereiche (W) zur Reichweite und der Art des Erkennens (R). Daraus ist ersichtlich, dass all unserer Erkenntnis Grenzen gesetzt sind und dass der Glaube und das Schauen in Wirklichkeitsbereichen stattfinden, die der Forschung grundsätzlich nicht zugänglich sind.

Wie aus dieser Abbildung ersichtlich ist, gibt es vier verschiedene Arten des Erkennens, welche sich durch eine unterschiedliche Reichweite unterscheiden. Allen diesen Arten des Erkennens ist aber eines gemeinsam: Sie haben alle eine Grenze. Die kleinste Reichweite besitzen unsere fünf Sinne, denn die Reichweite dieser Sinne ist immer nach oben und unten begrenzt. So kann z.B. das Auge nur den Wellenlängenbereich von 0,36 – 0,8 μ wahrnehmen. Der Erkenntnisradius hat durch die Entwicklung von Messinstrumenten sowie der *naturwissenschaftlichen Forschung* gegenüber den Sinnen eine sehr große Ausweitung erfahren, denn die physikalisch erfassbare Wirklichkeit im Bereich der Wellenlängen zwischen den kosmischen Strahlen und den elektrischen Wellen liegt bereits um astronomische Dimensionen höher als diejenige, die unser Auge wahrnehmen kann. Trotz dieser immensen Erfahrungswirklichkeit ist dennoch größte Bescheidenheit das Angemessene. Konrad Lorenz hat das so ausgedrückt: »Unsere wissenschaftliche Erkenntnis hat kaum die Oberfläche ihrer komplexen Ganzheit angekratzt, unser Wissen steht zu unserem Unwissen in einer Relation, deren Ausdruck astronomische Ziffern erfordern würde.« [42] Durch die Heilige Schrift erfährt unser Erkenntnisradius durch die *Offenbarung Gottes* eine noch größere Reichweite. Durch Gottes Wort erfahren wir im Glauben Dinge, die mit wissenschaftlichen Mitteln nicht erforscht werden können. »... *so sind auch meine Wege höher als eure Wege und meine Gedanken höher als eure Gedanken*« (Jes 55,9). Die Offenbarung Gottes kann denn auch nicht mit dem Verstand erkannt werden, sondern ausschließlich durch den Glauben. Die Offenbarung des unwandelbaren Gottes gibt uns eine solche Gewissheit und ist nicht auf dem Fließsand der sich ständig wandelnden Meinungen gebaut. Deshalb gibt es auch einige sehr schwierige Stellen in der Bibel, die nicht mit menschlicher Vernunft gelöst werden können. Dies weist uns direkt darauf hin, dass die Bibel einen göttlichen Ursprung hat. Die höchste erreichbare Art der Erkenntnis ist der Bereich des Schauens, welcher sich dem Glaubenden erst nach diesem Leben erschließt: »*Was kein Auge gesehen und kein Ohr gehört und in keines Menschen Herz gekommen ist, hat Gott denen bereitet, die ihn lieben*« (1Kor 2,9). Wenn der Glaube zum Schauen kommt, werden uns Dinge offenbart, die wir nicht einmal erahnen konnten. [43]

1.7 Wissenschaftliche Argumente gegen Evolution

1.7.1 Entstehung der Erdschichten

Nachdem wir uns in den letzten Abschnitten mit der Entstehung der Evolutionslehre beschäftigt haben, befassen wir uns in diesem Abschnitt mit einigen Problemen, welche die Evolutionisten mit der Erklärung und Beweisführung ihrer unbewiesenen Lehre haben. Einer der Grundpfeiler der Evolutionslehre ist der Aktualismus. Diese Lehre besagt, dass in der Vergangenheit ähnliche Prozesse abgelaufen sind, wie wir sie heute noch beobachten können. Damit wäre es durch Rückrechnung möglich, z.B. die Dauer für die Entstehung der Erdschichten zu berechnen. Bei aufmerksamer Beobachtung der abgelagerten Schichten bemerkt man jedoch sehr schnell, dass diese nicht kontinuierlich entstanden sein können, sondern dass in der Vergangenheit einige größere Katastrophen stattgefunden haben müssen. Diese Ansicht ist nicht neu, denn bis zum Anfang des 18. Jahrhunderts war dies die Lehrmeinung der Geologie. Die Wissenschaft geht heute davon aus, dass die ältesten Sedimente auf der Erdoberfläche vor etwa 4 Milliarden Jahren abgesetzt wurden. Neben den radiometrischen Methoden versucht man dieses hohe Alter unter anderem folgendermaßen zu begründen: »Die Materialmenge, die heute pro Jahr an bestimmten Stellen auf dem Meeresgrund abgelagert wird, wurde gemessen und dient als Grundlage zur Messung der Zeit, die zum Aufbau der Schichten notwendig war. [...] Um eine Kalkschicht von einem Meter Dicke abzulagern, benötigt es unter den heutigen Umweltbedingungen ca. 40.000 Jahre.« [44] Dabei ist aber zu bedenken, dass bei solchen Ablagerungen, welche so langsam abgesetzt werden, keine versteinerten Lebewesen (Fossilien) enthalten sein können. Bakterien und Aasfresser sorgen dafür, dass die toten Lebewesen innerhalb kurzer Zeit beseitigt werden. Fossilien von Weichteilen und Pflanzen, die in Ablagerungen vorkommen, mussten deshalb so schnell und vollständig verschüttet worden sein, dass weder Luft und Wasser noch Bakterien und Aasfresser Zutritt fanden. Da tote Lebewesen, wie Fische und Pflanzen, bereits innerhalb von Tagen und Wochen zerfallen, mussten solche Erdschichten so schnell abgesetzt werden, dass die eingeschlossenen Lebewesen weder verwesen noch verfaulen konnten. Nach einem Jahr ist von einem toten Tier in der Regel außer einigen vermoderten Knochen nicht mehr viel übrig. Daraus ist zu schließen, *dass »die fossilhaltigen Schichten [...] in einem Zeitrahmen von Tagen, Wochen oder Monaten abgesetzt wurden!* Daher kann die Ablagerung der Schichten, in denen versteinerte Lebewesen eingelagert sind, nicht Millionen Jahre gedauert haben.« [45]

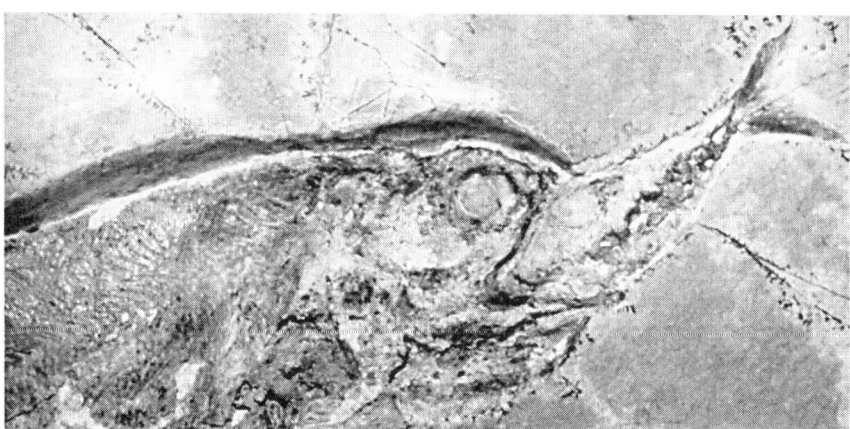

Abbildung 1.7: Unter den katastrophischen Umständen der Sintflut wurde dieser Fisch (vom Geschlecht der Catures) so schnell von Sedimenten vollständig zugedeckt, dass er nicht einmal mehr Zeit hatte, seine Beute zu verschlingen. Solche fossilen Funde sind keine Ausnahme.

Das Entstehen von Fossilien kann heute in der Natur in der Regel nicht mehr beobachtet werden, denn Fossilien entstehen gewöhnlich nur bei großen Katastrophen und auch dann nur, wenn die Lebewesen *vollständig und schnell* vom Zutritt von Luft, Wasser, Bakterien und Aasfressern abgeschnitten werden. »Die gut erhaltenen Fischfossilien, die in Kalksteinen enthalten sind, zeigen, dass ihre Einbettung im Kalkschlamm sehr schnell geschehen musste, denn ein an der Luft oder im Wasser liegender Fisch zerfällt innerhalb weniger Wochen. [...] Im Brockhaus von 1988 steht unter dem Stichwort ›Fossilisation‹ [...]: ›Voraussetzung (für die Bildung von Fossilien) ist die schnelle Einbettung abgestorbener Lebewesen in tonige, sandige und andere Ablagerungen oder in Harz (der spätere Bernstein), sodass sie nicht verwesen, gefressen oder durch äußere physikalische oder chemische Kräfte zerstört werden können.‹« [46] In der brasilianischen Santana-Formation existieren sehr eindrückliche Belege für eine extrem schnelle Fossilierung von Tieren. Bei den Fischen, die man dort findet, sind die Weichteile teilweise noch ganz vorhanden. Da die Verwesung dieser Weichteile aber bereits nach fünf Stunden einsetzt, bedeutet das, dass diese Fische innerhalb von fünf Stunden vollständig zugeschüttet wurden. Deshalb kann man die Behauptung aufstellen, dass mindestens die fossilhaltigen Erdschichten sehr schnell entstanden sein müssen, da eine langsame Ablagerung über Millionen von Jahren die Bildung von Fossilien unmöglich macht! Eine schnelle Ablagerung bedeutet dann, dass eine solche Schicht innerhalb von Tagen, Wochen oder Monaten entstanden sein muss, also in einer geologisch unglaublich kurzen Zeit.

1.7.2 Abiogenese (Entstehung des Lebens aus toter Materie) [47]

Noch vor etwas mehr als hundert Jahren glaubte man tatsächlich, dass die kleinen Lebewesen wie Fliegen aus faulendem Fleisch und Mäuse von selbst aus Schlamm oder Abfällen oder faulenden Lumpen spontan von selbst entstehen. Man nannte diese Entstehung »Urzeugung« (Abiogenese). »Erst Louis Pasteur hat am 1. April 1864 vor einer großen Versammlung von Wissenschaftlern an der Sorbonne in Paris mit Experimenten bewiesen, dass es keine ›Urzeugung‹ gibt.« Pasteur, der übrigens Darwins Lehre ablehnte, folgerte daraus, dass heute Leben nur von Leben entstehen kann. »Bakterien können nicht von selbst in einer Nährflüssigkeit entstehen. Zuerst muss mindestens eine Bakterie von außen in die Nährflüssigkeit hineinkommen, und diese Bakterie kann sich dann durch Teilung vermehren.« Also: *Leben kommt nur von Leben!* Damit ist auch die alte Frage beantwortet, was zuerst war, das Huhn oder das Ei. Trotzdem glauben auch heute noch viele Wissenschaftler daran, dass diese Urzeugung vor einigen Milliarden Jahre auf der Urerde möglich gewesen sein soll (Ursuppentheorie). Bis heute ist es der Wissenschaft aber trotz immensem Aufwand nicht gelungen, diese spontane Entstehung experimentell zu beweisen. Das wird vermutlich auch niemals möglich sein, denn lebendige Organismen benötigen zum Aufbau und zur Funktion sehr viel gespeicherte Information. Diese im genetischen Code geschriebene Information kann nicht von selbst entstehen, genauso wenig wie das vorliegende Buch von selbst entstanden ist. »Der Amerikaner Miller glaubte durch seine Experimente bewiesen zu haben, dass Leben in einer ›Ursuppe‹ entstehen kann. Aber seine Einrichtung im Labor produzierte nur einen kleinen Bruchteil der Bausteine, die nötig sind um Lebewesen aufzubauen. Zudem waren diese mit vielen unerwünschten und schädlichen Stoffen verunreinigt«, die einen weiteren Aufbau größerer Moleküle verhindern. »Wenn aus solchen Bausteinen jemals Leben entstehen sollte, wären viele zusätzliche chemische und physikalische Schritte notwendig.« Dabei muss man sich aber auch im Klaren sein, dass damals auf der Erde in dieser Ursuppen-Atmosphäre kein Wissenschaftler anwesend war, welcher die Prozesse dermaßen hätte steuern können, dass die zufällig entstandenen Bausteine nicht sofort wieder durch die nicht gerade sehr lebensfreundliche Umgebung zerstört worden wären. Auch wenn es eines Tages tatsächlich gelingen sollte, das Leben im Labor zu erzeugen, bedeutet dies deshalb noch lange nicht, dass dies auch außerhalb des Labors, damals in der Ursuppe, möglich gewesen war. [48]

Die Abiogenese läuft angeblich in folgenden fünf Schritten ab: [49]

- **Schritt 1** Man hat angenommen, dass sich »die Umstände auf der Erde vor einigen Milliarden Jahren derart von den gegenwärtigen unterschieden, dass spontane Abiogenese damals möglich gewesen sein soll.« Der wichtigste Unterschied zu heute ist, dass in der Uratmosphäre kein Sauerstoff enthalten war. Durch Sauerstoff könnten die entstandenen organischen Verbindungen oxidieren. Die Atmosphäre bestand vielmehr aus Ammoniak und Kohlenstoff, hauptsächlich in Form von Methan und Kohlenmonoxyd. Doch sogar überzeugte Evolutionisten haben mit diesen Spekulationen ihre Mühe. Die Schwierigkeiten sind dabei: a) Ein hohes Maß an Photolyse (chemische Zerlegung durch Strahlungsenergie) des atmosphärischen Wasserdampfes durch ultraviolettes Licht hätte bereits sehr früh in der Erdgeschichte eine Menge Sauerstoff produziert. b) Es gibt keine Hinweise darauf, dass sich die Erdatmosphäre jemals stark von der heutigen unterschieden hat. c) Es gibt keinen chemischen Beweis, dass die Atmosphäre jemals Methan enthalten hat. Und Ammoniak wäre durch Photolyse schnell abgebaut worden. Damit ist eine spontane Abiogenese faktisch bereits ausgeschlossen.

- **Schritt 2** Um die angenommene Abiogenese nicht bereits nach dem ersten Schritt abbrechen zu müssen, nehmen wir das Unwahrscheinliche an, dass in der Uratmosphäre doch Methan und Ammoniak vorhanden war. Stanley Miller gelang es mit Experimenten im Jahr 1953 Aminosäuren (die Bausteine der Eiweisse) und andere organische Verbindungen zu synthetisieren. Dazu verwendete er ein Gemisch von Methan, Ammoniak, Wasserstoff und Wasserdampf die er mit elektrischer Energie, einer Nachahmung von Blitzen, bearbeitete. Mit diesem und weiteren Experimenten glaubte man beweisen zu können, dass Leben spontan entstehen kann. Dabei ist mit dem zufälligen Entstehen eines Ziegelsteines aber noch lange keine Kathedrale gebaut. Des Weiteren wurden bei diesen Experimenten die entstandenen Produkte unmittelbar nach der Entstehung von der Energiequelle getrennt, um zu verhindern, dass diese entstandenen Produkte nicht gleich wieder zerstört wurden, weil die Hitze und die Strahlungsenergie viel effektiver im Abbau als im Produzieren der Produkte sind. Auf der jungen Erde standen hingegen keine Wissenschaftler bereit, um die entstandenen Produkte zu »retten« und dafür zu sorgen, dass diese »in ausreichenden Konzentrationen im Ozean landen würden, um dort in das folgende Stadium der Abiogenese überzugehen.«

- **Schritt 3** Da das Leben auf der frühen Erde ja irgendwie entstanden sein muss, nehmen wir ein zweites Mal das Unwahrscheinliche an. Die Polymere (lange chemische Bausteinketten) wie Peptide (Aneinanderreihungen von Aminosäuren) und Polynukleotide (Aneinanderreihungen von Nukleotiden, den Bausteinen der DNS und RNS), die im Schritt 2 entstanden sind, unterliegen aber der Hydrolyse. Dies bedeutet, dass die Polymere chemisch »durch den Wasserüberfluss Wassermoleküle aufnehmen und dadurch abgebaut werden.« Um dieses Problem zu umgehen, wurden verschiedene Meinungen geäußert: von einer jungen Erde mit sehr niedrigen Temperaturen möglichst unter dem Gefrierpunkt bis zur Entstehung der Polymere an der heißen Oberfläche erstarrender Lava im Ozean. Bei niedrigen Temperaturen hätten die folgenden chemischen Reaktionen in der Abiogenese nicht stattfinden können, bei hohen Temperaturen wären die Peptide durch die Hitze bleibend verformt und für das Leben somit ungeeignet geworden.

- **Schritt 4** Doch nehmen wir nun noch ein drittes Mal das Unwahrscheinliche an, dass in diesem angenommenen Urozean auf irgendwelche Art und Weise doch dauerhafte, nicht bleibend verformte Peptide entstanden seien. Doch auch dann wären diese für die Abiogenese völlig ungeeignet, weil sie aus *links- und aus rechtsdrehenden* Aminosäuren bestehen würden. Eiweisse besitzen in lebenden Zellen aber ausschliesslich die »linksdrehende« Form. Wird im Eiweiss nur eine einzige Aminosäure durch ihr rechtsdrehendes Spiegelbild ersetzt, wird damit die biologische Wirkung dieses Eiweisses vollständig zerstört. Wenn das Unwahrscheinliche nun passierte und im Urozean tatsächlich Peptide entstanden, dann waren dies Razemate (gemischte Ketten von links- und rechtsdrehenden Formen). Da Razemate für die Entwicklung des Lebens völlig ungeeignet sind, bricht die angenommene Abiogenese hier ab, denn durch Zufallsprozesse entstanden noch in keinem einzigen Experiment Peptide von rein linksdrehenden Aminosäuren.

- **Schritt 5** Doch nehmen wir nun noch ein viertes und letztes Mal das Unwahrscheinliche an, dass im Urozean doch Peptide entstanden wären, die ausschließlich aus linksdrehenden Aminosäuren bestanden. Diese könnten dann mit anderen Stoffen wie Fetten oder Nukleinsäuren leicht Koazervate bilden. Diese Kügelchen wurden bereits als Übergang zwischen Molekülen und lebenden Zellen betrachtet. Es wurde sogar nachgewiesen, dass z.B. Enzyme (katalysierende Eiweiße) durch ein Koazervat vom umgebenden Milieu her absorbiert werden können. »Die Unterschiede zu lebenden Zellen sind jedoch riesig. Koazervate sind keine stabilen Systeme; sie zerfallen sehr leicht wieder. [...] Die

›einfachste‹ lebende Zelle enthält noch immer Hunderte verschiedener Arten von Enzymen, Tausende verschiedene Arten von RNS- und DNS-Molekülen und Tausende anderer Arten komplexer organischer Verbindungen; sie ist von einer äußert komplexen Membran umschlossen. Tausende chemischer Reaktionen sind sorgfältig koordiniert in Zeit und Raum, sind Stück für Stück zweckmäßig und bedeutungsvoll für die Selbstverteidigung und Reproduktion dieser Zelle. Kurzum: die lebende Zelle ist ein Muster einer unendlich komplexen Planmäßigkeit.« [50]

Wir sehen in diesen fünf Schritten also, dass man mehrere Male das Unwahrscheinliche annehmen muss, um nur das spontane Entstehen von Peptiden aus lebloser Materie zu erklären. Der Weg zu einer Zelle ist aber noch unendlich weit. Die »weiteren Schritte sind teilweise so schwierig, dass man bis heute noch nie alle von ihnen erfolgreich im Labor durchführen konnte. Vor allem müssten die einzelnen Bausteine im genetischen Code so zusammengefügt werden, dass sie von Anfang an die richtigen Informationen enthalten. Solange diese Informationen nicht fehlerfrei sind, kann kein Leben entstehen.« [51] Leslie E. Orgel schreibt am Schluss eines Artikels: »In der nächsten Zukunft werden die vollständigen Einzelheiten über die Entstehung der RNA-Welt und des Lebens wahrscheinlich nicht entdeckt«. [52]

Am 26. Juni 2000 verkündete der ehemalige US-Präsident Bill Clinton im Rahmen einer pompösen Zeremonie, dass es Molekularbiologen nach 14-jähriger Forschungsarbeit gelungen sei, die etwa 3,1 Milliarden Basenpaare des menschlichen Genoms fast vollständig zu entschlüsseln. Die einzelnen Buchstaben dieser chemischen Schrift bezeichnet man als »DNA-Basenpaare« oder »Nukleotide«, die Sätze als »Gene« und die Summe aller Gene mit »Genom«. Das Genom bildet den Bauplan des Lebewesens und enthält somit die gesamte Information über den Aufbau eines Lebewesens. Das reine Aufeinanderfolgen der vier Buchstaben G, A, T und C ist aber offensichtlich noch nicht der Schlüssel zum Bauplan des Menschen, denn es sind die Buchstaben einer Sprache, die niemand versteht und die vielleicht auch nie verstanden wird. Es ist, als wenn wir eine Bibel zu lesen versuchten, bei der alle Buchstaben ohne Komma und Punkt aneinander gereiht sind, und dies in einer unbekannten Indianersprache! Das Genom der einfachsten bisher entschlüsselten Bakterie enthält bereits 580.000 Basenpaare, und wenn wir jedes Basenpaar als einen der uns bekannten Buchstaben betrachten, so ergibt das ein Buch mit einem Umfang von etwa 220 Seiten. [53] Das Genom des Menschen hingegen besteht aus der unvorstellbaren Menge von etwa 3.000.000.000 (drei Milliarden) Basenpaaren. Dies entspricht dem Inhalt von etwa 6.000 Büchern zu je 200 Seiten oder in etwa dem Inhalt von 1.000 Bibeln! Diese Menge an Information in nur einem einzigen menschlichen Genom ist bereits unvorstellbar groß. Zudem muss die Zelle in der Lage sein, bei jeder Zellteilung das gesamte Genom zu kopieren, zu kontrollieren und die Kopierfehler zu korrigieren! Die zufällige Entstehung eines solch unvorstellbar komplexen Gebildes wie die menschliche Zelle ist deshalb faktisch ausgeschlossen.

1.7.3 Fehlende Zwischenformen (Missing Links) [54]

»Die ältesten Erdschichten, die eindeutig Fossilien enthalten, sind die des so genannten Kambriums.« Aufgrund der Evolutionslehre würde man nun erwarten, dass in dieser Schicht die primitivsten Organismen vorkommen. Doch sie kommen dort nicht vor! »Von *allen* Hauptabteilungen, ja sogar von fast allen Klassen des Tierreiches kommen im Kambrium bereits hoch entwickelte Vertreter vor, ohne dass die geringste Spur gemeinsamer Vorfahren gibt. (Nur die Wirbeltiere und die Mooskorallen sowie die Insekten scheinen erst in höheren Erdschichten aufzutreten, nämlich im Ordovizium bzw. im Devon.) In den Erdschichten, die älter sind als das Kambrium, kommt kaum ein unbestrittenes höheres Fossil vor. *Das bedeutet, dass Hinweise für die ersten 80 bis 90 % der behaupteten Geschichte des Lebens auf der Erde vollkommen fehlen.* Es gibt somit keinen einzigen fossilen Beweis für die Behauptung, dass einzellige und mehrzellige Lebewesen oder Pflanzen und Tiere oder selbst die Klassen des Tierreiches überhaupt miteinander verwandt sind.« [55] Ein weiteres Problem für die Evolutionslehre ist die Tatsache, dass *alle* Ordnungen, Familien und Klassen in der postulierten Abstammungsgeschichte *plötzlich und ohne Übergangsformen* auftreten. Da die Fische, die Amphibien, die Reptilien, die Vögel und die Säugetiere tatsächlich in aufeinanderfolgenden Erdschichten aufzutreten scheinen, könnte dies im Rahmen einer allgemeinen Evolution gedeutet werden. Zwischen allen diesen Klassen und ihren vielen Ordnungen müsste man nun aber unzählige Zwischenformen erwarten. Aber sie kommen da nicht vor, denn alle diese Klassen mit ihren vielen Ordnungen erscheinen immer plötzlich und ohne Übergangsformen. Als Übergangsform zwischen den Fischen und den Reptilien wurden schon viele Beispiele angeführt, die aber alle wieder verworfen wurden. Nur für den Übergang zwischen Reptilien und Vögeln hält man sich hartnäckig daran, dass der Archaeopteryx eine Übergangsform darstellen soll, obwohl heute erwiesen ist, dass der Archaeopteryx zu hundert Prozent ein Vogel war, gefiedert und warmblütig. »Die Tatsache, dass man immer wieder dieselbe Form als Beispiel anführt, weist bereits darauf hin, wie schlecht es um die Anzahl bekannter Übergangsformen bestellt ist« [56], obwohl in den vergangenen hundert Jahren viele Milliarden fossilierte Lebewesen entdeckt wurden.

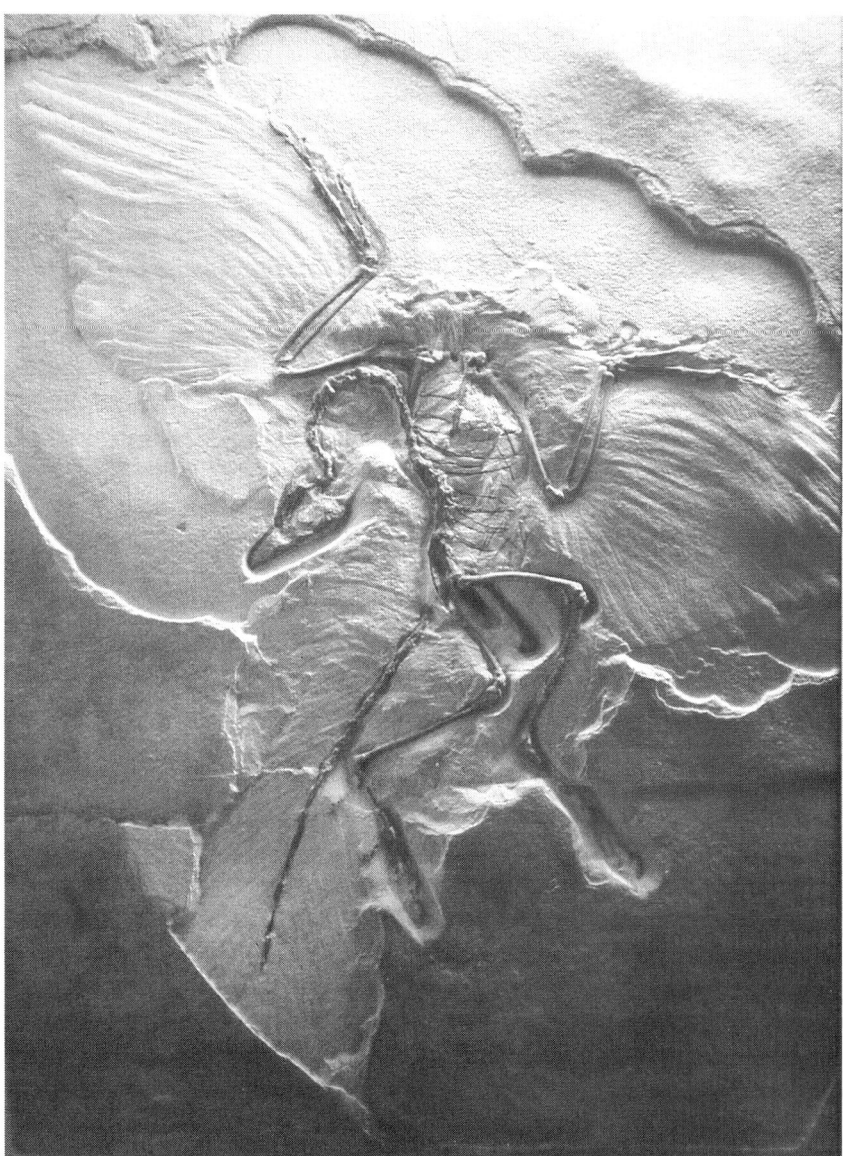

Abbildung 1.8: Der »Urvogel« Archaeopteryx lithographica, Abguss des Berliner Exemplars: Die Wissenschaft hält sich hartnäckig daran, dass dieser Vogel eine Übergangsform zwischen Reptilien und Vögeln darstellen soll, obwohl erwiesen ist, dass dieses Wesen zu hundert Prozent ein Vogel ist.

Zu beachten sind noch zwei weitere Merkmale der Fossilien, welche mit dem Evolutionsmodell überhaupt nicht übereinstimmen. »Erstens kommen in den Erdschichten viele so genannte *persistierende* Arten vor, das sind

Pflanzen- und Tierarten, die während der gesamten geologischen Zeit fast oder völlig unverändert geblieben sind«, z.b. die Viren, Bakterien und Schimmelpilze seit dem Präkambrium, Schwämme, Schnecken und Quallen seit dem Kambrium, Skorpione und Korallen seit dem Silur, Haie und Lungenfische seit dem Devon und viele weitere belegte Beispiele. [57] Zweitens bilden die »so genannten *lebenden Fossilien*« noch viel größere Schwierigkeiten für das Evolutionsmodell. Dies sind »Fossilien, welche nur in älteren (tieferen) Erdschichten gefunden wurden, somit in jüngeren (höheren) Erdschichten überhaupt nicht vorkommen und deshalb als ausgestorben betrachtet werden müssten, kämen diese Arten nicht noch immer lebend und unverändert vor!« [58] Beispiele solcher lebenden Fossilien sind Lingula, das brachiopode (armfüßige) Muscheltier, Neopilina, die Molluske (das Weichtier) sowie Latimeria, der quastenflossige Fisch, der seit der Kreide ausgestorben sein sollte. Von diesen Beispielen »ist die angebliche Abstammung völlig undokumentiert; sie haben sich seit ihrem Erscheinen nicht beträchtlich verändert; sie fehlen völlig in höheren Erdschichten, und sie leben heute alle noch und sehen immer noch gleich aus.« [59] *Aus diesen Befunden kann somit gefolgert werden, dass der Fossilbericht die Evolutionstheorie nicht bestätigt!* Im Gegenteil, der Fossilbericht spricht in vieler Hinsicht gegen das Evolutionsmodell!

1.7.4 Widerspruch zu Naturgesetzen

Das Langzeitmodell, auf dem die Evolutionslehre aufgebaut ist, widerspricht einem Naturgesetz, dem **1. Hauptsatz der Thermodynamik**: »Wärme, Elektrizität, Licht und Schall sind verschiedene Formen von Energie. Das Naturgesetz von der Erhaltung der Energie [...] sagt, dass Energie nie verloren geht, sondern erhalten bleibt. Sie kann zwar von einer Form in eine andere umgewandelt werden, aber sie bleibt erhalten. In einem Kohlekraftwerk wird durch Verbrennen von Kohle Wärmeenergie freigesetzt, und diese wird dann von den Turbinen und Generatoren in elektrische Energie umgewandelt.« [60] Die Urknall-Theorie geht davon aus, dass vor dem Urknall alle Energie in einem Punkt konzentriert gewesen war. Wenn dies nun tatsächlich so gewesen ist, dann muss diese Energie einmal an diesem Punkt entstanden sein. Das widerspricht dem Naturgesetz von der Erhaltung der Energie. Denn weder Materie noch Energie können aus dem Nichts entstehen (außer wenn man von einer Schöpfung ausgeht).

Des Weiteren bereitet der **2. Hauptsatz der Thermodynamik**, die Entropie (die Zerstörung von Strukturen), einige Schwierigkeiten bei der Erklärung dieses Langzeitmodelles. Leben ist nur deshalb möglich, weil das Know-how des Lebens durch irgendeine Ursache in die Lebewesen kam, und dieses Know-how widersteht der Entropie, denn sonst würden auch diese Strukturen zerstört. Die Entropie bewirkt aber, dass diese Strukturen im Verlaufe der Jahrtausende langsam zerfallen. Das bedeutet, dass diese Strukturen zu Beginn den höchsten Stand erreichen und nicht am Ende. Diese Tatsache können wir sehr gut beobachten, denn die meisten Bauwerke vergangener Kulturen, welche in den letzten Jahrtausenden gebaut wurden, sind heute entweder Ruinen, zerfallen langsam oder sind bereits ganz verschwunden. Das Gleiche können wir bei den Tier- und Pflanzenarten beobachten, **ein großer Teil** davon ist heute bereits ausgestorben. Auch unsere Erbfaktoren werden im Verlaufe von Jahrhunderten nicht besser, sondern immer schlechter; die Erbkrankheiten nehmen dadurch zu. Der 2. Hauptsatz der Thermodynamik besagt, dass die Entropie (die Zerstörung von Strukturen) in einem geschlossenen System nie abnehmen kann. (Eigentlich ist die Erde kein geschlossenes System, da Energie »hereinkommt«. Nur: Das hilft nicht, weil Energie alleine nicht zu neuen Strukturen führt.)

Die Entropie ist auch ein Mass für die gleichmässige Verteilung der Energie. Dies kann man leicht testen, indem man ein Glas mit heissem Wasser füllt und dieses in einen Behälter mit kaltem Wasser stellt. Nach einiger Zeit entsteht ein Temperaturausgleich und das Wasser hat in beiden Behältern die genau gleiche Temperatur. Es ist nicht möglich, dass die ursprüngliche Hitze wieder ins kleine Glas zurückkehrt. Die Evolutionslehre geht davon aus, dass die außerordentlich komplizierten Strukturen des Weltalls und des Lebens von selbst durch einen Prozess der Höherentwicklung entstanden sein sollen. Dieser Prozess der Höherentwicklung kann heute nicht mehr beobachtet werden, wir treffen überall auf die Entropie, was der entgegengesetzten Richtung von Höherentwicklung entspricht, nämlich einem langsamen Zerfall der Strukturen und des Lebens. Demzufolge kann man festhalten: Das Weltall und das Leben sind nicht aus einem Urchaos entstanden und entwickeln sich immer weiter zu einer höheren Ordnung, sondern im Anfang war eine höhere Ordnung welche mit der Zeit durch das Wirken der Entropie zu einem Chaos zerfallen wird! Dies ist die konsequente Auslegung des Entropiesatzes. Diese Auslegung entspricht sowohl der Schöpfungslehre wie auch unserer Beobachtung.

1.7.5   Planmäßigkeit und Information

Wie wir als Schlussfolgerung aus den fünf Schritten der Abiogese gesehen haben, ist die lebende Zelle ein Muster einer unendlich komplexen Planmäßigkeit. Es existiert kein einziges System in diesem Universum, das wir nicht als »planmässig« bezeichnen könnten, denn die Ordnung, Komplexität, Zweckmässigkeit und Informationsinhalt eines Systems fordert die Annahme eines Planes. Allein durch Materie und Energie ist keine Selbstorganisation möglich, denn für das Funktionieren eines Systems ist ein »Programm« nötig, die Information. Das bedeutet, dass die Selbstorganisation ohne Information unmöglich ist. Deshalb muss man sich hier die Frage stellen, woher Information kommt? Denn es gibt im ganzen Universum keine einzige Informationsquelle ohne »Intelligenz«. Da sich in lebloser Materie keine Information befindet kann die leblose Materie auch nicht selbst Information produzieren, denn *aus Nicht-Information kann keine Information entstehen!* Da Information existiert und diese sich nicht aus Nicht-Information entwickelt haben kann, zwingt uns das zur Annahme einer Informationsquelle, einer »Intelligenz«. Denn auch bekannte Systeme können ihre Information nicht aus Nicht-Information produzieren, da in Wirklichkeit die Information von vornherein bereits vorhanden war. Die Information besteht aus zwei Teilen: der Buchstaben (Code) und der Sprache. Die gleiche Struktur finden wir in einer Zelle: a) ihre spezifische physikalisch-chemische Struktur (die ihre direkte physiologische Wirkung bestimmt) und b) überlagernd: Information, Code, codierte Instruktion. Ersteres sind die »Buchstaben« und letzteres ist die »Sprache«. Da die Buchstaben ohne den Sprachgebrauch wertlos sind, können sie auch nicht selbst den Sprachgebrauch produzieren. Buchstaben erhalten ihren Wert erst durch den Sprachgebrauch, durch die Regeln einer Sprache, die die Buchstaben zu Sätzen und zur Sprache formen. Wenn nun tatsächlich durch unwahrscheinliche Zufallsprozesse Eiweisse und Nukleinsäuren entstehen könnten, dann würden diese nur über die erste Struktur verfügen, über die »Buchstaben«. Da man diese Buchstaben ohne den Sprachgebrauch nicht lesen kann, sind sie wertlos und somit für die lebende Zelle ungeeignet. Da der »Sprachgebrauch« bzw. die Information nicht in den Buchstaben vorhanden ist, muss sie dem System von aussen zugeführt werden. Damit kann festgehalten werden: *Das Leben ist entstanden aus Materie und Energie plus dem Input exogener Information.* Die Wissenschaft beweist dies laufend durch ihre Experimente, indem sie gezielt von außen Information durch präzis gelenkte biochemische Reaktionen (mittels sorgfältig angewandter Information) zuführen. Dieses sehr intelligente Prinzip haben die Wissenschaftler dabei den lebenden Zellen »abgeschaut«.

1.7.6 Mikro- und Makroevolution

Die Evolutionslehre geht davon aus, dass die Komplexität des Lebens durch eine postulierte »Höherentwicklung« der Organismen im Laufe der ebenso postulierten Evolution entstanden sei. Dabei muss aber konkret definiert werden, was unter »großen« und »kleinen« Veränderungen sowie unter »Höherentwicklung« zu verstehen ist. Bei diesen Definitionen ist es aber sehr wichtig, dass wir immer zwischen Mikro- und Makroevolution unterscheiden. **Mikroevolution** bedeutet dabei, dass Veränderungen innerhalb bestehender Organisationsmerkmale stattfinden. Bereits vorhandene Organe, Strukturen und Baupläne können sich innerhalb bestimmter Grenzen verändern. Bei der Mikroevolution entsteht aber niemals etwas Neues, sondern Bestehendes wird verändert bzw. zu einem bestimmten Zweck optimiert. Mikroevolution kann noch heute in der Natur beobachtet werden. Die Entstehung der verschiedenen Hunderassen aus einer Urform, wahrscheinlich dem Wolf, ist ein klassisches Beispiel für Mikroevolution. Alle Kreuzungen und Züchtungen können zwar das Aussehen, die Körperhaltung, das Verhalten und andere Merkmale verändern, das daraus entstehende »Produkt« bleibt aber im Falle des Hundes immer ein hundeartiges Tier. Aus einem Hund kann also niemals eine Katze werden. **Makroevolution** hingegen ist die Entstehung neuer, bisher nicht vorhandener Organe, Strukturen und Baupläne und damit auch die Entstehung qualitativ neuen genetischen Materials. In diesem Sinne wird in der Regel der Begriff Höherentwicklung verwendet.

Abbildung 1.9: Diese Grafik zeigt den grundsätzlichen Unterschied zwischen einer postulierten Makroevolution, bei der alle Lebewesen gemeinsame Vorfahren besitzen, und der tatsächlich auch beobachtbaren Mikroevolution, bei der die heute existierenden Ausprägungen einer geschaffenen Art von einer »Urform« dieser Art abstammen.

Im Fall einer postulierten Höherentwicklung, z.b. der Säugetiere aus Reptilien und einfacher organisierter Lebewesen, entstehen ganz neue Strukturen wie Haare, Milchdrüsen, Einrichtungen für die Temperaturregulation und alles, was die Säugetiere von den Reptilien unterscheidet. Im Gegensatz zur Mikroevolution kann die Makroevolution heute weder beobachtet noch im Labor nachvollzogen werden.

Das bekannteste Beispiel für Mikroevolution (und nicht für Makroevolution) sind die Darwinfinken der Galapagos-Inseln. Auf diesen 1100 km westlich von Ecuador gelegenen Inseln kommen auffallend viele Finkenarten vor, insgesamt werden 13 Arten unterschieden. Diese Arten unterscheiden sich im Wesenlichen in der Körpergröße sowie in der Schnabelform und -größe. Der wichtige Befund ist aber, dass diese verschiedenen Arten *kreuzungsmäßig miteinander verbunden* sind. Dies bedeutet, dass der Grundplan der Organisation der regulatorischen Gene gleich ist. Damit sind diese 13 Arten keine verschiedenen Tierarten im Sinne einer Tierart wie Hunde, Katzen, Pferde, sondern »Ausprägungen« der gleichen geschaffenen Art. Denn diese verschiedenen Ausprägungen (und nicht Arten) sind immer noch Finken und werden auch weiterhin Finken bleiben. [61] In der »Standaard Encyclopedie« ist unter dem Stichwort »Evolution« Folgendes zu finden: »Die ›Makroevolution‹, die das ab und zu auftretende Erscheinen und Auseinandergehen neuer Gruppen umfasst, wie es sich im Laufe der geologischen Zeiten ereignet hat, und die die höheren Stufen der Systematik wie Gattungen, Familien und Ordnungen oder Klassen betrifft, lässt sich durch experimentelle Genetik nicht direkt erklären. Die vorausgesetzten Hypothesen, die sich auf drastische Veränderungen der genetischen Anlagen stützen, können in Wirklichkeit nicht bewiesen werden. Auch die Ursachen des überwiegend steigenden Verlaufs der Evolution bleibt unerklärt. Die Ursachen und Triebfedern der Evolution und folglich auch der Umfang und die Art und Weise der wechselseitigen Verwandtschaft zwischen den verschiedenen Gruppen der Systematik bleiben unsicher und umstritten« [62] Ouweneel zieht den Schluss: Die Genetik bietet »keine Grundlage für den Glauben an eine Makroevolution«, sondern im Gegenteil betont sie, »dass die basalen Lebensformen (meist die Arten, manchmal die Gattungen oder vielleicht sogar die Familien), wie variabel sie auch sein mögen (im Sinne der Mikroevolution, Hinzufügung des Autors), als Ganzes konstant und gegenseitig diskontinuierlich sind.« [63]

1.7.7 Mutation und natürliche Auslese [64]

Der Darwinismus baut seine Theorie auf folgenden Säulen auf: der natürlichen Auslese der am besten angepassten Lebewesen und der Ausdehnung der Variabilität durch zufällige Mutationen. In diesem Prozess spielen die Rekombination des Erbmaterials sowie die reproduktive Isolation von Populationen eine große Rolle. Mutationen sind Veränderungen des Erbmaterials, die entweder »spontan« auftreten, z.b. durch kosmische Strahlung, oder künstlich induziert werden können, z.b. durch Röntgenstrahlen oder Chemikalien. »*Rekombination* ist der Prozess, durch den das Erbmaterial umgruppiert wird, sodass immer neue Genkombinationen entstehen können. Das ist von großer Wichtigkeit, denn in der Entwicklung des Individuums gibt es zahllose eingreifende Wechselwirkungen zwischen den Genen untereinander, wobei auch die Lage der Gene auf den Chromosomen von Bedeutung sein kann. [...] *Natürliche Auslese oder Selektion* ist die Begünstigung der Individuen in einer Artpopulation (einer Ansammlung von Individuen derselben Art), die am besten an die vorgegebene Umwelt angepasst ist. [...] Eine Art oder *Spezies* wird im Allgemeinen als eine Gruppe von Organismen definiert, welche sich im Freiland untereinander kreuzen können und fruchtbare Nachkommen hervorbringen.« [65] Unter »Uniformität« einer Art versteht man eine Anzahl verschiedener Merkmale einer Art, mit der diese Art bestimmt werden kann. Innerhalb dieser Grenzen besteht aber eine große Variation, die die Folge von unterschiedlichen Milieueinflüssen und erblicher Eigenschaften sind. Bedingt durch die erblichen Eigenschaften sind einige Individuen einer Population besser an das Milieu angepasst als andere und sind deshalb widerstandsfähiger als andere.

Bis zu diesem Punkt gibt es eigentlich noch keine Schwierigkeiten, weil wir uns auf die Verschiedenheit innerhalb eines bestimmten Grundtyps beschränken. Die große Frage ist nun, ob diese Mechanismen für die Bildung **neuer Grundtypen** ausreichend sind. Die große Schwierigkeit dabei ist, dass die Mutationen *die einzige Quelle neuen Materials* bilden, auf das die natürliche Selektion einwirken kann. Die Wirklichkeit ist aber, dass wahrscheinlich **mehr als 99 % aller Mutationen für den Organismus schädlich sind**. Schädliche Mutationen werden deshalb mit grösster Wahrscheinlichkeit durch die natürliche Selektion eliminiert. Solche Mutationen können nur im Labor aufrecht erhalten werden, da dort nicht die natürliche Selektion wirkt, sondern eine künstliche. Bei der Bildung neuer Arten kommt nun erschwerend hinzu, dass für die Gestaltung von neuen Funktionen sehr viele positive Mutationen notwendig wären. Auch wenn 1% aller Mutationen für den Organismus positiv wären, so werden diese positiven Mutationen mit großer Wahrscheinlichkeit durch die nächsten 99% wieder eliminiert.

1.7.8   Biochemische Verwandtschaft [66]

In der Evolutionslehre wird die Behauptung aufgestellt, dass biochemische und morphologische Ähnlichkeit von Organismen ein »Beweis« für die Abstammungsverwandschaft seien. Beispielsweise wurde bei der Untersuchung der Blutgruppen behauptet, »dass die menschlichen Blutgruppen die größten Übereinstimmungen mit den Menschenaffen zeigen, weniger mit denen der Affen und noch weniger mit denen der übrigen Säugetiere.« Dieser »Beweis« ist aber nicht sehr viel wert, da bereits schon innerhalb der Menschheit so viele und unterschiedliche Blutgruppen vorkommen, »dass nicht einmal mehr bewiesen werden kann, dass die verschiedenen Menschenrassen miteinander verwandt sind.« Ouweneel bezieht in diesem Zusammenhang auf einen Vortrag, den Colin Patterson im Amerikanischen Museum für Naturkunde vor führenden Evolutionisten gehalten hat. Darin gab dieser zu, »dass er in letzter Zeit nicht- oder sogar anti-evolutionistische Gedanken gehegt habe, weil er nach zwanzig Jahren Evolutionsforschung noch immer nichts über die Evolution sagen könne, was er mit **Sicherheit** wisse. Er müsse jetzt zugeben, dass die Evolutionstheorie eine ›Antitheorie‹ sei, die nichts erkläre und sogar einen falschen Eindruck gebe, welches die Tatsachen seinen.« Sein Hauptbeispiel war, dass die Klassifizierung aufgrund biochemischer Verwandtschaft sehr widersprüchliche Ergebnisse gezeitigt habe. So seien beim Vergleich mancher Proteine Krokodile näher verwandt mit Hühnern als mit Ottern, und beim Vergleich von Myoglobin-Sequenzen ergäben zwar Eidechse und Krokodil eine größere Übereinstimmung als Krokodil und Huhn, »aber die Eidechse sei demnach mit dem Huhn ebenso verwandt wie mit dem Krokodil! Patterson sagte, er sei endlich aufgewacht, nachdem er sein Leben lang die Evolutionslehre als geoffenbarte Wahrheit angenommen habe.« [67] (Hervorhebung durch den Autor) Colin Patterson blieb übrigens trotz dieser Aussagen Evolutionist.

1.7.9   Schlussfolgerung

Zum Abschluss dieses Abschnitts soll ein Vergleich mit den acht Punkten der Evolution zeigen, ob die Evolutionslehre tatsächlich plausibel nachgewiesen werden kann oder, als Konsequenz davon im Sinne der Erkenntnistheorie von Popper, verworfen werden muss. Diese acht Punkte sind bereits im Abschnitt 1.5 aufgeführt und werden dort mit den Hauptkennzeichen des Schöpfungsmodelles verglichen.

Evolutionsmodell	Befund
Das erste Leben ist durch biochemische Zufallsprozesse aus lebloser Materie entstanden.	Wie bereits Louis Pasteur 1864 nachgewiesen hat, entsteht Leben nur aus Leben. Die Abiogenese konnte bis heute nicht bewiesen werden.
Alle Hauptlebensformen entstammen durch einen langsamen Wandlungsprozess einer einzigen oder einiger Urzellen.	Die postulierte Makroevolution kann weder in der Natur beobachtet noch aus der Genetik abgeleitet werden. Die »Grundtypen« sind als Ganzes konstant und gegenseitig diskontinuierlich.
Die Natur wird von einem Prinzip der ständigen Steigerung von Komplexität und Informationsinhalt (Evolutionsgesetz) gesteuert.	Die Natur unterliegt einem ständigen Zerfallsprozess und keiner Aufwärtsentwicklung.
Grundtypen können durch spontane Mutation und natürliche Auslese in höhere Lebensformen übergehen.	Da natürliche Mutationen zu über 99% schädlich sind für den Organismus, gehen positive Ansätze mit größter Wahrscheinlichkeit durch schädliche Mutationen wieder verloren.
Biochemische und morphologische Verwandtschaft ist auf Abstammungsverwandtschaft zurückzuführen.	Untersuchungen der biochemischen Verwandtschaft zeigen recht widersprüchliche Verwandtschaftsverhältnisse zwischen den einzelnen Arten.
Die fossilen Organismen weisen auf eine allgemeine Evolution von niedrigeren zu höheren Lebensformen hin.	Dieses Merkmal wird im Fossilbericht tatsächlich beobachtet. Da aber bis heute fast keine passenden Übergangsformen gefunden wurden, muss dieser Befund anders erklärt werden.
Die Erdschichten sind sehr langsam über Millionen von Jahren durch Prozesse entstanden, die auch heute noch auf der Erde stattfinden.	Die Erdschichten, welche Fossilien enthalten, müssen aufgrund der Versteinerung sehr schnell, innerhalb von Wochen, Monaten und Jahren entstanden sein. Fossilien von Lebewesen entstehen heute nicht durch natürliche Prozesse.
Die Erdschichten vertreten fossile Floren und Faunen, die nacheinander auf der Erde gelebt haben.	Ein Nacheinander der fossil überlieferten Lebensgemeinschaften ist nicht zwingend belegt.

Jede andere Theorie müsste aufgrund dieser Gegenüberstellung ernsthaft in Frage gestellt werden. Stattdessen gehen die Evolutionisten davon aus, dass ihre Beweisführung genauso wie der Ablauf der Evolution selbst nur eine Frage der Zeit sei. Eines Tage werde es der Wissenschaft möglich sein, die notwendigen Beweise zu erbringen. Wie viel Zeit dafür veranschlagt werden muss, kann zum heutigen Zeitpunkt nicht abgeschätzt werden. Daran wird aber auch ersichtlich, dass die Evolutionslehre nicht nur mit Wissenschaft zu tun hat, sondern auch im wahrsten Sinne des Wortes eine **Glaubensüberzeugung** ist.

1.8 Zeugnisse von Planung

Das erste Kapitel dieses Buches setzt sich mit der Frage auseinander, ob das Entstehen des Universums, der Erde und des Lebens durch den geplanten Schöpfungsakt einer genialen Intelligenz, welche wir GOTT nennen, oder durch das Wirken der Evolutionsfaktoren Zeit, Mutation und Selektion sowie des blinden Zufalls erklärt werden kann. Dabei haben wir festgestellt, **dass die Evolutionstheorie keine stichhaltigen Beweise hat.** Im folgenden Abschnitt sollen nun einige Beispiele aus der Wirklichkeit die Planmäßigkeit in der Natur aufzeigen. Solche Zeugnisse von Planung sind überall anzutreffen, man muss nur mit offenen Augen durch die Natur spazieren und sich überlegen, wie dieses geniale Zusammenspiel der Natur entstanden ist. Ich stehe immer wieder mit staunenden Augen da, starre wie gebannt an den Sternenhimmel und stelle mir vor, wie weit diese Sterne von uns entfernt sind, staune über die vielen Sternbilder und beobachte den Mond, wie er präzis wie ein Uhrwerk seine Laufbahn um die Erde zieht. Ich beobachte den Ablauf der Jahreszeiten und wundere mich nach jedem Winter aufs Neue darüber, dass die Blumen und Bäume im Frühling wieder blühen, dass das Gras und die Pflanzen wieder von neuem sprießen und überlege mir, woher die Pflanzen »wissen«, wann sie wieder blühen und wer den Zugvögeln »sagt«, dass sie aus ihren Winterquartieren zurückkehren sollen. Die aufgeführten Zeugnisse von Planung verfolgen dabei aber nicht das Ziel, die Schöpfung beweisen zu wollen, denn dies ist so unmöglich wie die Evolution beweisen zu wollen. Diesbezüglich sind beide Möglichkeiten gleichberechtigt, denn sowohl für Schöpfung wie für Evolution ist Glaube notwendig!

1.8.1 Grenzenloser Weltraum [68]

Der erste Eindruck, den wir erhalten, wenn wir in einer klaren Nacht zum Himmel aufblicken, ist das Geflimmer einer beinahe unendlichen Anzahl von Lichtern, die scheinbar willkürlich über den Himmel verstreut zu sein scheinen. Mit bloßem Auge kann man etwa 2000 bis 3000 Sterne verschiedener Grösse wahrnehmen. Mit der Zeit und etwas Übung vermögen wir aber bereits Anzeichen von Ordnung in der Form der Sternbilder zu erkennen. Unser Empfinden beim Anblick dieses Sternenhimmels ist Erstaunen über die Schönheit und die schier unendliche Weite des Universums. In solchen Augenblicken wird uns immer wieder bewusst, wie klein und nichtig wir sind. Damit stellen wir in diesem Teil des Universums das erste der drei Hauptkennzeichen der Schöpfung fest, nämlich die *Schönheit.* Über das zweite Kennzeichen, die *Ordnung,* hat namentlich die Astronomie in den letzten Jahrzehnten bereits sehr viel in Erfahrung gebracht. Aber über das dritte Hauptkennzeichen, den *Zweck,* darüber erhalten wir weder aus dem Sternenhimmel Auskunft, noch weiß die Wissenschaft darüber etwas zu sagen. Man schätzt heute, dass es möglich ist, bis 30 Milliarden Lichtjahre in die Tiefen des Weltalls einzudringen. Das ist eine Entfernung, zu deren Durchmessung das Licht die Zeit von 30 Milliarden Jahren benötigt! Das Licht bewegt sich mit einer Geschwindigkeit von ca. 1 Milliarde Kilometer pro Stunde. Bei solchen unermesslichen Dimensionen in alle Richtungen können wir die Schlussfolgerung ziehen, dass der, der diese Unermesslichkeiten ins Dasein rief, noch unendlich viel größer sein muss als seine Schöpfung.

»Jeder weiß inzwischen, dass der erste Eindruck, den wir beim Anblick des Firmaments haben, trügt. Hier herrscht keine chaotische Unordnung, sondern die Welt der Sterne unterliegt einer so präzisen Ordnung, dass wir darüber ins Staunen geraten.« [69] Das besondere Interesse der Erdbewohner hat von alters her das schwach leuchtende Band der Milchstraße erregt. Da das Lichtband der Milchstraße nicht nur an der sich über uns wölbenden nördlichen Himmelshälfte sichtbar ist, sondern sich auch über die ganze südliche fortsetzt, legt es sich wie ein gewaltiger, weitgespannter Ring um unsere Erde. Das Licht der Milchstraße ist das Ergebnis von einem Gewimmel unzähliger Sterne. Man hat ihre Zahl auf 100 Milliarden geschätzt, das ist eine Zahl mit elf Nullen (100.000.000.000)! Alle Himmelskörper dieser Milchstraße sind nun so angeordnet, dass sie ein gewaltiges, wie eine Linse abgeflachtes »Rad« bilden, welches sich fortwährend um seine Mittelachse dreht. Dieses »Rad« hat den fantastischen Durchmesser von 100.000 Lichtjahren. Die Zahl solcher Milchstraßen-Systeme wird von den Forschern auf ca. 100 Milliarden geschätzt . Die Zahl der Sterne im gesamten Universum variiert je nach Autor zwischen einer Zahl mit 22 und 32 Nullen (100.000.000.000.000.000.000.000.000.000.000)! Hand auf's Herz, können wir uns solche Entfernungen und Mengen noch vorstellen?

Was ist nun das dritte Hauptmerkmal der Schöpfung, der Zweck dieser Unermesslichkeit? Mit menschlichen Maßstäben werden wir diesen Zweck niemals kennen lernen. Denn wenn wir von etwas noch nicht einmal die Größe ermessen können, wie können wir dann herausfinden, wozu es da ist? Vielleicht hilft uns der Psalm 19 mit den Worten weiter: *»Die Himmel erzählen die Herrlichkeit Gottes, und das Himmelsgewölbe verkündet seiner Hände Werk«.* So wie menschliche Könige und Herrscher bei festlichen Anlässen ihre Macht und Größe durch Aufmärsche und Truppenparaden aller Welt vor Augen führen, so tut dies der allmächtige Schöpfer mit dem unzähligen Sternenheer in einem scheinbar grenzenlosen Universum. Der Sternenhimmel ist für uns Menschen eine der grössten Demonstrationen seiner Grösse, denn wir können nur Staunen über die beinahe unendlichen Ausmasse und die nicht zählbare Zahl der Sterne.

Durch diese verschwenderische Fülle und die unvorstellbaren Ausmasse können wir vielleicht ein wenig die unendliche Grösse des Schöpfers erahnen. Und trotzdem, die ganze Pracht des Sternenhimmels wurde nur zu einem einzigen Zweck geschaffen: um uns Menschen die Grösse unseres Schöpfers zu demonstrieren. Und jedesmal, wenn wir staunend zum Sternenhimmel aufblicken, wird uns die Grösse Gottes immer wieder von Neuem bewusst. Deshalb heißt es in Psalm 147: *»Er zählt die Zahl der Sterne, er ruft sie alle mit Namen. Groß ist unser Herr und reich an Macht, und seine Einsicht ist ohne Maß.«*

1.8.2   Präzision im Sonnensystem [70]

Heute ist jedem einigermaßen Gebildeten bewusst, dass wir auf einer Kugel leben, welche sich in einer Umlaufbahn um die Sonne bewegt. In diesem Sonnensystem existieren aber noch weitere Planeten, welche sich in kleineren und größeren Umlaufbahnen um die Sonne bewegen. Von innen nach außen sind dies Merkur, Venus, Erde, Mars, Jupiter, Saturn, Uranus, Neptun und Pluto. Das Erstaunliche an diesen Umlaufbahnen ist die absolute Präzision, mit welcher diese durchlaufen werden. Dies soll nun, stellvertretend für alle anderen Planeten, an den Beispielen Erde und Mond aufgezeigt werden. Die Erde umkreist die Sonne mit einem Abstand von 150 Millionen Kilometern, dies ergibt eine Umlaufbahn von fantastischen 900 Millionen Kilometern. Unsere Erde schafft diese lange Strecke in der kurzen Zeit von einem Jahr, weil sie sich mit dem sagenhaften Tempo von **100.000 Kilometern pro Stunde** fortbewegt! Nun muss man sich das vorstellen: Die Erde, eine Kugel von 12.476 Kilometern Durchmesser, rast mit der Geschwindigkeit von 100.000 Kilometern pro Stunde eine Umlaufbahn von 900 Millionen Kilometern ab, und dies jedes Jahr auf die Sekunde genau in der gleichen Zeit von 365 Tagen, 6 Stunden, 9 Minuten und 9,35 Sekunden. Diese Zeitdauer nennt man ein siderisches Jahr. Diese Umlaufzeit kann man messen, indem man auf der scheinbaren Kreisbahn der Sonne einen Fixstern als Start- und Zielpunkt annimmt. Diese absolute Präzision ist unglaublich. Mit der gleichen Präzision kreist der Mond um die Erde. Man muss sich dabei vorstellen, dass dieser Mond mit der Erde um die Sonne kreist, also auch mit einer Geschwindigkeit von 100.000 Kilometern in der Stunde. Und trotzdem fällt der Mond niemals aus dem Tritt, sondern schafft die Umrundung der Erde immer in der gleichen Zeit von 29 Tagen, 12 Stunden, 44 Minuten und 3 Sekunden. Ist es nicht erstaunlich, wie präzise solche gewaltigen Materiemassen ihre stets gleich bleibenden Umlaufbahnen durchlaufen?

1.8.3 Die scheinbare Größe von Sonne und Mond [71]

Von der Erde aus gesehen, erscheinen uns die beiden Himmelskörper Sonne und Mond gleich groß zu sein. In Wirklichkeit aber haben diese beiden sehr wenig gemeinsam. Die Sonne wurde »als großes Licht für den Tag« und der Mond »als kleines Licht für die Nacht« erschaffen. Die wichtigsten Unterschiede zwischen Sonne und Mond sind:

Durchmesser	Sonne	1.292.700 km
	Mond	3.476 km
Distanz zur Erde	Sonne	149.597.870 km
	Mond	384.403 km

Bei einer totalen Sonnenfinsternis verdeckt der Neumond die Sonnenscheibe ganz. Auf der Umlaufbahn des Mondes um die Erde kreuzen sich Sonne und Mond, von der Erde aus gesehen, und der Schatten, welcher infolge der Bestrahlung des Mondes durch die Sonne über die Erde wandert, verdunkelt in dieser kurzen Zeit der totalen Sonnenfinsternis die Erde bzw. einen kleinen Teil der Erde.

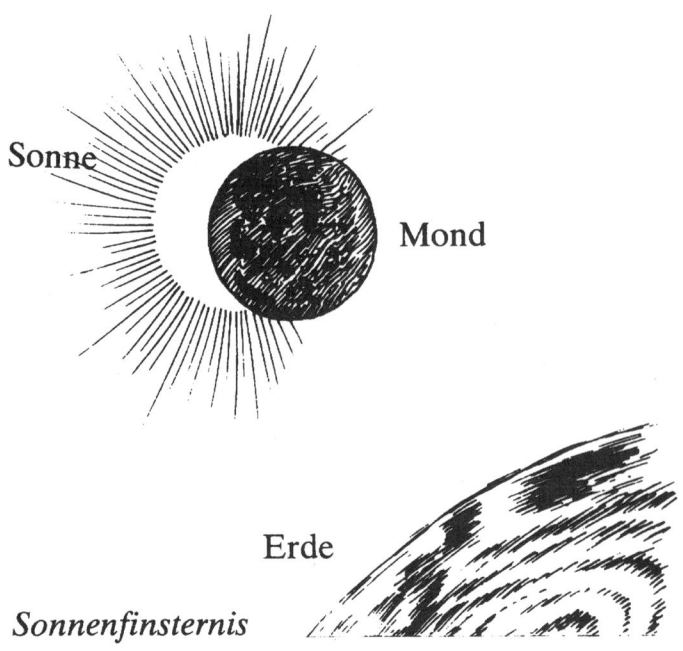

Sonne

Mond

Erde

Sonnenfinsternis

Abbildung 1.10: Auf dieser Skizze ist der Beginn einer Sonnenfinsternis abgebildet. Bei diesem faszinierenden Naturschauspiel wird die Sonne, von der Erde aus gesehen, vollständig verdeckt. Dabei ist auch ersichtlich, dass diese beiden Himmelskörper, von der Erde aus gesehen, scheinbar genau die gleiche Größe besitzen.

Computerstudien haben ergeben, dass die Fähigkeit des Erdmondes, die Sonne vollständig zu verdunkeln, sonst bei keinem anderen Mond bezüglich seines zugehörigen Planeten besteht. Dies ist nur bei Erde und Mond möglich, weil die scheinbare Größe der Sonne und des Mondes von der Erde aus gesehen im Durchschnitt eines Jahres genau gleich ist, obwohl der Mond 400-mal kleiner ist als die Sonne. Weil die Sonne aber 400-mal weiter entfernt ist von der Erde als der Mond, erscheinen uns beide »Scheiben« etwa gleich groß. Dies kann man sehr gut beobachten, wenn der Mond am Tage sichtbar ist, und noch viel besser bei einer totalen Sonnenfinsternis. Diese scheinbare Größe lässt sich sogar berechnen. Wenn sich ein Gegenstand stetig von uns entfernt, so erscheint er uns dabei ständig kleiner werdend. Die Abnahme des messbaren Winkels, unter dem wir den Gegenstand beobachten, beschreibt das Kleinerwerden mit zunehmenden Abstand. Je weiter sich der Gegenstand von uns fortbewegt, desto kleiner wird der Winkel. Bei kleinen Winkeln, also unter einem Grad, rechnet man mit Winkelminuten (') und Winkelsekunden (''), wobei ein Grad aus 60 Winkelminuten und eine Winkelminute aus 60 Winkelsekunden besteht.

Da die Erde nicht in einer runden, sondern in einer elliptischen Bahn um die Sonne kreist, verändert sich die scheinbare Größe der Sonne während eines Jahres, das Gleiche gilt auch für die Umlaufbahn des Mondes um die Erde.

Die Sonne und der Mond weisen folgende Winkelwerte auf:

* Sonne: Von der Erde aus gesehen ist die Sonne der Erde am nächsten im **Perihel** (griech. *peri* = nahe bei, *helios* = Sonne). Dies ist am 2. Januar der Fall. Dann sieht man die Sonne in einem Winkel von 32,549'. Die größte Entfernung wird im **Aphel** (griech. *apo* = entfernt von, *helios* = Sonne) gemessen, dann sieht man die Sonne in einem Winkel von 31,479'. Dies ist am 5. Juli der Fall. Der Durchschnitt dieser beiden Winkel liegt bei 32,014' oder gerundet bei **32 Winkelminuten.**

* Mond: Von der Erde aus gesehen ist der Mond der Erde am nächsten im **Perigäum** (griech. *peri* = nahe bei, *gä* = Erde). Dann sieht man den Mond in einem Winkel von 34,139'. Die größte Entfernung wird im **Apogäum** (griech. *apo* = entfernt von, *gä* = Erde) gemessen, dann sieht man den Mond in einem Winkel von 29,847'. Der Durchschnitt dieser beiden Winkel liegt bei 31,993' oder gerundet bei **32 Winkelminuten.**

Handelt es sich bei diesem Phänomen der genau gleichen scheinbaren Größe von Sonne und Mond von **präzise 32 Winkelminuten** um eine astronomische Zufälligkeit oder um den Plan des Schöpfers, diese beiden Himmelskörper genau so zu positionieren, dass sie, von der Erde aus gesehen, im Jahres-Mittel unter dem genau gleichen Winkel erscheinen?

1.8.4 Saubere Meere [72]

Wir wissen alle, dass stehende Gewässer mit der Zeit zu stinkenden Kloaken werden, weil darin abgestorbene Lebewesen allmählich in Fäulnis übergehen. Wie wird nun die Verschmutzung der Meere verhindert? Zur Lösung dieses Problems tragen verschiedene Meisterleistungen von Planung bei. Wie wir zum Konservieren unserer Speisen Salz verwenden, so mischte der Schöpfer dem Wasser der Meere einen Salzgehalt von 3 bis 4 % bei. Das ergibt einen Salzgehalt von 30 bis 40 Gramm pro Liter. Dazu war natürlich eine unheimliche Menge von Salz nötig. Würden alle Weltmeere austrocknen, dann bliebe so viel Salz zurück, dass es aufgeschichtet eine Halde von 300 Kilometern Höhe, eineinhalb Kilometer Breite und einer Länge, die einmal um den Äquator ausmachen würde, ergäbe! Wie diese riesigen Salzmengen ins Meer gekommen sein könnten, das konnte die Wissenschaft bis heute noch nicht ergründen. Doch der Salzgehalt alleine könnte das Meerwasser auf die Dauer nicht gesund erhalten. Dazu muss das Wasser in ständiger Bewegung und Durchmischung gehalten werden. Aber welche ungeheuren Kräfte können denn diese Arbeit bewältigen? Diese Aufgabe übernehmen die Meeresströmungen, dies sind riesige Flüsse und Ströme im Wasser. Es sind Strömungen, welche seit Jahrtausenden wie die Flüsse auf dem Festland ununterbrochen ihre ganz bestimmte Bahn durch die Meere ziehen. Einer der bekanntesten Ströme ist der Golfstrom. Auf seinem Weg vom Golf von Mexiko bis in den Nordatlantik, führt er etwa 20 Mal mehr Wasser mit als alle Flüsse des Festlandes zusammen. Die Geschwindigkeit der Strömung liegt noch 300 Meter unter dem Meeresspiegel bei rund 4 Kilometer in der Stunde. Mit diesen Strömungen werden die Wassermassen der Weltmeere dauernd durcheinander gewühlt. Aber auch die Meeresströmungen reichen nur einige hundert Meter tief unter die Meeresoberfläche. Was geschieht dann in den Tiefen der Meere, welche bis zu elf Kilometern reichen? Welche Kraft will denn bis in diese gewaltigen Abgründe hinabreichen? Der gute alte Mond hat diese Aufgabe übernommen. Diese Kugel, welche unsere Erde in einem Abstand von durchschnittlich ca. 380.000 Kilometern umkreist, besitzt einen Fünfzigstel der Masse der Erde. Wir kennen das Naturgesetz, welches besagt, dass sich Körper gegenseitig anziehen. Je größer diese Körper sind, umso größer ist auch ihre Anziehungskraft. »Weil nun das Wasser auf der Erde beweglich ist, zieht der Mond bei seinem Umlauf jedes Mal die ihm zugewandten Wassermassen der Weltmeere mit riesigen Kräften auf sich zu. Er hebt sie dabei stets fünf bis sechs Meter in die Höhe, um sie beim Weiterziehen langsam wieder zurücksinken zu lassen. So heben und senken sich also alle zwölf Stunden die Spiegel der Weltmeere, wodurch ihre Wassermassen bis in große Tiefen durcheinandergewühlt werden.« [73] Dieses rhythmische Spiel nennen wir Ebbe und Flut.

1.8.5 Das Atom [74]

Zu Beginn dieses Abschnitts haben wir uns mit Gedanken über den Makrokosmos, also mit dem Universum beschäftigt. Nun steigen wir in das Wesen des Atoms ein und damit in den absolut kleinsten Mikrokosmos. Um sich eine Vorstellung von der Größe eines Atoms zu machen: Ein Gramm des Gases Wasserstoff enthält die unvorstellbare Anzahl von 600.000 Trillionen Atomen, dies ist eine Zahl mit einer 6 und 23 Nullen! Angesichts der unfassbaren Kleinheit dieser Materiebausteinchen ist leicht einzusehen, dass sie selbst mit den stärksten Elektronenmikroskopen nicht sichtbar zu machen sind. Das Atom ist vor allem 1945 durch die Zündung der ersten Atombombe schlagartig auf der ganzen Erde bekannt geworden. »Der griechische Gelehrte Demokrit äußerte bereits um 460 v.Chr. die Vermutung, dass alle Stoffe aus allerkleinsten Teilchen bestehen, die, ohne dass ihre chemischen und physikalischen Eigenschaften sich ändern, nicht weiter geteilt werden können. Diese allerkleinsten Materiebausteinchen nannte man damals schon ›atomos‹, das heißt ›unteilbar‹.« [75] Ein Atom setzt sich aus drei verschiedenen, noch viel kleineren Teilchen zusammen. Es sind dies die negativ elektrisch geladenen Elektronen, die positiv elektrisch geladenen Protonen und die elektrisch neutralen Neutronen. Im Kern befinden sich die Protonen und Neutronen, und diese werden von den Elektronen umkreist. Den Atomphysikern gegenüber erwiesen sich die Atome lange Zeit als feste Materieteilchen, doch eines Tages offenbaren sie sich als reine Energie. Der Physiker deutet sie heute deshalb als *Energieballungen im Raum.* So treffend diese Formulierung auch sein mag, es kann sie doch kein menschliches Hirn erfassen. Das bedeutet nichts anderes, als dass alle Materie, die wir wahrnehmen, nichts anderes ist als unsichtbare Energie! Dies ist eine Tatsache, welche durch die Atomphysiker unwiderlegbar nachgewiesen wurde. Dies bedeutet, dass alles Stoffliche, auch der härteste Diamant oder Stahl, im Grunde aus nichts anderem als Energie besteht!

Das Atom ist vergleichbar mit einem unfassbar kleinen Sonnensystem. Dabei stellen die Protonen mit den Neutronen die Sonne dar und diese wird von den einzelnen Elektronen wie Planeten umkreist. Diese Umkreisung geschieht mit einer unvorstellbaren Geschwindigkeit, sodass alles im Atom als rasende und wirbelnde Bewegung wahrgenommen wird. Dabei ist interessant festzustellen, dass die Größenverhältnisse denen des kosmischen Sonnensystems ebenfalls ähnlich sind. Am Beispiel des Wasserstoff-Atoms, bei dem ein einziges Elektron um ein einziges Proton kreist, stellen wir uns dieses »Sonnensystem« so vergrößert vor, dass die »Sonne«, also das Proton, eine Größe von einem Apfel hat. Bei diesem angenommen Mikro-Sonnensystem wäre das Elektron, also der »Planet«, nur gerade so groß wie ein Stecknadelknopf. Dieser »Planet« würde dann die Sonne im Abstand von etwa einem Kilometer mit einer Geschwindigkeit von über 2 Mio. Kilometer pro Stunde umkreisen. In dieser Atomkugel mit einem Durchmesser von etwa 2 Kilometer ist der Anteil an »wirklicher« Materie noch etwa so groß wie ein Apfel. Der Rest ist nichts anderes als *leerer Raum!* Können wir das nachvollziehen und begreifen? Alle Materie besteht aus reiner Energie und großer Leere. Diese Feststellung bringt jeden dem Materialismus anhängenden Menschen in große Verlegenheit. Die Ansicht, die Materie sei etwas unerschütterlich Feststehendes, das von Ewigkeit zu Ewigkeit existiert und sich nicht verändert, ist damit widerlegt, weil die Wissenschaft die Identität von Materie und Energie einwandfrei nachgewiesen hat! In der Heiligen Schrift ist die Gewissheit bereits seit Jahrtausenden verankert, dass »alles Sichtbare aus Unsichtbarem hervorgegangen ist« (Hebr 11,3). Daraus ergibt sich die Überzeugung, dass alle Energien, aus welchen alle Materie besteht, ununterbrochen aus der Urquelle aller Kraft hervorgeht. Daraus kann man weiter die Überzeugung gewinnen, dass alles Geschaffene nichts anderes als Gottes Gedanken darstellt, das nur so lange Bestand hat, wie er diesen denkt. »Im Anfang war das Wort« – und Wort ist Geist und Geist ist Energie!

1.8.6 Der Specht [76]

Als letztes Beispiel wollen wir uns als Stellvertreter von unzähligen Beispielen aus der belebten Natur mit dem Specht beschäftigen. Einem unvoreingenommenem Beobachter der Natur und der natürlichen Abläufe fällt sofort auf, wie alles miteinander in höchster Harmonie abgestimmt ist. Dieses abgestimmte System funktioniert nur einwandfrei, wenn alle Elemente, aus welchen dieses System besteht, gleichzeitig vorhanden sind. Würde nur ein einziges Element fehlen, dann würde das gesamte System zusammenbrechen. Dies ist ein Hinweis dafür, dass die Elemente eines Systems nicht unabhängig voneinander entstanden sein können. Wenn man nun als Beispiel für ein solches System einen Specht beobachtet, erkennt man intuitiv, dass dieser Vogel schlichtweg »vollkommen« ist. Im Verhältnis zu anderen Vögeln, verfügt der Specht über einen auffällig langen, scharfrandigen und meißelförmigen Schnabel. Dazu sind seine Nackenmuskeln noch besonders kräftig ausgebildet, denn ohne diese könnte er seinen Schnabel für die Holzbearbeitung nicht mit der notwendigen Kraft gebrauchen.Bei seiner Haupttätigkeit, dem Bearbeiten von Baumstämmen, findet er den nötigen Rückhalt in seinem »Stützschwanz«, der mit speziell harten Federn ausgestattet ist und den er gegen den Baumstamm presst. Mit dieser genialen Konstruktion fällt der Specht nie aus dem Gleichgewicht. Die spezielle Anordnung der Schwanzfedern, die nicht wie bei anderen Vögeln in einer verästelten Federfahne mündet, stellen sicher, dass sein Stützschwanz nicht abgenutzt und damit unbrauchbar wird. Ergänzt wird der Stützschwanz noch zusätzlich durch die eigenartig gestalteten Füsse des Spechtes, mit zwei nach vorn und zwei nach hinten gerichteten Zehen. Alle diese Konstruktionen müssen von Anfang an voll funktionsfähig vorhanden sein, damit der sichere Halt am Baumstamm gewährleistet ist. Doch damit noch nicht genug! Zu einem richtigen Specht gehört eine einzigartig konstruierte Zunge, welche sich optimal mit dem meißelförmigen Spechtschnabel ergänzt. Die Enden des überdimensionalen Zungenbeins sind an der Stirn festgewachsen und spannen sich in weiten Bögen um den ganzen Schädel. Durch diese Konstruktion kann die Zunge bis zu zwanzig Zentimeter weit herausgestreckt werden. Nun sorgt noch eine Art »Leimbeutel« dafür, dass die Zunge beim herausgleiten mit klebrigem Speichel überzogen wird. An dieser klebrigen Zunge bleiben dann Ameisen und andere Insekten hängen.

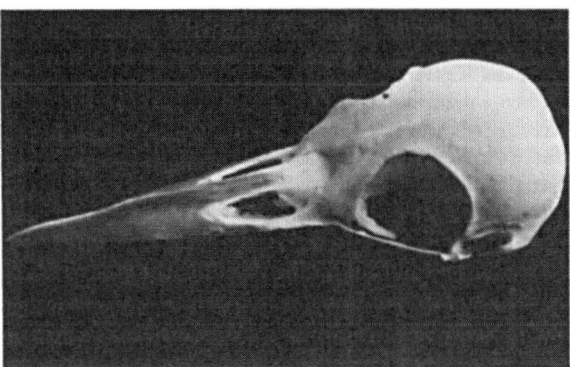

Abbildung 1.11: Der Schnabel ist spitz und dreikantig, die Schädelknochen sind auffallend stärker als bei anderen Vögeln und bilden eine geschlossene Kapsel um das empfindliche Gehirn, das durch eine »Stoßdämpferschicht« vor Erschütterungen beim Meißeln geschützt wird! Die Entstehung einer solchen genialen Konstruktion ist einer der vielen Stolpersteine des Darwinismus.

Doch alle die »technischen Einzelheiten«, die bisher aufgezählt wurden, genügen noch immer nicht, um das sehr spezialisierte Leben eines Spechtes gewährleisten zu können. Alles wäre sinn- und nutzlos, hätte der Specht als einziger Vogel nicht eine Art Stoßdämpfer in seinem Schädel. »Es hat sich nämlich herausgestellt, dass die im auffallenden Gegensatz zu anderen Vögeln besonders starkwandige knöcherne Schädelkapsel der Spechte allein keinesfalls ausreicht, um bei einer Schlagfolge von 10 - 15 Schnabelhieben pro Sekunde auf Baumstämme – ein Trommelwirbel, der selbst einen versierten Schlagzeuger, mit beiden Händen ausgeführt, ins Schwitzen bringen kann – das so empfindliche Gehirn vor Schäden zu bewahren. So ist denn nur bei den Spechten das Gehirn unter den Schädelknochen noch einmal zusätzlich schützend von einer extradicken bindegewebigen Hülle umgeben.« [77] Doch ein richtiger Specht muss noch in die Lage versetzt werden, seine Werkzeuge in der richtigen Art und Weise einzusetzen. Dazu leiten ihn seine Instinkte an, welche dazu da sind, dass der Gebrauch der Werkzeuge ohne ein mühsames und langwieriges Erlernen gewährleist ist. Auch beim Instinkt des Spechtes muss dieser von Anfang an so angelegt sein, dass er ein »Spechtinstinkt« ist und von Anfang an reibungslos funktioniert. Denn woher will der Specht denn sonst das notwendige »Wissen« haben, wie er als Specht zu funktionieren hat?

1.8.7   Nicht reduzierbare Systeme [78]

Wie wir beim Specht gesehen haben, ist dieses Tier ein Musterbeispiel eines »nicht reduzierbaren Systems«. Dies bedeutet, dass alle Elemente dieses Systems gleichzeitig und vollständig vorhanden sein müssen, damit dieses abgestimmte System »Specht« funktionieren kann. Damit ist aber auch gesagt, dass dieses System von Anfang an vollständig vorhanden sein muss und sich die einzelnen Elemente nicht unabhängig voneinander entwickeln konnten. Mit diesem Problem hat sich auch Charles Darwin auseinander gesetzt, wie wir aus seinem Buch »Die Entstehung der Arten« entnehmen können: »Wenn man demonstrieren könnte, dass es irgendein komplexes Organ gibt, das nicht durch eine Reihe von einander folgenden geringen Modifikationen gebildet werden konnte, würde meine Theorie absolut zusammenbrechen«. Ein »nicht reduzierbares System« besitzt eine nicht zu vereinfachende Komplexität. Wird ein einziges Element des Systems entfernt, bricht das gesamte System zusammen bzw. steht die Gesamtfunktion des Systems still. Ein Beispiel eines nicht reduzierbaren Systems, das wir alle kennen, ist eine einfache Mausefalle, die aus folgenden fünf Teilen besteht:

1. Ein flaches Holzbrettchen, das als Basis dient.

2. Ein metallener Bügel, der die Maus töten soll.

3. Eine Feder mit verlängerten Enden, die den Bügel auf das Brettchen presst.

4. Ein Halter für den Köder, der bei leichtem Druck den Haltedraht freigibt.

5. Ein Haltedraht, der den Bügel zurückhält, wenn die Falle geladen ist.

Dazu gehören noch verschiedene Heftklammern, die das ganze System zusammenhalten. Wird nun ein einziges dieser fünf Elemente entfernt, kann man mit dieser Mausefalle keine einzige Maus mehr fangen. Damit ist aber auch die Gesamtfunktion dieser Mausefalle sinnlos geworden, denn sie kann ihren Hauptzweck, das Fangen von Mäusen, nicht mehr erfüllen. In der Natur gibt es viele solche nicht reduzierbaren Systeme wie z.B. die menschliche Zelle, die menschlichen Organe wie Auge, Ohr, Gehirn oder der Flugapparat der Vögel. Die zufällige Entstehung eines solchen Systems, das von Anfang an voll funktionsfähig sein muss, ist deshalb faktisch ausgeschlossen.

Das Konzept Gottes

2.1 Verstand und Glaube

In der heutigen Zeit hat man sich bereits daran gewöhnt zu sagen »Verstand *oder* Glaube«. Entweder man *glaubt* an etwas oder man *weiß* etwas. Viele Studenten behaupten heute, dass man beim Glauben den »Verstand an der Garderobe« abgeben müsse, so unvereinbar scheinen diese beiden »Gegensätze« zu sein. Das war aber nicht immer so, denn bis zum Ende des 17. Jahrhunderts bestand die Wissenschaft für den größten Teil der wissenschaftlichen Kapazitäten aus dem Erforschen von Gottes Schöpfung. Erst die Aufklärung trennte diese beiden Bereiche in der Meinung, dass Wissenschaft gleichzusetzen sei mit Verstand und Glaube mit einer mystischen Erfahrung, die sich ohnehin nicht mit wissenschaftlichen Methoden ergründen lasse. Müssen sich diese beiden extremen Standpunkte denn wirklich ausschließen? Die einen sehen es so, dass der Verstand die Gewissheiten des Glaubens weggeräumt und zum »Aberglauben« in den Wandschrank gestellt hat. Sie behaupten, dass der Verstand immer mehr und mehr zu erklären im Stande ist, während der Glaube den Menschen das Denken verbietet und sie so in »Unwissenheit« festhält. Die anderen hingegen halten die Vernunft für den erklärten Feind des Glaubens, da der Glaube uns Erfahrungen zugänglich macht, die den Verstand übersteigen. Den Verstand einzusetzen würde bedeuten, dem Glauben die Flügel zu stutzen und Gott als Objekt zur Analyse zu betrachten und so die Begegnung mit ihm zu verpassen. Entweder man hält sich an die Vernunft und lehnt alles ab, was sich nicht erklären lässt, oder man wendet sich dem Glauben zu und opfert dabei den als gottlos verdächtigen Verstand. Kann nun die Vernunft auf den Glauben verzichten und umgekehrt der Glaube auf die Vernunft?

Für Menschen, welche die Vernunft als die höchste Fähigkeit ansehen, mag die Frage, ob die Vernunft auf den Glauben verzichten kann, absurd erscheinen. Die Bibel enthält aber einige wesentliche Aussagen über den Verstand, und Hiob weist uns auf dessen Quelle hin: *»Bei Gott ist Weisheit*

und Macht, sein ist Rat und Einsicht« (Hi 12,13). Die Gültigkeit dieser
Aussage wird deutlich, wenn man die Schöpfung betrachtet, wie dies der
Verfasser von Psalm 104 tut. Er beschreibt die Welt in ihrer großen Vielfalt
und Ordnung, in der Gott sie erhält. Doch lesen wir noch Erstaunlicheres:
»Es ist der Geist im Menschen und der Atem des Allmächtigen, der verstän-
dig macht« (Hi 32,8). Der Atem oder Hauch des Allmächtigen bedeutet somit, dass Gott Geist ist und dass Gott uns einen kleinen Hauch seines allumfassenden Geistes in seiner allumfassenden Liebe geschenkt hat, wenn
auch im Vergleich mit dem Schöpfer nur eine kleine Menge. Die Ursache
des Verstandes (oder der Vernunft) sind somit nicht wir selbst, sondern wir
haben diesen Verstand durch den Hauch des Allmächtigen, der selbst Geist
ist, erhalten. Gott hat uns die Gabe des Verstandes gegeben, und sie ist wie
alle anderen Gaben gut. Doch mit dem Verstand alleine sind wir nicht in
der Lage, richtig zu *erkennen*, denn der menschliche Verstand vermag
nicht die Gesamtheit des Seins zu überblicken, zu beschränkt ist sein Horizont. Ein Blick in die scheinbare Unendlichkeit des Universums genügt,
um uns dessen bewusst zu werden. Obschon der Mensch die einzigartige
Fähigkeit hat zu beobachten, zu überlegen und Schlüsse daraus zu ziehen,
fehlt ihm die Erkenntnis der absoluten Wahrheit. Denn der Ausspruch von
Descartes »Ich denke, also bin ich« sagt letztlich überhaupt nichts aus,
denn das Denken alleine ist keine Begründung für die Existenz des Denkens selbst, es ist ausschließlich die Beschreibung der Gegenwart; ich denke, und wenn ich denken kann, so bin ich auch. Aber auf die Fragen, »wieso ich denken kann« und »weshalb ich bin« gibt dieser Satz keine Antwort.
Mit Denken alleine kann ich die Ursprünge allen Seins letztlich nicht ergründen, denn mein Denken ist an meine menschliche Existenz und diese
an die Erde gebunden. Im Gegenteil, ohne die Erkenntnis der Wahrheit
treibt uns unser Verstand in eigene menschliche Gedanken-Konstruktio-
nen, die wir Philosophien nennen, von denen doch keine einzige in der
Lage ist, etwas über die großen Fragen des Lebens auszusagen. Wir müssen
uns auch bewusst sein, dass unser Verstand, zu welch großen Taten und Erkenntnissen er auch fähig ist, letztlich doch sehr beschränkt ist und immer
die Gefahr des Irrtums in sich einschließt. Wir können niemals absolut sicher sein, dass wir uns nicht irren. Wer sagt uns denn verbindlich, dass unser Denken richtig ist? Nach welchen Normen richtet sich unser Denken?
Die Bibel lehrt uns, dass Adam, als er seine Unabhängigkeit von Gott proklamierte, die ganze Menschheit in seinem Fall mitgerissen hat. Und am
Menschen ist nichts unbeschädigt geblieben, auch seine Vernunft nicht.
Seither lebt der Mensch in innerer Spannung und hat als Geschöpf das un-
bezwingbare Bedürfnis, seinen Schöpfer kennen zu lernen, der sich nicht
verändert hat. Aber trotz aller Anstrengungen vermag er seinen Durst nie

zu stillen, wie ein kurzer Blick auf die frühe westliche Philosophie zeigt. Um zur Kenntnis des Unwandelbaren zu gelangen, fehlte dem Verstand der Philosophen der Glaube! Ohne den Glauben ist der Verstand unvollständig und limitiert, denn der Glaube ist das Fundament des Verstandes, und erst auf diesem Fundament ist vernünftiges Denken *und* Erkennen möglich.

Aber kann nun der Glaube seinerseits ohne den Verstand auskommen? Die Erfahrung von Augustinus ist diesbezüglich sehr lehrreich, denn obschon ihm die Kraft seiner Vernunft den Himmel nicht geöffnet hatte, setzte er, nachdem er Christ geworden war, seine Denkarbeit fort. Für ihn wurde die Philosophie zum »Studium von Gott und der menschlichen Seele«. Für Augustinus kam stets »Wissen, um zu glauben« vor »Glauben, um zu verstehen«. Seinem Beispiel folgten andere, die im Lauf der Jahrhunderte ihre »bekehrte Vernunft« in dieser Welt Gott zur Verfügung stellten. Im Westen ist das soziale und politische Leben, die Wissenschaft und die Kunst durch den Beitrag der Männer und Frauen verändert worden, die in ihrem jeweiligen Tätigkeitsgebiet entschieden ihre Vernunft über den Glauben auszuleben suchten. Unsere westliche Kultur ist deshalb eine zutiefst auf dem christlichen Glauben begründete Kultur, auch wenn dies heute vielfach ignoriert wird. Glaube im weitesten Sinn ist die Erkenntnis der Zusammenhänge unseres Seins und der uns umgebenden Realität sowie das Wahrnehmen Gottes, die Gewissheit, dass es außerhalb unserer erfahrbaren Wirklichkeit die Wirklichkeit Gottes gibt, oder mit anderen Worten die Überzeugung, dass der »Himmel« eine Wirklichkeit ist, die uns in unserer Lebensspanne verborgen bleibt. Deshalb ist der Glaube das Fundament, auf dem der Verstand im Lauf des Lebens sich aufbauen und entfalten kann. Aus diesem Grund und ausschließlich aus diesem Grund habe ich in den letzten 20 Jahren sehr viel Zeit aufgewendet und Mühe auf mich genommen, um zur Gewissheit zu gelangen, dass zum Beispiel die Evolutionslehre keine wissenschaftlich bewiesene und begründete Tatsache ist, sondern ein Glaube, der von Menschen für Menschen geschaffen wurde, die (noch) nicht zur Erkenntnis Gottes gelangt sind. Wäre die Evolution hingegen tatsächlich eine bewiesene Tatsache, würde dies meinen Glauben im Kern erschüttern. In diesem Fall wäre auch die Heilige Schrift nichts mehr wert, denn wenn die ersten 11 Kapitel der Bibel nicht stimmen, dann kann der Rest der Bibel auch nicht wahr sein. Da die Evolutionslehre aber nun keine Tatsache ist, kann ich die Schöpfung als bestmögliche Erklärung für das »Werden« mit meinem Verstand voll und ganz akzeptieren. Sie steht im Einklang mit meinem Weltbild, das eine gedankliche Konstruktion ist, die auf dem Fundament meines Glaubens steht.

2.2 Das Konzept Gottes

2.2.1 Gottes Wesen

Wir müssen uns von einer uns lieb gewordenen Vorstellung befreien, indem wir von dem »alten Mann mit Bart« Abschied nehmen. Die Darstellung des alten Mannes mit Bart, wie ihn vor allem die italienischen Maler des Mittelalters gezeichnet haben, entspricht absolut nicht dem Bild, das die Heilige Schrift von Gott zeichnet. Bei der Vorstellung von Gott müssen wir immer bedenken, dass es uns grundsätzlich nicht möglich ist, uns ein Bild von Gott zu machen. In den 10 Geboten warnt uns Gott auch ausdrücklich davor, ein Bildnis von ihm zu machen. Doch wenn wir uns mit Gott und der Welt auseinander setzen, kommen wir nicht umhin, uns eine Vorstellung von Gott zu machen. Gott lässt sich am besten umschreiben mit »allmächtig, allgegenwärtig, allwissend und unendlich«. Bereits diese Definition übersteigt unser Vorstellungsvermögen, da wir Menschen nur über eine sehr beschränkte Macht verfügen, wir sind nur an jenem Ort gegenwärtig, an dem wir uns zurzeit befinden, unser Wissen ist und bleibt beschränkt, und wie wir alle wissen, sind wir »nur« endliche Wesen. Wie sollen wir uns da ein Wesen vorstellen können, das über alle Macht verfügt, das allgegenwärtig ist, das alles weiß und das unendlich ist? Uns Menschen macht bereits der Gedanke an die Unendlichkeit Mühe, weil diese Vorstellung außerhalb unseres Vermögens liegt. Es ist auch unmöglich, sich eine Vorstellung darüber zu machen, wie und wo »außerhalb von Zeit und Raum« ist. Doch wenn Gott tatsächlich existiert, dann ist es unmöglich, dass er innerhalb der Schöpfung existiert; ein Bildhauer steht auch außerhalb seiner »Schöpfung«! Wir haben vom unendlich großen Geist Gottes eine kleine Menge abbekommen, und dies macht uns Menschen im geistigen Sinne Gott ähnlich. Auch wenn der Unterschied zwischen Gott und uns Menschen unendlich groß ist, besitzen wir trotzdem wenigstens Ansätze seines Wesens. Diese Ansätze sind unter anderen unsere Intelligenz, unsere Fähigkeit zu lieben und unsere Fähigkeit, zwischen Gut und Böse zu unterscheiden. Deshalb ist es uns im Kleinen auch möglich, von uns auf Gott zu schließen. Im täglichen Leben fällt mir immer wieder auf, wie wir alles, was wir tun, in irgendeiner Form planen. Bereits wenn ich einen Laden betrete, steht dahinter eine Planung, da ich den Laden in der Absicht betrete, etwas zu kaufen. Die Schöpfung geschah nicht aus einer »Laune« Gottes heraus, sondern sie wurde minutiös bis ins kleinste Detail geplant. Und an diesem Punkt müssen wir uns von einer weiteren Vorstellung über Gott verabschieden: Gott hat unsere Wirklichkeit nicht geschaffen, ohne zu wissen, was mit seiner Schöpfung geschieht. **Das Ende der Schöpfung war**

Gott von Anfang an bekannt. Es gibt für Gott keine Überraschungen, alles, was in dieser Welt geschehen ist und weiterhin geschieht, war Gott von Anfang an bekannt. Und trotzdem ist er niemals von seinem Plan abgewichen. Es wäre für Gott ein Leichtes, die Schöpfung wieder aufzulösen, ein einziger Gedanke von ihm würde dafür ausreichen. Bei der Geschichte von Adam und Eva wird dieser Umstand am besten deutlich, denn obwohl Gott wusste, dass das erste Menschenpaar der Versuchung nicht widerstehen würde, setzte er den Baum der Erkenntnis von Gut und Böse in die Mitte des Gartens Eden. Es war für ihn keine Überraschung, als das erste Menschenpaar versagte, er wusste es ja von Anfang an. Weshalb ließ es Gott denn zu, wenn er es im Voraus wusste? Weshalb lässt Gott das große Leid in dieser Welt zu? Diese Frage lässt sich nur mit dem Konzept Gottes beantworten. Gott hat einen Plan mit der Menschheit, und dieser Plan ist zeitlich begrenzt und endet in der ewigen Gemeinschaft mit Gott oder in der ewigen Trennung von Gott. Weil der Plan von Grundlegung der Welt an feststeht und er sich wie ein roter Faden durch die ganze Menschheitsgeschichte zieht, mischt sich Gott vordergründig nicht in das Geschehen auf dieser Erde ein. Er hat die Erde unserer Verantwortung übergeben, und er verhält sich wie ein weiser Vorgesetzter, indem er die Verantwortung für die Erde an die Menschen delegiert. Wie ein Vorgesetzter wird er aber am Ende der Zeit von uns Rechenschaft verlangen, indem er überprüft, inwieweit wir unsere Zielsetzungen erfüllt haben. Denn die Menschen und der von Gott abgefallene Engel Luzifer sind nicht von Gott gelenkte Marionetten, sondern in gewissen Grenzen freie Wesen, welche in Eigenverantwortung existieren und deshalb auch gegen den Willen Gottes handeln können. Demgegenüber stehen alle Religionen, in denen die Weltgesetze herrschen und somit auch das Schicksal. In diesen Religionen, die eine Reinkarnation vertreten oder Gott als zufälligen Schicksalslenker ansehen, gibt es keine Verantwortung, denn Schicksal schließt Verantwortung aus. Im biblischen Weltbild hingegen handelt der Mensch in eigener Verantwortung und wird nicht durch ein blindes Schicksal gelenkt. Verantwortung für unser Denken und Handeln ist deshalb eines der zentralen Themen der Bibel. Weil der Mensch Verantwortung tragen kann, ist er frei, und die Bibel geht insoweit von einem freien Menschen aus. In der Verbindung mit Gott erfährt der Mensch Freiheit von der Welt und damit auch von jeglicher Art von Schicksalsglauben. Gott hat uns in diesem Sinn als freie Wesen erschaffen, denn sonst wäre der Sündenfall nicht möglich gewesen, und das Gericht, welches in der Bibel einen relativ breiten Raum einnimmt, wäre unlogisch.

Gott hat sehr viel Zeit, und er kennt bereits das Ende unserer Zeit, bevor die Zeit begonnen hat! Bei diesen Gedanken ist es hilfreich, wenn wir zwischen der Zeit des Menschen und der Zeit Gottes unterscheiden. Die Zeit des Menschen ist »Chronos«, die physikalisch messbare Zeit und damit die historisch ablaufende Zeit der Chronologie. Ihr liegt eine strenge Gesetzmäßigkeit zugrunde, in die auch wir Menschen eingebunden sind. »Zum Maß dieser Zeitvorstellung sind uns Tag, Monat und Jahr geworden. Im Chronos wird die Zeit als die Summe der Momente einer linearen Bewegung in Raum und Zeit begriffen.« [1] Damit ist auch ausgedrückt, dass diese Zeit nicht von Raum und Materie zu trennen ist. Zeit, Raum und Materie bilden die physikalische Grundsubstanz dieser Welt, und es kann das eine nicht losgelöst vom anderen betrachtet werden. »Die Zeitachse ist eine lineare, eindimensionale Erscheinung mit einer definierten Anfangsmarke, und sie ist dadurch gekennzeichnet, dass sie ständig fortschreitend ist und nur in einer Richtung läuft. Sie ist für uns weder umkehrbar noch wiederholbar; wir sprechen vom Strom der Zeit. Irgendwo auf dieser Achse liegt unser gegenwärtiger Zeitpunkt, welchen wir Gegenwart nennen. Streng genommen hat die Gegenwart, das Jetzt, keine Dauer. Alles, was hinter diesem Zeitpunkt liegt, nennen wir Vergangenheit, und das, was vor uns liegt, Zukunft.« [2] Genauso wie unsere Zeitachse einen markierten Anfangspunkt hat, so hat sie auch einen markierten Endpunkt, den wir zwar nicht kennen, den aber Gott vor Urzeiten bereits bestimmt hat. Unsere Zeitachse ist somit begrenzt und nicht endlos. Die Bibel sagt uns dazu Folgendes: »*Der Himmel und die Erde werden vergehen*« (Mt 24,35) und »*Die Gestalt dieser Welt vergeht*« (1Kor 7,31). Diese Worte sagen eindringlich, dass diese Welt und ihr materieller Inhalt begrenzt sind. Wenn die Materie begrenzt ist, so muss auch die Zeit einer Begrenzung unterliegen. In der Tat berichtet uns die Bibel genau dies in Offenbarung 10,6: »*Es wird keine Zeit mehr sein*«. Die chronologische Zukunft ist also nicht unbegrenzt, sondern sie hat ein von Gott festgesetztes Maß. Unsere Zeit läuft weder im Kreis, noch wiederholt sie sich. Die Zeit läuft nur in einer Richtung, nämlich vorwärts, und sie ist deshalb die große Einbahnstraße des Lebens, die für uns bei der Geburt beginnt und mit dem Tod endet. Einen Raum können wir wohl beliebig oft betreten, aber in die vergangenen Zeiten können wir, außer in unseren Gedanken, nie mehr zurückkehren. Wir erleben die Zeit deshalb als einmalig und unwiederbringlich.

Den »Kairos« Gottes können wir uns nur theoretisch vorstellen und nicht praktisch, da wir vollständig dem Chronos unterworfen sind. Die »Zeit Gottes« ist nicht gebunden an die Fesseln von Raum und Materie und deshalb frei von allen einengenden Eigenschaften des Chronos: »*Sind deine (Gottes) Tage wie die Tage eines Menschen oder deine Jahre wie die Tage eines Mannes?*« (Hi 10,5). Auch Hiob wusste um den wesensmäßigen Unterschied zwischen dem Kairos Gottes und dem Chronos, wie dieser Vers bestätigt. Kairos ist demnach »Ewigkeit« und dort gibt es für die Begriffe Vergangenheit und Zukunft keinen Platz. Da Gott außerhalb seiner Schöpfung steht, kann er auch nicht den von ihm geschaffenen Phänomenen wie Raum und Zeit unterworfen sein. Unsere gesamte Zeitachse liegt gesamthaft vor ihm ausgebreitet, und er kann diese mit einem einzigen Blick übersehen. Deshalb muss Gott diese unterschiedlichen Zeitabschnitte nicht erst durchlaufen und sie sind für ihn deshalb alle gleichzeitig. Für Gott spielt es keine Rolle, ob er mit einem Blick 1000 Jahre erfasst oder einen einzigen Tag, deshalb gilt bei Gott was wir nicht begreifen können: *»Denn tausend Jahre sind in deinen Augen wie der gestrige Tag, wenn er vergangen ist, und wie eine Wache in der Nacht«* (Ps 90,4). Ein weiterer Beleg für diesen Umstand ist 2. Petrus 3,8: *»...dass beim Herrn ein Tag ist wie tausend Jahre und tausend Jahre wie ein Tag«.* Damit ist auch klargestellt, dass es unmöglich ist, diese beiden Zeitbegriffe miteinander zu vergleichen. Diese Verse weisen darauf hin, dass Gott dem Chronos *nicht* unterworfen ist. Das wird immer dann sehr deutlich, wenn Gott über Vorgänge spricht, wie wenn sie abgeschlossen und erledigt wären, obwohl sie für uns noch in der Zukunft liegen. Dies ist ein deutlicher Hinweis auf die höhere Dimension des Kairos Gottes gegenüber dem Chronos. Dies ist im Weiteren ein Hinweis darauf, dass der wahre Autor des prophetischen Wortes Gott ist, denn ein Mensch berichtet nicht von künftigen Ereignissen, wie wenn sie bereits abgeschlossen wären. Das ist nur Gott möglich, da Gott nicht dem Chronos unterworfen ist. Da der Mensch mit dem Besitz des Geistes auch einen Wesenszug Gottes besitzt, ist es ihm auch möglich, wenigstens in Gedanken die Zeitachse zu relativieren. So ist es uns möglich, uns im Geist vorzustellen, dass wir vor 2000 Jahren gelebt und damals in Jerusalem die Kreuzigung Jesu miterlebt haben. Wenn wir uns in unserer Vorstellung in eine Situation begeben können, die uns eine gewisse Gleichzeitigkeit aller vergangenen Ereignisse erleben lässt, wie viel mehr gilt das dann erst für Gott! »Den Kairos Gottes können wir uns darum als ›ewige Gleichzeitigkeit‹ vorstellen, bei der die gesetzmäßige Strenge des Nacheinander unseres chronologischen Ablaufs aufgehoben ist.« [3]

2.2.2 Der Plan Gottes

Für meinen Glauben ist dieses »Konzept Gottes« von existenzieller Bedeutung, denn es ist der rote Faden durch die Geschichte der Menschheit und die Basis dafür, die erfahrbare Wirklichkeit zu verstehen. Bei diesem Konzept bewegen wir uns in der Art des Erkennens vom Verstand zum Glauben, indem wir uns der Offenbarung Gottes zuwenden (siehe dazu auch Abschnitt 1.6.2). Für das Konzept Gottes gelten folgende Voraussetzungen:

- Die Voraussetzung der Schöpfung, die Entstehung aus dem Nichts, ist gedanklich und wissenschaftlich nicht erfahrbar, sondern nur mit dem Glauben.

- Das Handeln Gottes liegt grundsätzlich jenseits unseres Erfahrungsbereiches, die Wissenschaft kann nur heute erfahrbare Ereignisse erforschen.

- Die heutige Welt unterliegt dem Sündenfall; wir leben in einer gefallenen Welt und sind dem Verfall unterworfen. Damit ist kein Rückschluss auf den Urzustand im »Paradies« möglich.

- Durch die Sintflut wurde die frühere Welt völlig zerstört und vernichtet. Damit ist dieses Ereignis eine »natürliche« Erfahrungs-Barriere, die wissenschaftlich nicht nachvollzogen werden kann.

- Das zukünftige Handeln Gottes ist aus der heute erfahrbaren Realität nicht ableitbar.

Mit diesen Voraussetzungen sind unserem Wissen zwei Barrieren gesetzt, welche wir mit wissenschaftlicher Forschung nicht überbrücken können: Die Barriere der Sintflut ist unsere Grenze in die Vergangenheit, die Gegenwart ist unsere Grenze in die Zukunft. Das Konzept Gottes ist in der folgenden grafischen Übersicht dargestellt.

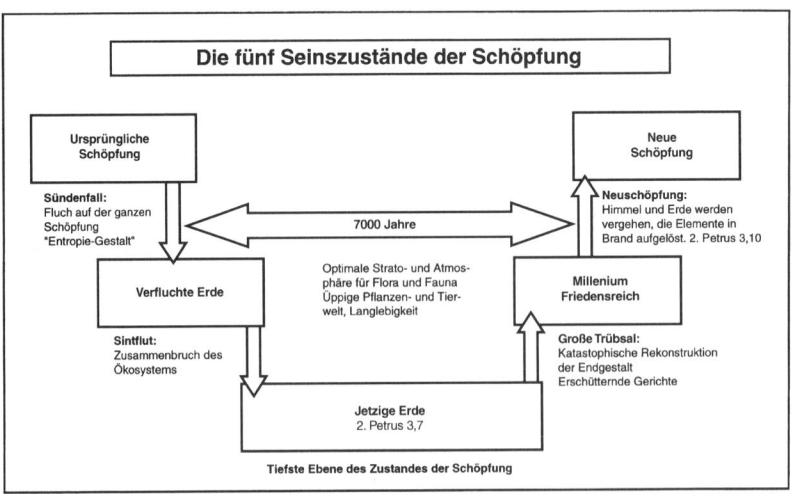

Abbildung 2.1: Diese Grafik gibt uns eine Übersicht über die gesamte Dauer der Menschheitsgeschichte, die einen Beginn hatte und auch ein von Gott bestimmtes Ende hat. Das Zeitmaß ist Chronos und beträgt angenommene 7000 Jahre. Die ursprüngliche, gute und sehr gute Schöpfung ist durch zwei Katastrophen globalen Ausmaßes auf den heutigen, tiefsten Stand gefallen und wir leben heute demnach in einer gefallenen Schöpfung.

1. Ursprüngliche Schöpfung

Die ursprüngliche Schöpfung wurde von Gott als »gut« und »sehr gut« bezeichnet. Dies kann man von der heutigen Welt beim besten Willen nicht mehr behaupten. Wie diese ursprüngliche Schöpfung beschaffen war, entzieht sich unserer Kenntnis. Aber sie wurde von Gott als »sehr gut« bezeichnet. Das Destruktive, die Krankheit und der Tod waren in dieser ursprünglichen Schöpfung nicht existent. Das erste Menschenpaar ernährte sich ausschließlich von pflanzlicher Nahrung, da auch die Tiere nicht dem Sterben unterlagen. Mit dem Sündenfall geriet die gesamte Schöpfung unter den Fluch und unterliegt seither der Entropie. Die ursprünglich gute Schöpfung fiel in einen Seinszustand, in dem das Leiden, die Krankheit, die Mühsal und der Tod Einzug hielten. Nicht nur das Menschenpaar, welches für den Sündenfall verantwortlich war, wurde aus der ursprünglichen Schöpfung vertrieben, die gesamte Natur verlor den ursprünglichen und guten Seinszustand des Garten Eden.

2. Verfluchte Erde

Die Erde war verflucht, und die ganze Schöpfung unterlag fortan der Vergänglichkeit. Destruktive Strukturen in der Tier- und Pflanzenwelt entstanden. In der Welt regierte das Prinzip des »Fressens und gefressen werdens«. Diese Prinzipien sind weder ursprünglich noch göttlich, sondern entsprachen in diesem Sinn dem Abfall und somit auch der Distanz von Gott. Doch im Vergleich mit der heutigen Welt war diese vorsintflutliche Welt noch immer »paradiesisch«. Diese Welt besaß noch eine optimale Strato- und Atmosphäre für Flora und Fauna, welche eine üppige Pflanzen- und Tierwelt förderte. Die Menschen erfreuten sich trotz des Verlustes des Garten Eden einer »nachparadiesischen Welt«, die sehr fruchtbar war, in der ein warmes, sanftes Klima herrschte, das die Langlebigkeit der Menschen ermöglichte. Durch den Einbruch der Sintflut wurde diese Welt völlig zerstört und vernichtet. Von dieser Welt zeugen heute nur noch Fossilien in Erdschichten, die **während der Sintflut** entstanden.

3. Nachsintflutliche Welt

Mit der Sintflut brach das damalige Ökosystem völlig zusammen. Die Sintflut, bei der die gesamte Erde mit Wasser völlig bedeckt wurde, war nur möglich, weil einerseits die damalige Erde eine relativ flache Oberfläche hatte und anderseits der Wasserdampfgürtel um die Erde »abregnete«. Nach dem Rückgang des Wassers musste sich das neue Ökosystem erst wieder neu auf der Erde ausbreiten. Dies ist die Welt, welche wir kennen und in der wir leben. Unsere heutige Welt hat bereits zwei Katastrophen von globalem Ausmaß hinter sich. Durch den Sündenfall ist der Tod und das Destruktive in die Welt gekommen, durch die Sintflut ein rauhes Klima

und eine »dünnere« Atmosphäre, welche das Altern der Menschen gegenüber der vorsintflutlichen Welt wesentlich beschleunigt. Wir befinden uns
seit der Sintflut auf der tiefsten Stufe der Schöpfung und somit auch auf
dem tiefsten Stand des Abfalles von Gott. Doch Gott hat uns nicht vergessen. In dieser nachsintflutlichen Welt sind folgende drei Ereignisse maßgebend:

• die Berufung Abrahams und damit die Gründung des Volkes Gottes

• die Menschwerdung Gottes in der Gestalt von Jesus Christus

• das zweite Kommen von Jesus Christus

Die ersten beiden Ereignisse sind bereits seit ca. 4000 bzw. 2000 Jahren
Geschichte, das dritte Ereignis liegt noch vor uns. Auch die nächsten zwei
Stufen der Schöpfung, welche die Schöpfung wieder auf eine höhere Da-
seins-Ebene bringen, liegen zeitlich noch vor uns.

4. Millenium

Das zweite Kommen Jesu Christi wird durch erschütternde Gerichte und
Katastrophen angekündet werden, welche sich im Vorfeld des zweiten
Kommens ereignen werden. In den letzten sieben Jahren vor seinem Kom-
men, in der so genannten »großen Trübsal«, wird der geistige Abfall der
Menschen von Gott seinen absoluten Höhepunkt erreichen. Nach seinem
Kommen errichtet Jesus Christus auf dieser Erde ein Friedensreich, wel-
ches 1000 Jahre dauern wird (deshalb auch Millenium oder tausendjähriges
Reich). Dieses Friedensreich beschränkt sich aber nicht darauf, dass Jesus
als König über die Erde herrschen wird, auch die Natur wird sich verändern, indem das Destruktive in der Schöpfung massiv reduziert wird.

5. Neue Schöpfung

Von der neuen Schöpfung wird in der Heiligen Schrift nicht viel berichtet.
Es ist aber gewiss, dass diese Welt vergehen wird. Der Apostel Petrus berichtet darüber in seinem 2. Brief: *»Die Himmel werden in Feuer geraten
und aufgelöst und die Elemente in Brand zerschmelzen«* (2Petr 3,12). Über
die neue Schöpfung berichten die Kapitel 21 und 22 der Offenbarung, welche mit folgenden Worten beginnen: *»Und ich sah einen neuen Himmel
und eine neue Erde; denn der erste Himmel und die erste Erde waren vergangen, und das Meer ist nicht mehr. Und ich sah die heilige Stadt, das
neue Jerusalem, aus dem Himmel von Gott herabkommen, bereitet wie eine
für ihren Mann geschmückte Braut«.* Wie diese neue Schöpfung sein wird,
entzieht sich unserer Vorstellungskraft völlig. Mit der Zerstörung der ersten Himmel und der ersten Erde wird auch die uns bekannte Wirklichkeit
von Materie, Raum und Zeit zerstört werden.

Die »fünf Seinszustände der Schöpfung« sind auch von entscheidender Bedeutung für die wissenschaftliche Forschung, denn mit der Sintflut, einer Katastrophe globalen Ausmaßes, wurde eine Barriere der Erfahrung gesetzt, welche die Erforschung der Vergangenheit auf wenige tausend Jahre beschränkt. Durch diese Barriere entzieht sich die Zeit vor der Sintflut grundsätzlich jeder wissenschaftlichen Erforschung. Bedingt durch das globale Ausmaß der Zerstörung sowie die damals stattgefundenen Veränderungen ist auch keine Rückrechnung auf diese ehemalige Welt mehr möglich. Vor dieser »Erfahrungs-Barriere« versagen auch alle technischen Messgeräte, weil diese aufgrund der heute erfahrbaren Wirklichkeit »geeicht« werden. Messresultate, welche von der heute erfahrbaren Wirklichkeit auf die Vergangenheit vor der Sintflut extrapoliert werden, müssen deshalb zwingend falsch sein, weil wir nicht wissen können, wie die heute existierende Wirklichkeit denn tatsächlich entstanden ist. Dies ist denn auch der große Zirkelschluss der Wissenschaft: sie versucht aufgrund der erfahrbaren Wirklichkeit, von der sie nicht wissen kann, wie sie entstanden ist, auf deren Entstehung zu schließen! Dabei setzt sie das Ergebnis der Forschung bereits als feststehendes Axiom voraus. Einfacher ausgedrückt heißt das, dass ich die Entstehung von etwas, das in der Vergangenheit entstanden ist, mit der heutigen Beschaffenheit dieses Dinges zu beweisen versuche, von der ich nicht wissen kann, wie sie (die Beschaffenheit) entstanden ist. Diese Erkenntnis-Barriere kann deshalb ausschließlich durch die Offenbarung Gottes überschritten werden.

2.2.3 7000 Jahre

In der Schöpfung Gottes bleibt nichts dem Zufall überlassen, und alles hat einen Sinn, auch wenn wir diesen nicht immer zu erkennen vermögen. Im Gegensatz zur Evolutionslehre, bei der nichts anderes als der blinde Zufall der »Schöpfer« aller Dinge sein soll, ist es bei der Schöpfung Gottes der Wille und der Plan Gottes. An dieser Schöpfung ist somit nichts zufällig entstanden, alles entstand durch Planung. Und da Gott über einen anderen Zeitbegriff verfügt als wir, war beim Schöpfungsakt auch das Ende der Schöpfung bereits »erschaffen«. Das bedeutet, dass die Zeitdauer der Menschheitsgeschichte bereits im Voraus festgelegt wurde. Und da sehr vieles in der Heiligen Schrift neben der eigentlichen Bedeutung auch eine symbolische Bedeutung hat, habe ich aufgrund verschiedener Hinweise die Dauer der Menschheitsgeschichte mit 7000 Jahren angenommen. Dieses Konzept der 7000 Jahre begründet sich folgendermaßen:

1. 7 Schöpfungstage

Die Dauer der Schöpfung wird mit 7 Tagen angegeben, und der 7. Tag ist dabei der Sabbat, und an diesem Tag ruhte Gott von seinen Werken. Er ruhte dabei nicht, weil er müde war, sondern er tat dies als Zeichen für uns, diesen Tag heilig zu halten. Die Dauer von 7 Tagen hat dabei auch eine symbolische Bedeutung. Am 6. Tag schuf Gott den Menschen, und die Zahl 6 ist denn auch die Zahl des Menschen. Am 7. Tag ruhte Gott von seinen Werken, der 7. Tag ist somit der Tag Gottes und die Zahl 7 ist die Zahl Gottes, die Zahl der Vollkommenheit.

2. Die Wochen der Schrift

Es ist auffallend, wie oft in der Heiligen Schrift die Woche als Zeiteinheit verwendet wird. Begonnen hat alles mit der Schöpfungs-Woche, bei der die 7er Einheit mit der 7-Tage-Woche festgelegt wurde. Die Woche der Wochen bezeichnet die Dauer von 7 Wochen, die Woche der Monate die Dauer von 7 Monaten und die Woche der Jahre die Dauer von 7 Jahren. Das 7. Jahr wurde dabei als Sabbat-Jahr gefeiert. In diesem Jahr durften zum Beispiel die Felder nicht bestellt werden. Weiterhin ist die Woche der Jahrwochen bekannt. Am Ende dieser Zeitdauer, welche 7 mal 7 Jahre dauerte, also 49 Jahre, stand das 50. Jahr, welches als Hall- und Jubeljahr gefeiert werden sollte. In diesem Jahr ging der verpfändete Besitz wieder an den ehemaligen Besitzer zurück, Schulden sollten erlassen werden und die Leibeigenen sollten wieder die Freiheit erhalten. Es ist auch nicht ganz zufällig, dass die babylonische Gefangenschaft 70 Jahre dauerte. Dies war die Strafe dafür, dass die Israeliten 490 Jahre lang das Sabbat-Jahr nicht eingehalten hatten. Und schlussendlich kennen wir aus der Prophetie von Daniel die 70 Jahrwochen. Damit sind 70 mal 7 Jahre gemeint, also die Dauer von 490 Jahren. Damit mag sich auch die Woche der Menschheitsgeschichte ergeben, welche 7 mal 1000 Jahre dauern könnte.

3. Das Millenium

Das Millenium wird bekanntlich, wie der Name bereits sagt, 1000 Jahre dauern. Wenn man die Beschreibungen dieser Zeit nach dem zweiten Kommen von Jesus Christus liest, liegt die Vorstellung sehr nahe, dass diese Zeit für die Schöpfung und für die Menschheit wie ein Sonntag ist, welcher 1000 Jahre dauert. Wenn also der Sonntag tausend Jahre dauert, dann ist die Dauer der vorherliegenden Zeit sinngemäß 6 Tage mal 1000 Jahre. Also wäre die Dauer der Menschheitsgeschichte von der Vertreibung aus dem Garten Eden bis zum Ende des Milleniums etwa 7000 Jahre.

4. Gott und die Zahl 1000

In der Heiligen Schrift gibt es zwei Hinweise auf die Beziehung von Gott mit tausend Jahren: *»Denn tausend Jahre sind in deinen Augen wie der gestrige Tag, wenn er vergangen ist, und wie eine Wache in der Nacht«* (Ps 90,4). Ein weiterer Beleg für diesen Sachverhalt ist 2. Petrus 3,8: *»...dass beim Herrn ein Tag ist wie tausend Jahre und tausend Jahre wie ein Tag«.* So kann ein Tag vor dem Herrn wie tausend Jahre sein, und deshalb hat uns Gott nicht eine beliebig lange Zeit zur Verfügung gestellt, sondern vielleicht 7000 Jahre, wobei die ersten 6000 Jahre bald Vergangenheit sind. Somit liegt der Zeitpunkt der Vertreibung von Adam und Eva aus dem Garten Eden etwa 6000 Jahre zurück. Von heute zurückgerechnet, fand dieses Ereignis dann etwa im Jahre 4000 v.Chr. statt.

5. Abraham und Jesus Christus

Vielleicht ist es nicht ganz zufällig, dass Abraham und Jesus Christus zwei Parallelen aufweisen. Die erste Parallele hängt mit der Berufung Abrahams zusammen, die ca. 2000 Jahre vor der Kreuzigung von Jesus Christus stattfand. Dies bedeutet, dass die Berufung Abrahams in etwa 2000 Jahre nach der Vertreibung von Adam und Eva aus dem Garten Eden stattfand. Es dauerte weitere 2000 Jahre bis zur Menschwerdung Gottes in der Person von Jesus Christus, und es wird voraussichtlich weitere 2000 Jahre bis zum zweiten Kommen Jesu Christi dauern. Dies würde bedeuten, dass dieses Ereignis in den nächsten Jahrzehnten stattfinden könnte. Dabei geht es mir aber nicht darum, das Datum dieses Ereignisses vorauszubestimmen zu wollen, denn dies ist unmöglich, es liegt mir nur daran, auf diese Parallele hinzuweisen. Dass dies aber im Bereich des Möglichen liegt, erfahren wir in einem späteren Kapitel.

Die zweite Parallele hängt zusammen mit der »Opferung« von Isaak durch Abraham. Diese »Beinahe-Opferung« fand bekanntlich auf dem Berg Morija statt. In der damaligen Zeit, ca. 2000 Jahre v.Chr., war dieser Berg noch nicht bewohnt. Später wurde darauf durch die Jebusiter die Stadt Jerusalem gegründet, welche ca. im Jahre 1000 v.Chr. durch König David eingenommen wurde. Auf dem gleichen Berg wurde 2000 Jahre nach der »Opferung« von Isaak durch Abraham Jesus Christus gekreuzigt. Somit war diese »Opferung« ein Hinweis auf das Sterben von Jesus Christus, das uns ja auch als Gottes Opfer für unsere Erlösung geschildert wird. Auf den Ölberg, welcher gegenüber dem Berg Morija liegt, wird Jesus Christus bei seinem zweiten Kommen seinen Fuß setzen. Meiner Meinung nach wird dieses Ereignis ca. 2000 Jahre nach der Kreuzigung von Jesus Christus stattfinden.

6. Chronologien

Die üblichen Chronologien, die sich in der Regel aus der ägyptischen Geschichte ableiten, müssen massiv revidiert werden, da sie mit der Chronologie der Heiligen Schrift nicht übereinstimmen. Ich komme im nächsten Abschnitt auf dieses Thema zurück, an dieser Stelle sei dazu nur noch vermerkt, dass die Ägypter keine chronologische Geschichtsschreibung kannten und die Pharaonen-Reihe nicht sicher ist, weil verschiedene Pharaonen gleichzeitig gelebt haben (Nord- und Südreich). Werner Papke (»Die Sterne von Babylon«) hat aufgrund einer auf einer Tontafel vermerkten Planeten-Konstellation für die Abfassung dieser Tontafel das Jahr 2340 berechnet. [4] Dies stimmt sehr gut mit dem Konzept der 7000 Jahre überein, da in dieser Zeit in Mesopotamien und etwas später in Ägypten die ersten Hochkulturen entstanden sind. In den meisten Geschichtsbüchern werden sie etwa 500 bis 1000 Jahre älter datiert. Aufgrund dieser falschen Datierung wird dann behauptet, dass die biblische Chronologie nicht stimmen könne.

2.2.4   Revidierte Chronologie

Um das Konzept Gottes und vor allem die Theorie der 7000 Jahre verstehen und nachvollziehen zu können, ist es wichtig, einige Gedanken zur Chronologie vorauszuschicken. Für die letzten 2500 bis 3000 Jahre gibt es keine großen Diskrepanzen zwischen der biblischen und der herkömmlichen Chronologie. Dies ist so, weil durch die archäologischen Ausgrabungen sehr viel über diese Zeit bekannt ist. Des Weiteren haben vor allem die Griechen begonnen, ihre und die Geschichte der umliegenden Völker historisch der Nachwelt zu überliefern. Die Zeitangaben bis 664 v.Chr., als die Assyrer Theben eroberten, können somit als ziemlich gesichert betrachtet werden. Je weiter man aber in die Vergangenheit zurückgeht, desto größer wird der Unterschied zwischen der herkömmlichen und der biblischen Chronologie. Ab dem 3. Jahrtausend vor Christus liegt dieser Unterschied bereits bei 1000 und mehr Jahren. Weshalb liegen nun diese beiden Chronologien so weit auseinander? Der erste Grund liegt beim Weltbild und bei der Lebensphilosophie. Autoren, welche die Evolutionstheorie vertreten, neigen dazu, die Chronologie möglichst auszudehnen. Dies ist auch verständlich, denn hohe Alter und eine langsame Entwicklung der Menschheit über Jahrtausende decken sich viel besser mit den Voraussagen der Evolutionslehre. Dabei muss man bedenken, dass die Evolutionslehre eine langsame Entwicklung der Menschheit aus »affenähnlichen« Vorfahren über hunderttausende von Jahren postuliert. Diese Menschheit hat sich dann allmählich von der Steinzeit über die Bronzezeit zur Eisenzeit weiterentwickelt. So ist es verständlich, dass diese Entwicklungsphasen sehr gerne weit in die Vergangenheit gelegt werden. Es wird dann auch als selbstverständlich vorausgesetzt, dass diese Entwicklung tatsächlich auch stattgefunden hat. Wie wir später noch sehen werden, ist es sehr schwer nachvollziehbar, weshalb die ersten Hochkulturen so plötzlich und ohne erkennbare Vorstufen entstanden sind. Aus biblischer Sicht ist dieser Befund zu erwarten, weil der Mensch von Anfang an als hochentwickelter Mensch erschaffen wurde und seither der Degeneration unterworfen ist. Steinzeitkulturen sind deshalb kein Beweis für Aufwärtsentwicklung, sondern sind die **Folge von Abwärtsentwicklung**. Da aber der überwiegende Teil der Wissenschaftler Evolutionisten sind, werden die Chronologien nach wie vor mit zu hohen Altern dargestellt.

Der zweite Grund liegt in einigen offensichtlichen Fehlern der ägyptischen Chronologie, welche die Grundlage aller Chronologien ist. Die ägyptische Chronologie wurde von Manetho, einem ägyptischen Priester begründet, welcher um 280 v.Chr. im Auftrag von Ptolemäus II (der auch die Septuaginta, die erste Bibelübersetzung, in Auftrag gegeben haben soll) eine Geschichte Ägyptens verfasste. Manetho erstellte eine Liste der ägyptischen Pharaonen, bei der er wohl auf ältere und heute nicht mehr vorhandene Quellen zurückgreifen konnte (heute besitzen wir nur noch einige widersprüchliche Fragmente daraus, die von jüdischen und christlichen Gelehrten überliefert wurden). In seiner Geschichte Ägyptens fasste er die Pharaonen zu drei Reichen mit insgesamt 30 Dynastien zusammen. Da er mit dieser Geschichte Ägyptens wohl die Ptolemäer (die griechischen Herrscher Ägyptens) beeindrucken wollte, dehnte er die Chronologie möglichst weit in die Vergangenheit aus. Nach den heute verfügbaren Quellen ergeben die kumulierten Regierungsjahre aller 30 Dynastien über 5000 Jahre. Heute weiß man aber, dass die angegebenen Regierungsjahre vielfach um Jahrzehnte zu hoch liegen, dass mehrere Dynastien nicht nacheinander sondern parallel regiert haben und dass diese Chronologie künstlich aufgebläht wurde. Insbesondere Rohl (1989 - 1992) und Courville (1971) haben in den letzten Jahrzehnten revidierte Chronologien der Geschichte Ägyptens aufgestellt, bei denen zum Beispiel das Neue Reich Ägyptens (nach der herkömmlichen Chronologie 1550 bis 1070 v.Chr.) um bis zu 350 Jahren herunterdatiert werden muss. »Als unerwartetes Nebenprodukt dieser mühsamen Unternehmung kommen viele Parallelen zwischen der ägyptischen Geschichte und der palästinischen Archäologie und der Bibel ans Licht« (Van der Veen, 1994). [5] Wenn die Fehler in der Chronologie Manethos sowie die der neuzeitlichen Darstellungen der ägyptischen Chronologie berücksichtigt werden, gibt es nicht nur eine Übereinstimmung mit der Chronologie der Bibel, sondern es erscheinen auch an passenden Stellen in der ägyptischen Geschichte Hinweise für Moses, die Plagen und das Ertrinken des Pharaos und seines Heeres wie z.B.:

1. Anzeichen, dass es Joseph als Unterkönig in Ägypten gegeben hat. Sein Grab und Palast wurden wahrscheinlich vor einigen Jahren in Tell ed-Daba entdeckt – späte 12. Dynastie. Auf die Existenz Josephs weist auch der Kanal »Bahr Yusuf«, der Kanal Josephs hin, welcher in Ägypten tatsächlich unter diesem Namen bekannt ist.

2. Ägyptische Texte aus der 13. Dynastie erzählen von semitischen (israelitischen) Sklaven in Ägypten.

3. Neue Ausgrabungen in Tell ed-Daba unterstützen die Annahme, dass die Israeliten dort zu dieser Zeit gelebt hatten und dass es den Exodus gegeben hat.

4. Jericho war eine befestigte Stadt und wurde während der Mittel-Bronze-Zeit zerstört.

5. Die Schichten des Spätbronze-II-B-Alters in der palästinischen Archäologie deuten auf eine Hochkultur zur Zeit Salomos.

Bei diesen erwähnten fünf Punkten handelt es sich um Personen und Ereignisse, wegen denen die biblischen Berichte von vielen Wissenschaftlern in Frage gestellt werden. Für die Chronologie haben diese fünf Punkte eine sehr große Bedeutung, denn es sind deutliche Hinweise darauf, dass die biblische Chronologie tatsächlich stimmt. Da aber viele Wissenschaftler (übrigens auch viele christliche Wissenschaftler!) nach wie vor von der herkömmlichen Chronologie ausgehen, finden sie viele Widersprüche zwischen der Archäologie und dem biblischen Bericht. So wird z.B. die Zeit Salomo's in der Bibel als ein goldenes Zeitalter dargestellt. Weil die archäologischen Schichten des 10. Jahrhunderts v. Chr. (nach herkömmlicher Chronologie) aber auf ein einfaches und wenig luxuriöses Leben in Israel hinweisen, wird der biblische Bericht von der Wissenschaft in Frage gestellt.

Nach der revidierten Chronologie liegen diese Schichten aber um rund 300 Jahre weniger weit in der Vergangenheit. Aufgrund der revidierten Chronologie muss deshalb auch die Datierung der verschiedenen »Entwicklungsphasen« der Menschheitsgeschichte revidiert werden.

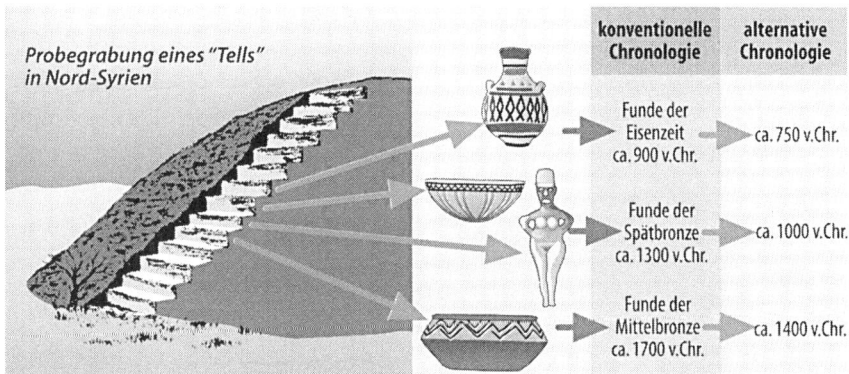

Abbildung 2.2: Datierung der archäologischen Strata im nahen Osten: Da die Datierung der archäologischen Epochen (Bronze- bis Eisenzeit) auf der ägyptischen Chronologie basiert, müssen diese Epochen bzw. archäologischen Schichten bei einer Revision der herkömmlichen Chronologie neu datiert werden.

Die Revision muss insbesondere bei der Datierung der verschiedenen Ausgrabungsschichten einsetzen, welche anhand der revidierten Chronologie wie folgt neu festgesetzt werden müssen:

	herkömmliche Chronologie	revidierte Chronologie
Mittelbronzezeit	ca. 1700 v.Chr.	ca. 1400 v.Chr.
Spätbronzezeit	ca. 1300 v.Chr.	ca. 1000 v.Chr.
Eisenzeit	ca. 900 v.Chr.	ca. 750 v.Chr.

Das Verhängnis der herkömmlichen Chronologie liegt demnach in der Diskrepanz von 150 bis 300 Jahren gegenüber der revidierten Chronologie, und dies nur in der Zeitspanne zwischen der Eisen- und der Mittelbronzezeit. Wenn nun die Bibel als weiteres Beispiel darüber berichtet, dass Jericho von den Israeliten ca. 1450 v.Chr. zerstört wurde und Spuren dieser Zerstörung in den Schichten der Mittelbronzezeit gefunden werden, dann wird dies von der Wissenschaft immer so interpretiert, dass der Bericht der Bibel nicht stimmen kann. In diesem Jahrhundert wurde bei solchen Abweichungen noch nie die herkömmliche Chronologie in Frage gestellt. »Van der Veen, der zu einem interdisziplinär arbeitenden Team von Ägyptologen, Archäologen und Alttestamentlern um D. Rohl gehört macht auf Folgendes aufmerksam: ›Innerhalb der Ägyptologie wird erneut darauf hingewiesen, dass auch die ägyptische Chronologie nicht ohne Fehler ist. Neue Forschungsprojekte zeigen, dass die bekannte 'Dritte Zwischenzeit'

(21. bis 25. Dynastie) viel kürzer sein muss. Der neueste Tatbestand der Forschung glaubt nämlich beweisen zu können, dass in jener dritten Zwischenzeit die Regierungszeit vieler verschiedener Königshäuser statt nacheinander zur gleichen Zeit anzusetzen ist. Wenn dies tatsächlich so stimmt, hat dies drastische Folgen für die gesamte Chronologie ...‹« [6] Mit der Revision der ägyptischen Chronologie rückt die der Bibel auch unter wissenschaftlich denkenden Menschen plötzlich in den Bereich des Möglichen.

2.2.5 Biblische Chronologie[7]

Die Bibel ist das einzige Buch, das uns eine einigermaßen »sichere« chronologische Abfolge des Altertums und vor allem von der Zeit *vor* Abraham überliefert hat. Der Sinn dieser biblischen Chronologie war aber nicht, eine ganz genaue chronologische Abfolge der Ereignisse zu überliefern, welche auf das Jahr genau nachgerechnet werden kann, sondern die Schreiber bezweckten mit dieser Chronologie einzig und allein den lückenlosen Nachweis ihrer Abstammung zurück bis auf Adam! Die unten aufgeführte Zeittafel von Adam bis Abraham zeigt die Lebensdauer der 20 Patriachen seit Adam, wie sie sich aufgrund der Überlieferung nach der »streng chronologischen« Auffassung ergibt.

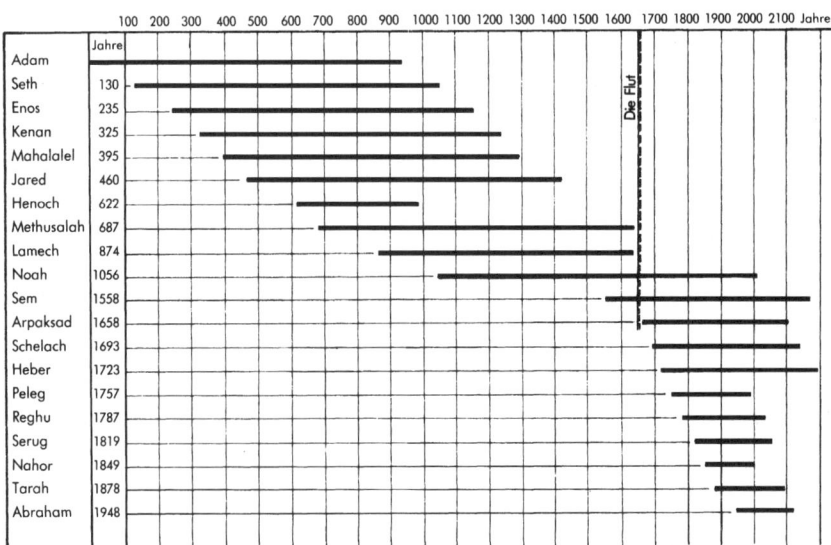

Abbildung 2.3: Auf dieser Grafik ist die vergleichende Zeittafel von Adam bis Abraham nach streng chronologischer Auffassung dargestellt. Danach fand zum Beispiel die Sintflut im Jahre 2344 v. Chr. statt. Aufgrund verschiedener Unsicherheiten bei der Interpretation muss diese »streng chronologische« Auffassung aber aufgegeben werden.

Aber auch diese Chronologie muss aufgrund von verschiedenen Interpretationsproblemen hinterfragt werden, sodass die »streng chronologische Auffassung« im Rahmen dieser Arbeit aufgegeben wird. An der chronologischen Abfolge sowie an den überlieferten Lebensaltern der einzelnen Patriachen wird aber trotzdem festgehalten. Für die weitere Verwendung von Jahresdaten *vor* Abraham werden folgende beiden »Fix-Daten« festgelegt:

- Aufgrund des Konzeptes der 7000 Jahre wird die Vertreibung aus dem Paradies etwa im Jahre **4000 v.Chr.** stattgefunden haben.

- Aufgrund der Rückrechnung aus der Geschichte Israels wird Abraham um das Jahr **2000 v.Chr.** gelebt haben.

Auch wenn die streng chronologische Auffassung der biblischen Überlieferung aufgegeben wird, heißt das aber nicht, dass die biblische Chronologie falsch ist, sondern dass unter anderem folgende Interpretationen und Annahmen unsicher sind:

- Adam wurde zweifellos als erwachsener Mensch geschaffen und nicht als Säugling, denn er hatte ja bekanntlich keine Eltern. Die Bibel teilt uns aber nicht mit, in welchem Alter er geschaffen wurde.

- Auf obiger Zeittafel fällt das hohe Alter Noahs bei der Zeugung seiner Söhne sofort auf. Bei seinen Vorfahren lag das Zeugungsalter zwischen 50 und 200 Jahren, aber bei Noah liegt es bei 500 Jahren.

- Auf obiger Zeittafel fallen die hohen Lebensalter nach der Sintflut sofort auf. Gemäß dieser Zeittafel lebten alle Vorfahren Abrahams seit Noah noch, als Abraham etwa 50jährig war und Sem, Schelach und Heber überlebten ihn sogar noch.

- Der Begriff »zeugte« muss in der Bibel nicht unbedingt bedeuten, dass der, der gezeugt wird, auch der Sohn ist. In Matthäus 1,8 lesen wir zum Beispiel: »...Joram aber zeugte Usija«. Aus 2. Chronik 21-26 wissen wir aber, dass Usija der Ur-Urenkel Jorams war. Für uns wirkt dieser Tatbestand befremdend, wenn wir aber die Denkweise der Hebräer berücksichtigen, bei der die Aufzeichnung des Bezugs zu den Verheißungen Gottes und nicht eine lückenlose Reihenfolge wichtig war, gibt es hier keinen Widerspruch.

- Das Zeugungsjahr der Verheißungsträger ist nicht immer sicher. So heißt es zum Beispiel: »Sem war 100 Jahre alt und zeugte Arpachschad, zwei Jahre nach der Flut«. Es heißt aber nicht: »Sem war 100 Jahre alt, *als* er Arpachschad zeugte«. Wir wissen also nicht mit letzter Sicherheit, in welchem Lebensjahr Sem Arpachschad wirklich gezeugt hat. Außerdem scheint Arpachschad nicht der Erstgeborene, sondern der dritte Sohn gewesen zu sein (1Mo 10,22).

Trotz all dieser Unsicherheiten bei der Interpretation der biblischen Chronologie kann es sich bei allfälligen Differenzen um allerhöchstens 100 bis 150 Jahre handeln. Im Verhältnis zu den angenommenen 7000 Jahren der Menschheitsgeschichte fallen diese kleinen Unsicherheiten nicht ins Gewicht, und es gibt deshalb trotz einiger Probleme bei der Interpretation nach wie vor keinen einzigen stichhaltigen Grund, an den Grundaussagen von 1. Mose 1-11 zu zweifeln.

2.2.6 Sinn und Ziel

Dieser Abschnitt ist der schwierigste Teil der ganzen vorliegenden Arbeit, weil es dabei um die Frage geht, was denn der Sinn und das Ziel des Konzeptes Gottes ist. Dies ist deshalb schwierig, weil wir Menschen die Gedanken Gottes nicht nachvollziehen können. In Zeiten, in denen ich von Zweifeln geplagt werde und mit dem Sinn des Lebens hadere, frage ich mich öfter, was denn Gott dazu bewogen hat, das Abenteuer »Mensch« einzugehen. Dies gilt umso mehr, da er ja von Beginn der Schöpfung an ganz genau wusste, dass die Menschen immer wieder versagen und von ihm abfallen würden. Auch war es ihm bewusst, dass seine Liebe zu uns nicht von allen Menschen erwidert würde.

1. Sinn

An erster Stelle steht die Frage nach dem Sinn der Schöpfung. Wir Menschen sind Wesen, die bei allen ihren Unternehmungen zweckorientiert handeln. Deshalb steht am Anfang jedes menschlichen Konzeptes der Zweck. Welchen Zweck verfolgen wir mit einem Vorhaben oder einem Projekt? Wenn ich selbst nach dem Sinn des Lebens frage, so kann ich mich auf Gott beziehen. Ich bin sein Geschöpf und mein persönliches Ziel ist die Gemeinschaft mit meinem Schöpfer. Was ist nun aber der Zweck, den Gott verfolgte, als er den Entschluss fasste, das Universum, die Erde und uns Menschen ins Dasein zu rufen? Ist es auch die Gemeinschaft mit seinen Geschöpfen? Weshalb benötigt Gott, der Allmächtige, die Gemeinschaft mit so beschränkten und endlichen Wesen wie uns Menschen? Genügt Gott nicht sich selbst, da Gott ja Leben in sich selbst hat? Dies bringt mich auf den Gedanken, dass es ganz einfach Liebe sein muss, die unendliche Liebe Gottes. Gott ist für mich Liebe, unendliche Liebe, unvorstellbare Liebe. Gott liebt uns bedingungslos, und zwar alle Menschen unabhängig von der Herkunft und vom gesellschaftlichen Stand. Gott lässt auch gleichermaßen regnen über Gläubige und Ungläubige. Gottes Liebe macht grundsätzlich keinen Unterschied zwischen Menschen, den Unterschied macht der Mensch selbst, indem er die Liebe Gottes entweder erwidert oder ablehnt. Es ist unsere persönliche Entscheidung, auf das Liebes-Angebot von Gott einzugehen oder es abzulehnen. Es gibt nur diese zwei Wege! Dieses Liebes-Angebot Gottes steht am Anfang aller Dinge, und daraus kann folgendes »Gesetz der Liebe« abgeleitet werden:

1. Gott liebt dich.

2. Weil Gott dich liebt, liebe auch du Gott, wie er dich liebt.

3. Erst dadurch wirst du fähig, dich selbst und andere Menschen zu lieben.

Der Sinn der ganzen Schöpfung kann somit durch die unendliche Liebe Gottes definiert werden. Gott besitzt eine unendliche Quelle der Liebe in sich selbst, und diese Quelle möchte er uns Menschen schenken. Ohne das Werk der Schöpfung wäre die unendliche Liebe Gottes für nichts, sinnlos, zwecklos, ohne Erfüllung. Mit der Schöpfung hat Gott Wesen geschaffen, welche in der Lage sind, Liebe zu empfangen und Liebe zu geben. Diese Liebesfähigkeit ist zwar im Verhältnis zur Liebe Gottes sehr bescheiden, aber sie ist wenigstens im Ansatz vorhanden. Dies ist der erste Grundsatz: **Gott liebt dich!** Wir Menschen stehen somit im Zentrum des Geschehens der Schöpfung. Alles, was ist, wurde letztlich für uns geschaffen. Deshalb darf man nach wie vor mit gutem Gewissen behaupten, dass die Erde das Zentrum des Universums ist. Ob die Erde dabei örtlich genau im Zentrum des Universums liegt, ist dabei ohne Belang, von Belang ist einzig, dass die Erde und vor allem wir Menschen im Zentrum des Interesses Gottes liegen und somit im Zentrum seines Zweckes. Nicht ganz zufällig deuten die »Finger Gottes« auf der Karte des Universums auf die Mitte zu, in der sich unser Sonnensystem befindet. Es ist eine unglaubliche Vorstellung, dass das ganze Universum einen einzigen Sinn hat: Es wurde für uns Menschen geschaffen, damit wir die unendliche Größe, Macht und Liebe unseres Schöpfers erkennen und preisen können. Dies ist die wahre Erkenntnis, welche uns von der Wissenschaft und von aller menschlichen Weisheit nicht vermittelt werden kann.

Wir haben also die absolute Gewissheit, dass Gott uns liebt, wie ein Vater oder eine Mutter die Kinder liebt. Dieser Vergleich dient uns Menschen, um uns die Liebe Gottes wenigstens einigermaßen vorstellen zu können. Was die Bedingungslosigkeit der Liebe anbetrifft, ist der Vergleich mit der Liebe einer Mutter sehr hilfreich. Wer das Glück hat, von einer Mutter geliebt zu werden, kennt diese bedingungslose Liebe. Die Liebe der meisten Mütter ist an keine Bedingungen geknüpft, sie ist einfach da, und wir dürfen sie in Anspruch nehmen. In der Regel übersteht diese Liebe alle Stürme des Lebens und bleibt bis ans Lebensende bestehen. Aber so groß die Liebe einer Mutter auch sein kann, sie ist mit der Liebe Gottes nur bildlich zu vergleichen, sie kann die Größe und Unendlichkeit der Liebe Gottes niemals erreichen. Das Liebes-Angebot besteht seit Anbeginn der Schöpfung, und es liegt nun an uns, dieses Angebot anzunehmen oder dieses Angebot abzulehnen. Dies ist der zweite Grundsatz: **Weil Gott dich liebt, liebe auch du Gott, wie er dich liebt!** Weshalb fällt es vielen Menschen so schwer, auf dieses Liebes-Angebot einzugehen? Ist es die menschliche Hybris, die Überheblichkeit, die diese Menschen daran hindert? Ist es fehlende Demut und Bescheidenheit? Wie dem auch sei: Das Liebes-Angebot steht da, und wir können darauf eingehen. In diesem Zusammenhang steht auch die Frage der Pharisäer nach dem größten Gebot. Jesus gab ihnen folgende Antwort: *Du sollst den Herrn, deinen Gott, lieben mit deinem ganzen Herzen und mit deiner ganzen Seele und mit deinem ganzen Verstand. Dies ist das größte und erste Gebot«* (Mt 22,37-39). Diese Aussage Jesu deckt sich mit unserem zweiten Grundsatz. Denn den ersten Grundsatz musste Jesus nicht erwähnen, da er als Beweis seiner unendlichen Liebe sein Leben für uns hingab. Was kann mit dieser Liebe noch verglichen werden? Braucht es dazu noch Worte?

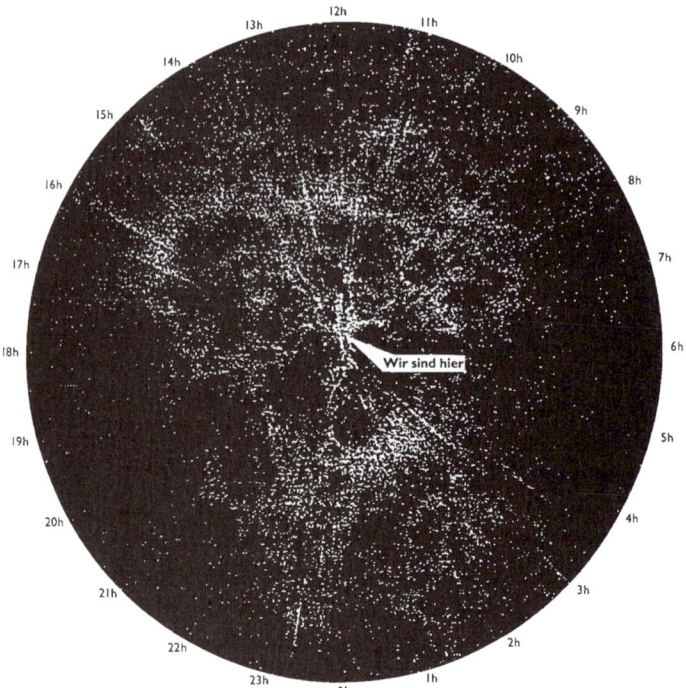

Abbildung 2.4: Die neueste Karte des Kosmos als Projektion unserer kosmischen Umgebung senkrecht zur Ebene unserer Milchstraße. Zwischen den Koordinaten 9h und 16h sieht man die Große Wand. Auffällig sind die »Finger Gottes«, die als lineare Strukturen konzentrisch auf unser System weisen.

Erst mit der Annahme des Liebes-Angebotes Gottes sind wir Menschen überhaupt in der Lage, andere Menschen zu lieben. Dabei geht es aber nicht darum, die eigene Familie, den Partner oder uns nahe stehende Menschen zu lieben, dazu sind mehr oder weniger alle Menschen befähigt, nein, es geht vor allem darum, unseren Nächsten zu lieben. Im Anschluss an das erste Gebot sagte Jesus: *»Das Zweite aber ist ihm gleich: Du sollst deinen Nächsten lieben wie dich selbst. An diesen zwei Geboten hängt das ganze Gesetz und die Propheten* (Mt 22,40). Diese Aussage Jesu deckt sich mit unserem dritten Grundsatz. **Erst dadurch wirst du fähig, dich selbst und andere Menschen zu lieben**. Letztlich gründet sich alles auf der Liebe, und mit dieser Liebe haben wir Menschen denn auch unsere Mühe. In diesen Geboten der Liebe ist Folgendes verborgen:

- Wir sollen Gott lieben mit ganzem Herzen, ganzer Seele und ganzem Verstand.

- Wir sollen den Nächsten lieben wie uns selbst.

Wichtig ist, dass wir erkennen, dass wir in erster Linie Gott lieben sollen. Wenn wir die Liebe zu Gott gefunden haben, sollen wir andere lieben wie uns selbst. Dabei geht es aber nicht um die narzistische Eigenliebe, sondern vielmehr darum, sich selbst anzunehmen. Wie viele seelische Probleme beruhen darauf, dass die Menschen sich selbst nicht für liebenswert erachten und sich deshalb selbst nicht annehmen! Dies ist aber die Bedingung dafür, dass wir fähig werden, andere Menschen zu lieben. Wenn ich mich selbst hasse, wie soll ich da andere Menschen lieben können, von wo soll ich die Kraft dazu auch nehmen? Wie Jesus in Matthäus 22,40 erwähnt, wird das ganze Gesetz und die Propheten mit diesen beiden Geboten erfüllt. Kinder Gottes werden wir, indem wir die Liebe Gottes, die er in Jesus Christus offenbart hat, erwidern, indem wir mit ganzem Herzen, mit ganzer Seele und mit ganzem Verstand »ja« sagen zu Gott. Es gibt keine anderen Bedingungen oder Voraussetzungen, um zu Gott zu gelangen, als ein einziges »Ja« von uns, ein »Ja« aus tiefstem Herzen, aus tiefster Seele und mit ganzem Verstand. Auch hier wird wieder deutlich, wie wenig Verstand und Glaube voneinander getrennt werden können. Es genügt nämlich nicht, »ja« zu sagen, das Herz und der Verstand müssen genau so »ja« sagen können. Ansonsten ist unser »Ja« nicht ganzheitlich, es braucht immer beide Seiten. Zum Abschluss der Frage nach dem Sinn möchte ich ein Zitat von Wilhelm Busch anfügen, welcher den Sinn sehr schön umschreibt: *»Gott hat uns geschaffen, dass wir seine Kinder werden. Wie ein Vater sich gern in seinem Sohn spiegelt, so schuf Gott den Menschen »ihm zum Bilde«. Gott will, dass wir seine Kinder werden, die mit ihm reden – und mit denen er reden kann, die ihn lieb haben – und die er liebt«.*

4. Ziel

Nach den Ausführungen über einen möglichen Sinn und Zweck, den Gott mit seiner Schöpfung verfolgt, wenden wir uns nun der Frage zu, welches Ziel sich Gott mit seiner Schöpfung gesetzt hat. Auch bei dieser Frage ist es wie bei der nach dem Sinn: Es ist uns grundsätzlich nicht möglich, Gottes Gedanken und Gottes Wege zu ergründen. Die folgenden Gedanken zum Ziel der Schöpfung sind denn auch meine Gedanken mit dem Bewusstsein, dass meine Gedanken falsch sein können. Aufgrund des Zeitbegriffes Gottes, des Kairos, ergibt sich die Vorstellung, dass Gott die gesamte Menschheitsgeschichte von Anfang an vor sich gesehen hat. Gott wusste von Anbeginn der Welt, dass das erste Menschenpaar im Paradies der Versuchung nicht widerstehen konnte, und dass Gott daraufhin die Erde verfluchen musste. Auch sah er voraus, dass die vorsintflutliche Welt von ihm durch die Sintflut zerstört werden musste. Er wusste von Anbeginn an, dass er in der Person von Jesus Christus Mensch werden und dass sein Volk ihn ablehnen würde. Genauso sah er das zweite Kommen von Jesus und die Gründung des tausendjährigen Friedensreiches voraus. Letztlich war sein Ziel von Anbeginn an die neue Schöpfung, welche nach der Auflösung der »alten« Schöpfung von Ihm geschaffen wird. Gott weiß auch ganz genau, welche Menschen sein Liebes-Angebot annehmen und welche es ablehnen werden. Er weiß das aber nicht aufgrund eines »Schicksals«, sondern er weiß das, weil er allwissend und allgegenwärtig und weil er nicht dem Chronos unterworfen ist. Für ihn findet die gesamte Menschheitsgeschichte gleichzeitig statt.

Wir müssen uns darüber im Klaren sein, dass Gott, trotzdem er alles weiß und allgegenwärtig ist, uns Menschen als **souveräne und eigenverantwortliche Wesen** geschaffen hat. Er hätte genauso gut statt Menschen Computer erschaffen können, welche auf die Erwiderung seiner Liebe hin programmiert wären. Doch was wäre das für eine Liebe, welche nicht aus einer freien Entscheidung entsteht? Deshalb haben die Menschen auch die Möglichkeit, sich *gegen* ihn zu entscheiden. Wir Menschen wissen nicht von vornherein, wie wir uns entscheiden werden. Uns ist dieses Leben gegeben, damit wir die Möglichkeit erhalten, diese Entscheidung für Gott zu fällen, und auch um bei dieser Entscheidung zu bleiben.

Als Titel dieses Buches habe ich nicht ganz zufällig »Von Ewigkeit zu Ewigkeit« gewählt. Die Ewigkeit ist für uns Menschen »ein Donnerwort«, wie Johann Rist (1607-67) es formulierte. Wir können uns die Ewigkeit schlicht und einfach nicht vorstellen. Ich habe seit meiner frühesten Kindheit eine bestimmte Vorstellung von der Ewigkeit als nicht mehr endende Zeit, also als Chronos ohne Ende. Wenn ich mich dieser Vorstellung hingebe und diesen Gedanken zu Ende denken möchte, dann muss ich aufgeben. Ich bin unfähig, dieses Bild, welches sich mir in meiner Vorstellung eröffnet, mit meinem Verstand zu erfassen. Mich überkommt dann das Bedürfnis, mich abzuwenden, bis dieser Gedanke aufhört, mich zu quälen. Diese »Wahnvorstellung« ist durch die römisch-katholische Erziehung entstanden, und zwar aufgrund der Strafandrohung, bis in alle Ewigkeit in der Hölle schmoren zu müssen. Seither ist die Ewigkeit auch für mich ein »Donnerwort«. Nun, mit dem Wissen um die Zeitbegriffe Chronos und Kairos bekommt dieses »Donnerwort« eine neue Dimension. Wie wir gesehen haben, wird der Zeitbegriff Chronos umschrieben als eine lineare Bewegung in Raum und Zeit. Chronos besitzt des Weiteren einen definierten Anfang und ein Ende. Also kann Chronos niemals unendlich sein. Es gibt keine unendliche Zeit. Der uns bekannte Zeitbegriff ist wie die gesamte Schöpfung endlich und nicht unendlich. Die Zeit ist somit keine endlose lineare Bewegung in Raum und Zeit, sondern eine **endliche**. Die Spanne dieser Zeit wurde von Gott »im Anfang« bestimmt, und diese Spanne dauert vielleicht 7000 Jahre. Anschließend an diese Zeitspanne vergeht die erste Schöpfung. Mit der Zerstörung der ersten Schöpfung wird nicht nur die Materie zerstört, sondern auch der Raum und die Zeit. Die zweite und »ewige« Schöpfung, welche in alle Ewigkeit besteht, ist nicht mehr den Gesetzen von Materie, Raum und Zeit unterworfen, sondern sie ist Kairos, eine ewige Gleichzeitigkeit oder eine ewige Zeitlosigkeit. Gott, der ewig Unveränderliche, steht außerhalb von Raum und Zeit; wo und wie, das entzieht sich unserer Kenntnis und unserer Vorstellungskraft, aber es hat eine gewisse Logik. Wenn Gott wirklich Gott ist und dieser Gott die Materie, den Raum und die Zeit geschaffen hat, dann *muss* dieser Gott außerhalb seiner Schöpfung existieren, Er kann nicht ein Teil seiner Schöpfung sein! Dies gilt grundsätzlich auch für seine zweite und ewige Schöpfung, doch im Unterschied zur ersten Schöpfung wird Gott in der zweiten Schöpfung persönlich anwesend sein. Also wenn Gott in seiner Schöpfung anwesend sein wird, muss diese Schöpfung grundsätzlich anders beschaffen sein als die erste Schöpfung, in der er so nicht anwesend war und ist. Das ist die Logik dahinter; eine Vorstellung von der zweiten Schöpfung kann ich mir aber trotzdem nicht machen, und ich denke, dass dies für keinen Menschen möglich ist. Die einzige Information dazu erhalten wir aus Offenbarung 21 und 22. Dies ist die einzige Stelle in der Heiligen Schrift, denn außer dem Apostel Johannes wurde keinem Propheten der Blick in die zweite Schöpfung gewährt. Die prophetische Schau aller anderen Propheten endet im Millenium, wo aber weiterhin die uns bekannten Gesetze von Materie, Raum und Zeit herrschen. In der zweiten Schöpfung hingegen sind diese Gesetze aufgehoben, und zwar ausnahmslos alle!

2.3 Die Einzigartigkeit der Bibel

2.3.1 Einleitung [8]

In den folgenden Abschnitten befassen wir uns mit der Heiligen Schrift, der Bibel, dem Wort Gottes, der Offenbarung Gottes an die Menschen. In diesen Abschnitten geht es folglich darum aufzuzeigen, dass die Bibel tatsächlich Gottes Wort ist. Sie zeigt uns schonungslos offen und gleichzeitig voll göttlicher Barmherzigkeit auf, wer unser Schöpfer ist, wo der Mensch vor Gott steht und wie der Mensch die Gemeinschaft mit Gott finden kann. Weil die Bibel selber den Anspruch erhebt, das Wort Gottes zu sein, wird sie angegriffen, verachtet oder lächerlich gemacht. Es ist eine historische Tatsache, dass die Bibel alle diese Angriffe überlebt hat und noch heute das meistverkaufte Buch aller Zeiten ist. Hat das nicht seinen Grund darin, dass dieses Buch »Geist und Leben« ist, dass sich in diesem Buch die Kraft Gottes entfaltet, ja es ist von Gottes ewigem Odem gegeben, es ist das inspirierte Wort Gottes, von Gott gehaucht. Es ist die wunderbare, unbegreifliche Liebesgeschichte von Gott, dem Allmächtigen, mit uns Menschen, es zeigt uns sein unendlich geduldiges Bemühen um uns Menschen, um uns zu ihm, unserem Schöpfer, zurückzuführen. Die Bibel ist ein sehr dickes Buch bzw. eine Sammlung von Büchern und besteht aus nicht weniger als **sechsundsechzig Büchern:** historischen Berichten, Lebensbildern, Gedichtsammlungen, Prophetien, Briefen und Aufsätzen. Sie ist ein sehr, sehr altes Buch, zum Teil ungefähr **3400 Jahre** alt und sogar noch älter.

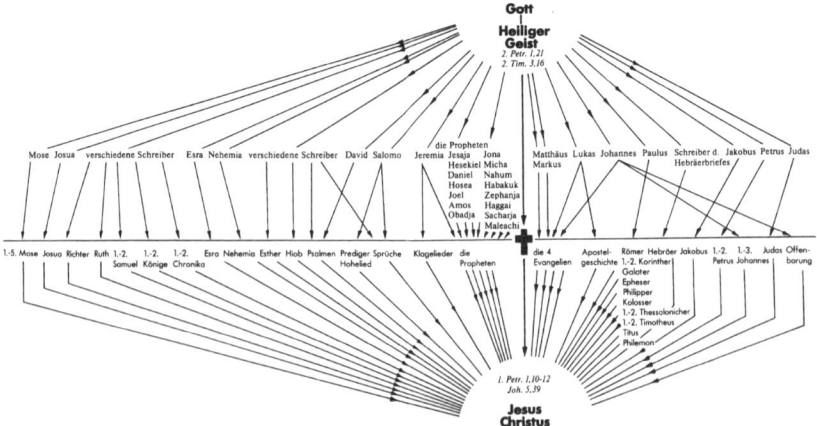

Abbildung 2.5: »Alle Schrift ist von Gott eingegeben« (inspiriert). Diese Grafik macht den eigentlichen »Autor« der Bibel deutlich, die Schreiber (Werkzeuge) und das Ziel seiner Botschaft: Jesus Christus.

Sie ist ein Buch aus einer ganz anderen Zeit, einer ganz anderen Kultur, und die Bibel unterscheidet sich von allen Büchern in der Welt grundlegend:

Die Bibel ist in jeder Hinsicht vollkommen einzigartig in der Geschichte der Menschheit.»Auf seinem Sterbebett bat Sir Walter Scott seinen Schwiegersohn, ihm aus ›dem Buch‹ vorzulesen. Als dieser ihn fragte, welches Buch er meine, antwortete Scott: ›Es gibt nur ein Buch, das es wert ist, 'Das Buch' genannt zu werden: Die Bibel.‹« [9]

2.3.2 Sieben Merkmale der Einzigartigkeit

1. Ihre Entstehung

Die Bibel wurde nicht einfach geschrieben, wie man einen Roman schreibt, sondern sie wurde von mehr als vierzig Schreibern verfasst, die sich gegenseitig nicht kannten, denn sie schrieben das Buch in einem Zeitraum von mindestens 1500 Jahren. Die Verfasser der Bücher fassten weder einen Plan noch einen Entwurf, und trotzdem fügte sich ein Teil zum anderen, bis die gesamte Bibel komplett war. Es waren auch keine Schriftsteller und Gelehrten, sondern sie kamen alle aus unterschiedlichen Berufen und Kulturen, wie z.b. Mose, der Politiker; Josua, der General; Salomo, der König; Amos, der Hirte; Nehemia, der Mundschenk; Daniel, der Staatsmann; Petrus, der Fischer; Lukas, der Arzt; Matthäus, der Zöllner und Paulus, der jüdische Rabbiner. Sie schrieben unter ganz unterschiedlichen Umständen, Mose in der Wüste, Jeremia in einem Kerker, David in seinem Palast, Paulus im Gefängnis, Lukas während der Reise, Johannes, auf der Insel Patmos in seinem Exil. Auch ihre Gemütsverfassungen waren sehr unterschiedlich, von großer Freude bis Trauer und Verzweiflung. Zur Zeit des Schriftgelehrten Esra, kurz nach der babylonischen Gefangenschaft, war das Alte Testament, Buchstabe für Buchstabe, Wort für Wort, Satz für Satz nahezu fertig.

Jesus Christus hat wahrscheinlich keinen einzigen Satz als göttliche Offenbarung geschrieben und seine Jünger hätten es niemals gewagt, dem Alten Testament auch nur einen einzigen Buchstaben zuzufügen. Es ist auch wahrscheinlich, dass während Jesu Dienst hier auf Erden kein einziger Buchstabe des Neuen Testaments geschrieben wurde. Die Entstehung des Neuen Testaments ist ein Wunder, denn plötzlich, ohne dass vorher ein Plan gefasst wurde, wurden die Bücher des Neuen Testaments geschrieben. Die Menschen, die diese Schriften verfassten, lebten oft weit voneinander entfernt, und konnten sich deshalb nicht gegenseitig absprechen. Und doch begannen diese Schriften schon bald zu kursieren und wurden von den neu entstandenen Gemeinden gesammelt. Damals hatte wohl noch keine Gemeinde Probleme mit der Frage, welche Bücher zum Neuen Testament gehörten und welche nicht. Die ersten Christengemeinden hatten eine solche Ehrfurcht vor diesen Schriften, dass das Neue Testament schon bald in den damaligen christlichen Gemeinden allgemein anerkannt wurden. Auch die Verfasser der vier Evangelien mussten sich nicht erst zusammensetzen und darüber beraten, wie sie Jesus Christus darstellen sollten, sondern sie kamen unabhängig voneinander zur Überzeugung, dass jeder der vier Evangelisten Jesus von einer anderen Seite aufzeichnen sollte: Matthäus als König, Markus als Diener, Lukas als wahren Menschen und Johannes als Gottes Sohn.

2. Ihre Einheit

Wie ist es nun möglich, dass ein Werk, das von verschiedenen Verfassern aus verschiedenen Generationen mit total verschiedenen Hintergründen und aus verschiedenen Zeiten und Kulturen geschrieben wurde, in seiner Einheit so vollkommen ist? Auch schreiben die Verfasser der Bibel über viele verschiedene Themen wie Geschichte, Theologie, Philosophie, über den Kosmos, die Natur und über den Menschen, obwohl sie diese Themen nie studiert hatten. Im Weiteren schreiben sie »gewagte« Prophetien, sie schreiben über künftige Ereignisse, und sie schreiben über Dinge, die man damals gar nicht wissen konnte. Da muss man sich die Frage stellen, woher diese Menschen das Wissen hatten, um auch die schwierigsten und tiefsinnigsten Themen anschneiden zu können? Für die korrekte Bibelauslegung ist dies von entscheidender Bedeutung: So wie jeder Teil des Körpers nur richtig erklärt werden kann in Bezug auf die Einheit Mensch, so können die einzelnen Bibelverse auch nur im Zusammenhang mit der gesamten Bibel richtig ausgelegt werden. Keine andere Regel in der Exegese (Bibelauslegung) wird leider so oft achtlos übertreten. Die Einheit der Bibel ist der »rote Faden«, der sich durch die ganze Bibel zieht, und das ist auch das Zentrale dieses Buches, die Gesamtschau des Handelns Gottes mit der Menschheit vom Anfang bis zum Ende aufzuzeigen, also von der Genesis bis zur Offenbarung oder anders ausgedrückt »Von Ewigkeit zu Ewigkeit«. Die Bibel ist auch deshalb einzigartig, weil sie für die Beantwortung der großen Fragen des Lebens weder auf ein liturgisches Programm noch auf eine Reihe religiöser Gebote, Gesetze und Verpflichtungen hinweist. Sie weist uns aber schonungslos darauf hin, dass kein Mensch den Forderungen Gottes jemals gerecht werden kann. Ihr Zentralthema ist eine Person: Jesus Christus. Er ist der einzig wahre Weg für den Menschen zu Gott. Er ist die Verbindung von uns Menschen zu Gott.

3. Ihre Aktualität

Im Laufe der Menschheitsgeschichte wurden bereits unzählige Bücher geschrieben, die aber schon bald in Vergessenheit gerieten. Es wurden auch viele Bücher herausgegeben, die für kurze Zeit zwar größeres Interessse genossen haben als die Bibel, aber wie viele dieser Bücher werden heute noch immer regelmäßig von vielen Menschen gelesen? Die Heilige Schrift ist ein sehr altes Buch und bestimmte Bibelteile gehören zu den ältesten Schriften, die wir heute kennen, denn Teile der Genesis und das Buch Hiob wurden mit größter Wahrscheinlichkeit in der Zeit vor Abraham geschrieben. Weshalb wird dieses Buch noch heute von Millionen von Menschen gelesen? Wahrscheinlich nicht aus historischem Interesse, denn das ist beim Durchschnittsbürger nicht sehr stark ausgeprägt. Der Grund liegt vielmehr darin, dass die Menschen die Wichtigkeit der Heiligen Schrift für ihr persönliches Leben erkennen. Das ist wirklich einzigartig, denn die Bibel wurde über Jahrtausende verfasst und zwar auschließlich von Menschen, die zu demselben unauffälligen Volk im Nahen Osten gehörten. Außerdem wurde der größte Teil davon in einer bis vor kurzem toten Sprache geschrieben. Das ist das faszinierende an der Bibel, denn es ist ein Buch, das irgendwie »über der Zeit« steht und deshalb in jede Epoche der Weltgeschichte hineinpasst. Ob im finsteren Mittelalter oder in der heutigen modernen technischen Zeit: Die Bibel ist immer gleich aktuell und Millionen Menschen konnten sich auf dieses Buch stützen und fanden darin Hilfe und Ermutigung für ihr persönliches Leben.

4. Ihre Verbreitung

Die Bibel ist auch hinsichtlich der Anzahl der Übersetzungen und Auflagen, die von ihr gemacht wurden, einzigartig. Die Bibel gehört zu den ersten Büchern, die je übersetzt wurden: Rund 250 Jahre v.Chr. wurde das Alte Testament in die griechische Sprache übersetzt. Diese Übersetzung nennt man Septuaginta. »Im Jahr 1978 war die ganze Bibel weltweit in 268 Sprachen und Dialekten erschienen und das Neue Testament in weiteren 453 Sprachen, während in noch einmal 939 anderen Sprachen Teile der Bibel herausgegeben waren; das macht zusammen **1660 Sprachen!**« [10] Es gibt kein vergleichbares Buch, das von mehr Menschen gelesen wurde, das in mehr Sprachen übersetzt und publiziert wurde und das in größeren Mengen verkauft wurde als die Bibel. Welches Buch wurde denn schon in einem einzigen Jahr weltweit rund etwa 600 Millionen Mal verkauft (Bibeln und Bibelteile im Jahr 1986)! Der älteste Teil der Bibel war das erste geschriebene Buch, und die Bibel war auch das erste gedruckte Buch von Bedeutung: die lateinische Vulgata war das erste Buch, das von Gutenberg gedruckt wurde.

5. Ihre Überlieferung

Die Bibel wurde ursprünglich auf einem Material geschrieben, das nur eine beschränkte Zeit erhalten blieb. Das, sowie die noch nicht bekannte Druckerkunst, waren die Gründe dafür, dass sie während Jahrhunderten von Hand abgeschrieben werden musste. Von der Bibel sind im Gegensatz zu vielen klassischen Werken viel mehr Handschriften bewahrt geblieben. Wenn bei einem klassischen Werk mehrere Handschriften erhalten geblieben sind, ist das schon erstaunlich viel. Diese Handschriften sind dann aber gewöhnlich teilweise über tausend Jahre jünger als die ursprüngliche Schrift. Vom Neuen Testament hingegen kennen wir heute nicht weniger als 4000 griechische Handschriften, etwa 13.000 Handschriften von Teilen davon und noch weitere 9000 Handschriften von Übersetzungen. Da das Alte Testament bedeutend älter ist das das Neue, existieren davon viel weniger Handschriften, aber das Alte Testament wurde noch sorgfältiger überliefert. Viele Menschen, und darunter viele Könige, Kaiser und religiösen Führer, versuchen seit Jahrhunderten, die Bibel zu vernichten. Diese Menschen haben sich mit fanatischem Eifer für die Vernichtung der Bibel und damit auch des Christentums eingesetzt. Der größte Angriff auf die Bibel in der Geschichte war der Erlass des großen römischen Kaisers Diokletian im Jahr 303 n.Chr. Er erließ den Befehl, alle Christen und mit ihnen ihr heiliges Buch zu vernichten. Bei dieser größten Christenverfolgung aller Zeiten wurden hunderttausende Christen getötet und der größte Teil der Bibeln vernichtet. Aber trotzdem konnte dieser Kaiser weder die Christen noch die Bibel vernichten. Im Gegenteil, und das ist eine große Ironie der Geschichte, denn nur 22 Jahre später wurde die Bibel von Kaiser Konstantin auf dem ersten allgemeinen Konzil zur *unfehlbaren Autorität* erhoben! In der römischen Kirche, die aus dem römischen Reich entstanden war, durften nur Geistliche und Kleriker die Bibel lesen, deshalb blieb die Bibel jahrhundertelang praktisch unbekannt. Auch von Luther erfahren wir, dass er bereits erwachsen war, als er die erste Bibel zu Gesicht bekam. Konzilbeschlüsse und päpstliche Bannflüche sowie die Inquisition sorgten dafür, dass die Bibel während dem ganzen Mittelalter nicht verbreitet werden konnte. Bibelleser wurden von der Inquisition verurteilt, gefoltert und verbrannt und Bibelübersetzungen öffentlich vernichtet. Erst nach der Reformation änderte sich das langsam. Doch ausgerechnet im Schoße der Reformation entstanden eine Reihe neuer Attacken, die Angriffe der »Bibelkritik«. In Europa kam in der Folge ein ganzes Heer von Rationalisten auf, die sich die wildesten und heftigsten Angriffe gegen die Bibel ausdachten. Einer davon war der berühmte französische Rationalist Voltaire, der 1778 starb. Angesichts dieser Bibelkritik behauptete er, dass man die Bibel in hundert Jahren nur noch als Antiquität finden könne. Nun, es ist nicht so gekommen, wie er voraussagte, im Gegenteil, wie verbreitet sind seine eigenen Werke heute noch? Wir sehen aus der Geschichte, dass die Bibel viele Angriffe überlebt hat, dass die Menschen viele Waffen auf ihr kaputtgeschlagen und zahllose Grabreden über sie gesprochen haben. Kein einziger Vers der Bibel wurde vor dem Gift der Bibelkritik verschont, alles und jedes wurde kritisiert und entmythologisiert. Doch auch hier sehen wir das Handeln Gottes, denn viele Feinde der Bibel, die aufstanden, mussten wieder abtreten und werden in Vergessenheit geraten; aber die Bibel steht nach wie vor in »alter Jugend« wie ein Felsen in der Brandung.

6. Ihr literarischer Charakter

Die Verfasser der biblischen Bücher waren vielfach einfache Leute und keine großen Gelehrten und manche sprachen nicht einmal die Hochsprache, sondern den Dialekt ihrer Gegend. Deshalb waren die jüdischen Leiter auch so erstaunt, dass diese einfachen Menschen auf einmal von Dingen sprachen, die sie nicht wissen konnten, über Themen sprachen, die sie nie gelernt hatten und die Bibel auslegten, obwohl sie die heiligen Schriften nie studiert hatten. Auch die späteren Autoren des Neuen Testaments waren nicht unbedingt Leute, von denen man literarische Meisterwerke erwarten würde. Die Bibel wurde zu einem Weltbuch, obwohl es von einem unscheinbaren Volk im Nahen Osten geschrieben wurde. Trotz ihres Alters ist die Bibel ein hochaktuelles Buch, das nicht nur von wenigen Altertumsspezialisten gelesen wird. Auch in den verschiedenen Sprachen, in die es übersetzt wurde, wurde es das größte literarische Werk dieser Sprache. Unser Hochdeutsch wurde geprägt vom ausdrucksvollen Deutsch der Lutherbibel und die englische Sprache durch die Sprache der »Authorised Version«. »Die Bibel enthält glänzende Beispiele großer Literatur jeder Art: lyrische Poesie – die Psalmen, epische Poesie – die Genesis, dramatische Poesie – Hiob, historische Erzählkunst – die Bücher Samuel, Könige und Chronik, ländliche Idylle – Ruth, Vaterlandliebe – Esther und Daniel, praktische Weisheit – Sprüche, philosophische Betrachtungen – Prediger, ergreifende Tiefe – Jesaja, Kurzgeschichten – die Evangelien, Briefe – die verschiedenen Episteln des Neuen Testaments, mitreißende Mystik – das Buch der Offenbarung.« [11]

7. Ihr moralischer Charakter

»Sowohl Christen als auch Nichtchristen haben erkannt, dass die klassischen Werke der Antike und die heiligen Bücher des Orients geistig tot sind und manchmal gerade durch ihre große Unmoral auffallen. Prof. Max Müller wagte es nicht, die Bücher der Hindus buchstäblich zu übersetzen, um nicht wegen obszöner Pornographie angezeigt zu werden. Es besteht eine nicht zu überbrückende moralische Kluft zwischen der Bibel einer-

seits und anderen religiösen Schriften anderseits. Einzigartig zeigt sich die
Bibel darin, dass sie eine moralische Lehre darbietet, die dem Normalemp-
finden des Menschen radikal entgegengesetzt ist. Eine Moral, deren Inhalt
beispielsweise darin zum Ausdruck kommt, dass wir unsere Feinde lieben
und denen Gutes tun sollen, die uns hassen und verfolgen, dass wollüstige
Blicke Ehebruch bedeuten und Hass Mord ist, kann mit Bestimmtheit einzigartig genannt werden.« [12] Ein weiterer Hinweis darauf, dass die Bibel
ein göttliches Buch ist, ist die Art und Weise, wie die Menschen in der Bibel dargestellt werden, wie wir zum Beispiel in Römer 3,10-23 lesen können:»Da ist keiner, der Gutes tut, auch nicht einer.« Der Mensch versucht
durch Gutsein Gott zu gefallen und deshalb ist menschliche Religion meistens ein Rezept zur Besserung des Charakters und Benehmens. Doch die
Bibel bietet keine Rezepte zur Besserung der Moral an, sondern zeigt unmissverständlich auf, dass die Erlösung **Gnade** ist, ein **Geschenk Gottes.**
Der Mensch kann dazu überhaupt nichts beitragen als an Jesus Christus zu
glauben. Letztlich ist das einzige Ziel der Bibel unsere Rettung! Der moralische Standard der Bibel zeigt sich nirgends deutlicher als bei den Sünden
und Schwächen ihrer edelsten Hauptpersonen, die offen dargestellt werden. Noah war betrunken; David beging Ehebruch und Mord, und Petrus
leistete einen Meineid. Die Bibel zeigt schonungslos offen auf, dass wir
alle Sünder sind und deshalb vor Gott auf der gleichen Stufe stehen!

2.4   Geschichte des Alten Testaments

2.4.1   Die Ursprünge

Wenn die Christen in Europa etwas aus der Bibel erfahren wollten, mussten
sie sich durch das ganze Mittelalter hindurch mit Darstellungen und Bildern, Glasmalereien an Kirchenfenstern und Wundererzählungen begnügen. Der einzige Kontakt zur Bibel waren die Vorlesungen in der Kirche
und das, da es zu dieser Zeit keine Bibelübersetzungen gab, auch nur in Latein! Auch den Juden wurden die heiligen Gesetzesrollen in den Synagogen
nur vorgelesen. Neben der Arroganz der Kleriker, die dem Volk die Bibel
bewusst vorenthielten, kam dies auch daher, dass es nur wenige Bibeln gab.
Das Kopieren einer Bibel bedeutete demnach das Abschreiben von Hand.
Das war damals die einzige Möglichkeit der Vervielfältigung. Heute ist das
für uns unvorstellbar, dass ein teilweise mindestens 3400 Jahre altes Buch,
während dem größten Teil dieser Zeit durch Abschreiben kopiert wurde.
Nach dem spektakulären Auszug des Volkes Israel aus Ägypten, begann
die Bibel als eigentliches Buch zu entstehen. Auf Gottes Geheiß stieg Moses auf den von Feuer und Rauch umhüllten Berg und blieb dort 40 Tage

und später noch einmal 40 Tage. Die Bibel berichtet, dass Mose dort mit Jahwe, dem Gott, der Himmel und Erde geschaffen hat, sprach. Auf diesem Berg schloss Gott einen Bund mit Israel, das er fortan »mein Volk« nannte. Was Gott dort zu Mose redete, erfahren wir aus 2. Mose 34,27: »*Und der HERR sprach zu Mose: Schreibe dir diese Worte auf! Denn nach diesen Worten schließe ich mit dir und mit Israel einen Bund. Und Mose blieb vierzig Tage und vierzig Nächte dort beim HERRN. Brot aß er nicht, und Wasser trank er nicht. Und er schrieb auf die Tafeln die Worte des Bundes, die zehn Worte.*«

Wenn wir die Aussagen der Bibel ernst nehmen, die die Bibel selbst zu diesem Thema macht, dann können wir nur zu dem Schluss kommen, dass Mose selbst den Pentateuch, d.h. die fünf Bücher Mose, geschrieben bzw. den älteren Teil zusammengestellt haben **muss**. Mose eignete sich auch hervorragend dazu, denn durch seine Erziehung am ägyptischen Hof war er ein gebildeter Mann, hatte eine genaue Kenntnis des Klimas und der Geografie Ägyptens und der Wüste Sinai und war zudem vertraut mit der frühen Geschichte der Vorväter Israels. Außerdem hatte er während der vierzig Jahre des Umherziehens in der Wüste auch genügend Zeit dafür. Die späteren Teile der Bibel nennen Mose deutlich als Autor, und auch die Apostel und Jesus selbst schrieben die Geschichtsbücher ausdrücklich Mose zu. Dies wird uns auch in der jüdischen und frühchristlichen Tradition bestätigt und auch Geschichtsschreiber wie Philo und Flavius Josephus bezeugen Moses Verfasserschaft. Moderne Theologen behaupten, der Pentateuch sei beinahe tausend Jahre später geschrieben worden (nach der babylonischen Gefangenschaft). Dieser Behauptung steht aber der Befund gegenüber, dass die literarische Struktur des fünften Buches Mose und die Form der Unterweisungen kennzeichnend sind für das zweite Jahrtausend v.Chr. und nicht für das erste. Zu diesem Befund ist man durch Vergleiche mit hethitischen Schriften gekommen. »Im Jahr 1975 entdeckte ein Team italienischer Archäologen nach jahrelangem Suchen in Tell Mardich (Syrien) 15 000 Tontafeln, die aus dem alten Königreich Ebla stammen – also aus der Zeit *vor* Abraham. Diese Funde vermitteln uns ein Bild der kanaanitischen Welt, das genau mit dem der Bibel übereinstimmt! Die Tontafeln nennen Namen von Personen, die auch in der Bibel vorkommen (wie Eber, Israel, Abraham) und zeigen damit, dass Abrahams Vorvater Eber (1Mo 11,14-17) keine legendäre Person zu sein braucht, wie es die meisten modernen Theologen heute behaupten. Diese Funde zeigen, dass ähnliche Geschichten aus dem alltäglichen Leben, wie wir sie in der Genesis finden, schon Jahrhunderte, bevor Mose lebte, auf Tontafeln festgehalten worden sind.« [13] Diese Funde zeigen aber noch ein Weiteres auf. Einige literarische Kennzeichen des 1. Buches Mose weisen direkt darauf hin, dass dieses

Buch ursprünglich in einer sehr alten Schrift auf Tontafeln geschrieben sein musste. Die Verfasser müssten dann die Erzväter selber gewesen sein, denn sie wussten am besten Bescheid über die berichteten Geschehnisse. Diese Tontafeln würden dann auf Mose gekommen sein und er hätte die Genesis, wie wir sie heute kennen, zusammengestellt. Auf die Quelle hätte Mose dann zum Beispiel durch folgenden Satz hingewiesen: »Dies ist die Geschichte von...«. Über die Entstehung der Genesis (1. Buch Mose) sprechen wir im nächsten Abschnitt.

Das Material dieser Tontafeln war außerordentlich lange haltbar, bedeutend haltbarer als Papyrus, der vor allem in Ägypten als Schreibmaterial benutzt wurde. Papyrus wurde vielfach über den syrischen Hafen Byblos in alle Welt verschifft, und es wird vermutet, dass von Byblos das griechische Wort biblos oder bublos abgeleitet wurde. Dieses Wort bedeutet so viel wie »Papier, Schriftstück, Buch, Brief«. Die Mehrzahl dieses Wortes heißt »biblia«, und davon wurde das Wort »Bibel« abgeleitet. Die beschrifteten Papyrusblätter wurden aneinander geklebt, auf einen Stock gerollt und so entstand eine »Buchrolle«. Diese war in der Regel einseitig beschrieben, aber manchmal auch beidseitig (z.B. Offenbarung 5,1). Der Papyrus blieb bis zum 7. Jahrhundert n.Chr. das gebräuchliche Schreibmaterial. Nach der Eroberung Ägyptens durch die Araber verlor der Papyrus immer mehr an Bedeutung. Lange Zeit vorher war der Gebrauch eines anderen Materials üblich geworden, nämlich das Pergament. Das Wort »Pergament« stammt von dem Namen des Ortes Pergamon in Kleinasien (vgl. Offenbarung 2,12). Dieses Material wurde aus den geschorenen und gegerbten Häuten von Schafen, Ziegen oder Antilopen hergestellt. Da dieses Material haltbarer und auch kostbarer war als Papyrus, wurde es zur Zeit des Neuen Testaments vor allem für wertvolle Dokumente verwendet. Die Buchform, der sogenannte »Codex«, ein Buch mit Seiten, wie wir es heute noch kennen, wurde etwa ab dem 3. Jahrhundert n.Chr. gebräuchlich.

2.4.2 Die 39 Bücher des Alten Testaments

Die Bibel, wie wir sie heute kennen, besteht aus 66 Büchern, wobei das Alte Testament 39 Bücher umfasst und das Neue Testament 27 Bücher. Die Verfasserschaft und das Entstehungsdatum ist nicht bei allen diesen Büchern gesichert. In der nachfolgenden Übersicht sind diese ungesicherten Daten deshalb mit einem Fragezeichen versehen. Auch die Jahreszahlen sind nur zur ungefähren Einordnung gedacht.

Buch	Autor der Vollendung	geschätztes Datum	Inhalt/Bemerkungen
Das Gesetz, die Thora			
Genesis	Mose	ca. 1490 v.Chr.	Die ersten Teile der Genesis wurden vermutlich durch die Patriarchen erstellt. Es umfasst die Zeit von der Schöpfung bis zum Einzug nach Ägypten.
Exodus	Mose	ca. 1490 v.Chr.	Auszug aus Ägypten, geschrieben in der Wüste Sinai.
Leviticus	Mose	ca. 1490 v.Chr.	Buch der Leviten, geschrieben in der Wüste Sinai.
Numeri	Mose	ca. 1450 v.Chr.	Zählungen, geschrieben in den Feldern von Moab gegenüber Jericho.
Deuteronomium	Mose	ca. 1450 v.Chr.	»Zweites Gesetz«, geschrieben in den Feldern von Moab gegenüber Jericho.
Frühe Propheten und Geschichtsbücher			
Josua	Josua	Ende 15. Jh.	Einzug Israels ins gelobte Land Kanaan unter Moses Nachfolger Josua.
Richter	Samuel?	Mitte 11. Jh.	Die ersten Jahrhunderte seit der Eroberung Kanaans, als Israel von den Richtern regiert wurde.
Ruth	Samuel?	Mitte 11. Jh.	Die Heidin Ruth wird durch ihren Glauben an Gott und durch die Heirat mit Boas zur Ahnmutter des Messias.
1. Samuel	Propheten?	ca. 9. Jh.	Samuel richtet das Land, bis das Volk um einen König bittet; Gott gibt ihnen einen König nach ihren eigenen Wünschen: Saul.
2. Samuel	Propheten?	ca. 9. Jh.	Gott setzt nach Saul ein Königtum nach seinem Herzen ein, mit David als König.

Buch	Autor der Vollendung	geschätztes Datum	Inhalt/Bemerkungen
1. Könige	Jeremia?	Ende 7. Jh.	Geschichte der Monarchie von Davids Tod bis zum König Ahasja.
2. Könige	Jeremia?	Anfang 5. Jh.	Geschichte der Monarchie von König Ahasja bis zur Wegführung nach Babel.
1. Chronik	Esra?	Mitte 5. Jh.	Annalen von Adam mit dem Geschlechtsregister Israels bis zu König Davids Tod.
2. Chronik	Esra?	Mitte 5. Jh.	Von König Salomo bis zum Ende der babylonischen Gefangenschaft.
Esra	Esra	Mitte 5. Jh.	Wiederherstellung der jüdischen Nation und Rückkehr der Juden nach Jerusalem unter Serubbabel und Jeschua.
Nehemia	Nehemia	2. Hälfte 5. Jh.	Nehemia steht im Dienst des Königs von Persien (Arthaxerxes I.). Wiederaufbau von Jerusalem mit seinen Mauern.
Esther	Mordechai?	2. Hälfte 5. Jh.	Gottes Vorsehung bringt die jüdische Frau Esther an den persischen Hof und rettet damit die Juden vor der Ausrottung.
Die poetischen Bücher			
Hiob	Mose?	2. Hälfte 15. Jh.	Hiob hat in den ersten Jahrhunderten nach der Sintflut gelebt! Das Buch zeigt Gottes Vorsehung, wie er Leiden zur Erziehung der Gerechten zulässt.
Psalmen	David	Ende 6. Jh.	Sammlung von 150 Liedern, Gebeten und Unterweisungen, die die schmerzvollen, frohen, hoffnungsvollen, verzweifelnden und vertrauenden Gefühle der Gläubigen ausdrücken.

Buch	Autor der Vollendung	geschätztes Datum	Inhalt/Bemerkungen
Sprüche	Salomo	um 700 v. Chr.	Die Sprüche Salomos zeigen uns die Weisheit göttlicher Autorität gegenüber dem Ego, der Verderbtheit und Gewalttätigkeit der menschlichen Natur.
Prediger	Salomo	Mitte 10. Jh.	Der Versuch eines Mannes, den Sinn des Lebens zu begreifen und wahres Glück zu finden in den sichtbaren Dingen mit dem Resultat, dass sich alles als sinnlos erweist, solange man Gott draußen lässt.
Hohelied	Salomo	Mitte 10. Jh.	Das Hohelied Salomos ist eine Sammlung wunderschöner Liebeslieder.

Die Propheten (die Propheten verfassten ihre Bücher selbst)

Buch	Datum	zeitgen. König	Inhalt/Bemerkungen
Obadja	845	Joram	Prophetie gegen das Brudervolk Edom.
Joel	830	Joas	Vernichtung des Heeres der Assyrer während einer Hungersnot.
Jona	760	Usija	Der Prophet Jona muss lernen, sich Gott zu beugen, wenn dessen Gnade auch den Feind (Ninive) betrifft.
Amos	755	Usija	Ankündigung des Urteiles über die Nachbarvölker wegen ihrer Sünden.
Hosea	725	Hiskia	Ankündigung der Verwerfung der Königreiche Juda und Israel und Öffnung der Tür Gottes für die Heidenvölker.
Micha	725	Hiskia	Urteil über die Reiche Juda und Israel; Warnung an die Führer des Volkes, an die falschen Propheten und die Stadt Jerusalem.

Buch	Datum	zeitgen. König	Inhalt/Bemerkungen
Jesaja	725	Hiskia	Ankündigung des Falls Judas und Jerusalems und der kommenden Gerichte, die gewaltige Prophetie über den Messias und das Urteil über Babel.
Nahum	654	Manasse	Empörung Gottes gegenüber den Mächten dieser Welt; Ninive soll nie mehr aufgebaut werden.
Zephanja	621	Josia	Ankündigung der bevorstehenden Gerichte wegen all der Ungerechtigkeiten, Heuchelei und des Götzendiensts.
Habakuk	606	Jojakim	Schilderung persönlicher Erfahrungen der Ungerechtigkeiten des Volkes Gottes; Ankündigung der Strafe durch die Chaldäer (Babel).
Jeremia	580	Nebukadnezar	Prophetien unter verschiedenen Regenten Judas; schmerzliches Erlebnis des Falls Jerusalems und Auszug nach Ägypten.
Klagelieder	586	Nebukadnezar	Klagelieder Jeremias über den Untergang Israels und Jerusalems.
Hesekiel	570	Nebukadnezar	Beschreibung des Falls Jerusalems, Götzendienst Israels und Gericht über die umliegenden gottlosen Völker.
Daniel	530	Cyrus	Beschreibung der vier Weltreiche sowie Daniels 70 Jahrwochen.
Haggai	520	Darius	Erklärung nach der Fertigstellung des neuen Tempels, dass Gott mit Wort und Geist bei seinem Volk sein wird.
Sacharja	475	Xerxes	Beschreibung des ersten Kommens Jesu und seiner Verwerfung und des zweiten Kommens in Herrlichkeit.

Buch	Datum	zeitgen. König	Inhalt/Bemerkungen
Maleachi	435	Arthaxerxes I.	Vorhersage des Kommens Johannes des Täufers und des Messias.

Von Anfang an waren besondere Männer Gottes, wie die Propheten manchmal genannt wurden, ununterbrochen mit dem Schreiben, Zusammenstellen und Redigieren der heiligen Bücher beschäftigt, wie z.B. Mose, Josua, Samuel und Jeremia. Die fünf Mosebücher (der Pentateuch oder die Thora) galten als die Heiligen Bücher der Israeliten und wurden zusammen mit der Bundeslade an den heiligsten Orten sorgfältig aufbewahrt. In der langen Zeit bis zur babylonischen Gefangenschaft, wurde diese Arbeit vor allem von den Propheten weitergeführt. Während der babylonischen Gefangenschaft übernahmen die großen Propheten Hesekiel und Daniel diese Arbeit. Nach der Rückkehr aus Babylon erstellte der Priester und Schriftgelehrte Esra offensichtlich eine Version der Geschichte der Könige (Chronik). Im Vordergrund steht hauptsächlich die Geschichte von Juda und die des Tempels. Die Chronik ist ein typisch priesterliches Buch, die Königsbücher berichten hingegen aus prophetischer Sicht. Dies ist auch der Grund, dass diese beiden Bücher so wunderbar miteinander harmonieren. Da die letzten Verse der Chronik gleichzeitig die ersten Verse vom Buch Esra sind, sind die Bücher der Chronik mit dem Buch Esra verbunden. Auf das Buch Esra folgt das Buch des Statthalters Nehemia. »Zur gleichen Zeit prophezeite auch der letzte Prophet und Bibelautor des Alten Testaments – nämlich Maleachi. Damit wurde das Alte Testament fertig gestellt. Der babylonische Talmud berichtet: ›Nach den letzten Propheten Haggai, Sacharja und Maleachi wich der heilige Geist von Israel.‹« [14]

2.4.3 Die Überlieferung

Nachdem die Bücher des Alten Testaments geschrieben und zusammengestellt waren, begann die Periode der Überlieferung der hebräischen Bibel. Bei der Überlieferung der hebräischen Bücher müssen wir uns immer vor Augen halten, dass die Zusammensteller eine tiefe Ehrfurcht vor den heiligen Büchern hatten und diese nur an den allerheiligsten Orten aufbewahrten. Der vermutlich letzte von ihnen, Esra, war ein Vertreter der Priesterklasse und war zugleich Priester und Schriftgelehrter. Die Schriftgelehrten (wörtlich »Schreiber«) begannen nach der babylonischen Gefangenschaft als Kopierer, Erhalter und Ausleger des Gesetzes eine Rolle zu spielen. Diese Periode der Überlieferung dauerte bis zum Fall von Jerusalem (70 n.Chr.). Nach der Zerstreuung wurde die Arbeit der Schriftgelehrten noch viel wichtiger. Die Heiligen Schriften wurden von ihnen sehr textgetreu überliefert. Eine weitere Aufgabe war die Verfassung des mündlich überlieferten Gesetzes, und dies führte zur Entstehung des Talmuds. Der Talmud ist neben der Bibel das wichtigste jüdische Gesetzbuch. Nichts kann die tiefe Ehrfurcht, die die gläubigen Juden vor dem Alten Testament haben, besser illustrieren als die genauen Vorschriften aus dem Talmud, wie die folgenden Beispiele belegen:

- Die Buchrolle musste auf Häuten von kultisch reinen Tieren geschrieben werden.

- Die Abschnittslänge musste zwischen 48 und 60 Zeilen sein, die Breite genau 30 Buchstaben.

- Das Manuskript musste zuerst liniert werden.

- Von der Vorlage durfte der Schreiber nicht im Geringsten abweichen.

- Der Zwischenraum zwischen den Buchstaben musste so breit wie ein Haar sein.

- Der Schreiber musste Jude sein und sein Körper gewaschen.

Diese tiefe Ehrfurcht wird im Weiteren darin dokumentiert, dass der Bibeltext beim Vorlesen nicht einmal mit den Fingern berührt werden durfte. Beim Vorlesen gebrauchten die Rabbiner deshalb zierliche goldene oder silberne Händchen, »Jat« genannt. Nach dem Abschreiben stimmte die neue Handschrift mit dem alten Manuskript völlig überein und deshalb betrachtete man die neue Kopie als wertvoller als die Vorlage. Die alten und nicht mehr verwendeten Handschriften wurden in der Geniza aufbewahrt, einem Abstellraum in der Synagoge. Um das Jahr 500 n.Chr. begann eine neue Phase der Überlieferung, die bis etwa zum Jahr 1000 n.Chr. andauerte. In dieser Zeitperiode wurden neue Schulen der Schriftgelehrten aktiv. Diese jüdischen Gelehrten nannte man Masoreten (Masora = Tradition, Überlieferung). Da der Charakter der hebräischen Schrift es zuließ, dass sie nur mit Mitlauten geschrieben wurde, bestand ihre wichtigste Aufgabe darin, den heiligen Text mit Lesezeichen und Selbstlauten (Vokalen) zu ergänzen. Diese Arbeit war notwendig, da das Hebräische wegen der Diaspora (der Zerstreuung der Juden) als Umgangssprache nach und nach verschwand.

2.4.4 Die Handschriften

Für die Überlieferung des hebräischen Bibeltextes ist die Arbeit der Masoreten von unschätzbarem Wert, denn bis zum Ende des 19. Jahrhunderts waren die wichtigsten Handschriften noch immer die der Ben Ascher Familie aus Tiberias. Dabei gilt der **Leningrad-Codex** aus dem Jahr 1008, der das einzig komplette Manuskript des Alten Testaments ist, als wichtigste Handschrift der Ben Ascher Familie. Eine weitere Handschrift aus dieser Familie ist der **Codex Aleppus** aus dem Anfang des 10. Jahrhunderts. Der **Codex Kairo** aus dem Jahr 895 enthält die frühen und späteren Propheten. Das ist wahrscheinlich die älteste erhalten gebliebene masoretische Handschrift und stammt ebenfalls aus der Ben Ascher Familie. Im Jahr 1890 entdeckte man beim Wiederaufbau der Synagoge von Alt-Kairo in einer zugemauerten Geniza Fragmente aus dem 6. bis 8. Jahrhundert n.Chr. Darunter befanden sich sehr viele Bibelfragmente in hebräischer, aramäischer und arabischer Sprache, von denen manche vielleicht schon aus dem 5. Jahrhundert n.Chr. stammen. Abgesehen von einem kleinen, 1902 entdeckten Papyrus-Fragment, dem **Papyrus-Nash,** das einen Teil der 10 Gebote und 5. Mose 6,4 ff enthält und ins 1. oder 2. Jahrhundert n.Chr. datiert wird, waren die Geniza-Fragmente bis vor Kurzem die ältesten Zeugnisse des hebräischen Bibeltextes.

Große Bedeutung für die Überlieferung des Bibeltextes haben auch die antiken Übersetzungen der hebräischen Bibeltexte. Da bereits zur Zeit von Jesus Christus Aramäisch zur Umgangssprache in Palästina geworden war, musste der hebräische Bibeltext beim Vorlesen in den Synagogen ins Aramäische übersetzt werden. Das Übersetzen der Bibeltexte nannte man »Targum« und die aramäischen Übersetzungen werden deshalb auch Targume genannt. Das palästinensische Targum, von dem sehr alte Teile in den Geniza-Fragmenten gefunden wurden, geht auf eine Tradition bis vor Christi Geburt zurück, und auch andere Targume sind sehr wichtig, da auch sie auf uralte Traditionen zurückgehen und deutlich gezeigt haben, dass schon damals derselbe Bibeltext gebraucht wurde, wie wir ihn heute kennen. Dasselbe gilt für die äußerst wichtige **Septuaginta,** die griechische Übersetzung aus dem 2. Jahrhundert v.Chr. In der ägyptischen Stadt Alexandrien, die Alexander der Große im Jahr 332 v.Chr. gründete, lebte eine sehr große jüdische Kolonie, die immer weniger mit dem Hebräischen vertraut war. Deshalb wurde das hebräische Alte Testament ins Griechische übersetzt, und an dieser Übersetzung arbeiteten laut Tradition 72 jüdische Gelehrte, sechs von jedem Stamm Israels (Septuaginta = siebzig). Von der Septuaginta existieren eine große Anzahl von Handschriften, die bedeutend älter sind als die masoretischen Texte, denn die ältesten davon stammen aus dem 1. und 2. Jahrhundert n.Chr. Die Septuaginta hält sich sehr eng an den Masoreten-Text – was wieder ein treffender Beweis für ihre Genauigkeit ist.

In der ersten Hälfte des 20. Jahrhunderts waren wir also ohne Zweifel im Besitz eines äußerst genauen Textes des Alten Testaments. Die Unterschiede zwischen dem masoretischen Text, den Targumen und der Septuaginta hatten so gut wie nie Einfluss auf die allgemeine Bedeutung des Bibeltextes. Dennoch wünschten sich die Textforscher manchmal, dass sie bei Abweichungen sicherer entscheiden könnten, welche der verschiedenen Lesarten sie zu wählen hätten. Anfang 1947 kam ein junger Beduine auf der Suche nach einer entlaufenen Ziege westlich des Toten Meeres, ca. 12 km südlich der Stadt Jericho, in die Nähe der Höhlen von Qumran. Auf der Suche nach seinen Ziegen fiel ihm eine seltsam geformte Öffnung in einem der Felshänge auf. Da er seine Ziegen darin vermutete, warf er einen Stein durch die Öffnung. Er staunte nicht schlecht, als er das Klirren von brechendem Ton hörte. Neugierig geworden, stieg er den Felshang hinauf und zwängte sich durch diese Öffnung in eine Höhle. Auf dem Boden der Höhle fand er einige große Krüge, die lederne Bücherrollen enthielten. Wie sich erst viel später herausstellte, waren diese Bücherrollen sehr alt.

Abbildung 2.6: Die Höhlen von Qumran, in denen 1947 die berühmten Schriftrollen vom Toten Meer gefunden wurden: Einer der wertvollsten Funde ist eine vollständige Jesaja-Rolle, die in das 2. Jahrhundert v. Chr. datiert wird. Dies ist deshalb von Bedeutung, weil Jesaja einige sehr exakte Prophezeiungen auf das erste Kommen Jesu enthält und die Bibelkritik bis dahin behauptete, diese Stellen seien nachträglich nach der Erfüllung geschrieben worden.

Diese Höhlen standen mit einer alten, nahegelegenen Festung in Verbindung, die etwa 100 v.Chr. wahrscheinlich von der jüdischen Sekte der Essener errichtet worden war. Bei den Essener handelte es sich um eine jüdische Glaubensgemeinschaft, die sich nach »Chirbet Qumran« zurückgezogen hatte um ein Leben in der Abgeschiedenheit zu führen. Wahrscheinlich verbargen sie ihre umfangreiche Bibliothek aus Furcht vor den heranrückenden Römern in diesen Höhlen (ca. 68 n.Chr.). Diese Bibliothek ist von unschätzbarem Wert, denn die berühmte Jesaja-Rolle A ist das älteste bekannte, völlig hebräische Bibelbuch und stammt aus dem zweiten Jahrhundert v.Chr., also aus einer Zeit *vor* Christus. Neben anderen, zum großen Teil unvollständigen Buchrollen, wurde auch ein Fragment aus dem Buch Samuel gefunden, das aus dem vierten (!) Jahrhundert v.Chr. stammt. Dieses Fragment ist damit wohl das älteste bekannte Schriftstück aus der hebräischen Bibel. Im Weiteren wurden in diesen Höhlen Fragmente von allen Büchern des Alten Testaments (außer vom Buch Esther) gefunden. Für die Textforschung des Alten Testaments waren diese Funde ein absoluter Glücksfall, denn sie hatten damit einen großen Teil der hebräischen Bibel, im Durchschnitt etwa tausend Jahre älter als der masoretische Text, in Händen. Die anschließenden Untersuchungen erbrachten den Beweis für die große Zuverlässigkeit des Masoreten-Textes. Ist es nicht erstaunlich, dass die hebräische Bibel, ein Buch, das teilweise ca. 3400 Jahre und noch viel älter ist, derart textgetreu überliefert wurde? Wir können deshalb mit größter Sicherheit davon ausgehen, dass der Text, den wir heute besitzen, mit dem ursprünglichen Schriftgut sehr genau übereinstimmt. Dies zwingt uns zu der Vermutung, dass hinter allen Händen, die an diesem Buch gearbeitet haben, die Hand Gottes steht. Anders ist es nicht zu erklären, dass der Text eines Buches, der beinahe seit 3000 Jahren nur durch Abschreiben kopiert wurde, über eine so gewaltige Genauigkeit des überlieferten Textes verfügt. Wenn wir davon ausgehen, dass die Heilige Schrift das inspirierte Wort Gottes ist, dürfen wir auch getrost davon ausgehen, dass Gott sein Wort über die Jahrtausende bewahrt hat.

2.5 Entstehung der Genesis [15]

2.5.1 Ausgrabungen in Mesopotamien

Das umstrittenste Buch der Bibel, was ihre Entstehung betrifft, ist wohl das 1. Buch Mose, die GENESIS. Insbesondere die Abfassung der Kapitel 1-11 dieses Buches, von der Schöpfung bis zu Abraham, kann nicht sicher nachgewiesen werden und ist wohl deshalb sehr umstritten. Um die Entstehung des 1. Buches der Bibel zu untersuchen, müssen wir unseren Blick auf

Gebiete konzentrieren, die in den ersten Kapiteln der Genesis »Schinear und Akkad« genannt werden. Bis vor einiger Zeit nannte man dieses Gebiet noch mit ihrem alten Namen »Mesopotamien«, was so viel wie »das Land zwischen den Strömen« bedeutet. Dieses Gebiet liegt zwischen den Strömen Euphrat und Tigris und umfasst das Staatsgebiet des heutigen Irak. Im Süden des Irak liegt »Babylonien«, das ganz früher auch das Land »Sumer« genannt wurde, der Norden hingegen ist bekannt als Assyrien und noch früher wurde dieser Landstrich »Akkad« genannt. In dieser Gegend stand die Wiege der Menschheit (nach der Sintflut). Die Ruinenhügel Mesopotamiens begannen aber erst im vorletzten Jahrhundert das Interesse der Forschung zu erregen. Die langen und unregelmäßig geformten Schuttberge blieben über Jahrtausende ungestörte Grabhügel. Man ahnte damals nicht einmal, dass unter diesen Schutthügeln die Überreste von längst vergangenen Kulturen verborgen waren. Es sind die ältesten Kulturen der Geschichte der Menschheit mit einst so mächtigen Städte wie Ur, Erech und Kalneh »im Lande Schinear« und von Assur, Ninive und Kalah »im Lande Assur«. Die Flanken dieser Hügel waren teilweise von Regenbächen zerfurcht, und das Wasser brachte manchmal zerbrochenes Geschirr und beschriebene Tafeln aus Ton zum Vorschein. Auf diesen Tontafeln waren merkwürdige Muster zu sehen, eine Art stilisierte Schrift, die damals aber noch unbekannt war. Mesopotamien wurde im Gegensatz zu Ägypten zu einem einzigartigen Friedhof toter Städte. Diese Städte waren aber nicht nur vergraben, sie waren auch vergessen; man wusste nicht einmal, wo man sie hätte suchen sollen. Wie die Propheten Judas es geweissagt hatten, sind ihre *»Städte zur Wüste geworden, ein dürres Land und eine Steppe, ein Land, worin niemand wohnt und durch das kein Menschenkind zieht«* (Jer 51,43).

Um das Jahr 1842 begannen die ersten archäologischen Ausgrabungen in Mesopotamien. Die Archäologen waren damals mehr daran interessiert, Ausstellungsgegenstände für die europäischen Museen zu sammeln als an den schriftlichen Aufzeichnungen, die ohnehin niemand lesen konnte. »Im Jahre 1844 entdeckte man in Khorsabad, gut 40 km nördlich von Ninive, einen assyrischen Palast. Es stellte sich heraus, dass es sich um den Palast Sargons II handelte. Von diesem Assyrerkönig hören wir in Jeremia 20,1. Dort wird von ihm gesagt, dass er seinen Oberbefehlshaber nach Asdod geschickt habe. Zusammen mit diesem Oberbefehlshaber ist Sargon auf einem wunderbar in Alabaster gearbeiteten Wandrelief zu sehen.« [16] Ein Jahr später entdeckte man 35 km stromabwärts von Ninive unter einem Hügel mit Namen »Nimrud« das alte Kalah aus 1. Mose 10. Dieser überlieferte Name erinnert uns an 1. Mose 10,8-12: *»Und Kusch zeugte Nimrod; er war der erste Gewaltige auf der Erde. Er war ein gewaltiger Jäger vor dem*

HERRN; darum sagt man: Wie Nimrod, ein gewaltiger Jäger vor dem HERRN! Und der Anfang seines Königreiches war Babel und Erech (Uruk) und Akkad und Kalne im Land Schinear. Von diesem Land zog er aus nach Assur und baute Ninive und Rehobot-Ir und Kelach und Resen zwischen Ninive und Kelach: das ist die große Stadt.« An diesem Ort entdeckte man auch den berühmten schwarzen Marmor-Obelisk von Salmanassar III, der die Worte enthält:»Ich erhielt Tribut von Jehu, dem Israeliten, Silber und Gold etc.« Anschließend fand man in Ninive selbst den Palast Assurbanipals und damit auch die ungeheure Bibliothek des Königs mit Zehntausenden von Tontäfelchen. Darunter fand man auch Kopien des babylonischen Schöpfungs- und Flutberichtes. Im Jahr 1888 wurde unter dem Hügel Nippur das Kalne aus 1. Mose 10 gefunden.

Abbildung 2.7: Auf dieser Tontafel, die aus der Bibliothek von Assurbanipal in Ninive stammt, ist ein Teil des Gilgamesch-Epos in Keilschrift geschrieben. Im Gilgamesch-Epos ist die babylonische Sintflutgeschichte enthalten.

2.5.2 Die Entstehung der Schreibkunst

In der Nähe von Ur, in Al Ubaid, wurde auch ein Tontäfelchen gefunden, dessen Alter nach herkömmlicher Chronologie auf ca. 5000 Jahre geschätzt wird und das somit eines der ältesten Belege für die damals bekannte Schriftart ist.»Die Inschrift lautet: ›A-anni-padda, König von Ur, der Sohn des Mes-anni-padda, des Königs von Ur, hat den Tempel für die Göttin Nin-Khursag gebaut.‹« [17] Die Schrift des Tontäfelchens war eine Art

Bilderschrift, aus der die Keilschrift entstanden sein wird. Man hält sie für
eine der ältesten Schriftarten überhaupt. In Larsa wurden mehrere beschriebene Tonprismen gefunden. Auf einer werden die Namen von 10 Männern
genannt, die »vor der Flut regierten«, danach die Herrscher nach der Flut
bis ungefähr in die Zeit um 2000 v.Chr. Dies entspricht den 10 Männern
von 1. Mose 5, von Adam bis Noah. Diese uralten Aufzeichnungen zeigen
uns Folgendes auf:

1. Wir können davon ausgehen, dass die Schreibkunst so alt ist wie die
   Menschheit selbst und bereits vor der Sintflut bekannt gewesen sein
   muss.

2. Die ältesten uns bekannten Schriften sind Bilderschriften. Es kann
   angenommen werden, dass bereits vor der Sintflut eine Art Bilderschrift bekannt war, aus der sich später die Hieroglyphen, die chinesischen Schriftzeichen sowie die Keilschrift entwickelt haben.

3. Die ersten Völker der Antike verfügten über alte Schriftdokumente, die
   über den Schöpfungsbericht und insbesondere die Sintflut berichten.

Die archäologische Forschung in Mesopotamien hat, was die Entstehung
der ersten menschlichen Zivilisation mit den ersten großen Städten betrifft,
die Aussagen der Bibel vollständig bestätigt. Ihr verdanken wir es, dass wir
heute sehr viel mehr über die Entstehungsgeschichte der Menschheit wissen. Dieses Wissen beschränkt sich aber auf die Zeit bis ca. 3500 v.Chr.
(nach herkömmlicher Chronologie). Was aber über diese Zeit hinausgeht,
über die sehr wenig bis gar nichts bekannt ist, verirren sich auch anerkannte
Wissenschaftler ins Land der Märchen, Fabeln und Spekulationen. Dieser
Umstand wird leider auf den ersten Seiten von jedem Geschichtsbuch bestätigt. Es gilt heute als allgemein anerkannt, dass die Menschheit bereits
um das Jahr 3300 v.Chr. (nach herkömmlicher Chronologie) über Schreib-
kenntnisse verfügte. In Kisch wurde die älteste Inschrift freigelegt, die je
gefunden wurde. Man fand dort unter anderem auch eine Steintafel, auf der
eine Art stilisierter Bilder eingegraben waren. Diese stilisierte Bilderschrift
muss sich, nach der Meinung vieler Gelehrter, aus einer reinen Bilderschrift, die noch viel älter ist, entwickelt haben. Die ältesten Schriften waren demnach Bilderschriften, bei denen die verschiedenen Bilder oder
Symbole in Stein oder Ton aneinander gereiht eingegraben wurden. Als
Schreibmaterial wurde seit frühester Zeit neben Steintafeln für besondere
Zwecke üblicherweise Ton verwendet. Da es vor allem auf Ton einfacher
ist, gerade Linien zu ziehen, wurden die ursprünglichen Bilder und Symbole schon bald vereinfacht und stilisiert. In der Keilschrift haben sich die
Bilder deshalb mit der Zeit zu reinen Symbolen entwickelt. Aufgrund der
überlieferten schriftlichen Dokumente kann angenommen werden, dass die

Keilschrift schon in sehr früher Zeit allgemein bekannt war. Zu dieser Zeit gab es bereits Schulen, in denen man die Schreibkunst erlernen konnte, und auch das Nachrichtensystem war sehr gut organisiert, denn man kannte damals gar Brief- und Postverbindungen. Mit der Zeit verbreitete sich das Keilschriftsystem in alle zivilisierten Länder des Mittelmeergebietes. Deshalb finden wir schriftliche Dokumente in Keilschrift in allen älteren Kulturen dieses Gebietes, von Sumerern über die Hethiter bis hin zu den Ägyptern. Die Entzifferung der Keilschrift gelang im Jahr 1857. Damals erklärten sich vier Gelehrte bereit, völlig unabhängig voneinander eine Übersetzung eines noch nicht veröffentlichten Textes anzufertigen. Dabei stellte man fest, dass die Ergebnisse in allen wichtigen Punkten übereinstimmten.

2.5.3 Die literarischen Gewohnheiten

Wichtig bei der Entzifferung der Keilschrift ist auch die Frage nach den literarischen Gewohnheiten der damaligen Zeit. Üblicherweise wurde unter den jeweiligen Text das Siegel des Eigentümers gedrückt. Das waren gewöhnlich Zylinder aus Ton in der Länge von 1 bis 4 cm, aber manchmal wurden diese auch aus Edelsteinen hergestellt. Diese Siegelringe, die man am Finger trug, wurden mit Schriftzeichen versehen sowie einem Eigentumsvermerk. Oft war auch der Name des Besitzers in Keilschrift eingegraben. In Hiob 38,14 finden wir einen Hinweis auf einen solchen Siegelring, wo es heißt (Luther): »*Sie (die Erde) wandelt sich wie Ton unter dem Siegel.*« Diese Tontäfelchen waren gewöhnlich so groß, dass der gesamte Text Platz fand. Bei längeren Texten verwendete man mehrere Tontäfelchen bzw. eine Tontäfelchenserie. Die einzelnen Tontafeln wurden miteinander mit Titeln, Stichwörtern und auch mit der heute noch üblichen Nummerierung verbunden. Üblicherweise bestanden die Titel aus den ersten Wörtern des ersten Täfelchens. Diese Titel wurden dann am Ende von jedem Täfelchen wiederholt. Bei solchen Tontäfelchenserien wurden auch Stichwortverbindungen verwendet. Bei diesen wurden die ersten Wörter der nächsten Tafel am Ende der vorhergehenden wiederholt. Da dieses Keilschriftsystem zur damaligen Zeit im ganzen Nahen Osten verbreitet war, kann mit an Sicherheit grenzender Wahrscheinlichkeit angenommen werden, dass auch die Genesis ursprünglich auf solchen Täfelchen geschrieben wurde. Diese alte Schreibmethode kann man noch immer aus der Bedeutung des hebräischen Wortes für »schreiben«, nämlich »eingraben, einschneiden« deutlich erkennen. Wenn die Genesis tatsächlich ursprünglich auf Tonfafeln geschrieben war, dann müssen in der Genesis noch heute Hinweise dafür zu finden sein. Diese Hinweise, und damit auch den Schlüssel zum literarischen Aufbau der Genesis, finden wir tatsächlich in folgenden Sätzen: »Dies ist die Geschlechterfolge...«. Dass dieser Satz, der in der Genesis elfmal vorkommt, für das Verständnis der Genesis außerordentlich wichtig ist, darüber sind sich die Gelehrten einig. Die Wichtigkeit dieses Satzes ist auch dokumentiert in der »Septuaginta«, der ersten griechischen Übersetzung des Alten Testaments. Diese gab dem 1. Buch Mose den Namen »Genesis« (hebräisch: Geschlecht). Diesen Satz finden wir in den folgenden Versen der Genesis:

- Genesis 2,4:
  »Dies ist die Entstehungsgeschichte der Himmel und der Erde.«

- Genesis 5,1:
  »Dies ist das Buch der Geschlechterfolge Adams.«

- Genesis 6,9:
  »Dies ist die Geschlechterfolge Noahs.«

- Genesis 10,1:
  »Und dies ist die Geschlechterfolge der Söhne Noahs.«

- Genesis 11,10:
  »Das ist die Geschlechterfolge Sems.«

- Genesis 11,27:
  »Und das ist die Geschlechterfolge Tharahs.«

- Genesis 25,12:
  »Das ist die Geschlechterfolge Ismaels.«

- Genesis 25,19:
  »Das ist die Geschlechterfolge Isaaks.«

- Genesis 36,1:
  »Und dies ist die Geschlechterfolge Esaus, das ist Edom.«

- Genesis 36,9:
  »Dies ist die Geschlechterfolge Esaus, des Vaters von Edom, auf dem Gebirge Seir.«

- Genesis 37,2:
  »Dies ist die Geschichte Jakobs.«

Ähnlich wie in vielen alten Dokumenten, beginnen die Abschnitte der Genesis, die diesen Satz enthalten, mit einem Geschlechtsregister. In der Bibelauslegung wurde dieser Satz bis anhin als Einleitung des folgenden Geschlechtsregisters gesehen. Wenn wir den Text aber aufmerksam lesen, verhält es sich genau umgekehrt. Die Ausführungen über die Person, die in dieser Formel genannt wird, erfolgen bereits **vor** diesem Satz und nicht anschließend. Diesen Sachverhalt sehen wir z.b. im Vers 1Mo 5,1 : »Dies ist das Buch vom Geschlecht Adams«. Die Geschichte Adams, die vor diesem Satz erzählt wird, ist mit diesem Satz abgeschlossen. Anschließend an diesen Vers erfahren wir nur noch Adams Alter und seinen Tod. Für die Formel: »Das ist das Geschlecht von...« wird das hebräische Wort »Tholedoth« verwendet. Dieses Wort wird mit »Geschlechtsfolge« oder »Geschlechtsgeschichte« übersetzt. Somit bedeutet dieses Wort im Grunde genommen »Geschichte«, und es handelt sich dabei auch um »Familiengeschichten« im Hinblick auf ihren Ursprung. Da es sich um Familiengeschichten handelt, weist diese Formel in der Genesis auf die Anfänge derselben zurück und nicht, wie viele Ausleger fälschlicherweise annehmen, auf die Entwicklung der Nachkommen, die dieser Formel folgen. Deshalb haben wir es jeweils mit dem Schlusswort des vorangehenden Berichtes zu tun und nicht mit der Einleitung des folgenden Abschnittes. Bei den damals herrschenden literarischen Gewohnheiten war es nicht üblich, ein Vorwort vor den einzelnen Abschnitten des Textes zu setzen, dafür aber einen umso formelleren Schluss. Das Buch Leviticus z.B. schließt im Gegensatz zu seinem recht schlichten Anfang mit den feierlichen Worten: *»Das sind die Gebote, die der HERR dem Mose auf dem Berg Sinai an die Söhne Israel aufgetragen hat«* (3Mo 27,34). »Der gleiche Brauch findet sich auch in außerbiblischem Schriftgut. Im Codex Hammurabi z.B., der ungefähr aus der Zeit Abrahams stammt, ist der Schluss viel länger und feierlicher als der Anfang. Wir hören überhaupt erst gegen Ende des Textes, von wem er stammt, wenn es am Schluss heißt: ›Die gerechten Gesetze, die der weise König Hammurabi einführte, ... meine feierlichen Worte habe ich auf diesen Stein geschrieben.‹ Es handelt sich hier also um eine alte literarische Gepflogenheit, die auch in der Genesis ihren Niederschlag gefunden hat.« [18] In diesem Zusammenhang müssen wir noch einen weiteren wichtigen Punkt beachten. In 1. Mose 5,1 kommt dieser Satz zum zweiten Mal vor. Dort lesen wir: »Dies ist das Buch von des Menschen Geschlecht« (Luther). Das hebräische Wort »Sepher«, das hier mit Buch übersetzt wurde, bedeutet »geschriebene Erzählung« oder einfach »Geschriebenes«. Dieses Wort weist uns unmissverständlich darauf hin, dass die Genesis ursprünglich in schriftlicher Form abgefasst wurde. Damit kann man die Theorien moderner Theologen getrost vergessen, dass diese Berichte durch mündliche Überlieferung auf Mose gekommen seien. Einzig beim ersten Täfelchen mit dem Schöpfungsbericht wissen wir demzufolge nicht, wer dieses niederschrieb. Was wir aber aus der archäologischen Forschung mit Sicherheit wissen, ist, dass bereits lange Zeit vor Abraham, sehr viel Unwichtiges und Banales auf Tontäfelchen niedergeschrieben wurde. Deshalb können wir festhalten, dass die Genesis ursprünglich auf Tontafeln geschrieben wurde. Aufgrund der literarischen Gewohnheiten jener Zeit, wurde der Schreiber am Ende des Täfelchens verzeichnet. Mose hat wahrscheinlich jede Schlussformel wortgetreu in den Text aufgenommen, als er das Buch zusammenstellte.

2.5.4   Tontafeln-Serie »Genesis«

Wie wir gesehen haben, muss die Genesis ursprünglich auf Tontafeln geschrieben worden sein. Der Verfasser der Tontafel vermerkte seinen Namen am Schluss des Abschnittes. Mit der Zeit entstand eine Sammlung von Tontafeln, die über den Familienbesitz der Patriarchen auf Mose kam. Dieser stellte diese Berichte in der uns heute noch bekannten Form zusammen.

Tafel Nr.	Kapitel	Inhalt
1	Genesis 1,1-2,4	Die Entstehungsgeschichte von Himmel und Erde.
		Beim ersten Täfelchen ist es durchaus denkbar, dass Adam selbst der Verfasser war.
2	Genesis 2,4-5,1	Dies ist das Buch der Geschichte Adams.
		Am Schluss werden erwähnt: Tubal-Kain, Jabal und Jubal. Diese Männer lebten zur Zeit Adams.
3	Genesis 5,1-6,9	Das ist die Geschichte Noahs.
		Noahs Geschlechtsregister schließt mit der Geburt seiner drei Söhne. Noah hätte den Flutbericht gewiss selbst verfassen können, aber wir finden ihn erst in der Geschichte der Söhne Noahs.
4	Genesis 6,9-10,1	Das ist die Geschichte der Söhne Noahs.
		Es enthält den Flutbericht und den Tod Noahs. Dieser Abschnitt enthält nichts, was die Söhne Noahs nicht hätten schreiben können.
5	Genesis 10,1-11,10	Das ist die Geschichte Sems.
		Sem schreibt von der Geburt der fünften Generation nach ihm und von den durch sie gebildeten Sippen. Er könnte auch die Turmbau-Geschichte geschrieben haben.

Tafel Nr.	Kapitel	Inhalt
6	Genesis 11,10-11,27	Das ist die Geschichte Therachs.
		Therachs Geschlechtsregister enthält die Nachricht vom Tod seines Vaters Nahor. Er selbst lebte so lange, bis sein Sohn Abraham 75 Jahre alt war.
7+8	Genesis 11,27-25,19	Das ist die Geschichte Ismaels und Isaaks.
		Diese beiden Täfelchen stammen von den Brüdern Ismael und Isaak. Ismael starb 38 und Isaak 105 Jahre nach Abraham. Deshalb konnte Isaak über Ismaels Tod berichten. Der Bericht hört direkt vor dem Tode Isaaks auf.
9-11	Genesis 25,19-37,2	Das ist die Geschichte Esaus und Jakobs.
		Die restlichen Täfelchen enthalten die Angaben über Esau und Jakob.

»Auf diese Weise gab Mose unmissverständlich die Quellen der ihm verfügbaren Informationen an und nannte die Personen, von denen ihm der Inhalt seiner Texte überliefert wurde. Die Feststellung klingt im ersten Augenblick überraschend, aber der Vergleich der archäologischen Funde zwingt einfach zu einer Lösung, die ungefähr so aussehen muss. Dies wird durch zwei weitere Beobachtungen noch weiter unterstrichen:

1. An keiner Stelle wird etwas berichtet, was die genannten Personen nicht aus ihrer eigenen Kenntnis der Dinge hätten schreiben können.

2. Es ist überaus bezeichnend, dass die einzelnen Textabschnitte der Genesis alle vor Eintritt des Todes der jeweils genannten Person zu Ende gehen.« [19]

Die Berichte tragen durchaus den Stempel persönlicher Vertrautheit mit den niedergeschriebenen Ereignissen. Wir dürfen auch nicht vergessen, dass die Patriarchen inmitten dieser alten Kulturen lebten und mit diesen in ständiger Verbindung standen. Da die Schreibkunst in dieser Zeit weit verbreitet war und alles, was erwähnenswert war, niedergeschrieben wurde, wäre es einfach unbegreiflich, wenn die Patriarchen ihre Familienchronik nicht auch niedergeschrieben hätten. Denn es gibt in der damaligen Zeit nur wenig Geschriebenes, das mit der Familiengeschichte der Genesis nur annähernd vergleichbar wäre.

2.6 Geschichte des Neuen Testaments [20]

2.6.1 Die Entstehung

Die ersten christlichen Gemeinden besaßen zu Beginn der Ausbreitung des Christentums das griechische Alte Testament. In der zweiten Hälfte des ersten Jahrhunderts begannen die Schriften der Apostel zu kursieren und diese wurden gesammelt, kopiert und verbreitet. Das Evangelium von Markus, das er als Gefährte und Dolmetscher des Petrus in Rom geschrieben haben soll, wurde wahrscheinlich zuerst in Rom bekannt. Syrien hatte das Evangelium von Matthäus, eine Gruppe von Gläubigen das des Lukas und die Stadt Ephesus das von Johannes. Es scheint jedoch, dass diese vier Evangelien schon vor Ende des ersten Jahrhunderts zu einem Buch zusammengefasst waren; es wurde »Das Evangelium« genannt. In dieser Zeit schrieb der Apostel Paulus seine Briefe, die an verschiedene Gemeinden und Personen gerichtet waren. Auch diese Schriften wurden gesammelt und kursierten schon bald als eine »zweite Kollektion« mit dem Namen »Der Apostel« unter den Gemeinden. Die Schriften von Lukas, sein Evanglium sowie die Apostelgeschichte, waren ursprünglich wahrscheinlich ein eigenes Buch gewesen. Am Ende des 1. Jahrhunderts war das Neue Testament nicht nur vollständig geschrieben, sondern es begann auch als komplettes Buch in den Gemeinden zu kursieren. Die Heilige Schrift bestand aus der griechischen Übersetzung des Alten Testaments, sowie aus den Büchern des Neuen Testaments, die in Griechisch abgefasst wurden. Mit der Entwicklung des »Codex« im dritten Jahrhundert, konnte die Bibel erstmalig in einem Band herausgegeben werden. Diese neue Buchform war natürlich viel praktischer und handlicher als eine Buchrolle und trug zu der phänomenalen Verbreitung der Bibel bei. Durch die gewaltige Ausbreitung des Christentums, war die Nachfrage nach Bibeln sehr groß, und dies führte zu einer gewaltigen Abschreibwelle. Die dabei entstandenen Handschriften wurden durch Reisende in alle Gebiete des Römischen Reiches und sogar darüber hinaus mitgenommen.

2.6.2 Die Übersetzungen

Bei der Ausbreitung des Christentums wurde die Bibel auch in Gegenden verbreitet, in denen man kein Griechisch verstand. Bei den einheimischen Gemeinden entstand deshalb das Bedürfnis nach Übersetzungen der Bibel in ihren Sprachen. Da die Umgangssprache in Palästina Syrisch bzw. Aramäisch war, und viele der ersten Christen aramäisch sprachen, wurde die Bibel schon bald in diese Sprache übersetzt. In Ägypten war damals die koptische Sprache (alt-ägyptisch) weit verbreitet. Die erste Übersetzung in dieser Sprache entstand in zwei verschiedenen Dialekten. Diese Übersetzung wurde später die Standardversion der koptischen Kirche. Die Verbreitung der Bibel in Europa erfolgte vor allem durch die lateinischen Übersetzungen. Der römische Bischof Damasus beauftragte im Jahr 382 n.Chr. den Gelehrten Hieronymus, eine Revision der damals gebräuchlichen lateinischen Übersetzung zu erstellen. Etwa zur gleichen Zeit überarbeitete Rabbula die syrische Ausgabe, die sog. »Peschitta«. In Bethlehem angekommen, wo er sich niederließ, sammelte und studierte er eifrig viele alte Handschriften des Alten und Neuen Testaments. Diese Übersetzungsarbeit dauerte etwa zwanzig Jahre. Seine lateinische Übersetzung erhielt den Namen »Vulgata«, was »einfach« bedeutet, denn er sprach das Latein des einfachen Volkes. Die Vulgata wurde zwar nicht sofort begeistert aufgenommen, entwickelte sich aber später zur lateinischen Standardversion und heute ist die Vulgata noch immer die offizielle Bibel der römisch-katholischen Kirche. Das war auch die Zeit, in der das große Römische Reich langsam zu zerfallen begann. Das Römische Reich wurde von germanischen Stämmen aus dem Norden, wie den Vandalen und Goten, erobert. Diese Stämme marschierten in das Römische Reich ein und richteten große Verwüstungen an (Erinnerungen an diese Ereignisse sind im Wort »Vandalismus« erhalten geblieben). Bei den Einfällen der Germanen wurden viele Handschriften beschädigt oder gingen verloren. Um dieser Vernichtung entgegenzuwirken, verkündeten Missionare diesen Volksstämmen das Evangelium. Missionare wie z.B. Wulfila (oder auch Ulfilas), der »Apostel der Goten« begriffen sehr bald, dass man die Bibel in die Sprache dieser rohen Stämme übersetzen müsse, um diese mit dem Evangelium erreichen zu können. Deshalb entstand bereits im vierten Jahrhundert die erste Übersetzung in einer germanischen Sprache. Doch die Verbreitung solcher Übersetzungen wurde durch die römisch-katholische Kirche unterbunden. Einerseits war das Studium der Bibel nur den Klerikern erlaubt und anderseits war und blieb ihre Umgangssprache Latein. Aus diesem Grund waren gegen Ende des 13. Jahrhunderts Teile der Bibel erst in sieben europäischen Sprachen übersetzt.

Im Mittelalter unternahmen viele mutige Männer Versuche, Teile der Bibel in die jeweilige Landessprache zu übersetzen und unters Volk zu bringen. Diese Unternehmungen stießen auf großen Widerstand von Seiten der Römisch-katholischen Kirche und schon bald wurden diese Leute von der Kirche verfolgt, verurteilt und auf dem Scheiterhaufen verbrannt. Der Grund für diese Verfolgung war die Befürchtung, dass das Volk die Bibel nicht nach den offiziellen Doktrinen der Römisch-katholischen Kirche auslegen würde. In England stammten die ältesten übersetzten Bibelteile schon aus dem achten Jahrhundert, aber erst im 14. Jahrhundert wurde die

Bibel als Ganzes von dem britischen Gelehrten und Priester John Wycliff ins Englische übersetzt. Es gab aber drei große Ereignisse, die keine Verfolgung aufhalten konnte. Das erste große Ereignis war die Erfindung der Buchdruckerkunst durch Johannes Gutenberg. Das erste Buch, das aus der Druckerpresse kam, war die Bibel! In den Jahren 1452-1455 druckte Gutenberg nämlich rund 150 Exemplare der Vulgata. Das zweite Ereignis war die Renaissance, mit der großes Interesse an den alten Sprachen verbunden war. Die Grundlage der meisten europäischen Übersetzungen war bis anhin die Vulgata. In dieser Zeit gelangten aber viele alte Handschriften aus den Kirchen des Ostens nach Europa. Diese alten Handschriften, die meist in Griechisch abgefasst waren, wurden in Europa eifrig studiert. Die erste Ausgabe eines gedruckten griechischen Neuen Testaments, publizierte der holländische Gelehrte Desiderius Erasmus von Rotterdam im Jahre 1516. Die bedeutungsvollste Ausgabe aber stammt aus dem Jahre 1550. Diese Ausgabe galt als Standardversion des griechischen Neuen Testaments und wurde über die Jahrhunderte immer wieder neu aufgelegt. Im Jahre 1517 begann in Europa das letzte der drei Ereignisse, die Reformation, die wesentlich von Martin Luther in Gang gesetzt wurde. Die Reformation fasste in einigen Ländern Europas Fuß, und in diesen Ländern fing man an, die Bibel in die jeweilige Landessprache zu übersetzen. Luther übersetzte auf der Wartburg mit einfachen Hilfsmitteln in einer Rekordzeit von Dezember 1521 bis März 1522 das Neue Testament. Im Jahre 1534 erschien die ganze Bibel in deutscher Sprache. Aus England war es der Oxford-Gelehrte und Priester William Tyndale, der in Deutschland die Bibel in die englische Sprache übersetzte und sie nach England schmuggeln ließ. Dies geschah aber noch unter großem Widerstand von Seiten der Behörden und deshalb wurden viele Bibeln beschlagnahmt und öffentlich verbrannt.

2.6.3 Die Handschriften

Noch zu Lebzeiten des Apostels Petrus war dieser anscheinend im Besitz einiger Briefe von Paulus. Petrus stellte diese gar den »anderen Schriften« gleich. Im Jahre 95 n.Chr. schrieb Bischof Klemens von Rom einen Brief an die Gemeinde in Korinth. Aus diesem Schreiben ist ersichtlich, dass er sowohl den Paulusbrief an die Römer als auch mindestens einen seiner Briefe an die Korinther kannte. Aufgrund dessen kann man schließen, dass die Gemeinde in Rom bereits um das Jahr 95 n.Chr. Kopien neutestamentlicher Schriften besaß. Aus diesen Hinweisen kann man weiter schließen, dass vor dem Ende des ersten Jahrhunderts auch anderswo solche Sammlungen vorhanden waren. Heute kennen wir etwa 5000 Handschriften des griechischen Neuen Testaments (vollständige Handschriften und Teile davon). Diese große Menge an Handschriften wurde aber erst in den letzten

200 Jahren entdeckt. In der Zeit, in der die großen protestantischen Bibelübersetzungen entstanden, im 16. und 17. Jahrhundert, kannte man keine
Handschriften, die älter waren als aus dem elften Jahrhundert. Die einzige
Ausnahme ist der »Codex Bezae«, eine Handschrift aus dem sechsten Jahrhundert. Im Jahr 1627 erhielt König Karl I. von England vom Patriarchen
von Konstantinopel einen sehr alten Codex geschenkt. Dieser »Codex Ale-
xandrinus« stammt aus dem vierten Jahrhundert n.Chr. und enthält sowohl
das Alte wie das Neue Testament. Eine weitere wichtige Handschrift ist der
»Codex Vaticanus«, der zwischen 325 und 350 n.Chr. geschrieben wurde.
Im Jahr 1859 fand der deutsche Gelehrte Konstantin Tischendorf im Klos-
ter St. Katharina am Berg Sinai den »Codex Sinaiticus«, dessen Entstehung
in die Mitte des vierten Jahrhunderts datiert wird.

Im Jahr 1892 entdeckten zwei gelehrte Zwillingsschwestern auf der Si-
nai-Halbinsel den »Codex Syro-Sinaiticus«, eine altsyrische Übersetzung
des Neuen Testaments aus dem zweiten Jahrhundert n.Chr. in einer Kopie
aus dem fünften Jahrhundert. Die nächste wichtige Entdeckung fand in
Ägypten statt: Ein amerikanischer Kunstmaler kaufte 1906 einem arabischen Kaufmann einige Bibelhandschriften ab. Ein Teil dieser Schriften,
die jetzt als »Codex Washingtonianus« bekannt sind, stammen aus dem
vierten Jahrhundert. Weitere bedeutungsvolle Entdeckungen wurden in
den heißen, trockenen Gebieten Ägyptens gemacht; hier konnte der vergängliche Papyrus am besten erhalten bleiben. Auch fand man neutesta-
mentarische Fragmente aus dem dritten Jahrhundert. Mit diesen Handschriften konnte der Beweis erbracht werden, dass der Text der großen
Handschriften aus dem vierten und fünften Jahrhundert im Wesentlichen
mit dem Text der ägyptischen Handschriften dieser sehr frühen Zeit, übereinstimmt. Mit diesen Handschriften konnte noch etwas anderes aufgezeigt
werden. Bis vor kurzem glaubte man, dass das NeueTestament in einer speziellen Art der »Sprache des Heiligen Geistes« geschrieben wurde. Zu dieser Annahme kam man, weil das Griechisch des Neuen Testaments stark
vom bekannten klassischen Griechisch abweicht. Diese Handschriften
zeigten aber auf, dass das Neue Testament in der Umgangssprache des *ersten Jahrhunderts* geschrieben wurde: dem so genannten »Koiné-Grie-
chisch«. Dieses Griechisch war die damals allgemein gesprochene Sprache
des Mittelmeerraumes, es war die Sprache des Handels, des Marktes und
allgemein, des »einfachen« Volkes. Dies war ein weiterer Beweis dafür,
dass das Neue Testament tatsächlich auch im ersten Jahrhundert geschrieben wurde.

Im Jahre 1930 fanden einige Araber gegenüber Fayum verschiedene
Krüge, die Teile des Neuen Testaments enthielten: ein Viertel einer Kopie
der vier Evangelien und der Apostelgeschichte, fast alle Briefe von Paulus

(darin folgt der Hebräerbrief sofort auf den Römerbrief – ein Hinweis darauf, dass damals noch nicht an der Verfasserschaft des Paulus gezweifelt wurde) sowie ein Drittel des Buches der Offenbarung. Diese Teile stammen allesamt aus dem Anfang des dritten Jahrhunderts. Diese Papyri sind unter Bezeichnung »Chester-Beatty-Papyri« bekannt. In der gleichen Gegend entdeckte man ein kleines Fragment aus dem Johannes-Evangelium, das auf die Zeit um 125-130 n. Chr. datiert wird. Offensichtlich hatte das Evangelium in dieser für jene Zeit äußerst kurzen Periode schon Ägypten erreicht. Von den neueren Papyrus-Funden müssen noch die »Bodmer-Papyri« genannt werden. Diese enthalten das Johannes-Evangelium und Teile von Lukas sowie die Briefe von Petrus und Judas und stammen etwa aus dem Jahre 200 n.Chr. Aufgrund der großen Anzahl von Handschriften des Neuen Testaments, die teilweise sehr alt sind und aus dem ersten Jahrhundert nach der Abfassung der Berichte stammen, können wir völlig sicher sein, dass der Bibeltext sehr genau überliefert wurde. Wir kennen heute eine sehr große Menge griechischer Handschriften (ca. 5000) sowie Handschriften von antiken Übersetzungen (ca. 9000). Mit dieser großen Menge an Textmaterial ist außerdem sichergestellt, dass jede richtige Lesart in mindestens einem dieser alten Handschriften enthalten ist. Auch diesbezüglich steht die Bibel absolut einzigartig da, denn kein einziges literarisches Werk der Antike kann auch nur einen Bruchteil der Menge an Handschriften aufweisen! Wir dürfen aus diesen Gründen davon überzeugt sein, dass die Überlieferung des Neuen Testaments ein Wunder Gottes ist.

2.6.4 Der Jesus-Papyrus

Ein englischer Geistlicher erwarb am Anfang des 20. Jahrhunderts im ägyptischen Luxor drei kleine Papyrus-Fragmente, die er dem Magdalen College in Oxford überließ, und die auf beiden Seiten in griechischer Schrift beschrieben waren. Es stellte sich heraus, dass es sich dabei um einige Sätze aus dem 26. Kapitel des Matthäus-Evangeliums handelt. Es sind Fragmente aus den Versen von der Salbung Jesu im Hause Simons, vom Verrat Jesu an die Hohenpriester sowie von einigen Jesus-Worten. Diese Papyri wurden vom deutschen Papyrologen Carsten Peter Thiede untersucht. Über seine Entdeckungen schrieb die Londoner Times im Jahr 1994: »Ein Papyrus, der wahrscheinlich das älteste erhaltene Fragment des Neuen Testaments ist, wurde in einer Oxforder Bibliothek gefunden. Er liefert den ersten materiellen Beweis dafür, dass das Matthäus-Evangelium ein Augenzeugenbericht ist, der von Zeitgenossen Jesu Christi geschrieben wurde.« [21] Thiede, Leiter des Instituts für Wissenschaftstheoretische Grundlagen in Paderborn, behauptete, dass diese Fragmente äußerst früh entstanden seien und aus der Zeit **um 70 n.Chr.** stammten. Seine Beweisführung beruht nicht nur auf Analysen der griechischen Schrift, sondern auch auf umfangreichen Vergleichen mit den Handschriften anderer antiker Dokumente. Damit stellt Thiede die traditionelle Ansicht in Frage, dass diese Fragmente den ältesten Evangelientext darstellten und aus dem 2. Jahrhundert stammten. Mit dieser Beweisführung können die Evangelien wieder, wie sie auch von sich selbst behaupten, als Augenzeugenberichte eingestuft werden.

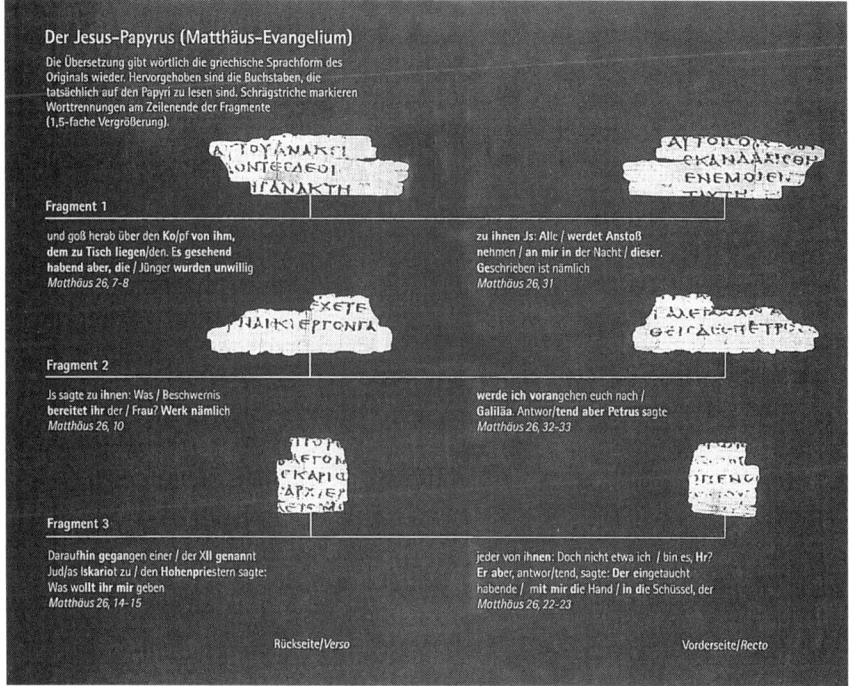

Abbildung 2.8: Diese drei abgebildeten Fragmente aus dem Matthäus-Evangelium, die vorne und hinten beschrieben sind, wurden von einem englischen Geistlichen im ägyptischen Luxor gefunden und dem Magdalen College in Oxford zur Aufbewahrung und Untersuchung überlassen. Diese Papyri wurden von dem deutschen Papyrologen Carsten Peter Thiede 1994 untersucht.

Dies hat eine sehr große Bedeutung für die Historizität der geschilderten Ereignisse. Immerhin werden diese Ereignisse gleich viermal von vier verschiedenen Personen berichtet. Es gibt viele andere historische Ereignisse, von denen kein einziger Augenzeugenbericht vorliegt, und doch zweifeln wir nicht an deren Historizität. Wenn diese Fragmente um 70 n.Chr. entstanden sind, so sagt dies noch nichts darüber aus, ob es sich dabei um eine Abschrift oder gar um das Original handelt. Handelt es sich dabei um eine Abschrift, so muss das Original noch früher entstanden sein. Wann das Original wirklich entstanden ist, ist natürlich reine Spekulation, aber es liegt durchaus im Bereich des Möglichen, dass es in den Jahren 50 bis 60 n.Chr. entstanden sein könnte. Wären diese Fragmente einige Jahre später als 70 n.Chr. geschrieben worden, wäre es völlig unverständlich, dass sie keinen einzigen Hinweis auf die Zerstörung Jerusalems im Jahre 70 n.Chr. enthalten. Dieses Ereignis wurde ja von Jesus Christus vorausgesagt als Strafgericht für die Juden wegen der Verwerfung seines messianischen Anspruchs. Die Apostel und Jünger von Jesus wussten bekanntlich um die Bedeutung der Zerstörung von Jerusalem und hätten bei der späteren Abfassung der Evangelien mindestens einen Hinweis eingefügt, dass diese Voraussage nun tatsächlich auch eingetroffen ist.

Der Schöpfungsbericht

3.1 Einleitung

Es gibt wahrscheinlich nichts Vergleichbares auf der Erde, das zu so vielen Kontroversen geführt hat wie der Schöpfungsbericht der Heiligen Schrift in 1. Mose 1-2. Wie schon ausgeführt, ist es natürlich eine unabdingbare Voraussetzung, Gott als Schöpfer anzunehmen oder wenigstens in Betracht zu ziehen. Wird dies nämlich nicht als Tatsache oder wenigstens als Möglichkeit anerkannt, macht der Schöpfungsbericht sicher wenig Sinn, und dann ist der Weg zu einer anderen Erklärung der Entstehung der Erde eine logische Notwendigkeit. Alles, was wir als Menschen auf dieser Erde wahrnehmen, ist relativ, und je nachdem, von welcher Seite wir eine Wahrnehmung betrachten, scheint sie uns anders zu sein. Alle Dinge haben so gesehen eine Vorderseite, eine Rückseite, sie lassen sich von oben und von unten und auch von allen Seiten betrachten, und jedes Mal erscheinen sie uns in einer anderen Wahrnehmung. Trotzdem ist es immer das gleiche Objekt, unabhängig davon, von welcher Seite aus wir es betrachten. Deshalb gibt es auf der Erde mit unserer relativen Wahrnehmung auch nichts Absolutes! Das einzige Absolute ist die »Wahrheit«, hier gibt es nur Sein oder Nichtsein, Schwarz oder Weiß. Entweder man glaubt an Gott oder man glaubt nicht an Gott. Es ist genau so unmöglich, nur unter bestimmten Voraussetzungen ein wenig zu glauben, wie auch eine Frau nicht ein wenig schwanger sein kann. Ebenso die Frage, welcher Gott denn nun der wirkliche Gott ist, kann nur absolut beantwortet werden, indem es nur einen Gott geben *kann*. Wenn Gott wirklich Gott ist, dann kann es nicht mehrere »Götter« geben, sonst landen wir im Pantheon der griechischen und römischen Götter – eine Vorstellung, die sehr mythologisch geprägt ist und sich mit nichts mit dem Einen, dem Gott der Bibel vereinbaren lässt.

Das einzige wirklich ernst zunehmende Dokument über Gott ist nun einmal die Heilige Schrift – das Wort Gottes. Mit der Bibel hat er uns sein Wort hinterlassen, hat er uns vieles mitgeteilt über ihn und seinen Heilsplan mit uns Menschen. Wir müssen dringend wieder lernen, sein Wort als das zu nehmen, was es ist, als **»die Wahrheit«**, und zwar nicht nur in einem geistlichen Sinn, dem der Heilsgeschichte, nein, sein Wort geht viel weiter. Gott teilt uns sehr vieles auch über die Entstehung der Welt, über Biologie, über Psychologie, über Moral und Ethik sowie über viele historische Tatsachen mit. Die Bibel macht das aber nie in einer wissenschaftlichen Sprache, sie ist kein wissenschaftliches Buch und will es auch nicht sein. Sie spricht in der Sprache der Menschen. Würde sie das nicht tun, wären wir gar nicht in der Lage, die Bibel zu verstehen, da Gott außerhalb von Zeit und Raum ist und wir uns das Wesen Gottes gar nicht vorstellen können. Viele Bibelkritiker haben sich in den letzten 200 Jahren aufgemacht, die historischen Tatsachen der Bibel zu widerlegen und der Bibel den historischen Boden zu entreißen, und nicht zuletzt die modernen Theologen haben aus der Bibel ein »frommes Märchen« gemacht, an das nur so genannte ungebildete Menschen noch glauben können. Es ist ihnen aber nicht gelungen, eine *einzige* historische Tatsache der Bibel effektiv zu widerlegen. Nicht zuletzt die Archäologie hat in den letzten 150 Jahren sehr viele historische Berichte der Bibel völlig bestätigt, die bereits als fromme Sagen abgestempelt waren. Heute halten sich die Bibelkritiker damit auf, die Gaubwürdigkeit der Bibel anhand von vermeintlichen Fehlern und Irrtümern, die, mit dem heutigen Wissensstand betrachtet, in der Bibel vorkommen sollen, in Frage zu stellen. Man muss sich aber vor Augen halten, wie viele Fehler und Irrtümer historischer, kosmologischer und biologischer Art, und wie viele Übertreibungen die 31.173 Verse der Bibel enthalten müssten, wenn der Ursprung der Bibel tatsächlich, wie die Bibelkritiker immer behaupten, menschlicher Herkunft wäre. Die Bibelschreiber waren in der Regel »ungebildete« Menschen, aber wir finden in der Bibel keinerlei Spuren von »primitiven« Kulten, die in der Zeit der Entstehung der Bibel in Mesopotamien und Ägypten zur Tagesordnung gehörten, wir finden auch keine primitiven Weltbilder wie beispielsweise das bereits erwähnte naive Weltbild der indischen Veden.

Um nun den Schöpfungsbericht wirklich als historische Tatsache aufnehmen zu können, ist es unabdingbar, dass man Gott zumindest als potenziellen Schöpfer nicht ausschließt. Wenn nämlich Gott wirklich der allmächtige Gott ist, wie er in der Bibel beschrieben ist, wieso sollte es ihm nicht möglich sein, das Weltall, die Welt und das Leben nach seinem Gutdünken in einem kreativen Akt zu schaffen. Deshalb darf die Frage nicht sein, ob Gott dazu in der Lage war oder nicht, sondern ob es diesen transzendenten Gott gibt oder nicht. Nur das ist die absolute Frage, und diese Frage kann jeder Mensch nur für sich selbst beantworten. Wenn der einzelne Mensch nun diese Frage für sich selbst beantwortet hat, dann ist der

Weg für ihn vorgezeichnet, nämlich mit oder ohne Gott, es gibt keinen anderen Weg. Dieses Buch soll nun den Weg »mit Gott« beleuchten. Und wenn ich sage, »den Weg mit Gott«, dann meine ich eindeutig den Weg mit dem biblischen Gott. Der Weg mit dem biblischen Gott geht ausschließlich über den Schöpfungsbericht, und wenn man Gott für sich angenommen hat, macht einem dieser Schöpfungsbericht keine Probleme mehr; denn dann kann man sich gut vorstellen, dass es für diesen Gott ein Leichtes war, alles, was ist, in dieser wundervollen Weise zu schaffen, wie uns der Bericht in 1. Mose 1-2 darüber Auskunft gibt.

Um den Schöpfungsbericht wirklich auch verstehen zu können, müssen wir uns von unseren menschlichen Vorstellungen über den Schöpfungsakt verabschieden. Gott hat Zeit, Raum und Materie nicht in der Art eines Töpfers geschaffen, indem er sich hinsetzte und aus einem Klumpen Ton die Materie formte, sondern Gott sprach und es war! Der allmächtige und unendliche Gott ist der souveräne Herr über Zeit, Raum und Materie und kann deshalb nicht den uns bekannten Naturgesetzen unterworfen sein. Im Abschnitt 1.8.5 haben wir gesehen, dass Materie auf der atomaren Ebene von der Wissenschaft als »Energieballungen im Raum« definiert wird. Dies ist tatsächlich die korrekte und in der Heiligen Schrift bereits seit Jahrtausenden verbürgte Definition von Materie, denn Gott sprach und es war. Gott ist Geist und Geist ist Energie; die materielle Wirklichkeit ist somit reine, vom Willen Gottes gebündelte Energie, die nur durch Gottes Handeln in Zeit und Raum Bestand hat und ohne seine Energiequelle nicht bestehen könnte. Denn Gott ist nicht nur Schöpfer, sondern auch Erhalter seiner Schöpfung oder mit anderen Worten ausgedrückt: Alles Geschaffene ist nichts anderes als Gottes Gedanken. Es hat so lange Bestand, wie er diesen Gedanken denkt. Gott ist groß? Nein, die Größe Gottes ist unermesslich, unendlich, alles umfassend!

3.2 Die Zeit davor [1]

3.2.1 Himmel und Erde

»Im Anfang schuf Gott die Himmel und die Erde« (Vers 1). Dieser Vers steht am Anfang der Bibel, und mit diesem Vers steht auch fest, dass es einmal einen Anfang gab. Bevor die Schöpfungswoche begann, bereitete Gott den Himmel und die Erde vor. Der Vers sagt nur aus, dass Gott die Himmel und die Erde schuf – er sagt aber überhaupt nichts darüber aus, *wie* er die Himmel und die Erde schuf. Dass unser Weltall einen Anfang gehabt haben *muss* und deshalb nicht ewig sein kann, zu dieser Erkenntnis ist auch die moderne Wissenschaft im letzten Jahrhundert gelangt. Die Altersangaben

differieren natürlich sehr stark, aber immerhin sind sich alle einig darüber, dass das Weltall ein begrenztes Alter hat. Im Gegensatz dazu stehen alle alten griechischen Philosophen, die allesamt annahmen, dass die Urmaterie (das »Chaos«) ewig sein müsse, aber die Zweifel an einer zufälligen Entstehung werden auch in wissenschaftlichen Kreisen immer größer. Viele Wissenschaftler haben festgestellt, dass Phänomene der belebten Natur (z.b. nicht reduzierbare Systeme, unvorstellbar komplexe Gebilde wie das menschliche Genom etc.) mit den Mechanismen der Evolution allein nicht zu erklären sind. Die neueste Strömung auf diesem Gebiet nennt sich IDT (Intelligent Design Theory). Diese Leute, die daran glauben, gehen zwar nicht soweit, diesen intelligenten Designer Gott zu nennen, aber sie haben immerhin die ersten Schritte in diese Richtung unternommen, indem sie zur Erkenntnis gelangt sind, dass die beobachtbare Planmäßigkeit in der Schöpfung nur durch eine intelligente Instanz entstanden sein *kann*.

Völlig anders wird die Schöpfung in der Heiligen Schrift zum Ausdruck gebracht, denn dort steht ganz klar, dass Gott die Himmel und die Erde geschaffen *hat* und nicht: erschaffen haben *muss*. Diesbezüglich hat das Moses sehr absolut und selbstsicher ausgedrückt, denn es ist niemand dabei gewesen, der dies bestätigen könnte. In nur gerade sieben Wörtern und vier mal sieben Buchstaben, werden in 1. Mose 1-11 alle Irrlehren und menschlichen Gedankenkonstruktionen (Philosophien), die seit Menschengedenken auf der Erde »erfunden« wurden, mit einer Hand vom Tisch gefegt und ad absurdum geführt. Nicht die Ergebnisse moderner wissenschaftlicher Forschung führen zu dieser Schlussfolgerung, sondern der Schöpfungsbericht, der viel älter ist als alle Irrlehren und Mythologien. Sicher glaubt heute niemand mehr an die alten Überlieferungen der Ägypter, der Babylonier und der Hindus. Auch Moses war bestens informiert über die Mythologien der Ägypter, er kannte die ägyptische Schöpfungsgeschichte: mit dem Sonnengott, der geboren aus einem Ei, das auf dem Urozean schwamm, vier Kinder bekam: die Atmosphäre (2 Kinder), die Erde und den Himmel. Aber der heilige Geist bewahrte ihn davor, diesen populären Glauben in 1. Mose 1 aufzunehmen. Die Bibel enthält absolut nichts von solchem Unsinn.

Man hat sehr viel über die Bibel gespottet! »Man hat gelacht über Ur, das nicht bestanden haben, über Sodom, dass es nicht gegeben haben soll, über die Hethiter, die nie gelebt, über Belsazar, der nie existiert haben sollte, bis alles durch die archäologische Forschung aufgefunden wurde und es sich erwies, dass das alles tatsächlich historisch bestanden hat. Dann suchte man aufs Neue nach Gründen, um die Bibel zu verspotten. Der Hase sollte nicht wiederkäuen, die Ameise sollte im Sommer keine Nahrung sammeln, der Strauss sollte seine Eier nicht durch die Sonne im Sand ausbrüten lassen. Aber auch da zeigte es sich, dass man besser die biologische Forschung abgewartet hätte, ehe man versuchte, Gottes Wort lächerlich zu machen.« [2] Aus diesen Beispielen ist ersichtlich, dass es immer sehr riskant ist, über das Absolute zu urteilen. Bis heute wurden die Aussagen der Bibel immer nur bestätigt, aber niemals widerlegt.

3.2.2 Naturwissenschaftliche Erklärungen

Unsere so genannte hoch stehende westliche Kultur basiert auf der Kultur der alten Griechen. Was haben die alten Griechen über die Schöpfung gelehrt? Nichts anderes als ganz gewöhnliche, alltägliche Vorstellungen. Es gibt nichts Neues unter der Sonne. Die Griechen suchten nach dem Urprinzip aller Dinge und kamen dabei zu verschiedenen Auffassungen: das Wasser bei Thales; das Feuer bei Heraklit; die Luft bei Anaximenes; die Zahl bei Pythagoras. Plato und Aristoteles (4. Jahrhundert v.Chr.) brachten bereits damals eine Art Evolutionslehre, denn auch für sie war der Gedanke einer Schöpfung unbekannt. Um das Jahr 1600 n.Chr. schrieben Gelehrte dieser Zeit noch, dass Mäuse und Ratten aus Lumpen entstehen könnten. Aber auch die heutigen Theorien über die Entstehung des Universums sind nicht viel vernünftiger, denn die Erklärung, dass die uns umgebende Wirklichkeit durch einen Urknall entstanden sei, und sich das Leben durch nichts anderes als dem blinden, ziel- und sinnlosen Zufall aus der Urmaterie entwickelt haben soll, tönt nicht weniger phantastisch als die mythologischen Geschichten der alten Kulturen. Das Problem liegt am Gesichtsfeld der Wissenschaft, denn dieses reicht nur bis an die Grenzen der Schöpfung. Ohne die Offenbarung Gottes ist es auch der Wissenschaft nicht möglich, über diesen Horizont hinauszusehen. Die Herkunftsfrage kann aber ausschließlich außerhalb dieses Erfahrungshorizontes beantwortet werden, denn Gott steht *außerhalb* seiner Schöpfung. Solange die Wissenschaft die *Nicht-Existenz* Gottes nicht beweisen kann, muss sie mit der Existenz dieses Schöpfers rechnen (denn eine Schöpfung bedingt einen Schöpfer). Und was ist die Schöpfung anderes als Raum und Zeit? »Im Anfang schuf Gott die Himmel und die Erde«, und damit schuf er den Raum, das sind die Himmel (der Weltraum, das All) und die Erde, und damit setzte er der Schöpfung ihren Anfang, damit war die Zeit geboren. »Im Anfang« ist die Geburtsstunde der Zeit. Und somit bewegt sich die Menschheit als Geschöpfe Gottes in Raum und Zeit. Es ist uns deshalb auch nicht möglich, über diesen Horizont von Zeit und Raum hinauszusehen.

Weil auch die moderne Wissenschaft das nicht kann, haben Naturwissenschaftler, die eine Schöpfung ausschließen, eine »naturwissenschaftliche Theorie« entwickelt, in der Gott nicht mehr gebraucht wird. Solange sich die Wissenschaft bewusst ist, dass sie sich mit dieser Methode innerhalb des begrenzten Horizontes bewegt, zu der ein Geschöpf überhaupt fähig ist, solange ist nichts dagegen einzuwenden, aber leider gibt es sehr viele Materialisten, die aus dieser Methode eine Religion gemacht haben. Der erste Vers der Bibel widerlegt in einem einzigen Satz alle Irrlehren der Theisten, Atheisten, Pantheisten oder Polytheisten. Dieser einzige Satz, der so gesehen als »der Satz aller Sätze« verstanden werden könnte, lässt keine andere Lehre zu als die Lehre von dem einen großen, allmächtigen Gott, der außerhalb dieser Schöpfung existiert und bereits vor der Schöpfung da war. Diese Schöpfung geschah einmal, »im Anfang« und sie ist damit einmalig und abgeschlossen. Es war der eine wahre und allmächtige Gott, der alles erschuf, und nicht viele Götter wie im Polytheismus. Gott ist eine Person, die über die Schöpfung erhaben ist, und keine Abstraktion, die die ganze Welt beseelt, denn eine »Abstraktion« kann nicht »erschaffen«. Es ist sehr kümmerlich, dass die »Transzendenz« Gottes von vielen modernen Theologen bestritten wird. Stattdessen lehren sie, dass wir Gott in unseren Mitmenschen wahrnehmen können. Diese Lehre ist nicht mehr weit entfernt vom Pantheismus. Ist es nicht betrüblich, dass die Existenz des einen Gottes geleugnet wird, der sich uns majestätisch offenbart und sagt: »*Wer ist es, der den Ratschluss verdunkelt mit Worten ohne Erkenntnis? ... Wo warst du, als ich die Erde gründete? Teile es mit, wenn du Einsicht kennst!*« (Hi 38,2.4).

Auf die Lehre des Theismus wurde bereits eingegangen. Der Vollständigkeit halber sei sie hier abschließend erwähnt. An anderer Stelle wurde sie bereits als gedankliche »Perversion« bezeichnet. Diese Lehre besitzt für viele Gläubige eine große Anziehungskraft. Diese Gläubigen versuchen dabei krampfhaft, die Evolutionslehre in den Schöpfungsbericht hinein zu interpretieren. Demnach ist der Evolutionsprozess die Schöpfungmethode Gottes! Mit diesem Kniefall vor der Evolutionslehre wird sie anerkannt, aber in Gottes Hände gelegt. Überall dort, wo die Evolutionslehre keine Erklärung geben kann, sehen die »evolutionären Theisten« ein Eingreifen Gottes in den ansonsten »natürlichen« Evolutionsprozess. Gott hat das Weltall und alle Lebewesen im Rahmen der Evolutionsgesetze bereitet. Das ist aber ein völliger Unsinn, der weder wissenschaftlich noch biblisch ist, weder Fisch noch Vogel. Die Evolutionslehre ist ein geschlossenes System, das sich selbst erklärt und Gott als Schöpfer nicht nötig hat.

Der letzte Versuch der modernen Wissenschaft, die Entstehung des Weltalls zu erklären, ist die so genannte »Urknall-Theorie«, »Big Bang« genannt. Vereinfacht ausgedrückt, lief dieses Ereignis wie folgt ab: Am Anfang war das Uratom oder das »kosmische Ei«. Da dieses Ei eine unvorstellbare Menge zusammengeballter Energie enthielt, explodierte es bereits kurz nach seiner Entstehung, und mit diesem »big bang« (großer Knall) begann die Geschichte unseres Weltalls.

Nun hat diese Geschichte natürlich einige Haken: Zum einen erklärt sie nicht, wie nun das »kosmische Ei« entstanden ist, zum anderen erinnert sie sehr stark an die mythologischen Ideen der alten Ägypter, wo ja auch von einem Ur-Ei die Rede ist, und zum letzten fällt einem die Vorstellung sehr schwer, dass aus einer solchen zerstörerischen Kraft wie der einer Explosion eine völlige Ordnung entstehen kann, wie sie das Weltall nun einmal inne hat. Und das soll nun eine rationale und wissenschaftliche Begründung der Entstehung des Weltalls sein, diese stark mythologisch geprägte und deshalb völlig unsinnige Theorie, die sich einen wissenschaftlichen Mantel überstülpt, damit sie »intelligent« aussieht! Das größte Problem dieser Theorie ist nämlich, dass sämtliche »Beweise« für den Urknall durch eben diesen zerstört wurden!

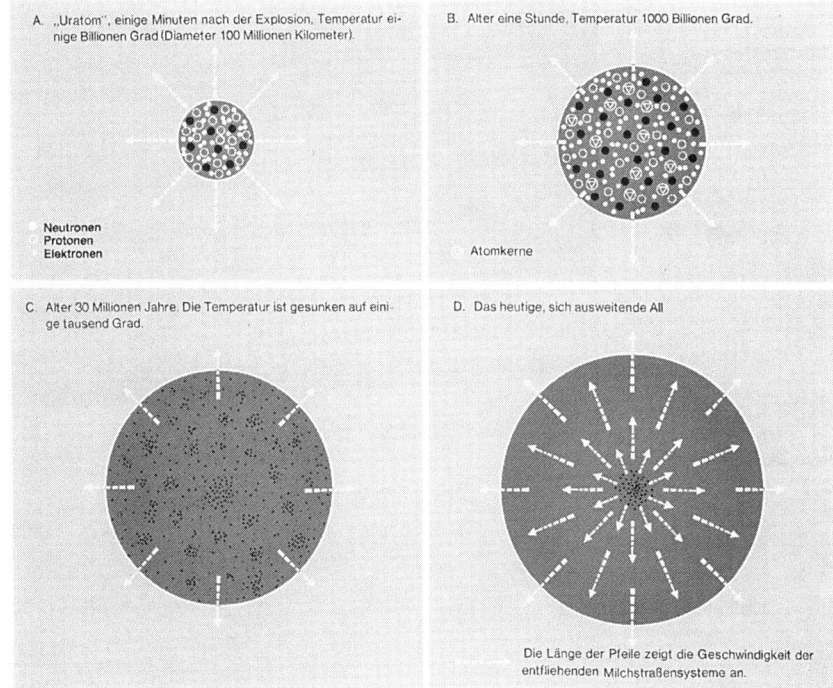

A. „Uratom", einige Minuten nach der Explosion, Temperatur einige Billionen Grad (Diameter 100 Millionen Kilometer).

B. Alter eine Stunde, Temperatur 1000 Billionen Grad.

Neutronen
Protonen
Elektronen

Atomkerne

C. Alter 30 Millionen Jahre. Die Temperatur ist gesunken auf einige tausend Grad.

D. Das heutige, sich ausweitende All

Die Länge der Pfeile zeigt die Geschwindigkeit der entfliehenden Milchstraßensysteme an.

Abbildung 3.1: Eine vereinfachte Vorstellung des »Big Bang«, des großen Knalls, wie sich viele Wissenschaftler den Beginn der Geschichte des Alls vorstellen: Das Uratom oder »das kosmische Ei« enthielt eine gigantische Menge zusammengeballter Materie, wodurch das Ei bald nach seiner Entstehung explodierte. Wie dieses sagenhafte Ei aber entstanden sein soll, darüber schweigt sich die Wissenschaft aus!

3.2.3   Im Anfang war das Wort

»Im Anfang schuf Gott«. Wann dieser Anfang war, lässt sich nicht sagen; die Bibel sagt darüber aus verständlichen Gründen nichts aus, wir würden es doch nicht verstehen. Diesen Anfang muss man unterscheiden von »dem Anfang« in Johannes 1,1, der noch viel weiter zurückgeht, nämlich bis in die »Ewigkeit«. Der Anfang nach 1. Mose 1,1 ist der Anbeginn von Raum und Zeit. Gedanklich können wir nicht weiter zurückgehen, zurück in die Ewigkeit; dann verlassen wir nämlich Raum und Zeit, und das ist uns völlig unmöglich. Wie weit man auch zurückgeht, das *Wort war* da (das Wort = Logos), es war von aller Ewigkeit bei Gott und ist selbst Gott. Der »dritte« Anfang in 1. Johannes 1 beschreibt den Anfang des Dienstes unseres Herrn auf der Erde. Obwohl die ganze Dreieinigkeit bei der Schöpfung beteiligt war, war es der Sohn oder das Wort (der Logos), der die Erde schuf. Deshalb bildet dieser dreifache Anfang eine Harmonie:

»Das Wort war, das Wort schuf, das Wort wurde Fleisch«

Das Wort »Anfang« besitzt noch eine andere Bedeutung, denn Gott ist selbst der Anfang. Da Gott ewig ist, kann er keinen Anfang haben, denn ehe die Berge geboren waren und er die Erde und den Erdkreis erschaffen hatte, ja von Ewigkeit zu Ewigkeit ist er Gott (Ps 90,2). Diese Aussagen sind für das menschliche Denken sehr, sehr schwer nachzuvollziehen, denn sie bewegen sich außerhalb von Raum und Zeit, sie sind nicht von dieser Welt – und trotzdem, irgendwie musste Gott uns dies alles ja mitteilen. Wir Menschen stehen ab und zu auch vor einer Schwierigkeit des Mitteilens, und zwar immer dann, wenn wir versuchen, unsere Gefühle wie z.B. das Gefühl des Verliebtseins zu beschreiben. Es gibt Dinge, die lassen sich einfach nicht beschreiben, außer vielleicht in Bildern. Doch das Bild, das ich aufgrund meiner eigenen Empfindungen beschreibe, dieses Bild sieht jeder Betrachter wieder mit eigenen Augen, aus seiner Sicht, mit seinen eigenen Empfindungen. Nur ist hier ein kleiner Unterschied: Meine Gefühle sind von dieser Welt, sind ein Teil von Raum und Zeit; diese Gefühle haben alle Menschen auch schon einmal gehabt. Wie unendlich viel schwerer oder gar unmöglich ist eine Beschreibung von Dingen, die sich *außerhalb* von Zeit und Raum befinden!

Gott war sich dessen bewusst, als er durch seine Propheten und Auserwählten die Entstehung der Welt niederschreiben ließ. Doch es war ihm so wichtig, der Menschheit mitzuteilen, dass **er** es war, der alles geschaffen hat, dass er dieses Risiko auf sich nahm, das Risiko nämlich, dass viele Menschen sein Wort nicht verstehen würden. Nur wusste er auch, dass die Menschen, die von Anfang im Buch des Lebens geschrieben sind, sein

Wort verstehen und annehmen würden. Das ist wieder ähnlich wie bei einem Verliebten, der in sehr bildhafter, poetischer Sprache seiner Angebeteten Liebesgedichte schreibt. Die so Angesprochene spürt die Bedeutung der Worte – ein Fremder, ein nicht Angesprochener, für den mögen diese Liebesbezeugungen dumm, romantisch und »kitschig« erscheinen, vor allem wenn er das Gefühl des Verliebtseins nicht kennt oder wenn er von der Liebe enttäuscht wurde. Gott ist in einem andern Sinn auch ein »Verliebter«, denn er liebt die Menschen und er gibt deshalb vieles von sich preis, er lässt sich zu uns hernieder und versucht in einer uns verständlichen Sprache das (für uns) Unverständliche verständlich zu machen. Vieles in der Heiligen Schrift können wir verstehen – aber es bleibt einiges, das wir nur erahnen oder erfühlen können, das können wir *niemals* verstehen. Und trotzdem ist es von entscheidender Bedeutung, dass wir diese Dinge, die wir rein rational nicht verstehen können, für uns aufnehmen und für uns akzeptieren, denn die Zeit zum Verstehen ist noch nicht reif, nicht in diesem Leben und nicht auf dieser Erde. Es ist sehr wichtig, dass wir auch den Worten *vertrauen*, die wir im Jetzt nicht verstehen. Eines Tages werden wir verstehen, was es bedeutet wenn er sagt: *»Ich bin das Alpha und das Omega, der Erste und der Letzte, der Anfang und das Ende«* (Offb 21,6; 22,13).

3.2.4 Wüstheit und Leere

»Und die Erde war wüst und leer (eigentlich »Wüstheit und Leere«), und Finsternis war über der Tiefe, und der Geist Gottes schwebte über den Wassern« (Vers 2). Für die weitere Erklärung von 1. Mose 1 ist es ganz entscheidend, wie man diesen Vers auslegt. War nun dieser Zustand der »Wüstheit und Leere«, der in diesem Vers beschrieben ist, der ursprüngliche Zustand der Erde, wie sie geschaffen wurde, oder geriet die Erde durch eine hier nicht explizit genannte Ursache erst nach der Schöpfung in diesen Zustand? Die zweite Auffassung wurde bereits von vielen alten Kirchenvätern wie Justinus dem Märtyrer, Origenes und Augustinus vertreten. Calvin und mit ihm die meisten protestantischen Theologen verwarfen sie jedoch. Die alten Kirchenväter gingen davon aus, dass dieser Zustand der Wüstheit und Leere, wie sie der 2. Vers beschreibt, durch den Fall Satans verursacht wurde. Ein weiteres Problem, das wir näher in Augenschein nehmen müssen, auf das aber an anderer Stelle näher eingegangen wird, ist die Entstehung der »Erdschichten«. Da in vielen dieser Erdschichten unvorstellbare Mengen an versteinerten Organismen vergraben wurden (Fossilien), zeugen diese Schichten von Tod und Verderben. Deshalb glaubten bis vor etwa 200 Jahren praktisch alle Geologen, dass mindestens die fossilhaltigen Erdschichten ganz oder teilweise durch die Sintflut gebildet wurden. Auch bei vielen alten Kirchenvätern und bei dem jüdischen Gelehrten Philo fin-

den wir diesen Gedanken. In der Folge soll nun aufgezeigt werden, dass man sehr wohl annehmen kann, dass

a) die Erde nicht wüst und leer geschaffen wurde und

b) der Zustand von 1. Mose 1,2 durch den Fall Satans verursacht wurde und

c) die Erdschichten *nicht* zwischen 1. Mose 1,1 und 1,2 gebildet wurden.

Hätte Gott die Erde tatsächlich wüst und leer geschaffen, dann wäre Vers 2 die Beschreibung der Erde, die in Vers 1 geschaffen wurde. Neben dem Gedanken, dass Gott bewusst »Wüstheit und Leere« schaffen würde, spricht auch der Ausdruck »die Himmel und die Erde« dagegen, denn dieser Ausdruck deutet in der Schrift nie auf ein ungeordnetes Urchaos hin, sondern immer auf den geordneten Weltraum (der Raum, in dem die Welt ist), wie wir ihn kennen. Außerdem ist der Gedanke, dass die Erde aus einem »Urchaos« entstanden sei, mythologisch und spielt sogar in der modernen Wissenschaft (Urknall-Theorie) eine große Rolle. Die Bibel beginnt nicht mit einem Urchaos, mit einer ungeordneten Materie, die nach und nach, wie auch immer, geordnet wird, nein, sie beginnt mit einem vollkommenen, geordneten Himmel. Es ist deshalb nicht einzusehen, wieso dann die Erde wüst und leer geschaffen worden ist, wenn der Weltraum in der heutigen, gewaltigen Ordnung geschaffen wurde, wo doch der Weltraum unendlich viel größer und komplexer ist als die Erde, die wohl der »geistige« Mittelpunkt des gesamten Weltraumes ist, aber gemessen an der für menschliche Begriffe unendlichen Größe des Weltraumes völlig unbedeutend ist. Die Heilige Schrift gibt nicht direkt Auskunft darüber, in welchem Zustand die Erde erschaffen wurde. Doch folgende Verse in Hiob 38, 4-7 mögen uns diese Frage vielleicht beantworten, als Gott zu Hiob sprach: *»Wo warst du, als ich die Erde gründete? Teile es mit, wenn du Einsicht kennst. Wer hat ihre Maße bestimmt, wenn du es kennst? Oder wer hat über ihr die Messschnur ausgespannt? Worauf sind ihre Sockel eingesenkt? Oder wer hat ihren Eckstein gelegt, als die Morgensterne miteinander jubelten und alle Söhne Gottes jauchzten?«* Mit den Morgensternen und den Söhnen Gottes sind die Engel gemeint. Die Engel werden in der Heiligen Schrift manchmal als Sterne bezeichnet, auch als die Engel um Satan abfielen, spricht die Heilige Schrift von gefallenen Sternen. Nun, hätten die Engel denn gejubelt und gejauchzt, wenn sie nichts als Wüstheit und Leere angeschaut hätten?

Obwohl Gott »im Anfang« die Himmel und die Erde schuf, wird nur der Zustand der Erde als »wüst und leer« geschildert nicht aber der Himmel (das Weltall). Die Finsternis, die geschildert wird, war über der Wassertiefe, und auch diese Finsternis bezieht sich deshalb auf die Erde. Daraus kann man schließen, dass das Chaos aus Vers 2 nur auf der Erde herrschte und dass dieser Zustand erst später dorthin kam. Im Alten Testamtent finden wir den Ausdruck »Wüstheit und Leere« auch noch in Jesaja 34,11 und in Jeremia 4,23. Dieser Ausdruck deutet in beiden Stellen auf einen Zustand von Verfall als Folge des Gerichtes Gottes, hin. In Jesaja 34,11 lesen wir: *»Wüstenkauz und Igel nehmen es in Besitz, Eule und Rabe wohnen darin. Und er spannt darüber die Messschnur der Öde und das Senkblei der Leere«.* Mit diesen Worten wird das Gericht über Edom gesprochen wegen ihrer Sünden, und wie die Öde und Leere sein wird, dies beschreiben die Verse 14-16: *»Da treffen Wüstentiere mit wilden Hunden zusammen, und Bocksdämonen begegnen einander. Ja, dort rastet die Lilit (ein Nachtdämon) und findet einen Ruheplatz für sich. Dort nistet die Pfeilschlange und legt ihre Eier und brütet und spaltet sie. Ja, dort versammeln sich die Geier, einer zum andern.«* Nachdem das Gericht über Edom ergangen ist, ist Edom ein Ort der Öde und Leere und wird nur noch von Wüstentieren, Schlangen, Geiern und vor allem von Dämonen bewohnt. Und was sind Dämonen denn anderes als gefallene Engel, die mit Satan zusammen seinerzeit, zwischen der Erschaffung der Himmel und der Erde in Vers 1 und dem Zustand der Wüstheit und Leere in Vers 2, aus *dem* Himmel verstoßen wurden?

Die andere Stelle im Alten Testament ist Jeremia 4,23. Auch diese Zerstörung des Landes Israel durch das Gericht Gottes hat eine Parallele zu 1. Mose 1,2. Der Grund für die Zerstörung ist, wie Jeremia 5 sagt, dass das Volk Israel Gott verlassen und in seinem Land fremden Göttern gedient hat, weil Gottes auserwähltes Volk ihm untreu geworden ist. Wurde Satan nicht auch wegen Treulosigkeit aus *dem* Himmel vertrieben? Und wohin wurde er vertrieben? Nicht irgendwohin, sondern der Ort ist bestimmt. Er wurde auf die Erde vertrieben. Heißt er denn nicht auch »Herr der Welt« oder »Beherrscher der Erde« und auch »König der Finsternis«? Im Weiteren wird im Vers 2 sodann von »Finsternis« gesprochen, und auch dies ist ein Begriff, der stets mit Bösem und Gericht in Verbindung steht. Als Beispiel sei hier Jesaja 9,1-5 angeführt. Die Stelle beschreibt die Errettung des Volkes aus der Dunkelheit, aus der Finsternis. Das Volk wurde wegen seiner Verfehlungen, wegen seiner Treulosigkeiten gegenüber seinem Gott in Finsternis und Dunkelheit gestürzt. Doch es ist nicht das Ende. Trotz aller schweren Verfehlungen und Sünden liebt Gott sein Volk und sendet ihm *sein* Licht. Auch hier ist die Finsternis nicht das Ende der Welt, sondern nur ein vorübergehender Zustand, der durch die Verfehlung und große Sünde von Satan in diesen Zustand geraten ist.

Die Aktivität des Geistes, der in diesen Versen über den Wassern schwebt, wird in der Schrift sehr häufig mit einem Zustand des Verfalls und

Verderbens in Verbindung gebracht. Dieser Zustand des Verderbens erneuert sich nicht von alleine, sondern das wiederherstellende Werk kann nur vom Geist gewirkt werden. Diese Wirkung des Geistes sehen wir auch bei der Wiedergeburt, denn wir leben von Natur aus in einem Zustand der »Wüstheit und Leere«, in einem Zustand der Gottesferne, bis der Geist Gottes zu wirken beginnt: »*Der Wind weht, wo er will, und du hörst sein Sausen, aber du weißt nicht, woher er kommt und wohin er geht; so ist jeder, der aus dem Geist geboren ist*« (Joh 3,8). Sowohl im Hebräischen als auch im Griechischen gibt es ein Wort, das sowohl »Wind« als auch »Geist« bedeutet. Ein letzter Hinweis ist die Bedeutung des Wortes »schweben« im Alten Testament. Die Grundbedeutung des Wortes ist »hin- und herbewegen«, daher »schlottern« in Jeremia 23,9 und »schweben« in 5. Mose 32 und 1. Mose 1. In allen drei Fällen ist es eine Aktivität voller Bewegung als Folge von Gericht, aber auch als Schutz vor dem Verderben. Die Wirkung des Geistes Gottes hat dabei zwei Ziele: einerseits tritt der Geist beschützend weiterem Verderben entgegen und anderseits verrichtet er sein Werk der Erneuerung. Der Geist Gottes schwebt dabei wie ein Vogel, der seine Flügel beschützend über seine Jungen ausbreitet, über den Wassern.

3.2.5 Der Fall Satans

»Der Zustand von 1. Mose 1,2 wurde durch den Fall Satans verursacht«. Um diese Behauptung überhaupt aufstellen zu können, muss erst klar sein, dass der Satan *vor* Vers 2 geschaffen wurde. Gemäß den Aussagen der Heiligen Schrift war der Satan ursprünglich ein »schirmender Cherub«, und gehörte als solcher zu den Engeln, die wie wir Menschen auch, Geschöpfe Gottes sind. Der Prophet Hesekiel spricht über Satan in seiner Drohrede über den Fürsten von Tyrus: »*Du warst das vollendete Siegel, voller Weisheit und vollkommen an Schönheit, du warst in Eden, dem Garten Gottes; aus Edelsteinen jeder Art war deine Decke: Karneol, Topas und Jaspis, Türkis, Onyx und Jade, Saphir, Rubin und Smaragd; und Arbeit in Gold waren deine Ohrringe und deine Perlen an dir; am Tag, als du geschaffen wurdest, wurden sie bereitet. Du warst ein mit ausgebreiteten Flügeln schirmender Cherub, und **ich** hatte dich dazu gemacht; du warst auf Gottes heiligem Berg, mitten unter feurigen Steinen gingst du einher*« (Hes 28,12-14, Hervorh. v. Autor). Wir können diesen Versen entnehmen, dass Satan das vollkommenste Geschöpf unter den Engeln war, das Gott erschaffen hatte. Er war voller Weisheit und vollkommen an Schönheit. Und diese Schönheit wurde ihm zum Verhängnis, er konnte nicht damit umgehen, er wollte zu hoch hinaus. Erinnern wir uns daran, was die Schlange der Frau Eva einflüsterte: »Ihr werdet sein wie Gott«. Er war das vollendetste Geschöpf. Aber das war ihm zu wenig, er wollte sein wie Gott; das Geschöpf wollte Schöpfer werden. Was ihm zum Verhängnis wurde, lesen wir weiter in Hesekiel: *»Vollkommen warst du in deinen Wegen von dem Tag an, als du geschaffen wurdest, bis sich Unrecht in dir fand. Durch die Menge deines Handelns fülltest du dein Inneres mit Gewalttat und sündigtest. Und ich verstieß dich vom Berg Gottes und trieb dich ins Verderben, du schirmender Cherub, aus der Mitte der feurigen Steine. Dein Herz wollte hoch hinaus wegen deiner Schönheit, du hast deine Weisheit zunichte gemacht um deines Glanzes willen«* (Hes 28,15-17). Sein Inneres füllte sich mit Gewalttat, er war so gesehen der erste Gewalttäter in der Schöpfung Gottes. Seine Schönheit wurde ihm zum Verhängnis, sein eitles, narzistisches Herz kannte seine Grenze nicht mehr. Er war nur noch auf seine Schönheit fixiert – dadurch machte er seine Weisheit zunichte, er war nur noch auf Äußerlichkeit und Glanz bedacht – daneben hat Weisheit wahrlich nichts verloren. Erinnert uns das nicht auch sehr an unsere heutige Welt, an unsere heutige äußerliche, glänzende Welt, wie wir sie uns immer wieder vormachen? Nicht nur Menschen erliegen dieser Illusion, sondern auch Engel, Gottes vollkommenste Geschöpfe.

In den weiteren Versen erfahren wir noch einiges über Satans Fall: *»Ich habe dich zu Boden geworfen, habe dich vor Königen dahingegeben, damit sie ihre Lust an dir sehen. Durch die Menge deiner Sünden, in der Unredlichkeit deines Handelns, hast du deine Heiligtümer entweiht. Darum habe ich aus deiner Mitte ein Feuer ausgehen lassen, das hat dich verzehrt, und ich habe dich zu Asche auf der Erde gemacht vor den Augen aller, die dich sehen. Alle, die dich kennen unter den Völkern, entsetzen sich über dich; ein Schrecken bist du geworden und bist dahin auf ewig!«* (Hes 28,17-19). Der Fall Satans ist in Hesekiel 28 eigentlich eine Weissagung gegen den König von Tyrus. Viele Ausleger sehen hinter dem König von Tyrus Satan als der böse Geist, der diesen König »beseelte«. Bei der Beschreibung des Unterganges von Tyrus, geht der Prophet denn über diesen König hinaus und weist weit in die Vergangenheit zurück auf den Fall Satans. Aus dieser Prophezeiung erfahren wir, dass der Satan nach seinem Hochmut auf die Erde hinabgestürzt wurde. Er wurde nicht irgendwohin verstoßen, sondern ausgerechnet auf die Erde. Das ist ein klarer Hinweis darauf, dass der Satan in einer besonderen Verbindung mit der Erde stand. Durch seine Verstoßung aus den himmlischen Örtern, riss er den Zustand der Erde mit in seine Verdorbenheit. Auch Adam, der zweite Herrscher über die Erde, dem die ganze Erde ursprünglich unterworfen war, kam durch Hochmut zu Fall. Und auch bei seinem Fall wurde die gesamte Schöpfung mit in das Verderben gerissen. Dadurch geriet er in die Herrschaft von Satan, der seinerseits die Vorherrschaft über die Erde erhielt oder sogar zurückgewann. Denn Satan war *vor* Adam auf der Erde. Durch die Erschaffung des Menschen wurde die Herrschaft über die Erde aber dem Menschen übertragen. Auch der Fall Adams brachte einen Zustand des Verfalls und Verderbens für die Erde mit sich, und auch Adam wurde in gewissem Sinne auf die Erde »geworfen«, d.h. aus dem Garten Eden vertrieben auf einen verfluchten Erdboden, um ihn zu bebauen.

Abbildung 3.2: Nach seinem Hochmut wurde der Satan, der ehemalige »Lichtträ- ger«, ein mit ausgebreiteten Flügeln schirmender Cherub, vollkommen an Schön- heit, aus den himmlischen Örtern auf die Erde hinabgestürzt und mit ihm ein Drittel aller Engel, die sich seinem Aufstand angeschlossen hatten.

Daraus können wir schließen, dass Satan und Adam gewisse Parallelen aufweisen. Wie wir gesehen haben, lehrt uns die Schrift, dass die Erde nicht wüst und leer geschaffen wurde, sondern wüst und leer geworden ist. Wenn die Schrift das tatsächlich lehrt, müssen wir in der Schrift auch den Schlüssel für diesen Verfall der damaligen Erde finden.

Wir finden in der Heiligen Schrift tatsächlich nur zwei Ursachen für das Böse und das Verderben: die erste Ursache ist der Fall Satans, mit dem die Erde wüst und leer wurde, die zweite Ursache ist der Fall des Menschen, mit dem die Menschheit die Gemeinschaft mit Gott verlor. Vor ihrem Fall waren beide Herrscher über die Erde, beide fielen durch den Hochmut in Sünde, und die Folgen für die Erde waren bei beiden etwa vergleichbar. Da der Mensch zu diesem Zeitpunkt noch nicht erschaffen war, kann der Zustand in Vers 2 in 1. Mose 1 nicht durch den Fall des Menschen verursacht worden sein; deshalb kann dieser Zustand nur noch durch den Fall Satans verursacht worden sein. Sehr wichtig ist auch, dass der Zustand der Erde in 1. Mose 1,2 uns stark an den gefallenen Satan erinnert. Das Wort »Wüstheit« hat aber noch eine zweite, damit verwandte Bedeutung, nämlich »Eitelkeit« oder »Nichtigkeit« im Sinne der nichtigen, eitlen Götzen, die, wie wir wissen nichts anderes sind als die »Engel« Satans. Auch die Finsternis ist von Bedeutung. Satan war ursprünglich ein Lichtträger (»Luzifer«), ein Morgenstern, ein Sohn der Morgenröte, bedeckt mit kostbarem Edelgestein und wandelnd inmitten feuriger Steine, ein Engel des Lichts. »Aber nach seinem Fall ist er der Weltbeherrscher der Finsternis geworden, die geistliche Macht der Bosheit in den himmlischen Örtern. Sein war die Gewalt der Finsternis, und alle, die in seiner Macht sind, befinden sich in der Finsternis. Es liegt also auf der Hand, dass, wenn der Fall Satans die Ursache für den Verfall der damaligen Erde ist, dies auch bedeutet, dass sein Fall die Erde in tiefe Finsternis versetzte.« [3]

3.2.6 Die Entstehung der Erdschichten

Es gibt Menschen, die glauben, alle naturwissenschaftlichen Probleme im Zusammenhang mit den Erdschichten und den darin enthaltenen Fossilien lösen zu können, wenn sie die Entstehung dieser in die Zeitspanne zwischen 1. Mose 1,1 und 1,2 legen. Diese Auffassung wird dann folgendermaßen erklärt: Die Erde wurde im Anfang vollkommen und herrlich geschaffen, dann kam aus nicht bekannten Gründen ein Gericht Gottes über die Welt, mit dem alle lebenden Organismen umkamen und die Erdschichten entstanden. Aufgrund dieser Gerichte entstand schließlich der chaotische Zustand, wie er in 1. Mose 1,2 beschrieben wird. Eine solche Sicht ist aber nicht in Harmonie mit der Geologie, da diese lehrt, dass die Erde mit einem Chaos (Ur-Chaos) begann und allmählich einen immer höheren Ordnungsstand erreichte. Diese Interpretation ist für den modernen Geologen völlig unannehmbar, weil er eine weltweite Katastrophe ohnehin ablehnt. Außerdem werden damit die Auswirkungen der Sintflut weit in die Vergangenheit zurück verlegt und nicht mehr dem Sintflutereignis zugeordnet. Außerdem sind die meisten Fossilien Überreste von Pflanzen und Tieren, die mit den heute lebenden übereinstimmen oder zumindest mit ihnen nahe verwandt sind. Zwar sind viele Formen bereits ausgestorben, aber wir werden noch sehen, dass das noch nicht so lange zurückliegt. »Die Erdschichten enthalten aber auch viele Spuren von Menschen. In den Erdschichten des so genannten Quartärs wurden ziemlich viele fossile Knochen von Menschen gefunden, darunter auch viele degenerative (zurückentwickelte) Formen wie der Neandertaler und der Pithekanthropus, aber die ältesten menschlichen Schädel aus dem Tertiär sind den unseren ganz gleich. Dies ist bewiesen durch Funde in Calaveras (Kalifornien), Castenedolo und Olmo (Italien); im Jahre 1842 wurde sogar ein »moderner« Schädel in einer Braunkohlenschicht gefunden. Solche Funde lassen nicht nur die angenommene Evolution der Menschheit zusammenbrechen (sie werden daher durch die Geologen einfach wegdiskutiert oder geleugnet), sondern sie beweisen auch, dass die Erdschichten *nach* der Erschaffung des Menschen entstanden sind. Und das gilt nicht nur für die oberen Erdschichten, sondern auch für tiefer gelegene. Man hat nämlich menschliche Fußabdrücke gefunden in der Kreide und im Karbon, selbst im Kambrium und sogar im Präkambrium sollen menschliche Fußabdrücke gefunden worden sein« (z.B. Woodstock, weitere Beispiele sind zu finden in »Irrtümer der Erdgeschichte« von Hans-Joachim Zillmer). [4]

Die Erdschichten sind Zeugen von Tod und Verderben. Die Schrift gibt uns aber kein Recht anzunehmen, der Tod habe schon *vor* dem Sündenfall existiert. Die Schrift lehrt uns, dass der Tod durch den Sündenfall in die Welt gekommen sei; es steht nicht da, dass durch die Sünde des Menschen der Tod nur in der Menschenwelt seinen Einzug gehalten habe, sondern im ganzen Kosmos. Somit hatte die Sünde Adams nicht nur auf das menschliche Geschlecht Einfluss, sondern auf die ganze Schöpfung. Die Sünde an sich war zwar bereits vor dem Sündenfall Adams in der Welt, diese kam durch den Fall Satans in die Welt; aber wir lesen nirgends, seine Sünde habe den Tod im Gefolge gehabt. Da die Erde von Gott in sechs Tagen vollkommen wiederhergestellt wurde, konnte auf der damaligen Erde nicht bereits Tod und Verderben geherrscht haben. Wenn das so gewesen wäre, wäre es unverständlich, wenn Gott nach jedem Tag sagen konnte, dass das, was er gemacht hatte, gut war. Zum Abschluss seiner Schöpfung überblickte er die ganze Schöpfung und sah alles, was er gemacht hatte, und siehe, es war *sehr gut* (1Mo 1,31).

Die Theorie von dem Entstehen der Erdschichten vor 1. Mose 1,2 war seinerzeit ein krampfhafter Versuch, die Behauptungen der damaligen Geologie in die Heilige Schrift hinein zu interpretieren (wie heute übrigens die theistische Evolutionslehre). Wir müssen uns bewusst sein, dass ein leichtfertiges Annehmen solcher Lehren das Wort Gottes antastet, denn alle diese Lehren stehen in direktem Widerspruch zum Wort Gottes. Denn von der Akzeptanz von Lyell's Aktualitätsprinzip bis zu der darauf gegründeten Evolutionslehre von Darwin, ist es nur noch ein kleiner Schritt; damit entfernen wir uns aber mit einem großen Schritt vom Wort Gottes. Das Aktualitätsprinzip besagt, dass früher dieselben Naturgesetze geherrscht haben wie heute. Damit wird zum Ausdruck gebracht, dass die Erdschichten durch Prozesse entstanden seien, die wir heute wahrnehmen, und nicht durch Katastrophen, wie sie heute nicht mehr stattfinden. Wie wir noch sehen werden, können durch die Prozesse, die wir heute noch wahrnehmen, keine fossilhaltigen Erdschichten entstehen. Auch ist die moderne Geologie zur Kenntnis gelangt, dass in der Vergangenheit tatsächlich große Katastrophen stattgefunden haben *müssen* (Neo-Katastrophismus). Der Aktualismus wird bereits in 2. Petrus 3,3 vorhergesagt: In den letzten Tagen würden Spötter kommen, die spotten würden: »*Wo ist die Verheißung seiner Ankunft? Denn seitdem die Väter entschlafen sind, bleibt alles so von Anfang der Schöpfung an*«. Diesen Spöttern bleibt nach ihrem eigenen Willen verborgen, dass in der Vergangenheit tatsächlich eine globale Katastrophe stattgefunden hat, nämlich die Sintflut, durch welche die damalige Welt zerstört wurde und durch die der größte Teil der Erdschichten entstanden ist.

3.3 Die Schöpfung

3.3.1 Was für Tage?

Nach menschlichem Ermessen ist es unmöglich, alles, was ist, in nur sieben irdischen Tagen zu erschaffen. Nur müssen wir bedenken, dass nicht ein Mensch der Schöpfer war, sondern der allmächtige Gott. Viele moderne Theologen gehen heute den »theistisch evolutionistischen« Weg, indem sie die sieben Tage auf sieben geologische Zeitperioden ausdehnen, die je nach »geologischer Zeittafel«, Millionen und Milliarden von Jahren gedauert haben sollen. Wenn man sich vorstellt, dass der Schöpfergott außerhalb von Zeit und Raum ist, dann würde dies im Grunde genommen überhaupt keine Rolle spielen, wie lange diese Tage nun wirklich gedauert haben, da Gott bekanntlich über der Zeit steht. So gesehen, wäre dieses Thema abgeschlossen, wäre da nicht der Umstand, dass die modernen Theologen so weit gehen und dem einen Schöpfergott unterstellen, dass er durch Evolution geschaffen haben soll. Erst aus dieser Perspektive erhält die Dauer der sieben Tage eine essenzielle Bedeutung. Die Bibel spricht eindeutig von sieben Tagen innerhalb von einer Woche. Die Woche wird an manchen Stellen zwar auch als so genannte Jahrwoche verstanden, so z.b. bei den 70 Wochen bei Daniel, welche mit 70 Jahrwochen gedeutet werden und deshalb 490 Jahre bedeuten. So gesehen könnte man die sieben Tage auch als sieben Jahre interpretieren. Eine weitere Stelle der Bibel ist 2. Petrus 3,8 und Psalm 90,4 »*Ein Tag ist bei dem Herrn wie tausend Jahre*«. Aus dieser Sicht könnte man die sieben Tage zwar als 7000 Jahre interpretieren, dieser Vers sagt aber nur aus, dass für Gott die Zeit nicht bedeutend ist, da er außerhalb von Raum und Zeit existiert.

Wenn Gott wirklich der allmächtige, ewige Gott ist, als der er sich durch sein Wort in der Heiligen Schrift zu erkennen gibt, können wir mit ruhigem Gewissen davon ausgehen, dass die sieben Tage mit ganz gewöhnlichen sieben irdischen Tage gleichgesetzt werden können. Eine Ausdehnung dieser sieben Tage auf sieben Jahre oder sogar auf eine Zeitspanne von 7000 Jahren kann zwar nicht völlig ausgeschlossen werden, man muss sich dann aber vor Augen halten, wer Gott denn wirklich ist. Gott lässt sich mit dem menschlichen Geist nicht erfassen, ja nicht einmal erahnen. Wenn wir versuchen, uns ein Bild von ihm zu machen, stehen wir unweigerlich vor dem Dilemma, dass unser Denken »nur« ein menschliches Denken ist, dass nur innerhalb von Zeit und Raum funktioniert. Deshalb wird es uns niemals möglich sein, Gott auch nur im Ansatz mit unseren Gedanken erfassen zu können. Gott ist deshalb schlichtweg »unfassbar«. Weil wir aus menschlicher Sicht nicht begreifen können, dass Gott die Schöpfung in nur sieben irdischen Tagen geschaffen hat, suchen wir nach anderen »menschlichen« Erklärungen. Das ist denn auch der Grund, weshalb sich Heerscharen von Wissenschaftlern und Theologen an die Theorie der Evolutionslehre klammern; nicht weil sie unbedingt daran glauben, nein, vielmehr weil sie Gott als Schöpfer ausschließen. Das ist der einzige Grund. Bei der Frage nach den sieben Tagen steht deshalb nicht das Erfassen der effektiven Dauer im Vordergrund, sondern es geht um die Existenz Gottes. Für Gläubige, die Gott als allmächtig anerkennen, stellt sich diese Frage überhaupt nicht, da sie völlig nebensächlich ist. Das »In-Frage-Stellen« dieser sieben Tage als irdische Tage ist letztlich nichts anderes als das »In-Frage-Stellen« der Existenz Gottes. Stellt man Gott als Schöpfer in Frage, reduziert man Gott auf eine Abstraktion, auf ein geistiges »Fluidum« das überall in der Natur vorkommt. Dann muss man konsequenterweise aber die gesamte Schöpfung in Frage stellen und sich ganz der Evolutionslehre zuwenden, denn das ist nach wie vor die einzige »rationale« Alternative zur Schöpfung aus dem Nichts!

3.3.2 Die Schöpfungs-Ebenen

In den ersten vier Schöpfungstagen wurde die stoffliche Welt zubereitet. In Vers 1 haben wir gesehen, dass Gott im Anfang Himmel und Erde geschaffen hat. Bis zum fünften Tag wird nichts Neues »erschaffen«, denn die im Vers 2 beschriebene Erde wird von Gott bearbeitet und geordnet. Auch das Entstehen der Pflanzen wird nicht als besondere Schöpfung betrachtet. In Gottes Schöpfungsordnung sind die Pflanzen keine lebendigen Seelen, weil sie aus der Erde sprießen und deshalb mit dem Erdboden verbunden sind. Bevor die Tiere und der Mensch erschaffen werden konnten, musste die Erde als geeigneter Lebensraum hergerichtet werden, damit die Lebewesen darauf überhaupt existieren konnten. »Nachdem im Vers 1 vom ganzen Weltraum gesprochen wurde, beschränkt der Vers 2 unser Blickfeld auf die Erde und am dritten Tag noch weiter auf das Trockene. Am sechsten Tag wird unsere Aufmerksamkeit auf die Menschheit gerichtet, die das Trockene bewohnt, noch später in der Bibel auf *ein* Volk aus dieser Menschheit, nämlich Israel, um schließlich alle Scheinwerfer auf die eine Person aus Israel zu richten, auf die das ganze Alte Testament hinweist: Jesus Christus.« [5] Die ganze Geschichte der Menschheit ist somit in diesen ersten Versen der Heiligen Schrift implizit bereits enthalten, der Plan Gottes ist geboren und bereits verwirklicht.

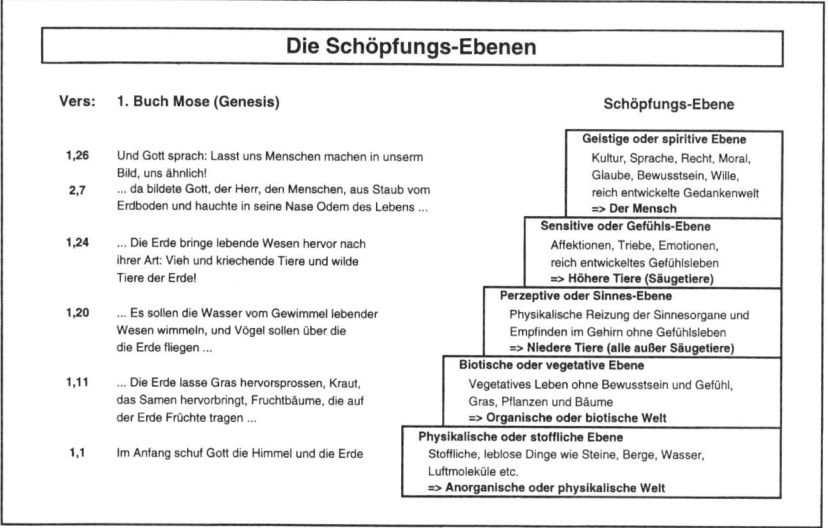

Abbildung 3.3: Auf dieser Grafik sind die fünf Schöpfungs-Ebenen abgebildet. Die Schöpfung beginnt auf der untersten Ebene, der physikalischen oder stofflichen Ebene, und steigt auf bis zum Menschen, der als Krönung der Schöpfung als einziges Wesen über die geistige oder spirituelle Ebene verfügt.

Als Einleitung zu den einzelnen Schöpfungstagen befassen wir uns noch mit der Art und Weise der Schöpfung. Die Schöpfung kann man sich gedanklich auch als Baukastensystem vorstellen, wie dies in der Übersicht auf Seite 153 dargestellt ist.

Im Anfang schuf Gott die Himmel und die Erde, und damit war die *physikalische oder stoffliche/anorganische Ebene* geschaffen. Dabei handelt es sich um alle stofflichen, leblosen Dinge wie Steine, Berge, Erde, Luftmoleküle etc. Dies ist sozusagen der Grundstein unserer Welt. Die Erde war noch vollständig mit Wasser bedeckt, denn das Land wurde erst am dritten Tag vom Wasser getrennt, und das Trockene wurde Erde genannt. Und erst auf dieser Erde, auf dem Erdboden, entstand die zweite Ebene der Schöpfung, die *biotische oder vegetative Ebene*. Diese besteht aus der organischen oder biotischen Welt der Pflanzen und Bäume, also das vegetative Leben ohne Gefühl und Bewusstsein. Am fünften Tag entstand die *perzeptive oder Sinnes-Ebene* mit der Erschaffung der »niederen« Tiere, welche zwar über eine physikalische Reizung der Sinnesorgane und Empfinden im Gehirn verfügen, aber nicht über ein entwickeltes Gefühlsleben. Die *sensitive oder Gefühls-Ebene* wurde am sechsten Tag durch die Erschaffung der »höheren« Tiere, der Säugetiere erschaffen. Damit sind Affektionen, Triebe, Emotionen und ein reich entwickeltes Gefühlsleben verbunden. Zu guter Letzt wurde die höchste aller Ebenen erreicht, die *geistige oder spiritive Ebene,* welche ausschließlich beim Menschen vorhanden ist. Mit der geistigen Ebene ist Kultur, Sprache, Recht, Moral, Glaube, Bewusstsein, Kreativität, Wille, rationale und emotionale Intelligenz sowie eine reich entwickelte Gedankenwelt verbunden. Die geistige Ebene wurde im Gegensatz zu den unteren Ebenen nicht erschaffen, sondern diese Ebene wurde uns durch Gott gegeben. Das gehört denn auch zu dem »göttlichen Funken«, welcher im Menschen vorhanden ist. Damit kann auch der Umstand sehr gut erklärt werden, dass wir auf den unteren Ebenen mit den Tieren »verwandt« sind. So bestehen wir zu einem großen Teil aus dem gleichen Bauplan wie die Tiere, und doch sind wir niemals »weiterentwickelte« Tiere, sondern wir sind ein Teil dieser Schöpfung, ausgestattet mit dem »Hauch« Gottes, dem Geist, den nur der Mensch besitzt und durch den er eine »lebende Seele« (1Mo 2,7) wurde.

3.3.3   Der erste Tag

»Und Gott sprach: Es werde Licht! Und es wurde Licht. Und Gott sah das Licht, dass es gut war; und Gott schied das Licht von der Finsternis. Und Gott nannte das Licht Tag, und die Finsternis nannte er Nacht. Und es wurde Abend, und es wurde Morgen: ein Tag« (1Mo 1,3-5). An diesen Versen

fällt sofort auf, dass Gott nicht zu irgendwem spricht, sondern es sind Worte, die seinen freien Schöpferwillen zum Ausdruck bringen. Durch dieses Sprechen demonstriert uns Gott seine souveräne Schöpfermacht und -kraft, denn er ruft das Nichtseiende und es ist augenblicklich da (Röm 4,17). Wir lesen hier von keiner Arbeit Gottes und auch nicht »Gott machte« und schon gar nicht »Gott schuf«. Er befiehlt einfach das Dasein des Lichts, und es ist sofort da. Gott erschafft hier nicht das Licht, sondern er ruft Licht und es kommt Licht. Gott ist Licht und keine Finsternis ist in ihm. Das Licht war ewig, denn Gott ist Licht. Die Finsternis ist nicht ewig gewesen, daher der Unterschied in Jesaja 45,5.7: »*Ich bin der HERR..., der das Licht bildet und die Finsternis schafft*«. Gott ist Geist und nicht stofflich. Wie wir bereits gesehen haben, kann man sich die Schöpfung als eine Zusammenballung von Energie zu Materie vorstellen. Gottes Wort bündelte die Energie zu Materie und es entstand daraus etwas ganz Neues: eine Schöpfung. In 1. Mose 1 wird die materielle Welt geschaffen, aber im Gegensatz dazu ist das Licht pure Energie. Da die Sonne zu diesem Zeitpunkt noch nicht erschaffen war, kann es sich bei diesem Licht nicht um das Sonnenlicht gehandelt haben. Deshalb muss dieses Licht direkt aus Gott, der Quelle allen Lichts und Lebens, hervorgegangen sein. Kein Mensch würde auf den kühnen Gedanken kommen, von Licht zu sprechen, ehe ein Lichtträger da war; somit würde ein Mensch die Beschreibung der Schöpfung selbstverständlich mit der Erschaffung der Sonne beginnen. Aber Gott tut das nicht; die Sonne ist keine Gottheit, sondern nichts anderes als ein Werk Gottes, das bei ihm erst an vierter Stelle kommt. Er hat keine Quelle nötig, um das Licht scheinen zu lassen, denn er ist selbst das Licht und es ist genau dieses Licht, von dem auch später im Zusammenhang mit Jesus Christus wieder die Rede ist: »*In ihm war Leben, und das Leben war das Licht der Menschen. Und das Licht scheint in der Finsternis, und die Finsternis hat es nicht erfasst*« (Joh 1,4.5). »Als Gott das Licht rief, war seine Absicht nicht, es beständig auf der Erde zu lassen, sondern es mit der Nacht abwechseln zu lassen, in einem Rhythmus, der für den menschlichen Körper wirklich ideal ist. Es ist auch bemerkenswert, dass dieser Tag-Nacht-Rhythmus nicht in erster Linie von der Sonne abhängig ist, denn die kam als solche erst am vierten Tag. Die Erde selbst ist durch ihre Drehung die erste Ursache des Tag-Nacht-Rhythmus. Wenn man bereits früher bemerkt hätte, dass es Tage und Nächte gab, ehe die Sonne als solche da war, dann hätte man Kopernikus und Galilei nicht so leicht beschuldigt, das Wort Gottes anzutasten.« [6]

3.3.4   Der zweite Tag

»Und Gott sprach: Es werde eine Ausdehnung mitten in den Wassern, und es sei eine Scheidung zwischen den Wassern und den Wassern! Und Gott machte eine Ausdehnung und schied die Wasser, die unterhalb der Ausdehnung von den Wassern, die oberhalb der Ausdehnung waren. Und es geschah so. Und Gott nannte die Ausdehnung Himmel. Und es wurde Abend, und es wurde Morgen: ein zweiter Tag« (1Mo 1,6-8). Der zweite Tag ist gekennzeichnet durch das Wasser, welches bis dahin die Erde bedeckte. Am zweiten Tag trennt Gott die Wasser auf der Erde, indem ein Teil davon über die Erde emporgehoben wird. Die Wasser, die oberhalb der Erde sind, werden durch die von Gott geschaffene Ausdehnung (Atmosphäre) getragen. Das Wort Ausdehnung ist von einem Verb abgeleitet, das »stampfen« bedeutet oder »ausbreiten«. »Die Festigkeit der Ausdehnung hat aber nichts zu tun mit irgendwelchem Aberglauben an einen Himmel, der sich wie eine metallene Kuppel über der Erde wölbt. Dieses alte Weltbild ist leider dadurch in die Schrift hineingetragen worden, dass die Septuaginta das Wort ›raqia‹ mit ›stereoma‹ ins Griechische übersetzt und Hieronymus in der lateinischen Vulgata ›firmamentum‹ sagt. Luther schlussendlich übernahm dieses Wort als ›Feste‹ ins Deutsche. Der wirkliche Sinn des hebräischen Wortes ist aber eine ›dünne Ausgedehntheit‹: der Raum, in dem die Vögel fliegen und in dem – vom Menschen aus gesehen – die Himmelslichter scheinen.« [7] Die Wasser »oberhalb« der Ausdehnung sind nicht einfach Wolken, weil 1. Mose 2,5 deutlich sagt, dass es im Anfang der Geschichte auf der Erde nicht regnete, also gab es den Wasserkreislauf, wie wir ihn heute kennen, noch nicht. Wir können nicht mit absoluter Sicherheit sagen, um was für Wasser es sich damals gehandelt hat, aber wir wissen, das dieses Wasser heute nicht mehr vorhanden ist. Deshalb kann angenommen werden, dass es sich dabei um ein großes Wasserdampf-Reservoir gehandelt haben muss. Wenn das tatsächlich so gewesen ist, dann waren es auch diese Wassermassen, die später bei der Sintflut auf die Erde niedergingen. Wie wir später noch sehen werden, muss dieses Wasserdampfgewölbe die Wirkung eines Treibhauses gehabt haben. Dadurch muss in der vorsintflutlichen Zeit auf der ganzen Erde ein gleichmäßiges und mildes Klima geherrscht haben. Am zweiten Tag entsteht also nichts wesentlich Neues, sodass wir hier nicht lesen: *»Und Gott sah, dass es gut war«*.

3.3.5 Der dritte Tag

»Und Gott sprach: Es sollen sich die Wasser unterhalb des Himmels an einen Ort sammeln, und es werde das Trockene sichtbar! Und es geschah so. Und Gott nannte das Trockene Erde und die Ansammlung der Wasser nannte er Meere. Und Gott sah, dass es gut war. Und Gott sprach: Die Erde lasse Gras hervorsprossen, Kraut, das Samen hervorbringt, Fruchtbäume, die auf der Erde Früchte tragen nach ihrer Art, in denen ihr Same ist! Und es geschah so. Und die Erde brachte Gras hervor, Kraut, das Samen hervorbringt nach seiner Art, und Bäume, die Früchte tragen, in denen ihr Same ist nach ihrer Art. Und Gott sah, dass es gut war. Und es wurde Abend, und es wurde Morgen: ein dritter Tag« (1Mo 1,9-13). Am dritten Tag setzt Gott sein Werk mit den Wassern fort, und auch am dritten Tag tut er dies wie an den vorangegangenen Tagen wieder mit einer Scheidung, indem er die Wasser von dem Trockenen trennt. Gott spricht aufs Neue, aber jetzt ist es ein einzigartiger Befehl, denn nur hier wird das Passiv gebraucht: *»Die Wasser unterhalb des Himmels* **werden** *an einen Ort gesammelt, und es* **werde** *sichtbar das Trockene«.* Es scheint so, als richtete Gott einen Befehl an bestimmte Kräfte, die Wasser an einen Ort hin in Bewegung zu bringen. In diesen Versen wird uns zwar mitgeteilt, dass alle Wasser an einen Ort gesammelt werden, aber dies bedeutet nicht unbedingt, dass alle Wasser in einem Becken zusammenströmen, denn die Mehrzahl »Meere« in Vers 10 deutet darauf hin, dass damit einfach die verschiedenen Meere und Ozeane gemeint sind. Hinzu kommt, dass die vorsintflutliche Erde wahrscheinlich nur aus einem einzigen Kontinent bestand. Deshalb bildeten die Meere damals noch mehr als heute eine Einheit, weil sie tatsächlich alle miteinander verbunden waren. Auch die heutigen Meere und Ozeane sind mehr oder weniger alle miteinander verbunden und sie reichen alle bis an denselben Meeresspiegel. Bedingt durch diese Sammlung der Wasser an einem Ort, muss die Erdkruste in Bewegung geraten sein. Der Meeresboden wurde an einigen Stellen emporgehoben, und dadurch entstand das Land mit ihren Anhöhen (aber noch keine hohen Berge), an anderen Stellen sackte der Meeresboden ab, und das Wasser strömte in die neu entstandenen Ozeanbecken. Durch diese gewaltigen Prozesse in der Erdkruste müssen die ersten Ablagerungsgesteine entstanden sein. Auf dem Land wurde gleichzeitig ein fruchtbarer Boden gebildet, der als Lebensgrundlage für alle Pflanzen und Landtiere dienen soll. Am zweiten und dritten Tag wurden also die drei großen Lebensräume geschaffen, nämlich der Himmel, die Erde und das Meer. Die gesamte Schöpfung ist an diesen beiden Tagen auf den Empfang der Bewohner hin ausgerichtet und letztlich auf den Empfang des Menschen. Da er nicht im Wasser leben kann, musste das Trockene zuerst frei werden; er kann aber auch nicht auf dem kahlen Grund leben, deshalb muss der Erdboden »aussprossen«. *»Die Erde lasse ... hervor-*

sprossen«. In der Schöpfung Gottes werden die Pflanzen als lebende Materie gesehen, sie sind der Urgrund des biologischen Lebens. Die Pflanzen sind im Gegensatz zu den Tieren keine »lebendigen Seelen«, denn sie sprießen aus der Erde und sind mit der Erde verbunden. Die Tiere werden lebendige *Seelen* genannt, weil sie Lebewesen mit Affektionen, Trieben und Emotionen sind, und weil sie ein vom Erdboden losgelöstes Leben führen.

3.3.6 Der vierte Tag

»Und Gott sprach: Es sollen Lichter an der Ausdehnung des Himmels werden, um zu scheiden zwischen Tag und Nacht, und sie sollen dienen als Zeichen und zur Bestimmung von Zeiten und Tagen und Jahren; und sie sollen als Lichter an der Ausdehnung des Himmels dienen, um auf die Erde zu leuchten! Und es geschah so. Und Gott machte die beiden großen Lichter: das größere Licht zur Beherrschung des Tages und das kleinere Licht zur Beherrschung der Nacht und die Sterne. Und Gott setzte sie an die Ausdehnung des Himmels, über die Erde zu leuchten und zu herrschen über den Tag und über die Nacht und zwischen dem Licht und der Finsternis zu scheiden. Und Gott sah, dass es gut war. Und es wurde Abend, und es wurde Morgen: ein vierter Tag« (1Mo 1,14-19). Nach den ersten drei Tagen beginnt mit dem vierten Tag ein weiterer Zyklus von drei Tagen. Dieser ist demjenigen der ersten drei Tage sehr ähnlich, denn beide Zyklen bestehen aus den drei Elementen Licht (am ersten Tag das Licht, am vierten Tag die Lichtträger), Meer und Luft (am zweiten Tag die Scheidung der Wasser und am fünften Tag die Fische und die Vögel) und Erde (am dritten Tag die Erde und am sechsten Tag die Landbewohner). Zuerst mussten die großen Lebensräume bereitet werden: Himmel, Meer und Erde, ehe die Bewohner dieser Lebensräume erschienen. Die Himmelskörper sind in diesem Sinne genauso »Bewohner« des Lebensraumes Universum wie die Tiere Bewohner der Lebensräume Wasser, Ausdehnung (Himmel) und Erde sind. Zwar müssen die Himmelskörper bereits »im Anfang« erschaffen worden sein, denn Vers 16 sagt »Gott machte« und nicht »Gott schuf«, aber sie sind das letzte Teilstück der materiellen Welt, das für den Menschen bereitet wurde. Diese Tatsache zeigt auch auf, wie falsch der Gedanke ist, dass wir den Himmelskörpern eine besondere Verehrung entgegenbringen müssten, wie es so viele Völker seit Urzeiten tun und wie wir »moderne« Menschen es heute zum Beispiel in der Astrologie auch wieder tun. Denn nach dem Zeugnis der Heiligen Schrift wurden die Himmelskörper für nichts anderes geschaffen, als auf die Erde zu scheinen. Nach dem vierten Tag ist die materielle Welt geschaffen und vollendet. Auch die Sonne wurde an diesem vierten Tag geschaffen und von nun an ist sie das Licht, das auf die Erde scheint.

3.3.7 Der fünfte Tag

»Und Gott sprach: Es sollen die Wasser vom Gewimmel lebender Wesen wimmeln, und Vögel sollen über der Erde fliegen unter der Ausdehnung des Himmels! Und Gott schuf die großen Seeungeheuer und alle sich regenden lebenden Wesen, von denen die Wasser wimmeln, nach ihrer Art, und alle geflügelten Vögel nach ihrer Art. Und Gott sah, dass es gut war. Und Gott segnete sie und sprach: Seid fruchtbar und vermehrt euch, und füllt die Wasser in den Meeren, und die Vögel sollen sich vermehren auf der Erde! Und es wurde Abend, und es wurde Morgen: ein fünfter Tag« (1Mo 1,20-23). Der fünfte Tag ist ein ganz besonderer Tag, denn jetzt ist der ganze Schauplatz der Welt bereit, um seine ersten Bewohner zu empfangen. Das Wasser ist da, ein Luftraum wurde geschaffen, die Erde ist dafür zubereitet, Nahrung für ihre Bewohner hervorzubringen, und die Sonne ist da, ein seit seiner Erschaffung fehlerfrei funktionierendes Atomkraftwerk, welches seine Wärme und Helligkeit auf die Erde ausstrahlt und für das biologische Leben unentbehrlich ist. Wir haben gelesen, dass die Erde »Hervorsprossendes hervorsprossen« lassen sollte. Hier finden wir wieder ein ähnliches Wortspiel »dass die Gewässer wimmeln sollen vom Gewimmel«. Im Gegensatz zu den Pflanzen, die zwar lebende Organismen, aber keine »beseelten Wesen« sind, werden die Wassertiere bereits als »lebendige Seelen« (in der Übersetzung oben mit Wesen wiedergegeben) bezeichnet, was eine besondere Schöpfung erfordert. Der Ausdruck »lebendige Seelen« ist ein Sammelwort für die lebendigen Wesen, welche ein selbstständiges und von der Erde losgelöstes Leben führen. Der Begriff »Seele« bedeutet denn auch »Sitz des natürlichen Lebens« und kann als solcher für Tiere und Menschen gebraucht werden. Auch der Mensch hat eine Seele, ein natürliches Leben mit den Lebensbedürfnissen wie Hunger und Durst. Das Blut wird als Sitz der Seele genannt. Das hebräische Wort für Seele »nefesch« bedeutet auch »Hauch« und deshalb heißt es, wenn jemand stirbt, dass er seine Seele aushaucht.

Bei der Erschaffung der Vögel finden wir wieder ein ähnliches Wortspiel, nämlich »das Geflügelte fliege«. Bei diesem Geflügelten müssen wir an alle Tiere denken, die fliegen können, also auch an die Insekten. Einen Hinweis auf die Saurier können wir der Beschreibung der Wassertiere in Vers 21 entnehmen, der mit den »großen Seeungeheuern« beginnt. Dieses Seeungeheuer (tannin) ist hier also ein Riesentier, das sich in Flüssen oder Meeren aufhält. Diese Seeungeheuer sind Erinnerungen an die Riesenreptilien, die der Mensch bis zur Sintflut und auch noch später auf der Erde erlebt hat. In Vers 22 segnet Gott die Tiere, indem er ihnen gebietet, fruchtbar zu sein und sich zu mehren. Sein Segen schließt hier ein, dass er den Tieren

zugleich auch die Kraft und die Fähigkeit schenkt, diesem Befehl zu entsprechen. Im Gegensatz zum Menschen spricht Gott die Tiere aber nicht direkt an, sondern er spricht über sie. Damit zeigt uns Gott auch hier wieder
den großen Unterschied zwischen Mensch und Tier auf. Nur der Mensch
wird von Gott angesprochen, kann ihn verstehen und nach seinen Anwei-
sungen einsichtsvoll handeln. Diesen Unterschied sehen wir auch bei der
Fortpflanzung, denn bei den Tieren geschieht diese nicht bewusst, sondern
nur instinktiv.

3.3.8 Der sechste Tag

»Und Gott sprach: Die Erde bringe lebende Wesen hervor nach ihrer Art:
Vieh und kriechende Tiere und wilde Tiere der Erde nach ihrer Art! Und
es geschah so. Und Gott machte die wilden Tiere der Erde nach ihrer Art
und das Vieh nach seiner Art und alle kriechenden Tiere auf dem Erdboden
nach ihrer Art. Und Gott sah, dass es gut war« (1Mo 1,24f). Am dritten
Tag wurde die Erde von den Wassern getrennt und auf dieser Erde spross-
ten die Pflanzen hervor. Auch am sechsten Tag geht es wieder um die Erde,
denn nun werden die Landbewohner geschaffen, die von der Frucht der Erde, den Pflanzen, leben. Im Gegensatz zu den Pflanzen ließ Gott das Getier
nicht aus der Erde »hervorbringen« sondern in Vers 25 steht »und Gott
machte das Getier der Erde...« (Hervorh. v. Autor). Dies bedeutet, dass
Gott das Getier der Erde wie den Menschen aus dem Erdboden formte. Wie
die Wassertiere werden auch auch die Landtiere »lebendige Seelen« genannt, aber im Gegensatz zu den Wassertieren, werden die Landtiere aktiv
geschaffen. Nach der Erschaffung der Tierwelt stellt Gott fest, dass auch
die Tierwelt gut war. Das bedeutet, dass es damals weder den Tod noch
Krankheiten gab und auch kein »Ungeziefer« und keine Parasiten; auch die
Tierwelt war in den Augen Gottes vollkommen.

Die Erschaffung der Pflanzenwelt am dritten Tag sowie der Tierwelt am
fünften und sechsten Tag geschah immer mit dem Wort »nach seiner Art«.
Dieser Ausdruck bedeutet, dass Gott alle Lebewesen (die Pflanzen, Wassertiere, Vögel und Landtiere) alle in ihrer Artverschiedenheit erschaffen hat.
Gott schuf also nicht irgendein »Ur-Wesen«, aus dem sich alle Lebewesen
entwickelt hätten, sondern Gott schuf eine unbekannte Anzahl von »Arten«
in ihrer artspezifischen Ausprägung. Die Evolutionslehre kann also unmöglich aus 1. Mose 1 abgeleitet werden und steht deshalb in direktem Widerspruch zum Wort Gottes. »Das Wort ›Art‹ (hebr.: *min*) kommt ausschließlich
in der Einzahl vor, die Hebraisten schreiben diesem Wort aber einen kollek-
tiven Sinn zu, was bedeutet, dass es der Deutlichkeit halber eigentlich als
Mehrzahl übersetzt werden müsste, also ›nach seinen Arten‹.« [8]

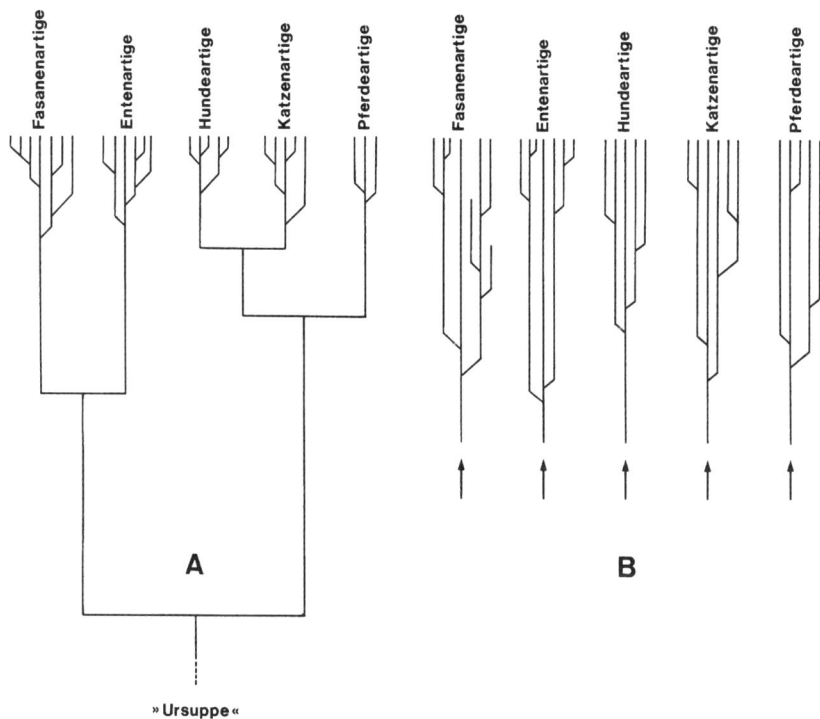

Abbildung 3.4: Diese Grafik zeigt den Unterschied zwischen der Entstehung der Arten nach der Evolutionslehre (A) und nach der Schöpfungslehre (B). Nach den Vorstellungen der Evolutionslehre sind alle Lebewesen in einem gemeinsamen Stammbaum des Lebens verbunden, nach den Vorstellungen der Schöpfungslehre sind die verschiedenen Grundtypen unabhängig voneinander durch den Schöpfungsakt Gottes entstanden.

Die Grundbedeutung wird daher auch als »Ausgestaltung« im Sinn der Artverschiedenheit innerhalb einer größeren Gruppe gedeutet. Damit sind die verschiedenen Arten gemeint, die eine Hauptgruppe bilden, der Formenreichtum innerhalb einer Hauptgruppe. Dies wird auch dadurch bestätigt, dass der Ausdruck »nach seiner Art« ausschließlich bei Hauptgruppen gebraucht wird und nie bei einzelnen Arten. Diese Hauptgruppen sind die Fruchtbäume, das Kraut, das Samen hervorbringt, die lebendigen Wesen in den Wassern, das Gevögel und die lebendigen Seelen auf der Erde. Wichtig ist auch hier wieder der Unterschied zum Menschen. Im Gegensatz zur Tierwelt lesen wir nirgends, dass der Mensch »nach seiner Art« geschaffen wurde. Dies ist ein klarer Hinweis darauf, dass die Menschheit nicht aus verschiedenen Arten besteht, die sich untereinander nicht würden fortpflanzen können. Bei den Tieren ist dies aber immer der Fall, jedes Tier gehört zu einer bestimmten Art, und seine Fortpflanzung ist über die Artgrenze hinaus nicht möglich. Mit der Erschaffung »nach seiner Art« ist aber auch deutlich gesagt, dass seit der Schöpfung keine neuen Arten entstanden sind. Der Formenreichtum innerhalb der Arten hat sich seither wahrscheinlich um Faktoren vervielfacht, aber es hat keine einzige wirklich neue Art gegeben. Die Bildung von neuen Arten kann auch weder in der Natur noch in den Fossilien beobachtet werden. Die Schöpfung ist ein einmaliger Akt in der Geschichte und nach dem sechsten Tag, nach der Erschaffung des Menschen, ist dieser Akt ein für allemal abgeschlossen. Hier können wir uns Salomo anschließen mit dem Ausspruch: »*Und es gibt nichts Neues unter der Sonne*« (Pred 1,10).

3.4 Der Mensch, Krönung der Schöpfung

3.4.1 In unserem Bild

»Und Gott sprach: Lasst uns Menschen machen in unserm Bild, uns ähnlich! Sie sollen herrschen über die Fische des Meeres und über die Vögel des Himmels und über das Vieh und über die ganze Erde und über alle kriechenden Tiere, die auf der Erde kriechen! Und Gott schuf den Menschen nach seinem Bild, nach dem Bild Gottes schuf er ihn; als Mann und Frau schuf er sie. Und Gott segnete sie, und Gott sprach zu ihnen: Seid fruchtbar und vermehrt euch, und füllt die Erde, und macht sie euch untertan; und herrscht über die Fische des Meeres und über die Vögel des Himmels und über alle Tiere, die sich auf der Erde regen! Und Gott sprach: Siehe, ich habe euch alles samentragende Kraut gegeben, das auf der Fläche der ganzen Erde ist, und jeden Baum, an dem samentragende Baumfrucht ist: es soll euch zur Nahrung dienen; aber allen Tieren der Erde und allen Vögeln des Himmels und allem, was sich auf der Erde regt, in dem eine lebende Seele ist, habe ich alles grüne Kraut zur Speise gegeben. Und es geschah so. Und Gott sah alles, was er gemacht hatte, und siehe, es war sehr gut. Und es wurde Abend, und es wurde Morgen: der sechste Tag« (1Mo 1,26-31). Hier spricht Gott zum ersten Mal in der Mehrzahl, indem er sagt »Lasst uns Menschen machen...«. Hier spricht Gott zu sich selbst oder er spricht zu anderen. Eine alte jüdische Theorie sagt, dass Gott hier mit den Engeln spricht, weil die Engel dem Mensch als Geschöpf am nächsten kommen. Dieser Gedanke steht aber im Widerspruch mit der Tatsache, dass Gott allein erschafft. Die andere Möglichkeit ist die wahrscheinlichere, dass Gott zu sich selbst gesprochen hat. Dieser Gedanke hat aber überhaupt nichts mit der törichten Idee zu tun, es handle sich hier um einen Rest von Polytheismus (Vielgötterei). »Am besten kann man die Verwendung der Mehr-

zahl dadurch verstehen, dass Gott die ›lebendige persönliche Zusammenfassung einer Fülle von Kräften und Mächten‹ ist. Dies kommt auch in der Tatsache zum Ausdruck, dass der Name ›Gott‹ fast immer in der Mehrzahl ›Elohim‹ vorkommt.« [9] Diese Tatsache, dass Gott wirklich eine solche Fülle von Kräften und Mächten ist, kommt erst durch die volle Offenbarung der »Dreieinigkeit« im Neuen Testament zur Geltung. Auch wenn wir die volle Bedeutung der »Dreieinigkeit« niemals ergründen können, so können wir uns doch vorstellen, dass der Schöpfungsplan von Gott entworfen und vom Sohn in der Kraft des Heiligen Geistes ausgeführt wurde. Für diesen Menschen steht im Hebräischen wörtlich: »Lasst uns Adam machen«. Das Wort »Adam«, welches nie im Plural vorkommt, steht ganz allgemein für den Gattungsnamen des menschlichen Geschlechts: »der Mensch« oder »die Menschheit«. Im Gegensatz zu den Tieren wurde der Mensch nicht »nach seiner Art« erschaffen, sondern als »Adam«. Somit gibt es nur eine Art des Menschen. Manchmal steht das Wort auch deutlich dem Wort »Frau« gegenüber und hat dann also die Bedeutung »Mann«. Und zu guter Letzt steht dieses Wort auch als Namen für einen einzelnen Menschen da. Was das Wort Adam ursprünglich bedeutete, kann niemand mit Sicherheit sagen. Die häufigste Auffassung ist, dass es vom Verb »adam« herkommt, das »rot sein« bedeutet. »Schon Flavius Josephus schrieb: ›Der Mensch wurde Adam genannt, was im Hebräischen 'rot' bedeutet, weil er aus weicher, roter Erde gebildet wurde, denn solcherart ist die wahre und jungfräuliche Erde.‹ Hier spielt Josephus offenbar auf das hebräische Wort ›adamah‹ für ›Erdboden‹ an, das auch von ›rot‹ abgeleitet sein soll.« [10] Somit kann man Adam auch auffassen als der »Irdische«.

Weiter lesen wir, dass Gott den Menschen »in unserem Bilde, nach unserem Gleichnis« machen will. Bei diesem Vers müssen wir uns im Klaren sein, dass »Bild und Gleichnis« nichts mit unserer körperlicher Leiblichkeit zu tun haben, da wir uns in unserem körperlichen Aufbau nicht sehr stark von den Tieren unterscheiden. Die Bedeutung der Begriffe »Bild« und »Gleichnis« müssen wir im geistigen Bereich suchen, denn der Geist kommt von Gott selbst her. Da der Mensch nicht nur einen Geist besitzt, sondern in seiner tiefsten Bedeutung des Menschseins letztlich »Geist« ist, ist der Mensch auch unsterblich. Es ist auch wichtig, dass man den Unterschied zwischen den Wörtern »Bild« und »Gleichnis« erkennt, denn es heißt, dass der Mensch das Bild Gottes *war* (und ist) und dass er das Gleichnis Gottes *hatte*. Das Wort »Bild« versteht man am besten als die plastische Abbildung oder symbolische Darstellung von etwas. Dabei muss das Abbild dem Abgebildeten nicht unbedingt gleichen, sondern das Abbild repräsentiert den Abgebildeten lediglich. Das sieht man am besten bei Götzenbildern; das sind keine Bilder des entsprechenden Götzen (man

wusste ja nicht, wie diese wirklich aussehen), sondern das Götzenbild re-
präsentierte den Götzen, stand an Stelle des Götzen da. Die Bedeutung des
Wortes »Bild« können wir deshalb wie folgt formulieren: die repräsentie-
rende Darstellung von etwas. Das Wort »Gleichnis« stammt von einem
Verb ab, das »gleichen« bedeutet und hat damit etwa folgenden Sinn: Dies
sieht aus wie das oder dies ist ähnlich wie das. Wenn Gott den Menschen
als Gleichnis Gottes betrachtet, dann bedeutet das nicht, dass wir gleich
sind wie Gott, sondern dass wir Gott in einiger Hinsicht gleichen. Bild und
Gleichnis Gottes zu sein bedeutet demnach, dass der Mensch der Repräsentant Gottes auf Erden ist und dass er damit die Macht und Würde Gottes
zum Ausdruck bringen soll. Diesen Auftrag könnte der Mensch auch wirklich erfüllen, denn er gleicht Gott im geistigen Sinn, weil die geistigen Eigenschaften des Menschen ein Schatten der Eigenschaften Gottes sind. Der
erste Repräsentant Gottes auf der Erde war der Mensch »Adam«. Dass
Adam das »Gleichnis Gottes« war, hat vielleicht die Bedeutung, dass er vor
dem Sündenfall noch rein war wie Gott und damit die praktische Gemeinschaft mit Gott erleben durfte. Adam kannte das Böse noch nicht, es war
noch nicht in sein Leben getreten, aber wie wir wissen und noch sehen werden, war Adam auch nicht immun gegen das Böse.

3.4.2 Als Mann und Frau

Die Bereitung des Menschen wurde erstens durch das Wort »machen« aus-
gedrückt, denn im körperlichen Bereich wurde ja auch nichts Neues ge-
schaffen, der Körper des Menschen ist deshalb auch ähnlich den tierischen
Körpern. Zweitens wurde das wirklich Neue, nämlich der Geist, mit dem
Ausdruck »erschaffen« beschrieben, da der geistige Mensch eine völlig
neue Art von Existenz in der sichtbaren Schöpfung ist. Drittens wurde der
Mensch »gebildet«, was sich darauf bezieht, dass er nicht einfach aus dem
Erdboden hervorgerufen wurde, sondern Gott selbst »knetete« ihn aus der
Erde. Dieses Wort ist im Alten Testament ein Ausdruck für die Arbeit des
Töpfers. Damit wird zum Ausdruck gebracht, dass der Mensch eine spezielle Schöpfung ist, und dass er körperlich tatsächlich aus den gleichen Bestandteilen wie der Erdboden zusammengesetzt ist. Wenn weiter geschrieben steht »im Bilde Gottes schuf er ihn«, so steht das Wort »ihn« hier in
der Einzahl. Das Wort »ihn« hat dann die Bedeutung, dass der vollkommene Mensch in den Augen Gottes weder Mann noch Frau ist, sondern eben
Mensch. Die Erschaffung des Menschen wird uns in der Heiligen Schrift
an vier verschiedenen Stellen geschildert. Als erstes lesen wir in 1. Mose
1,26-30 darüber. Dort ist die Rede von *den* Menschen: *„Und Gott sprach:
Lasst uns Menschen machen in unserem Bilde, uns ähnlich.“* Die Grundab-
sicht Gottes war, Menschen zu erschaffen und zwar in seinem Bilde, ihm

ähnlich. Das Bildnis und das Gleichnis (die Ähnlichkeit) müssen wir auf der geistigen Ebene suchen. Den Menschen kann man letztlich nur im geistigen Bereich definieren, denn auf der körperlichen und auf der seelischen Ebene (wenn man Seele als das selbständige, von der Erde losgelöste Leben versteht) unterscheidet er sich nicht sehr stark von den Tieren. Das Menschsein ist nicht abhängig vom Geschlecht des Menschen, sondern vom Bildnis und vom Gleichnis Gottes. Die Absicht Gottes war also primär, das Wesen Mensch zu erschaffen, und erst sekundär, die Menschen in den zwei Geschlechtern zu unterscheiden. Hier kann man sich die Frage stellen, was das wirkliche Wesen des Menschen in Bezug auf sein Geschlecht ist. Der Unterschied zwischen den Engeln und dem Menschen ist, dass die Engel zwar auch Geschöpfe sind, und von Gott wahrscheinlich auch in seinem Bildnis und Gleichnis geschaffen wurden, dass sie aber keinen Körper aus Fleisch und Blut besitzen und deshalb weder männlich noch weiblich sind, sondern geistige Wesen. Das Gleiche gilt denn auch für Gott selbst, denn auch wenn Jesus Christus Gott „meinen Vater" nennt, so meint er damit nicht, dass Gott männlich, sondern ein Teil der Dreieinigkeit ist. Und auch unser Auferstehungsleib wird nicht männlich oder weiblich sein, sondern ein geistiger Leib ohne die Unterscheidung in die beiden Geschlechter. Wir werden also nicht mehr Mann oder Frau sein, sondern wir werden „wahrer Mensch" sein. Was der wahre Mensch seinem Wesen nach ist, hat uns Gott in der Bibel nicht mitgeteilt, aber wir können wenigstens vermuten, dass dieser wahre Mensch letztlich so etwas wie der vollkommene und ganzheitliche Mensch sein wird. Ganzheitlich im Bezug auf die aufgehobene Trennung der beiden Geschlechter. Wir werden also als wahrer Mensch gleichzeitig männliche wie weibliche Wesenszüge haben, die sich in einer höheren Ebene des wahren Menschseins verbinden und sich letztlich auflösen.

Die zweite Stelle, in der die Erschaffung des Menschen beschrieben wird, ist 1. Mose 1,27. Dort lesen wir: „*Und Gott schuf den Menschen nach seinem Bilde, nach dem Bild Gottes schuf er ihn; als Mann und Frau schuf er sie.*" Hier wird der Gedanke zum Ausdruck gebracht, dass *der* Mensch nach dem Bilde Gottes erschaffen wurde. Auch hier wird vom Menschen gesprochen und zwar unabhängig von seinem Geschlecht, denn Gott schuf *den* Menschen nach seinem Bilde und seinem Gleichnis. Erst in einem Nachsatz wird erwähnt, dass Gott den Menschen als Mann und Frau schuf. Die dritte Stelle ist 1. Mose 2,5-7. Diese Verse legen nahe, dass die Erschaffung des Menschen bereits ganz am Anfang der Schöpfung geschah, denn das Gesträuch und das Kraut waren noch nicht gesprosst. Aber auch hier ist wieder von *dem* Menschen die Rede, denn „*- da bildete Gott, der HERR, den Menschen, aus Staub vom Erdboden und hauchte in seine Nase*

Atem des Lebens; so wurde der Mensch eine lebende Seele. " Auch in diesem Vers wird wieder zum Ausdruck gebracht, dass *der* Mensch von Gott aus dem Staub vom Erdboden gebildet wurde und dass er in die Nase *des* Menschen „Atem des Lebens" hauchte. In keiner dieser drei Stellen wird etwas über das Geschlecht des Menschen gesagt, denn erst in der vierten Stelle, in 1. Mose 2, 22-23, wird die Erschaffung der Frau beschrieben: *„und Gott, der HERR, baute die Rippe, die er von dem Menschen genommen hatte, zu einer Frau, und er brachte sie zum Menschen. Da sagte der Mensch: Diese endlich ist Gebein von meinem Gebein und Fleisch von meinem Fleisch; diese soll Männin heissen, denn vom Mann ist sie genommen.* " Bei dieser Beschreibung, die wir alle kennen, gibt es noch eine andere Möglichkeit der Übersetzung, denn jenes Wort, das Luther mit „Rippe" übersetzte, heisst im hebräischen Originaltext „tselah" und kann auch als „Seite" übersetzt werden. Aus dieser viermaligen Beschreibung der Erschaffung des Menschen kann man schließen, dass Gott primär den Menschen erschuf und diesen Menschen erst sekundär in die zwei verschiedenen Geschlechter teilte. Dass Gott von dem Menschen Adam eine Seite entnahm und daraus die Frau schuf, könnte auch bedeuten, dass der Mensch ursprünglich und auch letztlich (in seiner Bestimmung) ein ganzheitliches Wesen ist und nur für die Dauer des Erdenlebens in die beiden Geschlechter getrennt ist.

Aus dieser Sicht ergibt sich auch ein neues Verständnis für die Frau. War sie bis dahin »nur« ein Teil des Mannes gewesen, aus einer seiner „Rippen" erschaffen, ist sie nun im Sinne des Menschseins gleich dem Mann. Da sie aus einer seiner Seiten erschaffen wurde, ist sie ein Teil des wahren Menschen und deshalb sind Mann und Frau auch speziell miteinander verbunden. Dies ist denn auch der Grund dafür, dass sich Mann und Frau suchen, dass Mann und Frau trotz aller Unterschiede zueinander gehören. Dies ist des Weiteren der Grund dafür, dass wir in der Vereinigung von Mann und Frau so etwas Ähnliches wie »Vollkommenheit« fühlen können. Diese Vollkommenheit, die wir fühlen, dieses Ganzsein, dieses Gefühl des Ganzheitlichen ist aber nur ein Hinweis auf die wirkliche Vollkommenheit; es ist wie eine kleine Vorahnung, wie eine kleine Vorausschau auf die unendliche Herrlichkeit in der Gemeinschaft Gottes, die jedem gläubigen Menschen von Gott in Aussicht gestellt wird. Dieses Zusammengehörigkeitsgefühl, das tief in uns Menschen steckt und das wir rational nicht erklären können, hat denn auch die Ursache in dieser sehr speziellen Art der Schöpfung von Mann und Frau. Primär schuf Gott den Menschen, und erst sekundär wurde der Mensch in die beiden Geschlechter von Mann und Frau unterschieden. Deshalb waren Adam und Eva gleichwertige und auch gleichberechtigte Menschen, unterschieden nach ihrem

Geschlecht und ihrem männlichen bzw. weiblichen Wesen. Wie wir aus dem Schöpfungsbericht erfahren, war die primäre Absicht Gottes, das Wesen „Mensch" in seinem Bildnis und seinem Gleichnis zu erschaffen. Das wahre Wesen des Menschseins ist demnach seine geistige Existenz.

Wie wir nun ausführlich gesehen haben, wurde der Mensch nicht in verschiedenen Arten erschaffen, sondern als Mann und Frau. Hier geht es nicht so sehr darum aufzuzeigen, dass Mann und Frau zusammengehören, sondern hier wird aufgezeigt, dass Mann und Frau sich voneinander unterscheiden, weil sie verschiedenen Geschlechts und je eine Hälfte des »vollkommenen« Menschen sind. Es geht also darum aufzuzeigen, dass der einzige Unterschied zwischen den Menschen der Geschlechtsunterschied ist. Der Mensch besteht demnach aus Mann und Frau, die aber nach den Gedanken Gottes eine Einheit bilden. Damit sollen Mann und Frau aber nicht voneinander geschieden, sondern vielmehr vermischt werden, um die Fortpflanzung zu ermöglichen. Als Gott die ersten Menschen segnete, brachte er damit seinen Gedanken zum Ausdruck, dass Mann und Frau zusammengehören. Damit machte Gott das erste Menschenpaar zu einem Ehepaar und gab dem Menschen die Kraft, fruchtbar zu sein und die Erde mit Nachkommen zu füllen. Wir ersehen daraus, dass das nicht nur eine Möglichkeit war, die Gott uns gab, sondern ein klarer Auftrag. Diesen Auftrag erhielt der Mensch noch vor dem Sündenfall. Diesen Auftrag hätte er auch erfüllen müssen, wenn er nicht in Sünde gefallen wäre. Dies zeigt auch auf, wie schnell der Mensch in Sünde gefallen sein muss, denn nach unserem Wissen hatte der Mensch den Auftrag, fruchtbar zu sein, noch kein einziges Mal ausgeführt, denn das erste Menschenpaar wurde bekanntlich ohne Kinder aus dem Garten Eden vertrieben.

In dieser Schöpfung bereitete Gott dem ersten Menschenpaar einen Garten und gab den Menschen alles Samen bringende Kraut und die fruchtbringenden Bäume der Erde zur Nahrung. Dieser Vers hat eine doppelte Bedeutung: Erstens ist nur der Mensch in der Lage, zielgerichtet Samen auszustreuen und zu ernten, um damit wieder aufs Neue Nahrung zu bereiten, und zweitens wird damit angedeutet, dass die Ernährungsweise des Menschen vor dem Sündenfall ausschließlich vegetarisch war. Da der Tod, und damit auch das Destruktive, erst nach dem Sündenfall in die Schöpfung Eingang fanden, können wir annehmen, dass sich auch die Tiere bis zum Sündenfall vegetarisch ernährten. In der Zeit nach dem Sündenfall erfahren wir nirgends in der Bibel, dass der Mensch Fleisch gegessen hätte. Das änderte sich erst nach der Sintflut, als Gott den Menschen auch das Fleisch von Tieren zur Nahrung gab. Dieses Gebot Gottes hatte eine doppelte Bedeutung: Einerseits wäre das Überleben des Menschen aufgrund des Zusammenbruchs des damaligen Ökosystems ohne den Verzehr von

Fleisch nicht möglich gewesen, und anderseits sollte der Mensch verstehen, dass er nur auf Grund des Todes eines anderen bestehen konnte. Diese große Wahrheit der Bibel, die bereits im Opfer Noahs angedeutet ist, wird aber erst mit dem stellvertretenden Opfertod Jesu Christi voll zum Ausdruck gebracht. Der sechste Tag endet schließlich mit dem Vers: *»Gott sah alles, war er gemacht hatte, und siehe, es war sehr gut.«* Nach diesen sechs Tagen ist das Schöpfungswerk Gottes abgeschlossen und zur Vollendung gebracht. Alles ist vollkommen und es ist ihm nichts mehr hinzuzufügen. Bei jedem seiner Schöpfungswerke stellte Gott fest, dass es gut war. Nun überschaut er die ganze Schöpfung, die er in diesen sechs Tagen geschaffen hat, und stellt fest, dass sie *»sehr gut«* ist. Die von Gott geschaffene *»Natur«* ist in prächtiger Harmonie, alles ist genial aufeinander abgestimmt und das ganze Ökosystem funktioniert einwandfrei bis in die kleinsten Einzelheiten. Dies wird mit dem Wort *»siehe«* noch speziell unterstrichen: Damit bringt Gott etwas von seiner Freude beim Anblick seines Werkes zum Ausdruck.

3.4.3   Der siebte Tag

»So wurden die Himmel und die Erde und all ihr Heer vollendet. Und Gott vollendete am siebten Tag sein Werk, das er gemacht hatte; und er ruhte am siebten Tag von all seinem Werk, das er gemacht hatte. Und Gott segnete den siebten Tag und heiligte ihn; denn an ihm ruhte er von all seinem Werk, das Gott geschaffen hatte, indem er es machte« (1Mo 2,1-3). Der siebte Tag beginnt mit einem Rückblick auf die vorhergehenden sechs Schöpfungstage. Die Schöpfung ist zur Vollendung gebracht und wurde von Gott als *»sehr gut«* bezeichnet. Das Schöpfungswerk ist einmalig und nach dem sechsten Tag ein für alle Mal abgeschlossen. Die Schöpfung wird sich in Zukunft noch einige Male verändern, aber es gibt nichts Neues mehr. Gottes Werk ist ein Handeln oder ein Werkstück, in das er eine *»Botschaft«* von sich selbst gelegt hat, denn seine ewige Kraft und Göttlichkeit werden seit der Erschaffung der Welt in seinen Werken geschaut (Röm 1,20). Nach dem *»Sechstagewerk«* ist das Ziel Gottes mit der Schöpfung erfüllt und sein Werk beendet. Die eigentliche Bedeutung des siebten Tages ist demnach das Abstehen von der Arbeit und nicht das Ausruhen von Strapazen. Es kann ja nicht sein, dass Gott von seinem *»Werken«* wirklich müde wurde. Gott gab uns Menschen den siebten Tag als Zeichen für die Vollendung seines Schöpfungswerkes und heiligte diesen Tag. Diese Bedeutung kommt auch im Wort für *»aufhören, ruhen«* zum Ausdruck, von dem das Wort Sabbat abgeleitet ist. Die tiefere Bedeutung des Sabbat ist demnach das Ausruhen und Abstehen von jeglicher Arbeit. Mit diesem Tag hatte Gott einen Segen für den Menschen im Auge, nämlich das Genießen

von Ruhe nach getaner Arbeit. Aus diesem Grunde wurde nur der siebte Tag von Gott gesegnet. Daraus ersehen wir, dass der Sabbat ursprünglich ein Segen für den Menschen war. Dies kommt auch dadurch zum Ausdruck, dass der Mensch am Sabbat nicht zu arbeiten *brauchte*, später, unter dem Gesetz, wurde der Sabbat zu einem Joch des Menschen, dann *durfte* der Mensch am Sabbat nicht arbeiten. Da der siebte Tag von Gott gesegnet wurde, ist der Sabbat ein heiliger Tag, ein Tag, der Gott geweiht werden soll. An diesem Tag soll der Mensch sich jedesmal aufs Neue auf das Schöpfungswerk Gottes besinnen und sich bewusst sein, dass Gott nicht nur der Schöpfer ist, sondern in besonderem Maße auch der Erhalter seiner Schöpfung. Schließlich folgen noch im Vers 3 die merkwürdigen Worte »in denen er es machte«. Diese abschließenden Worte bringen zum Ausdruck, dass das Ziel Gottes, die Schöpfung in sechs Tagen zuzubereiten, an diesem siebten Tag erfüllt, realisiert und abgeschlossen war.

3.5 Der Sündenfall

Den Sündenfall dürfen wir uns nicht einfach als eine Übertretung von Gottes Geboten vorstellen, sondern der Sündenfall war die größte Katastrophe aller Zeiten, die über den Menschen und über die gesamte Schöpfung hereingebrochen ist. Dies hatte einschneidende Veränderungen für die gesamte Schöpfung zur Folge. Der Mensch verlor mit der Vertreibung aus dem Garten Eden nicht nur die Gemeinschaft mit Gott, der gesamte Erdboden war von diesem Tag an verflucht. Dies zeigte sich daran, dass die gesamte Schöpfung fortan der Vergänglichkeit unterworfen war. Mit dieser Vergänglichkeit bekam der Tod Macht über die Geschöpfe, und damit hielten auch die destruktiven Mechanismen wie Krankheit und Fressen und Gefressenwerden Einzug in die ursprüngliche Schöpfung, welche von Gott als »sehr gut« bezeichnet wurde. Wie kam es nun zu diesem Sündenfall? Um das verstehen zu können, müssen wir weit in die Vergangenheit zurückblenden. Vor Beginn des Schöpfungswerkes wurden die himmlischen Örter bereits geschaffen und mit ihnen die Bewohner dieser himmlischen Örter, die Heerscharen der Engelwesen. Es muss eine spezielle Schöpfung gewesen sein, denn die Engel sind trotz ihres geistigen Wesens und trotz ihrer Existenz außerhalb unseres Erfahrungsbereiches auch »nur« Geschöpfe. Wie wir bereits gesehen haben, hat sich damals der herrlichste und schönste aller Engel, der Lichtträger (Luzifer), bereits gegen Gott empört. Ohne diese Empörung wäre das erste Menschenpaar voraussichtlich nicht unter die Sünde gefallen, denn die Sünde war durch den Fall Luzifers bereits in der Schöpfung und die ersten Menschen waren nicht immun gegen die Sünde. Blenden wir kurz zurück auf den Fall des »Lichtträgers«, der sich vor Urzeiten in den himmlischen Örtern abgespielt hat! Wir haben uns bereits im Abschnitt 3.2.5 sehr ausführlich mit dem Fall Luzifers auseinander gesetzt und haben dort gesehen, dass Luzifer voller Weisheit und vollkommen an Schönheit war. Und diese Schönheit wurde ihm zum Verhängnis, er konnte nicht damit umgehen, er wollte zu hoch hinaus, sein eitles, narzistisches Herz kannte seine Grenzen nicht mehr. Dies ist denn auch genau das Wesen der »Ursünde«. Satan war somit das erste Geschöpf, das der Sünde verfiel. Er war der erste, der vermessen über sich selbst hinaus wachsen wollte, der seine Schönheit und seinen Glanz über seine Weisheit und Vollkommenheit stellte. Erinnern wir uns daran was die Schlange der Frau Eva einflüsterte: »Ihr werdet sein wie Gott«! Der Mensch war das vollendetste Geschöpf; aber das war ihm zu wenig, er wollte sein wie Gott; das Geschöpf wollte Schöpfer werden. Dieser Aussicht, so zu sein wie Gott, der Schöpfer, konnte auch das erste Menschenpaar nicht widerstehen. Somit scheiterte auch das erste Menschenpaar wie Satan an seiner eigenen Hybris, der Überheblichkeit, dem »Mehr-sein-wollen« als ein Geschöpf«. Die listige Schlange sprach zu der Frau: »*Hat Gott wirklich gesagt: Von allen Bäumen des Gartens dürft ihr nicht essen?*« (1Mo 3,1). Mit der Frage: »Hat Gott *wirklich* gesagt?« (Hervorh. v. Autor) relativiert die Schlange die absolute Aussage Gottes. Es scheint demnach gar nicht so sicher, ob Gott das wirklich so gemeint hat. Mit dieser Aussage wird das absolute Verbot Gottes in ein relatives Gebot umgewandelt. Erinnert uns dies nicht an die modernen Theologen, die alle wichtigen Aussagen der Heiligen Schrift in den letzten 200 Jahren relativiert haben? So werden die wichtigsten Grundaussagen der Heiligen Schrift relativiert und als Bildnisse oder Bildersprache ausgelegt. Damit ist nichts mehr absolut, und alles wird relativ und somit der menschlichen »Weisheit« und Willkür unterstellt. Auch die 10 Gebote sind dann relativ und können, je nach Gutdünken des Menschen, so oder so interpretiert werden. In dieser Relativität des Menschen hat eine absolute Offenbarung Gottes keinen Platz mehr, der Mensch steht im Mittelpunkt, und nicht mehr Gott.

Eva kannte das Verbot Gottes ganz genau, und so gab sie der Schlange zur Antwort: »*Von den Früchten der Bäume des Gartens essen wir; aber von den Früchten des Baumes, der in der Mitte des Gartens steht, hat Gott gesagt: Ihr sollt nicht davon essen und sollt sie nicht berühren, damit ihr nicht sterbt*« (1Mo 3,2-3). Eva war sich völlig bewusst, dass sie von dem Baum, der in der Mitte des Gartens stand, nicht essen durfte. Das war ein absolutes Verbot, dieses Verbot ließ keine Relativierung zu. Das wusste natürlich auch die Schlange, aber da sie bereits vor Urzeiten gefallen war, war es eine Lust für sie, das erste Menschenpaar in ihrem Fall mitzureißen. Mit dem Fall des Menschen würde die Schlange auch wieder die Herrschaft über die Erde bekommen, die nach der Vollendung der Schöpfung in die

Hand Adams gelegt wurde. Deshalb entgegnete ihr die Schlange: »*Keineswegs werdet ihr sterben! Sondern Gott weiß, dass an dem Tag, da ihr davon esst, eure Augen aufgetan werden und ihr sein werdet wie Gott, erkennend Gutes und Böses*« (1Mo 3,5). Hier geht die Schlange sogar einen Schritt weiter. Hat sie vorher die Aussagen Gottes »nur« relativiert, stellt sie jetzt die Aussagen Gottes gar in Frage, indem die Schlange Gott zum »Lügner« macht. Die Schlange stellt Gott vor dem Menschen als einen Teufel dar, einen von eifersüchtigem Stolz besessenen Lügner, als hätte er diese Aussage nur gemacht, um zu verhindern, dass die Menschen so sein würden wie er, Gutes und Böses erkennend. Dieser Aussicht, so zu sein wie Gott, konnte das erste Menschenpaar genauso wenig widerstehen, wie Satan damals widerstanden hatte. Da die Schlange ganz genau wusste, dass das Weibliche empfänglicher war für seine Ziele als das Männliche, sprach die Schlange die Frau an und nicht den Mann. So erlag die Frau der Versuchung und nahm eine Frucht von diesem Baum, aß davon und gab auch ihrem Mann davon zu essen. »*Da wurden ihrer beider Augen aufgetan, und sie erkannten, dass sie nackt waren; und sie hefteten Feigenblätter zusammen und machten sich Schurze*« (1Mo 3,7). Nach dem Essen der Frucht wurden sich die beiden ersten Menschen ihrer Nacktheit bewusst. Bisher waren sie wahrscheinlich auch nackt, aber sie waren sich dessen nicht bewusst. Sie schämten sich ihrer Nacktheit wegen und verdeckten ihre Blöße mit Feigenblättern. Vor wem mussten sie denn ihre Blöße verdecken? Sie waren ja noch die einzigen Menschen im Garten Eden; es steht nirgends geschrieben, dass sie bereits Nachkommen hatten. Vor den Tieren mussten sie sich ihrer Nacktheit wegen auch nicht schämen, also schämten sie sich vor Gott. Dies kommt auch dadurch zum Ausdruck, dass sie sich vor Gott mitten zwischen den Bäumen des Gartens versteckten. Die Art der Gott-Gleichheit, die sich aus dem Befolgen des Rates der Schlange ergab, war geistlich gesehen eine Teufels-Gleichheit. Das Gefühl der Scham in Verbindung mit körperlicher Nacktheit ist Ausdruck des Bewusstseins einer inneren Blöße, die sich aus dem Verlust des reinen Herzens ergibt. Die Sünde hatte die menschliche Erfindungsgabe auf das verkrampfte Suchen nach Notlösungen reduziert, deshalb machten sie sich Schurze, um wenigstens ihre äußere Nacktheit verbergen zu können.

»*Und sie hörten die Stimme Gottes, des HERRN, der im Garten wandelte bei der Kühle des Tages. Da versteckten sich der Mensch und seine Frau vor dem Angesicht Gottes, des HERRN, mitten zwischen den Bäumen des Gartens. Und Gott der HERR, rief den Menschen und sprach zu ihm: Wo bist du?*« (1Mo 3,8-9). Die Menschen versteckten sich vor Gott, weil sie sich vor allem ihrer inneren Blöße bewusst geworden waren. Als Gott die Umstände erfragte, weshalb sich die Menschen vor ihm versteckten (natürlich wusste Gott bereits, was geschehen war), gab ihm Adam zur Antwort, dass er durch seine Frau zum Essen der verbotenen Frucht verführt worden war. Eva ihrerseits gab die Schuld weiter an die Schlange, von der sie getäuscht worden war. So traf das Gericht Gottes zuerst die Schlange, dann die Frau und erst am Schluss Adam. Aber im Gericht Gottes über die Schlange steckt zugleich auch die Verheißung der Errettung: *»Und ich werde Feindschaft setzen zwischen dir und der Frau, zwischen deinem Samen und ihrem Samen; er wird dir den Kopf zermalmen, und du, du wirst ihm die Ferse zermalmen«* (1Mo 3,15). Dies ist auch die erste direkte Prophezeiung auf Jesus Christus. Jesus ist der Same der Frau, und die Schlange wird ihm die Ferse zermalmen. Dies ist ein Hinweis auf die Kreuzigung Jesu, aber letztlich wird Jesus der Schlange den Kopf zermalmen. Damit war die Trennung zwischen dem Samen des »Guten« und dem Samen des »Bösen« vollzogen. Diese Trennung bleibt durch die ganze Menschheitsgeschichte hindurch bestehen.

Das Gericht Gottes über Eva war ein dreifaches Gericht. Erstens würde sich die Mühsal ihrer Schwangerschaft sehr vermehren, und sie würde ihre Kinder mit Schmerzen gebären; zweitens würde ihr Verlangen nach ihrem Mann sein, dies deutet bereits auf eine gewisse Abhängigkeit vom Mann hin, und drittens wird der Mann künftig über sie herrschen. Das schlimmste aller Gerichte widerfuhr aber Adam, denn das Gericht betraf nicht nur Adam selbst, sondern mit ihm wurde als erstes Gericht die gesamte Schöpfung verflucht um seinetwillen. Die gesamte Schöpfung wurde dem Fluch unterworfen und ist seither in einem gefallenen Zustand. Als Zweites kam die Mühsal in die Schöpfung, denn mit Mühsal sollte er künftig alle Tage seines Lebens sein Brot essen, Dornen und Disteln sollten ihm sprossen. Damit zog das Destruktive in die Schöpfung ein. Als Drittes wurde der Mensch dazu verflucht, im Schweiße seines Angesichts sein Brot zu essen, bis er zum Erdboden zurückkehrt, von dem er genommen ist. *»Denn Staub bist du, und zum Staub wirst du zurückkehren«* (1Mo 3,19)! Dies bedeutet, dass der Tod in die Schöpfung Einzug hielt und die Menschen fortan das Joch des Todes tragen mussten. Nicht nur der Mensch war nun dem Tod ausgesetzt sondern auch wieder die gesamte Schöpfung. Dies kommt auch im Vers 21 zum Ausdruck, als Gott Adam und seiner Frau Leibröcke aus Fell machte und sie damit bekleidete. Um einen Leibrock aus Fell herstellen zu können, ist es notwendig, dass Tiere dafür getötet werden.

Mit diesen Fellen bekleidet, wurden Adam und Eva aus dem Garten Eden ausgewiesen. Der Grund für die Ausweisung war der Baum des Lebens, der in der Mitte des Garten neben dem Baum der Erkenntnis des Guten und Bösen stand; *»Und Gott, Der HERR sprach: Siehe, der Mensch ist geworden wie einer von uns, zu erkennen Gutes und Böses. Und nun, dass* *er nicht etwa seine Hand ausstrecke und auch noch von dem Baum des Lebens nehme und esse und ewig lebe«* (1Mo 3,22)! Auch hier spricht Gott wie bereits bei der Erschaffung des Menschen in der Mehrzahl, und auch hier liegt die Vermutung nahe, dass er damit nicht die Engel gemeint hat, sondern seine dreieinige Göttlichkeit.

Abbildung 3.5: Der Sündenfall von Adam und Eva hatte nicht nur für sie, sondern für die ganze Schöpfung fatale Folgen. Sie verloren dadurch nicht nur die Gemeinschaft mit Gott, sondern die ganze Schöpfung unterliegt seither der Vergänglichkeit, und der Tod, die Krankheiten und die destruktiven Strukturen hielten Einzug in die einst »sehr gute« Schöpfung.

In seiner Versuchung hatte der Mensch das ganze Ausmaß des Konflikts zwischen Gut und Böse erfahren, wie es vorher nur der göttlichen Dreieinigkeit bekannt war. Gott wollte den Menschen vor dem unwürdigen Griff nach dem Leben bewahren, da der Mensch sonst in seinem gefallenen Zustand in der Feindschaft gegen Gott verewigt worden wäre. Die Versöhnung kann aber nur durch den stellvertretenden Opfertod eines Mittlers erfolgen. Deshalb durfte der Mensch nach seinem Fall auf keinen Fall vom Baum des Lebens essen, denn eine Versöhnung wäre dann nicht mehr möglich gewesen. Die ganze Menschheitsgeschichte läuft aber auf diese Versöhnung hinaus, die wir mit dem Opfertod von Jesus Christus empfangen dürfen. Eine Erlösung aus eigener Kraft ist und bleibt somit ausgeschlossen.

3.6 Die vorsintflutliche Zeit

3.6.1 Die Welt und das Klima [11]

Über die vorsintflutliche Zeit erhalten wir aus der Heiligen Schrift keine sehr detaillierte Schilderung, aber trotzdem genug, um uns ein Bild dieser Welt machen zu können. Wir müssen uns aber dessen bewusst sein, dass die vorsintflutliche Welt völlig verschieden war von unserer heutigen erfahrbaren Welt. Im Folgenden soll der Versuch unternommen werden, ein Bild von dieser »Urwelt« zu malen.

Die Wasser oberhalb der Ausdehnung. Im Schöpfungsbericht werden am zweiten Tag die Wasser unterhalb der Ausdehung von den Wassern oberhalb der Ausdehnung geschieden. Die Wasser »oberhalb« der Ausdehnung waren nicht einfach Wolken, weil 1. Mose 2,5 deutlich sagt, dass es im Anfang der Geschichte auf der Erde nicht regnete. Am zweiten Tag wurde eine gewaltige Wassermenge von der Erde emporgehoben und als ein großes Wasserdampf-Reservoir auf die Atmosphäre gelegt. Ein solches Wasserdampfgewölbe vor der Sintflut muss die Wirkung eines Treibhauses gehabt haben, sodass auf der ganzen Erde eine gleichmäßig hohe Temperatur herrschte. Dieses Wasserdampfgewölbe hatte folgende Wirkung auf das Klima und das Leben:

1. Es gab eine mehr oder weniger gleichmäßige Verteilung von feuchter Wärme über die ganze Erdoberfläche durch einen Stau von Sonnenwärme unter diesem Wassermantel. Die Sonnenstrahlen trafen wohl durch den Wassermantel auf die Erde, wurden aber aufgrund dieses Wassermantels auf der Erde »zurückgehalten«. Heute wird ein großer Teil der Wärme wieder in den Weltraum zurückgeworfen. Aus den Erdschichten wird in der Tat ersichtlich, dass sogar die kältesten Zonen der Erde, wie z.B. die Antarktis, früher ein warmes Klima gehabt haben müssen.

2. Regen und auch Wind waren unbekannt, denn in einem solch ausgeglichenen Brutkasten würden kaum Luftturbulenzen auftreten. Von Klimazonen, wie wir sie heute kennen, kann damals kaum die Rede gewesen sein. Die Tierwelt und die Vegetation waren deshalb überall auf der Welt sehr ähnlich.

3. Hoch über dem Wassermantel war die Ozonschicht viel dicker als heute. Sowohl die Wasserdampf- wie auch die Ozonschicht müssen einen viel besseren Schutz gegen kosmische Strahlen geboten haben. Dies ist wahrscheinlich der Hauptgrund dafür, dass die Menschen in dieser Zeit viel älter wurden als heute. Vor allem von der kurzwelligen Strahlung ist heute bekannt, dass sie einen nachteiligen Einfluss auf die Lebensdauer hat.

4. Durch diesen »Treibhaus-Effekt« herrschte damals ein viel günstigeres Klima, durch das in dieser Anfangszeit viele der Tierarten erhalten bleiben konnten, die während oder nach der Sintflut ausgestorben sind.

5. Es ist möglich, dass die günstigen klimatischen Umstände vor der Sintflut auch eine physiologische Erklärung bieten für das Riesenwachstum, das unter vielen Tierarten auftrat, wovon die Fossilien noch heute zeugen. So sind zum Beispiel Reptilien während ihres ganzen Lebens fortwährend gewachsen; eine stark verlängerte Lebensdauer bedeutete für diese Tiere demnach auch eine stark zunehmende Körpergröße.

6. Bedingt durch die Umlaufbahn der Erde um die Sonne gab es bereits damals so etwas wie Jahreszeiten. Aufgrund der klimatischen Verhältnisse waren die vier Jahreszeiten nicht sehr unterschiedlich, denn Kälte, Schnee und Winter kannte die damalige Welt zum Beispiel nicht. [12]

Es gab keinen Regen. Dass es in der damaligen Welt keinen Regen gab, entnehmen wir aus 1. Mose 2,5-6: »*denn Gott, der HERR hatte es noch nicht auf die Erde regnen lassen...Ein Dunst aber stieg von der Erde auf und bewässerte die ganze Oberfläche des Erdbodens*«. Wenn es auf der damaligen Erde nicht regnete, dann gab es den uns heute bekannten Wasserkreislauf auch noch nicht. Die Erde wurde demnach von einem Dunst bewässert, welcher von der Erde aufstieg.

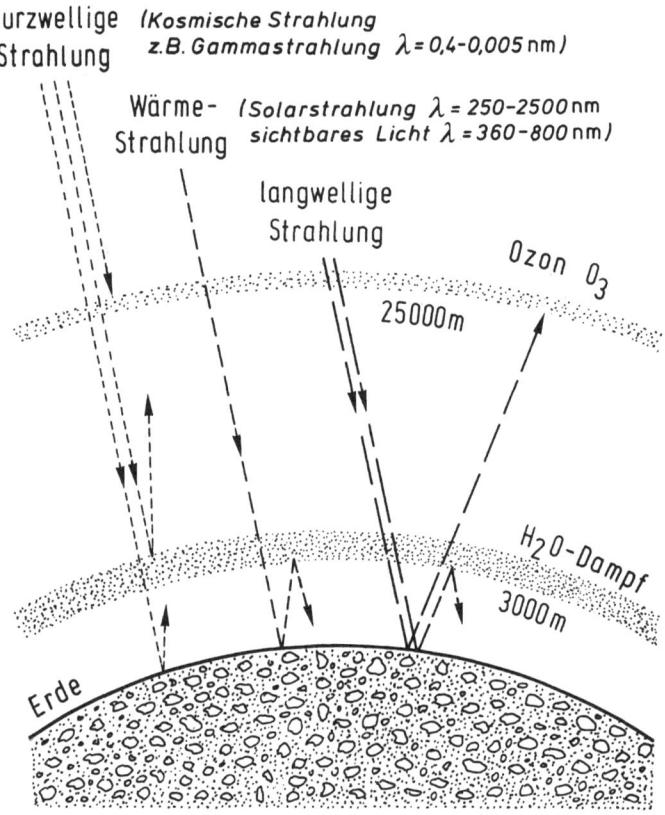

kurzwellige *(Kosmische Strahlung*
Strahlung   *z.B. Gammastrahlung* $\lambda = 0{,}4-0{,}005\,nm)$

Wärme-   *(Solarstrahlung* $\lambda = 250-2500\,nm$
Strahlung   *sichtbares Licht* $\lambda = 360-800\,nm)$

langwellige
Strahlung

Ozon O_3

25000m

H_2O-Dampf
3000m

Erde

Abbildung 3.6: Die Grafik zeigt eine schematische Darstellung der Erdatmosphäre nach der Schöpfung. Der Wasserdampfgürtel und die Ozonschicht bilden einen Schutzschild gegen kurzwellige kosmische Strahlung. Die Wärmestrahlung kann den Wassergürtel passieren; die Wärme wird aber daran gehindert, wieder in den Weltraum zurückgestrahlt zu werden.

In dieser »Urwelt« bereitete Gott den ersten Menschen einen Garten, den er Eden nannte. Wie wir später noch sehen werden, macht es überhaupt keinen Sinn, nach der geografischen Lage des Gartens Eden zu suchen, da die vorsintflutliche Welt durch die weltweite Sintflut dermaßen unterging, dass Noah und seine Familie, so ähnlich wie die Astronauten bei ihrem ersten Mondflug, ihren Fuß tatsächlich auf einen fremden Planeten setzten. Auch wenn in 1. Mose 2,14 die beiden Flüsse Hiddekel (Tigris) und Euphrat erwähnt werden, so sind damit sicher nicht die uns heute bekannten Flüsse im Irak gemeint. Vielmehr ist anzunehmen, dass die Menschen nach der Flut, als sie in die Ebene Mesopotamiens kamen und sich zwischen diesen beiden Flüssen niederließen, den beiden Flüssen die gleichen Namen gaben. Denn die Menschen nach der Sintflut kannten die Urgeschichte bestens, welche ihnen von Noah und seinen Söhnen in schriftlicher Form, vermutlich auf Ton- oder Steintafeln, überliefert worden war.

3.6.2 Ein einziger Kontinent

Nachdem am zweiten Tag der Wasserdampfgürtel auf der Atmosphäre geschaffen war, schied Gott am dritten Tag das Trockene vom Wasser. *»Es sollen sich die Wasser unterhalb des Himmels an **einen** Ort sammeln, und es werde sichtbar **das Trockene**. Und es ward also. Und Gott nannte das Trockene Erde, und die Sammlung der Wasser nannte er Meere«* (1Mo 1,9f, Hervorh. v. Autor). Die in diesen Versen verwendeten Worte lassen den Eindruck entstehen, dass im Anfang alles Land ein Ganzes, einen einzigen Kontinent bildete, denn es ist die Rede von »dem Trockenen«. Tatsächlich finden wir in den Erdschichten Hinweise dafür, dass während der frühesten Erdgeschichte die Kontinente ein Ganzes bildeten und erst später auseinander geschoben wurden. Dies ist heute auch eine sehr verbreitete Theorie in der Wissenschaft, welche unter dem Begriff »Continental Drift« (Kontinentalverschiebung) bekannt ist. In unserem Vers wurden des Weiteren die Wasser an »einen Ort« gesammelt, was darauf hinweist, dass alle Wasser miteinander verbunden sind; denn sie strömten durch das Anheben des Trockenen in einem Becken zusammen.

Die Beschaffenheit dieses Kontinentes war auch völlig verschieden von den heutigen Kontinenten. Insbesondere waren die Meere weniger tief und die Berge weniger hoch als heute. Die Erde war ursprünglich vollständig mit Wasser bedeckt. Von diesen Wassern wurde eine riesige Menge als Wasserdampf auf die Atmosphäre gehoben. Um das Trockene sichtbar zu machen, musste entweder das Trockene gehoben oder die Ozeanbecken gesenkt werden. Durch diese erstmalige Scheidung zwischen den Wassern und dem Trockenen war die Differenz zwischen dem höchsten Punkt und dem tiefsten Punkt unter dem Meer maximal 3000 Meter (heute beträgt diese Differenz mehr als 18.000 Meter). Diese Annahme beruht auf der heutigen Menge des Wassers in den Meeren, die eine völlig ebene Erde mit einer Wasserschicht von ca. 3000 Metern bedecken würde. Da die gesamte Erde durch die Wassermassen der Sintflut bedeckt war, kann es noch keine sehr hohen Berge und auch keine so tiefen Ozeanbecken wie heute gegeben haben. Die heute in den Meeren vorhandene Wassermasse ist dazu aber noch um einiges höher als in der damaligen Welt, da ja ein Teil des Wassers über die Ausdehnung gehoben wurde. Dieses Wasser regnete dann während der Sintflut wieder ab. Die damalige Landfläche muss im Verhältnis zu heute größer gewesen sein, denn die heutige Welt ist zu 2/3 mit Wasser bedeckt.

3.6.3 Die vorflutliche Kultur

Wenn wir uns ein Bild von den vorsintflutlichen Menschen machen möchten, müssen wir vorerst Abschied nehmen vom Bild eines primitiven Halbaffen, wie uns das von den Geschichtsbüchern her bestens bekannt ist. Die Schöpfung wurde von Gott als »sehr gut« bezeichnet, und der Mensch wurde in Gottes Bildnis und Gleichnis erschaffen, und es wurde ihm von Gott der »Odem des Lebens« in die Nase gehaucht. Damit war der Mensch als voll entwickeltes, geistiges Wesen erschaffen, der keiner weiteren Entwicklung bedurfte. So können wir davon ausgehen, dass der erste Mensch, Adam, uns eher überlegen war und sicher nicht primitiv und unterentwickelt. Wir erfahren zum Beispiel, dass Adam allen Tieren und Vögeln Namen gab. Hier wird uns Adams überragende Intelligenz gezeigt: Er vollbrachte mit der Namensgebung eine absolute Spitzenleistung von Intelligenz, denn er musste sich mindestens die Namen von 3500 Säugetieren, 8600 Vögeln und 5500 Kriechtieren und Lurchen ausdenken und im Kopf behalten. Des Weiteren war Adam einer Sprache kundig, von der wir zwar nicht wissen, welche es war, von der wir aber wissen, dass es sie gab, denn Gott sprach mit ihm. Daher ist es auch nahe liegend, dass die ersten Menschen bereits der Schrift kundig waren. Man kann sich hier auch die Frage stellen, wieso ein so intelligenter Mensch wie Adam, der tausenden von Tieren Namen geben und diese auch behalten konnte, nicht fähig gewesen sein soll, seine Gedanken und Worte aufzuschreiben. Dazu gibt es einen interessanten Ausspruch von Assurbanipal, einem assyrischen Herrscher. Dieser Herrscher, welcher der Besitzer einer riesigen Bibliothek in Ninive mit Schriftstücken auf Tontafeln war, behauptete nämlich mit stolzen Worten, dass er beschriebene Steine aus der Zeit *vor* der Sintflut gelesen hätte!

Wir lesen in der Heiligen Schrift von keiner kulturellen Entwicklung von der Steinzeit über die Bronzezeit bis hin zum »kulturellen Menschen«. Der erste Mensch Adam war uns in psychischer und wohl auch in physischer Hinsicht weit überlegen. Aber wir erfahren vor allem in 1. Mose 4 auch einiges über die kulturellen Errungenschaften der vorsintflutlichen Gesellschaft. So bauten die ersten Menschen, wie zum Beispiel Kain, bereits eine Stadt. »*Und er (Kain) wurde der Erbauer einer Stadt und benannte die Stadt nach dem Namen seines Sohnes Henoch*« (1Mo 4,17). In Vers 21 lesen wir weiter: »*Und der Name seines Bruders war Jubal; dieser wurde der Vater all derer, die mit der Zither und der Flöte umgehen*«. Die ersten Menschen hatten also neben einer voll entwickelten Sprachfähigkeit und der Begabung, Städte zu bauen auch bereits die musische Seite entdeckt, mit der Fähigkeit, Instrumente herzustellen und auf diesen, im Vers werden nur die Zither und die Flöte genannt, Musik zu spielen. Von den letzten uns übrig gebliebenen Vorstellungen über einen steinzeitlichen Menschen müssen wir nach dem Lesen des Vers 22 Abschied nehmen, wo nämlich steht: «*Und Zilla, auch sie gebar, und zwar den Tubal-Kain, den Vater all derer, die Kupfer und Eisen schmieden*». Also keine Entwicklung von der Steinzeit über die Bronzezeit zur Eisenzeit, sondern direkt zur Eisenzeit. Die vorsintflutliche Menschheit war der Schmiedekunst kundig und kannte natürlich auch den Bergbau, weil es keinen Grund gibt anzunehmen, dass das Eisen früher anders gewonnen wurde als heute. Dies bedeutet, dass die Menschheit Bergbau betrieb, das gewonnene Erz zu Eisen verarbeitete und aus diesem Roheisen Werkzeuge und Waffen und wahrscheinlich auch Schmuck und Verzierungsgegenstände schmiedete. Wenn wir uns im nächsten Kapitel mit der Sintflut beschäftigen, werden wir noch sehen, dass Noah und seine Leute in der Lage waren, eine Arche aus Holz in der Größe eines heutigen Hochsee-Schiffes zu bauen.

3.6.4 Die zehn Könige

In 1. Mose 5 wird uns der Stammbaum von Adam bis Noah vorgestellt (siehe dazu die Abbildung in Abschnitt 2.2.5). Auffallend an dieser Liste ist einerseits das relativ hohe Alter bei der Zeugung der Söhne und anderseits das sehr hohe Lebensalter. Über dieses hohe Lebensalter ist in den vergangenen 200 Jahren sehr viel geredet und spekuliert worden. Wir haben aber bereits gesehen, dass das Klima vor allem durch den Wasserdampfgürtel idealer auf das biologische Leben abgestimmt war, und auch, dass die dichtere Ozonschicht die für den Menschen schädliche kosmische Strahlung zu einem hohen Prozentsatz abschirmte. Deshalb kann man ruhig den Schilderungen der heiligen Schrift Glauben schenken. Von Henoch lesen wir, dass er mit Gott wandelte; und er war nicht mehr da, denn Gott nahm ihn hinweg (1Mo 5,24). Dies ist der Grund, weshalb Henoch »nur« 365 Jahre alt wurde und nicht starb. Neben ihm gibt es nur noch einen Menschen, der nicht sterben musste, nämlich Elia. Deshalb vermuten einige Ausleger, dass diese beiden Menschen in der Endzeit wieder auf die Erde zurückkehren, um eben auch wie alle anderen Menschen durch den Tod gehen zu müssen. Es ist auch interessant, dass keiner dieser Ahnenreihe während der Sintflut ums Leben kam, denn alle starben vor der Sintflut, die nach dieser Ahnenreihe im Jahre 1656 nach Adam stattfand. Der Vater von Noah, Lamech, starb nämlich 5 Jahre vor der Sintflut und der Vater von Lamech, Metuschelach, starb in dem Jahr, in welchem die Sintflut hereinbrach.

Interessant ist auch eine Parallele aus der babylonischen Überlieferung von dem Mardukpriester und Geschichtsschreiber Berossos (280 v.Chr.).

Wie 1. Mose 5 kannten auch die Babylonier zehn vorsintflutliche Könige, die nach Berossos während insgesamt 432.000 Jahren (nach anderen babylonischen Texten 456.000 Jahre) gelebt haben, das sind für jeden dieser zehn Könige im Durchschnitt ca. 40.000 Jahre. In dieser Königsliste wird ebenfalls wie in 1. Mose 5 vom siebten König berichtet, wie er von den Göttern aufgenommen und in ihre Geheimnisse eingeweiht wurde. Und schlussendlich ist auch der zehnte dieser Könige derjenige, dessen Regierungszeit durch die Sintflut beendet wurde. Das macht deutlich, dass die Babylonier nicht nur die Erinnerung an die Sintflut bewahrt haben, sondern auch die Erinnerung, besser noch die Überlieferung an die Zeit vor der Sintflut. [13] Sind bereits die Altersangaben in der Heiligen Schrift im Verhältnis zu unserer heutigen Lebensspanne sehr hoch (sodass wir gerne an diesen Angaben zweifeln), so sind sie in der babylonischen Überlieferung fern von jeglicher historischen Glaubwürdigkeit.

3.6.5 Der Kult der Menschen

Auch die Verse von 1. Mose 6,1-4 haben manchem Gelehrten in den letzten 200 Jahren Kopfzerbrechen bereitet. Eine mögliche Erklärung ist die, dass es nach dem Brudermord (Kain erschlug bekanntlich seinen Bruder Abel) mit der Geburt von Seth, im Prinzip dem »Nachfolger« von Abel, zwei verschiedene Menschheitslinien gab, die »göttliche« Linie von Abel, die durch Seth fortgesetzt wurde, und die kainitische Linie, welche die »widergöttliche« Linie darstellte. Des Weiteren wird uns berichtet, dass Kain eine Stadt baute. Als Stadt wird in der Regel eine Niederlassung mit Befestigungsbauten, die Schutz gegen eine feindliche Umgebung bieten, bezeichnet. Die Entstehung von Städten bereitet bekanntlich auch den Weg für das Königtum vor. Hier bei Kain beginnt nämlich das leidenschaftliche Bemühen des Menschen, seinem eigenen Namen auf der Erde Geltung zu verschaffen. Dies soll mit dem Aufbau eines gigantischen Königtums auf Erden erreicht werden. Dieses Thema wird in unseren Versen mit dem Bericht über die dynamische Vermischung von Göttersöhnen der herrschenden Geschlechter mit Frauen aufgenommen. Damit ist für Gott der Höhepunkt der Greuel erreicht; sie fordern die göttliche Vergeltung heraus. Der Begriff »Gottessöhne« oder eben vielleicht besser »Söhne der Götter« bestätigt nämlich Vorstellungen in alten Texten von einem göttlichen Königtum, in dem menschliche Könige oft als Söhne der verschiedenen Götter bezeichnet wurden. Dieser blasphemische Kult bildete einen Höhepunkt der kainitischen Vorliebe, dem eigenen Namen Geltung zu verschaffen. Weiter heißt es: »Sie nahmen sich zu Frauen, welche sie wollten«. Damit ist wahrscheinlich Polygamie gemeint, wie dies in königlichen Harems üblich war. Des weiteren deuten diese Verbindungen auf »religiöse« Mischehen zwischen Sethiten und Kainiten hin. Auch dies war für Gott ein Greuel. Auf eine königliche Abstammung deuten auch die Worte: »Das sind die Helden, die in der Vorzeit waren, die berühmten Männer!« hin. Die Körpergröße mag dabei auch eine Rolle gespielt haben, denn zu Beginn des Verses werden sie als »Riesen« bezeichnet, doch die »Helden« deuten vielmehr auf eine politische Vormachtstellung hin. An den Höfen der Gottkönige erhoben sich mächtige Prinzen, die die Macht ihrer Väter durch tyrannische Ungerechtigkeit vergrößerten. Dies ist ja auch der Hauptgrund dafür, dass es Gott »reute«, den Menschen erschaffen zu haben. Denn Gott sah »*dass die Bosheit des Menschen auf der Erde groß war und alles Sinnen der Gedanken seines Herzens nur böse den ganzen Tag*«. Es war also die Bosheit des Menschen, die Gott dazu bewogen hatte, die vorsintfliche Welt untergehen zu lassen. Und weiter sprach Gott: »*Mein Geist soll nicht ewig im Menschen bleiben, da er ja auch Fleisch ist. Seine Tage sollen 120 Jahre betragen*«. Noah war demzufolge wahrscheinlich ein Prophet Gottes, der den damaligen Menschen diese Botschaft übermitteln musste. Diese Auslegung der Heiligen Schrift, dass es bereits in der Vorzeit einen »Götterkult« gegeben haben könnte, wird auch dadurch bestätigt, dass die Götter, die ursprünglich in Babylon entstanden sind, »vergöttlichte« Könige sind. Diese Könige wurden nach ihrem Tod oder manchmal gar noch während ihrer Lebenszeit in den Stand eines »Gottes« gehoben. So sind alle uns bekannten Götterkulte der alten Kulturen letztlich in Babylon entstanden, indem die verschiedenen Herrscher vergöttlicht wurden. Diese Tendenz der Vergöttlichung von Menschen war also bereits in der vorsintflutlichen Zeit im Menschen vorhanden, und sie ist auch im modernen Menschen (leider) noch nicht verloren gegangen. Haben wir nicht auch die Tendenz, berühmte Menschen zu idealisieren und auf einen Sockel zu stellen? Von der Verehrung eines Idols bis zur Anbetung eines Götzen ist es aber nur noch ein sehr kleiner Schritt.

Woher hatte Kain seine Frau?

Eine der am häufigsten gestellten Fragen ist die nach der Herkunft von Kain's Frau. Hierüber existieren die verrücktesten Spekulationen. Die einzige logische Antwort darauf ist, dass Kain entweder eine Schwester oder eine Verwandte von ihm heiratete. Denn aus der Bibel erfahren wir nicht, wie viele Söhne und Töchter Adam und Eva hatten, denn dort steht nur »*... und er zeugte Söhne und Töchter*« (1Mo 5,4). Wir erfahren auch nicht, ob Kain und Abel die erstgeborenen Söhne waren und ob sie bereits Geschwister hatten. Auch erfahren wir nicht, wie alt Kain und Abel waren, als der Brudermord geschah. Diese Episode wird uns deshalb so ausführlich geschildert, weil sie die Ursache für die anschließende Spaltung der Menschheit in eine widergöttliche (die Kainiten) und eine göttliche Linie (die Sethiten) ist. Die Geburt Seths wird deshalb speziell erwähnt, weil er die göttliche Linie von Abel fortsetzte.

Bedeutung der 120 Jahre

Der Satz: »*Seine Tage sollen 120 Jahre betragen*« in 1. Mose 6,3 könnte noch eine weitere Bedeutung haben, nämlich die, dass Gott das biologische Leben des Menschen auf maximal 120 Jahre begrenzte. Das geschah nach den in der Bibel überlieferten Biographien tatsächlich innerhalb von etwa 10 Generationen. Man weiß heute, dass die DNS in unseren Zellen so genannte Telomere enthalten, die maßgebend sind für das Alter der betreffenden Zellen. Telomere sind die Enden der Chromosomen. Bei jeder Zellteilung werden sie etwas kürzer. Sobald ihre Länge gegen Null geht, stirbt die Zelle. (20) Unser Alter ist also abhängig von der Anzahl Zellteilungen und der Länge der Telomere. Sie erlauben heute für den Menschen tatsächlich ein mögliches Alter von 120 Jahren. Offenbar war vor der Flut entweder die Zeit zwischen zwei Zellteilungen viel größer als heute oder die Telomere waren viel länger. Durch die verstärkte Wirkung der kosmischen Strahlung nach der Flut sind mehr schädliche Mutationen in unseren Zellen aufgetreten. Wahrscheinlich haben diese Mutationen die Zellteilungsrate und/oder die Länge der Telomere oder beides verändert, wodurch sich das Lebensalter verkürzte. Ist es nicht erstaunlich, dass das, was uns die Wissenschaftler heute sagen (dass die Grenze unserer Lebensdauer bei 120 Jahren liegt), schon seit über 3500 Jahren in der Bibel steht? (Quelle: Pro-Genesis, Das Schöpfungsmodell, Seite 170 und factum 9/1996, Seiten 18-23)

Die Sintflut

4.1 Die Arche Noah

4.1.1 Der Grund der Sintflut

Bei der Sintflut handelt es sich um die zweite Katastrophe für die Menschheit mit globalem Ausmaß. Der Sündenfall des Menschen, der mit einem Abfall von Gott einherging, wurde für die Menschheit, aber auch für die ganze Natur die größte Katastrophe aller Zeiten. Der Mensch verlor nicht nur die direkte Gemeinschaft mit Gott, sondern die gesamte biologische Natur veränderte sich, und destruktive Strukturen und der Tod hielten Einzug in die einst »sehr gute« Schöpfung Gottes. Auch die Herrschaft über die Erde ging der Menschheit verloren, fortan ist Satan oder Luzifer, der einstige »Lichtträger« Gottes, der Herr dieser Welt. Wie bereits Luzifer an seiner Überheblichkeit gescheitert war, so scheiterte auch das erste Menschenpaar an seiner Überheblichkeit, an der menschlichen Hybris, denn auch sie wollten sein wie Gott. In der vorsintflutlichen Welt sehen wir auch wieder die menschliche Hybris, die menschlichen Bemühungen, sich auf dieser Erde Geltung zu verschaffen, was bereits bei Kain seinen Anfang nahm. In der kainitischen Linie begann das Streben des Menschen, sich eigene Götter zu schaffen, seine eigenen Herrscher zu vergöttlichen, an die Stelle Gottes zu setzen. In der damaligen Zeit nahm der Götzenkult, der durch die gesamte Weltgeschichte Bestand haben wird, seinen Anfang. Deshalb müssen wir annehmen, dass dieses Streben nach menschlichen Göttern im gefallenen Wesen des Menschen latent vorhanden ist. Also, er ist kein »guter« Mensch, der von seiner Umgebung im Laufe seines Lebens »schlecht und böse« gemacht wird, wie uns dies heute vor allem durch die Psychologie gelehrt wird, sondern ein von Grund auf »böser« Mensch, der letztlich nur seinen eigenen Vorteil im Auge hat und das Bestreben in sich trägt, sich vor den anderen Menschen Geltung zu verschaffen. Dies bedeutet demnach, dass das Streben nach Macht über andere Menschen eines der Grundübel der von Gott abgefallenen Menschheit ist.

»Und der Herr sah, dass die Bosheit des Menschen auf der Erde groß war
und alles Sinnen der Gedanken seines Herzens nur böse den ganzen Tag«
(1Mo 6,5). Hier wird uns der Grund für die Sintflut klar und präzise mitgeteilt: »Alles Sinnen der Gedanken seines Herzens ist böse.« Es ist nicht nur
sein Geist, sein Verstand, der ihn zur Bosheit antreibt, nein, seine Bosheit
steckt viel tiefer; sie steckt in seinem Herzen; es sind die Gedanken seines
Herzens, die böse sind. Das Herz ist das Zentrum des Menschen, es ist die
Schaltzentrale des Geistes, der Seele und des Körpers; es ist letztlich das
innerste Wesen des Menschen. Das Herz ist das beherrschende Organ des
Menschen, es ist mehr als nur eine »Pumpe«, das Herz vereinigt in sich das
Menschsein selbst. Dies zeigt auch auf, dass die Bosheit im Menschen
steckt und nicht von außen in den Menschen kommt. Wir müssen uns be-
wusst sein, dass wir Menschen von Grund auf »böse« sind. Das Böse kann
in diesem Zusammenhang auch die Bedeutung haben von »Gottesferne«.
Wir werden in dieser Gottesferne geboren und haben die Wahl, in dieser
Gottesferne zu verbleiben und zu sterben oder die Gottesnähe zu suchen.
Erst nach dem Entschluss, aus der Gottesferne herauszutreten und Gott zu
suchen, kann aus dem »bösen« Menschen ein »guter« Mensch werden.
Nicht wir können das bewirken, sondern alleine Gott kann diese Veränderung in uns bewirken. Deshalb spricht Paulus auch davon, dass wir »den alten Menschen« ablegen und den »neuen« Menschen anziehen müssen. Die
»Neu- oder Wiedergeburt« bedeutet demnach auch, dass wir im Grunde
genommen neue Geschöpfe werden, nämlich Geschöpfe, die zur Gemeinschaft mit Gott befähigt sind.

  »Und es reute den HERRN, dass er den Menschen auf der Erde gemacht
hatte, und es bekümmerte ihn in sein Herz hinein. Und der HERR sprach:
Ich will den Menschen, den ich geschaffen habe, von der Fläche des Erd-
bodens auslöschen, vom Menschen bis zum Vieh, bis zu den kriechenden
Tieren und bis zu den Vögeln des Himmels; denn es reut mich, dass ich sie
gemacht habe. Noah aber fand Gunst in den Augen des HERRN« (1Mo 6,6-
8). Es reut Gott, dass er den Menschen erschaffen hat und es bekümmert
ihn in sein Herz hinein. Auch bei Gott ist das Herz der Mittelpunkt, im Herzen ist die Liebe. Gott ist bekümmert, weil seine unendlich große Liebe
vom Menschen nicht erwidert wird, sein Herz ist bekümmert. Aber auch
hier müssen wir wieder festhalten, dass es für Gott keine Überraschung
war. Er wusste dies von Anbeginn der Schöpfung an, und nur seine unendliche Liebe zu den Menschen hielt ihn davon ab, den Schöpfungsplan aufzugeben. Aber trotzdem ist Gott bekümmert vom Treiben der Menschen,
das nur auf den eigenen Vorteil ausgerichtet ist, das nur die eigene Überhe-
bung über andere Menschen zum Ziel hat, um sich selbst in den Stand eines
»Götzen« zu setzen. Der Mensch will Gott sein und merkt nicht, dass seine

»Göttlichkeit« nichts anderes als eine hämisch grinsende, hässliche Fratze ist. Aber die Menschen beten lieber diese teuflische Fratze an, weil sie ihrem entfesselten Wesen näher liegt als die Reinheit der Liebe Gottes. Der Mensch zieht damit das Bild Gottes in den Dreck und geht seine eigenen Wege. Nur führen diese Wege immer weiter von Gott weg, in die Kälte und Finsternis der Gottesferne. Aber auch in dieser dunklen Stunde der Menschheit findet ein einziger Mensch Gunst in Gottes Augen, nämlich Noah. Noah ist der zehnte Nachkomme nach Adam und der letzte der »göttlichen« Linie vor der Sintflut. Auch hier sehen wir wieder – wie im Sündenfall – die Verheißung mitten in der Katastrophe. Indem Noah Gunst findet in den Augen Gottes, findet auch die Menschheit Gnade vor ihm. Die Menschen bekommen immerhin 120 Jahre Zeit, von ihren bösen Taten abzulassen und Gott zu suchen. In dieser Zeit baut Noah mit seinen Leuten an der Arche. Die Menschen können ihn dabei beobachten, sie können ihm Fragen nach dem Grund für den Bau dieser Arche stellen, und Noah wird ihnen Auskunft darüber geben, dass Gott beschlossen hat, die Menschheit vom Erdboden auszulöschen; aber Noah erntet wahrscheinlich nur Spott und Gelächter.

4.1.2 Der Bau der Arche

»Mache dir eine Arche aus Goferholz; mit Zellen sollst du die Arche machen und sie von innen und von außen mit Pech verpichen! Und so sollst du sie machen: Dreihundert Ellen sei die Länge der Arche, fünfzig Ellen ihre Breite und dreißig Ellen ihre Höhe. Ein Dach sollst du der Arche machen, und zwar nach der Elle sollst du sie von unten nach oben fertigstellen; und die Tür der Arche sollst du in ihrer Seite anbringen; mit einem unteren, einem zweiten und dritten Stockwerk sollst du sie machen« (1Mo 6,14-16)! Auch bei dieser Beschreibung von der Arche müssen wir wieder von den uns gewohnten Bildern eines kleinen Bootes mit einem Häuschen auf dem Deck, bei dem die Tiere alle zum Fenster herausschauen, Abschied nehmen. Die Dimensionen dieses Bootes sind vergleichbar mit der »Great Britain«, die im Jahre 1844 von Brunel entworfen wurde: Dieses Schiff war 98 Meter lang, 15 ½ Meter breit und 10 Meter hoch; damit ist es noch etwas kleiner als die Arche. Im Gegensatz zu Brunel, der aus der Erfahrung von 1000 Jahren Schiffbau in England schöpfen konnte, baute Noah mit der Arche das erste Schiff dieser Art. Die »Elle«, das Maß mit dem die Ausmessungen der Arche beschrieben wird, variierte in der Frühzeit zwischen 45 und 60 cm: Wenn wir vom kleineren Maß ausgehen, war die Arche mindestens 138 Meter lang, 22,5 Meter breit und 13,8 Meter hoch. Der Ozeanriese »Titanic« war zum Vergleich 251 Meter lang und 20 Meter breit und hatte eine Wasserverdrängung von 46.000 Bruttoregistertonnen. Die Arche

kam auf eine Wasserverdrängung von 43.000 Bruttoregistertonnen. Die Titanic ging, wie wir wissen, auf ruhigem Meer unter, die Arche aber blieb während der ganzen äußerst stürmischen, von katastrophalen Regengüssen und Flutwellen geprägten Zeit der Sintflut erhalten. Nach 120 Jahren Planen, Zeichnen und Bauen war dieses gigantische Schiff fertig. Nun war die Arche fertig gestellt, die durch das Verhältnis von Breite zu Länge von 1:6 mühelos imstande war, mit viel Fracht die Sintflut zu überstehen. Die Zeichnung, die nach der Beschreibung eines alten Armeniers angefertigt wurde, der nach eigenen Angaben als kleiner Junge diese Arche auf dem Ararat gesehen haben will, vermittelt einen guten Eindruck davon, wie dieses hochseetüchtige Schiff ausgesehen haben muss. [1]

Abbildung 4.1: Alfred Lee fertigte anhand eines auf Tonband festgehaltenen Berichtes diese Zeichnung der Arche Noah an. Ein alter Armenier hatte ihm von einer Reise in den Jahren 1902 und 1904 berichtet, während der er als Junge mit seinem Onkel die Arche gesehen haben will.

Gegner des Sintflutberichtes argumentieren immer wieder, dass die Menge der Tierarten sowie das benötigte Futter in diesem Schiff gar nicht Platz gefunden hätten. Bei diesem Argument müssen wir definieren, was denn eine geschaffene Art wirklich darstellt! Es stimmt natürlich, dass alle die heute bekannten »Arten« sowie die bereits ausgestorbenen »Arten« in dieser Arche tatsächlich keinen Platz gefunden hätten. Wenn wir aber von einem ursprünglichen Artbegriff ausgehen (Grundtyp), der in etwa mit der biologischen Familie übereinstimmt, dann kommen wir auf »nur« etwa 35.000 Wirbeltiere. Die Zahl der Tiere können wir nun zusammenfassen:

Säugetiere (heute noch lebend)	3.500
Vögel	8.600
Kriechtiere und Lurche	5.500
Total	17.600
diese Zahl verdoppelt (Männchen und Weibchen)	35.200

Wenn wir davon ausgehen, dass die durchschnittliche Größe eines Tieres etwa der Größe eines Schafes entspricht – und in der Arche hätten etwa 125.280 Schafe Platz gefunden – dann wurde durch diese Menge der Tiere nur gerade 1/3 des verfügbaren Platzes in der Arche beansprucht. Der übrige Raum könnte genutzt worden sein für andere Tiere, die ausgestorben sind, für Futtervorräte, für Insekten (eine Million Insekten benötigen nur gerade so viel Platz wie 5.000 Schafe) sowie für Noahs Familie. Bei den sehr großen Tieren wie den Dinosauriern können wir annehmen, dass nur Jungtiere in die Arche aufgenommen wurden. [2] Noah musste nun die Tiere nicht einfangen und in die Arche bringen, sondern sie kamen von selbst, um sie zu suchen, und Noah gewährte ihnen Einlass. Darin liegt die Kraft der Worte: »Sie werden zu dir kommen«. Das bedeutet, dass die Tiere nicht durch die Anstrengung des Menschen in die Arche kamen, sondern durch den Willen Gottes. Es war ja sein Gericht, welches durch ihn beschlossen wurde, also handelte Gott auch selbst in diesem Gericht. »*Und Noah tat alles, was ihm Gott gebot*« (1Mo 6,22). Das Bemerkenswerteste an der Geschichte der Arche ist der Glaube Noahs. Man muss sich das vorstellen: Es ist sehr gut möglich, dass Noah das Meer noch nie gesehen hatte und Gott ihm in Vers 17 offenbarte: »*Ich will eine Sintflut mit Wasser kommen lassen*«. Daraufhin begann Noah sofort, auf dem Trockenen ein riesiges Schiff zu bauen, ungeachtet des Spottes und des Unglaubens seiner Nachbarn, und setzte den Bau über mehr als hundert Jahre lang fort. Dieses Unterfangen muss damals auf der gesamten Erde bekannt gewesen sein, denn wer baut schon ein Schiff auf dem Trockenen? Wir können uns deshalb auch das Gelächter und den Spott der Menschen vorstellen, die sich das Werk ansahen. Und wir können uns auch vorstellen, wie groß der Glaube Noahs gewesen sein muss, dass er sein Unterfangen nicht aufgab und den Spott und das Gelächter der Menschen über hundert Jahre lang über sich ergehen ließ!

4.1.3 Der Ararat

Wir greifen jetzt der Geschichte etwas vor und gehen der Frage nach, ob es
möglich ist, dass sich die Arche noch heute auf dem Berg Ararat befindet,
auf der sie ja bekanntlich gelandet ist. Das Araratgebirge erhebt sich 5.165
m über den Meeresspiegel und liegt an der Grenze der drei Länder Russland,
Iran und Türkei. Das Gebirge ist unwirtlich und unbewohnt, es wachsen
dort keine Bäume und auf dem Gipfel liegt eine ganzjährige Eis- und
Schneeschicht. In der Vergangenheit tauchten immer wieder Berichte auf,
dass die Arche auf dem Berg gesehen wurde. Der älteste Bericht geht zurück auf Flavius Josephus, in dem er den babylonischen Priester Berossos
(280 v. Chr.) zitiert, der berichtet, dass Überreste der Arche auf dem »Berg
der Kurden«, wie der Ararat damals auch genannt wurde, zu finden waren.
Auch bei den Kirchenvätern finden wir solche Berichte. Der Niederländer
Jan Struys besuchte im Jahr 1670 auf dem Ararat einen Eremiten. Dieser
schenkte ihm ein Kreuz, das er aus dem Holz der Arche angefertigt haben
wollte. Der Eremit gab ihm gar eine schriftliche Bestätigung mit, dass er
das Holz für das Kreuz persönlich aus der Arche geschlagen hatte. Im Jahr
1856 unternahmen britische Gelehrte, begleitet von einem Armenier und
dessen Sohn, eine Expedition auf den Ararat. Sie fanden die Arche tatsächlich, da sie den Sintflutbericht aber ablehnten, legten sie einen Eid ab, zu
niemandem darüber zu sprechen. Auf dem Sterbelager hat einer der Führer
aber über diesen Fund gesprochen, und dieses Gespräch wurde vom Prediger Harold H. Williams aufgezeichnet. »Die Arche scheint unter dem Eis
des Gletschers begraben zu sein und halb in einem See unter der Spitze des
Berges zu stecken. Am Ende eines warmen Sommers wird manchmal ein
Teil der Arche sichtbar. In den Jahren 1902 und 1904 bestiegen ein arme-
nischer Junge und sein Onkel den Berg und fanden die Arche. Der Junge
emigrierte später unter dem Druck der Verfolgungen und Massenmorde
gegen die Armenier nach Amerika und starb dort im Jahr 1972. Es existiert
eine Bandaufnahme von seinem Bericht. Einer der bestbelegten Berichte
ist der einer russischen Expedition aus dem Jahr 1916, die auf Befehl des
Zaren Nikolaus II. stattfand. Nach Berichten von Piloten sandte er 150
Männer aus, die die Arche schon bald fanden. Als sie mit all ihrem Material, darunter auch Fotos, nach Russland zurückkehrten, war dort 1917 die
Revolution ausgebrochen, und seither ist dieses Material verschwunden.
Viele der ins Ausland geflohenen weißrussischen Soldaten bestätigten aber
unabhängig voneinander die Ergebnisse der Expedition.« [3] In den Jahren
1952 bis 1954 besuchte der Franzose Navarra den Berg und fand in einem
Loch des Eisfeldes ein großes Stück von fast schwarzem Holz. Ein bemer-
kenswerter Fund in einem völlig baumlosen Gebiet. Im Jahr 1972 schoss
der NASA-Satellit ERTS (Earth Ressources Technology Satellite) detail-

lierte Aufnahmen von dem Gebiet. Auf einem der Fotos war ein merkwür-
diger, rechteckiger Gegenstand zu sehen, der nicht auf diesen Berg zu pas-
sen schien. Außerdem lag dieser Gegenstand genau an der gleichen Stelle,
die immer wieder als Fundort angegeben wurde. Wenn die Arche tatsächlich eines Tages auf dem Berg entdeckt wird, dann würde das definitiv beweisen, dass die Sintflut tatsächlich ein historisches Ereignis ist und dass
es sich bei der Sintflut um mehr als eine nur lokale Flut gehandelt hat; denn
die Sintflut war, wie wir noch sehen werden, eine Katastrophe von globalem Ausmaß (über die Arche Noah und insbesondere den Berg Ararat wurde von einigen Jahren ein Video produziert, das beim Hänssler-Verlag im
Vertrieb ist).

4.2 Die Sintflut

4.2.1 Ausmaß der Sintflut

*»Und es geschah nach sieben Tagen, da kamen die Wasser der Flut über
die Erde. Im 600. Lebensjahr Noahs, im zweiten Monat, am siebzehnten
Tag des Monats, an diesem Tag brachen alle Quellen der großen Tiefe auf,
und die Fenster des Himmels öffneten sich. Und der Regen fiel auf die Erde
vierzig Tage und vierzig Nächte lang«* (1Mo 7,10-12). In diesen Versen erfahren wir alles über die Art und Weise der Sintflut. Sieben Tage, nachdem
Gott diese Worte zu Noah gesprochen hatte, brach die zweitgrößte aller
Katastrophen über die Erde herein. Wir wissen nicht genau, was die »Quellen der großen Tiefe« sind, aber vielleich kann man sich darunter die unter-
meerischen Vulkane vorstellen. In vielen Teilen der Welt sind Hunderttausende von Quadratkilometern der Erdoberfläche Vulkangestein. In der
Dekhan-Ebene in Indien ist die Lavadecke über 3.000 m dick. [4] Wir können uns das so vorstellen, dass sich aus dem ganzen Ozeanboden, dem
dünnsten Teil der Erdkruste, an einem einzigen Tag eine gewaltige Katastrophe entwickelte. Bedingt durch Kräfte unbekannter Art (eventuell
durch das Kippen der Erdachse), wurde der gesamte Ozeanboden angehoben. Dieses Geschehen wurde begleitet von gewaltigen vulkanischen Ex-
plosionen, durch die unvorstellbare Mengen Flüssigkeit, Magmen und
auch Wassermassen, als riesige »Brunnen« frei wurden. Diese »Quellen
der großen Tiefe« führten zu gewaltigen Erdbeben und waren die Auslöser
von gigantischen Flutwellen. [5]

Der Beginn und der Ablauf der Sintflut ist aus heutiger Sicht sehr
schwer nachvollziehbar, und es gibt (noch) kein Sintflut-Modell, das die
geologischen Befunde ganz ohne Widersprüche erklären könnte. Das wird
vielleicht auch nie möglich sein, da diese globale Katastrophe Zerstörun-

gen unvorstellbaren Ausmaßes verursacht hat. Über den Beginn der Sintflut äußerte der große Astronom Edmund Halley (1690), nach dem auch ein
Komet benannt wurde, die Vermutung, dass eine unmittelbare Ursache für
die Sintflut auch darin bestanden haben könnte, dass die Erde damals um
23 ½ Grad aus ihrer senkrechten Lage kippte. Diese Lage von 23 ½ Grad
hat sie bekanntlich auch heute noch. Wenn wir uns dieses Kippen um 23 ½
Grad als Ursache für die weltweite Sintflut vorstellen, denn der Begriff
»Flut« impliziert ja mehr als nur einen vierzigtägigen Dauerregen, dann
müsste von den Weltmeeren aus zweimal am Tag eine mächtige Flutwelle
um die Erde gegangen sein. Die aus den Polargebieten mitgerissene Luft
hätte ihre Wärme verloren und hätte dort sofort zu Frost geführt, woraus die
Polkappen entstanden sein könnten. [6] Dass es vierzig Tage lang ununterbrochen regnete, was auf der heutigen Erde ja nicht mehr möglich ist, ist
darauf zurückzuführen, dass die Wasserdampfhülle, die bis dahin die Erde
umgeben hatte, aufbrach und auf die Erde abregnete. Es gibt heute mehr als
genug Wasser auf der Erde, um damit die ganze Welt zu ertränken, denn
die Wassermenge der Ozeane würde auf einer glattgewalzten Erde überall
eine Höhe von 3.000 m aufweisen. Vor der Sintflut gab es wahrscheinlich
auch keine hohen Berge, denn wir wissen, dass die großen Gebirgszüge
(Anden, Alpen, Himalaya) aus fossilführendem Sedimentgestein gebildet
wurden. »Die wichtigste Bedeutung des Niederschlags lag darin, dass die
unvorstellbar schweren Regenfälle eine gewaltige, erodierende Wirkung
auf Boden und Felsen ausgeübt haben müssen. Schon bald flossen gewaltige Wasserströme an den Abhängen herunter und führten dabei die ersten
sedimentären Materialien mit sich, die durch Turbulenz und Reibung stark
zur Erosion beitrugen. Die kleinen Flüsse suchten ihren Weg zum nächst-
gelegenen Strom und wuschen durch fortwährende Erosion riesige Becken
aus, wobei sie dicke Ablagerungen hinterließen.« [7]

4.2.2   Bildung von Erdschichten

Bei einer solchen Katastrophe von globalem Ausmaß, wie die Sintflut es
war, muss eine gewaltige sedimentäre Aktivität stattgefunden haben. Diese
sedimentäre Aktivität wurde verursacht durch unvorstellbare Regengüsse,
durch die »Quellen der großen Tiefe«, gigantische Magmaeruptionen, Erdbeben und gewaltige Flutwellen. Dadurch musste die Erdkruste schon bald
aufbrechen. Auf dem Meeresgrund wurden durch den aufgewühlten Sand
und die aufbrechende Erdkruste Millionen von wirbellosen Tieren lebendig
begraben und damit entstanden die ersten Erdschichten. Die untersten Erdschichten enthalten denn auch tatsächlich die Überreste von wirbellosen
Meerestieren, die auf dem Meeresboden leben. Als nächstes wurden die Fische und Wassertiere von den Sand- und Erdmassen begraben und damit

entstanden diejenigen Erdschichten, in denen man Überreste von Fischen findet. Durch die Flutwellen und die unaufhörlichen Regengüsse, erodierte auf dem Festland der Erdboden weg, was dazu führte, dass massenhaft Bäume entwurzelt und zum Meer transportiert wurden. Die Hügel und Berge fielen unter dem Druck der Wassermassen von selbst auseinander und wurden von den Wassern mitgerissen.

Die von den Wassermassen mitgerissenen Felsblöcke brachen auseinander und formten sich allmählich zu Steinen, Kiesel und zu Sand. Die gewaltigen Wassermassen rissen Schlamm und Steine mit sich und Unmengen von Tieren und Pflanzen wurden überflutet und mitgerissen. Schließlich, als die Wasser endlich zur Ruhe kamen, lagerten sich die Sedimente in dicken Schichten nieder, die sich bald zu Gestein verhärteten.

Abbildung 4.2: Polystrater (durch verschiedene Schichten hindurchgehender) Baumstamm in Swansea, New South Wales, Australien. Die ganze Schichtenfolge wurde so schnell abgelagert, dass der Baumstamm weder verfaulen noch zerfallen konnte. Die Erklärung solcher Belege für eine schnelle Entstehung der Erdschichten bereitet den Evolutionisten beträchtliche Schwierigkeiten.

»Nach den Gesetzen der hydrodynamischen Selektivität würde eine Wasserflut, die dermaßen mit schweren Stoffen beladen ist, ihre Fracht als horizontale und aufeinander gestapelte Schichten absetzen. Die Reihenfolge dieser Schichten würde bestimmt werden von den spezifischen Gewichten und dem Abrundungsgrad der Teilchen in den Ablagerungsstoffen.« [8] Die heranrollenden Flutwellen aus verschiedenen Richtungen würden die verschiedenen Materialien so in den verschiedenen Schichten ablagern. [9]

Durch diesen angenommenen Ablauf der Sintflut, entstand als überraschendes Ergebnis eine »geologische Zeittafel«. Diese wurde nicht während Millionen von Jahren gebildet, sondern in der Zeit während und nach der Sintflut. Die Erdschichten entstanden in einer geologisch unglaublich kurzen Zeit und erhielten in den Jahrhunderten nach der Sintflut ihre endgültige Form. Die geologische Zeittafel, mit der die evolutionistischen Geologen arbeiten, ist für unsere Betrachtungen, wenn wir den Begriff »Zeittafel« einmal vergessen, ein brauchbares Instrument, weil es eine grobe Reihenfolge der Erdschichten bietet, wie wir sie im Erdboden antreffen, wobei es keinen einzigen Ort auf der Erde gibt, an dem genau die vermutete Reihenfolge und Vollständigkeit dieser Schichten beobachtet werden kann. Diese geologische Zeittafel ist deshalb in ihrer Gesamtheit ein theoretisches Gebilde (siehe dazu die Abbildung im Abschnitt 4.3.2), dennoch aber keineswegs eine »Erfindung«.

4.2.3 Sintflut-Überlieferungen

Nicht nur die Bibel berichtet über die Sintflut als historisches Ereignis, sondern es gibt Erzählungen und Überlieferungen bei allen Völkern über dieses einschneidende Ereignis. Diese Erzählungen und Überlieferungen weisen teilweise sehr große und eindrucksvolle Übereinstimmungen mit der biblischen Erzählung auf. Es würde auch überraschen, wenn eine solche Katastrophe in der Menschheitsgeschichte in den Überlieferungen der verschiedenen Völker nicht erhalten geblieben wäre. Der Sintflutbericht wurde von Noah selbst bzw. von seinen Söhnen geschrieben, und dieser Bericht war in der Anfangszeit der Menschheit nach der Sintflut Allgemeinwissen. Nach der Zerstreuung der Völker über die ganze Erde nahmen diese ihr Wissen mit. »Bereits 1869 hat Lüken und 1925 Riem solche Überlieferungen aus allen Teilen der Welt zusammengetragen. Riem hat 268 Sinflutgeschichten, 35 weitere Nachweise und 21 Regenbogensagen aus aller Welt zusammengestellt und ausgewertet. Er kam dabei zu dem Ergebnis, dass einige der Überlieferungen so viele Parallelen zum biblischen Bericht aufweisen, dass ein unmittelbarer Zusammenhang bestehen muss.« [10] Aus den zahlreichen Beispielen sollen im Folgenden drei

Flutberichte vorgestellt werden. Der berühmteste aller Sintflutberichte ist wohl der babylonische aus dem Gilgamesch-Epos, das im Jahr 1872 von George Smith auf Tontafeln gefunden wurde und aus der alten Bibliothek des babylonischen Königs Assurbanipal von Ninive (668 bis 626 v.Chr.) stammte.

1. Aus dem Gilgamesch-Epos

»Gilgamesch, ich werde dir ein Geheimnis offenbaren, und zwar werde ich dir ein Geheimnis der Götter erzählen«. So spricht Utnapishtim zu Gilgamesch und erzählt dann, wie die Götter beschlossen hatten, eine Sintflut über die Menschen kommen zu lassen, und wie Ea, der Gott der Weisheit, ihm dies verraten hatte und ihm befahl: »Brich dein Haus ab, baue ein Schiff! Gib deinen Besitz auf und versuche, dein Leben zu retten! Bringe Samen von allen lebendigen Wesen in das Schiff«. Utnapishtim erzählt Gilgamesch und den Menschen, welche Beschreibung die Götter ihm gegeben hatten und wie er sich an die Arbeit machte: »Am fünften Tag brachte ich die ersten Balken. Die Grundfläche war ein »iku« (3600 m²), 120 Ellen war die Höhe der Wände, 120 Ellen war jede Seite des Daches. Sechs Decks übereinander brachte ich an. Ich sorgte für Ruderriemen und legte Vorräte an«. Nachdem das Pech aufgetragen war, brachte Utnapishtim alles an Bord: Besitz, Familie, Verwandte und die Tiere. Dann schloss er die Tür, und es begann zu regnen. Dieser Regen nahm solch gewaltige Ausmaße an, dass sogar »die Götter zusammenschreckten wie Hunde und vor Angst zu kriechen begannen«. Als jedoch der siebte Tag anbrach, nahmen die Stürme und die Wasserflut an Heftigkeit ab. Das Meer wurde still, der Sturm legte sich, die Wasserflut hörte auf. »Ich schaute aus auf das Meer, alles war ruhig. Ich bückte mich, setzte mich hin und weinte«. Dann erzählt Utnapishtim, wie das Fahrzeug auf dem Berg Nisir zum Stillstand kam. Am siebten Tag danach sandte er eine Taube aus, danach eine Schwalbe und schließlich einen Raben: »Der Rabe flog weg, und als er sah, dass die Wasser abgenommen hatten, flog er herum, fraß etwas, krächzte und kehrte nicht wieder. Dann sandte ich alle Vögel aus in die vier Windrichtungen und opferte ein Schlachtopfer«. Weil Utnapishtim als Auserkorener unter den Menschen die Katastrophe überlebt hatte, segnete einer der Götter, der Kriegsgott Enlil, ihn und seine Frau und sprach: »Bis jetzt ist Utnapishtim nur ein Mensch gewesen: doch nun sollen er und seine Frau uns Göttern gleich sein«. [11]

2. Chaldäa (Babylonien)

Dieser Bericht geht auf den Griechen Berossos (um 280 v.Chr.) zurück. Dem vorsintflutlichen König Xisuthros offenbart Kronos, dass am 15. des Monats Däsios die Menschen durch eine große Wasserflut umkommen sollten, und befiehlt ihm, die vorhandenen Schriften in Sippara zu vergraben, ein Schiff zu bauen, mit seinen Verwandten und Freunden hineinzugehen, Speisen und Getränke mitzunehmen und auch Vögel und vierfüßige Tiere darin aufzunehmen. Xisuthros baut das Schiff 15 Pfeilschüsse lang (das sind 2900 Meter) und zwei Pfeilschüsse breit (knapp 400 Meter) und geht mit Frau, Kindern und Freunden hinein. Die Flut kommt, nimmt aber bald wieder ab. Xisuthros entlässt einige kundschaftende Vögel, die aber zurückkehren. Nach einigen Tagen sendet er abermals Vögel aus, die auch zurückkommen, aber Schlamm zwischen den Füßen haben. Als er sie zum dritten Mal aussendet, kehren sie nicht mehr zurück. Nun öffnet Xisuthros das Dach des Schiffes und sieht, dass Letzteres auf einem Berg festsitzt; er steigt mit seiner Frau, einer Tochter und dem Steuermann des Schiffes aus, betet, baut einen Altar und bringt den Göttern Opfer dar; darauf verschwindet er mitsamt den übrigen Ausgestiegenen. Die im Schiff Zurückgebliebenen hören ihn später vom Himmel her sagen: »Ihr sollt die Götter ehren! Wir sind wegen unserer Frömmigkeit von den Göttern in den Himmel gerufen worden. Wo ihr euch jetzt befindet, ist Armenien. Geht nun zurück nach Babylon, baut Städte und Tempel und grabt die Schriften wieder aus!« Von dem Schiff aber sieht man noch jetzt (gemeint ist die Zeit um 280 v.Chr.) auf dem Gebirge der Kordyäer in Armenien Reste, und das von dem Schiff abgekratzte Pech dient als Heilmittel. [12]

3. Afrika (Massai)

»Tumbainot war ein frommer Mann, den Gott liebte. Auf die von Nambija begangene Mordtat hin beschloss Gott, die Menschen zu vernichten. Nur der fromme Tumbainot hatte Gnade vor Gott gefunden. Gott befahl ihm eine Hütte aus Holz, eine Arche, zu bauen und mit seinen zwei Frauen, seinen sechs Söhnen und deren Frauen hineinzugehen, sowie einige Tiere von jeder Art mitzunehmen. Nachdem Menschen und Tiere im Kasten untergebracht waren, ließ es Gott lange und heftig regnen, sodass eine große Überschwemmung entstand und die Arche auf den Wassern der Regenflut schwamm. Endlich hörte der Regen auf und Tumbainot wollte sich über den Stand des Wassers unterrichten. Er ließ daher eine Taube aus der Arche fliegen, die abends aber sehr ermüdet zurückkam. Einige Tage später ließ er einen Aasgeier ausfliegen, dem er einen Pfeil derart an eine der Schwanzfedern band, dass der Pfeil, sobald sich das Tier beim Fraß niedersetzte und ihn nachschleppte, festhaken und mit der betreffenden Feder zusammen verloren gehen musste. Als der Geier abends zur Arche zurückkam, fehlte ihm Pfeil und Schwanzfeder. Tumbainot ersah daraus, dass die Flut also im Schwinden begriffen sein musste. Als sich das Wasser noch weiter verlaufen hatte, landete die Arche in der Steppe, wo ihr Tiere und Menschen entstiegen. Beim Verlassen der Arche gewahrte Tumbainot vier

Regenbogen am Himmel, einen in jeder Himmelsrichtung. Dies galt ihm als Zeichen dafür, dass der Zorn Gottes vorüber war.« [13]

4. Vergleichende Auswertung

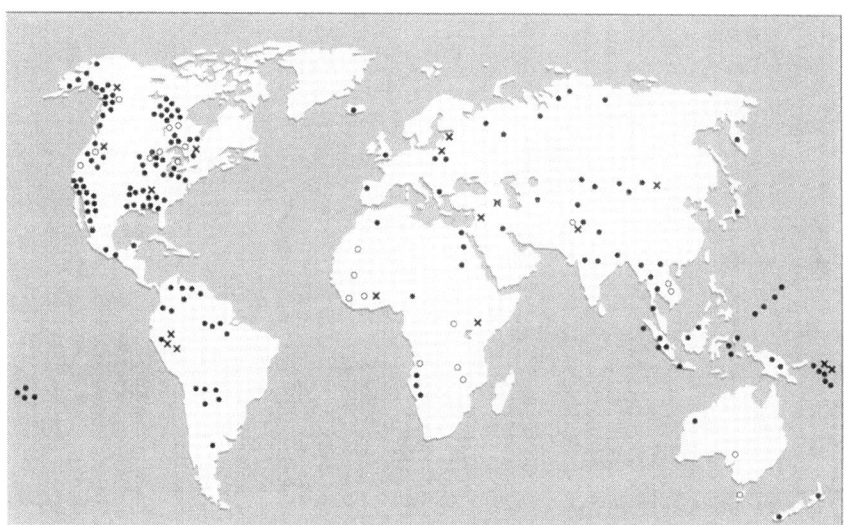

Abbildung 4.3: Auf dieser Weltkarte ist eine Auswahl der Orte markiert, an denen Sintfluterzählungen gefunden wurden. Die Markierungen haben dabei folgende Bedeutung: ● *= ausführlicher Bericht,* ○ *= Andeutung einer Flutsage,* x *= Regenbogensage.*

Als Ursache für die Flut wird überwiegend Verschulden des Menschen genannt, nämlich insgesamt 53-mal, die Sintflut wird bei 77 Berichten als eine Flut bezeichnet, und die Art der Rettung geschah 72-mal durch ein Schiff. Weitere Ähnlichkeiten bestehen darin, dass Vögel als Kundschafter ausgesandt wurden, um den Wasserstand zu ermitteln, und beinahe alle Überlieferungen berichten von einer kleinen Gruppe von Menschen, die als Auserwählte die Katastrophe überlebten. Viele Geschichten erzählen von einem Regenbogen als Zeichen der Versöhnung zwischen Gott und den Menschen. Auch die Darbringung von Dankopfern nach Beendigung der Katastrophe findet man in einigen Berichten.

4.2.4   Die Sintflut, eine historische Tatsache

Die Tatsache, dass der größte Teil der Völker in ihren Überlieferungen den Bericht der Sintflut aufbewahrt haben, spricht sehr stark dafür, dass dieses Ereignis tatsächlich auch stattgefunden hat. Wie sonst sollen so ähnliche Berichte, die zwar mythologisch und national gefärbt sind, aber im Kern der Aussage so stark mit der biblischen Überlieferung übereinstimmen, an so verschiedenen Orten auf der Erde entstanden sein, wenn nicht aus einer gemeinsamen Überlieferung oder einer Art von »Urerinnerung«? Diese Überlieferungen sind deshalb ein sehr starkes Argument dafür, dass die Sintflut tatsächlich stattgefunden hat. Das Gleiche gilt übrigens auch für den Turmbau von Babel sowie für die Existenz von Dinosauriern zusammen mit den Menschen. Weiter finden sich auch Berichte von drei Königen, die sich die Herrschaft der Erde teilten (Noahs Söhne?), über die Teilung der Erde, über den Turmbau und die Sprachverwirrung. Diese Überlieferungen sind uns bekannt aus Asien, bei Indianerstämmen in Nordamerika, aus Mexiko, Guatemala, Südamerika und Afrika und schließlich auch bei den Fidschi-Insulanern und den Bewohnern von Australien und Neuseeland. Nicht nur in den Überlieferungen der Völker sind Erinnerungen an die Sintflut erhalten geblieben, sondern auch in der chinesischen Sprache, wie wir am Schriftzeichen für »großes Schiff« ersehen können: Es setzt sich zusammen aus der Zahl Acht, dem Zeichen für Personen und dem Zeichen für Gefäß. Das entspricht ganz genau dem biblischen Bericht.

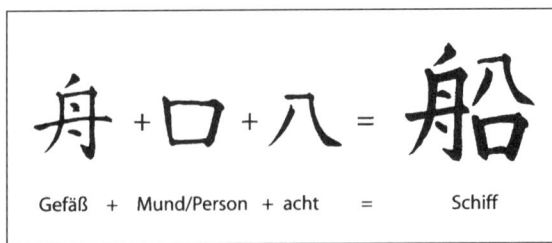

Abbildung 4.4: Das chinesische Schriftzeichen für »großes Schiff« setzt sich zusammen aus der Zahl Acht, dem Zeichen für Personen und dem Zeichen für Gefäß. Das entspricht ganz genau der biblischen Überlieferung

Das stärkste Argument, das für die historische Tatsache der Sintflut spricht, ist das Vorhandensein der Erdschichten, die sehr stark auf eine oder mehrere Katastrophen durch gigantische Überschwemmungen und Flutwellen von globalem Ausmaß hinweisen. Auf das wirklich gigantische Ausmaß dieser Katastrophe weisen die vielen fossilierten Massengräber hin, in denen Hunderttausende und gar Millionen und Abermillionen von Tieren zu finden sind, die nicht auf natürliche Weise gestorben sein können. »In dem

>Old Red Sandstone‹«-Gestein (160 km vor den Orkneys in Schottland)
wimmelt es förmlich von versteinerten Fischen, die eines gewaltsamen Todes gestorben sind. ›Die Tiere sind durcheinander gelagert, zusammenge-
drückt und gekrümmt; die Flossen sind in ihrer vollen Länge gespreizt, irgendeine entsetzliche Katastrophe muss so schnell gekommen sein, dass
sie ihre Opfer in dieser Stellung überrascht hat‹ (Hugh Miller).« [14] Dr.
Broome, ein südafrikanischer Paläontologe, schätzt, dass in der Karrufor-
mation, das sind Felsschichten mit einer Fläche von 518.000 Quadratkilometern Fläche, Skelette von ca. 800 Milliarden Tieren abgelagert sind, und
zwar hauptsächlich von Lurchen und Kriechtieren. Man muss sich da die
Frage stellen, wie diese Tiere überhaupt dorthin kamen.[15]

4.2.5 Wann fand die Sintflut statt?

Wir haben nun festgestellt, dass man die Sintflut tatsächlich als historisches Ereignis betrachten muss. Wir wenden uns nun der Frage zu, wann
es stattfand. Im Abschnitt 2.2.4 haben wir bereits über die revidierte Chronologie gesprochen. Wenn wir die Chronologie von Adam bis Abraham
aus der Bibel ableiten, dann hat die Sintflut 1656 Jahre nach Adam stattgefunden. Wenn wir davon ausgehen, dass die Schöpfung bzw. die Ausweisung des ersten Menschenpaares aus dem Paradies etwa 4000 Jahre v.Chr.
stattfand, dann hätte das Ereignis der Sintflut im Jahre 2344 v.Chr. stattgefunden. Was wir heute mit einiger Sicherheit sagen können, ist, dass Abraham tatsächlich etwa im 19. oder 20. Jahrhundert v.Chr. gelebt haben muss.
Dies würde dann auch mit der biblischen Chronologie übereinstimmen.
Was wir aber nicht können, ist nach außerbiblischen Angaben auf die Zeit
vor Abraham zurückzugreifen, weil die damaligen Völker keine chronologische Geschichtsschreibung kannten. Auch die Datierungen der modernen
Archäologie helfen uns nicht weiter, weil ihre Angaben sich oft ändern und
deshalb unzuverlässig sind. So wurde zum Beispiel in der »Encyclopaedia
Britannica« von 1929 der Zeitpunkt des Baues der Cheops-Pyramide mit
4800 v.Chr. angegeben. Zehn Jahre später wurden 1000 Jahre weggelassen
und seither ist das Alter nochmals um mehr als 1000 Jahre heruntergesetzt
worden auf 2850 oder 2600 v.Chr. (Anm. 1, Anhang B1). [16] Generell
sind die Altersangaben für die alten Kulturen in den letzten hundert Jahren
massiv nach unten korrigiert worden, und es gibt immer mehr Anzeichen
dafür, dass diese Ereignisse in der Vergangenheit um einiges jünger sind,
als wir heute annehmen. Man muss dabei auch berücksichtigen, dass viele
Wissenschaftler bei der Festlegung von Datierungen von einem Evoluti-
onsbild ausgehen, und die Datierungen deshalb tendenziell zu alt ausfallen.

Nach dem Konzept der 7000 Jahre ist die Geschichte der Menschheit bis zur heutigen Zeit ca. 6000 Jahre alt. Auf dieses Alter kommen wir auch, wenn wir es aus den Namenslisten und dazugehörenden chronologischen Angaben von 1. Mose 5 und 11 nach den zuverlässigen Abschriften des Urtextes berechnen. Der Erzbischof von Irland, James Usher (1581-1656), berechnete damals zusammen mit dem gelehrtesten Hebraisten jener Zeit, John Lightfoot, die Erschaffung der Erde für den 23. Oktober des Jahres 4004 v.Chr. um neun Uhr vormittags. [17] Auch wenn diese Berechnungen eine Genauigkeit vortäuschen, die nicht möglich und wahrscheinlich auch nicht beabsichtigt ist, so bestätigen sie doch das Alter der Menschheit, das nach der biblischen Chronologie tatsächlich etwa 6000 Jahre beträgt. An dieser Stelle muss nochmals betont werden, dass die biblische Chronologie die einzige existierende und in einer zeitlichen Reihenfolge überlieferte überhaupt ist. Es gibt auf der ganzen Erde bei keinem anderen Volk eine auch nur annähernd mit der biblischen zu vergleichende Chronologie. Für die Zeit vor etwa 664 v.Chr. (die Chronologie nach diesem Jahr gilt allgemein als »sicher«) gibt es auch keine außerbiblischen Ereignisse, die mit völliger Sicherheit datiert werden können. Es gibt somit keine vergleichbaren Ereignisse, an denen die biblische Chronologie »geeicht« werden könnte. Danach gibt es zwei Festsetzungen: 1. Der Beginn der Menschheit 4000 v.Chr. und 2. das Leben Abrahams, der im 20. und 19. Jahrhundert v.Chr. gelebt hat. Die Sintflut muss deshalb irgendwann zwischen ca. 2344 und 2500 v.Chr. angesetzt werden.

Aber es gibt trotzdem eine Möglichkeit, ganz grob zu schätzen, wann die Sintflut stattgefunden haben könnte. Dabei geht es aber nur darum, das ungefähre Jahrhundert dieses Ereignisses zu berechnen. Im Folgenden werden drei Hinweise beleuchtet, mit denen das Jahrhundert, in dem die Sintflut stattfand, berechnet werden kann:

1. Der Turmbau zu Babel

In der Bibel wird uns nicht mitgeteilt, wann dieses Ereignis stattfand, aber wir erfahren, dass der Turmbau unter Nimrod, dem gewaltigen Jäger aus 1. Mose 10,8-11, durchgeführt wurde. Aus diesen Versen erfahren wir, dass Nimrod der erste Gewaltherrscher auf Erden und gleichzeitig auch ein großer Bauherr war, denn er baute einige Städte, darunter auch Babylon. Nimrod war der Sohn Kuschs und Kusch wiederum war der älteste Sohn von Ham, einem der drei Söhne Noahs. Die Stadt Babylon und damit auch der Turm zu Babel wurden demnach unter Nimrod in der dritten Generation nach Noah erbaut. Wenn wir eine Generation mit 40 Jahren annehmen, dann ergibt dies etwa 120 Jahre, denn Noahs Söhne waren in der Zeit der Sintflut bereits erwachsene Männer, da sie verheiratet waren. Also konnte

Kusch bereits wenige Jahre nach der Sintflut geboren worden sein. Wenn Kusch nun Nimrod im Alter von etwa 50 Jahren zeugte und Nimrod in diesem Alter die Macht übernahm, dann würde dies 100 Jahre ergeben. Den Turmbau zu Babel können wir demnach ca. 100 Jahre nach der Sintflut ansetzen.

2. Gilgamesch-Epos

Im berühmten akkadischen Helden-Epos begegnen wir dem Helden Gilgamesch. Dieser war der dritte König nach Nimrod, und das Helden-Epos spielt am babylonischen Sternenhimmel. Werner Papke (Die Sterne von Babylon) hat aufgrund einer auf einer Tontafel (MUL.APIN) vermerkten Planeten-Konstellation für die Abfassung dieser Tontafel das Jahr 2.340 v.Chr. berechnet. [18] Es kann natürlich nicht festgestellt werden, wie lange nach der Regierungszeit von Gilgamesch dieses Epos geschrieben wurde, aber es kann angenommen werden, dass dies bald nach dem Tod von Gilgamesch geschah. Wenn wir nun annehmen, dass das Gilgamesch-Epos im Jahre 2.340 v.Chr. geschrieben wurde und wenn wir eine Regierungszeit von 30 Jahren für Gilgamesch und den König vor ihm annehmen, dann war Nimrod um das Jahr 2.400 v.Chr. noch amtierender König. Der Turm zu Babel wurde aufgrund dessen irgendwann um das Jahr 2400 v.Chr. gebaut.

3. Das Zeugnis Nebukadnezars

Im Abschnitt über den Turm in Babylon (Abschnitt 4.5.4) treffen wir auf ein Zeugnis Nebukadnezars, welcher der größte und mächtigste König des Neubabylonischen Reiches war. Auf einem Tonzylinder, den man an der Stelle fand, wo der Turm nach heutigen Kenntnissen stand, brüstet sich Nebukadnezar selbst als Wiedererbauer des Turmes. Interessant ist ein Hinweis auf diesem Tonzylinder, wo Nebukadnezar erwähnt, dass der Turm von einem alten König (Nimrod?) erbaut wurde und dass man seither 42 Menschenalter zählte. Diese 42 Menschenalter entsprechen 42 Generationen, und wenn wir eine Generation auch wieder mit 40 Jahren ansetzen, dann kommen wir auf insgesamt 1680 Jahre. Nehmen wir für die Abfassung dieses Berichtes das Jahr 600 v.Chr. an, dann bringt uns das in das Jahr 2280 Jahre v.Chr. zurück. Die Differenz zum Punkt 2 beträgt somit nur 120 Jahre.

Aufgrund dieser Berechnungen können wir das Ereignis der Sintflut auf das Jahr 2500 v.Chr. festlegen, ohne damit zu behaupten, dass sich die Sintflut genau in diesem Jahr ereignet hat. Es kann nur festgehalten werden, dass dieses Ereignis irgendwann in der Zeitspanne zwischen 2300 und 2500 v.Chr. stattgefunden haben muss. Der nach der biblischen Chronologie ermittelte Zeitpunkt wäre das Jahr 2344 v.Chr. Dies erscheint etwas spät, kann aber aufgrund der spärlichen außerbiblischen Belege nicht ausgeschlossen werden. Bei dieser Festlegung geht es vor allem darum aufzuzeigen, dass dieser Zeitpunkt mit großer Wahrscheinlichkeit nicht vor dem Jahr 2500 v.Chr. zu suchen ist, aber auch nicht später als auf das Jahr 2344 v.Chr. festgelegt werden kann. Es ist interessant, dass S. R. Driver in seinem Kommentar über das 1. Buch Mose (1904) behauptete, die Sintflut habe im Jahr 2501 v.Chr. stattgefunden (Samuel J. Schultz, die Welt des Alten Testaments, Seite 31).

4.3 Die nachsintflutliche Welt

4.3.1 Der Rückgang des Wassers

»Und Gott gedachte des Noah und aller Tiere und alles Viehs, das mit ihm in der Arche war; und Gott ließ einen Wind über die Erde fahren, da sanken die Wasser. Und es schlossen sich die Quellen der Tiefe und die Fenster des Himmels, und der Regen vom Himmel her wurde zurückgehalten. Und die Wasser verliefen auf der Erde, allmählich zurückgehend; und die Wasser nahmen ab nach Verlauf von 150 Tagen. Und im siebten Monat, am siebzehnten Tag des Monats, ließ sich die Arche auf dem Gebirge Ararat nieder. Und die Wasser nahmen immer weiter ab bis zum zehnten Monat; im zehnten Monat, am ersten des Monats, wurden die Spitzen der Berge sichtbar« (1Mo 8,1-5). In diesen Versen wird uns nicht genau mitgeteilt, auf welche Art und Weise die gewaltigen Wassermassen, die die ganze Erde mit Wasser bedeckten, zurückgegangen sind. Die Topografie vor der Sintflut bestand vor allem aus flachen Meeren, und die höchsten Erhebungen lagen maximal 1000 bis 1500 Meter über dem Meeresspiegel. Der Anteil des Wassers auf der Erde muss kleiner gewesen sein, denn durch »die Quellen der Tiefe« sowie »die Fenster des Himmels« nahm der Anteil des Wassers beträchtlich zu. Ohne eine Veränderung der Topografie der Erde ist es nicht möglich, dass die Wasser, die auch alle Berge bedeckten, innerhalb von sieben Monaten abnahmen. Dies kann nur damit erklärt werden, dass in dieser Zeit die großen Gebirgszüge wie der Himalaya, die Anden und die Alpen aus dem Meeresgrund aufgefaltet wurden. Dies ist auch daran ersichtlich, dass die Gesteine dieser Gebirgszüge von versteinerten Muscheln und Fischen durchzogen sind. Das ist denn auch die Bedeutung von Psalm 104, wo es heißt: *»Die Berge erhoben sich, es senkten sich die Täler«*. Der Boden der Ozeane wurde hochgedrückt und andere Teile der ehemaligen Erdoberfläche »versackten« und wurden zum Boden neuer Ozeane. Im Grunde geht der Prozess der Gebirgsbildung – wenn auch sehr viel langsamer – noch heute weiter.

4.3.2 Geologische Zeittafel [19]

Um die Geschehnisse während und nach der Sintflut nachvollziehen zu können, ist es hilfreich, die Entstehung der Erdschichten aufgrund der geologischen Zeittafel zusammenzufassen (die Altersangaben entsprechen den Angaben des Evolutionsmodells):

Geologische Zeittafel			Geologische Zeitskala		Bedeutung
System			Perioden-Dauer	Seit Perioden Beginn	
KÄNOZOIKUM	Quartär	Holozän	0,01	0,01	gr. *hólos*, ganz (Gervais 1867); früher Alluvium), lat. *alluvio*, Ausschwemmung
		Pleistozän	1,79	1,8	gr. *pleistos*, am meisten (Lyell 1839); früher Dilluvium, für lat. Sintflut
	Tertiär	Pliozän	3	5	gr. *plion*, mehr (Lyell 1833)
		Miozän	20	25	gr. *meión*, kleiner, geringer (Lyell 1833)
		Oligozän	15	40	gr. *oglios*, wenig, gering, schwach (Beyrich 1854)
		Eozän	20	60	gr. *eós*, Morgenröte (Lyell 1833)
		Paleozän	10	70	gr. *palaiós*, alt (Schimper 1874)
MESOZOIKUM	Kreide		65	135	nach der Schreibkreide (v. Raumer 1815)
	Jura		60	195	nach dem Schweizer Jura-Gebirge (v. Humboldt 1795)
	Trias		30	225	gr. *triás*, Dreiheit (Alberti 1834)
PALÄOZOIKUM	Perm		55	280	nach dem russischen Gouvernement Perm im Ural (Murchinson 1841)
	Karbon		65	345	lat. carbo, Kohle (Conybeare & Phillips 1822)
	Devon		55	400	nach der Grafschaft Devonshire, SW-England (Lonsdale 1837)
	Silur		40	440	nach keltischem Volksstamm der Silurer in Shropshire, England (Murchinson 1835)
	Ordovizium		60	500	nach keltischem Volksstamm der Ordovizier in Wales (Lapworth 1879)
	Kambrium		100	600	nach »Cambria«, römischer Bezirk für Nordwales (Sedgwick 1836)
	Präkambrium		>3000		»Vorkambrium« (Van Hise 1909)
Känozoikum					gr. *kainós*, neu; gr. *zoikós*, tierisch (Phillips 1841)
Mesozoikum					gr. *mesós*, in der Mitte; gr. *zoikós*, tierisch (Phillips 1841)
Paläozoikum					gr. *palaiós*, alt; gr. *zoikós*, tierisch (Phillips 1841)

Abbildung 4.5: Diese Grafik zeigt die geologische Zeittafel und die geologische Zeitskala. Wenn man von den Angaben der Dauer der verschiedenen geologischen Epochen absieht, ist diese Zeittafel ein nützliches Instrument, weil sie eine grobe Reihenfolge der Erdschichten bietet, wie wir sie im Erdboden antreffen, wobei es keinen einzigen Ort auf der Erde gibt, an dem genau die vermutete Reihenfolge und die Vollständigkeit der Schichten beobachtet wurde.

1. Präkambrium (älter als 600 Millionen Jahre)

Die Erdschichten dieses geologischen Zeitalters, stammen wahrscheinlich aus der Zeit vor der Sintflut. Sie könnten demnach in den gewaltigen Ereignissen des zweiten und dritten Schöpfungstages entstanden sein. Sie enthalten auch Hinweise darauf, dass das Trockene damals als ein einziger Kontinent bestand.

2. Paläozoikum (225 bis 600 Millionen Jahre)

Dieses geologische Zeitalter besteht aus den Erdschichten Kambrium, Ordovizium, Silur, Devon, Karbon und Perm. Diese Erdschichten könnten während der Sintflut gebildet worden sein. Dabei könnte der ursprüngliche Kontinent unter diesen Aufwühlungen in verschiedene Kontinente zerfallen sein, die sich am Ende wieder zu einem Superkontinent zusammenschlossen.

3. Mesozoikum (70 bis 225 Millionen Jahre)

Dieses geologische Zeitalter besteht aus den Erdschichten Trias, Jura und Kreide. Sie könnten nach der Sintflut gebildet worden sein. Für die Bildung dieser Schichten gibt es unter Wissenschaftlern, die die Schöpfungslehre vertreten, verschiedene Auffassungen. Wie wir noch ausführlich sehen werden, wurde die Erde in den Jahrhunderten nach der Sintflut von vielen Folgekatastrophen heimgesucht, das waren meistens große Überschwemmungen, wodurch neue Ablagerungen entstanden. In dieser Periode könnte als Folge des Aufwühlens der Erdkruste »die Zerteilung« der Erde zur Zeit Pelegs (1Mo 10,25) stattgefunden haben. Die Jordanspalte zum Beispiel (siehe Abbildung in Abschnitt 4.4.2) zieht sich quer durch paläozoische und mesozoische Ablagerungen hindurch, sodass dieser Aufbruch einige Zeit nach der Sintflut stattgefunden haben muss.

4. Tertiär und Quartär (70 Millionen Jahre bis heute)

Diese beiden geologischen Zeitalter des Känozoikums bestehen aus den Erdschichten Paläozän, Eozän, Oligozän, Miozän, Pliozän, Pleistozän und dem heutigen Holozän. In diese Zeit kann u.a. die Eiszeit eingeordnet werden. Vor allem in der nördlichen Hemisphäre war es für die Menschen aufgrund der Kälte und der heftigen Schneefälle schwierig, sich dauerhaft niederzulassen. Durch die Eiszeit wurden die letzten Erdschichten gebildet und diese Periode endete etwa zur Zeit von Abraham. Erst dann, etwa 500 Jahre nach der Sintflut, kam die Erde endlich zu der relativen Ruhe, die sie heute noch immer hat.

Das oben gezeichnete Bild versteht sich als eines von mehreren Modellen, die in den Grundzügen die damaligen Ereignisse darzustellen versuchen. Es ist in diesem Sinn eine Alternative zur evolutionistischen Deutung der Erdschichten. Dieses Modell harmonisiert mit den historischen Tatsachen, die in der Bibel genannt werden, es bleiben aber, aus geologischer Sicht, viele Fragen noch ungelöst. Das muss offen eingeräumt werden. Eines der Probleme, die noch nicht befriedigend gelöst werden konnten, ist das folgende: Bei den Ablagerungen, die durch die Sintftlut verursacht wurden, findet man beinahe keine Fossilien der umgekommenen Menschen, Landtiere und Überreste der damaligen Kultur. Da die vorsintflutlichen Menschen mit ihrer Umwelt in der von oben zugänglichen Erdkruste fossil beinahe vollständig fehlen, müssen ihre Überreste noch tiefer liegen oder allenfalls unter der Erdkruste des Ozeanbodens (Vgl. 4.3.1). Schriftstellen wie Hesekiel 31,14 deuten darauf hin, dass sie »unter die Erde herabgefahren« sind. Und in Hesekiel 26,20 und 32,18 ist nach der Elberfelder-Übersetzung von einem »Herabfahren zu dem Volke der Urzeit, von den untersten Örtern der Erde und von den Trümmern der Urzeit« die Rede.

4.3.3 Mega-Sukzessionen

Nach der Sintflut war die Erde nichts anderes als ein völlig verwüstetes Ökosystem mit globalen Ausmaßen. Ein Analogiefall zu damals ist die Wiederbesiedlung eines heutigen Biotops durch Sukzessionen, zum Beispiel nach einem Kahlschlag in einem Walde. Bleibt dieser Kahlschlag sich selbst überlassen, wird er von der Vegetation und vom Tierleben nach Regeln wiedererobert, die sich vorhersagen lassen. »So genannte Pionierarten machen den Anfang, die den Boden und sonstige Umweltbedingungen für die nächste Welle von Einwanderern vorbereiten. Wenn eine zweite ökologische Generation herangewachsen ist, dient sie ihrerseits als Platzhalter für die folgenden, noch anspruchsvolleren Gesellschafter. Auf diesem Weg baut sich die Vollzahl der Arten über Jahre wieder auf, die das betreffende Biotop vor seiner Verwüstung zu tragen vermochte. Dieser Zustand ist zugleich auch der stabilste gegen biologische Störungen von innen. Alle vorangegangenen sukzessiven Massenvermehrungen einzelner Arten deuten dagegen darauf hin, dass das ökologische Gleichgewicht zu der betreffenden Zeit noch gestört ist.« [20] Nach der Sintflut war der Gesamthaushalt der irdischen Biosphäre völlig gestört, und dies führte fortwährend zu Massenvermehrungen einzelner Organismen im Meer. Durch das sich immer wiederholende Verlagern der Flachmeere, wurden diese Organismen in den Sedimenten eingeschlossen, was oft zum Aussterben dieser Arten führte. Aufgrund dieser Megasukzessionen konnten sich bestimmte Ammoniten, Muscheln, Großforaminiferen über die ganze Erde ausbreiten. Im Unterschied zu lokalen Neubesiedlungen der Gegenwart sprechen wir bei der damaligen Neubesiedlung der Erde von »Mega-Sukzessionen«. »Die Theorie der Mega-Sukzessionen erklärt das Auftreten von Leitfossilien zwi-

schen Perm-Trias und Pleistozän und liefert auch die Erklärung dafür, dass
die vielen charakteristischen Leitfossilien des Mesozoikums und des Terti-
ärs gleichsam aus dem Nichts auftauchten. Selbst im Wasser hatten sie die
Flut nur in verschwindend geringer Anzahl überlebt. Die Populationen er-
holten sich aber wieder in den neu von ihnen aufgebauten Lebensgemeinschaften. Unter diesen Mega-Sukzessionen war die Massenvermehrung der
Coccolithophoriden nur ein besonders auffälliges Stadium.« [21] Das auf
der Welt in seiner Art einmalige Gestein der weißen Schreibkreide besteht
fast ausschließlich aus den Schalenresten winziger Grünalgen (Coccolithophoriden), die in den flachen Kreidemeeren eine ungeheure Biomasse er-
zeugt haben müssen. Diese Grünalgen kommen auch heute noch in den
Meeren vor, aber im Unterschied zur Kreidezeit wird der Kalk der abge-
storbenen planktonischen Algen beim Absinken in größere Tiefen wieder
aufgelöst, und deshalb kann heute keine Kreide mehr entstehen.

Unter dem Gesichtspunkt einer einmaligen Schöpfung aller Lebewesen
verlieren die Mega-Sukzessionen jeden Anschein von Zufälligkeit.»So
muss beispielsweise der CO^2-Gehalt der Atmosphäre während der Abwesenheit länderbedeckender Urwälder nach der Flut weitgehend über die in
unerhörten Massen auftretenden karbonatbindenden Meeresorganismen
reguliert worden sein. Die monotonen Ablagerungen von Wirtealgen, aus
denen die heutigen Dolomiten Südtirols hauptsächlich aufgebaut sind,
dürften den übereinander gehäuften Sedimenten nachsintflutlicher Flachmeere entstammen, deren Ausdehnung an die des heutigen Mittelmeeres
heranreichte. Auch die Seelilien, die den Trochitenkalk der Germanischen
Trias hinterlassen haben, sowie die ausgedehnten Schwamm-Algen-Ver-
gesellschaftungen des Weißen Jura haben der Atmosphäre indirekt gewaltige Karbonatmengen entzogen. Zusammen mit dem in Kohle und Erdöl fi-
xierten Kohlenstoff weisen sie auf den um ein Mehrfaches höheren
Kohlenstoffumsatz hin, der sich in der Biosphäre der vorigen Welt vollzogen haben muss.« [22]

Nach dem Modell der Mega-Sukzessionen sind nur die Sedimentgestei-
ne vom Kambrium bis einschließlich dem Karbon dem Sintflutjahr zuzuordnen. Die dem Karbon folgenden Erdschichten sind erst nach der Sintflut
durch lokale bis regionale Folgekatastrophen entstanden. Die durch die
Sintflut völlig verwüstete Erde wurde entsprechend den Verhältnissen heutiger Brachländer in regelhafter und nachvollziehbarer Weise wiederbesie-
delt. Da weltweit ähnliche Ausgangsbedingungen vorlagen, ergab sich eine
weltweit ähnliche Abfolge von Lebensgemeinschaften, den »Mega-Sukzessionen«. Durch Folgekatastrophen nach der Sintflut wurden die Wie-
derbesiedlungstadien immer wieder zerstört und durch Überschüttung konserviert, und dadurch entstanden die Fossilien in den verschiedenen

Erdschichten. Geologische Befunde belegen vielfach eine rasche Ablagerung von Sedimenten, und bemerkenswerterweise rechnet man auch in der evolutionstheoretischen Wissenschaft mehr und mehr mit katastrophischen Vorgängen in der Erdgeschichte. In den fossil erhalten gebliebenen Erdschichten sind denn auch zahlreiche Fälle von Massenvermehrungen konserviert worden, die als Zeugnisse großräumig gestörter Ökosysteme gewertet werden können. Unter der Berücksichtigung der Tatsache, dass während der Sintflut keine, danach nur wenige und erst allmählich zunehmende Landflächen vorhanden waren, wird der Trend im Fossilbericht verständlich, der nach oben hin eine Zunahme an Fossilien von Landorganismen vermerkt. Dieses Modell kann somit in Grundzügen das Entstehen der Erdschichten ab dem Karbon durch Folgekatastrophen erklären, auch wenn damit nicht alles gelöst werden kann und vieles rätselhaft bleibt. [23]

4.3.4 Kontinente bilden sich

Vor der Sintflut bestand »das Trockene« aus nur einem einzigen »Urkontinent«. Wie bei der Sintflut sind auch hier alte Legenden bekannt, die auf die Spaltung der Kontinente hinzuweisen scheinen, und zwar auf eine, die vor noch nicht so langer Zeit stattgefunden hat. »Am meisten bekannt ist wohl die Erzählung von Plato in seinen beiden Dialogen Critias und Timäus, in denen ägyptische Priester die große Insel Atlantis beschreiben, die gegenüber der Straße von Gibraltar lag, im später danach benannten Atlantischen Ozean, und auf der sich ein mächtiges Reich befand. Während einer großen Katastrophe wurde die Insel und mit ihr die gesamte Bevölkerung innerhalb eines Jahres von den Wassern verschlungen.« [24] Dieser Geschichte kann man den Namen für einen hypothetischen Kontinent entnehmen. Dieser hätte sich dann über einen großen Teil des heutigen Atlantischen Ozeans, zwischen Amerika und Europa/Afrika, ausgebreitet. Die letzten Überreste davon wären dann Grönland, die Azoren, Madeira, die Kanarischen sowie die Kapverdischen Inseln. Dieser Geschichte kann man außerdem entnehmen, dass die Verschiebung der Kontinente wahrscheinlich nicht vor hunderten von Millionen Jahren stattfand, sondern erst in geschichtlicher Zeit, denn Platos Atlantis muss in die Zeit nach der Entstehung der ersten Hochkulturen angesetzt werden, also in eine geologisch extrem kurze Zeitepoche.

Im Evolutionsmodell bestehen Nord-Amerika und Europa im Kambrium (vor etwa 500 Millionen Jahren) als ein einziger Kontinent. Dieser Kontinent fiel ganz allmählich durch die Verschiebung der Kontinente sowie das »Absacken« des Mittelmeeres auseinander. Wie wir gesehen haben, entstanden die Erdschichten des Kambrium in der ersten Phase der

Sintflut; die Verschiebung der Kontinente fand hingegen, wie wir noch sehen werden, erst in einer späteren Phase statt. Im Gegensatz zum Evolutionsmodell fand diese Kontinentverschiebung sehr schnell und unter katastrophischen Umständen statt. Aber auch die Evolutionisten kommen nicht darum herum, das Verschwinden von Atlantis mit katastrophischen Umständen zu erklären. »So hat man unter Zuhilfenahme einer Sonde nördlich der Azoren einen riesigen Block Vulkangestein aus dem Ozeanboden hervorgeholt, der nur durch die Erhärtung von Magma an der Luft entstanden sein kann. Auch findet man entlang einer von Nord nach Süd verlaufenden Linie, parallel zur europäischen Küste, auf dem Boden des Ozeans nacheinander zahlreiche Spuren vulkanischer Art, von denen man vermutet, dass sie eine Folge der vertikalen Bewegung sind, die der ›Absackung‹ des Landes voranging.« [25] Das deutet alles darauf hin, dass in noch nicht so weiter Vergangenheit sehr starke Bewegungen der Erdkruste stattgefunden haben, die das Aussehen der Erde völlig umgestaltet haben.

Alfred Wegener vertrat im Jahre 1912 zum ersten Mal öffentlich die Theorie der Kontinentverschiebung. Wie er selber dazu sagte, hatte er diese Idee von seinem eigenen Vater übernommen, einem evangelischen Prediger. Dieser hatte diese Auffassung wahrscheinlich aus älteren deutschen Kommentaren zu 1. Mose 10,25 übernommen, in denen bereits Vermutungen über die Zerteilung der Erde zur Zeit »Pelegs« geäußert wurden. Wegener schlussfolgert, »dass der Atlantische Ozean durch das Auseinandertreiben von Nord- und Südamerika einerseits und Europa und Afrika anderseits entstanden war, die vorher zusammen einen Kontinent bildeten. Seitdem hat wissenschaftliches Studium des Ozeanbodens überzeugend nachgewiesen, dass der Ozeanboden in dem Maße, wie man sich dem mittelatlantischen Rücken nähert, der zwischen den Kontinenten liegt, immer jünger wird. Auch die Inseln im Atlantischen Ozean sind umso älter, je weiter sie von diesem Rücken entfernt liegen. Außerdem liegt auf dem Ozeanboden auffallend wenig Ablagerungsgestein.« [26] Was tatsächlich auf dem Ozeanboden an Sedimenten liegt, ist lediglich die äußerst geringe Anzahl von Sedimenten aus der Zeit nach der Kontinentverschiebung. Es kommen also keine paläozoischen Ablagerungen auf dem Ozeanboden vor, während sie einen großen Teil der Ablagerungen auf den heutigen Kontinenten ausmachen. Das bedeutet, dass die Zerteilung der Erde erst nach dem Entstehen dieser Erdschichten stattfinden konnte. Da diese paläozoischen Sedimente während der Sintflut entstanden sind, heißt das, dass die Zerteilung der Kontinente tatsächlich erst eine gewisse Zeit nach der Sintflut stattfinden konnte.

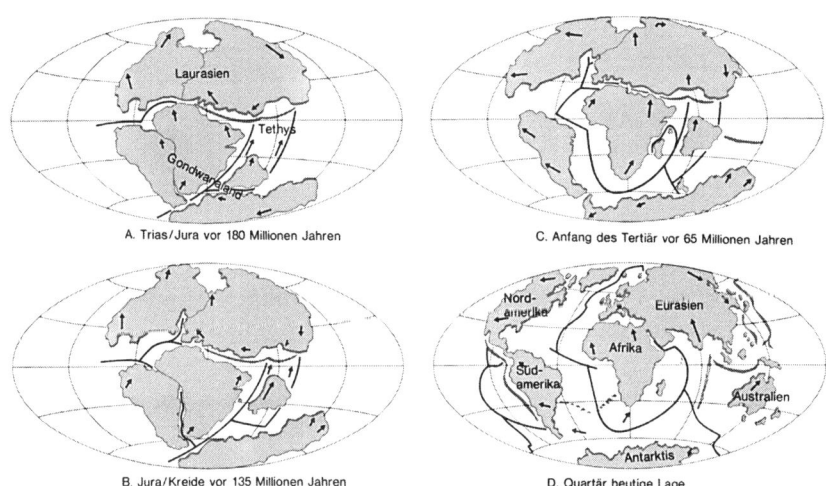

Abbildung 4.6: Dies ist eine Rekonstruktion des »Continental Drift«, gezeichnet nach den Vorstellungen des Evolutionsmodells. A) Der Urkontinent Pangea beginnt sich zu teilen. B) Die Risse haben sich stark vergrößert, und Indien bewegt sich in Richtung Asien. C) Die Kontinente haben fast ihre heutigen Positionen erreicht. D) Die heutige Situation; durch den Aufprall von Indien auf Asien entstand das Himalaja-Gebirge.

In der Heiligen Schrift finden wir verschiedene Hinweise auf die Verschiebung der Kontinente *nach* der Sintflut. *»Wer spaltet für die Wasserflut eine Rinne?«* (Hi 38,25). Dieser Vers kann auch übersetzt werden: *Wer spaltete für den überströmenden Platzregen eine Rinne (Wassergraben, Wasserlauf)?* Auch die Bedeutung dieses Verses lässt an die Zerteilung der Erde denken. In diesem Vers ist vor allem auch das benutzte Verb interessant. Wir finden hier die verstärkte Form des Verbes »peleg«, welches auch in 1. Mose 10,25 und 1. Chronik 1,19 vorkommt, wo wir zweimal lesen: *Eber wurden zwei Söhne geboren. Einer hieß Peleg, weil zu seiner Zeit die Erde verteilt wurde.* Um die Bedeutung dieses Wortes zu verstehen, muss noch Folgendes festgehalten werden:

- Das in 1. Mose 10,25 genannte Ereignis fand nach der babylonischen Sprachverwirrung statt, denn Nimrod gehörte der dritten Generation an, während Peleg der fünften Generation nach Noah angehörte.

- Das Wort »peleg« bedeutet in Hiob 38,25 das »Spalten« von Landmassen, um einen Wassergraben zu schaffen.

- Ableitungen des Wortes »peleg« bedeuten meistens »Bach« oder »gegrabener Kanal«. Das Wort steht also tatsächlich in Verbindung mit Wasserläufen.

- Interessant ist auch eine angenommene Verbindung zu dem griechischen Wort »pelagos«, das »Meer« bedeutet.

Aufgrund dieser Überlegungen und Interpretationen scheint es also nicht zu viel gesagt, wenn wir diese beiden Verse in Verbindung mit den Verschiebungen der Kontinente und der Entstehung der kontinentalen Risse bringen. Die übliche Erklärung, dass die »Aufteilung« der Erde in den Tagen Pelegs im Zusammenhang mit der Völkerverbreitung nach der babylonischen Sprachverwirrung stehen würde, ist nicht möglich, weil die Völkerverbreitung bereits in der *dritten* Generation nach Noah stattgefunden hat, die Zerteilung der Erde hingegen erst in der *fünften* Generation nach Noah.

4.3.5 Die Eiszeit [27]

Der Rückgang des Wassers war nur durch sehr starke Veränderungen der Erdoberfläche möglich, indem die großen Gebirgszüge und die tiefen Ozeanbecken entstanden. Das Entstehen der Gebirgszüge, gepaart mit einer noch starken tektonischen Aktivität, muss zu sehr starken Erschütterungen der Erde geführt haben. Der Kontinent der vorsintflutlichen Welt wurde wahrscheinlich während der Sintflut bereits durch Bruchlinien teilweise getrennt. Auch das Verschieben der Kontinente ging wahrscheinlich nicht unbemerkt an der damaligen Bevölkerung vorbei, sondern auch dieses Ereignis war von sehr starken Erdbeben, unvorstellbar starken Niederschlägen und von klimatischen Veränderungen geprägt. Die ersten Menschen fanden denn auch alles andere als ein Paradies vor. Neben diesen Veränderungen der Erdoberfläche begann vor allem in der nördlichen Hemisphäre nach der Sintflut die Eiszeit. Ein großer Teil der nördlichen Halbkugel wurde von einer teilweise einigen hundert Meter dicken Eisschicht bedeckt. Dass eine (die Wissenschaft geht von *einigen* Eiszeiten aus) solche Eiszeit in der Vergangenheit tatsächlich stattfand, ist durch Fakten gut begründet. Die Frage ist einzig und alleine, wann diese Eiszeit denn tatsächlich stattfand und aufgrund von welchen Einflüssen es dazu kam. Um eine solche Eiszeit zu verursachen, sind unvorstellbare Mengen von Wasser in Form von Schnee nötig, und die Sintflut könnte dafür einen Erklärungsschlüssel bieten, denn eine Eiszeit kann unter normalen Umständen auf dieser Erde nicht mehr stattfinden, deshalb müssen katastrophische Umstände postuliert werden.

Es ist auch möglich, dass die Erde in dieser Zeit um 23 ½ Grad aus ihrer damals senkrechten Lage kippte. Erst durch diese Schräglage, die die Erde noch heute aufweist, entstanden die Jahreszeiten, wie wir sie heute kennen, sowie die jährlichen Schwankungen zwischen Sommer und Winter. Aber die kalten Winter alleine genügen nicht, um eine Eiszeit entstehen zu lassen, denn das Eis, welches im Winter entsteht, schmilzt in einem warmen Sommer wieder. Dies sehen wir sehr gut in Sibirien; denn trotz sehr kalter Winter gibt es dort keine Gletscher, da die sibirischen Sommer sehr heiß sind, sodass kein bleibendes Eis entstehen kann. Wenn eine Eisdecke gebildet werden soll, muss der Winterschnee den Sommer überleben und sich Jahr für Jahr zu einer immer dicker werdenden Eisdecke ansammeln können. Damit der größte Teil des Schnees den Sommer überlebt, müssen die Sommer drastisch kälter gewesen sein als heute. Aber noch wichtiger als die relativ kühlen Sommer ist die Schneemenge, die im vorangegangenen Winter fallen und die den Sommer über liegen bleiben muss. Die Bedingungen für eine Eiszeit sind demnach eine Kombination von kühleren Sommern mit unvorstellbar ausgiebigen Schneefällen im Winter.

Die Hauptschwierigkeit bei allen Eiszeittheorien ist, dass es in Nordeuropa und Nordamerika eine große Zahl von Hinweisen für ehemals vorhandene riesige Eisdecken gibt, die aber beim gegenwärtigen Klima *nicht* entstehen können. Aufgrund von realistischen Modellrechnungen muss die Sommertemperatur um 10 – 12 Grad Celsius tiefer liegen, und zugleich muss die Schneemenge mindestens doppelt so groß sein wie heute. Eine Vergletscherung mit den Ausmaßen der Eiszeit kann deshalb nicht aufgrund von aktuellen Prozessen stattfinden, sondern nur aufgrund von katastrophischen Umständen, wie sie nach der Sintflut auf der Erde herrschten. Die Sintflut war vermutlich mit einem ausgedehnten Vulkanismus verbunden, durch den sich eine riesige Wolkendecke aus vulkanischem Staub und Aerosolen bildete, die noch während vieler Jahre in der Atmosphäre verblieb. Aus dem Erdinnern sind die Brunnen der großen Tiefe aufgebrochen, und das heiße Wasser aus der Tiefe vermischte sich mit dem Meerwasser, das verglichen mit heute schon relativ warm war. Der durch die Flut hervorgerufene Abkühlungsmechanismus zusammen mit dem warmen Ozean führte zu einem »Schneeangriff« oder einer schnellen Eiszeit. Der vulkanische Staub und die Aerosole haben die Sommerabkühlung in den mittleren und hohen Breitengraden ausgelöst, indem sie einen relativ großen Anteil der Sonnenstrahlung in den Weltraum reflektierten. Ist dann einmal eine permanente Schneedecke vorhanden, so reflektiert diese im Sommer noch mehr Sonnenenergie, was den Abkühlungseffekt, der vom Vulkanismus verursacht wurde, noch verstärkt. Die Kombination von kaltem Land und warmem Ozean hat die wichtigsten Sturmzentren parallel zu den Ostküsten

Asiens und Nordamerikas aufkommen lassen. Die Positionen dieser Sturmzentren dürften während des ganzen Jahres mehr oder weniger stationär geblieben sein. Sturm über Sturm hat sich entwickelt und jeweils den größten Teil seiner Feuchtigkeit über dem kälteren Land abgesetzt. Zusätzlich hat sich die stärkste Wasserverdunstung vom warmen Ozean in der Nähe der Kontinente ereignet und so die reichliche Feuchtigkeit geliefert, die für eine Eiszeit nötig ist. Der Nordosten und Norden Amerikas, der Osten der Antarktis sowie die Berge in Skandinavien, Grönland, der Westantarktis und Nordamerika wurden schon zu Beginn vergletschert. Doch Gebiete, die sich nahe der warmen Ozeane befanden, wie die Britischen Inseln und die Tiefebenen Nordwesteuropas, waren zu warm, um schon zu Beginn Gletscher zu bilden. Die Tiefebenen Ostasiens und Alaskas sind der Vergletscherung entgangen, weil sich die Stürme weiter weg von der Küste entwickelten.

Damit sich eine Eiszeit entwickeln kann, ist in den mittleren und hohen Breitengraden eine anhaltende Abkühlung der Kontinente nötig. Der vulkanische Staub und die Aerosole der Flutzeit werden sich nach wenigen Jahren abgesetzt haben, aber der anhaltende Vulkanismus hat diese immer wieder erneuert. Durch diese vulkanische Aktivität konnte eine anhaltende markante Abkühlung eintreten. In der Umgebung der Eisdecken blieb der Ozean warm, denn die ausgedehnten Stürme führten zu starken horizontalen und vertikalen Zirkulationen des Wassers. Während sich das Tiefenwasser langsam abkühlte, begannen auch die Oberfläche der Ozeane und die Atmosphäre in mittleren und hohen Breiten langsam kühler zu werden. Während dieser Zeit expandierten die Eisdecken weiter und Gletscher, die von den Bergen herunterkamen, wuchsen zusammen und breiteten sich über tiefer liegende Regionen aus. Es wurde beobachtet, dass Tiere, die kaltes Klima vertragen, wie zum Beispiel das Rentier, in dieser Zeit mit Tieren zusammengelebt haben, die warmes Klima bevorzugen, wie zum Beispiel den Flusspferden. Diese wanderten während der Eiszeit sogar weit nach Norden bis nach Nordengland, Frankreich und Deutschland. Die Landbrücken über die Beringstraße und den englischen Kanal haben die rasche Ausbreitung der Tiere nach der Flut begünstigt. Das Klima von Sibirien und Alaska war während der Eiszeit mild, denn der arktische Ozean war noch nicht mit Eis bedeckt, sondern relativ warm. Die Temperaturen über dem Norden der Kontinente dürften wesentlich höher gewesen sein als heute. Der warme Nordatlantik und Nordpazifik haben dazu beigetragen, diese Gegenden zu erwärmen und die Niederschläge zu erhöhen. Dadurch fanden das Wollmammut und andere Tiere in Sibirien und Alaska eine passende Heimat mit genügend Futtervorräten.

Infolge des einzigartigen Nachflut-Klimas erreichte die Eiszeit schon nach schätzungsweise etwa 200 Jahren ihr Maximum. Dies ist eine sehr kurze Zeit, wenn man diese mit den aktualistischen Schätzungen vergleicht. Die wichtigste Einflussgröße, um die Gletscher anwachsen zu lassen, ist der Wärmeinhalt der Ozeane, der die reichliche Feuchtigkeit liefern konnte. Sobald der Ozean bis auf eine kritische Temperatur abgekühlt war, hörte der Feuchtigkeitsnachschub auf, und die Gletscher begannen langsam abzuschmelzen. Die Dicke der Eisdecken dürften etwa bei 700 Meter für den Norden und 1200 Meter für den Süden angenommen werden. Auch diese Zahlen liegen wesentlich tiefer als die Schätzungen von Uniformitaristen, aber sie lassen sich besser vertreten, denn bereits für eine Eisdecke mit einer Mächtigkeit von einigen hundert Metern Dicke sind unvorstellbar ergiebige Niederschläge nötig. Während des Rückgangs der Gletscher waren die Sommer in mittleren und hohen Breiten warm, die Winter jedoch sehr kalt. Die kälteren Winter entstanden durch die Abkühlung der Atmosphäre, die durch das viele Eis hervorgerufen wurde, und durch das kalte Klima konnte sich im arktischen Ozean schließlich Eis bilden. Die Sturmgebiete verschoben sich nach Süden und südlich der Eisdecken gab es sekundäre Sturmgebiete, die stürmische Winde entlang der Eisdecken verursachten, die oft Staub mitführten, was ausgedehnte Sand- und Lößdecken bildete. Doch trotz dieses Klimas konnten die Eisdecken im Sommer schmelzen. Das Eis im Binnenland wird wahrscheinlich in weniger als 200 Jahren geschmolzen sein, und diese schnell schmelzenden Eisdecken führten zu großen Überschwemmungen, welche die Flüsse mit Sedimenten füllten. Das Aussterben der Megafauna am Ende der Eiszeit ist eines der ungelösten Rätsel der offiziellen Wissenschaften. Das Wollmammut ist ein Beispiel aus dieser ausgestorbenen Megafauna, denn das Verschwinden einer Million oder mehr dieser Tiere in Sibirien und Alaska ist besonders rätselhaft. Die vielen hunderttausend Mammute, die in der sibirischen Tundra eingefroren sind, zeugen von einer katastrophischen Ursache. Einige dieser Tiere waren so gut erhalten, dass ihr Fleisch den Hunden der Forscher als noch »frisches« Fleisch vorgesetzt werden konnte – und das nach über 4000 Jahren! Das Einfrieren dieser Tiere musste also relativ schnell geschehen sein.

Die Gletscher der Eiszeit müssen unheimliche Ausmaße angenommen haben und bedeckten wahrscheinlich die ganze nördliche Hemisphäre bis weit nach Süden. Dies ist auch daraus ersichtlich, dass die nördlichen Gebiete erst relativ spät besiedelt wurden. Die Bewohner der nördlichen Hemisphäre mussten somit noch jahrhundertelang ums nackte Überleben kämpfen, während in Mesopotamien die ersten Hochkulturen bereits in voller Blüte standen und die Ägypter sich anschickten, die größten, stabilsten und schönsten Pyramiden zu bauen. Man glaubt allgemein, dass die

Wissenschaft eine Mehrzahl von Eiszeiten bewiesen habe, doch wenn man die Geschichte des Mehr-Eiszeiten-Konzepts betrachtet, findet man heraus, dass die Anzahl der postulierten Eiszeiten nie eindeutig festgestellt wurde. Die Gletschersedimente sind so kompliziert aufgebaut, dass man jede Zahl von einer bis sechs oder mehr Eiszeiten »beweisen« kann. Im frühen 20. Jahrhundert hatte man sich auf vier Eiszeiten geeinigt, doch während der letzten zwanzig Jahren sind die Glaziologen zur Überzeugung gelangt, dass ein Kommen und Gehen von 20 bis 30 Eiszeiten stattgefunden hat. Viele Fakten zeigen aber, dass eine einzige Eiszeit viel wahrscheinlicher ist als mehrere. Der Hauptgrund dafür besteht darin, dass die sehr extremen Bedingungen, die eine Entstehung einer Eiszeit ermöglichen, sich kaum wiederholen können. Im Landesinnern beobachtet man zudem nur dünne Moränenschichten, die vor allem während der »letzten« Eiszeit abgelagert wurden, was ebenfalls auf eine einzige Eiszeit hindeutet. Des Weiteren wurden praktisch alle Eiszeitfossilien südlich von den früheren Vergletscherungen gefunden, und die meisten Aussterbeereignisse folgten auf die »letzte« Eiszeit; deshalb hat es sehr wahrscheinlich keine Interglazialzeiten gegeben. Aus diesen Gründen kann man davon ausgehen, dass es in der Erdgeschichte nur eine einzige Eiszeit gegeben hat, welche durch das nachsintflutliche Klima verursacht wurde und einige Jahrhunderte gedauert haben dürfte. Das Ende der Eiszeit kann man deshalb etwa in die Zeit von Abraham datieren.

4.4   Neubeginn der Menschheit

4.4.1   Noahs unbekannte Welt

Nach dem, was wir über die nachsintflutliche Welt erfahren haben, fanden Noah und seine Familie beim Verlassen der Arche eine für sie völlig neue Welt vor. Hier wird auch klar, was Gott damit meinte, als er sagte, er wolle durch die Sintflut nicht nur die Lebewesen, sondern die ganze Erde verderben. Die ihnen bekannte Landoberfläche mit den ihnen bekannten Wäldern, der Fauna und Flora, die ihnen bekannten Berge und Meere waren allesamt verschwunden. Die Landoberfläche war völlig verwüstet und ganz neue Berge und Ozeane waren entstanden. Noah und seine Familie setzten ihren Fuß tatsächlich auf einen für sie völlig unbekannten Planeten. So ähnlich muss es den Astronauten ergangen sein, die als erste Menschen den Fuß auf den Mond setzten. Die Veränderungen der Topographie, das Entstehen von hohen Gebirgszügen und tiefen Ozeanbecken wurde begleitet von einer extrem hohen tektonischen Tätigkeit, die sich mit sehr starken Erdbeben bemerkbar machte. Es gab große Erdverschiebungen, anhaltende Flutwellen und unvorstellbar schwere Niederschläge. Es sollte noch Jahrhunderte dauern, bis die gewaltige Bewegung, die durch die Sintflut entstanden war, ganz zur Ruhe kam. Auch heute noch ist die Erde keine absolut ruhige Erde. Wir hören immer wieder von Erdbeben, von Überschwemmungen, von Orkanen und Hurrikans, die eine Spur der Verwüstung und Zerstörung hinter sich herziehen. In diesem Sinn sind die heutigen Naturkatastrophen noch immer »Nachwehen« der Sintflut. Wir finden diese Naturkatastrophen von heute in ihrer Zerstörungskraft schrecklich und gewaltig, aber wie viel mehr musste die damalige Bevölkerung unter diesen Naturkatastrophen gelitten haben, die um einiges größer, stärker und zerstörerischer waren als sie es heute sind.

4.4.2 Das Buch Hiob

1. Alter des Buches Hiob

Das Buch Hiob ist eines der ältesten Teile der Bibel. Nur noch die Genesis enthält Teile, die älter sind als dieses Buch. Aufgrund einiger Hinweise auf Ortschaften und auf die Tatsache, dass es bereits Städte gab, muss Hiob einige Zeit nach dem Turmbau zu Babel gelebt haben, aber noch vor der Zeit Abrahams. Die Welt, in der Hiob lebte, war eine sehr unruhige Welt, und sein Buch ist ein eindrückliches Zeugnis von den gewaltigen Bewegungen, die auf der Erde nicht sehr lange nach der Sintflut stattfanden. Das naturwissenschaftliche und historische Bild ist so realistisch beschrieben, dass die Annahme nahe liegt, dass dieses Buch nicht allzu lange nach den Ereignissen geschrieben wurde, die in ihm erzählt werden. Folgende Hinweise führen zu dieser Annahme:

a) Das hohe Alter von Hiob (Hi 42,16)
    Das Durchschnittsalter der Menschen ging nach der Sintflut allmählich zurück. Das Alter von Hiob deutet auf einen Zeitabschnitt vor Abrahams Vater Terach hin.

b) Religiöse Gemeinschaft: Familie (Hi 1,5; 42,8)
    Die einzige religiöse Gemeinschaft, die genannt wird, ist die Familie, in der das Familienoberhaupt gleichzeitig Priester war. Wie die Erzväter kannte auch Hiob nur das Brandopfer und es ist nirgends die Rede vom speziellen Sündopfer.

c) Wahre Gotteserkenntnis
    Die Bibel erwähnt einige Beispiele, bei denen wahre Gotteserkenntnis bei Menschen gefunden wurde, die nicht zu Israel gehörten. Diese Beispiele wie Hiob, Abraham, Melchisedek, Abimelech und Jethro findet man in sehr frühen Zeiten. Außerdem finden wir den Gottesnamen »der Allmächtige«, der im Buch Hiob verwendet wird, hauptsächlich im Pentateuch.

d) Götzenkult (Hi 31,26)

Im Buch Hiob wird nur auf eine sehr antike Form von Götzendienst hingewiesen, nämlich auf die Anbetung der Sonne und des Mondes. Diesen Kult finden wir bereits bei den Akkadern, Sumerern und Ägyptern.

e) Weitere Hinweise

Weitere Hinweise für Hiobs Existenz in einer sehr frühen Periode sind unter anderen die Bezeichnung der Engel als »Söhne Gottes« (Hi 1), die Übereinstimmung im Wortschatz und Sprachgebrauch mit der Genesis und das Fehlen von jeglichem Hinweis auf das Sinaigesetz oder auf den Auszug Israels aus Ägypten.

Wie wir aus dem Buch Hiob erfahren, lebte Hiob im Land Uz (Hi 1,1). Dieses Land wird mit Edom in Verbindung gebracht (1Mo 36,28). In der Septuaginta wird Uz das Land der Aisitai genannt, ein Volk, das laut Ptolemäus in der arabischen Wüste gelebt haben soll. Einige Ausleger meinten, dass Hiob identisch sei mit Jobab, einem König von Edom (1Mo 36,33). Dem steht aber entgegen, dass Hiob wahrscheinlich vor der Zeit Abrahams gelebt hat. Auch die Freunde von Hiob legen eine Verbindung zu Edom nahe, denn Eliphas stammt aus Teman, einem bekannten Ort in Edom, und Elihu kam von den Busitern, die vermutlich nahe bei den Chaldäern im Nordosten Arabiens wohnten (Hi 1,17; 32,2).

2. Das Klima

Wer das Buch Hiob das erste Mal liest, dem fallen vor allem die Beschreibungen des Klimas auf, das mit den heutigen Verhältnissen nicht mehr vergleichbar ist. Wenn das Land Uz tatsächlich mit Edom in Verbindung steht, dann muss das Klima damals in dieser Gegend völlig anders gewesen sein als heute. Heute herrscht dort ein heißes Wüstenklima aber im Buch Hiob wird ein viel kühleres und feuchteres Klima beschrieben. Auch spricht das Buch von vielen Flüssen und Strömen, doch findet man heute in dieser Gegend südlich des Toten Meeres kaum ein Wadi (trockenes Flussbett), das ab und zu noch Wasser führt, denn dieses Gebiet ist heute eines der heißesten und trockensten Gebiete der Erde. Des Weiteren wird im Buch Hiob von schweren Regenfällen und gar von Schneetreiben gesprochen. Ein weiterer Hinweis ist die Beschreibung der Tierwelt, denn Gemse, Wildesel, Hirschkuh, Schakal und Strauß kommen heute in Arabien gar nicht mehr vor, wohl aber zum Beispiel in den Savannen Ostafrikas. Da die Bewohner des Landes Uz in dieser Zeit anscheinend Schnee und Eis kannten, kann darauf geschlossen werden, dass damals in den arabischen Ländern ein gemäßigteres Klima herrschte als heute. Demzufolge muss sich das Klima in dieser Zone maßgebend verändert haben, und dies ist nur durch eine Verschiebung des Klimagürtels möglich.

Eine andere Bedrohung für die Generationen zur Zeit Hiobs ergab sich durch das Meer. Das Land Uz liegt heute sehr weit vom Meer entfernt, und doch erwähnt Hiob öfter das Meer. Er spricht über den Sand des Meeres und über die »Höhen« des Meeres (hohe Wellen). Im Kapitel 12,15 sagt er von Gott: »*Siehe, er hemmt die Wasser, und sie trocknen aus; es lässt sie los, und sie kehren das Land um*.« Was wusste der Savannenbewohner Hiob über die hohen Wellen des Meeres oder über das Land überspülende Flutwellen? Achten wir besonders auch darauf, was Hiob in Kapitel 7,12 sagt: »*Bin ich das Meer oder ein Seeungeheuer, dass du eine Wache gegen mich aufstellst*«? Nach diesen Worten Hiobs zu urteilen, waren es die Menschen damals gewohnt, Wachtposten aufzustellen, um die Bewohner rechtzeitig vor herannahenden Flutwellen zu warnen und, wie im Text gesagt, auch vor den »Seeungeheuern« oder den großen Dinosauriern. Wie kam es nun, dass Hiobs Zeitgenossen so mit dem Meer vertraut waren? Wenn das Land Uz tatsächlich mit Edom identisch ist, dann muss es dort früher ein großes Meer gegeben haben, das die ganze Jordanebene ausfüllte, vom See Genezareth bis zum Toten Meer. Dieses Meer muss zudem um einige Meter über dem heutigen Meeresspiegel gelegen haben, denn darauf weisen Terrassen und Strände hin, die vom Wasser geformt wurden.

Die Wachtposten wurden am Meer aufgestellt, weil das Meer einige Male mit gewaltigen Flutwellen das Land überspülte. In Hiob 30,14 (Luther) wird genau beschrieben, wie eine solche Flutwelle hereinbricht. »Zuerst zieht sich das Wasser zurück; immer mehr kommt der Strand zum Vorschein. Die Menschen werden von den Wachtposten gewarnt und verlassen eilends das Gebiet. Dann plötzlich schlägt die Flutwelle zu, und die Wasser rasen über den trocken gelegten Strand und das angrenzende Wohngebiet.« [28] Eine lebendige Erinnerung an eine Flutwelle hat auch Hiob wenn er seine Freunde damit vergleicht: »*Sie kommen wie durch eine Bresche herein, wälzen sich unter den Trümmern heran*«. Hiob und seine Zeitgenossen wohnten demnach nicht weit vom Meer entfernt und waren mit gewaltigen Flutwellen vertraut. In diesem Gebiet findet man hoch über der heutigen Küstenlinie Strände, die deshalb so hoch zu liegen kamen, weil sich das Land gegenüber dem Meer wahrscheinlich hob. An diesen Stränden kann man noch heute deutlich erkennen, wie die Flutwellen zur Zeit Hiobs hereingeströmt und an den Felsen zerschellt sind. Flutwellen werden verursacht durch die Bewegung der Erdkruste an einer bestimmten Stelle. Hinsichtlich des Festlandes sagt Hiob: »*Ein Berg kann zerfallen und vergehen und ein Fels von seiner Stätte weichen; Wasser wäscht Steine weg, und seine Fluten schwemmen die Erde weg: so machst du die Hoffnung des Menschen zunichte*« (Hi 14,18-19, Luther). Aufgrund dieser Beschreibungen finden wir uns in den Tagen Hiobs in der geologischen Zeitperiode des

Pleistozän, einer der letzten Zeitperioden vor unserer heutigen Zeit. Die katastrophalen Erdverschiebungen, von denen im Buch Hiob berichtet wird, wurden verursacht durch die Verschiebung der Kontinente. »Eine der Ursachen, durch die vor allem Palästina und seine Umgebung während des Pleistozäns unter dieser Kontinentverschiebung zu leiden hatten, war die Spaltung der Jordanebene. Durch die Bewegungen der Erdkruste entstand ein riesiger Riss in der Erde, der mehr als 8000 km lang ist und sich vom Gebirge Ararat im Nordosten der Türkei bis nach Johannesburg in Südafrika erstreckt. Das ist ein Riss von gewaltigen Ausmaßen, doch verglichen mit einem ähnlichen Riss im Atlantischen Ozean, der etwa 67.000 km lang ist, ist er noch sehr klein.« [29]

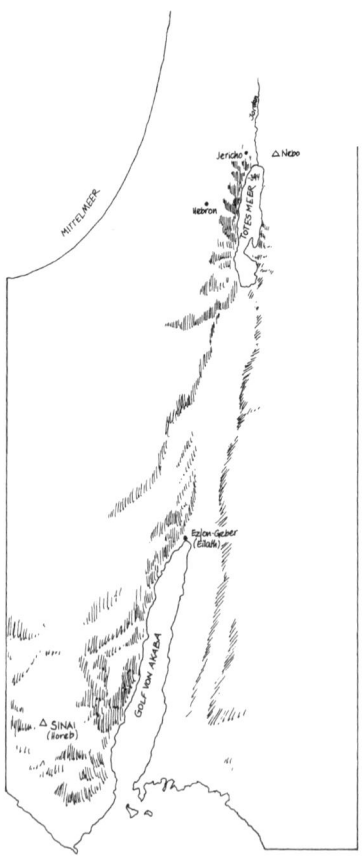

Abbildung 4.7: Das Tote Meer ist ein Teil des großen Erdkrustenrisses, der großen syrisch-afrikanischen Spalte (The Great Rift Valley), der sich vom Gebirge Ararat bis zur Südspitze Afrikas erstreckt. Erforscher der Jordanebene meinen, dass diese Ebene im Grunde genommen auseinander gerissen wurde.

Diese Spaltungen führten zu tektonischen Aktivitäten unvorstellbaren Ausmaßes und hatten gravierende Auswirkungen auf die damalige Bevölkerung. Wenn wir Hiob 12 in diesem Zusammenhang betrachten, dann geht es dort um Gottes grenzenlose, scheinbar willkürliche Macht, welche die Wasser der Erde aufwühlt und Völker zerstreut. Darum muss man den Vers 22 wie folgt lesen: »*Tiefe Klüfte der Finsternis bloßlegend und finstere Tiefen ans Licht bringend*«. Dieser Vers ist sehr gut zu verstehen, wenn Hiob tatsächlich erlebt hat, wie unter Gottes Leitung die große syrisch-afrikanische Spalte (The Great Rift Valley) entstand. »Erforscher der Jordanebene meinen, dass die Ebene im Grunde genommen auseinander gerissen wurde. Viele Erdschichten in den Gesteinen an der Westseite des Jordan liegen noch immer vertikal, so wie sie aufgespalten und buchstäblich auseinander gerissen wurden. Die Erdschichten selbst entstanden während der Sintflut, die Kontinentverschiebung hingegen war eines der beeindruckendsten Naturereignisse in den Jahrhunderten nach der Sintflut.« [30]

4.4.3 Höhlenbewohner – Die Steinzeit

Im Buch Hiob erfahren wir viel über das harte und rauhe Klima der damaligen Zeit. Wie wir aus dem Buch Hiob erfahren, konnte der Niederschlag zu seiner Zeit so intensiv fallen, dass er die Erde verwüstete. Durch unvorstellbar schwere Platzregen wurden die Gewächse auf den Äckern einfach aus der Erde herausgespült. Hiob erinnert sich daran, dass es eine Generation früher noch viel schlimmer war, denn damals waren die Menschen durch Mangel und Hunger ausgemergelt und suchten nach etwas Essbarem und einer Unterkunft. Zu ihrem Unglück wurden diese Menschen auch noch aus der damaligen Gesellschaft ausgeschlossen und waren deshalb gezwungen, **in Grotten und Höhlen zu leben**, um wenigstens das nackte Überleben zu ermöglichen (Hi 30,1-8). Hier haben wir es mit den berühmten Höhlenbewohnern aus dem Zeitabschnitt des Pleistozän zu tun! Die Ursache ihres Elends war nicht allein der Niederschlag, sondern auch das Auftreten größerer Erdverschiebungen. Man muss sich vorstellen, wie das ist, in einem Land zu leben, in dem die Armen in Lehmhütten wohnen, die von einem Tag zum anderen einfach vom Erdboden weggefegt werden (Hi 4,19-21). »Einige Gegenden waren wegen der Gefahr von vulkanischen Ausbrüchen oder Erdbeben gänzlich unbewohnbar geworden, und nur die Ausgestoßenen fanden den Mut, sich dort niederzulassen (Hi 15,28). Noch heute kann man südlich von Palästina an vielen Orten solche Ruinen und Steinhaufen aus der von den Evolutionisten so bezeichneten ›Steinzeit‹ antreffen, in der sich Menschen in einfachen Hütten, Höhlen und Grotten am Leben zu halten versuchten.« [31] An vielen Orten dieser Gegend war das Bewohnen von Häusern viel zu gefährlich, und deshalb musste man sich andere Unterkünfte suchen. In dieser Zeit regnete es in Palästina anhaltend, was zu einer gewaltigen Erosion führte. Die Niederschläge und die Erosion waren die Ursache dafür, dass im weichen Kalkstein viele Grotten ausgehöhlt wurden, die in den Tagen Hiobs zu willkommenen Unterkünften für die »Höhlenbewohner« wurden.

In dieser Zeit, in der Hiob lebte, herrschte in der nördlichen Hemisphäre die Eiszeit, und das nördliche Europa sowie die Gebirgszüge waren von einer dicken Eisschicht bedeckt. Deshalb treffen wir auch in der nördlichen Hemisphäre, zeitlich etwas verschoben, eine Altsteinzeitkultur an, wie wir sie in Mesopotamien zu Beginn der Neubesiedlung der Erde antreffen. Aber auch hier war es nicht so, dass sich diese Menschen aus einer primitiven Urform mit der Zeit weiterentwickelt haben, sondern die Menschen hatten, aufgrund der prekären Umweltbedingungen, gar keine andere Möglichkeit, als sich vorübergehend an eine einfachere Lebensweise zu gewöhnen und in Grotten und Höhlen eine sichere Unterkunft zu finden. Die Männer plagten sich mit Steinwerkzeugen ab, und die Frauen mussten sich mit Nadeln aus Knochen oder Horn die nicht sehr modischen Kleider aus rohem Leder mittels gekauten Tiersehnen zusammennähen. In der Anfangszeit hinterließen die Menschen in der nördlichen Hemisphäre denn auch mehr oder weniger einheitliche Kulturgegenstände, die großflächig als Erzeugnisse einer zusammenhängenden Kultur erkennbar sind. Aus dieser Zeit dürften die Funde der Altsteinzeit stammen, die rund um das Mittelmeer sowohl in Ägypten als auch in Westeuropa gefunden wurden.

4.4.4 Dinosaurier [32]

In den letzten Jahren sind die Dinosaurier richtig populär geworden, und es wurde sehr vieles über diese heute ausgestorbenen Tiere geschrieben. Heute weiß auch beinahe jedes Kind, dass diese Tiere, wie die Evolutionstheorie behauptet, bereits schon 60 Millionen Jahre *vor* dem Erscheinen des Menschen ausgestorben sein sollen. Über den Grund ihres Aussterbens wird aber nach wie vor gerätselt. Die einen meinen, sie seien durch einen Meteoreinschlag im Golf von Mexiko ausgestorben, die anderen denken, Raubvögel und andere Tiere hätten die Eier dieser Riesentiere gefressen, sodass sie dezimiert wurden und allmählich von der Erde verschwanden. Nach dem biblischen Zeugnis wurden die Dinosaurier am fünften und am sechsten Tag erschaffen, also fast gleichzeitig mit dem Menschen. Das bedeutet auch, dass Menschen und Dinosaurier in den Jahren zwischen der Schöpfung und der Sintflut und auch noch eine gewisse Zeit nach der Sintflut gleichzeitig auf der Erde gelebt haben müssen. Im Buch Hiob haben wir bereits einen ersten Hinweis auf die Existenz dieser Tiere zusammen mit den Menschen erhalten (Hi 7,12).

Zwei weitere Hinweise auf die Dinosaurier erhalten wir in den Kapiteln Hiob 40 und 41. Gott antwortet dem Hiob aus dem Sturm heraus, indem Gott Hiob die Größe seiner Schöpfung in herrlichen Bildern vor Augen führt und in seiner zweiten Rede zwei weitere Geschöpfe vorstellt, die durch die Ausführlichkeit ihrer Beschreibung offenbar eine Sonderstellung in der Schöpfung einnehmen: der Behemot und der Leviathan. Bei der Erwähnung dieser beiden Tiere handelt es sich um eine Demonstration der Größe Gottes und seiner Schöpfung, die Hiob zum Nachdenken über seine eigene Stellung und zur Aufgabe seiner Gott gegenüber fordernden und anklagenden Haltung führen soll. Zuerst ist die Rede vom Behemot: *»Sieh doch den Behemot, den ich mit dir gemacht habe! Gras frisst er wie das Rind. Sieh doch seine Kraft in seinen Lenden und seine Stärke in den Muskeln seines Bauches! Er lässt seinen Schwanz gleich einer Zeder hängen, die Sehnen seiner Schenkel sind dicht geflochten. Röhren aus Bronze sind seine Knochen und seine Gebeine wie Stangen aus Eisen. Er ist der Anfang der Wege Gottes. Der ihn gemacht, hat ihm sein Schwert beschafft. Denn die Berge bringen ihm Tribut, und alle Tiere des Feldes, die dort spielen. Unter Lotosbüschen lagert er im Versteck von Rohr und Sumpf. Die Lotosbüsche, sein Schatten, bedecken ihn; es umgeben ihn die Bachpappeln. Siehe, der Strom schwillt mächtig an – er hastet nicht davon. Er fühlt sich sicher, selbst wenn ein Jordan (eine Flut) gegen sein Maul hervorbricht. Wer kann ihm in seine Augen greifen, ihm in der Falle die Nase durchbohren?«* (Hi 40,15-24). Viele Ausleger der biblischen Texte haben den Behemot mit einem Nilpferd identifiziert, aber auf ein Nilpferd passt diese Beschreibung nun wirklich nicht. Wir kennen heute kein Tier, das dieser Beschreibung nur annähernd entsprechen würde, und deshalb ist es nahe liegend, dass es sich bei diesem Tier um ein heute ausgestorbenes Wesen handeln könnte. Einige Ausleger haben bereits die Meinung vertreten, dass es sich beim Behemot um den Iguanodon handeln müsse. Dieses heute ausgestorbene Tier gehört zur Gruppe der Ornithopoden (Vogelfüßer). Der Bau seiner Füße lasse darauf schließen, dass dieses Tier ein schneller Läufer war. Das Iguanodon erreichte eine Länge von 8-11 m, war aufrecht stehend bis zu 5 m hoch und wog etwa 5 Tonnen. *»Er frisst Gras wie ein Rind«.* Das Iguanodon hatte große, lange Zähne, war aber ein Pflanzenfresser, sodass es für andere Tiere keine Gefahr darstellte, denn *»Tiere des Feldes spielen bei ihm«.* Es ernährte sich von Bergpflanzen, Weiden, Büschen und Bäumen. *»Sieh doch seine Kraft in seinen Lenden und seine Stärke in den Muskeln seines Bauches... Röhren aus Bronze sind seine Knochen, und seine Gebeine wie Stangen aus Eisen«.* Aufgrund dieser Beschreibung muss es sich beim Behemot um ein äußerst großes und kräftiges Tier gehandelt haben, was auf den Iguanodon genau zutrifft.

Abbildung 4.8: Auf dieser Zeichnung ist ein Iguanodon und ein nachsintflutlicher »Steinzeit-Mensch« abgebildet. Deutlich erkennbar beim Iguanodon sind seine vogelähnlichen Füße, sein mächtiger Schwanz, den er wie eine Zeder hängen lässt sowie sein Daumen, der wie ein kurzschneidiger Dolch ausgebildet ist. Auch erhält man auf diesem Bild einen Eindruck von der Größe dieses Tieres.

»Er lässt seinen Schwanz wie eine Zeder hängen«. Bereits mit dieser Beschreibung ist die Interpretation, dass der Behemot mit dem Nilpferd identifiziert werden muss, ad absurdum geführt. Im Gegensatz zum Nilpferd hatte der Iguanodon tatsächlich einen mächtigen Schwanz wie ein Baumstamm. *»Die Sehnen seiner Schenkel sind geflochten«.* Geflochtene Sehnen sind ein Merkmal von Lauftieren, und das Iguanodon erweist sich aufgrund seiner anatomischen Struktur als Läufer. Nun lassen sich beim Iguanodon als einzigem Tier tatsächlich geflochtene Sehnen fossil nachweisen, wenn auch nur am Rückgrat. *»Gott hat ihm sein Schwert beschafft«.* Der Daumen des Iguanodon war als starker Stachel oder Dorn ausgebildet, der rechtwinklig zu den anderen Fingern abstand. Die Gesamtlänge dieses Daumens betrug etwa 15 cm. Das ist zwar etwas kurz für ein Schwert, aber unter dem Begriff Schwert wurde in der Antike auch ein kurzschneidiger Dolch verstanden. *»Unter Lotosblüten lagert er im Versteck von Rohr und Sumpf«.* Obwohl das Iguanodon kein Wassertier war, weiß man heute, dass sich dieses Tier gerne in Feuchtgebieten aufhielt. Dort fand es eine reiche Vegetation, die ihm Schutz und Nahrung bot.

»*Wer kann ihm in seine Augen greifen, wer kann mit Stricken seine Nase durchbohren*«? Aufgrund der Mächtigkeit des Iguanodon war es für den Menschen tatsächlich unmöglich, dieses Tier zu fangen. Stellen Sie sich vor, vor Ihnen steht ein solch titanenhaftes Tier, das etwa 2-3 Mal größer und 50 Mal schwerer ist als Sie. Würden Sie diesem Tier einen Strick durch die Nase bohren wollen?

Das zweite Tier, mit dem Gott Vergleiche zieht, ist der Leviathan. Im Gegensatz zum Behemot wird der Leviathan sehr ausführlich beschrieben, nämlich in den Versen von Hiob 40,24 bis 41,26. Aufgrund der Länge dieser Beschreibung soll auf die wörtliche Wiedergabe des gesamten Textes verzichtet und im Folgenden nur die wichtigsten Kennzeichen dieses Tieres beschrieben und erklärt werden:

1. Er lebte offensichtlich im Wasser ob ausschließlich, bleibt unklar.

2. Er scheint im Kampf unüberwindbar.

3. Er hat feste Schuppenreihen, die undurchdringlich sind.

4. Rings um seine Zähne lauert Schrecken.

5. Feuer kommt aus dem Rachen.

6. Rauch fährt aus den Nüstern.

7. Waffen können ihn nicht durchdringen.

8. Er ist der König aller Tiere, er ist zur Unerschrockenheit erschaffen.

Bei der Identifikation des Leviathan besteht die große Schwierigkeit, dass die Fähigkeit des Feuerspeiens im Fossilbericht nicht belegt ist. Für die Identifikation des Leviathan hat Duane Gish einen Vertreter aus der Gruppe der Hadrosaurier vorgeschlagen. Wegen der Form ihrer Kiefer werden diese Tiere zu den Entenschnabelsauriern gerechnet. Von diesen Tieren findet man Fossilien vor allem in den Erdschichten der späten Kreide. Die Hadrosaurier weisen eine gewisse Ähnlichkeit mit dem Iguanodon auf und ihre Körperlänge liegt bei etwa neun Metern (es wurden Exemplare mit einer Körperlänge bis zu 16 m gefunden). Diese Tiere fallen vor allem wegen ihrer eigenartigen, knöchernen Haube auf dem Kopf auf, von der sehr bizarre Formen bekannt sind. Aufgrund von Untersuchungen vertritt man heute die Meinung, dass diese Hauben die Nasengänge enthielten, und deshalb mit dem Riechvorgang zu tun hatten. Auch die Bedeutung des Namens »Leviathan« (das Gewundene) könnte auf den Hadrosaurier zutreffen, denn er hatte tatsächlich einen langen Hals.

1. Er lebte offensichtlich im Wasser: Aufgrund der Tatsache, dass Hadrosaurier Schwimmhäute besassen, kann darauf geschlossen werden, dass sie eventuell Land- und Wassertiere gleichzeitig waren.

2. Er scheint im Kampf unüberwindbar: Bereits der Behemot wird als äußerst mächtiges und starkes Tier beschrieben, aber vom Leviathan heißt es, er sei gar unüberwindbar. Es wird tatsächlich ein fast unlösbares Problem gewesen sein, ein Tier von bis zu 16 m Länge, das zudem mit der Fähigkeit des Feuerspeiens ausgestattet war, zu besiegen geschweige denn zu fangen. Der Leviathan muss also ein ungemein beeindruckendes und Furcht einflößendes Riesentier gewesen sein.

3. Er hat feste Schuppenreihen, die undurchdringlich sind: Auf der Bauchseite hatte der Hadrosaurier tatsächlich Schuppenreihen, die dachziegelartig angeordnet waren und damit dem biblischen Bericht entsprechen. Vielleicht waren sie von ihrer Anordnung her, wenn sich das Tier auf beide Hinterbeine stellte und den erstaunten Menschen die Bauchseite darbot, so beeindruckend, dass sie in der Beschreibung einer Erwähnung wert waren.

4. Rings um seine Zähne lauert Schrecken: Die vorne breit und abgeplatteten Kiefer der Hadrosaurier boten ein eindrucksvolles Gebiss mit dichtgepackten Zähnen, von denen bis zu 600 in einer Kiefernhälfte standen.

5. Feuer kommt aus dem Rachen: Einen wissenschaftlichen Beweis für Feuer speiende Saurier oder andere Tierarten gibt es nicht. Man könnte sich aber vorstellen, dass die Möglichkeit zur Erzeugung brennbarer Gase mit den Hauben der Hadrosaurier zusammenhängen könnte. Duane Gish hält es für möglich, dass die Hauben als Brennkammer dienten: »Vielleicht konnte dieses Wesen Chemikalien zusammenmischen, ähnlich jenen, wie sie der Bombadierkäfer verwendet, und sie in einer Lagerkammer lagern. Wenn ihn dann ein fleischfressender Tyrannosaurier verfolgte, konnte er eine große Ladung in seine Verbrennungskammer in seiner Haube auf dem Kopf spritzen, zur rechten Zeit den Antihemmstoff dazufügen und Feuer und Rauch würden direkt ins Gesicht des Tyrannosauriers geschleudert.« [33]

6. Rauch fährt aus den Nüstern: Wenn der Leviathan tatsächlich über die Fähigkeit des Feuerspeiens verfügte, dann muss es bei diesem Tier vorgekommen sein, dass die Gase (z.B. Ammoniak oder Methan), die nicht vollkommen verbrannten, im Rachenraum Rauch entstehen ließen, der dann über die Nasenöffnungen austreten konnte.

7. Waffen können ihn nicht durchdringen: Da die Haut des Hadrosauriers wie ein doppelschichtiger Panzer (bestehend aus Haut und Schuppen) aufgebaut war, muss diese für menschliche Begriffe tatsächlich beinahe undurchdringlich gewesen sein.

8. Er ist der König aller Tiere, er ist zur Unerschrockenheit erschaffen: Zum Abschluss der Beschreibung wird noch einmal die Macht und Überlegenheit des Leviathan zum Ausdruck gebracht. Dass er als König der Tiere bezeichnet wird, bringt zum Ausdruck, dass es in der Tierwelt nichts Vergleichbares gibt wie den Leviathan. Aber trotzdem ist auch dieses mächtige Tier »nur« ein Geschöpf Gottes, denn auch dieses Tier wurde erschaffen.

»Wer kennt sie nicht, die Feuer, Hitze und Gestank um sich verbreitenden Lindwürmer aus zahlreichen Sagen und die todesmutigen Helden, die den schrecklichen, aussichtslos scheinenden Kampf mit diesen Ungeheuern aufnahmen und meistens als strahlende Sieger daraus hervorgingen? Überall auf der Welt begegnet man diesen Ungetümen in den Überlieferungen der Völker. In der Nibelungensage kämpft Siegfried gegen Fafnir, tötet ihn und erhält durch dessen Blut eine unverwundbare Haut. In einem altenglischen Epos erschlägt der Held Beowulf das hässliche Ungeheuer Grendel, stirbt dann aber 50 Jahre später im Kampf gegen einen feuerspeienden Drachen, den er zwar besiegen kann, durch den er selbst aber tödlich verwundet wird. Im klassischen Griechenland war der Drache Typhon schuld an Naturkatastrophen wie Vulkanausbrüchen und Wirbelstürmen, und in der babylonischen Mythologie kämpfte der Schöpfergott Marduk gegen das Chaosungeheuer Tiamat und schuf aus dem Kadaver Himmel und Erde. In der katholischen Tradition kennt man die Legende vom heiligen St. Georg, einem tapferen Ritter, der eine wunderschöne Prinzessin aus den Fängen eines blutrünstigen Drachen befreit, die Bestie tötet und auf diese Weise ein ganzes Land vor der Verwüstung bewahrt.« [34] Weltweit existieren mehrere tausend Sagen über Drachen. Für die meisten »aufgeklärten« Menschen unseres Jahrhunderts steht es absolut fest, dass diese Drachenfiguren ins Reich der Phantasie gehören, aber die Beschreibung des Leviathan passt ziemlich genau in dieses Bild des feuerspeienden Drachen. Die Menge solcher Legenden ist immerhin ein starker Hinweis darauf, dass diese Drachen in grauer Vorzeit existiert haben und die überlieferten Legenden tatsächlich Erinnerungen von Menschen sind, die das Vorkommen solcher Tiere noch selbst erlebt haben. Es gibt viele Hinweise und Zeugnisse aus der Kulturgeschichte, die tatsächlich darauf hinweisen.

1. Felszeichnungen [35]

»Es gibt Felszeichnungen und Höhlenmalereien von Tieren, die Ähnlichkeiten mit Sauriern haben. So erinnert eine Zeichnung von Fremont-Indianern aus Nordamerika an einen Brontosaurus. Eine Höhlenmalerei der Anasazi-Indianer (Südwest-USA) zeigt Menschen, die, mit Pfeil und Bogen bewaffnet, auf ein drachenähnliches Tier Jagd machen. Dabei erinnern die Zacken

auf dem Rücken des Tieres an einen Stegosaurus, Hand, Fuss und Hörner
an einen Parasaurolophus.«

*Abbildung 4.9: Diese mexikanische Skulptur stellt eine Frau dar, die mit einem
Tier spielt. Der Rückenpanzer, der Schwanz, die schweren Hinterpfoten und die
leichteren Vorderpfoten erinnern an einen kleinen Dinosaurier.*

2. Skulpturen

»Eine kleine mexikanische Skulptur stellt eine Frau dar, die mit einem Tier
spielt. Dabei erinnert das Tier mit seinem Rückenpanzer, seinem Schwanz,
den schweren Hinterpfoten und den leichten Vorderpfoten an einen kleinen
Dinosaurier. Eine andere Tonfigur zeigt offenbar einen Atlantosaurus.«

3. Chinesiches Schriftzeichen

»Das chinesische Schriftzeichen für Dinosaurier bedeutet ›schrecklicher
Drache‹ (Kong Long) und zeigt an, dass die Saurier in China, wo man sie
durch Fossilien seit über 2000 Jahren kennt, mit den Drachen aus den Sagen in Verbindung gebracht werden.«

Die Ähnlichkeiten bei den Sagen, den Felszeichnungen und den Skulpturen sind so verblüffend, dass sich Wissenschaftler schon intensiv Gedanken über ihre Ursachen gemacht haben. Doch die dabei geäußerten Theorien, »eine Erinnerung aus der Reptilienzeit einer angenommenen

Evolution« oder »die Existenz eines für alle Zeiten gespeicherten Wissens in nichtmateriellen Feldern aus unpersönlicher Intelligenz, von denen die Menschen aller Zeit geschöpft haben« sind derart spekulativ, dass sie ins Reich der Mythen gehören. Da uns die Wissenschaft mit diesen nicht sehr fruchtbaren Erklärungsversuchen nicht weiterhelfen kann, darf man getrost die Behauptung aufstellen, dass die Darstellungen und Skulpturen von Drachen, aber auch die vielen Drachenerzählungen, aufgrund von tatsächlichen Begegnungen von Menschen mit Dinosauriern entstanden sind.

4.5 Babylon

4.5.1 Gottes neuer Bund

Für die ersten Menschen, die auf dem Gebirge Ararat »gelandet« waren, begann ein neues Leben auf einer völlig neuen Erde. Sie hatten absolut keinen Anhaltspunkt darüber, wo sie sich befanden, denn alles, was sie vorfanden, war ihnen noch fremd. Bei ihrem Neubeginn waren sie wahrscheinlich auf die Unterstützung Gottes angewiesen. Die erste Handlung Noahs war denn auch, dass er Gott einen Altar baute und Gott Brandopfer darbrachte zum Danke dafür, dass Gott ihn und seine Familie bewahrt hatte: »*Und Noah baute dem HERRN einen Altar; und er nahm von allem reinen Vieh und von allen reinen Vögeln und opferte Brandopfer auf dem Altar. Und der Herr roch den wohlgefälligen Geruch, und der HERR sprach in seinem Herzen: Nicht noch einmal will ich den Erdboden verfluchen um des Menschen willen; denn das Sinnen des menschlichen Herzens ist böse von seiner Jugend an; und nicht noch einmal will ich alles Lebendige schlagen, wie ich getan habe. Von nun an, alle Tage der Erde, sollen nicht aufhören Saat und Ernte, Frost und Hitze, Sommer und Winter, Tag und Nacht*« (1Mo 8,20-22). In diesen Versen gibt uns Gott die Gewissheit, dass er die Erde niemals mehr verfluchen und zerstören wird; damit sagt er aber auch aus, dass er sich von seiner aktiven Rolle des sofort alles richtenden Gottes zurückziehen wird. Fortan wird Gott den Menschen in seiner Eigenverantwortung sehen und der Mensch wird Gott nicht mehr zum globalen Richten reizen können. Bereits beim Sündenfall hat Gott die große Verheissung ausgesprochen, als er die Schlange verfluchte: »*Und ich werde Feindschaft setzen zwischen dir und der Frau, zwischen deinem Samen und ihrem Samen; er wird dir den Kopf zermalmen, und du, du wirst ihm die Ferse zermalmen*« (1Mo 3,15). Diese Verheißung bleibt auch nach der Sintflut bestehen, und sie wird sich durch die ganze Menschheitsgeschichte ziehen. Es wird Feindschaft herrschen zwischen Satan und Jesus Christus, zwischen der Finsternis und dem Licht, zwischen dem Samen des Bösen und dem Samen des Guten. Auch in diesen Versen sehen wir den Zustand des Menschen wieder: »*Das Sinnen des menschlichen Herzens ist böse von seiner Jugend an*«. Der Mensch kann sich nur durch eine innere Umkehr, durch eine bewusste Zuwendung zu Gott, ändern, aus eigener Kraft ist der Mensch dazu nicht fähig. Diese Ansicht Gottes über den Menschen zieht sich wie ein roter Faden durch die ganze Heilsgeschichte der Menschheit hindurch.

In diesen Versen gibt uns Gott auch die Gewissheit, dass die Jahreszeiten, die vor der Sintflut noch nicht in diesem Ausmaß, wie wir sie heute kennen, existierten, bis zum Ende der Zeit nicht mehr aufhören sollen. Er verspricht uns jedes Jahr von neuem Saat und Ernte, und wir haben nach jedem noch so harten Winter die Gewissheit, dass der Frühling wiederkommt und mit ihm das jährlich erneute Erwachen der Natur und dann auch Saat und Ernte. Nicht eine blinde Natur sorgt für diesen Rhythmus von Sommer und Winter, sondern es ist Gott, der nicht nur der Schöpfer allen Seins ist, sondern auch der Erhalter. Er ist der »Motor« hinter aller Existenz in Raum und Zeit. »*Und Gott segnete Noah und seine Söhne und sprach zu ihnen: Seid fruchtbar und vermehrt euch, und füllt die Erde! Und Furcht und Schrecken vor euch sei auf allen Tieren der Erde und auf allen Vögeln des Himmels! Mit allem, was sich auf dem Erdboden regt, mit allen Fischen des Meeres sind sie in eure Hände gegeben. Alles, was sich regt, was da lebt, soll euch zur Speise sein; wie das grüne Kraut gebe ich es euch alles. Nur Fleisch mit seiner Seele, seinem Blut, sollt ihr nicht essen*« (1Mo 9,1-4). In diesen Versen erhalten Noah und seine Söhne Gottes Segen und den Auftrag, fruchtbar zu sein und sich zu vermehren und die Erde zu füllen. Weiter erfahren wir, dass alle Tiere dieser Erde mit Furcht und Schrecken vor dem Menschen ausgestattet sind. Dies kann bedeuten, dass die Scheu der Tiere vor dem Menschen von Gott als Instinkt zum Schutz der Menschen eingegeben wurde.

War die Ernährungsweise vor der Sintflut ausschließlich vegetarisch, so gibt Gott den Menschen nun alles, was sich regt, zur Speise. Das Essen von Fleisch ist von diesem Zeitpunkt an erlaubt und vielleicht sogar empfohlen. In der vorsintflutlichen Welt herrschten paradiesische Zustände mit einem auf der ganzen Erde gemäßigten Klima. In diesem ausgeglichenen Klima waren die Menschen nicht auf den Verzehr von Fleisch angewiesen, ihnen genügte die vegetarische Ernährung vollständig. Die nachsintflutliche Welt war gegenüber der untergegangenen Welt eine kalte und brutale Welt. Die ersten Menschen, die die »alte« Welt ja noch kannten, mussten schockiert sein, als sie zum ersten Mal eine Kältewelle über sich ergehen lassen mussten. In dieser ersten Zeit des Neubeginns war es für das Überleben des Menschen wahrscheinlich sehr wichtig, seine Ernährungsweise auf den

Verzehr von Fleisch umzustellen. Aber auch hier bekommt der Mensch eine Einschränkung, denn er darf das Fleisch nicht mit seinem Blut essen, denn die Seele der Lebewesen wohnt im Blut. Dies bedeutet, dass die Tiere nicht lebend gegessen werden durften, sondern erst, nachdem das gesamte Blut des Tieres ausgeflossen war. Auch der Verzehr von Blut wurde mit diesem Gotteswort verboten. Dies ist auch der Grund, weshalb die Juden die Tiere noch heute mit dem Durchschneiden der Halsschlagader töten. Das Tier stirbt dann, indem es verblutet. Mit dem Verbluten fließt aber die Seele des Tieres aus dem Leib. Mit allen anderen Tötungsmethoden hat die Seele keine Gelegenheit, aus dem Körper auszulaufen, und das Blut bleibt vom Todesstoß schockiert im Körper. Ein auf solche Weise getötetes Tier ist unrein und darf von den Juden nicht gegessen werden. Dies ist keine jüdische Eigenheit, sondern ein Gebot Gottes. Und Gott gab den Menschen eine zweite Regel: Es ist dem Menschen nicht erlaubt, das Blut eines anderen Menschen zu vergießen, denn auch dann vergeht er sich an dem, was nur Gott allein gehört. Wer trotzdem einen Menschen vorsätzlich tötet, muss selbst getötet werden, und zwar – wie wir aus der Bibel erkennen – durch die ordentlichen Obrigkeiten.

Und Gott gibt den Menschen ein Zeichen für seinen ewigen Bund mit den Menschen und setzt dieses Zeichen über den Wolken in den Himmel: den Regenbogen. »*Und Gott sprach: Dies ist das Zeichen des Bundes, den ich stifte zwischen mir und euch und jedem lebenden Wesen, das bei euch ist, auf ewige Generationen hin: Meinen Bogen setze ich in die Wolken, und es sei das Zeichen des Bundes zwischen mir und der Erde.... Wenn der Bogen in den Wolken steht, werde ich ihn ansehen, um an den ewigen Bund zu denken zwischen Gott und jedem lebenden Wesen unter allem Fleisch, das auf Erden ist*« (1Mo 9,12-13.16). Hier setzt Gott selbst ein Zeichen an den Himmel (von der Erde aus gesehen), und dieses Zeichen erscheint immer nur im Zusammenhang mit Wasser. Ein Regenbogen kann nur nach dem Regen erscheinen, in der Übergangszeit zwischen dem Regen und dem neuerlichen Sonnenschein. Damit gibt uns Gott die Gewissheit, dass er die Erde nie mehr mit einer Wasserflut vernichten wird. Auch die erste Zeit der Menschheit war eine Zeit des Regenbogens, denn das große Wasser der Flut zog sich langsam zurück, der Regen hatte aufgehört und die Sonne trocknete die nasse Erde und brachte sie wieder zum Blühen.

Für alle Menschen, die Gott suchen, bleibt der Regenbogen bis zum Ende der Zeit ein Zeichen für den Bund Gottes mit uns Menschen. Dieser Bund wurde in der folgenden Menschheitsgeschichte und insbesondere der Geschichte mit Gottes auserwähltem Volk, Israel, niemals aufgehoben. Es ist auch wichtig, den Regenbogen nicht einfach als eine Naturerscheinung anzusehen, sondern als Zeichen des allmächtigen Gottes, das uns Trost und

Hoffnung geben kann. Denn so gewiss, wie nach dem Regen die Sonne wieder scheint, und der Regenbogen ist ja genau das Zeichen dafür, denn ohne Sonnenschein gibt es auch keinen Regenbogen, so gewiss ist es auch, dass Gott zu seinem Wort stehen wird. Wir können den Regenbogen als eine bloße Naturerscheinung, die mit irgendwelchen Naturgesetzen erklärt werden kann, oder eben als spezielle Handlung Gottes in Zeit und Raum sehen. Diese Zeichen Gottes haben eine sehr große Bedeutung, um ein Gefühl von Gottes Allgegenwart hervorzurufen. Auch die Sterne wurden genau mit dieser Bestimmung, nämlich als Zeichen für das allmächtige Handeln Gottes am Himmel zu zeugen, geschaffen. Und deshalb sind diese beiden möglichen Betrachtungsweisen so diametral verschieden wie Tag und Nacht, wie Licht und Finsternis, wie Jesus Christus und Luzifer!

4.5.2 Noah und seine Nachkommen [36]

Noah hatte drei Söhne, Sem, Ham und Jafet, und von diesen drei Söhnen stammen alle Völker der Erde ab. Wir werden hier daran erinnert, dass wir Menschen alle der gleichen biologischen Art angehören, nämlich dem »Homo Sapiens«. Dies mag eine harte Erkenntnis sein für Menschen, die sich zu »Höherem berufen« fühlen und verächtlich auf andere Menschen herabschauen. Aber es ist und bleibt eine biologische Tatsache, denn jeder beliebige Mann aus jedem Volk kann jede beliebige Frau aus jedem anderen Volk heiraten und mit ihr ganz normale Kinder zeugen, welche ihrerseits wiederum heiraten und Kinder zeugen können. Hier gibt es keine biologischen Grenzen wie zum Beispiel beim Pferd und beim Esel. Diese beiden Tiere kann man zwar miteinander kreuzen, denn sie gehören dem gleichen Grundtyp an, aber die Nachkommen, die Maultiere, sind nicht weiter zeugungsfähig! Des Weitern werden wir daran erinnert, dass sich der Mensch von einem einzigen Gebiet aus über die ganze Welt ausgebreitet hat. Dies geschah nicht bereits in den ersten Jahren nach der Sintflut, sondern erst einige Zeit danach, nämlich nach dem Turmbau zu Babel. Eine andere Tatsache ist, dass die Menschheit sich immer noch in **drei** deutlich voneinander abgegrenzte Rassen unterteilen lässt – in die europide Rasse, der die meisten Europäer angehören, die mongolide Rasse, der die Chinesen, Japaner und Indianer angehören, und in die negride Rasse, der die meisten Afrikaner angehören. Wir können heute nicht mit absoluter Sicherheit sagen, dass diese verschiedenen »Rassen« auf die drei Söhne Noahs, auf Sem, Ham und Jafet zurückgehen, aber es ist eine bemerkenswerte Übereinstimmung: In beiden Fällen sind es **drei** Unterteilungen.

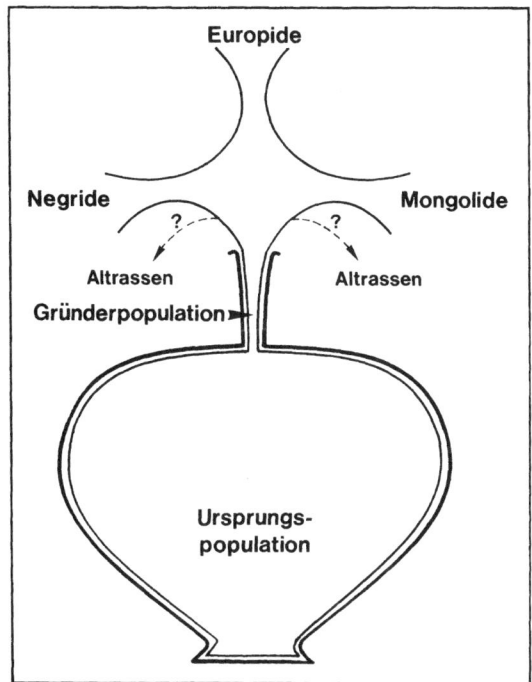

Abbildung 4.10: Aufgrund genetischer Daten heutiger Menschen wird vermutet, dass während der Bevölkerungsgeschichte die ursprüngliche Population stark dezimiert wurde. Danach erzeugte eine Gründerpopulation mit reduzierter genetischer Vielfalt die heutigen Rassen. Diese Reduktion durch Gründerpopulationen nennt die Genetik »Flaschenhals-Ereignis«.

Bei der Besiedlung der Erde durch die Menschen müssen zwei Phasen unterschieden werden: Die erste Phase dauerte bis zum Turmbau zu Babel, die zweite Phase begann mit der Verwirrung der Sprache, und erst in dieser zweiten Phase begann die Menschheit wirklich, die Erde zu bevölkern. In der ersten Phase blieben die Menschen entgegen dem Gebot Gottes, die Erde zu bevölkern, zusammen und ließen sich in einer Ebene, im Land Schinar nieder. »*Und die ganze Erde hatte ein und dieselbe Sprache und ein und dieselben Wörter. Und es geschah, als sie von Osten aufbrachen, da fanden sie eine Ebene im Land Schinar und ließen sich dort nieder*« (1Mo 11,1f). Mit dem Land Schinar ist Mesopotamien gemeint, die fruchtbare Ebene zwischen den zwei Flüssen Euphrat und Tigris, im heutigen Irak (Mesopotamien heißt denn auch »zwischen den Flüssen«). Diese Ebene, die von den beiden Flüssen Euphrat und Tigris bewässert wurde, war in alten Zeiten bekannt für ihre Fruchtbarkeit. Diese Zwischenphase dauerte wahrscheinlich nicht sehr lange, denn Nimrod, der erste Gewaltherrscher auf der Erde, entstammt der dritten Generation nach Noah. Einer der Söhne Hams, Kusch, zeugte Nimrod. In dieser Zeit begannen die Nachkommen bereits im Alter von etwa 30 bis 35 Jahren selbst Nachwuchs zu zeugen. Also wurde Kusch einige Jahre nach der Sintflut gezeugt, und Kusch selbst zeugte Nimrod etwa im Alter von 30 Jahren. Nimrod selbst war ein gewaltiger Jäger. Es wird nicht berichtet, wann er die Macht über die anderen Menschen ergriff, aber wenn wir davon ausgehen, dass dies im Alter von 30 bis 40 Jahren geschah, dann müssen wir den Turmbau zu Babel im ersten Jahrhundert nach der Sintflut ansetzen. Um einen Turm und eine Stadt zu bauen, ist es nötig, dass die Menschheit bereits auf eine Bevölkerungszahl von einigen Zehntausend Menschen angewachsen ist, denn dafür sind einige tausend Arbeiter notwendig. Bevölkerungsstatistische Berechnungen bei der Entwicklung menschlicher Gesellschaften zeigen, dass eine Population von sechs Personen – unter Zugrundelegung heutiger Werte – innerhalb von 300 Jahren auf 100.000 Personen und innerhalb von 500 Jahren auf 90 Millionen ansteigen kann. Wenn wir annehmen, dass die Zunahme der Bevölkerung durch sehr große Familien schneller ablief als heute, kann man sich gut vorstellen, dass die Bevölkerung in den ersten 100 Jahren auf 20 bis 50.000 Personen angewachsen war.

Dieser erste Städtebau der nachflutlichen Menschheit wurde wesentlich beeinflusst von Nimrod, einem Enkel Hams. Nimrod gehört der dritten Generation an, und die Bibel teilt uns mit, dass er auch die Städte Erech, Akkad und Kalne (die zum Teil durch Archäologen ausgegraben wurden) baute, die zu seinem Königreich gehörten. Es kann angenommen werden, dass er zuerst Babel baute und später, nach der Sprachverwirrung, die anderen Städte. Dann zog Nimrod westwärts und baute Ninive, Rehobot-Ir, Kelach und Resen. Weshalb Nimrod zum ersten König oder Gewaltherrscher auf Erden wurde, ist nicht klar, denn er war dazu weder vom Alter noch von seiner Abstammung her prädestiniert, denn Ham, sein Großvater war nicht der Erstgeborene unter seinen Brüdern, sondern Sem. Außerdem lag ein gewisser Fluch auf dem Stamm Hams wegen seiner Respektlosigkeit seinem Vater Noah gegenüber. Die Formulierung: »Er war der erste Gewaltige auf Erden« scheint auf eine gewalttätige Persönlichkeit hinzuweisen, und es ist somit nicht auszuschließen, dass er seine auf Gewalt gegründete Herrschaft gegen den Willen der rechtmäßigen Herrscher (Noah, Sem als Erstgeborener und Ham als Stammvater seiner Sippe) durchgesetzt hatte. Hinter jener Formulierung könnte deshalb die Rebellion des Nimrod aus der hamitischen Linie stehen, eine Rebellion, die nicht nur gegen die Stammväter, sondern auch gegen Gott, den Schöpfer, gerichtet war, was die antigöttlichen Züge jener Nimrod-Zivilisation erklären würde, die Gott dann zum Eingreifen veranlassten.

Vermutlich standen die Stammväter trotz ihres Ansehens bei ihrem Volk von Nachkommen machtlos gegenüber der gewalttätigen Rebellion der »starken Männer« um Nimrod. Möglich ist auch ein Einbezug von Kusch und seinem Großvater Ham, denn die archäologischen Ausgrabungen in der Gegend jenes Geschehens förderten Keilschrifttafeln mit dem so genannten Gilgamesch-Epos zu Tage. Dieser Gilgamesch war ein König, der sich unter anderem auch mit Geschichte und mit seiner Abstammung befasste. In diesem Bericht um Gilgamesch kommt ein Sonnengott vor, der Vater des Kasch (Kusch) sein soll. Demnach wäre Ham der besagte Sonnengott, was mit seinem Namen übereinstimmen würde, da er die Bedeutung von »heiß oder hitzig« hat. Der Sohn jenes Kusch soll Enmerud gewesen sein, was auch als Nimrod gelesen werden kann, da die semitische Sprache ohne Konsonanten geschrieben wurde. Dieser Text ist nicht nur eine außerbiblische Bestätigung für die Geschichtlichkeit von Ham, Kusch und Nimrod, sondern verhilft uns auch zu der atemberaubenden Erkenntnis, dass die hamitischen Völker, die fast alle einen Sonnenkult kannten, unter dem Synonym »Sonnengott« ihren Stammvater Ham anbeteten, wenngleich das nur die eingeweihten Priester gewusst haben dürften. Die Pharaonen der Ägypter galten z.B. auch als die Söhne des Sonnengottes.

All das führt zur Überlegung, dass Ham zusammen mit seinem Enkel Nimrod in Rebellion gegen seinen Vater Noah und seinen älteren Bruder Sem, gestanden haben könnte, denn er hatte ihn mit einem Fluch belegt: *»Verflucht sei Kanaan (ein Sohn Hams). Ein Knecht der Knechte sei er seinen Brüdern«* (1Mo 9,25). Das könnte sehr wohl der Grund dafür gewesen sein, warum Ham seinen Enkel Nimrod in der Rebellion gegen Noah und Sem unterstützte, um die Schmach der Knechtschaft ins Gegenteil zu verwandeln: in die Herrschaft der Sippe Hams über die Brüder-Sippen Sems und Jafets, eine Herrschaft, die noch sehr lange andauerte, sowohl in Mesopotamien als auch im hamitischen Ägypten. Noah und Sem mussten mit ansehen, wie der größte Teil ihrer in die Zehntausende gehenden Nachkommen sich Nimrod anschloss und mit ihm ostwärts zog in die Ebene Schinar. Dort fand Nimrod offensichtlich geeignete Umstände für die Verwirklichung seiner Absichten. Um seine Herrschaft zu festigen, plante er Städte zu bauen. Der Bau von Städten war die einzige Möglichkeit, das Auseinanderdriften der wachsenden Menschheit zu verhindern. Denn Städte wirken wie Magnete auf die Menschen und versprechen leichtes Leben, Reichtum, ein großes Angebot von verlockender Sünde und Teilhaben an der Macht, und dies ist bis heute so geblieben. Wer seine Unabhängigkeit in einem mobilen Nomadenzelt mit der Gebundenheit an ein festgefügtes Haus in einer Stadt vertauscht hatte, zog kaum mehr so leicht fort und musste damit zwangsläufig im Herrschaftsbereich des Stadtkönigs bleiben.

Der Städtebau war deshalb ein raffinierter Plan Nimrods, um möglichst viele Menschen in seinen Herrschaftsbereich zu ziehen und sie dort festzuhalten. So wurden seine Städte zu Machtzentren, und dieses Konzept der Stadtkönige blieb Jahrhunderte lang die vorherrschende politische Form.

4.5.3   Der Turmbau zu Babel [37]

Der Turmbau zu Babel hat eine sehr große Bedeutung für die weitere Geschichte der Menschheit, denn Babel steht einerseits für die Stadt Babylon und anderseits für ein mächtiges gottloses System, das aber dennoch sehr religiös ist. Babel als religiöses System wird bis zur Wiederkunft des Herrn Jesus Christus in dieser Welt bestehen bleiben, Babylon als Stadt existiert heute nur noch als »Trümmerhaufen«. Zu Beginn des Turmbauprojektes war das Motiv der Menschen durchaus fromm verkleidet, denn die Spitze des Turmes sollte die Menschheit mit dem Himmel verbinden. Wahrscheinlich änderte sich das Motiv erst kurz vor der Vollendung des Baus, denn auf der Spitze des Turmes wurde ein astrologischer Tempel gebaut, der wahrscheinlich eine Darstellung des Sternenhimmels enthielt. Dabei handelte es sich um eine neue Religion, bei der Gott ins Abseits gestellt wurde. In Babel entsteht, wie wir noch sehen werden, eine Priesterklasse, die magische Kräfte und einen großen Sittenverfall entwickelte. In Babel finden wir auch den Übergang von Gottes »Astronomie« zur dämonischen »Astrologie«, bei der die Himmelskörper angebetet werden. *»Und sie sagten einer zum anderen: wohlan, lasst uns Ziegel streichen und hart brennen! Und der Ziegel diente ihnen als Stein, und der Asphalt diente ihnen als Mörtel. Und sie sprachen: Wohlan, wir wollen uns eine Stadt und einen Turm bauen, und seine Spitze bis an den Himmel! So wollen wir uns einen Namen machen, damit wir uns nicht über die ganze Fläche der Erde zerstreuen«* (1Mo 11,3f). In diesen Versen sprechen die Menschen noch in der »Wir-Form«, und daraus kann geschlossen werden, dass es zu dieser Zeit, als der Bau der Stadt und des Turmes beschlossen wurde, noch keine Beherrschung der Menschheit durch einen einzigen Menschen gab, wie dies dann später der Fall war. Obwohl die Menschen mit dem Bau der Stadt sich gegen das Gebot Gottes, die ganze Erde zu bevölkern, auflehnten, ist es aber nicht der Grund dafür, dass der Turm die Gunst Gottes nicht gewinnen konnte. Wir wissen aber von späteren solchen Türmen, die Zikkurat genannt werden, dass sich auf deren Spitzen Tempel befanden, in denen die Himmelskörper verehrt wurden. Wir werden die Entstehung des Götzenkultes noch ausführlich behandeln, denn hier, in Babel, ist der Beginn dieses Götzenkultes, der sich von dort aus über die ganze Erde verbreiten sollte. Ein weiteres Element, das wir bereits bei den Kainiten in der vorsintflutlichen Welt gesehen haben, ist das Bedürfnis des Menschen, sich

Geltung zu verschaffen und sich einen Namen zu machen. Das gesamte Projekt des Turmbaues, das gar mit frommen Motiven in Angriff genommen wurde, wurde während des Baues in eine widergöttliche neue Religion verkehrt und damit auch pervertiert. Anstelle von Gott wurden nun die Himmelskörper und später die Menschen selbst vergöttlicht.

4.5.4 Der Turm in Babylon [38]

Aus der Bibel können keine Angaben über das Aussehen des Turmes entnommen werden. Viele Archäologen nehmen aber an, dass es sich dabei um einen Stufenturm gehandelt haben muss. Diese Stufentürme nennt man Zikkurat. Viele Archäologen vermuten, dass der Turm von Babel identisch ist mit dem Stufenturm »Etemenanki« am Tempel des babylonischen Gottes Marduk. Dieser Stufenturm war ein Gebäude mit Außentreppe und bestand aus sieben übereinander stehenden, immer kleiner werdenden Elementen. Das erste Element maß 90 Meter (Länge und Breite), und die Gesamthöhe soll ebenfalls 90 Meter betragen haben. Auf der Spitze dieses Stufenturmes befand sich ein astrologischer Tempel. Das Gebäude existiert heute nicht mehr und an der Stelle, an dem der Standort des Turms vermutet wird, ist nur noch sumpfiges Gelände. Ob der Turm im Lauf der Geschichte mehrmals zerstört und wieder aufgebaut wurde, ist eine nicht geklärte Frage. Als sicher gilt dagegen, dass er unter Sanherib (689 v.Chr.) und Alexander dem Großen (323 v.Chr.) zerstört wurde. »Der griechische Geschichtsschreiber Herodot besuchte 460 v.Chr. die Stadt Babylon und beschrieb in seinem Reisebericht den Turm: ›Inmitten des Heiligtums (des Zeus-Belos) war ein massiver Turm erbaut ... Auf diesem Turm erhob sich ein anderer, auf diesem wieder ein anderer, und so acht Türme, immer einer auf dem anderen. Die Rampe, die zu ihnen hinaufführt, ist außen rings um alle Türme gebaut. In halber Höhe befindet sich ein Rastort mit Ruhebänken, wo diejenigen, die hinaufsteigen, sich niedersetzen und ausruhen. Im letzten Turm befindet sich ein großer Tempel, in diesem Tempel ein großes, reich geschmücktes Bett und daneben ein goldener Tisch. Kein Götterbild ist dort aufgestellt. Niemand verbringt dort die Nacht außer einer Frau des Landes, die der Gott selbst erwählt hat. So erzählen die Chaldäer, welche die Priester der Gottheit sind.‹ Herodot spricht von acht Türmen, weil er den Tempel auf der Spitze als eigene Stufe zählt, in Wirklichkeit besteht der Turm aus sieben Stufen, und auf der obersten Stufe steht der Tempel.« [39]

*Abbildung 4.11: Man vermutet, dass es sich beim Turm von Babel um den Trep-
penturm »Etemenanki« am Tempel des babylonischen Gottes Marduk handelt.
Dieser Stufenturm bestand aus sieben Stufen, und auf der obersten Stufe stand der
Tempel. In diesem Tempel stand ein großes, reich geschmücktes Bett und daneben
ein goldener Tisch.*

**Die Geschichte des Turmes zu Babel
(nach Fred Hartmann, der Turmbau zu Babel, Seite 79)**

um 2400 v.Chr.	Errichtung des Turms in Babylon.
689 v.Chr.	Zerstörung des Turms durch den assyrischen König Sanherib.
681 v.Chr.	Erste urkundliche Erwähnung des »Etemenanki« durch den assyrischen König Asarhaddu.
625 – 562 v.Chr.	Nabopolassar, der Gründer des Neubabylonischen Reiches, beginnt mit den Restaurationsarbeiten, die aber erst sein Sohn Nebukadnezar (gestorben 562 v.Chr.) vollendet.
478 v.Chr.	Teilweise Zerstörung durch den persischen Herrscher Xerxes.
460 v.Chr.	Der griechische Geschichtsschreiber Herodot besucht den Turm und beschreibt ihn in recht gutem Zustand.
323 v.Chr.	Der griechische Herrscher Alexander der Große plante zunächst den Wiederaufbau, lässt dann aber nur die Trümmer abräumen.
ab 323 v.Chr.	Die Stätte dient als Steinbruch für Bauwerke in der Umgebung.
1899 n.Chr.	Erste archäologische Ausgrabungen.
1971 n.Chr.	Erklärung der irakischen Regierung, den Turm zu restaurieren und zum Teil wieder aufzubauen.

Interessant ist in diesem Zusammenhang ein Tonzylinder in Keilschrift, den man im 19. Jahrhundert an der Stelle fand, wo der Turm nach heutigen Kenntnissen stand. Auf diesem Tonzylinder rühmt sich Nebukadnezar, der König von Babylon (605 – 562 n.Chr.) selbst als der Wiedererbauer des Turmes. Darunter versteht er aber nicht das gesamte Bauwerk, sondern vor allem die Spitze der Pyramide, auf der er einen Tempel des Gottes Marduk errichten ließ. Der eigentliche Turm stand demnach noch und wurde allenfalls durch Nebukadnezar restauriert. Die Inschrift von Nebukadnezar lautet: »Nebuchonodosor, König von Babylon, Diener des ewigen Wesens, Zeuge der unveränderlichen Güte Marduks, der mächtige Kaiser, der Nebo anbetet, der weise Erretter, welcher sein Ohr leiht den Eingebungen des höchsten Gottes, der Stellvertreter der Götter, der nicht Unrecht tut, der Wiederaufbauer der Pyramide und des Turms, der älteste Sohn des Nebopolasser, des Königs von Babylon... Den Turm, die ewige Wohnung (das ist die Spitze der Pyramide) habe ich neu gegründet und neu aufgebaut. In Silber, in Gold, in anderen Metallen, in glasierten Backsteinen, in Zypressen und in Zedernholz habe ich seine Pracht vollendet... Das erste Gebäude (das ist die Pyramide selbst), das der Tempel der Grundfeste der Erde ist, und an das sich das älteste Gedenken Babylons knüpft, habe ich erneuert und vollendet; mit Backsteinen und mit Kupfer habe ich den Giebel errichtet... Der Tempel der sieben Lichter der Erde (das sind die sieben Planeten der Erde), an denen sich das älteste Gedenken von Borsippa knüpft (das ist der Platz, auf dem der Turm stand und ein Synonym für »Sprachverwirrung«), wurde von einem alten König (Nimrod?) erbaut – man zählt seitdem 42 Menschenalter –, aber er setzte den Giebel nicht auf. Die Menschen hatten das Werk verlassen seit den Tagen der Sintflut, *in Verwirrung verbringend ihre Worte.* Erdbeben und Blitze hatten zerstreut die Rohziegel und gespalten die gebrannten Ziegel der Bekleidung; die Rohziegel der Masse waren gewichen und bildeten Hügel. Der große Gott Marduk hat mein Herz erweckt zum Wiederaufbau... Ich habe meine Hand geregt, um den Turm (die Spitze mit der Wohnung des Gottes) und den Giebel aufzusetzen; wie er einst hätte erbaut werden sollen, so habe ich ihn neu gegründet und neu gebaut; wie es in grauen Zeiten beabsichtigt war, so habe ich die Spitze hinaufgeführt.« [40] Das ist ein schon mehr als 2500 Jahre altes Zeugnis von Nebukadnezar selbst. Vor allem die Parallelen zum biblischen Bericht sind in diesem Zusammenhang sehr interessant.

4.5.5 Turmbau-Legenden

In früheren Abschnitten haben wir bereits gesehen, dass die meisten Völker der Erde die Geschehnisse der »Urzeit« in vielen tausend Legenden und Überlieferungen bewahrt haben. Wir haben uns bereits in einem früheren

Abschnitt verbreitete mit einigen Sintflutüberlieferungen beschäftigt. Im Gegensatz zu diesen Sintflutberichten ist das Wissen um Turmbaulegenden kaum verbreitet. Aufgrund dessen wurde vermutet, dass der biblische Bericht ohne Beispiel sei. Fred Hartmann stellt in seinem Buch »Der Turmbau zu Babel« 60 Turmbau- und Ursprache-Überlieferungen zusammen. Aus dieser Auswahl wollen wir wieder 3 Beispiele auswählen. [41]

1. Mesopotamien

Zwei alte griechische Geschichtsschreiber, Abydenus und Alexander Polyhistor, zitieren aus dem Werk des babylonisch-griechischen Priesters Berossos. Die babylonische Turmbausage wird von Abydenus so wiedergegeben: »Einige sagen, die ersten aus der Erde hervorgegangenen Menschen, trotzend auf ihre Größe und Stärke, die Götter verachtend und sich besser als jene dünkend, hätten es unternommen, einen hohen Turm zu bauen, da, wo jetzt Babylon ist. Schon wären sie dem Himmel nahe gewesen, da hätten die Winde, den Göttern zu Hilfe kommend, das Bauwerk auf sie umgestürzt. Die Trümmer desselben hätte man Babylon genannt. Da die Menschen bis dahin eine Sprache geredet, so hätten sie nun durch den Willen der Götter verschiedene Sprachen bekommen. Darauf sei zwischen Kronos und Titan der Krieg ausgebrochen«.

2. Griechenland

Eine jüdisch-griechische Tradition, die starke Anklänge an die Version der Turmbaugeschichte von Berossos hat, findet sich im Kommentar von Delitzsch: »Die Menschen, stolz und gottentfremdet, bauten einen Turm, um den Himmel zu erreichen; da sandten die Götter Stürme, die den Bau niederrissen, und zerteilten die bis dahin eine Sprache der Menschen«. Grundlage für diese Tradition sind die sibyllinischen Texte, die nicht auf eine Person zurückzuführen sind, sondern auf imaginäre mythische Seherinnen, denen man die uralten Geschichten in den Mund legte.

3. Mexiko

Im südlichen Mexiko, in Yucatan, findet sich eine Überlieferung, die sehr stark an den biblischen Turmbaubericht erinnert, weil sie neben dem Turmbaumotiv auch das der Sprachverwirrung enthält: »Botan, der Wanderer und Stammvater der Chiapanesen, war dabei, als sein Großvater, der in einer Arche die Sintflut überlebt hatte, den Befehl gab, ein großes Haus zu bauen, das von der Erde bis zum Himmel reichen sollte. Aber Gott sonderte die Länder der Indianer ab und verteilte sie. In jener Gegend, wo das große Haus erbaut wurde, erhielt jedes Volk eine Sprache.« Interessant an dieser Überlieferung ist auch, dass der Grossvater von Botan in der Zeit der **dritten Generation** nach ihm den Befehl gab, das große Haus zu erbauen. Der Turm zu Babel wurde auch in der dritten Generation nach der Sintflut erbaut, nämlich in der Zeit von Nimrod, einem Sohn von Kusch, und Ham war demnach Nimrods Großvater! Und Ham war tatsächlich ein Überlebender der Sintflut, und es ist sogar denkbar, dass er den Befehl für den Bau des Turms gegeben hat.

4. Vergleichende Auswertung

Von den 60 Turmbau- und Urspracheerzählungen ist in 39 Erzählungen von einem Turmbau die Rede, und 32 weisen auf eine Ursprache hin mit anschließender Sprachverwirrung. In 19 Erzählungen ist von der Zerstreuung der Menschheit über die gesamte Erde die Rede. 14 Erzählungen sind eine Kombination von Turmbau und Sprachverwirrung und 7 beinhalten alle drei Elemente der biblischen Turmbaugeschichte, nämlich Turmbau, Sprachverwirrung und Zerstreuung der Völker. Weitere Parallelen findet man bei diesen sieben Beispielen in folgenden Merkmalen: Bei allen war das Ziel des Turmbaus das Erreichen des Himmels bzw. ihrer Götter, und in vier von diesen Beipielen vereitelten die Götter das Projekt. Das bedeutet, dass es weltweit mindestens sieben außerbiblische Turmbauerzählungen gibt, die bis ins Detail übereinstimmende Parallelen zur biblischen Erzählung aufweisen. Eine solch hohe Anzahl von Übereinstimmungen in Berichten von verschiedenen Völkern, die in den letzten Jahrtausenden nachweislich nicht miteinander in Berührung gekommen sein können, kann unmöglich mit dem Zufall erklärt werden. Viel wahrscheinlicher ist die Annahme, dass es sich dabei um Erinnerungen an gemeinsame Erlebnisse handelt.

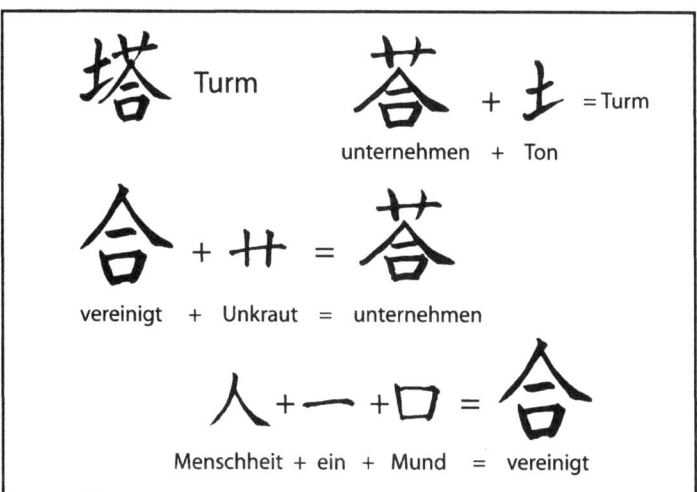

Abbildung 4.12: Das chinesische Schriftzeichen für »Turm« ist aus Elementen zusammengesetzt, die deutlich an die biblische Schilderung vom Turmbau zu Babel anklingen. Diese Bezüge zur biblischen Urgeschichte sind so verblüffend, dass sie wohl kaum auf Zufall beruhen können.

Interessant in diesem Zusammenhang ist das chinesische Schriftzeichen für »Turm«. Wie wir bereits bei der Sintflutgeschichte gesehen haben, finden wir auch Spuren des Turmbauunternehmens nicht nur in Sagen und Überlieferungen verschiedener Völker, sondern auch wieder in der chinesischen Sprache. Auch das Schriftzeichen für »Turm« weist so eindeutige Bezüge zum biblischen Bericht auf, dass diese nicht auf Zufall beruhen können. Das Zeichen für Turm setzt sich nämlich aus den Bestandteilen »unternehmen« und »Ton« zusammen. Das Element »unternehmen« besteht aus den Bestandteilen »Menschheit«, »eine Sprache« und »Unkraut«. Das Schriftzeichen »Turm« lässt sich also wie folgt übersetzen: Die vereinigte, eine Sprache sprechende Menschheit, unternimmt mit Ton etwas Negatives.

4.5.6 Die Sprachverwirrung

Die Sprachverwirrung wird uns nicht nur in der Bibel überliefert, sondern es gibt insgesamt 32 Überlieferungen, die erzählen, dass die Menschen in früheren Zeiten alle die gleiche Sprache hatten und diese Sprache in den meisten der Überlieferungen durch das Eingreifen von Gott bzw. den Göttern verwirrt wurde. In der Bibel lesen wir darüber: *»Und der HERR fuhr herab, um die Stadt und den Turm anzusehen, die die Menschenkinder bauten. Und der HERR sprach: Siehe, ein Volk sind sie, und eine Sprache haben sie alle, und dies ist erst der Anfang ihres Tuns. Jetzt wird ihnen nichts unmöglich sein, was sie zu tun ersinnen. Wohlan, lasst uns herabfahren und dort ihre Sprache verwirren, dass sie einer des anderen Sprache nicht mehr verstehen! Und der HERR zerstreute sie von dort über die ganze Erde; und sie hörten auf, die Stadt zu bauen. Darum gab man ihr den Namen Babel; denn dort verwirrte der HERR die Sprache der ganzen Erde, und von dort zerstreute sie der HERR über die ganze Erde«* (1Mo 11,5-9). Die Entwicklung der Menschheit war nicht auf Gott gerichtet, sondern die Menschheit war dabei, eine »Einheitskultur« zu entwickeln. Indem Gott die Sprache verwirrte, setzte er dieser Entwicklung ein Ende, und die Menschen wurden über die ganze Erde zerstreut. Da die einzelnen Sippen sich untereinander nicht mehr verstehen konnten, zersplitterte sich die Menschheit in viele Völker, Sprachen und Nationen. Ist es nicht auffallend, dass auch heute wieder Bestrebungen im Gange sind, die Menschheit unter einer Einheitskultur zu vereinen? Heute wie damals, liegen solche Bestrebungen außerhalb von Gottes Willen, denn hier in Babylon liegt die historische und von Gott herbeigeführte Ursache für die unterschiedlichen Sprachen und Völker, wie wir sie heute vorfinden. Wir können heute nicht mehr feststellen, was damals bei der Sprachverwirrung geschah. Sprachgelehrte sind der Meinung, dass die so genannte »Tiefenstruktur« aller Sprachen der Erde gleich ist und sich die verschiedenen Sprachen nur in der

»Oberflächen-Struktur« unterscheiden. Darauf weist auch der Umstand hin, dass Kinder bis zur Pubertät die Möglichkeit haben, sich mit ihrem »Sprachcomputer« (dem so genannten Brocase-Sprachzentrum im Großhirn) spielend der Oberflächenstruktur ganz anderer Sprachen als ihrer Muttersprache zu bemächtigen. Das würde bedeuten, dass Gott die Tiefenstruktur intakt gelassen hat und nur die Oberflächenstruktur verwirrte, sodass eine Reihe neuer verschiedener Oberflächenstrukturen entstand. [42]

Mit der Sprachverwirrung entstanden, nach Erkenntnissen der heutigen Sprachwissenschaft, höchstens einige Dutzend verschiedener Sprachfamilien. Neben einer größeren Menge kleinerer Sprachfamilien unterscheiden wir heute vor allem acht große Sprachfamilien:

1. Indogermanisch Griechisch, Lateinisch, Germanisch, Romanisch, Slawisch, Iranisch, Indisch etc.

2. Hamito-semitisch Hebräisch, Arabisch, Berber-Sprachen etc.

3. Finnisch-ugrisch Finnisch, Estnisch, Ungarisch etc.

4. Sino-tibetanisch Birmanisch, Chinesisch, Tibetanisch etc.

5. Drawidisch Tamil, Kanaresisch, Malayalam etc.

6. Malaysisch-Polynesisch Indonesisch, Melanesisch etc.

7. Afrikanische Sprachen Bantu

8. Amerikanische Sprachen

Die Unterschiede innerhalb dieser Familien, wie zum Beispiel die Splitterung der indogermanischen Sprachfamilie entwickelte sich erst allmählich **nach** der Sprachverwirrung. Es scheint aber, dass die Sprache der Sippe Sems nach Babel nicht allzu stark verändert wurde. Ein Hinweis dafür sind die vorflutlichen Namen. Im Orient gibt man den Kindern noch heute nicht einfach einen Namen aus einer staatlich anerkannten Namensliste, sondern man wählt ein Eigenschaftswort oder ein Hauptwort aus dem täglichen Gebrauch. Eine Frau, die lange auf ihren ersten Sohn warten muss, nennt ihn oft »Sabri« – »meine Geduld«, oder das Kind wird »Gämäl« – »Schönheit«, oder »Mubarak« – »der Gesegnete« genannt. Falls nun die vorflutlichen Namen in einer heutigen Sprache noch vorkommen und auch noch dieselbe Bedeutung haben wie damals vor der Flut, dann gibt es zwei Möglichkeiten: Entweder wurden die Namen nach Babel in die neue Sprache übersetzt, was aber nicht sehr wahrscheinlich ist, oder diese Sprache hat sich nach Babel nicht wesentlich verändert. Ein Beispiel dafür ist der Name »Eva«, denn in der hebräischen Bibel heißt Adams Frau »Hauä«. Im Text wird dieser Name damit begründet, dass Eva die Mutter alles Lebens sei.

»Hauä« sei die Mutter alles »Häi« = »Leben«. Hauä und Häi gehören zusammen, denn beides hat mit Leben zu tun. In den semitischen Sprachen Hebräisch und Arabisch wird »Häi« heute noch verwendet und hat immer noch die Bedeutung von Leben. Damit stehen die heutigen semitischen Sprachen in direkter Verwandtschaft zur vorflutlichen Einheitssprache. Als weiteres Beispiel sei noch der Name »Ham« erwähnt. »Ham« oder »Häm« bedeutet heiß oder hitzig, und dieser Ausdruck hat in den heutigen semitischen Sprachen noch immer die gleiche Bedeutung. Wenn eine arabische Frau Brot backen will, schaut sie nach, ob der Ofen schon heiß (schon »hämi«) sei, und wenn ein Mann als Hitzkopf bekannt ist, bezeichnet man ihn als »hämi«.

Wenn bei Babel alle Sprachen völlig neu und ohne Beziehung zur vorflutlichen Sprache gewesen wären, dann wären auch alle vorflutlichen Texte verloren gewesen, denn niemand hätte sie dann lesen und schon gar nicht übersetzen können. Auch von diesem Standpunkt aus wäre es durchaus sinnvoll gewesen, wenn Gott einem Stamm die alte Sprache mehr oder weniger belassen hätte. Dass die Wahl bei der Belassung der alten Sprache dabei auf den Stamm Sem fiel, ist nicht überraschend, denn auf ihm lag der Segen Gottes, und aus seinem Samen entstand die »göttliche« Linie, die über Abraham bis zu Jesus Christus hin reichte. Des Weiteren beteiligte sich Sem nicht an der Rebellion Nimrods aus dem hamitischen Stamm. Das dürfen wir auch daraus schließen, dass die »Weltherrschaft« während längerer Zeit nach Nimrod vom hamitischen Stamm ausging, ohne Beteiligung des Stammes Sem. Die Entwicklung dieser zentralistischen Babel-Idee fand mehr als ein Jahrtausend später in Nebukadnezar ihren Höhepunkt. Dieser babylonische König wird von Gott als das »goldene Haupt« bezeichnet, das Haupt eines satanischen politisch-religiösen Systems, das in Babel mit Nimrod seinen Anfang nahm und im Babel des kommenden Antichristen sein Ende finden wird. Damit könnte es durchaus möglich sein, dass in den semitischen Sprachen die alte vorflutliche Einheitssprache weiterlebt. Von ihnen sind heute Arabisch und Hebräisch die meistgesprochenen semitischen Sprachen. [43]

4.5.7 Die Völkerwanderungen

Die Menschen der ersten drei Generationen nach Noah widersetzten sich dem Befehl Gottes, sich zu vermehren und die ganze Erde zu bevölkern, und sie begannen stattdessen mit dem Bau der Stadt Babylon und des Turmes. Die Menschen kannten das Gebot Gottes, sich über die ganze Erde auszubreiten. Erst durch die Verständigungsschwierigkeiten wurden sie in kleinere Gruppen, wahrscheinlich nach den verschiedenen Sippen, auseinander getrieben, und die Völkerwanderungen begannen. In dieser Zeit bestand die Erde noch immer aus einem einzigen »Superkontinent«, oder die Kontinente waren zumindest noch miteinander verbunden, und damit konnten sich die Menschen wirklich ohne große Hindernisse, die heute durch die Ozeane gegeben sind, über die ganze Erde ausbreiten. Dies war aber wahrscheinlich nur möglich bis nach der fünften Generation nach Noah, zur Zeit Pelegs, als die Erde sich zu teilen begann. Nach dem Auseinanderfallen des alten »Superkontinentes« wurden die »neuen« Kontinente Amerika, Australien und die Südsee-Inseln vom »alten« Kontinent abgetrennt und erlebten seither eine isolierte Entwicklung der Menschen sowie auch der Tier- und Pflanzenwelt. Mit der babylonischen Zerstreuung entstanden auch die verschiedenen Rassen der Menschheit, die bereits in den drei Söhnen Noahs erblich in drei Hauptrassen getrennt waren. Die schnellsten Veränderungen innerhalb einer biologischen Art treten unter kleinen, isolierten Bevölkerungsgruppen auf, und die Sprachverwirrung war der Grund für die Isolation der verschiedenen Bevölkerungsgruppen. So entstanden auch die heute ausgestorbenen Menschenrassen wie der Neandertaler und der Cromagnonmensch und die anderen Rassen, wie wir sie heute noch kennen: die mongolide, die negroide und die kaukasische weiße Rasse wie auch kleinere Rassen.

Im Zusammenhang mit der Völkerwanderung müssen wir uns noch mit dem Fluch und Segen Noahs für seine drei Söhne beschäftigen. Kanaan, einer der Söhne Hams, wurde von Noah für eine Verfehlung seines Vaters verflucht. Noah war betrunken und lag entblößt in seinem Zelt. Ham sah die Blöße seines Vaters und berichtete es seinen Brüdern. Nachdem Noah von seinem Weinrausch erwachte und erkannte, was sein jüngster Sohn ihm angetan hatte, sprach er: »*Verflucht sei Kanaan! Ein Knecht der Knechte sei er seinen Brüdern! Und er sprach: Gepriesen sei der HERR, der Gott Sems; und Kanaan sei sein Knecht! Weiten Raum schaffe Gott dem Jafet, und er wohne in den Zelten Sems; und Kanaan sei sein Knecht*« (1Mo 9,25ff)! Diese Prophezeiungen von Noah sind sehr bedeutungsvoll. Einerseits wird hier Noah nicht gerade von der besten Seite dargestellt, sondern als schwacher Mensch, dessen Chrarakter befleckt ist. Des Weiteren fällt auf, dass einzig Ham keinen Segen erhält. Er wird aber auch nicht verflucht, sondern einzig sein Sohn Kanaan wird für die vorsätzliche Respektlosigkeit seines Vaters verflucht. Dies ist ein Zeichen für das Übergreifen der Saat der Schlange auf die übrig gebliebenen Familienmitglieder. Die Nacktheit erinnert an das Verführungswerk Satans, das Bedecken der Blöße an Gott, der dem gefallenen Menschen Kleider machte. Wenn wir die Geschichte von Kanaans Nachkommen genau ansehen, so waren die Worte Noahs Prophezeiungen für das, was mehrere hundert Jahre später geschehen sollte. Die Kanaaniter siedelten sich in Palästina (Israel) an, und einige von ihnen bauten Sodom und Gomorra, die Städte in der Ebene, die wegen ihrer Unmoral vernichtet wurden. Die Übriggebliebenen waren nicht viel besser, aus ihnen wurden später die Stämme (Amoriter etc.), deren Gebiet Josua und die Israeliten, die bekanntlich Nachkommen von Sem waren, eroberten. Mose warnte die Israeliten vor den bösen Bräuchen dieser Menschen, und moderne Archäologen haben bestätigt, dass ihre sexuellen Ausschweifungen alles übertrafen. Diejenigen, welche die Kriege überlebten, wurden »Knechte, die Holz hacken und Wasser tragen« mussten (Jos 9,28). Ein anderer Zweig der Kanaaniter waren die Phönizier, die prächtige Schiffe bauten und wahrscheinlich die besten Seeleute des Altertums waren. Sie gründeten Karthago, eine große Stadt, aus der einige gute Soldaten, wie zum Beispiel Hannibal, hervorgingen. Die Karthager verehrten den Baal und opferten ihm Säuglinge, wenn sie vom Unglück getroffen wurden. Gott bestrafte Karthago wegen dieser Grausamkeiten, indem er den Römern erlaubte, diese Stadt 146 v.Chr. einzunehmen. Viele tausend Karthager wurden gefangen genommen und zu Sklaven gemacht, und die Phönizier gewannen seitdem niemals wieder die Macht. [44]

1. Jafet

Jafet ist die Zukunft verheißen, doch seine Zeit kommt erst später. In 1. Mose 10 finden wir nur gerade 5 Verse über ihn, die von Küstenländern handeln. Jafet hat sich von Anfang an so weit wie möglich verkrochen, voller Energie und Unabhängigkeit. Allmählich haben seine Nachkommen die mediterranen Küstenländer bevölkert, das griechische Inselreich, die italienische und iberische Halbinsel, die britischen Inseln, die atlantischen und skandinavischen Küstenländer, aber auch den Nordosten von Europa und Russland. Die Nachkommen Jafets, die Indogermanen, sind das Volk, das sich am weitesten über die Erde verbreitete. Jafet hatte 7 Söhne: Gomer, Magog, Madai, Jawan, Tubal, Meschech und Tiras. Gomer hatte 3 Söhne: Aschkenas, Rifat und Togarma. Jawan hatte 2 Söhne: Elischa und Tarsis; des Weiteren stammten die Kittäer und die Rodaniter von Jawan ab. Wahrscheinlich werden nur diejenigen Nachkommen genannt, die eine Sippe anführten und damit zum Begründer eines Volkes wurden:

Gomer: Gomarenser, das sind die Galater: Gebiet der Türkei

Magog: Russland, das Volk der Skythen

Madai: Medien

Meschech: Von Meschech stammt der heutige Name für Moskau ab.

Tubal: Von Tubal stammt der heutige Name für Tobolsk ab (Sibirien):

Togarma: das heutige Armenien

Jawan: Griechenland

Kittäer: Zypern

2. Ham

In 1. Mose 10 erhält Noahs Sohn Ham die größte Beachtung; denn mit ihm findet nach der Sintflut der kulturelle Aufbau statt. Ham beginnt sein Werk nicht als Knecht, sondern als König. Die erste Person, die wir in der Geschichte Hams finden, ist Nimrod, das bedeutet »Rebell«, und nicht »Knecht«. Zu den Nachkommen Hams zählen die afrikanischen Völker und ein Teil der Bewohner des Nahen Ostens. Durch Nimrod werden die Nachkommen Hams zu den ersten Gewaltigen auf Erden. Doch aus der Geschichte ersehen wir, dass es mit Ham abwärts ging: Kanaan ist ausgerottet, die Stadt Babel ist verwüstet. In politischer Hinsicht wurde Ham in einem Jahrhunderte währenden Prozess zunichte gemacht, bis schließlich das letzte hamitische Bollwerk, das nordafrikanische Karthago, von den Römern verwüstet wurde. In den Griechen und später in den Römern erkennen wir Jafet, den Mann, der sich ausbreiten würde und dessen Knecht Kanaan sein würde. In den letzten Versen über Ham finden wir eine ausführliche Übersicht über die Völker, die in Kanaan wohnen werden. Diesen Völkern wird deshalb so viel Aufmerksamkeit geschenkt, weil sie später Bewohner des Landes werden, das Gott Abraham und seinem Samen verheißen hat. Ham hatte 4 Söhne: Kusch, Mizrajim, Put und Kanaan. Kusch hatte 6 Söhne: Seba, Hawila, Sabta, Ragma, Sabtecha und Nimrod. Ragma hatte 2 Söhne: Saba und Dedan.

Kusch:	Äthiopien (teilweise auch Mesopotamien, Syrien und Irak)
Mizrajim:	Ägypten
Put:	Libyen oder Somalia
Saba/Dedan:	Arabische Länder
Kanaan:	Palästina

3. Sem

Gott hat Sem bis zum Schluss aufgehoben, denn Gott ist der Gott Sems. Jafet bedeutet »Verbreitung«, Ham bedeutet »schwarz, dunkel«, aber auch »heiss, hitzig« und Sem bedeutet einfach »Name«, sonst nichts. Er ist die Linie Gottes, die Linie, mit der Gott seinen Namen verknüpft hat. Gott teilt Abraham mit, dass er der Allmächtige ist, Melchisedek offenbart er sich als Gott, der Allerhöchste, und schließlich offenbart er sich Israel als Jahwe, der ewig treue Bundesgott. **Er ist, der er ist – das ist sein Name.** Gott hat seinen Namen verbunden mit den Geschlechtern Sems. Sem ist der »Vater aller Söhne des Eber«. Eber war nur einer der vielen Nachkommen Sems, von denen viele größer und angesehener waren als Eber, und doch verfolgt Gott mit Eber und nicht mit den anderen die Linie seiner erwählenden Gnade. Eber bedeutet »Durchzieher«; die Hebräer sind ein Pilgervolk und keine tollen Städtebauer, die sich selbst einen großen Namen machen wollen auf Erden, wie Kain und Nimrod. Bei Sem werden 5 Söhne genannt: Elam, Assur, Arpachschad, Lud und Aram. Aram hatte 4 Söhne: Uz, Hul, Geter und Masch. Arpachschad zeugte Schelach, und Schelach zeugte Eber und Eber hatte 2 Söhne: Peleg und Joktan.

Elam:	Persien
Assur:	Assyrien
Lud:	wahrscheinlich die heutige Türkei
Aram:	Syrien
Arpachschad:	Vorfahre der Israeliten

Es kann nicht genau nachvollzogen werden, wie sich die Menschheit damals auf der gesamten Erde ausbreitete, aber tendenziell zogen die Nachkommen von Jafet nach Norden und Westen und sind im Wesentlichen die heutigen Bewohner von Europa und Russland. Die Nachkommen Hams zogen nach Süden und sind die heutigen Bewohner des südlichen Teiles des Nahen Ostens sowie von Afrika. Ein Teil der Nachkommen Hams zog nach Osten und diese sind wahrscheinlich die heutigen Bewohner von Indien, Pakistan sowie die Ureinwohner von Australien und Ozeanien. Die Nachkommen Sems blieben zum einen Teil in Mesopotamien, ein anderer Teil zog nach Osten. Sie sind somit die mongoliden Bewohner von Asien, und wahrscheinlich sind auch die Ureinwohner von Amerika, die Indianer, Nachkommen Sems. Dies sind letztlich nur Vermutungen, denn bei vielen Völkern ging die Erinnerung an ihre Herkunft im Laufe der Jahrtausende leider verloren. Es wird auch zu Vermischungen unter den Völkern gekommen sein, entweder auf freiwilliger Basis oder auf der Basis von kriegerischen Auseinandersetzungen. Auf alle Fälle aber stammen alle Menschenrassen aufgrund des biblischen Berichtes von den drei Söhnen Noahs ab, und somit haben alle Menschen den gleichen Ursprung. Genetische Untersuchungen haben tatsächlich aufgezeigt, dass alle Menschen den gleichen Ursprung haben und von einer »Ur-Eva« abstammen, von der evolutionistische Wissenschaftler vermuten, dass sie vor etwa 70.000 Jahren in Afrika gelebt haben soll.

Bei diesen Völkerwanderungen muss man sich auch bewusst sein, dass diese Menschen keine »Steinzeitmenschen« waren und keine Höherentwicklung durchlaufen mussten, sondern diese Menschen besaßen das gesamte Wissen und Können der hoch entwickelten vorflutlichen Zivilisation, die durch Noah und seine Söhne durch die Flut hindurchgerettet wurde und somit für einen Neubeginn vorhanden war. Nicht nur die Information der Chroniken über die Schöpfung und die Folgeereignisse waren in dem rasch wachsenden Noah-Volk Allgemeingut, sondern auch handwerkliche

Fertigkeiten, bautechnisches Können, Kunstverständnis, astronomisches Wissen, naturwissenschaftliche Beobachtungen und natürlich die Kunst des Schreibens und Lesens. In der Anfangsphase mussten sie sich mit Werkzeugen aus Stein und Knochen behelfen, aber mit der Zeit machten sich die Menschen wieder an die Verhüttung und Verarbeitung von Metallen, denn dieses Können war bereits in der vorflutlichen Zivilisation vorhanden. Die mitgebrachten Informationen bildeten das geistige Fundament, auf dem dann bald die neue Kultur aufgebaut wurde. Dies ist die einzig mögliche Erklärung für die rätselhafte Tatsache, dass die Wissenschaftler bei ihren Ausgrabungen der ältesten Kulturen immer auf voll entwickelte Zivilisationen ohne erkennbare Aufwärtsentwicklung stießen.

Kurze Zeit später bauten Ingenieure in Ägypten mit einer unglaublichen Präzision gewaltige Pyramiden. Diese »Entwicklung« ist aus evolutionistischer Sicht eine Unmöglichkeit, und hier stellt sich zu Recht die Frage, woher diese Ingenieure die bautechnischen Kenntnisse und das vermessungstechnische Wissen hatten? Wo hatten sie die Technik gelernt, wie man tonnenschwere Blöcke derart exakt zuschneidet, dass später beim Bauen kein Millimeter Zwischenraum bleibt? Warum brauchten sie nicht mit kleineren Pyramiden als Übungsobjekte zu beginnen, um dann immer größere und bessere Pyramiden bauen zu können? Warum sind ausgerechnet die ältesten Pyramiden die größten und stabilsten? Gerade bei den Ägyptern, aber auch bei den anderen ersten Hochkulturen der nachflutlichen Zivilisation ist die Herkunft ihres unglaublichen Wissens und Könnens ein unerklärliches Rätsel. Dieses Rätsel wird aber viel leichter lösbar, wenn man eine relativ kurze Zeit zwischen der Zerstreuung aus Babel und der Errichtung der Pyramiden voraussetzt. Dann fällt auch noch ein anderes Detail auf: Die älteste bekannte Pyramide von König Djoser besteht aus sechs Stufen und weist damit eine gewisse Ähnlichkeit mit den stufenförmigen Zikkuraten auf, die möglicherweise Nachbildungen jenes Turmes in Babel waren. Es wäre also gut möglich, dass die hamitische Sippe des Mizrajim, aus der das ägyptische Volk entstanden ist, beim Bau ihrer ersten Pyramiden eine modifizierte Form der babylonischen Zikkurat verwendet hatte. Es ist auch interessant, dass es nicht nur in Ägypten und Mesopotamien Pyramiden und Stufentürme gibt, sondern an verschiedenen Orten auf der ganzen Erde (Südamerika, Asien, Südseeinseln). Das Erstaunliche daran ist, dass diese Bauwerke, die sich zwar in Größe und im Aussehen unterscheiden, alle in der gleichen Weise gebaut wurden, denn das Verhältnis von Länge, Breite und Höhe sowie die Ausrichtung der Pyramide sind bei allen so ähnlich, dass die Vermutung nahe liegt, dass die Völker das geometrische, bautechnische und astronomische Wissen aus der gleichen Quelle geschöpft haben. Die Suche nach dieser Quelle führt uns unweigerlich zurück nach Mesopotamien, wo die Wiege der Menschheit stand und von wo sich die Völker nach dem gescheiterten Stufenturm-Bauprojekt über die ganze Erde zerstreut haben. Das scheinbar unerklärliche Vorhandensein äußerst komplexer Kenntnisse in Geometrie, Bautechnik, Planungs- und Versorgungsstrategie und Astronomie ist bei einer Annahme von schriftlich überliefertem Wissen aus der Babelzeit besser erklärbar. Das Wissen und Können für den Städtebau, aber auch für das Kunsthandwerk, wurden ihnen somit von ihren Stammvätern vererbt. Und so entstanden diese ersten Hochkulturen in Mesopotamien explosionsartig und ohne eine erkennbare »primitive« Vorstufe.

4.6 Die ersten Kulturen [45]

4.6.1 Die ersten Spuren der Menschheit

Die so genannte Steinzeit fand in den ersten Jahrhunderten nach der Sintflut statt, denn in dieser ersten Zeit mussten sich die Menschen mit dem behelfen, was vorhanden war: Stein, Knochen und Holz. Erz-Vorkommen mussten erst noch gefunden werden, um damit Gegenstände aus Metall herstellen zu können. Dass die Menschen damals dazu befähigt waren, wissen wir aus der vorsintflutlichen Welt, in der die Menschen bereits Städte bauten, Metalle bearbeiteten und -nicht zu vergessen-, eine Arche bauten, die so groß war wie ein Hochsee-Schiff. Das Wichtigste in dieser Zeit war ein Dach über dem Kopf, Bekleidung, Ernährung und auch Schutz vor wilden Tieren. Deshalb finden wir heute Überbleibsel von Menschen, die mit Steinwerkzeugen hantierten. Aus diesem Grund nennt man die älteste Zeit nach der Sintflut auch die »Steinzeit«. Sie war aber nicht vor über hunderttausend Jahren, sondern vor etwa 4.500 Jahren. Wie wir aus der Bibel wissen, bestritt Noah seinen Lebensunterhalt als Landwirt, und Nimrod wurde Jäger. Diese beiden Arten der Lebenserhaltung existierten somit von Anfang, nebeneinander und haben sich nicht nacheinander entwickelt.

Überreste menschlicher Behausung aus dieser Zeit finden wir nach und nach in allen Weltteilen: einerseits die Reste von »Steinzeit-Kulturen« und »Höhlenbewohnern« und anderseits vom Städtebau. Die Zeit der »Steinzeit-Kultur« dauerte wahrscheinlich gar nicht so lange. Vor allem in Mesopotamien begannen die Menschen ja bereits in der dritten Generation nach Noah mit dem Städtebau. In anderen Gegenden der Erde, zum Beispiel in Nord- und West-Europa, dauerte die Steinzeit womöglich viel länger, nicht zuletzt auch aus klimatischen Gründen aufgrund der Eiszeit. »Beispiele für das Leben in Höhlen finden wir unter anderen in Lascaux (Frankreich) und Altamira (Spanien), wo die Höhlenmalereien von hoher Qualität sind und damit eben nicht auf einen affenähnlichen Menschen hinweisen, der dumm an die Wände kritzelte. Viele kleine Statuetten, die der Steinzeit zuzuordnen sind, zeigen eine hohe künstlerische Qualität.« [46] Auch legten diese Steinzeitmenschen, wie der Neandertaler und der Cromagnonmensch, ihren Toten bei der Bestattung Gaben bei, was deutlich darauf hinweist, dass sie eine Vorstellung von einem Jenseits hatten. Nach dieser »Steinzeit« entstand in Sumer ohne eine eigentliche Entwicklung eine Kultur, die auf einer sehr hohen Stufe stand! Dies deutet klar darauf hin, dass die damaligen Menschen die Kultur nicht neu erfinden mussten, sondern die kulturellen Errungenschaften aus der vorsintflutlichen Welt übernehmen konnten. Immerhin lebten in dieser Zeit wahrscheinlich noch alle acht Überlebenden der Sintflut. Durch Noah und seine drei Söhne wurde die Kultur sozusagen aus der untergegangenen Welt hinübergerettet.

4.6.2 Sumer und Akkad

In Sumer treffen wir das erste Mal in der nachsintflutlichen Menschheitsgeschichte auf eine entwickelte Stadtkultur mit Tempeln und Palästen. Anfänglich regierten Könige über eine einzige Stadt und die umliegende Gegend; später wurden Städte zu größeren Staaten zusammengeschlossen, wobei eine Stadt eine Regierung bildete. Dort wurden sowohl prächtige Kunstgegenstände gefunden als auch Hinweise auf eine mächtige, soziale Organisation. Im damaligen Süd-Mesopotamien treffen wir verschiedene Kulturen nacheinander an, die folgende Namen bekamen: Uruk, Lagasch, Nippur, Kisch und dann Akkad. Deshalb ist diese ganze Periode als Kultur der Sumerer und Akkader bekannt. Schon bei den Sumerern der Urukperiode findet man Schriftzeichen. Ein paar aus Uruk stammende Tontafeln sind die ältesten Formen. Die fortschrittliche sumerische Kultur der 1. Dynastie von Ur wurde auch in einem ausgegrabenen Friedhof belegt. Die Holzsärge des einfachen Volkes, in denen Essen, Trinken, Waffen, Werkzeuge, Halsketten, Schminkkoffer und Armketten gefunden wurden, lassen vermuten, dass diese Menschen ein Leben nach dem Tod erwarteten. Königliche Gräber enthielten reichlich Vorräte für das Leben nach dem Tod: Musikinstrumente, Schmuck, Bekleidung, Wagen und sogar Diener, die offenbar ruhig von dem ihnen gegebenen Gift tranken und sich dann wie zum Schlafen niederlegten. Auf dem Gebiet der Metallurgie sowie in der Arbeit der Goldschmiede und Edelsteinschleiferei waren die Sumerer in der Antike unübertroffen. Geschäftsberichte, die auf Tontafeln überliefert wurden, enthüllen eine detaillierte Analyse ihres Handelslebens. Es wurden bereits Streitwagen für Speerwerfer in der Schlacht verwendet. Die Phalanx, die viele Jahrhunderte später sehr erfolgreich von Alexander dem Großen eingesetzt wurde, war bereits den Sumerern bekannt. Sie waren mit den Grundprinzipien des Bauhandwerks, die heute noch von den Architekten angewendet werden, bestens vertraut. [47]

Den Begründer dieses Reiches finden wir in der Bibel unter dem Namen Nimrod, der ein gewaltiger Jäger war. Aus der Bibel erfahren wir auch, dass er nicht nur Babel erbaute, sondern auch Erech, Akkad und Kalne im Land Schinar. Von diesem Land zog er aus nach Assur und baute Ninive und Rehobot-Ir und Kelach. Die sumerische Zivilisation erreichte einen fortschrittlichen kulturellen Stand. Ihr letzter großer König, Lugalsagesis, dehnte den Machtbereich der Sumerer westlich bis zum Mittelmeer aus. In der Zwischenzeit begründete ein semitisches Volk, die Akkader, eine neue Dynastie. Einer der bekanntesten Könige aus der Akkad-Periode ist Sargon I. aus der Stadt Akkad, der durch seine Eroberungen das Fundament für das Reich legte, das in Form eines Staatenbundes unter der Oberherrschaft Akkads organisiert war und das ganze Süd-Mesopotamien, Akkad und Sumer umfasste. Sargon I. und seine Nachkommen, unter anderem auch Naram-Sin, unternahmen viele Feldzüge gegen ihre Nachbarn, die dann als Zeichen ihrer Niederlage jährlich Steuern zahlen mussten. Naram-Sin regierte als »Gottkönig« und nicht wie seine Vorfahren als Vertreter der Götter. Er bezeichnete sich als »König der vier Weltgegenden, König des Universums« und seine Beamten nannten ihn »Gott von Akkad«. Einige frühe Könige von Uruk wie Lugalbanda und Gilgamesch trugen in den frühdynastischen Texten von Schuruppak Götternamen, doch Naram-Sin war vermutlich der erste lebende König, der Anspruch auf eine göttliche Stellung erhob. [48] Das Ende dieses Reiches liegt etwa in der Zeit, in der Abraham lebte.

Aus Sumer und Akkad entwickelte sich in den folgenden Jahrhunderten das Reich der Babylonier mit der Stadt Babylon als Zentrum ihres Reiches. Das Land der Babylonier lag südlich von Assyrien im Süden des heutigen Irak um die Flüsse Euphrat und Tigris. In der alten Zeit wurde es auch das »Land der Chaldäer« genannt, wo Abraham herkam, wo die älteste Hochkultur, die sumerische Kultur, ihre Blütezeit hatte und wo der berühmte amoritische König Hammurabi (18. Jahrhundert v.Chr.) regierte. Dieser König wurde unter anderem auch berühmt wegen seines Gesetzes-Kodexes, der uns eine gute Übersicht über die rechtlichen und gesetzlichen Gebräuche dieser Zeit gibt. Aber es dauerte lange, bis Babylonien große internationale Bedeutung gewann und zu einem Weltreich heranwuchs. Etwa tausend Jahre lang wurde das Land durch umliegende Völker beherrscht, vor allem von Assyrien. Assurbanipal war der letzte große König von Assyrien, und als dieser im Jahr 627 v.Chr. gestorben war, besetzte der Chaldäer Nabopolasser, der Statthalter über das Gebiet um den persischen Golf, im Jahr 626 v.Chr. den Thron von Babel, schloss Frieden mit Elam und besiegte die Assyrer.

Abbildung 4.13: Auf dieser Karte ist die Ausbreitung der Menschheit etwa zur Zeit Abrahams ersichtlich. Nach der Landung auf dem Gebirge Ararat zogen die ersten Menschen in die Ebene von Sinear und gründeten die erste Hochkultur, die von Sumer und Akkad. Nach der Sprachverwirrung verteilten sich die einzelnen Sippen von Babylon aus über die ganze Erde.

Mit der Einnahme Ninives 612 v.Chr. ging das Assyrische Reich unter, und damit entstand ein neues Weltreich, das Neubabylonische Reich. Sein berühmter Sohn, Nebukadnezar, besiegte im Jahr 605 v.Chr. in der Schlacht bei Karkemisch auch die Ägypter und bestieg in demselben Jahr den Thron seines verstorbenen Vaters. In den folgenden Jahrzehnten war Nebukadnezar der unbestrittene Beherrscher eines großen Teiles der damals bekannten Welt. [49] Es ist denn auch dieser Nebukadnezar, der von Gott als Instrument für die Ausführung des Gerichtes über das Südreich Juda bestimmt wurde.

4.6.3 Die Assyrer

Das Assyrische Reich wurde wie Sumer und Akkad, wie wir aus der Bibel erfahren können, auch von Nimrod gegründet. Denn in 1. Mose 10,11 steht, dass er, nachdem er Babel, Erech, Akkad und Kalne gebaut hatte, weiter nach Assur zog und dort die berühmten Städte Ninive, Rehobot-Ir und Kelach baute. Dies ist sehr beachtenswert, denn Nimrod war ein Nachkomme Hams, also ein hamitischer Herrscher. Das Volk der Assyrer stammt aber vom Sohn Sems, Assur, ab und ist deshalb ein semitisches Volk. Diese drei großen Reiche des Altertums, Sumer und Akkad (und später das babylonische Reich, das sich aus Sumer und Akkad entwickelte), Assyrien und Ägypten wurden somit von den Nachkommen Hams gegründet, auch wenn Akkad und Assyrien mehrheitlich von semitischen Sippen bewohnt wurde. Assyrien befand sich nördlich von Babylon und lag am Fluss Tigris. Im Westen grenzte es an die syrische Wüste, und im höher gelegenen Teil der Ebene an die Hügel Armeniens und Persiens. Auf einer alten Tontafel wurde eine Königsliste der assyrischen Herrscher gefunden. In Verbindung mit anderen alten Annalen erhält man einen Eindruck von den fortwährenden Beziehungen und Konflikten mit Babylonien. In den ersten Jahrhunderten waren denn auch die Babylonier die absoluten Beherrscher dieser Gegend und auch Assyrien lag in ihrem Einflussbereich. Die Macht Assyriens wurde aber im 2. Jahrtausend v.Chr. immer größer, bis es zur ersten Kriegsmacht von »internationaler« Bedeutung heranwuchs. Im 9. und 8. Jahrhundert v.Chr. entwickelte sich das assyrische Reich zum ersten Weltreich der Weltgeschichte. In dieser Entwicklung wurde aber bereits unter dem König Thiglath-Pileser I. ein erster Höhepunkt erreicht, doch nach seinem Tod zerfiel sein Reich. Zur Zeit der israelitischen Könige David und Salomon waren die Assyrer so sehr mit internen Problemen beschäftigt, dass Israel in dieser Zeit ungestört eine Art goldenes Zeitalter erleben durfte.

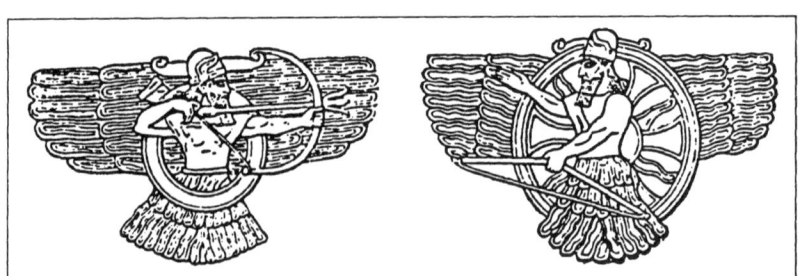

Abbildung 4.14: Dies sind zwei Darstellungen Assurs, des Reichsgottes der Assyrer: links Assur in der Schlacht mit Pfeil und Bogen, rechts siegreich nach der Schlacht. Assur, der Stammvater der Assyrer, war einer der Söhne Sems. Die Assyrer verehrten in der Sonne deshalb nicht Ham, sondern Sem. Sein Sohn Assur wurde folgerichtig als Sonnensohn dargestellt, der aus der geflügelten Sonne hervorkommt.

Um das Jahr 890 v.Chr. (nach herkömmlicher Chronologie) kam in Assyrien eine neue Königsdynastie an die Macht. Eine der herausragenden Gestalten dieser Epoche war der König Assurnasirpal II., der von 883 bis 859 v.Chr. regierte und in dieser Zeit eine Reihe brillianter Feldzüge in alle Himmelsrichtungen unternahm. Unter anderem baute er auch das alte Kalah (aus 1. Mose 10,11) wieder zu einer prächtigen Hauptstadt auf. Der große Herrscher Thiglath-Pileser III. schließlich ist der erste assyrische König, der in der Bibel namentlich genannt wird. Von diesem Zeitpunkt an kennen wir viele Parallen in der Geschichte dieser beiden Völker, die ihren traurigen Höhepunkt mit dem Untergang des nördlichen Zehnstämmereiches erreichte. Unter dem assyrischen König Sargon II. fällt um das Jahr 722 v.Chr. Samarien und damit das Nordreich Israel. Mit der Eroberung und dem Fall von Ninive im Jahr 612 v.Chr. geht das assyrische Reich unter.

4.6.4 Die Ägypter

Wie in der ganzen damals bekannten Welt, begann die Zeit nach der Sintflut selbstverständlich auch in Ägypten mit der so genannten »Steinzeit«. In den ersten Jahrhunderten nach der Sintflut war das Klima in dieser Gegend viel feuchter als heute. Ägypten erhielt erst zur Zeit des alten ägyptischen Reiches ein Wüstenklima. Von dieser Zeit zeugen viele Steinwerkzeuge aus der ältesten Zeit, die man dort gefunden hat. Innerhalb kürzester Zeit »entwickelte« sich Ägypten von der Steinzeitkultur zu zwei gut organisierten Königreichen im Niltal und im Nildelta. Gleichzeitig blühte die Kunst, auch die Schreibkunst: die bekannten Hieroglyphen. Wenn wir die biblische Erzählung ernst nehmen, muss diese Entwicklung durch Einwanderer aus den mesopotamischen Gebieten begonnen haben (nach der Zerstreuung der Völker). Diese Einwanderer bildeten in Ägypten eine Art Aristokratie, die ganz Ägypten beherrschte. Anfänglich herrschten in Ägypten zwei Reiche, die beide um die Alleinherrschaft kämpften. Schließlich eroberte das südliche Reich unter der Führung des Pharao Menes das nördliche Reich im Delta und daraus entstand das alte ägyptische Reich mit seinen berühmten Dynastien der Pharaonen. Dies war auch der Beginn der alten ägyptischen Kultur, die auf fast allen Gebieten auf einem hohen Niveau stand. Bereits zu Beginn der ägyptischen Kultur war die Architektur die herausragende Disziplin dieser kulturellen Entwicklung, denn die Zeugen der großartigen Bauweise erkennen wir noch heute in den Gräbern der Pharaonen und Aristokraten. Etwas später baute man die ersten Pyramiden, die anfänglich auch als Stufentürme wie diejenigen in Babylon erbaut wurden. Zuerst gab es die so genannte Stufenmastaba, wie zum Beispiel die Pyramide von Djoser, einem König der dritten Dynastie, in Sakkara-Süd, das erste Grabdenkmal in Pyramidenform. Bei Pyramiden der nachfolgenden Dynastien machte man mehr »Treppen«, die man ausfüllte, sodass das bekannte glatte Äußere entstand. Legenden zufolge soll Abraham die Ägypter gelehrt haben, wie Pyramiden zu bauen sind! Während der vierten Dynastie fand der Bau der drei bekanntesten Pyramiden statt: die Pyramiden von Cheops, Chephren und Mykerinos. Ägypten blieb während der ganzen Periode des Alten Reiches ein Land mit hoher Kultur, die erst am Ende abflaute. In Ägypten haben wir das am besten dokumentierte Beispiel dafür, dass die höchste Ebene der kulturellen Stufe bereits zu Beginn der entsprechenden Periode erreicht war und sich im Laufe der Zeit zurückentwickelte.

4.6.5 Palästina

In Palästina treffen wir auf Spuren der Steinzeit unter anderem in den Höhlen des Karmel, aber auch in den ältesten Schichten der Stadt Jericho. Am Ende dieser so genannten »Steinzeit« treffen wir in dieser Gegend auf Spuren von Binsenmatten, bemalter Stukkaturarbeit, von Statuetten und dergleichen mehr. Die ersten Töpferwaren wurden erst später, während der so genannten »Jungsteinzeit«, hergestellt. Die Menschen dieser Gegend lebten wahrscheinlich halb nomadisch in Zeltdörfern. Nach der Steinzeit begann auch in Palästina die so genannte Kupferzeit, die aufgrund von Funden zum Beispiel in Teleilat Ghassul, nördlich vom Toten Meer, belegt ist. Aufgrund der archäologischen Spuren lebten die Menschen hier in einer ländlichen Gesellschaft und hatten sich bereits fest niedergelassen. Dies ist ersichtlich aus den gut ausgestatteten Häusern, die mit dekorativer Stukkaturarbeit geschmückt waren. Von Norden und von Osten wanderten in dieser Periode neue Sippen ein, wie man an ihrer Bestattungsart erkennen kann. Im Gegensatz zu der bereits ansässigen Gesellschaft, schlugen die neuen Einwanderer Gräber in die Felsen, in denen sie ihre Toten bestatteten. Diese Gesellschaft lebte in Dörfern zusammen, und diese wurden später, in der Frühbronzezeit, zu befestigten Städten ausgebaut. Dabei muss es sich um Stadtstaaten gehandelt haben, denn es gibt keine Hinweise darauf, dass in dieser Gegend jemals ein größeres Reich gebildet wurde. Im Gegensatz zu anderen Orten, wurden in dieser Gegend weder Spuren von Schriftgut noch von Handel gefunden. Das Ende dieser Periode liegt auch wieder in der Zeit von Abraham.

4.7 Der Götzenkult

4.7.1 Die Helden der Urzeit [50]

Bereits in der vorsintflutlichen Welt muss eine Art von Götzenkult existiert haben. Kurze Zeit nach der Sintflut, als die ersten Menschen sich dem Befehl Gottes, die ganze Erde zu bevölkern, widersetzten und sich in der Ebene von Mesopotamien niederließen und begannen, eine Stadt und einen Turm zu bauen, nahm auch die Entstehung eines neuen Götzenkultes ihren Anfang. Bei dem Turm von Babylon handelte es sich um einen Stufenturm, der über sieben Stufen verfügte und auf der Spitze einen Tempel trug. In diesem Heiligtum wurde aber nicht Gott, der unendliche Schöpfer, angebetet, sondern es handelt sich dabei um den Tempel eines Götzenkultes. Wie dieser Götzenkult entstand, das erfahren wir zu einem großen Teil aus dem Gilgamesch-Epos. Gilgamesch ist eine historische Person, die in alten historischen Keilschriftquellen als König von Uruk erwähnt wird. In der so genannten sumerischen Königsliste wird Gilgamesch als fünfter Herrscher der ersten Dynastie von Uruk aufgezählt. Im Gilgamesch-Epos hat Gilgamesch einen Freund und Begleiter, der Enkidu heisst. Beide Personen haben in diesem Epos den Status eines »Gottes«. Wurde ein Mensch vergöttlicht, bedeutete dies in Sumer gleichzeitig seine Versetzung an die Himmelssphäre. Diese Ehre wurde aber nur den berühmtesten Helden unter ihnen zuteil. »So heißt es in einem bekannten sumerischen Text von den Helden Sumers: ›Sie waren die Männer, die an den Himmel traten, die am Himmel leuchtend erschienen.‹« [51] Die beiden Helden des Epos, Gilgamesch und Enkidu, sind offensichtlich zwei von diesen Sterblichen, die an die Himmelsphäre versetzt wurden und seither als Merkur und Mond auf ihren Unlaufbahnen leuchtend einherziehen. Die bereits erwähnten Königslisten nennen nach der Sintflut zuerst die Herrscher von Kisch und später die Könige von Uruk. »Den Herrschern, die nach der Flut in Uruk regiert haben, geht in dieser Liste Meskiag-Kasch(er) als Herrscher von E.AN.NA voraus. Es folgt sein Sohn Enmer-kár als erster ›König von Uruk, der Uruk erbaut hat‹ [...] Nach Enmer-kár regierte Lugalbanda in Uruk, dann Dumuzi. Nach diesem wird Gilgamesch genannt, dem sein Sohn auf den Thron folgte.« [52]

Sumerische Königsliste	**Sonnensystem**
Sonnengott:	Sonne
Meskiag-Kasch(er), Sohn des Sonnengottes:	Saturn
Enmer-Kár, Sohn des Meskiag-Kasch(er):	Jupiter
Lugalbanda:	Mars
Dumuzi (Enkidu):	Mond
Gilgamesch:	Merkur

Wie wir aus der obigen Aufstellung ersehen, ist der erste König von Uruk, Meskiag-Kasch(er), gleichzeitig der Sohn des Sonnengottes Schamash. Wie viele Völker der Antike, betrachteten sich auch die Herrscher von Uruk als Söhne des Sonnengottes. Dies ist der Grund dafür, weshalb der Sonnengott auch im Gilgamesch-Epos eine so wichtige Stellung einnimmt. Deshalb müssen auch die weiteren Herrscher von Uruk vergöttlichte Sterbliche sein. Wie wir heute aus Keilschrifttafeln wissen, haben die Chaldäer außer Sonne und Mond auch die fünf klassischen Planeten Merkur, Venus, Mars, Jupiter und Saturn gekannt und sorgfältig beobachtet. Die Reihenfolge entspricht der chronologischen Reihenfolge, wie sie in der sumerischen Königsliste überliefert wurde. In dieser Reihenfolge vermisst man einzig Venus, und da die Venus weiblich ist, kann sie natürlich keinem männlichen Herrscher von Uruk zugeordnet werden. Im Gilgamesch-Epos treffen wir auf Inanna-Ischtar von Uruk, die im Epos wie auch im Kult die Geliebte von Dumuzi gewesen ist und deshalb etwa gleichzeitig mit Dumuzi und Gilgamesch gelebt haben muss. Wenn man den Planeten Venus als »Ischtar-Venus« zwischen Mond und Merkur einfügt, entsteht eine chronologische Reihenfolge der einzelnen Herrscher mit ihren entsprechenden Planeten. Diese werden demnach in der Reihenfolge ihrer Entfernung von der Sonne aufgelistet sind, beginnend beim langsamsten und ältesten und endend beim schnellsten und somit auch jüngsten. Damit ist auch ersichtlich, dass bereits die Chaldäer im dritten Jahrtausend v.Chr. ein modernes heliozentrisches Weltbild hatten.

Wenn man nun die sumerische Königsliste mit dem Gilgamesch-Epos vergleicht, sieht man, dass Meskiag-Kasch(er) im Epos der Vater des Jägers ist. Sein Sohn Enmer-kar muss deshalb mit dem Jäger selbst identisch sein. Da in der sumerischen Sprache »Kar« nichts anderes als »Jäger« heißt, bedeutet Enmer-Kar einfach »Enmer der Jäger«. Aus der sumerischen Königsliste erfahren wir im Weiteren, dass dieser Enmer-kar die Stadt Uruk erbaut haben soll. »Enmer, der Jäger (kár), der Sohn Meskiag-Kasch(er)s, König von Uruk, welcher Uruk erbaute«. [53]

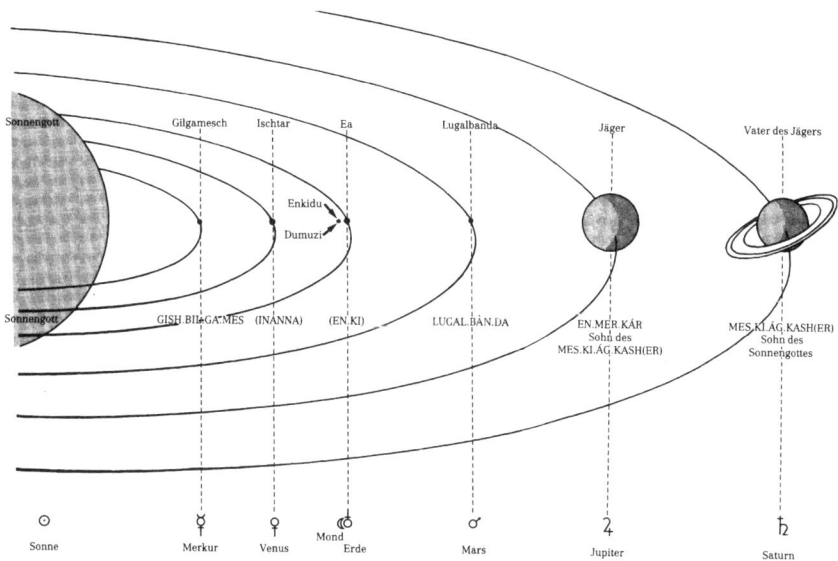

Abbildung 4.15: Das Gilgamesch-Epos und die sumerische Königsliste zeigen, dass unser modernes helio-zentrisches Weltbild den Chaldäern um 2.340 v. Chr. bereits vertraut war. Die Herrscher von Uruk werden als »Söhne der Sonne« entsprechend ihrer chronologischen Reihenfolge den Planeten zugeordnet.

Hier können wir eine Parallele zur Bibel ziehen, denn Enmer-kar ist identisch mit dem biblischen Nimrod! Enmer-kár war im dritten Jahrtausend v.Chr. in Sumer und Akkad so berühmt, dass er in einem eigenen Epos, dem bekannten Enmer-kár-Epos, verherrlicht wurde. Auf einem altassyrischen Rollsiegel ist Enmer-kár sogar zusammen mit Gilgamesch abgebildet. Dies zeigt aber auch, dass das Gilgamesch-Epos nicht nur in Sumer und Akkad bekannt war, sondern auch im nördlichen Assur. Wie bereits erwähnt, war Enmer-kár der Sohn von Meskiag-Kasch(er). In der sumerischen Sprache heißt »Meskiag« »geliebter Held« und versteht sich deshalb als Titel vor dem Namen Kasch(er). Der Bibel können wir entnehmen, dass der Vater von Nimrod »Kusch« hieß. Wenn wir nun diese beiden Namen miteinander vergleichen, fällt sofort auf, dass »Kasch(er)« und »Kusch« sehr ähnlich klingen. Das bedeutet nichts anderes, als dass Meskiag-Kasch(er) identisch ist mit »Kusch«, dem Vater Nimrods der Bibel. Im Gilgamesch-Epos wird Kusch dem Planeten Saturn zugeordnet; dieser Planet wird denn auch in den Keilschrifttexten direkt Kusch genannt. Ein weiterer Name für den Planeten Saturn war Mi, der Schwarze. Kusch gilt denn auch als Vater der schwarzen Völker Afrikas, und speziell als Stammvater der Äthiopier. Im modernen Hebräisch heißt Kusch noch immer Äthiopien und Kuschi Neger.

»Der Sonnengott muss ebenfalls ein berühmter Held von Sinear gewesen sein, der nach seinem Tod als Sonne ›leuchtend an den Himmel‹ trat. Über den Namen dieses vergöttlichten Helden schweigt die sumerische Königsliste, nicht jedoch die Genesis; Der Vater Kuschs hat hier den Namen ›Ham‹. Ham bedeutet im Hebräischen ›warm, heiß‹; substantiviert heisst es ›Hitze, Wärme, Glut‹ und steht dichterisch im Propheten Jesaja und im Hohenlied auch für ›Sonne‹. Für Ham, den ›Heißen‹, kommt unter den Himmelskörpern daher sinnvoll allein die Sonne in Betracht. Die Sonne ist im Sumerischen, Akkadischen und Hebräischen nicht, wie im Deutschen, grammatikalisch weiblich, sondern männlich! Ham ist der Stammvater der hamitischen Völker, die in der Genesis einzeln aufgezählt werden. Es überrascht daher nicht, dass der Kult aller dieser Völker ein Sonnenkult war. Wenn auch die Pharaonen sich Söhne des Sonnengottes nannten, dann geschah dies im Bewusstsein ihrer Abstammung von Ham.« [54] In der Bibel heißt der Stammvater Ägyptens Mizrajim, und dieser ist nach Genesis 10 wie Kusch ein Sohn Hams. Nun ist einzig und allein Noah, dem Vater von Ham, kein Platz im Sonnensystem zugeordnet worden. Im Gilgamesch-Epos wird Utnapischtim, der Noah des Epos, als einziger Sterblicher lebendig zu den Göttern entrückt, ohne, wie alle anderen Helden von Sinear, durch den Tod gehen zu müssen. Seine Entrückung bedeutet somit auch eine Entfernung aus dem Sonnensystem.

Wenn wir die drei uralten Dokumente, das Gilgamesch-Epos, die sumerische Königsliste sowie die Genesis miteinander vergleichen, kommen wir zur Schlussfolgerung, dass Noah, Ham, Kusch und Nimrod historische Personen sind, die tatsächlich gelebt haben. Diese uralten Dokumente beweisen somit auf eindrückliche Weise die historische Zuverlässigkeit der Bibel bis an die Schwelle der Sintflut zurück. Aus dem Gilgamesch-Epos wie auch aus der sumerischen Königsliste, erhalten wir aber auch einen Eindruck vom Mysterium der chaldäischen Astralreligion. In dieser Astralreligion wurden die ersten Herrscher von Uruk, die wir mit dem biblischen Ham und seinen Söhnen identifiziert haben, nach ihrem Tod in den Stand von Göttern versetzt und in den Himmelskörpern verewigt. Die Himmelskörper sind demnach die Abbilder der hamitischen Herrscher. Diese chaldäische Astralreligion verbreitete sich im dritten Jahrtausend v.Chr. von Babylon über die ganze damals bekannte Welt. Alle antiken Kulturen wie die Ägypter, die Griechen und schließlich auch die Römer haben diesen Kult übernommen. Im Grunde genommen war dieser Astralkult ein Totenkult, denn die Götter waren verstorbene Helden, die nach ihrem Tod an den Himmel projiziert wurden. Dieses Wissen hatten aber nur die Priester und Eingeweihten, und diese hüteten dieses Geheimnis wie einen Schatz (eine ähnliche Bedeutung hat übrigens auch das Wort »Esoterik«). Die Vergöttlichung der Sippe Hams erklärt auch das

Verwandtschaftsverhältnis der Götter sowie ihre allzu menschlichen Verhaltensweisen. In der Mythologie aller Völker werden die Götter deshalb gezeugt und geboren, sie haben die schlimmsten Laster, und unterliegen der Sterblichkeit, wie alle Menschen. In der von den Chaldäern übernommenen Mythologie der Griechen und Römer waren die ursprünglichen Zusammenhänge bereits bewusst entstellt worden, um die Nichteingeweihten zu täuschen. Bei der Flucht Saturns (Kuschs) vor seinem Sohn Jupiter (Nimrod) von Kreta nach Italien, erinnert nichts mehr an die Geschehnisse von Babylon und die Zerstreuung der Völker. In der Mythologie wird Saturn von Janus aufgenommen, einem Wesen mit zwei Köpfen bzw. zwei Gesichtern. Janus ist identisch mit Kuschs Großvater Noah, der in der Welt vor und nach der Flut lebte, und deshalb als zweiköpfiger Mensch dargestellt wurde. Auch dass Janus der Erfinder von Schiffen gewesen sein soll, deutet darauf hin, dass Janus tatsächlich mit Noah identisch ist, denn Noah war der erste Erbauer eines hochseetüchtigen Schiffes, nämlich der Arche. Kreta kann man als ein semitisches Wort auffassen, nämlich als »kart«, das »Stadt« bedeutet (vergleiche Karthago), womit keine andere Stadt als Uruk gemeint ist. Der in die Mysterien nicht Eingeweihte konnte nicht ahnen, dass solche Missverständnisse von den Priestern absichtlich in die Welt gesetzt wurden, damit der Kult eine folkloristische Komponente erhielt. So wurde zum Beispiel die Geschichte verbreitet, dass sich das Grab Jupiters auf Kreta befinde. Um diesen Glauben im Volk zu verbreiten,machte man aus dem vermeintlichen Jupitergrab einen Wallfahrtsort, und das Volk strömte in Massen herbei, um ihren »Gott« zu verehren.

Abbildung 4.16: Auf diesem Rollsiegel sind von rechts nach links dargestellt: der janusköpfige Noah-Utnapischtim, der in zwei Welten lebte, der vor und nach der Sintflut; EN.KI-Eas, der Herr und Repräsentant der Erde; die Sturmschwalbe; etwas unterhalb der Sonnengott mit dem Schlüssel, mit dem er alle Tore auf dem Weg der Sonne am Himmel aufzuschließen vermag; Anunitum, das Sternbild der Ischtar-Aruru; neben ihr der Chuluppu-Baum; Gilgamesch mit seinem Bogen; die Lanze; der Löwe.

In allen antiken Völkern und Kulturen trugen die Götter zwar unterschiedliche Namen, aber ihren Ursprung finden wir bei allen in der chaldäischen Astralreligion, die beim gescheiterten Turmbauprojekt in Babylon ihren Anfang nahm. Das ist auch der Grund, dass alle diese Religionen sehr große Ähnlichkeiten aufweisen. Der römische Jupiter, der griechische Zeus und schlussendlich der babylonische Marduk sind alle identisch mit derselben Person: Nimrod, dem Jäger von Uruk und Babylon! Dieses Wissen muss bei Diodor noch vorhanden gewesen sein, den er nannte die babylonische Zikkurat »ein Heiligtum des Zeus«, obwohl er wusste, dass dieser Tempel dem obersten Gott der Babylonier, Marduk, geweiht war. Nimrod-Jupiter war der erste Herrscher von Babylon nach der Flut und wurde deshalb zum obersten Gott von Babylon erkoren. Dieser »strahlende Jupiter-Bel«, also der »Gott Marduk«, den wir als den biblischen Nimrod identifiziert haben, wird von Plinius als der Erfinder der Astronomie angesehen. Wenn er mit Astronomie den Astralkult meinte, aus dem sich letztlich auch die Astrologie entwickelt hat, hat er damit nicht ganz unrecht.

Auch die Assyrer haben Nimrod unter dem alten Namen »Ninurta« verehrt, was so viel wie »Herr der Mauer« bedeutet und auf Nimrod als Städtebauer hinweist. Da die Assyrer mit den Babyloniern in ständigem Konflikt waren, konnten sie Nimrod natürlich nicht unter seinem babylonischen Namen Marduk verherrlichen. So erhielten die Namen Marduk bzw. Ninurta auch eine größere Bedeutung, die über die Rolle im Kult hinausgeht. So wurde Marduk im babylonischen Weltschöpfungsepos zum Weltenbaumeister und Ninurta zum zeitlosen, ewigen Jagd-, Kriegs- und Schutzgott. Die Sumerer betrachteten Nimrod als Inkarnation des »Schöpfers« und den Turm zu Babel als Abbildung des Kosmos. So erhielt Nimrod neben seinem Platz im Sonnensystem als Jupiter auch ein eigenes Sternbild, nämlich das des Orion. Dies ist auf einem Rollsiegel ersichtlich, das offenbar das assyrische Vorbild des griechischen Orion, des großen Jägers ist, den auch Homer in der »Ilias« als Sternbild erwähnt. Der Name Orion leitet sich wohl von dem semitischen Wort »or« ab, welches »Licht« oder »der Helle« oder »hell Strahlende« bedeutet. Auch Arat besingt in seinen Phainomena den großen Orion als den hell Strahlenden des Himmels. »Bei den Arabern heißt der große Jäger Orion-Al-Gabbar, der ›Gewaltige‹, was unmittelbar an den Beinamen ›Gibbor‹ des Jägers Nimrod in der Genesis, erinnert: ›Er war ein gewaltiger Jäger.‹« [55] Das Gilgamesch-Epos ist denn auch eine Reise von Gilgamesch-Merkur durch die Tierkreisbilder des chaldäischen Himmels des Jahres 2340 v.Chr. Es ist eine chaldäische Sternendichtung aus akkadischer Zeit und geht somit bis in die Zeit des Turmbaus zu Babylon zurück.

4.7.2 Die Mutter-Kind-Gottheit [56]

In vielen alten Legenden und Mythologien wurde erzählt, dass Nimrods Leichnam nach seinem Tod in Stücke geschnitten und verbrannt wurde. Diese »Reliquien« wurden dann in verschiedene Gebiete der Erde geschickt (siehe z.b. auch Ri 19,29; 1 Sam 11,7). Die Einwohner von Babylon trauerten sehr um ihren Helden und dies brachte seine Frau Semiramis auf die Idee zu behaupten, Nimrod sei nun persönlich der Sonnengott. Einige Zeit später, als sie einen Sohn mit Namen Tammuz zur Welt brachte, ging sie noch weiter, und behauptete, dass dieses Kind die Reinkarnation Nimrods sei. Offenbar kannte auch sie die Prophezeiung aus 1 Mo 3,15, dass der kommende Retter vom Samen einer Frau geboren werden sollte. Um diese Prophezeiung zu erfüllen, behauptete sie weiter, dass sie ihr Kind auf übernatürliche Weise empfangen habe und dass dieses Kind deshalb der ersehnte Retter sei. In der babylonischen Astralreligion wurde jedoch nicht nur dieses »göttliche« Kind angebetet, sondern auch die Mutter wurde in einen »göttlichen« Stand gesetzt. Diese Astralreligion war zudem geprägt von vielen geheimnisvollen Symbolen. Das goldene Kalb zum Beispiel war ein Symbol für Tammuz, den Sohn des Sonnengottes bzw. den Sohn von Nimrod. Die Geschichte von Mutter und Kind war im alten Babylon weit bekannt und hat sich zu einer festen Form der Anbetung entwickelt. Zahlreiche Denkmäler von Babylon zeigen die Mutter-Göttin Semiramis mit ihrem göttlichen Kind Tammuz in ihren Armen.

Als die Menschen von Babylon über die ganze Erde zerstreut wurden, nahmen sie neben der Astralreligion auch die Anbetung von Mutter und Kind als festen Bestandteil ihrer Religion mit, gaben ihnen aber unterschiedliche Namen. Bei den Chinesen wurde sie mit dem Namen Shingmoo oder »die heilige Mutter« angebetet, die alten Germanen beteten die Jungfrau Hertha an und in Indien war sie als Indrani bekannt. Bei allen diesen Völkern wurde sie mit einem Kind in den Armen dargestellt. Den Griechen war die Mutter-Gottheit als Aphrodite bekannt, den Sumerern als Nana und den Römern als Venus oder Fortuna. Über eine sehr lange Zeit wurde in Indien die Mutter und das Kind als Devaki und Krishna angebetet und verehrt und auch als die große Göttin Isi mit ihrem Kind Iswara. In Ephesus nannte man die große Mutter Diana (griechisch Artemis) und der ihr geweihte Tempel in dieser Stadt war eines der sieben Wunder der antiken Welt. Bei den Ägyptern schlussendlich ist die Mutter-Gottheit bekannt unter dem Namen Isis und Horus. Unabhängig davon, in welcher Zeit und Kultur die Mutter-Gottheit angebetet wurde, sie war überall die Frau des Baal, den wir als Nimrod identifiziert haben. Auch wurde sie in den meisten antiken Religionen als die jungfräuliche Königin des Himmels betrachtet, die auf übernatürliche Weise ein Kind zur Welt brachte. Auch die Israeliten verehrten die Mutter-Göttin, als sie von Gott abfielen, wie wir in Richter 2,13 lesen können: *»Und sie verließen den HERRN und dienten dem Baal und der Astarot«*. Den Völkern im damaligen Kanaan war die Mutter-Göttin unter den Namen Astarot oder Astoret bekannt.

Diese Anbetung der Muttergöttin mit ihrem Kind verbreitete sich von Babylon aus zu allen Völkern und etablierte sich schlussendlich auch in Rom und im ganzen Römischen Reich. »Über diese Zeit sagt ein berühmter Autor: ›Die Anbetung der 'großen Mutter' war im Römischen Reich sehr beliebt. Inschriften beweisen, dass der Mutter und dem Kind göttliche Ehrerweisung dargebracht wurde, nicht nur in Italien, sondern auch in den Provinzen des Römischen Reiches.‹« [57] Später, als das Christentum unter Kaiser Konstantin die offizielle Religion des Römischen Reiches wurde, wurden auch diese heidnischen Riten und Gebräuche in diese neue Staatsreligion, die später in die katholische Kirche einmündete, übernommen. Die Übernahme von heidnischen Riten ins neu entstandene offizielle Christentum kann am besten in der Anbetung der »großen Mutter« dokumentiert werden. In dieser Zeit strömten viele »bekehrte« Heiden in die in Kirchen umfunktionierten Tempel. Diese Menschen waren derart stark von der uralten Tradition der Mutter-Gottheit-Verehrung geprägt, dass sie diese nicht ablegen wollten. Die Kirchenführer erkannten schon bald, dass sie mit einer Analogie zu dieser Mutter-Gottheit die Anzahl der Kirchenmitglieder enorm vergrößern konnten. Diese Analogie mussten sie denn auch nicht lange suchen, denn es gibt nur eine Frau, die dafür in Frage kommt, nämlich Maria, die leibliche Mutter Jesu. Den Kirchenmitgliedern wurde deshalb schon bald erlaubt, anstelle ihrer traditionellen Mutter-Gottheiten nun Maria zu verehren. Die Kirche konnte den Gläubigen ihre Hingabe und Gebete an eine Mutter-Gottheit nur erlauben, wenn sie diese Hingabe Maria entgegenbrachten. Nach und nach übertrug man die Anbetung, die mit der heidnischen Mutter verbunden wurde, auf die »Maria«. Es ist zwar offensichtlich, dass Maria, die Mutter Jesu, eine feine, hingegebene und gottesfürchtige Frau war, die auserwählt wurde, Jesus zu gebären. Aber weder Jesus noch einer der Apostel gab jemals einen Hinweis dafür, dass Maria angebetet werden sollte. Diese Entwicklung begann in der Zeit nach Konstantin im vierten Jahrhundert n.Chr. und wurde in der Anfangszeit nicht von allen Christen gebilligt. Aber nach nur wenigen Jahren wurde die Marienanbetung im Konzil von Ephesus im Jahr 431 n.Chr. als offizielle Lehre anerkannt. Vielleicht ist es kein Zufall, dass die Marienanbetung ausgerechnet im Konzil von Ephesus anerkannt wurde, denn in dieser Stadt wurde bereits seit Urzeiten Diana (griech. Artemis) als Göttin der Jungfräulichkeit und Mutterschaft verehrt. Ihre hundert Brüste symbolisierten dabei die

Fruchtbarkeit sowie die generativen Kräfte der Natur. Interessant ist auch die Krone, mit der sie dargestellt wurde, denn diese war wie ein Turm geformt. Auch dieser Turm führt uns wieder zurück zu Babylon, der Geburtsstätte des Götzendienstes und der Esoterik.

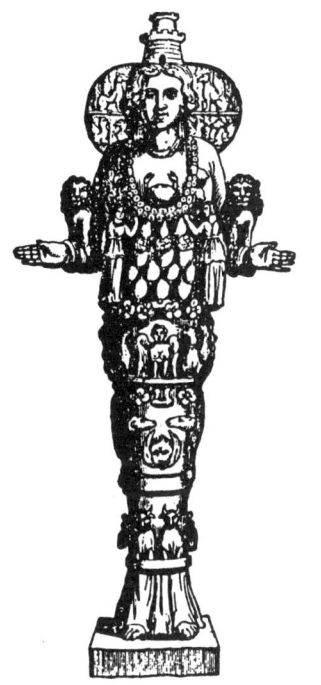

Abbildung 4.17: Der Tempel der Artemis in Ephesus war eines der sieben Weltwunder der Antike. In diesem Tempel wurde seit Urzeiten die Göttin der Jungfräulichkeit und Mutterschaft, Artemis oder Diana, angebetet. Interessant ist auch, dass die Marienanbetung ausgerechnet im Konzil von Ephesus im Jahr 431 n. Chr. als eine offizielle Lehre der römisch-katholischen Kirche anerkannt wurde!

Auch die Titel, die Maria zugeschrieben werden, zeigen deutlich auf, dass die Marienverehrung aus den heidnischen Religionen übernommen wurde. Der Ausdruck »Madonna« ist beispielsweise die Übersetzung einer der Titel, unter dem die babylonische Göttin bekannt war. Nimrod wurde als »Baal« betitelt und der Titel seiner Frau war dementsprechend »Baalti«. »Im Deutschen heißt dieses Wort ›Meine Dame‹, im Lateinischen ›Mea Domina‹ und im Italienischen wurde es zu der gut bekannten ›Madonna‹. Unter den Phöniziern war die Mutter-Gottheit bekannt als ›die Dame vom Meer‹; und selbst dieser Titel wird auf Maria angewandt, obwohl es keine Verbindung zwischen Maria und dem Meer gibt. Die Schrift sagt ganz klar, dass es nur einen Mittler zwischen Gott und dem Menschen gibt, Jesus Christus, trotzdem lehrt der römische Katholizismus, dass Maria ebenfalls eine ›Mittlerin‹ ist. Die Gebete zu ihr sind deshalb auch ein wichtiger Teil des katholischen Gottesdienstes.« [58] Auch die Bezeichnung »die Himmelskönigin« hat keinerlei Bezug zu Maria, der leiblichen Mutter von Jesus, denn unter dieser Bezeichnung wurde die Himmelskönigin bereits viele Jahrhunderte vor der Geburt Marias angebetet. Dies wird uns auch durch die Bibel bestätigt, denn in Jeremia 7,18-20 lesen wir: *»Die Kinder lesen Holz auf, und die Väter zünden das Feuer an, und die Frauen kneten den Teig, um für die Königin des Himmels Kuchen zu machen«.*

Die ägyptische Mutter-Göttin Isis war unter anderen Namen auch als »die Mutter Gottes« bekannt. Im Sinne der menschlichen Natur Jesu, seinem Menschsein, war Maria die Mutter Jesu. Im römischen Katholizismus wird dieser Begriff aber dazu verwendet, der »Mutter Gottes« eine verherrlichte Stellung zu geben. Bereits der Begriff »Mutter Gottes« ist irreführend, denn wie könnte eine Frau auch die Mutter des ewigen, allmächtigen Gottes sein? Auch der Halbmond spielt bei der Darstellung von Maria eine Rolle. So wurde Astarte, die phönizische Göttin der Fruchtbarkeit, auf einer alten Medaille mit dem Halbmond abgebildet und Isis, die ägyptische Göttin der Fruchtbarkeit, wurde auf einem Halbmond stehend dargestellt, mit einem Kranz von Sternen um ihr Haupt. Genau diese Darstellung von Maria findet man in vielen römisch-katholischen Kirchen sowie auch im Katechismus. Aus diesen Beispiel können wir ersehen, dass Maria über die Jahrhunderte hinweg immer mehr an die Göttinnen des Heidentums angeglichen wurde. Das gleiche gilt übrigens auch für die Verehrung von Heiligen, denn in allen Kirchen wurden, wie im Heidentum, Statuen und Bilder von Maria und von den Heiligen aufgestellt. Vielfach wurden dafür sogar die gleichen Statuen verwendet, die einfach umbenannt wurden. Deshalb können Forscher auch nicht immer mit Sicherheit sagen, welche Statuen nun welche Mutter-Göttin darstellen sollen. Diese Figuren wurden vielfach gekrönt und mit Juwelen geschmückt, und weisen deshalb frappante Ähnlichkeiten auf mit Darstellungen hinduistischer und ägyptischer Jungfrauen.

»Ein bekannter katholischer Autor, der übrigens im Jahr 1839 von Papst Gregor XIV heilig gesprochen und von Papst Pius IX zum ›Doktor‹ der katholischen Kirche erhoben wurde, sagte, dass der Sünder, der es wage, direkt zu Christus zu kommen, mit Furcht vor seinem Zorn vor ihn treten solle. Wenn er aber zu der Jungfrau bete, brauche sie ihm (Christus) nur ›die Brüste, die er gesogen hat zu zeigen‹, und sein Zorn sei sofort gestillt.« [59] Nicht nur die Anbeter von heidnischen Mutter-Gottheiten hatten solche Vorstellungen über die Brüste, sondern diese sind bereits von Statuetten aus der so genannten »Steinzeit« her bekannt, wo Frauen, um ihre Fruchtbarkeit zu demonstrieren, mit überproportional großen Brüsten dargestellt wurden.

Abbildung 4.18: Eine Illustration von Maria im Katechismus der Römisch-Katholischen Kirche zeigt Maria mit dem Halbmond unter ihren Füßen und mit zwölf Sternen, die ihren Kopf umrahmen. Diese Zeichnung zeigt Isis, die ägyptische Göttin der Fruchtbarkeit, die, stehend auf einem Halbmond, mit zwölf Sternen rings um ihr Haupt dargestellt wurde.

Auch die heidnischen Mutter-Gottheiten wurden oft mit überproportional großen Brüsten dargestellt, oder wie bei Artemis, mit nicht weniger als einhundert Brüsten. Dies deutet darauf hin, dass die Mutter in diesen Religionen eine größere Verehrung genoss als ihr Sohn. Auch dies ist ein Hinweis darauf, dass sich die Marienanbetung nach dem Entstehen des offiziellen Christentums aus der Anbetung der heidnischen Mutter-Gottheiten entwickelt hat. Dies ist letztlich auch eine Spur, die sich zum großen Geheimnis der Mysterienreligion von Babylon zurückverfolgen lässt. Babylon ist somit der Ort, wo der Götzenkult seine Wurzeln hat. Alle Götzenkulte, vor allem der antiken Völker, aber auch des Hinduismus, haben sich aus dem Mysterienkult, der ein Astralkult war, entwickelt. Und diese Entwicklung hat auch nicht vor dem Christentum Halt gemacht, denn viele Praktiken der katholischen Kirche wie die Marienanbetung und generell auch die Anbetung und Verherrlichung von Heiligen, die nichts anderes sind als die Götter der heidnischen Völker, die neue Namen erhalten haben, fanden aus der heidnischen Umwelt des vierten Jahrhunderts n.chr. den Eingang in die katholische Kirche. Die Stadt Babylon ist zwar zerstört und existiert nur noch als Ruine und Schutthügel. Aber die religiösen Vorstellungen und Gebräuche, die in Babylon ihren Ursprung hatten, existieren durch die ganze Geschichte der Menschheit weiter. So wird die babylonische Mysterienreligion im letzten Buch der Bibel, in der Offenbarung des Johannes, symbolisch als eine in Purpur und Scharlach gekleidete und mit Gold, kostbaren Steinen und Perlen geschmückte Frau dargestellt. In ihrer Hand hält sie einen goldenen Becher voll Greuel und Unreinheit ihrer Unzucht. Sie hat an ihrer Stirn einen Namen geschrieben: »Ein Geheimnis: Babylon, die Große, die Mutter der Huren und der Greuel der Erde« (Offb 17,7-8). Die wahre Gemeinde wird in der Bibel als eine Braut, eine keusche Jungfrau und als eine Frau ohne Flecken und Runzeln beschrieben. In auffallendem Gegensatz zu der Gemeinde wird die Frau in Offenbarung 17 als unreine, als befleckte Frau und Hure beschrieben. Diese Symbolik kann denn auch auf ein religiöses System, eine beschmutzte, gefallene Kirche angewandt werden. Die Bibel nennt sie: »DAS GEHEIMNIS BABYLON«. Dieser Kirche oder diesem religiösen System werden wir in der Endzeit wieder begegnen.

4.7.3 Astrologie [60]

Bei der Entstehung des Götzenkultes in Babylon haben wir gesehen, dass dieser aus einem uralten Astral-Kult entstanden ist. Oben auf der Spitze des Turmes zu Babel stand ein Tempel, und in diesem Tempel wurden die Sterne und Planeten als Götter verehrt. Das Gilgamesch-Epos, das in die Zeit von 2340 v.Chr. datiert werden kann, ist denn auch eine Wanderung von Gilgamesch und Enkidu durch die elf Sternbilder des chaldäischen Himmels (das Sternbild der Fische existierte damals noch nicht, dieses wurde erst durch die Griechen eingeführt). Von Babylon aus verbreitete sich neben dem Götzenkult auch die Astrologie über alle Völker der Erde, und die Völker der Antike sahen deshalb in den Sternbildern Götter, die die Welt regieren. Die Planeten wurden »Wandelsterne« genannt, weil sie ihren Standort gegenüber den anderen Gestirnen wechseln, und die Fixsterne bleiben scheinbar stets am gleichen Ort. Dabei wussten unsere Vorfahren aber nicht, dass die Planeten dunkle Himmelskörper sind, die nur das Licht der Sonne reflektieren, und dass die Fixsterne ferne Sonnen sind, die millionenmal weiter entfernt sind von der Erde als die Planeten. Diesen »Göttern« wurden nun je nach Farbe, Name, Helligkeit und Standort besondere Eigenschaften und Einflüsse auf das Geschehen auf dieser Erde zugeschrieben. Diese Vorstellung, dass die

Planeten und die Gestirne des Tierkreises Götter sind, die mit bösem oder wohlwollendem Blick das Geschehen auf dieser Erde betrachten und beeinflussen, wirkt bis heute nach, wenn auch nicht so offensichlich wie damals. Die Tierkreis-Sternbilder sind nichts anderes als durch die menschliche Phantasie ans Himmelsgewölbe hinaufprojizierte Symbole, denn von einem wirklichen Krebs, einem Skorpion oder einem Steinbock kann nicht die Rede sein, und doch sprechen die Astrologen diesen Tierkreis-Symbolen entsprechende Eigenschaften zu.

Bei guten Sichtverhältnissen kann man nachts am Himmel ungefähr 3500 Sterne bewundern. Nach den Vorstellungen der Sterndeuter sind aber alle Sterne wirkungslos außer den Planeten (dazu gehören auch die Sonne und der Mond) und in einem gewissen Sinn die ca. 150 Fixsterne des Tierkreises. Claudius Ptolemäus (von ca. 90 bis 168) war der erste, der die nicht zum Tierkreis gehörenden Gestirne vom Deutungsbereich ausschloss, und so ist es bis heute geblieben. Es erstaunt sehr, dass nach astrologischer Auffassung z.B. das Sternbild des Großen Wagens oder die prachtvollen Wintersterne des Orions und nicht einmal der hellste aller Fixsterne – der Sirius und das Heer der über 100 Milliarden Sonnen der Milchstrasse einen Einfluss ausüben sollen, obwohl sie eigenes Licht ausstrahlen. Dieser Umstand ist vor allem für das Geburts-Horoskop ein großes Problem, denn entscheidend für das Wesen und Schicksal eines Menschen sind anscheinend die Strahlen, die das Neugeborene im Augenblick der Abnabelung erreichen sollen. Da nun aber der überaus größte Anteil aller Sterne unwirksam ist, muss man sich hier die Frage stellen, wie die Strahlen der anscheinend wirksamen Sterne das Neugeborene überhaupt treffen können und wie das Neugeborene vom »Strahlenmeer« der unwirksamen Sterne verschont bleibt.

Neben dem bisher Gesagten gibt es noch folgende Probleme, mit deren Erklärung es sich die Astrologen sehr schwer tun:

1. Entfernung der Sterne von der Erde

Viele Fixsterne der Sternbilder sind Millionen und Milliarden von Lichtjahren von der Erde entfernt, das sind Distanzen, welche wir uns mit unserem beschränkten Denkvermögen gar nicht mehr vorstellen können, denn ein Lichtjahr entspricht 9,5 Billionen km! Des Weiteren gehören nicht einmal alle Gestirne eines Sternbildes zusammen, denn da gibt es Entfernungsunterschiede von hundert und mehr Lichtjahren. Bei solchen Entfernungen ist es faktisch ausgeschlossen, dass diese Sterne überhaupt eine Wirkung auf das Geschehen auf dieser Erde haben können.

2. Die Präzession

Die astronomischen Sternbilder sind heute nicht mehr identisch mit den gleichnamigen astrologischen Tierkreiszeichen. Diese Verschiebung wird verursacht durch die sog. Präzession, das ist die Folge einer Kreiselbewegung der Erdachse, die durch die Anziehungskräfte der Sonne und des Mondes verursacht werden, die versuchen, den Äquatorwulst unserer Erde der Gravitations-Richtung dieser beiden Himmelskörper anzugleichen. Dieses Phänomen wurde vom griechischen Astronom Hipparch (160-125 v.Chr) entdeckt. Infolge der Präzession verschiebt sich der Frühlingspunkt jährlich um etwa 50 Bogensekunden, und es dauert 25850 Jahre, bis eine Kreiselbewegung vollendet ist. Dies bedeutet, dass sich die Sternbilder, bezogen auf den scheinbaren Jahreslauf der Sonne, seit der Zeit des Ptolemäus (vor ca. 2000 Jahren) um ungefähr 30 Tage verschoben haben, also um ein ganzes Sternzeichen. Die Sonne tritt demnach am Frühlingsanfang (21. März) nicht schon vor das Sternbild Widder, sondern befindet sich bis zum 20. April noch im Sternbild der Fische. Dies bedeutet nichts anderes, als dass ein im Sternzeichen des Widders Geborener tatsächlich aber im Sternzeichen der Fische geboren wurde.

3. Willkür bei der Zuordnung

In der Astrologie wurden die meisten Zuordnungen und Definitionen völlig willkürlich getroffen. Dies trifft z.B. für die Zuordnung der Planeten zu den einzelnen Tierkreiszeichen zu, denn die Planeten haben absolut nichts mit den Sternbildern zu tun, sondern sie bewegen sich nur scheinbar, von der Erde aus gesehen, in ihnen. Nach den Sterndeutern hängt die Wirkung eines Planeten vom Tierkreiszeichen ab, doch dabei handelt es sich nur um hineingedachte Eigenschaften und Wirkungen, die jeder rationalen Grundlage entbehren. Auch die Einteilung der Tierkreiszeichen in männliche und weibliche; die Einteilung in kardinal, fix und gewöhnlich, aber auch die Zuordnung der 4 Elemente Feuer, Erde, Luft und Wasser zu den einzelnen Sternzeichen geschah völlig willkürlich, indem die Zuordnung einfach der Reihe nach erfolgte mit entsprechenden Wiederholungen.

Wie wir gesehen haben, war die früheste Form der Astrologie eine Art Anbetung der Sterne und Planeten, denen man Macht über den Menschen zuschrieb und die man als Götter betrachtete. Diese frühe Form des Sternenkults war wahrscheinlich der Grund des Einschreitens Gottes gegen den Turmbau zu Babel. Daraus ist ersichtlich, dass der Götzendienst und die Astrologie aus der gleichen Quelle stammen, und deshalb erkennen wir aus der Bibel, welche verheerenden Auswirkungen nicht nur der Götzendienst, sondern auch der Gestirnskult hatte: Abfall von Gott. Genauso wie damals sind die Folgen von Aberglauben und Astrologie (und was ist Astrologie anderes als Aberglaube?) auch heute für den einzelnen Menschen verheerend, denn sie führen von Gott weg, knechten die Menschen und rauben damit den inneren Halt. Deshalb warnt die Bibel an verschiedenen Stellen ausdrücklich vor Götzendienst und Astrologie, wie z.B. in 5. Mose 4,19: »...*und dass du deine Augen nicht zum Himmel erhebst und, wenn du die Sonne und den Mond und die Sterne, das ganze Heer des Himmels siehst, dich verleiten lässt und dich vor ihnen niederwirfst und ihnen dienst, die doch der HERR, dein Gott, allen Völkern unter dem ganzen Himmel zugeteilt hat*«.

Das Altertum

5.1 Die Entstehung Israels [1]

5.1.1 Die Patriarchen

In den ersten Jahrhunderten nach der Sintflut ließ Gott die Menschen nach ihrem Willen gewähren, außer bei der Sprachverwirrung. Durch die Überlieferung von Noah und seinen Söhnen wussten die Menschen der ersten Generationen alles, was notwendig ist, über Gott und sein Handeln mit der Menschheit. Trotz dieses Wissens verdrehten sie die Erkenntnis Gottes in einen abscheulichen Götzendienst, indem sie begannen, ihre verstorbenen Helden – wie Nimrod – an den Sternenhimmel zu projizieren, und sie anbeteten und ihnen opferten. Alle Völker waren ausnahmslos von diesem Götzendienst betroffen, der sich von Mesopotamien wie eine Seuche über die ganze Erde verbreitete. Auch die Vorfahren von Abraham waren dem Götzendienst verfallen, denn in Josua 24,2 lesen wir: *»Und Josua sprach zu dem ganzen Volk: So spricht der HERR, der Gott Israels: Jenseits des Stroms (des Euphrat) haben eure Väter vorzeiten gewohnt, und zwar Terach, der Vater Abrahams und der Vater Nahors, und sie dienten anderen Göttern. Und ich nahm euren Vater Abraham von jenseits des Stromes und ließ ihn im ganzen Land Kanaan umherziehen«.*

Josua stellte ganz klar fest, dass die »Väter« Abrahams Götzendiener waren, als sie damals jenseits des Stromes wohnten. Wenn nun sämtliche nachsintflutlichen Patriarchen, Noah und Sem eingeschlossen, noch zur Zeit Abrahams gelebt hätten, würde das bedeuten, dass auch sie damals dem Götzendienst verfallen waren! Diese Schlussfolgerung ist ganz eindeutig falsch, und folglich muss die Prämisse, auf die sie sich stützt, auch falsch sein. [2] Wie bereits bei der Datierung der Sintflut, wird auch hier die streng chronologische Auffassung aufgegeben (vgl. 2.2.3). Viel wahrscheinlicher ist es anzunehmen, dass der Götzendienst erst mit Serug oder Nahor in der »göttlichen Linie« der Abstammung von Noah bis Abraham seinen Anfang genommen hat. Über das Schicksal der neun Patriarchen seit Noah erfahren wir aus der Heiligen Schrift denn auch kein Wort. Die Geschichte des Handelns Gottes mit der Menschheit setzt erst wieder bei Abraham ein. Wir erfahren in 1. Mose 11, 27-32 nur noch, dass Terach mit seinem Sohn Abraham und seinem Enkel Lot sowie der Frau von Abraham, Sarai, aus Ur in Chaldäa auszog, um in das Land Kanaan zu gehen. Und sie kamen nach Haran und wohnten dort, und Terach, der Vater von Abraham, starb in Haran. Erst nachdem Abrahams Vater Terach gestorben war, sprach Gott wieder zu Abraham.

5.1.2 Abraham [3]

Seit der Schöpfung bzw. der Vertreibung des ersten Menschenpaares aus dem Paradies waren ca. 2000 Jahre vergangen. Die erste Welt wurde von der Sintflut zerstört, und die nachsintflutliche Menschheit entwickelte sich nicht als Gottes Volk. Durch den Regenbogen schloss Gott mit Noah einen neuen Bund und versprach, dass er die Erde nie mehr mit einer Flut zerstören würde. Grund genug hätte es dafür zu dieser Zeit gegeben, denn die Menschen weigerten sich, Gott die Ehre zu geben, und schufen sich Götter aus Holz und Stein, die sie verehrten. In dieser gottlosen Zeit setzte das Handeln Gottes mit den Menschen wieder ein. Wie damals Noah vor der Sintflut der einzige aufrichtige und gottesfürchtige Mann war, so war Abraham in der neuen Welt inmitten von Götzen dienenden Völkern wahrscheinlich als Einziger Gott treu ergeben. Abraham verfügte nicht nur über das Wissen um Gott, sondern mit hoher Wahrscheinlichkeit auch über die schriftlichen Aufzeichnungen der ersten 11 Kapitel der Genesis sowie über das Buch Hiob. Auch hier sehen wir einen Grundsatz, den wir noch häufig antreffen werden: **Wissen alleine macht keinen Glauben!** Die Menschen der ersten Generationen hatten dieses Wissen, denn Noah und seine Söhne lebten unter ihnen; sie waren ja die überlebenden Zeugen der Sintflut. Erst allmählich wurde dieses Wissen um Gott und seine Schöpfung in eine widernatürliche Verehrung der Schöpfung pervertiert.

Ab diesem Zeitpunkt sehen wir aber auch, dass Gott begann, mit den Menschen auf der Basis eines völlig neuen und äußerst wichtigen Grundsatzes zu handeln. Gott überließ die Menschen bis zu einem bestimmten Punkt völlig sich selbst. Er trennte die Menschheit in verschiedene Völker, wies ihnen ihr Land zu und schied sie voneinander durch die Sprachbarriere. Gott ließ die Völker nun ihre eigenen Wege gehen und lieferte sie ihren eigenen Lüsten und Begierden aus. Aber Gott hatte mit ihnen zu tun als derjenige, der alle Dinge regiert und souverän in seinen Händen hält. In dieser Situation plante Gott einen Neuanfang, indem er aus allen Völkern eine einzige Familie oder eigentlich sogar nur ein einzelnes Ehepaar berief und absonderte. Gott rief Abraham heraus, um sich ihm zu offenbaren und ihn vor allen Völkern zu segnen und alle Völker in *ihm* zu segnen.

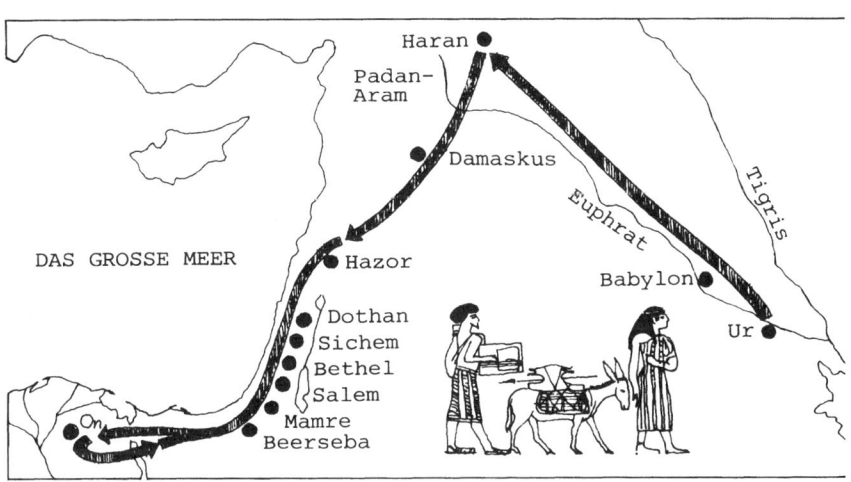

Abbildung 5.1: Auf dieser Karte, welche die Gegend des Nahen Ostens zur Zeit Abrahams zeigt, sind seine Wanderungen von Ur in Chaldäa nach Haran, von Haran nach Palästina sowie der »Abstecher« nach Ägypten aufgezeichnet. Gott berief sich den gottesfürchtigen Abram aus dem götzendienerischen Volk der Chaldäer, um mit seinem Samen das Volk Gottes aus den Völkern auszusondern.

»Und der HERR sprach zu Abram: Geh aus deinem Land und aus deiner Verwandtschaft und aus dem Haus deines Vaters in das Land, das ich dir zeigen werde. Und ich will dich zu einer großen Nation machen und will dich segnen, und ich will deinen Namen groß machen, und du sollst ein Segen sein! Und ich will segnen, die dich segnen, und wer dir flucht, den werde ich verfluchen; und in dir sollen gesegnet werden alle Geschlechter der Erde« (1Mo 12,1-3)! Das Erstaunliche an Abraham ist sein unerschütterlicher Glaube und sein Vertrauen in Gott. Abraham, der Sohn eines Götzendieners, der Mann, der inmitten eines Götzen dienenden Volkes aufgewachsen war, hatte einen unerschütterlichen Glauben an den Schöpfer-Gott. Aber Abrahams Glaube wurde in den folgenden Jahren noch auf harte Bewährungsproben gestellt. Zunächst ließ sich Gott sehr viel Zeit mit der Erfüllung seines Versprechens, dass Sarai trotz ihres hohen Alters noch ein Kind zur Welt bringen würde und dann forderte ihn Gott dazu auf, diesen einzigen und heiß geliebten Sohn zu opfern. Aber ganz ohne Versagen kam auch Abraham nicht durchs Leben. Denn als die Erfüllung der ersten Prophezeiung immer länger auf sich warten ließ, versuchte Abraham bei der

Erfüllung von Gottes Verheißungen etwas nachzuhelfen, und er nahm Hagar zu sich und zeugte mit ihr Ismael. Doch das brachte sehr große Schwierigkeiten in Abrahams Familie, sodass Hagar mit ihrem Sohn in die Wüste flüchtete. Gott ließ sie aber nicht im Stich und versprach ihr, dass er auch ihren Sohn zu einem großen, aber rohen Volk machen würde. Denn die Linie der Erwählung war bereits an Isaak, den von Gott auserwählten Sohn Abrahams, vergeben. Hier liegt denn auch die Wurzel des jahrhundertealten Streits zwischen Juden und Arabern. Denn Abraham ist auch der Stammvater der Araber.

Nun erschien Gott Abraham zum zweiten Mal und diesmal mit einem neuen Namen: »Gott der Allmächtige«. Gott teilte ihm mit, dass alles von seiner Allmacht abhängig ist und dass Abraham untadelig wandeln müsse. Erstens wird Abraham zum Vater vieler Völker aufgrund der Verheißung Gottes, und um dazuzugehören, ist Glaube notwendig. Zweitens schloss Gott einen Bund mit den leiblichen Nachkommen Abrahams, mit Isaak und Jakob. Abram hieß von da an Abraham, was »Vater einer Menge« bedeutet. Um zu diesem neuen Bund mit Gott dazuzugehören war die Beschneidung notwendig. Dann erschien Gott dem Abraham aufs Neue, nun aber in Männergestalt und begleitet von zwei Engeln, und nannte ihm den genauen Zeitpunkt für die Erfüllung seiner Verheißung: Ein Jahr später würde er einen Sohn haben. Abraham, der einen vertrauten Umgang mit Gott hatte und der auch »Freund Gottes« genannt wird, konnte sogar ein gutes Wort einlegen für die Gerechten in Sodom, was Lot durch seine sündige Position nicht konnte.

Doch bevor der verheißene Sohn geboren wurde, sehen wir Abraham noch einmal in einer Krise. Er ging zu dem philistischen Gerar; die Philister waren eine hamitische Volksgruppe und bewohnten die Südküste Kanaans. Und wie in 1. Mose 12 gab Abraham seine Frau preis. Aber jetzt war es noch schlimmer als damals, denn nun gab er die gerade erst bestimmte zukünftige Mutter seines Sohnes preis! Abraham schloss dann einen Bund mit Abimelech von Gerar, was zeigt, dass er durch Gottes Gnade ein mächtiger Mann war. Nachdem Isaak, das »Kind der Freiheit, der Verheißung« geboren wurde, war für Ismael, das »Kind der Sklavin, des Fleisches« kein Platz mehr in der Familie Abrahams. Doch der schwerste Augenblick im Leben Abrahams brach nun an, als er auf Gottes Befehl seinen einzigen Sohn Isaak, seinen Erben, die Verkörperung göttlicher Verheißungen, als Brandopfer darbringen sollte. Diese Opferung sollte auf dem Berg Morija stattfinden, auf dem später der salomonische Tempel gebaut wurde und in dem jahrhundertelang täglich Brandopfer dargebracht wurden. Alle diese Opfer sprachen von einem wahren Opfer, von Christus auf Golgatha. Doch wie viel deutlicher wird der Hinweis, wenn ein Vater seinen einzigen Sohn opfert! Auf diese Weise hat Gott seinen eigenen, über alles geliebten Sohn für uns in den Tod gegeben. Dieses ganz zentrale Geschehen der Bibel ist das mächtigste Zeugnis der Liebe Gottes für uns Menschen, doch es zeugt ebenso von Abrahams Glauben und seiner Liebe zu Gott. Auf dem Berg steht heute der Felsendom mit seiner goldenen Domkuppel, der als Heiligtum der Moslems errichtet wurde. Im Zentrum dieses Heiligtums befindet sich der Felsen, auf dem der Brandopferaltar des Tempels der Juden stand. Den Moslems zufolge ist dies der Ort, vom dem aus der Prophet Mohammed in den Himmel fuhr. Beinahe nur einen Steinwurf weiter wurde Jesus Christus ca. 2000 Jahre nach der »Beinahe-Opferung« von Isaak tatsächlich von Gott für uns Menschen geopfert, und auf den Ölberg, auch nur einen Steinwurf entfernt, wird Jesus bei seiner Wiederkunft seinen Fuß setzen. Es wäre kein Zufall, wenn dies auch wieder ca. 2000 Jahre nach der Kreuzigung Jesu Christi geschehen würde. Damit würde sich die Geschichte der Menschheit in drei Perioden von je 2000 Jahren einteilen lassen:

Jahr (ca.)	Geschehen	Dauer
4000 v.Chr.:	Vertreibung aus dem Garten Eden	
2000 v.Chr.:	»Opferung« Isaaks auf dem Berg Morija	2000
33 n.Chr.:	Kreuzigung Jesu Christi auf Golgatha	2000
2... n.Chr.:	Zweites Kommen Jesu Christi	2000

Sara starb und wurde auf dem einzigen Stückchen Land, das Abraham in dem gelobten Land besaß, beigesetzt. Abrahams Knecht ging nach Mesopotamien in die Stadt Nahor, die möglicherweise nach Abrahams Großvater Nahor benannt wurde, um eine Braut für Isaak zu suchen. Dieses Vorhaben gelang ihm schon sehr bald, und er fand Rebekka, die Tochter von Isaaks Neffen Bethuel. Er brachte sie zu Isaak, der sie lieb gewann, und so konnte sie ihn über den Tod seiner Mutter Sara hinwegtrösten. Auch der Gottesmann Abraham starb im Alter von 175 Jahren und wurde von Isaak und Ismael neben seiner Frau beerdigt. In Hebron steht eine Moschee, die der Tradition zufolge über dem Grab von Abraham und Sara errichtet wurde. Isaak und Ismael beerdigten ihren Vater Abraham zwar noch gemeinsam, gingen dann aber jeder seinen eigenen Weg. Sie würden sich vor allem durch den Gottesdienst unterscheiden. Israel mündete im Judentum, für die Araber zählt der Islam, der am Anfang des siebten Jahrhunderts n.Chr. entstand. Es gibt Übereinstimmungen zwischen Judentum und Islam, denn beide haben ein heiliges Buch und in beiden Religionen spielt die

Beschneidung eine wichtige Rolle, und der Berg Morija ist für beide wegen der Opferung Isaaks ein wichtiger Ort. Doch trotz dieser Übereinstimmungen ist der Weg von Isaak und Ismael ein Weg des Konflikts, der mit Blut und Tränen überströmt ist. Wenn es eine Lösung dieses Problems gibt, dann muss sie im Glauben des Stammvaters Abraham gefunden werden. Abraham war nicht ein Heiliger im Sinne eines sündlosen Frommen, aber er vermochte in den entscheidenden Augenblicken seines Lebens von sich selbst wegzusehen, um es mit dem Allmächtigen zu wagen.

5.1.3 Sodom und Gomorrha

Nachdem der HERR mit seinen zwei Engeln bei Abraham zu Besuch war, gingen die Engel ohne den HERRN weiter zu Lot nach Sodom. Lot war nicht nur Bürger dieser Stadt, sondern er saß im Tor, was darauf hindeutet, dass er Gemeinderatsmitglied war. Die Engel lehnten es ab, bei einem solchen Mann zu übernachten, der nicht mehr viel Verständnis für Moral und Sitte hatte. Gott nahm ihm dafür auch alles, was er hatte: seinen Besitz, seine Schwiegersöhne, ja sogar seine Frau; seine Töchter nahmen ihm das letzte bisschen Moral, das noch geblieben war. Lot wurde zweimal durch Abraham gerettet: einmal durch das Schwert und einmal durch das Gebet und die Fürbitte bei Gott. Aber Lot lernte nicht viel aus diesen beiden Rettungen, denn er ging weiterhin seinen sündigen Weg. *»Da ließ der HERR auf Sodom und auf Gomorra Schwefel und Feuer regnen von dem HERRN aus dem Himmel und kehrte diese Städte um und die ganze Ebene des Jordan und alle Bewohner der Städte und das Gewächs des Erdbodens. Aber seine Frau sah sich hinter ihm um; da wurde sie zu einer Salzsäule«* (1Mo 19,24-26). Die einst so fruchtbare Gegend wurde auf Gottes Befehl zu einer unbewohnbaren Stätte. Heute ist das Tote Meer ein Gebiet, wo Chemikalien gewonnen werden, aber kein Ort zum Leben mehr. 400 Meter unter dem Meeresspiegel fließt ungenießbares, sehr heißes Wasser. Deshalb ist der Ort eine Sehenswürdigkeit geworden, an dem man auch allerlei Salzformationen sieht, die Lots Frau darstellen sollen.

Die Städte dieser Gegend waren sehr wahrscheinlich Niederlassungen, die durch die Bäche aus den Hügeln an der Ostseite der Ebene bewässert wurden. Dieses ganze Gebiet wird heute durch das Tote Meer bedeckt. »Geologen haben aufgezeigt, dass dieses Gebiet ein ausgebranntes unterirdisches Ölbassin ist. Das Öl könnte durch ein starkes Erdbeben nach oben gepresst worden sein, zusammen mit Gas, Salz und Schwefel, das noch heute in den dortigen Erdschichten vorhanden ist. Durch riesige unterirdische Eruptionen wurden die Massen brennend nach oben in die Atmosphäre hineingeschleudert, um dann als ›Schwefel und Feuer‹ in Form eines grässlichen Regens auf die Gegend herabzufallen. Forscher haben festgestellt, dass über große Gebiete um das Tote Meer herum Schwefel verbreitet ist. Menschen, die von diesem ›Regen‹ getroffen wurden, konnten mit dem herunterfallenden Salz bedeckt werden, wie es mit Lots Frau geschah.« [4] Abraham, der sich nur etwa fünfzig Kilometer entfernt befand, konnte den aufsteigenden Rauch wahrnehmen und wurde deshalb ein Augenzeuge dieser Katastrophe.

5.1.4   Isaak und Jakob

Isaak ist vor allem im Zusammenhang mit den Glaubensprüfungen seines Vaters Abraham ins Zentrum des Geschehens gerückt. Einerseits verzögerte sich seine von Gott angekündigte Ankunft so lange, bis Abraham wirklich beinahe nicht mehr daran glaubte und anderseits bekam Abraham, kaum als Isaak auf der Erde angekommen war, den Befehl, diesen seinen einzigen und innigst geliebten Sohn zu opfern. Nachdem die Halbbrüder Isaak und Ismael ihren Vater bestattet hatten, trennten sich ihre Wege. Ismael konnte sich über zwölf Söhne freuen, doch Isaak wartete vierzig Jahre auf eine Frau und noch einmal zwanzig Jahre auf Nachkommen. Seine Frau Rebekka schenkte ihm schließlich Zwillinge. Dadurch hatte Gott ihre Gebete erhört. Wiederum ist es aber nicht der älteste, sondern der zweite Sohn (wie früher Abel, Sem, Abraham und Isaak), der von Gott auserwählt wurde. Dadurch wurde Jakob zum Stammvater des Messias. Jakob versuchte das Erstgeburtsrecht auf gemeine Art und Weise zu erhalten, doch für Esau bedeutete Genuss und Bequemlichkeit mehr als Gottes Segen, und so verkaufte er sein Recht für einen Teller Linsen.

Die eigentliche Geschichte von Jakob, dem Vater der zwölf Stämme Israels, beginnt in 1. Mose 27. Der biblische Bericht kann dabei in folgende vier Abschnitte eingeteilt werden:

1. Kanaan:
   Von dort musste er nach seinem Betrug fliehen (1Mo 27 u. 28).
2. Mesopotamien:
   Bei Laban, dem Bruder seiner Mutter, arbeitete er (1Mo 29 – 31).
3. Kanaan:
   Er kehrte dorthin zurück (1Mo 32 – 45).
4. Ägypten:
   Dort verbrachte er seine letzten siebzehn Jahre (1Mo 46 – 50).

In der Zeit, in der Jakob lebte, lagen in Palästina viele Städte verlassen da. Die neu einwandernden Gruppen führten wahrscheinlich ein halb nomadisches Lebens, denn es entstanden keine neuen Städte. Diese Periode wird die Früh-Bronze-Zeit genannt.

Grabfunde bestätigen den biblischen Bericht, in dem von den verschiedenen Völkern Kanaans die Rede ist. In Isaaks Familie spielte sich in dieser Zeit ein Drama ab, denn nun erschlich sich Jakob mit Hilfe seiner Mutter auch noch den väterlichen Segen. An diesem Betrug war nun die ganze Familie Isaaks beteiligt, denn Isaak hatte beschlossen, den väterlichen Segen Esau zu geben, obwohl er von Jakobs Erwählung durch Gott wusste. Rebekka ermutigte Jakob zu diesem Betrug, und Esau, der schließlich selbst und freiwillig sein Erstgeburtsrecht verkauft hatte, hätte deshalb diesen Betrug akzeptieren müssen. Doch alle zusammen bekamen die Strafe für ihr Handeln: Isaak wurde betrogen und beschämt, Rebekka verlor ihren Lieblingssohn Jakob für immer, Jakob musste vor dem Zorn seines Bruders fliehen, und Esau hatte seinen Segen für immer verspielt. Auf der Flucht erschien der HERR dem Jakob in Bethel (Haus Gottes) an der Spitze einer Leiter, die den Himmel mit der Erde verband und auf der Engel auf- und abstiegen. Gott machte ihm keine Vorhaltungen, sondern versprach ihm vielmehr, ihn zu bewahren und zu segnen.

In Mesopotamien bei seinem Onkel Laban angekommen, verliebte er sich schon bald in dessen jüngste Tochter Rahel. Um sie zur Frau zu bekommen, musste er aber sieben Jahre bei Laban arbeiten. Nach diesen sieben Jahren erfuhr nun Jakob am eigenen Leib, was es heißt, betrogen zu werden, denn statt Rahel bekam er ihre ältere Schwester Lea zur Frau. Als Trost gab ihm Laban danach auch Rahel zur Frau, doch dafür musste Jakob noch weitere sieben Jahre für seinen Onkel arbeiten. In der Folge gebar ihm seine Frau Lea sowie seine Sklavinnen Bilha und Zilpa zehn Söhne. Rahel selbst bekam lange Zeit keine Kinder, bis Gott ihre Gebete erhörte und ihr einen Sohn, Joseph, schenkte. Wegen der großen Liebe Jakobs zu Rahel wurde Joseph, der lange ersehnte Sohn, zu seinem Lieblingssohn. Nach der Geburt Josephs verspürte Jakob das Bedürfnis, nach Kanaan zurück zu kehren. Doch Gott verzögerte in seiner Vorsehung seine Heimkehr, denn er durfte erst nach Kanaan ziehen, nachdem ihn Laban zu einem reichen Mann gemacht hatte.

Trotz des langen Aufenthaltes in Mesopotamien fürchtete Jakob sich noch immer vor einer Begegnung mit Esau. Der Herr zeigte Jakob daraufhin ein »Gottesheer«, aber das ließ seine Angst nicht geringer werden, denn er vertraute nach wie vor mehr auf seine Schlauheit als auf die Führung Gottes. Dieses Verhalten forderte das Eingreifen Gottes heraus, und der gleiche Mann, der Abraham besucht hatte, kämpfte in einer Nacht mit Jakob. Hier in Pniel, im Kampf mit Gott, veränderte sich Jakobs Leben von Grund auf, denn er wurde in seiner männlichen Kraft und Würde unheilbar verletzt. Dies führte dazu, dass er von da an auch körperlich völlig vom Segen Gottes abhängig war. Seit diesem Tag hieß er auch nicht mehr Jakob (Betrüger) sondern »Israel« (»Streiter Gottes« oder »Fürst Gottes«). Nach der Begegnung mit Esau, die Gott günstig für Jakob ausgehen ließ, blieb Jakob in Sichem. Danach zog er weiter nach Bethel und hier, wo er sich zu Hause fühlte, spürte er die Notwendigkeit, sein Haus und seine Familie von Götzen zu reinigen. Jakob zog weiter, um seinen Vater Isaak zu sehen. Unterwegs starb Rahel bei der Geburt ihres Sohnes Benjamin. »In der Nähe von Bethlehem befindet sich ein Grabmal, das als Grab der Rahel gedeutet wird. Dieses Denkmal stammt aus der Zeit der Kreuzfahrer; die offenen Bögen wurden im Jahre 1550 von den Moslems zugemauert. Man sagt, dass vor der Zeit der Kreuzfahrer Rahels Grab viele Jahrhunderte lang durch eine Pyramide aus zwölf Steinen markiert gewesen sei (12 Stämme Israels).« [5]

5.1.5 Joseph

Die Geschichte von Joseph erhält in der Bibel deshalb so einen großen Raum, weil mit dieser Geschichte erzählt wird, wie die Erzväter nach Ägypten kamen und wie aus der Familie Jakob das Volk Israel entstand. »Doch Josephs Geschichte ist auch deshalb so ausführlich, weil er wohl den schönsten Typus für Christus im Alten Testament darstellt: Liebling des Vaters, von den Brüdern verworfen, die ihm nach dem Leben trachten, der Erniedrigte und Erhöhte, Retter der Welt, der Segen und Heil bedeutet, sowohl für Israel als auch für die Völker.« [6] Die Geschichte Josephs kann in vier Perioden eingeteilt werden:

1. Liebling des Vaters in Kanaan (1Mo 37)

2. Sklave und Gefangener in Ägypten (1Mo 39 – 40)

3. Regent in Ägypten (1Mo 41 – 45)

4. Versorger in Ägypten (1Mo 46 – 50)

Joseph war in seinen Träumen, aber auch nach dem Ratschluss Gottes, das Haupt und der Erbe der Familie Jakobs. Doch er wurde von seinen Brüdern wegen seiner bevorzugten Position gehasst. Josephs Prunkgewand, das ihm sein Vater schenkte, deutete auf Jakobs Plan hin, ihm das Erstgeburtsrecht zu geben. Eines Tages dann, als Joseph seine Brüder im Weidegebiet besuchte, sahen sie die Gelegenheit als gekommen, ihn, den gehassten Bruder, zu töten. Doch sie änderten ihre Meinung und verkauften ihn an midianitische Kaufleute, die auf ihrem Weg nach Ägypten an dem Weidegebiet vorbeizogen. Jakob, der einst selbst seinen Vater mit einem Kleid und einem Böcklein betrog, wurde jetzt gleichermaßen von seinen Söhnen betrogen. Juda, der vierte Sohn Leas, wurde zum größten Rivalen Josephs, des Erstgeborenen von Jakobs Lieblingsfrau Rahel. Diese Rivalität ist durch die ganze Geschichte Israels geblieben, nämlich zwischen den Stämmen Juda und Ephraim (Josephs Sohn). Unter König Rehabeam vom Stamm Juda trennten sich die zehn Stämme unter der Leitung von Ephraim.

Auch in Ägypten stellte sich Gott voll und ganz hinter Joseph, sowohl im Hause seines Meisters Potifar als auch im Gefängnis, wo er durch eine falsche Anklage landete. Joseph musste in die Tiefe gehen, um dort dem Mundschenk zu begegnen, der sich zu Gottes Zeit an ihn erinnerte. Im Gefängnis deutete Joseph die Träume, die der Mundschenk und der Bäcker des Pharao geträumt hatten, und seine Auslegung erfüllte sich mit absoluter Präzision. Joseph vertraute dem Wort des Mundschenks, doch dieser kümmerte sich nicht um ihn. Als dann Gottes Zeit für Joseph gekommen war, wurde Joseph von der Tiefe des Gefängnisses erhöht. Denn der Pharao hatte zwei Träume, in denen Gott ein für die Ägypter heiliges Tier, das Rind, sowie den heiligen Fluss, den Nil, gebrauchte, um die Aufmerksamkeit des Pharaos zu erreichen. Joseph wurde nun auf Anraten des Mundschenks aus dem Gefängnis geholt und bewies bei der Deutung der Träume doppelte Weisheit: Er deutete die Träume so, dass nach sieben Jahren Überfluss sieben Hungerjahre kommen würden, und schlug von sich aus Maßnahmen vor, wie man der kommenden Hungersnot begegnen könnte. Der Pharao war fasziniert von so viel Kraft und Weisheit Gottes und machte Joseph zum Zafnath Paäneach, das heißt auf ägyptisch so viel wie »Retter der Welt«. Außerdem wurde er Wesir des ägyptischen Reiches und damit zum zweithöchsten Mann unmittelbar nach dem Pharao. Seine ägyptische Frau, Asnath, die Tochter des Sonnenpriesters in On (Heliopolis = Sonnenstadt), schenkte ihm die beiden Söhne Manasse und Ephraim. Später rechnete man die Nachkommen dieser beiden Söhne als zwei gesonderte Stämme Israels, denn Joseph erhielt keinen eigenen Stamm. Da es aber zwölf Stämme Israels gibt, wird neben Joseph selbst auch der priesterliche Stamm Levi weggelassen.

In der Folge ließ Joseph im ganzen Land große Kornspeicher bauen, um darin in den sieben fetten Jahren Korn zu sammeln. Danach brachen dann die sieben mageren Jahre an. Es entstand eine große Hungersnot in der ganzen Gegend des Nahen Ostens. Auch in der Familie Jakobs in Kanaan herrschte die Hungersnot, und die Brüder wurden nach Ägypten geschickt, um Korn zu kaufen. Josephs Brüder mussten sich nun bei ihm, dem Wesir, melden. Wie in Josephs früheren Träumen verbeugten sich seine Brüder nun tatsächlich vor ihm. Statt sich ihnen als ihr Bruder zu erkennen zu geben, stellte Joseph seine Brüder auf einige harte Proben, denn er wollte wissen, ob sie ihre Haltung gegenüber ihrem Vater und ihrem Bruder geändert hatten. Auch ließ er sie ins Gefängnis werfen, um sie erfahren zu lassen, was es für ihn bedeutet hatte. Gerade die Frage nach ihrem jüngsten Bruder Benjamin traf die Brüder tief ins Herz und ließ Joseph erkennen, dass sie bereuten. Sie bekannten ihm gegenüber ihre Schuld, ohne zu wissen, dass Joseph vor ihnen stand. Doch die schwerste Prüfung stand ihnen noch bevor. Denn Joseph verlangte von ihnen nun, Benjamin, seinen jüngsten Bruder, und jetzt an seiner Statt Liebling seines Vaters, mitzubringen. Die Brüder kehrten zurück und erzählten ihrem Vater von den Geschehnissen. Jakob war entsetzt: Musste er denn nun nach Joseph auch noch Benjamin hergeben? Doch als das Korn verbraucht war, mussten die Brüder wohl oder übel wieder nach Ägypten zurück. Durch eine List – mit dem von Joseph in Benjamins Kornsack versteckten Trinkbecher von Joseph –, verlangte Joseph nun von ihnen, Benjamin in Ägypten zurückzulassen. Das war zu viel für seine Brüder, denn Jakob würde das wahrscheinlich nicht überleben, wenn sie nun ohne Benjamin nach Hause kämen. In der Folge bot Juda, der früher einmal Joseph als Sklaven verkauft hatte, nun sich selber als Sklaven im Austausch mit Benjamin an. Denn Benjamin war an die Stelle Josephs getreten und war nun an seiner Statt der Liebling Jakobs. Durch diese Begebenheit entstand ein starkes Band zwischen Juda und Benjamin durch die ganze Geschichte hindurch, und viele Jahrhunderte später bildeten diese beiden Stämme zusammen das Südreich. Nach dieser ergreifenden Szene konnte Joseph nicht länger anonym bleiben und gab sich seinen Brüdern gegenüber zu erkennen. Joseph tröstete seine Brüder mit dem Hinweis auf Gottes Gnade und Vorsehung.

Es ist eine viel diskutierte Frage, wann Joseph lebte und unter welchem Pharao er Wesir in Ägypten war. Zum Wesir wurde er gemacht, als er dreißig Jahre alt war. »Wenn wir die historischen Hintergründe des späteren Exodus betrachten, muss es die Zeit des Mittelreiches gewesen sein, und zwar die der zwölften Dynastie. Folgende Überlegungen führen dazu, in dieser Dynastie Sesostris III. als Josephs König anzunehmen« (siehe auch Anm. 2, Anhang B1):

1. »Während der zwölften und dreizehnten Dynastie hielten sich Semiten in Ägypten auf. Das früheste bekannte Beispiel hierfür stammt aus der Regierungszeit Sesostris II. So sind in einem Grab in Beni Hassan unter anderem auch Asiaten abgebildet. Sie waren Händler, und daraus ersehen wir, dass es zu dieser Zeit nicht unüblich war, dass man Sklaven verkaufte.

2. Über eine Hungersnot zur Zeit Sesostris III. ist kein direkter Hinweis zu finden, wohl aber ein indirekter. Im zehnten und neunzehnten Regierungsjahr werden »Schwierigkeiten bereitende niedrige Wasserstände« registriert. Weiter wurde eine Inschrift aus dem achten Regierungsjahr von Sesostris III. gefunden, die berichtet, dass ein Kanal verstopft war und sauber gemacht werden musste.

3. Während der sieben Jahre Hungersnot fanden Reformen im Land statt. Im Austausch gegen Korn gaben die Menschen dem König ihr Land, sie bearbeiteten es und bezahlten den fünften Teil der Ernte als Pacht. Es gibt eindeutige Hinweise dafür, dass während der Regierung von Sesostris III. etwas Ähnliches stattfand.

4. Während der zwölften Dynastie war Memphis die eigentliche Hauptstadt Ägyptens, also direkt im Süden des Nildeltas. Unter Sesostris III. entstand in Gosen eine administrative Hauptstadt, in der die Handelsrouten zusammentrafen. Dies erklärt, warum Joseph seinen Brüdern so leicht begegnen konnte.« [7]

Im Ost-Delta, wo Gosen vermutet wird, wurde ein semitisches Dorf aus der 12. bis 13. Dynastie ausgegraben, das mit den Hebräern in Verbindung gebracht werden kann. An dieser Stelle wurden auch ein Palast und das Grab eines westsemitischen Unterkönigs ausgegraben, der am Ende der 12. Dynastie während einer großen Hungersnot regiert hat. Man vermutet, dass es sich bei diesem Unterkönig, von dem Teile seiner Statue gefunden wurden, um Joseph handelt. Des Weiteren gibt es viele Belege dafür, dass es in diesen Zeiten Wesire gab und diese tatsächlich auch die in der Bibel dargestellte Stellung hatten. Vor allem unter Sesostris III. musste der Wesir dem Pharao gegenüber seine Loyalität beweisen und brauchte keine adlige Abstammung, um dieses Amt auszuüben. Ein direkter Hinweis auf Joseph ist der »Bahr Yusuf«, der Kanal Josephs. Bei der Stadt Medinet-el-Faiyum, 130 km südlich von Kairo, inmitten des fruchtbaren Faiyum gelegen, wachsen in den üppigen Gärten dieser riesigen, blühenden Oase Orangen, Mandarinen, Pfirsiche, Oliven, Granatäpfel und Weintrauben. Diese Früchte verdankt das Faiyum dem 334 Kilometer langen künstlichen Wasserlauf, der das Nilwasser herüberführt und diese Gegend, wo sonst Wüste wäre, in ein Paradies verwandelt. »Bahr Yussuf«, Kanal des Joseph heißt der uralte Wasserweg noch heute. Das in dem Faiyum-Becken aufgestaute Wasser konnte durch einen zweiten Kanal nach Norden wieder in den Nil abgeleitet werden. Dadurch wurde eine Verlandung bzw. Versalzung des Beckens vermieden. [8]

Die vierte Periode der Geschichte Josephs fand in Ägypten statt, nachdem Jakob mit seiner ganzen Familie nach Ägypten gezogen war, um seinen Sohn Joseph wiederzusehen. Es ist die Vorsehung Gottes, dass die Nachkommen Jakobs bzw. Israels nach Ägypten, ins abgelegene Goschen gelangten, denn dort durften sie sich frei und in Ruhe zu einem großen Volk entwickeln, ohne die Gefahr einer Vermischung mit den Kanaanitern oder den Ägyptern befürchten zu müssen.

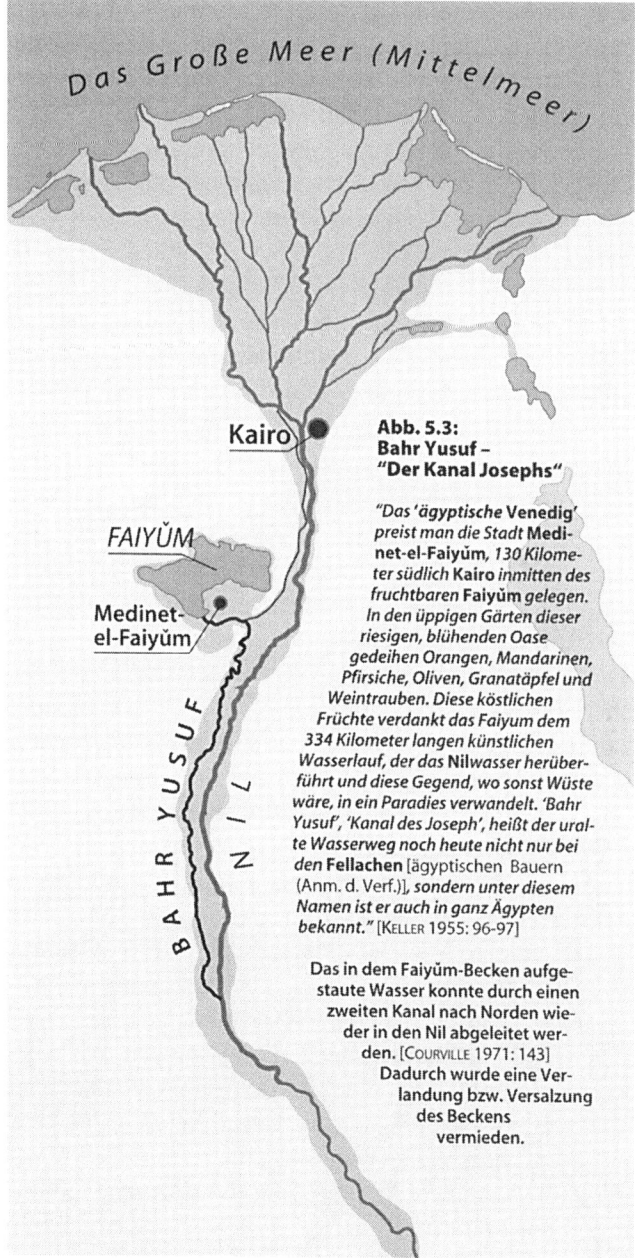

Abb. 5.3:
Bahr Yusuf –
"Der Kanal Josephs"

"Das 'ägyptische Venedig',
preist man die Stadt Medi-
net-el-Faiyúm, 130 Kilome-
ter südlich Kairo inmitten des
fruchtbaren Faiyúm gelegen.
In den üppigen Gärten dieser
riesigen, blühenden Oase
gedeihen Orangen, Mandarinen,
Pfirsiche, Oliven, Granatäpfel und
Weintrauben. Diese köstlichen
Früchte verdankt das Faiyum dem
334 Kilometer langen künstlichen
Wasserlauf, der das Nilwasser herüber-
führt und diese Gegend, wo sonst Wüste
wäre, in ein Paradies verwandelt. 'Bahr
Yusuf', 'Kanal des Joseph', heißt der ural-
te Wasserweg noch heute nicht nur bei
den **Fellachen** *[ägyptischen Bauern*
(Anm. d. Verf.)], sondern unter diesem
Namen ist er auch in ganz Ägypten
bekannt." [KELLER 1955: 96-97]

Das in dem Faiyúm-Becken aufgestaute Wasser konnte durch einen
zweiten Kanal nach Norden wieder in den Nil abgeleitet werden. [COURVILLE 1971: 143]
Dadurch wurde eine Ver-
landung bzw. Versalzung
des Beckens
vermieden.

Abbildung 5.2: Diese Karte von Ägypten zeigt den »Bahr Yusuf«, den Kanal Jo-
sephs. Durch die Umleitung des Wassers aus dem Nil durch den Kanal »Bahr
Yusuf« ist die Gegend Faiyum, die vormals eine Wüstengegend war, zu einer blü-
henden Oase geworden. Die Stadt Medinet-el-Faiyum wird deshalb auch das
ägyptische Venedig genannt.

Bewegend ist die Begegnung zwischen Vater und Sohn, als Jakob seinem Sohn um den Hals fiel und lange an seinem Hals weinte. Später begegnet der alte Jakob dem Pharao und segnet ihn. Bei der Begegnung Jakobs mit dem Pharao standen die Vorzeichen völlig anders, als bei Abrahams Begegnung mit dem damaligen Pharao, bei der Abraham seine Frau preisgab (1Mo 12,18ff). Der Pharao war in dieser Zeit der mächtigste Mann der damals bekannten Welt und trotzdem sehen wir, wie er sich von Jakob, der selbst so sehr Gottes Segen erfahren hat, segnen ließ. Durch Gottes Führung wurden sich der Pharao und Joseph einig darüber, dass die Familie Jakobs das Land Gosen erhielt, das im Nordosten von Ägypten liegt, ganz nah bei Kanaan. In späteren Zeiten wurde dieser beste Teil des Landes, das sich sehr für die Viehzucht eignete, »das Land Ramses« genannt.

Jakob lebte von da an noch siebzehn Jahre in Ägypten. Seine letzten Lebenstage wurden von großen Glaubenstaten gekennzeichnet. Er adoptierte die zwei ägyptischen Söhne Josephs, damit sie nicht aus der Verheißung fielen, und machte sie so zu seinen eigenen Söhnen, welche das Anrecht auf einen eigenen Stamm hatten. Dabei bekam auch hier wieder der jüngere, Ephraim, das Erstgeburtsrecht und nicht Manasse. Der blinde Jakob wird hier wohl an das Krankenlager seines blinden Vaters Isaak zurückgedacht haben, an dem er sich selbst auf eine wenig schöne Art den Segen erschwindelte. Dies ist wahrscheinlich auch eine Prophetie auf die spätere Souveränität Ephraims über die zehn Stämme. Auch die mächtige Rede Jakobs an seine zwölf Söhne hat eine prophetische Tragweite. Vor allem sein Segen für Juda ist ein Hinweis auf das Kommen des Messias: «*Nicht weicht das Zepter von Juda, noch der Herrscherstab zwischen seinen Füßen weg, bis dass der Schilo (der Friedefürst) kommt, dem gehört der Gehorsam der Völker*» (1Mo 49,10). Jakob starb dann, und Joseph ließ ihn einbalsamieren. Dies ist das einzige Mal, außer bei Joseph selbst, dass ein Hebräer so etwas machen ließ. Danach wurde Jakob unter großem Aufwand bei seinen Vätern in Kanaan beerdigt. Joseph selbst wurde 110 Jahre alt und wollte wie sein Vater Jakob auch in Kanaan beerdigt werden. Als er starb, wurde sein Körper mumifiziert und in einen Kasten gelegt, doch er blieb in Ägypten. Im Gegensatz zu seinem Vater Jakob, verblieb Josephs Leichnam aber in Ägypten. Sein Sarg wurde während all der Jahre, in denen Israel in Ägypten verweilte, zu einem Mahnmal für die Hoffnung, einmal nach Kanaan zurückkehren zu dürfen.

5.1.6 Das ägyptische Exil [9]

Joseph kam voraussichtlich während der zwölften Dynastie nach Ägypten und bei seinem Tod dürfte etwa die dreizehnte Dynastie begonnen haben. Wenn diese Datierung stimmt, fiel Israels Aufenthalt in Ägypten zusammen mit dem letzten Teil der zwölften Dynastie und dauerte weiter über die ganze dreizehnte Dynastie. Beide Dynastien regierten über ganz Ägypten. Beide kannten seit Sesostris III. eine zentrale Regierung, wobei das vom Vater auf den Sohn übergehende Amt des Wesirs, außer während der Zeit Sesostris III. selbst, anscheinend eine wichtige Rolle spielte. Vielleicht wurde dieses Amt gar durch das Wirken Josephs aufgewertet und erhielt in der Folge diese hohe Stellung. Mit dem Tod Josephs endet auch das 1. Buch Mose, die Genesis, und es beginnt das 2. Buch Mose, Exodus. In diesem Buch ist der Aufenthalt des Volkes Israel in Ägypten und der Auszug aus Ägypten, der Exodus, beschrieben. Jahrhunderte gingen ins Land, und aus der Familie Jakobs wurde schnell ein großes Volk. Als die Israeliten bereits zu einem beachtlichen Volk angewachsen waren, wurden sie zu einer konkreten Bedrohung für die Ägypter. Als dann ein neuer Pharao an die Macht kam, der Joseph nicht mehr kannte oder einfach nichts von ihm wissen wollte, wendete sich dieser Pharao gegen die Israeliten. Der neue Pharao legte ihnen Zwangsarbeit auf und ließ sie die Vorratsstädte Pit-Hom (wahrscheinlich Tel er Ratâbeh) und Ramses (wahrscheinlich bei Quantir in Tel ed Dab'a) bauen. Auch befahl er den hebräischen Hebammen, alle Jungen in den Nil zu werfen.

Der Pharao war für Gott ein Werkzeug, um Israel wieder zur Besinnung zu bringen, denn es hatte damit begonnen, den ägyptischen Götzen zu dienen. Ägypten war ein Land vieler Götter, wobei die örtlichen Götter die Grundlage der Religion bildeten, und meistens waren es Naturgötter in der Gestalt von Tieren und Vögeln. Der Falkengott Horus stieg vom örtlichen Gott zum Staatsgott auf, als König Menes Ober- und Unterägypten am Anfang der ägyptischen Geschichte vereinte. Während der 5. Dynastie, die den Sonnengott von Heliopolis begünstigte, war Re der Höchste im ägyptischen Pantheon. Von Amon, der während des Mittleren und des Neuen Reiches in Ägypten anerkannt wurde, zeugen die prächtigen Tempel in Karnak und Luxor noch heute. Der neue Pharao zog sich mit seinem Verhalten denn auch die unrühmliche »Ehre« zu, der erste große Antisemit der Weltgeschichte gewesen zu sein. Denn die Wurzeln des Holocaust gründen tief, und schon vom Beginn des Volkes Israel an versuchte man, es auszurotten. Gottes auserwähltes Volk zu sein bedeutet neben dem Erkennen des Allerhöchsten und dem Erfahren seines Segens immer auch Leiden. Eine Welt, die Gott hasst, verabscheut natürlich vor allem sein Volk. Denn Gott ist nicht greifbar, also vergreift man sich an seinem Volk. Dieser Pharao war der erste große Antisemit und Adolf Hitler einer der letzten der jüngsten Vergangenheit. Adolf Hitler ist das Symbol eines so großen Judenhasses, dass er das ganze Volk auszurotten versuchte und sich dabei den in unterschiedlichem Maße latent vorhandenen Antisemitismus unter den Völkern zu Nutze machte. Dennoch war er nicht in der Lage, die Juden auszurotten!

5.1.7 Mose

Mose wurde von der Tochter des Pharaos adoptiert und erhielt somit seine Erziehung im bedeutendsten Zivilisationszentrum der damaligen Welt. In seiner Rede vor dem Sanhedrin in Jerusalem (Apg 7,22) weist Stephanus darauf hin, dass Mose in ägyptischer Weisheit unterrichtet worden war, obwohl dies in 2. Mose nicht explizit erwähnt wird. Umfassende Erziehungseinrichtungen wurden am ägyptischen Hof benutzt, um königliche Erben tributpflichtiger Fürsten auf ihr Amt vorzubereiten. Es ist sehr wahrscheinlich, dass Mose seine ägyptische Erziehung zusammen mit königlichen Erben aus Syrien und anderen Ländern erhielt oder sogar zusammen mit den Kindern des Pharao. Die Eltern von Mose gehörten dem Stamm Levi an, und als Mose geboren wurde, hatten sie bereits eine Tochter, Mirjam, und einen dreijährigen Sohn, Aaron. Sie entdeckten, dass dieses Kind »ein feines Kind von Gott« war und behielten es im Glauben vor dem Pharao versteckt. Aber nach drei Monaten ging das nicht mehr, und seine Mutter »gehorchte« nur schweren Herzens dem Pharao und warf ihr Söhnchen in den Nil, jedoch auf eine besondere Weise, nämlich verborgen in einer »Arche« aus geflochtenem Papyrus, die mit Bitumen verklebt war. Hier erkennen wir auch wieder in besonderem Maß die Vorsehung und den Plan Gottes mit Mose. Er benutzte sogar Pharaos Tochter, ja sogar das Haus Pharaos für seine »Mission«, denn diese entdeckte das Findelkind und   adoptierte es. Doch Gott sorgte auch dafür, dass seine Mutter unerkannt ihren Einfluss auf seine Erziehung ausüben konnte, da dieser viel besser als alle Weisheit der Ägypter war. Der Name Mose bedeutet in der ägyptischen Sprache »Sohn« und hebräisch »herausgezogen«.

Als Vierzigjähriger ging Mose auf die Suche nach seinen Verwandten, dem armen Sklavenvolk. Als er einen Sklaventreiber sah, der einen Israeliten misshandelte, wurde er sehr zornig und tötete diesen. Nach dieser Tat floh er aus Ägypten nach Midian und musste anschließend vierzig lange Jahre lang als Schafhirte Geduld und Weisheit lernen. In diesem Land bekam er Zippora, die Tochter Reguels, der auch Jitro genannt wird, zur Frau, die ihm zwei Söhne, Gersom (»ein Fremdling dort«) und Elieser (»mein

Gott ist Hilfe«), schenkte. Jitro war Priester und Haupt des Stammes, in dessen Mitte Mose die nächsten vierzig Jahre verbrachte. Durch seine Erfahrungen mit dem Hüten von Herden im Gebiet um den Golf von Akaba erwarb Mose zweifellos ein gründliches Wissen über dieses Gebiet. Ohne es zu wissen, erhielt er eine ausgezeichnete Ausbildung, um Israel viele Jahre später durch diese Wüste zu führen.

Mose musste achtzig Jahre alt werden, bis er von Gott gerufen wurde. Diese Begegnung mit Gott geschah in aller Abgeschiedenheit auf dem Berg Horeb, wo Gott aus einem brennenden Dornbusch zu ihm sprach. Der Busch brannte zwar, wurde aber nicht verzehrt, und weil Gott hier gegenwärtig war, musste Mose aus Ehrerbietung seine Schuhe ausziehen (dieser Brauch wird in den islamischen Moscheen sowie im Heiligtum der Samariter auf dem Garizim noch heute gepflegt). Gott stellte sich vor als der Gott seiner Väter, der treu zu den Verheißungen steht, die er den Vätern gab, und erbarmte sich über sein Volk, das er hier zum ersten Mal »mein Volk« nannte. Mose musste erst noch lernen, bereit zu sein und sich als Instrument in Gottes Hand gebrauchen zu lassen, um das Volk aus Ägypten zu führen. Aber Mose war nicht sofort bereit, den göttlichen Auftrag anzunehmen und brachte immer wieder Einwände gegen diesen Auftrag. Viermal antwortete Gott ihm geduldig, doch beim fünften Einwand wurde Gott zornig mit ihm: Gott machte nun Moses Bruder Aaron zu dessen Wortführer. Der neue Name für Gott war Jahwe, der ewig Seiende, Unveränderliche. Mose kehrte nun mit seiner Familie nach Ägypten zurück und begegnete nach vielen Jahren seinem Bruder Aaron und erzählte ihm, was Gott ihm aufgetragen hatte. Zusammen gingen sie dann zu den Ältesten ihres Volkes und Aaron teilte ihnen Gottes Botschaft von der bevorstehenden Befreiung mit. Wie Gott Mose am Horeb aufgetragen hatte, wirkte er dann als Beweis für ihren göttlichen Auftrag zwei Zeichen: der Stab, der zur Schlange, und die Hand, die aussätzig wurde. Dadurch wurden Mose und Aaron als Führer des Volkes akzeptiert und das Volk beugte sich gerührt und voller Dankbarkeit vor Gott nieder.

Während der Zeit Mose war die Macht des Pharaos unter den zeitgenössischen Nationen unübertroffen. Zeitweilig reichte sein Einflussgebiet bis zum Euphrat. Das Auftreten Moses am Hof des Pharaos und seine Forderung, das Volk Israel freizulassen, stellte denn auch eine Herausforderung des mächtigsten Mannes der damals bekannten Welt dar. Aaron und Mose traten vor den Pharao und brachten Gottes Forderung zum Ausdruck: »Lass mein Volk ziehen.« Das wiederholten sie insgesamt siebenmal. Da Mose am Hofe des Pharao aufwuchs und erzogen wurde, ist es nicht unwahrscheinlich, dass der herrschende Pharao Mose sogar persönlich kannte. Dadurch wurde seine Mission natürlich noch schwieriger, und die Reaktion des Pharaos etwas verständlicher. Denn Pharaos erste Reaktion bestand darin, dass er die Lasten des Volkes noch mehr erschwerte, wodurch der Glaube des Volkes auf eine harte Probe gestellt wurde. In der Anfangsphase des Auftrages musste Gott Mose immer wieder aufrichten und motivieren, seinen Auftrag zu wiederholen. Doch die Wunderzeichen des Schlangenstabes und der aussätzigen Hand machten auf den Pharao keinen Eindruck und wurden sogar von seinen okkulten Magiern imitiert.

Die Antwort Gottes ließ nicht lange auf sich warten, denn er brachte daraufhin zehn schreckliche Plagen über Ägypten. Mit diesen Plagen verfolgte Gott zwei Ziele: das Zerbrechen der Macht Ägyptens sowie eine Demonstration der Macht Gottes über die falschen Götter Ägyptens, die diesen Plagen hilflos gegenüber standen.

1. »Die erste Plage betraf den Nil, der ja zum Grab für Israels männliche Säuglinge geworden war. Der Nil wurde von den Ägyptern verehrt als ›Hapi‹, der Lebensspender, oder als ›Osiris‹, der Fruchtbarkeitsgott.

2. Der Frosch wurde verehrt als ein Symbol für ›Hekt‹, die Göttin Hathor.

3. Die Mücken und Stechfliegen waren ein Schlag ins Gesicht der ›Isis‹, der Frau des Osiris, und Hathor, Ägyptens wichtigster Göttin, dargestellt als Rind.

5. Die Viehpest und die Geschwüre waren gegen ›Ptah‹ (oder Apis) gerichtet, dargestellt als Stier, und gegen andere Götter, dargestellt als Rind, Widder, Ziege etc.

7. Die Ägypter sahen hinter jeder Naturerscheinung eine Gottheit, demnach auch hinter diesem seltsamen und dazu noch sehr schweren Hagel. Doch Jahwe ist auch der Gott des Himmels. Kann dieser Hagel gar ein Meteoritenregen gewesen sein?

8. Die Heuschreckenplage richtete sich gegen den Gott ›Serapis‹, den Beschützergott gegen Heuschrecken. Der Schirokko kann schwarmweise Heuschrecken mit sich führen.

9. Die Finsternisplage (die Chamsin, ein blind machender Sandsturm?) war ein Schlag ins Gesicht des Sonnengottes Ra (oder Re), der auch dem Pharao göttliche Herrlichkeit und Autorität verlieh.« [10]

Direkt nach der neunten Plage kündigte Mose die zehnte Plage an: Jedes erstgeborene Wesen, vom Tier bis zum Menschen, würde um Mitternacht erschlagen. Da auch die erstgeborenen Israeliten von Natur aus sündig waren, ging diese Plage im Gegensatz zu den vorherigen neun Plagen nicht ohne Weiteres an Israel vorbei. Sie wurden nur aufgrund des Blutes des Passahlammes gerettet, das unschuldig an ihrer Stelle starb. War das Blut des Lammes am Türpfosten ihres Hauses angebracht, ging der Engel des Verderbens mit dem Urteil vorüber (Passah = »vorübergehen«). Das Passah war ein Schatten der größten Opfertat aller Zeiten, der Kreuzigung von Jesus Christus auf Golgatha. Auch Jesus Christus starb als unschuldiges und sündloses »Lamm« für uns alle, damit wir uns hinter seinem Blut bergen können. Während der drei Tage tiefer Finsternis hatten die Israeliten Licht in ihren Wohnstätten, und am dritten Tag schlachtete jede Familie das Passahlamm, aß es und brachte das Blut an den Türpfosten an. In allen Häusern Ägyptens gab es ein großes Wehklagen. Nun erhielten die Israeliten vom Pharao endlich die Erlaubnis, Ägypten zu verlassen, denn auch der Erstgeborene des Pharaos wurde vom HERRN erschlagen. Da stand der Pharao in der Nacht auf und rief Mose und Aaron zu sich und teilte ihnen Folgendes mit: »*Macht euch auf, zieht weg aus der Mitte meines Volkes, sowohl ihr als auch die Söhne Israel, und geht hin, dient dem HERRN, wie ihr gesagt habt! Auch eure Schafe und Rinder nehmt mit, wie ihr gesagt habt, und geht hin und segnet auch mich*« (2Mo 12,31.32). Die abschließenden Worte des Pharaos sind sehr erstaunlich: Erstens sagte er, dass sie hingehen und dem HERRN dienen sollen, und zweitens bat er Mose und Aaron, auch ihn, den Pharao, zu segnen. Vielleicht erhielt er in dieser Zeit der Plagen eine Ahnung von Gott, dem allmächtigen Schöpfer!

5.1.8 Der Exodus

Die Zeit des Aufenthaltes des Volkes Israel in Ägypten wird in der Bibel mit 430 Jahren angegeben (2Mo 12,40ff, Anm. 3, Anhang B1). Weil wir gleichzeitig wissen, dass der Auszug aus Ägypten 480 Jahre vor dem Beginn des Tempelbaus unter Salomo stattfand (1Kön 6,1), kann die Jahreszahl für den Auszug auf etwa 1491 v.Chr. festgesetzt werden. Dieses Datum wurde aufgrund der biblischen Chronologie festgesetzt:

	Mittelreich (11. – 13. Dyn.)	**Zwischenperiode** (14. – 17. Dyn.)	**Neues Reich** (ab 18. Dyn.)
Herkömmliche Chron.:	bis 1786 v.Chr.	ca. 1786 – 1575	ab ca. 1575
Revidierte Chron.:	bis 1450 v.Chr.	ca. 1450 – 1000	ab ca. 1000
Biblische Chron.:	bis 1491 v.Chr.	ca. 1491 – 1085	ab ca. 1085

Bei dieser Festlegung des Datums fällt der Exodus zusammen mit dem Zusammenbruch des so genannten Mittelreiches. »Der Papyrus Ipoewer beschreibt die sozialen Folgen der großen Plagen: Verwüstungen, überall

Blut, Feuer vom Himmel, Viehplagen, tiefe Finsternis und Erdbeben; Flucht eines armen Sklavenvolkes; Untergang des Pharaos unter mysteriösen Umständen sowie Einfall von Plünderern. Dieser Papyrus muss gegen Ende des Mittelreiches oder anfangs des Hyksos-Reiches (Zwischenperiode) datiert werden. Die Hyksos sind dann die einfallenden Plünderer. Der Eremitage-Papyrus beschreibt eine Katastrophe in Ägypten, in der das Land durch eindringende Asiaten unterzugehen drohte, die dann ihrerseits von Ameny (= Amenophis, einem der ersten Pharaonen des neuen Reiches?) vertrieben wurden. In El-Arisj wird auf einem Schrein berichtet, dass zu Zeiten des Pharaos Thom oder Thum große Katastrophen und tiefe Finsternis in der Residenz vorkamen. Der Pharao zog mit seinem Heer in den Kampf und erreichte Pi-Charoti. In der Zwischenzeit kamen Eindringlinge, die Amu, unter der Führung von Apopi ins Land. Der Pharao ertrank in einem Strudel, und die Eindringlinge eroberten das Land und die Residenz. Bei dieser Geschichte denken wir sofort an Pithom (= Wohnung des Thom), eine der von den Israeliten gebauten Vorratsstädte. Der Name Thom erinnert uns auch an Timaios oder Tutimaios (Dudumes bzw. Dedumose), einen Pharao, in dessen Zeit, dem ägyptischen Schreiber Manetho zufolge, ein Urteil vom Himmel auf Ägypten fiel, kurz bevor die Hyksos (das sind die Amu) ins Land drangen (siehe Anm. 4, Anhang B1, Einfügung vom Autor). Der Name Pi-Charoti ist der gleiche wie Pihachiroth, nach 2. Mose 14,9 ein Ort nahe beim Schilfmeer.« [11] Dies kann der Ort des Strudels sein bzw. der Ort, an dem das Volk Israel das Schilfmeer passierte und das Heer des Pharao beim Durchschreiten der geteilten Wasser unterging. Das Land Ägypten lag zerstört am Boden, die großen Plagen hatten das Volk ausgemergelt und das gesamte Heer ging im Schilfmeer unter. Für ein eindringendes Volk war es nun ein leichtes Spiel, dieses Land zu erobern.

Aus dem Ipoewer-Papyrus erfahren wir weiter, dass fremde Plünderer nach den Katastrophen das Land eroberten. Im Eremitage-Papyrus ist die Rede von Asiaten, die ins Land eindrangen aber später wieder vertrieben werden konnten. Auf dem Schrein von El-Arisj werden die einfallenden Plünderer »Amu« genannt. Und schlussendlich wird in der Heiligen Schrift berichtet, wie die Israeliten in der Wüste den Amalekitern begegneten. Diese alten Dokumente belegen auf eindrückliche Weise, dass die Hyksos oder Amu mit den Amalekitern identisch sein müssen (siehe Anm. 5 Anhang B1). Nach Manetho sind die Hyksos Araber. Aus Quellen von arabischen Historikern können wir zudem entnehmen, dass die Amalekiter lange Zeit in Arabien regierten. Eine Zeit großer Plagen veranlasste sie, das Land zu verlassen, und sie zogen zum Roten Meer und überfielen Ägypten. Nach Meinung dieser Historiker saßen deshalb während langer Zeit Pharaonen amalekitischer Herkunft auf dem ägyptischen Thron. Dies ist denn auch die Erklärung dafür, dass Amalek um das Jahr 1400 v.Chr. »erstes der Völker« genannt werden konnte. Außerdem erfahren wir aus der Bibel, dass Amalek Niederlassungen in Palästina hatte und dass Amalek der größte Feind Israels wurde. In der Bibel werden nur zwei amalekitische Könige genannt, Agag oder Agog zur Zeit der Wüstenreise und Agog zur Zeit Sauls. Diese Könige könnten aber ebensogut auch Apop geheißen haben. Auf dem Schrein von El-Arisj wird uns berichtet, dass der Führer der Amu Apopi hieß. Im Weiteren wissen wir, dass der erste Pharao des Hyksos-Reiches Apop I. hieß und der zweite »Agog« dann Apop II. war, der letzte Herrscher des Hyksosreiches. Diese Pharaonen werden auch Ogyges genannt.

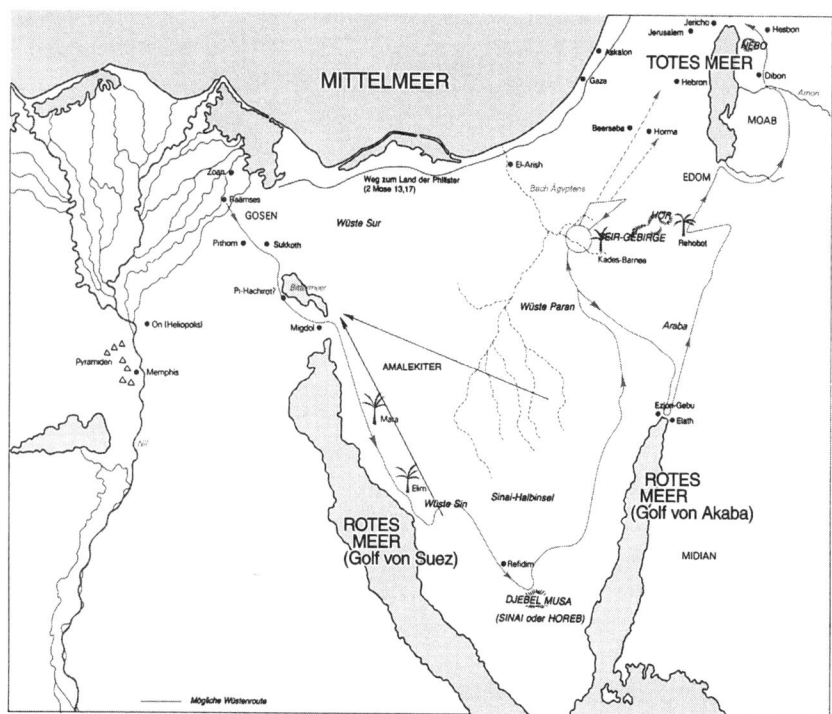

Abbildung 5.3: Auf dieser Karte von Ägypten und dem Sinai-Gebiet ist die Route eingezeichnet, auf der das Volk Israel durch die Wüste wanderte. Das Volk Israel begegnete bei seinem Auszug den Amalekitern, einem arabischen Volk, das in der Folge der Katastrophen, die über das ägyptische Volk niedergingen, Ägypten eroberte.

Von der gesamten Zeit, die die Söhne Jakobs in Ägypten verbrachten, wurde das Volk vielleicht die letzten 80 bis 100 Jahre unterdrückt. Denn in den ersten 80 Jahren lebte Joseph noch, und dann war viel Zeit notwendig, um aus der Familie mit zwölf Söhnen ein großes Volk werden zu lassen. Denn die Unterdrückung begann erst, als die Israeliten so zahlreich waren, dass sie zu einer potenziellen Gefahr für die Ägypter wurden. Aus 2. Mose 37 erfahren wir, dass die Söhne Israels mit 600.000 Mann von Ramses nach Sukkot aufbrachen. Also zählte das Volk Israel mit Frauen und Kindern zusammen mindestens 1,5 Millionen! Nach dieser langen Zeit in der Fremde zog Israel aus Ägypten weg, doch Gott führte es nicht auf dem kürzesten Weg nach Kanaan, dem Weg durch das Land der Philister, sondern durch das Schilfmeer, um das Volk Israel nun wirklich radikal von den Ägyptern zu erlösen. Gott zog mit ihnen in einer Wolkensäule am Tag und einer Feuersäule in der Nacht als Zeichen seiner göttlichen Führung und seines Schutzes. Das Meer teilte sich auf Geheiß Moses und das Volk Israel zog trockenen Fußes durch das Meer, während die sie verfolgenden Feinde, das gesamte Heer der Ägypter mitsamt seinem Pharao, im Meer umkamen. Für Ägypten begann nun eine lange Zeit der Unterdrückung durch die einfallenden Plünderer, Hyksos bzw. Amalekiter, und diese Zeit dauerte etwa so lange wie der Aufenthalt der Israeliten in Ägypten! Damit konnte sich das Volk Israel in Palästina niederlassen und brauchte sich vor der einstigen Weltmacht Ägypten die nächsten Jahrhunderte nicht mehr zu fürchten.

5.1.9 Die Wüstenwanderung [12]

Drei Monate nach seinem Auszug erreichte Israel den Berg Sinai, an dessen Fuß es elf Monate verweilte. Der Djebel Musa im Süden des Sinaigebietes wird traditionell identifiziert mit dem Berg Horeb, dem Berg Sinai, an dem Gott durch Mose dem Volk seine Gesetze gab. Mose stieg auf den Berg Horeb, und im Zwiegespräch mit Gott bestätigte Gott in seiner großen Gnade den Bund mit seinem Volk unter der Bedingung, dass das Volk den herrlichen Bund in Ehren hält. Aufgrund der teilweise bitteren Erfahrungen aus der Vergangenheit hätte das Volk die Lektion lernen sollen, dass alles von der Gnade Gottes abhängig ist. Dort oben auf dem Berg, gab ihnen Gott auch die Zehn Gebote und die Gesetze. Diese zeigen gerade durch ihre vielen negativen Formulierungen wie »Du sollst nicht ...«, das wahre Wesen des Menschen auf und zeigen auch den Weg, wie seinem entfesselten Wesen Einhalt geboten werden kann. Anschließend kletterte Mose aufs Neue auf den Berg und nahm weitere Gesetzesvorschriften in Empfang. In diesen werden die Zehn Gebote bis ins kleinste Detail ausgelegt und ausgearbeitet. Dieser neue Bund zwischen Gott und seinem Volk wurde dann abschließend mit Schlachtopfern besiegelt. Die Haushaltung der Verheißung (seit Abraham) ging hier zu Ende und fand ihre Fortsetzung in der Haushaltung des Gesetzes mit Strafe, Urteil und Opfer. Hier, am Anfang des neuen Bundes mit Gott, hätte das Volk die einmalige Chance gehabt, sich in allem ganz alleine Gottes Gnade zu unterstellen, aber dieser unendlichen Freiheit in Gott zogen sie das harte und einschränkende Leben unter dem Joch des Gesetzes vor.

Die »Härte« dieser Gesetze war notwendig, um unter einem Volk in der Größe von mindestens 1,5 Millionen Menschen während der Wüstenwanderung einigermaßen Ordnung halten zu können. Vergehen gegen die Menschen und gegen das Volk mussten deshalb mit aller Härte geahndet werden, anders wäre das Überleben in der Wüste nicht möglich gewesen. Auch mit der Todesstrafe haben wir »moderne« Menschen unsere Mühe, aber wir vergessen dabei, dass sogar ein so modernes Land wie die USA noch heute die Todesstrafe praktiziert und nicht daran denkt, diese abzuschaffen. Damals war es auch an der Tagesordnung, Leibeigene als Sklaven zu besitzen, mit ihnen zu handeln wie mit Ware und Vieh – ja, das Ansehen und der Reichtum wurde oft auch an der Anzahl der Leibeigenen gemessen! Das ist uns heute völlig fremd, aber es ist noch gar nicht so lange her, dass die Sklaverei in den USA offiziell abgeschafft wurde, und vor 3400 Jahren war sie völlig normal. Im Gesetz Gottes lesen wir jedoch von einer Humanisierung des Leibeigentums, von den Möglichkeiten, sich freizukaufen, und vor allem auch von dem Gesetz, nach Ablauf von sieben mal sieben Jahren, im so genannten Jubeljahr, immer im 50. Jahr, die Freilassung aller Leibeigenen auszurufen (3Mo 25,10). Das Sabbatjahr besagt, dass alle sieben Jahre für das ganze Land, für das Feld, für den Weinberg und für die Bäume des Feldes ein Sabbatjahr sein soll. Für das Nichteinhalten der Sabbatjahre wurde den Menschen die Verbannung aus dem Land angedroht und das Land würde in dieser Zeit veröden und seine Sabbatjahre auf diese Weise ersetzt bekommen (3Mo 26,35). Diese Ankündigung wurde viele Jahrhunderte später Wirklichkeit, als das Land durch den babylonischen König Nebukadnezar erobert und das Volk in die babylonische Verbannung verschleppt wurde.

Mose erkletterte wiederum den Berg und blieb nun ganze vierzig Tage und Nächte bei Gott. Als Erstes gab ihm Gott die genaue Beschreibung des Heiligtums, das Mose für Gott bauen sollte; dieses Heiligtum wurde auch »Stiftshütte« genannt. Es bildete von da an den Mittelpunkt des israelitischen Gottesdienstes und zwar nicht nur während der ganzen Wüstenreise, sondern auch später bis zum Tempelbau unter Salomo. Diese Stiftshütte war an erster Stelle die Wohnung Gottes auf Erden, denn Gott ließ dieses Haus auf Erden bauen, um bei den Menschen zu wohnen. Es war weiter der Weg, auf dem der Israelit sich dem heiligen Gott nähern konnte. Dazu wies Gott eine Priesterschaft an, die als Mittler zwischen ihm und den Menschen auftrat: Aaron wurde zum Hohepriester geweiht, ein Verweis auf Christus, den wahren Hohenpriester. Nach vierzig Tagen stieg Mose wieder vom Berg herunter und musste zu seinem Entsetzen feststellen, dass das Volk in seiner langen Abwesenheit den Götzendienst wieder eingeführt hatte. In der gleichen Weise wie in Ägypten, wo man das heilige Rind verehrte, hatten sie sich ein goldenes Kalb gemacht. Sie hatten dieses in ihrer Mitte aufgestellt, feierten eine heidnische Orgie und tanzten um das goldene Kalb herum. Mose trat wütend in ihre Mitte, zerbrach die zwei Steintafeln, auf die Gott die zehn Gebote geschrieben hatte, und zerstörte das goldene Kalb. Die weitere Wüstenreise kann aufgrund des 4. Buches Mose entsprechend der Aufenthaltsorte Israels in folgende drei Teile gegliedert werden:

1. Israel am Sinai (4Mo 1 – 10,10)

2. Israel in der Wüste (4Mo 10,11 – 21,20)

3. Israel in den Feldern Moabs (4Mo 21,20 – 36,13)

Nach dem Auszug aus Ägypten verweilte das Volk gut ein Jahr am Sinai. Die Stämme Israels wurden in einer bestimmten Anordnung um die Stiftshütte gelagert. Alle Männer des Stammes Levi wurden gemustert, um den Priestern beim Gottesdienst zur Hand zu gehen. Gut ein Jahr nach dem Auszug aus Ägypten zog das Volk vom Berg Sinai weiter bis zur Landesgrenze zum Gelobten Land. Israel zog unter vielen Klagen über die schlechten Umstände weiter, und sie reisten nicht mehr unter der Gnade Gottes, sondern unter dem Gesetz. Das Murren des Volkes brachte nun immer wieder Gottes Gericht über sie. An der Grenze wurde das Gelobte Land von zwölf Spionen ausgekundschaftet. Bis auf Josua und Kaleb kamen alle mit einem sehr negativen Bericht und einem totalen Mangel an Gottvertrauen zurück, was sie das eigene Leben kostete. Aufgrund dieser Geschehnisse wurde das Volk Israel verurteilt, vierzig Jahre durch die Wüste irren zu müssen, bis alle Erwachsenen gestorben waren. Nach erneutem Murren wurden die Israeliten von feurigen Schlangen gebissen, aber indem sie einen Blick auf die Kupferschlange, die Mose aufrichten ließ, warfen, wurden sie geheilt. Auch das ist wieder ein Typus auf das Kreuz von Jesus Christus; indem wir zu ihm aufschauen, werden wir geheilt.

Schließlich kam das Volk in den Feldern Moabs an, wo es auf die Besitznahme des Gelobten Landes vorbereitet wurde. Dabei kam es schon bald mit den umliegenden Völkern in Kontakt. Bei den anschließenden Kämpfen schlugen die Israeliten Sihon, den König der Amoriter, und Og, den König von Basan. Aufgrund dieser Ereignisse bekam es Balak, der König von Moab, mit der Angst zu tun. Er rief den Magier Bileam zu Hilfe und beauftragte ihn damit, Israel zu verfluchen. Trotz Gottes Verbot versuchte Bileam, Israel zu verfluchen, aber Gott gebrauchte seine Zunge, um ihn Segnungen mit einem prophetischen Inhalt aussprechen zu lassen. Wenn auch nicht durch Beschwörungsmagien, so wurde Israel trotzdem von Bileam beeinflusst, und zwar durch die Verführung zu Götzendienst und Hurerei mit Midian. Diese Verführung, der Israel erlag, brachte Gottes Zorn über Israel. Nach diesen unschönen Ereignissen, wurden die Vorbereitungen für die Eroberung des Gelobten Landes getroffen. In diesem Zusammenhang wurde auch das Erbrecht für Frauen geregelt. Da Mose das Gelobte Land aufgrund seiner Sünde in 4. Mose 20 nicht betreten durfte, ernannte er Josua zu seinem Nachfolger. Das Land Midian wurde wegen seiner Verführung zur Hurerei bestraft, und das Land östlich des Jordan, das im Kampf gegen Sihon und Og erobert worden war, wurde als erstes Gebiet zum neuen Stammesgebiet des Volkes. Mit einem Rückblick über die Wüstenreise, einer Andeutung der Grenzen des Gelobten Landes und mit Regeln für die Verteilung des Landes, endet das 4. Buch Mose.

5.2 Das Gelobte Land

5.2.1 Das fünfte Buch Mose

Die vierzigjährige Wüstenwanderung näherte sich dem Ende zu, und das Volk Israel lagerte in den Feldern Moab in der Erwartung, das Gelobte Land endlich in Besitz nehmen zu können. Die Generation des Auszugs aus Ägypten war gestorben, und auch Mose selbst durfte das Gelobte Land nicht betreten. Seine letzte große Aufgabe bestand nun darin, sein Volk auf die Eroberung des Gelobten Landes vorzubereiten. Mose sprach nun in verschiedenen Ansprachen zu seinem Volk.

»Erste Rede Moses (5Mo 1 – 4): Mose gab einen ausführlichen Bericht über die Wüstenreise, sprach vom Versagen Israels und von der Gnade Gottes und zog daraus seine Schlussfolgerungen: Israel würde gesegnet bleiben, wenn es sich an Gottes Gesetz hielt.

Zweite Rede Moses (5Mo 5 – 26): Mose verwies auf das Gesetz und wiederholte die Zehn Gebote und nannte sich selbst Mittler dieses Bundes. Wenn das Volk das gute Land genießen wollte, dann solle es Gott lieben, indem es das Land von den gottlosen Feinden reinigt. Er wies hin auf einen wahren Ort für den Gottesdienst im Land, den das Volk später in der Stadt Jerusalem fand. Das Sabbatjahr müsse Barmherzigkeit gegen den armen Mitmenschen bedeuten, doch das Höchste sei der Teil, der Gott zusteht: Alle Erstlinge seien Gott geweiht und alle Männer hätten während der drei jährlichen heiligen Feste (Passah-, Pfingst- und Laubhüttenfest) vor Gott zu erscheinen.

Dritte Rede Moses (5Mo 27 u. 28): Mose gebot dem Volk bei seiner Ankunft in Kanaan, den Segen auszusprechen über den, der das Gesetz hält,
und Fluch über den, der es bricht. Auch über das Volk als Ganzes sprach
Mose, wie man unter der Regierung Gottes dessen Segen spüren würde,
doch auch, was geschehen würde, wenn man sich nicht an Gottes Gesetze
hielt.

Vierte Rede Moses (5Mo 29 u. 30): Israel hatte den Sinaibund gebrochen und konnte darum nicht auf diesem Fundament ins Land ziehen. Doch
durch Gottes Gnade durfte Mose den Bund mit Israel erneuern.

Fünfte Rede Moses (5Mo 31 – 34): Mose wies Josua als seinen Nachfolger an und schrieb das Gesetz in ein Buch.« [13]

Am Schluss von 5. Mose wird der Tod Moses beschrieben. Dieser Anhang wurde wahrscheinlich von Josua geschrieben. Mit Moses Tod ging
die Epoche des Exodus und der Wüstenreise endgültig zu Ende. Der größte
Führer von Israel war gestorben. Er sprach mit Gott von Angesicht zu Angesicht, so groß war er. Und trotzdem wusste Mose ganz genau, dass nach
ihm der einzig wahre Prophet, der Messias, noch kommen musste. »*Einen
Propheten wie mich wird dir der HERR, dein Gott, aus deiner Mitte aus erstehen lassen. Auf ihn sollt ihr hören*« (5Mo 18,15).

Vor den mosaischen Gesetzen steht die Schöpfungsordnung Gottes, die
sich in der Geschichte der Menschheit bis heute als die heilsamste Ordnung
für den Menschen herausgestellt hat. Während der Französischen Revolution wurde das Christentum durch die Verehrung der »Göttin der Vernunft« ersetzt. Auch die Woche wurde abgeschafft und durch die Dekade,
eine Periode von zehn Tagen, ersetzt. Am 1. Januar 1806 wurde zur Zeit
Napoleons die Woche wieder eingeführt. Diese Einteilung der Woche in
sieben Tage gründet sich auf die Gesetze und Gebote, die Gott damals am
Sinai Mose übergab. Mose hatte sich nicht bei den »medizinischen Wissenschaften« seiner Zeit Rat geholt, mit ihren vielen unsinnigen Heilmitteln
und Methoden, sondern er erhielt die Gebote und Gesetze vom allwissen-
den und liebenden Gott und zeichnete diese heilsamen Vorschriften Gottes
auf. Mit dem Isolationsgesetz beugten die Israeliten der Verbreitung von
Lepra und Pest vor (3Mo 13,46) und mit dem hygienischen Gebot der von
Cholera, Typhus und Ruhr (5Mo 23,12ff). Das Verbot, tierische Fette zu
essen, half bei der Vorbeugung von Schlaganfall, Herzinfarkt und anderen
Krankheiten. Sogar die Beschneidung hat, neben dem Zeichen des Bundes,
auch eine medizinische Bedeutung: Sie verringert innerhalb der Ehe die
Wahrscheinlichkeit von Gebärmutterkrebs.

Im alten Israel waren bleibende Schuldverhältnisse ausgeschlossen und gleichzeitig war der Privatbesitz gewährleistet. Das erhebt die Ökonomie Gottes über den heutigen Konflikt zwischen Kapitalismus und Kommunismus. So war es nicht möglich, Großgrundbesitz zu bilden, denn wenn der Besitz aufgrund einer Notlage verkauft werden musste, konnte er von einem Verwandten zurückerworben werden. Wurde es nicht von einem Verwandten eingelöst, fiel es nach Ablauf von 49 Jahren ohnehin in die Hände des ursprünglichen Besitzers zurück. Alle Arbeitsverhältnisse mussten nach sieben Jahren beendet werden, und der Knecht erhielt eine Abfindung. Musste sich ein Mensch als Folge von Krankheit, Unfall oder Missernte verschulden, konnten die Schulden leichter zurückbezahlt werden, weil die Forderung von Zinsen von in Not Geratenen verboten war. Die Gesetze, die Gott den Israeliten gab, wären »Gesetze zum Leben« gewesen, wenn sich die Israeliten nach ihnen gerichtet hätten. Wie wir aber in der folgenden Geschichte Israels ersehen können, waren sie dazu nicht fähig.

5.2.2 Die Kanaaniter

»Der Priester hebt seine Hand. Es herrscht Totenstille. Eine Fackel wird gebracht und der Scheiterhaufen angezündet. Schon bald wird die Ruhe vom Geschrei eines armen Jungen zerrissen, der, an Händen und Füßen gefesselt, auf dem Scheiterhaufen steht. Die Menge der Zuschauer bleibt ungerührt: das Opfer ist notwendig, um die Fruchtbarkeitsgöttin zufrieden zu stellen. Darum darf der Vater, der so edelmütig seinen Sohn geopfert hat, den verborgenen Schmerz um sein Kind verdrängen, indem er mit der vornehmsten, geweihten Tempelprostituierten Geschlechtsverkehr hat. Das soll sogar so sein, es gehört mit zur Zeremonie. Es dauert nicht lange, bis die ganze Gemeinde sich in lästerliche Unzucht, in Tänze, Geschrei und massenhafte sexuelle Spiele einlässt. Das alles gehört mit zum Kult Baals, Astartes und Molochs: Götter der Amoriter und Kanaaniter.« [14] Es gibt einige Hinweise darauf, dass wir den Ursprung des Fegefeuers der katholischen Kirche in den gleichen Quellen finden, wie die verschiedenen Rituale im Zusammenhang mit der Verehrung des Moloch. Die Vorstellung, dass Feuer zur Reinigung von Sünde notwendig sei, finden wir in den Religionen vieler Völker.

Gott verbot den Israeliten immer wieder »dem Moloch durch das Feuer gehen zu lassen«. Dieser Götze wird von einigen Forschern mit »Baal« gleichgesetzt, den wir in einem früheren Abschnitt mit dem biblischen Nimrod identifiziert haben. Dieser Götze wurde mit Menschenopfern, Reinigungsübungen, mit Verstümmelungen, durch Zölibats- und Jungfrauenschaftsgelübde verehrt. In manchen Statuen des Moloch brannte ein Feuer, welches die Opfer verzehrte, die in seine Arme gelegt wurden. Ein heidnischer Priester nahm das Baby und opferte es dem Moloch, indem er das Kind in die Arme des Götzen legte. Wollten die Eltern das Kind nicht hergeben, wurde laut getrommelt, um die Schreie zu übertönen. Das Wort für »Trommeln« heißt »tophim«, vom dem das Wort »Tophet« stammt, der Ort, der in Versen wie Jeremia 7,31 erwähnt wird: *»Und sie haben die Höhen des Tofet gebaut, ... um ihre Söhne und Töchter im Feuer zu verbrennen«.*

Abbildung 5.4: Der Moloch, den einige mit dem Götzen Bel oder Nimrod gleichsetzen, wurde insbesondere von den Völkern Kanaans verehrt. Das geschah durch Menschenopfer, Reinigungsübungen, Verstümmelungen, durch Zölibats- und Jungfrauenschaftsgelübde und insbesondere, wie hier im Bild, mit der Opferung des Erstgeborenen!

Während man Trommelwirbel, Musik und die Gesänge der Priester hörte, wurden die Menschenopfer von den Flammen verschlungen. [15] In vielen Publikationen über die Landnahme werden die Israeliten und damit auch Gott selber, als »blutrünstige« Monster dargestellt, weil sie von Gott beauftragt wurden, die ursprüngliche Bevölkerung auszurotten. Wenn wir uns aber all die Greuel und die Verdorbenheit dieser Völker vor Augen halten, war diese Ausrottung durchaus notwendig, einerseits als Strafe für ihre

Greueltaten und anderseits, um nicht von ihren Greueln infiziert zu werden. Diese Völker hatten lange genug Zeit gehabt, zu Gott umzukehren.

5.2.3 Die Landnahme

Der Auszug aus Ägypten fand etwa um das Jahr 1491 v.Chr. statt, und die Wüstenreise dauerte vierzig Jahre. Den Einzug in Kanaan können wir somit in das Jahr 1451 v.Chr. datieren, nach den neuesten Erkenntnissen der Archäologie Palästinas muss das das Ende der so genannten Mittel-Bronze-Zeit gewesen sein (Anm. 6, Anhang B1). Auch diese Datierung beruht wieder auf der revidierten Chronologie, die wie folgt zusammengefasst werden kann:

	herkömmlich	revidiert
Mittel-Bronze	bis 1550 v.Chr.	bis 1400 v.Chr.
Spät-Bronze I	1550 – 1400	1400 – 950
Spät-Bronze IIa	1400 – 1300	950 – 800
Spät-Bronze IIb	1300 – 1200	800 – 730/700
Eisen I	1200 – 1000	730/700 – 610
Eisen II	1000 – 586	610 – 586

»In der revidierten Chronologie von Ägypten und Palästina stimmt Spät-Bronze I in etwa überein mit der Hyksosperiode in Ägypten, Spät-Bronze IIb endet etwa mit dem Fall des israelitischen Nordreiches und Eisen II mit dem Fall Jerusalems im Jahr 586 v.Chr.« [16] Ab diesem Datum befindet sich die herkömmliche Chronologie in Übereinstimmung mit der revidierten Chronologie. Gegen Ende der Mittel-Bronze-Periode war Jericho, die erste Stadt, die von den Israeliten erobert wurde, eine große befestigte Stadt. Die zwölf Kundschafter müssen vierzig Jahre früher sehr beeindruckt gewesen sein von dieser befestigten Stadt, denn sie hatte am Fuß eine etwa fünf Meter hohe Schutzmauer und war rundherum von einem Hügel aus Lehm und einer dicken Pflasterschicht umgeben. Die Stadtmauer stand oben auf dem Hügel und war etwa elf Meter hoch. Wie Ausgrabungen gezeigt haben, wurde die Stadt damals durch Feuer verwüstet, dies ist wohl die Zerstörung unter Josua gewesen.

Das Volk der Israeliten überquerte den Jordan, alle Priester mit der Bundeslade voran (Jos 1-8). Gott hielt das Wasser des Jordan zurück, sodass das Volk trockenen Fußes hindurch ziehen konnte. Dort, auf der anderen Seite des Jordan, in Gilgal (= Abwälzung), wurde die Schmach Ägyptens abgewälzt. Weil die Beschneidung seit Ägypten nicht mehr durchgeführt wurde, mussten nun alle Männer beschnitten werden und anschließend wurde das Passahfest gefeiert. Da zu dieser Zeit auch das tägliche Manna ausblieb, durfte das Volk nun zum ersten Mal von den Früchten des Landes essen. Die Eroberung des Landes geschah nicht durch die Kraft des Volkes, sondern durch den Fürst über das »Heer des HERRN«. Bei diesem Fürsten muss es sich zweifellos um den Sohn Gottes persönlich handeln. In einem ersten Schritt wurden die Städte Jericho und Ai erobert. Hier wird uns sehr schön demonstriert, wie alles von der Kraft Gottes und dem Glauben des Volkes abhing.Das Volk musste die Stadt nicht erobern, sondern lediglich sechs Tage hintereinander einmal um die Stadt ziehen und am siebten Tag siebenmal. Nach dem Erschallen der Posaunen stürzten die Mauern von Jericho ein und die gottlose Stadt konnte erobert und verbrannt werden. Achan vergriff sich an dem, was mit dem Bann belegt war, und erst, nachdem Achan vor Gericht gestellt worden war, war Jahwe wieder mit ihnen und die Stadt Ai konnte nun erobert werden. Der Weg ins Gelobte Land lag nun offen vor ihnen.

In einem zweiten Schritt wurde das südliche Kanaan erobert (Jos 9 u. 10). Durch einen listigen Bund, den die Einwohner von Gibeon mit Josua schlossen, wurde ihr Leben zwar verschont, aber sie wurden zu Sklaven gemacht. Dieser Bund war ein Dorn im Auge des Königs von Jerusalem, der sich im Gefolge der Könige des Südens gegen Gibeon wandte. Die Israeliten eilten Gibeon zu Hilfe, und in dieser Schlacht wurde der Tag von Gott auf wunderbare Weise verlängert. Dank diesem Eingreifen Gottes besiegten die Israeliten die fünf Könige des Südens und rotteten ihre Feinde aus. In einem dritten Schritt wurde nun das nördliche Kanaan erobert (Jos 11). Alle Könige der nördlichen Landesteile verbündeten sich in der Folge gegen Israel, aber Gott schenkte ihnen den Sieg über ihre Feinde. Dieser Teil endet mit einer Liste aller geschlagener Könige (Jos 12). Diese biblischen Angaben stimmen wiederum genau mit archäologischen Befunden überein. Verschiedene der im Buch Josua genannten Städte wurden identifiziert, wie zum Beispiel Arad, Horma, Hebron, Lachisch, Debir und Hazor. Diese Städte wurden alle am Ende der Mittel-Bronze zerstört.

Als Josua bereits ein beachtliches Alter erreicht hatte, erhielt er von Gott den Befehl, nun endlich das Land unter den Stämmen Israels zu verteilen. Zu dieser Zeit gab es aber noch immer Land, das noch nicht erobert war, namentlich das Land der Philister (Palästinenser), die Israel das Leben denn auch arg schwer machten (Jos 13,1-7). Das Land östlich des Jordan wurde bereits den Stämmen Ruben, Gad und dem halben Stamm Manasse zugewiesen. Die zentral gelegenen Territorien wurden Ephraim und der anderen Hälfte des Stammes Manasse zugewiesen (Jos 16 u. 17). Der Stamm Simeon wurde mitten im Gebiet Judas angesiedelt, Dan und Benjamin erhielten Stammesgebiete zwischen Juda und Ephraim. Später suchten die Daniter ein neues Stammesgebiet und fanden dies im äußersten Norden, wo sie sich niederließen und die Stadt Dan errichteten (Ri 18). Die verbleibenden vier Stämme erhielten ihr Stammesgebiet im Norden, im späteren Galiläa. Wie Mose es angeordnet hatte, wurden in Kanaan drei Freistädte und 48 Levitenstädte angewiesen (Jos 20 u. 21). Gegen Ende seines Lebens hielt Josua eine Rede an sein Volk. In dieser Rede ermahnte er die Stämme eindringlich, sich an die Gesetze Gottes zu halten. Kurz danach starb Josua, und auch das Buch Josua endet mit seinem Tod. Doch die ernsten Mahnungen Josuas wurden schon bald nach seinem Tod vergessen.

5.2.4 Die Richter [17]

Nach der Landnahme und der Verteilung des Landes an die zwölf Stämme folgten nun einige Jahrhunderte, in denen »jeder tat, was ihm gefiel«. Diese Zeit ist im Buch der Richter beschrieben. Es fanden weitere Eroberungen statt, doch ihnen fehlte das notwendige Durchsetzungsvermögen, sodass sich an vielen Orten kanaanitische Stämme niederlassen konnten und es ihnen hier und dort sogar gelang, die Israeliten zurückzudrängen. Der Engel Gottes verließ deshalb Gilgal und ging nach Bochim (=Weinen). Damals, in Gilgal, hatte das Volk von Gott eine deutliche Demonstration erhalten, dass es aus eigener Kraft nichts vermochte und in allem auf die Kraft Gottes angewiesen war, und Israel weinte über den verlorenen Segen (Ri 2,1-5). In dieser Periode sehen wir immer wieder aufs Neue, wie die Israeliten dem gräulichen Götzendienst Baals und Astartes verfielen. Zur Strafe brachte Gott das Volk in der Folge unter eine Fremdherrschaft. Aufgrund der Unterdrückung durch diese Fremdherrschaften musste das Volk immer wieder schmerzhaft lernen, Gott um Hilfe zu bitten. In seiner unendlichen Liebe und Gnade berief Gott dann einen Richter (Erlöser, Volksführer), der das Volk von der Fremdherrschaft befreite und zu Gott zurückführte (Ri 2,6 – 3,6).

Kuschan-Rischathaim, König von Mesopotamien oder Aram, war der erste Fremdherrscher und seine Herrschaft dauerte acht Jahre. Das Volk wurde von Otniel befreit und hatte danach achtzig Jahre Ruhe. Der zweite Fremdherrscher war Eglon, der König von Moab, der Israel achtzehn Jahre unterdrückte. Eglon wurde von Ehud aus dem Stamm Benjamin umgebracht, und die Moabiter wurden geschlagen. Das Land hatte danach achtzig Jahre Ruhe. Der dritte Richter, Schamgar, erlöste Israel von der Fremdherrschaft der Philister, indem er sechshundert Feinde mit einem Ochsenstecken erschlug. Jabin, der König von Kanaan, knechtete das Volk zwanzig Jahre lang. Barak errang den Sieg über Jabins General Sisera mit Hilfe der Prophetin Debora. Debora sang ein herrliches Erlösungslied, und Israel hatte nun vierzig Jahre Ruhe (Ri 4 u. 5). Später kam Israel sieben Jahre unter die Herrschaft von Midian. Der Engel Jahwes berief nun Gideon zum Richter; dieser zerstörte nachts den Altar Baals und das Götzenbild der Aschera in seinem Dorf, und mit nur dreihundert Mann versetzte er das riesige feindliche Heer in Panik und schlug es in die Flucht. Danach hatte das Volk vierzig Jahre Ruhe vor einer erneuten Fremdherrschaft. Abimelech, der Sohn Gideons, brachte nach dessen Tod alle seine Brüder bis auf Jotham um, der als einziger entkam. Danach ließ er sich in Sichem zum König über Israel ausrufen. Am Berg Garizim wurde er durch Jotham mit seiner berühmten Fabel verspottet. Die Regierungszeit Abimelechs dauerte aber nur drei Jahre, denn Gott ließ Uneinigkeit entstehen zwischen Abimelech und Sichem. In der folgenden Auseinandersetzung wurde Sichem von Abimelech erobert und zerstört. Bei der Belagerung von Tebez wurde Abimelech aber von einer Frau getötet, die ihm von der Stadtmauer einen Mühlstein auf den Kopf fallen ließ. Abimelech wurde auf diese Weise für seinen Brudermord bestraft und die Zerstörung Sichems war die Strafe für ihre Mittäterschaft. In Richter 10 bis 12 werden weitere Richter beschrieben, wie Tola und Jair. Danach wurde Israel von den Ammonitern und anderen achtzehn Jahre lang unterdrückt. Dann tat Israel Buße und rief Jeftah, der als Sohn einer Hure ins Ausland hatte flüchten müssen, zu Hilfe. Dieser stellte sich über Gilead auf, einer Gegend auf der östlichen Jordanseite, und besiegte die Ammoniter. Die weiteren Richter waren Ibzan, Elon und Abdon. Nun wurden die Philister zum ersten Mal die großen Herrscher über Israel. Diese Fremdherrschaft währte vierzig Jahre lang. Der Engel Jahwes kündigte Manoach und seiner unfruchtbaren Frau die Geburt eines Sohnes an, der »Nasiräer«, ein Gottgeweihter, werden und Israel von den Philistern befreien sollte. Als der heranwachsende Simson sich jedoch ausgerechnet in eine philistische Frau verliebte, wurde er dadurch in einen immer heftiger werdenden Streit mit den Philistern verwickelt. Schließlich erschlug er tausend Feinde mit einem Eselskinnbacken. In der Folge gelang es der Verführerin Delila, Simson das Geheimnis seiner Kraft zu entlocken, und sie beraubte ihn seiner langen Haare, das Zeichen seiner Nasiräerschaft. Damit verlor Simson seine große Kraft und konnte von den Philistern gefangen genommen und geblendet werden. Einige Zeit später, die Philister feierten in einem Tempel ein großes Opferfest zu Ehren ihres Götzen Dagon, sollte

Simson die Menge amüsieren. Da Simson in der Zwischenzeit seine ganze Kraft zurück erhalten hatte, konnte er den Tempel zum Einsturz bringen und riss dadurch 3000 Philister mit in den Tod (Ri 13 – 16).

Abbildung 5.5: Das Bild oben (a) zeigt den Götzen Dagon auf einer mesopotamischen Skulptur. Dagon wird dabei so dargestellt, dass der Kopf des Fisches eine Mitra über dem Kopf des Götzen formt, während sein Schwanz wie ein Mantel hinten herabhängt, die menschlichen Gliedmaßen und Füße frei lassend. Das Bild links (b) zeigt Papst Paul VI. der seine Mitra trägt.

Gegen Ende des Richterbuches werden zwei weitere Episoden aus dieser Zeit erzählt, die den gottlosen Charakter dieser Zeit illustrieren sollen. In der ersten Episode baute Micha einen Götzentempel. Als Priester wurde der Levit Jonathan, ein Nachkomme Moses, bestimmt. Die Daniter, welche Lajisch eroberten und diese Stadt fortan Dan nannten, nahmen Jonatan und das Götzenbild mit, richteten dieses in Dan auf und machten Jonatan und seine Nachkommen zu Götzenpriestern (Ri 17 u. 18). Die zweite Episode zeigt uns, wie der Stamm Benjamin fast ausgerottet wurde, weil die Nebenfrau eines Leviten von den Einwohnern der Stadt Gibea, die zu Benjamin gehörte, so lange misshandelt wurde, bis sie starb. Ganz Israel wandte sich nun empört in einer Strafaktion gegen Gibea, aber die Benjaminiter stellten sich auf die Seite Gibeas. Nun entbrannte ein aufreibender Bruderkrieg, bei dem die Benjaminiter besiegt und bis auf sechshundert Mann dezimiert wurden. In der Folge verschafften ihnen die Israeliten Frauen, um den Stamm Benjamin nicht ganz aussterben zu lassen (Ri 19-21). Das Buch Richter endet mit folgenden Worten: »*In jenen Tagen war kein König in Israel. Jeder tat, was recht war in seinen Augen*« (Ri 21,25).

5.2.5 Die Philister

Die Philister spielten nicht nur in der Geschichte Israels eine überaus wichtige Rolle, sie spielen diese auch heute noch, denn nach diesem Volk benannte man später ganz Kanaan »Palästina«. Aufgrund dessen hat »Philister« die gleiche Bedeutung wie »Palästinenser«. Wir begegnen diesem Volk bereits im 1. Buch Mose in Kanaan, aber da handelt es sich noch um eine kleine Gesellschaft, die sich um die Stadt Gerar niedergelassen hat. Nachdem sie bei einem Versuch, in Ägypten einzudringen, zurückgedrängt wurden, eroberten sie die Gegend von Gaza von den Awitern. In dieser Gegend werden wir die Philister im Laufe der Geschichte immer wieder antreffen, es ist das Gebiet der »fünf Fürsten der Philister«, nämlich Askalon, Aschdod, Ekron, Gaza und Gat. Ein Fürst, der die Bebauung des umliegenden Landes überwachte, regierte über jede dieser unabhängigen Städte. »Die Philister kamen aus Kaphtor, das man oft mit Kreta, doch heutzutage auch mit Zypern identifiziert hat. Ab der Mittel-Bronze IIc-Periode treffen wir tatsächlich auch zypriotische Kulturäußerungen in der südlichen Küstengegend Kanaans an, die dort von den Philistern hingebracht sein konnten. Es handelt sich hier um zwei zypriotische Grabtypen und um die so genannten bichromen Tonwaren, die in der Spät-Bronze I immer häufiger vorkommen.« [18] Die Philister wetteiferten mit den Phöniziern dauernd um den lukrativen Seehandel. Aber zur Zeit Simsons, Elis, Samuels und Sauls drohten sie, über Israel herzufallen, und waren deshalb der größte Feind Israels. Die Philister waren den Israeliten überlegen und diese Überlegenheit begründete sich darin, dass sie der Eisenherstellung kundig waren. Das ist auch deshalb sehr interessant, weil die genannte »Eisenzeit« offiziell erst einige Jahrhunderte später beginnt. Die Hethiter waren die ersten, die in Kleinasien Eisen schmolzen, und in Palästina wurde dieses Verfahren durch die Philister eingeführt, die dieses Geheimnis aber sorgfältig hüteten, wie aus 1. Samuel 13, 19 deutlich wird: *»Es war aber kein Schmied im ganzen Land Israel zu finden«.* Das bedeutete für die Israeliten, dass sie diesbezüglich völlig abhängig waren von den Philistern. Weder war es ihnen möglich, Schwerter und Speere herzustellen, noch konnten sie ihre landwirtschaftlichen Geräte selber schärfen. Aufgrund dieser großen Abhängigkeit stand Israel in dieser Zeit in ständiger Gefahr, von den Philistern überrannt und als Sklaven unterjocht zu werden. König Saul konnte dem vordringenden Feind zwar einigen Widerstand entgegensetzen, aber die Macht der Philister wurde erst unter König David endgültig gebrochen. Unter König David erlernten die Israeliten das Geheimnis der Eisenverarbeitung, und durch die Eroberung Edoms gewannen sie Zugang zu den Bodenschätzen auf der Halbinsel Sinai. König David begründete in seinem Reich eine solche militärische Überlegenheit, die von den Philistern nie wieder herausgefordert wurde. [19]

5.3 Großreich Israel

5.3.1 Ruth und Samuel [20]

Im Buch Ruth wird uns eine liebliche Geschichte aus der Zeit der Richter erzählt. Das Buch Ruth ist im Weiteren ein Übergang zum ersten Buch Samuel, in dem über die Entstehung des Königtums in Israel berichtet wird. Der größte König der Israeliten war David und dieser David ist ein Urenkel von Ruth. In diesem Buch wird die Geschichte dieser jungen moabitischen Frau erzählt, die durch ihre fromme Schwiegermutter Naomi aus Bethlehem mit dem Gott Israels bekannt gemacht wurde. Ein Verwandter von Naomi, Boas, ein reicher Landbesitzer aus Bethlehem, löste das Erbe von Ruths verstorbenem Mann ein und heiratete sie. Durch diese Heirat mit Boas fand sie Aufnahme in den Stamm Juda und somit in den Stammbaum des Messias.

Das erste Buch Samuel beschreibt uns die letzte Phase der Richterzeit, die beiden letzten Richter waren der Priester Eli und der Levit Samuel, der erste große Prophet in Israel. In der Zeit, in der Eli das Richteramt innehatte, kam die unfruchtbare Hanna, die Frau des Leviten Elkana, in die Stiftshütte zu Silo. Sie erbittete sich dort einen Sohn, und Eli, der zugleich auch Priester war, verhieß ihr die Erhörung ihrer Gebete. Diese wurden kurze Zeit später auch tatsächlich erhört, denn bald darauf wurde Samuel geboren. Kurz nach der Entwöhnung weihte sie ihren Sohn Jahwe und brachte ihn zu Eli. Dort wuchs Samuel als Elis Helfer zu einem Jüngling heran, der Jahwe liebte. Er lebte dort aber in einer schlechten Umgebung, weil Elis Söhne, gottlose Männer waren. Jahwe kündigte Samuel das Urteil über Elis Haus an. Samuel, der das Wort Jahwes dem Volk bekannt machte, wurde allmählich überall als Prophet anerkannt (1 Sam 1-3). Das Samuel angekündigte Urteil über Elis Familie ließ nicht lange auf sich warten. Israel geriet in einen Krieg mit den Philistern, wobei Elis Söhne den Übermut besaßen, die Bundeslade sozusagen als Talisman mit in den Streit zu führen. Elis Söhne fielen jedoch, Israel wurde geschlagen und die Bundeslade eine Beute der Philister. Als Eli diese Nachricht hörte, fiel er tot von seinem Stuhl. Aber die Philister hatten nicht viel Freude mit der Bundeslade, denn das Bild des Götzen Dagon fiel vor ihr in Stücke, und überall, wo die Bundeslade hinkam, brachen Krankheiten aus. Schließlich ließen die Philister die Bundeslade ins Land Israel zurückbringen, und die Bundeslade landete in einem Privathaus in Kirjath-Jearim und verblieb dort zwanzig Jahre.

5.3.2 Das Königtum

In der Folge seufzte und stöhnte das Volk Israel unter dem Joch der Philister. Samuel rief das Volk in Mizpa zusammen, wo es seine Sünden bekannte und gegen die Philister in den Krieg zog, die dann mit Jahwes Hilfe besiegt wurden. Als Samuel alt geworden war, erbat sich das Volk von ihm einen König. Samuel klagte Jahwe sein Leid, und Gott machte ihm klar, dass das Volk Gott als Regenten verworfen hatte, und sagte, dass Samuel dem Wunsch des Volkes stattgeben sollte. Das Volk sollte nun einen König nach ihrem eigenen Herzen erhalten, und Gott berief sich später einen König nach seinem Herzen, nämlich David. Auf der Suche nach entlaufenen Eselinnen seines Vaters kam Saul nach Rama, dem Wohnort Samuels, der ihn zum Opferfest einlud und am nächsten Morgen heimlich zum König salbte. Danach rief Samuel das ganze Volk in Mizpa zusammen und rief Saul, auf den das Los gefallen war, öffentlich zum König aus. Als die Ammoniter Jabesch belagerten, versammelte Saul das Volk und vertrieb den Feind. Der alte Samuel hielt dann eine rührende Abschiedsrede und legte es den Israeliten ans Herz, Jahwe zu dienen und nicht davon zu lassen (1 Sam 8-12).

Bereits im zweiten Jahr seiner Regierung geriet Saul mit den Philistern in Konflikt, weil sein Sohn Jonathan eine von den Philistern eroberte Stadt in Aufruhr brachte. Saul rief das Volk zusammen, doch als der Feind mit einer gewaltigen Heeresmacht aufzog, bekam das Volk Angst. Als Samuel, der das Opfer darbringen sollte, ausblieb und das Volk davonzulaufen begann, brachte Saul das Opfer selbst dar. In diesem Moment erschien Samuel und teilte Saul mit, dass durch diesen Ungehorsam das Königtum von seinem Haus genommen würde. Jonathan und sein Waffenträger erkletterten die Felsenklippen von Michmas, die von den Philistern besetzt waren, schlugen schnell zu und brachten die große Übermacht in große Verwirrung. Nun bekam das ganze Heer wieder Mut, und es bereitete den Philistern eine entscheidende Niederlage. Auf Gottes Geheiß sollte Saul gegen Amalek kämpfen, das durch seinen verräterischen Angriff in der Wüste zu Refidim (2 Mo 17) Israels Erzfeind war. In der Folge besiegte Saul die Amalekiter und eroberte die »Stadt Amaleks«. Er ergriff den amalekitischen König Agag, verschonte ihn aber entgegen Gottes Befehl. Deshalb kündete ihm Samuel zornig an, dass sein Königtum aufgrund dieses Ungehorsams nun endgültig einem besseren Mann übergeben werde. Anschließend tötete Samuel den amalekitischen König. »Die Amalekiter, die identisch sind mit den Hyksos, beherrschten während der ganzen Richterzeit Ägypten (Anm. 7, Anhang B1, Hinzufügung vom Autor). Nach einer ägyptischen Inschrift wurde Ägypten durch die Brüder Kamosis und Amosis von den Hyksos befreit. Der erste bekämpfte Apophis oder Apop (das ist Agag), den König der Hyksos, doch ohne Erfolg. Amosis, der Gründer der achtzehnten Dynastie und erster Pharao des Neuen Reiches, besiegte die Hyksos und nahm die Stadt Awaris ein. Dies kann zusammen mit König Saul geschehen sein, der die ›Stadt Amaleks‹ besetzte. Beide Quellen sehen den Standort für die Stadt in der Nähe des Wadi Nachal (vgl. 1Sam 15,5), das ist gewöhnlich der Wadi El-Arisj, die Ostgrenze Ägyptens. Awaris war also möglicherweise identisch mit der Stadt El-Arisj.« [21]

5.3.3 König David [22]

Da Gott Saul nun endgültig als König verworfen hatte, sandte er Samuel nach Bethlehem zu Isai, um einen von dessen Söhnen zum König zu salben. Auch hier wieder erwählte sich Gott nicht einen der ältesten und stattlichen Söhne, sondern den Jüngsten, David. Obwohl David ein Schafhirte war, war er ein tapferer Held, ein tief gläubiger Dichter und Musiker. Als David mit einer Nachricht für seine Brüder, die in Sauls Heer dienten, die Truppen besuchte, die sich wieder einmal mit den Philistern im Kriegszustand befanden, stieg jeden Tag der philistische Held Goliath, ein Riese von fast drei Metern Länge, ins Tal hinunter, um Jahwe und Israel herauszufordern und zu verspotten. Saul setzte seine Tochter und viele andere Schätze als Belohnung für denjenigen ein, der den Riesen besiegte; doch das ganze Heer zitterte vor Goliath. Der junge David konnte das Gespött nicht mehr länger ertragen und meldete sich beim König. Trotz dessen Einwänden trat er im Namen Jahwes in den Kampf mit Goliath und tötete ihn mit einer Steinschleuder. Nun wurde das philistische Heer angegriffen und besiegt (1Sam 16 u. 17). Da David in der Folge auch in anderen Feldzügen Erfolge feiern konnte, begann Saul zu ahnen, dass David sein Nachfolger werden könnte. Als er wieder einmal unter seinen Depressionen litt und David für ihn Harfe spielte, versuchte Saul zweimal, ihn mit seinem Speer zu töten. Trotz seines Versprechens gab Saul David seine älteste Tochter nicht zur Frau, sondern schließlich seine zweite Tochter, Michal, die David lieb gewonnen hatte. Nach einem erneuten Zornesausbruch Sauls wollte er David gefangen nehmen lassen, und David floh mit Michals Hilfe zu Samuel. Doch auch dort war David nicht sicher vor Saul, und er wurde in der Folge zum vogelfreien Obdachlosen (1Sam 18-20).

David fand Unterschlupf in den Höhlen der Berge, und dort stießen viele Unzufriedene zu ihm, bis er ein Heer von vierhundert tapferen Männern zusammen hatte. Saul verfolgte ihn hartnäckig, doch David entkam ihm immer wieder. In der Folge verschonte David zweimal Sauls Leben: Einmal suchte Saul Ruhe in einer dunklen Bergspalte, wo David, der selbst in der Höhle anwesend war, unbemerkt ein Stück von seinem Mantel abschnitt; ein anderes Mal drang David nachts in Sauls Herrlager ein und entwendete den Krug und den Spieß vom Kopfende des schlafenden Saul. Beide Male zeigte er Saul aus sicherer Entfernung die erbeuteten Gegenstände, um diesem zu zeigen, dass er es gut meinte mit ihm. Aufs Neue entbrannte ein Krieg zwischen Israel und den Philistern. Inzwischen war Saul so weit heruntergekommen, dass er ein spiritistisches Medium befragte. Dort erfuhr er von Samuel, der vor einiger Zeit gestorben war, dass seine Tage gezählt waren. Das 1. Buch Samuel endet mit der tragischen Schlacht auf dem Gebirge Gilboa, wo die Philister einen großen Sieg errangen. Drei Söhne Sauls, unter ihnen auch Jonatan, Davids Busenfreund, fielen in dieser Schlacht, und Saul stürzte sich aus purer Verzweiflung in sein eigenes Schwert und starb. So endete diese tieftragische Geschichte des ersten Königs von Israel (1Sam 27-31).

Nach dem Tod Sauls konnte der beliebte David sofort König werden, und eine der ersten Taten Davids war die Eroberung Jerusalems, das noch immer vom kanaanitischen Stamm der Jebusiter bewohnt wurde. David baute die Stadt wieder auf, machte sie zur Hauptstadt seines Reiches, und die Stadt sollte von da an »Stadt Davids« heißen. Anschließend ließ David die Bundeslade nach Jerusalem bringen. Durch den Propheten Nathan ließ Jahwe David mitteilen, dass er als Kriegsmann zu viel Blut an seinen Händen habe und deshalb für Gott keinen Tempel bauen dürfe, aber sein Sohn Salomo würde Jahwe einen Tempel bauen. In der Folge festigte sich David ein mächtiges Reich und breitete seinen Einfluss aus vom Golf von Akaba und der ägyptischen Grenze bis an den Ober-Euphrat. Später musste David noch etliche Male gegen den Erzfeind, die Philister, kämpfen. Dabei ist es erstaunlich, dass seine persönliche Leibwache aus Kretern und Pletern bestand, hauptsächlich Krieger philistischer Herkunft. Kreter bedeutet wahrscheinlich Kretenser, und Pleter bedeutet wahrscheinlich Philister. Eines Abends sah David vom Dach seines Palastes aus eine Frau, die dabei war, sich zu baden. Er ließ sie holen; es war Batseba, die Frau des Uria, und er schwängerte sie. Zu dieser Sünde des Ehebruchs gesellte sich zudem noch die des Mordes, denn er ließ den Soldaten Uria an die Front des Kampfes stellen, damit er dort fallen solle (2Sam 11). Aber Gott sandte den Propheten Nathan zu David und ließ ihn mittels einer erfundenen Geschichte sein eigenes Urteil verkünden. David bereute seine große Sünde zutiefst, musste aber die Folgen dennoch tragen: es kostete ihn drei Söhne: das erste Kind von Batseba, Amnon und Absalom. David war tief erschüttert über den Tod von Batsebas Kind, aber er wurde getröstet, als sie wieder einen Sohn gebar: Salomo (2Sam 12). Nachdem David alt und schwach geworden war und es versäumt hatte, seinen Nachfolger bekannt zu geben, benutzte sein

Sohn Adonija die Gelegenheit und ließ sich zum König ausrufen. David rief nun Salomo öffentlich zu seinem Nachfolger aus und überraschte damit Adonija. Anschließend überreichte David seinem Sohn Salomo den Entwurf für den Tempelbau und starb nicht lange danach im Alter von siebzig Jahren.

5.3.4 Kupferkönig Salomo

Salomo erbte nun das große Reich seines Vaters David, das bis zu seinem Tod zusammenblieb und erst nach seinem Tod auseinander fiel. Zu Beginn von Salomos Regierungszeit musste er mit Macht seinen Gegnern entgegentreten, die ihm der Aufstand seines Bruders Adonija eingehandelt hatte. Die Aufständischen kamen vor Gericht und wurden bestraft. In einer Nacht fragte Jahwe Salomo im Traum, was er von ihm empfangen möchte. Salomo bat nicht um Reichtum, Ehre oder ein langes Leben, sondern um Weisheit und Einsicht, um sein Volk gut regieren zu können. »Die Bibel überliefert uns ein treffendes Beispiel der ungewöhnlichen Weisheit Salomos bei der Rechtsprechung. Zwei Frauen erschienen vor dem König, eine mit einem toten und eine mit einem lebenden Sohn. Beide behaupteten, der lebende Sohn sei der ihre. Um den Mutterinstinkt zu wecken, erließ Salomo den Befehl, das lebende Kind in zwei Hälften zu zerteilen, für jede Frau eine Hälfte. Die eine Frau stimmte bösartig zu, doch die wahre Mutter wollte, dass das Kind dann doch lieber der anderen Frau gegeben werden sollte. Nun wusste Salomo genug: Sie bekam ihr Kind zurück.« [23] Salomo war der weiseste und mächtigste König, den Israel je gehabt hatte; darin ist er der deutliche Typus für den König Christus. Von allen Seiten kamen die Menschen nach Jerusalem, um die Weisheit Salomos zu hören. Wie David der Autor vieler Psalmen ist, so ist Salomo der Autor der israelitischen Weisheitsliteratur. Man findet im Altertum auch kaum einen Helden, über den so viele Volkserzählungen und Legenden kursierten wie über Salomos Weisheit und geheime Kräfte.

Im 480. Jahr nach dem Auszug des Volkes Israel aus Ägypten, im vierten Jahr seiner Regierung, begann Salomo mit dem ihm von seinem Vater aufgetragenen Tempelbau. Eines der wichtigsten Baumaterialien war Zedernholz aus dem Libanon. Zu diesem Zweck schloss Salomon einen Kontrakt mit Hiram, dem König von Tyrus, und versprach diesem Weizen und Öl für Zedernholz. Für den Bau des Tempels mussten Zehntausende von Steinmetzen an die Arbeit gestellt werden, die das Gebäude, im Wesen dem Modell der Stiftshütte entsprechend, erstellten.

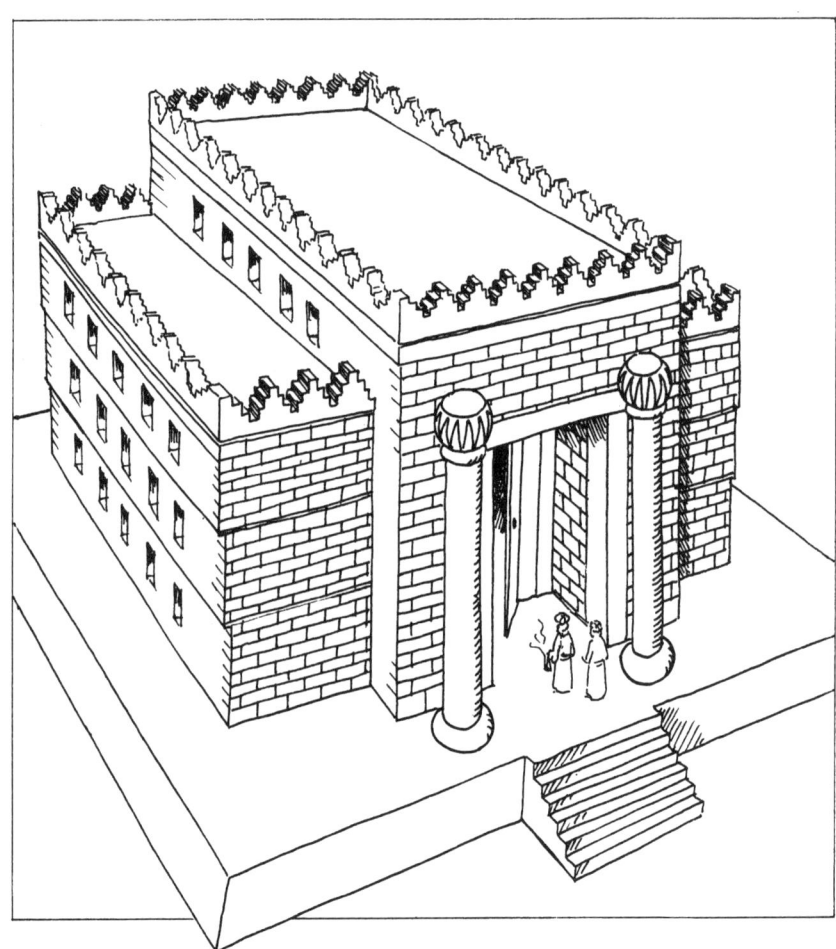

Abbildung 5.6: Dieses Bild zeigt ein Modell des salomonischen Tempels, des ers-
ten Tempels, der auf dem Berg Morija gebaut wurde, dort, wo 1000 Jahre früher
Abraham seinen Sohn Isaak beinahe Gott geopfert hätte. Der Opferdienst, der ein
Hinweis auf den Opfertod Jesu Christi ist, war denn auch eine der wichtigsten
Funktionen des Tempels.

Im Gegensatz zur Stiftshütte wurde der Tempel aber viel größer und prunk-
voller angelegt. Die Einweihung des Tempels geschah, indem die Bundeslade von Priestern in den Tempel gebracht wurde, wo sie im Allerheiligsten
unter den Cherubim aufgestellt wurde. Daraufhin erfüllte die Herrlichkeit
Gottes das Haus, sichtbar angedeutet in einer Wolke. Die Einweihung wurde anschließend mit einem riesigen Opfer und einem großen, einwöchigen
Fest besiegelt. Salomo ließ den Tempel in sieben Jahren erbauen, aber drei-

zehn Jahre benötigte er für seinen eigenen Palast. Später baute Salomo noch Jerusalem und andere Städte aus. Des Weiteren baute er Vorrats-, Wagen- und Reiterstädte und förderte die Entwicklung der Seefahrt.

Die vielen Nebenfrauen Salomos aus fremden Ländern brachten ihre Götzen mit, denen sie weiterhin dienten. Als Salomo bereits alt geworden war, konnte er der Verführung zum Götzendienst nicht länger widerstehen, beugte sich sogar vor diesen Götzen und baute ihnen einen Tempel (1Kön 11). Das war der Höhepunkt der Gräuel, und deshalb kündigte ihm Gott an, dass das Königtum von seinem Haus genommen werde. In der Folge ließ es Gott auch zu, dass sich Feinde gegen Salomo erhoben. Die ersten beiden waren Ausländer: die Edomiter Hadad und Reson aus Zoba, aber der dritte war ein Israelit, Jerobeam, aus dem Stamm Ephraim, ein Vertrauter des Königs. Diesem Jerobeam begegnete eines Tages der Prophet Ahija, der einen Mantel in zwölf Stücke riss und ihm davon zehn überreichte. Wegen den Sünden Salomos würde er König über zehn Stämme werden, aber erst nach Salomos Tod. Weil Jerobeam die Erfüllung dieser Prophezeiung aber nicht abwarten konnte, wollte er mit einem Aufstand gegen Salomo die Erfüllung erzwingen. Dieser Aufstand schlug aber Fehl und in der Folge musste er nach Ägypten fliehen. Es dauerte aber nicht mehr lange, bis Salomo starb. Nach einer Regierungszeit von 40 Jahren endete das glorreiche und ungeteilte Königreich, welches er von seinem Vater David geerbt hatte.

»Nach der revidierten ägyptischen Chronologie war dort in dieser Zeit die achtzehnte Dynastie an der Regierung. In 1. Könige 11,18-20 lesen wir, dass es zur Zeit Salomos einen Pharao gab, der eine Frau namens Tachpenes hatte. Pharao Amosis, der Gründer der achtzehnten Dynastie, hatte unter seinen Königinnen eine, deren Name als Tachpenes gelesen werden kann. Amosis ist der Vorgänger von Amenhotep I. (oder Amenophis I.) und dieser wiederum von Thutmosis I., welcher der Schwiegervater von Salomo gewesen sein muss, der ihm die Stadt Geser schenkte. Geser war den Ausgrabungen zufolge tatsächlich am Anfang der Spät-Bronze bewohnt. Über den Pharao Thutmosis I. wissen wir ferner, dass er einen Feldzug gegen die Asiaten in Philistäa unternahm und sie schlug, wonach er einen Freundschaftsbesuch in Palästina abstattete (1Kön 9,16).« [24]

5.3.5 Die Königin von Saba

Eine der bekanntesten Episoden aus dem Leben Salomos ist sicherlich der
Besuch der Königin von Saba. Der Ruhm von Salomos Weisheit und
Reichtum war so groß, dass die Königin von Saba alles mit eigenen Augen
sehen wollte. Aus Anlass ihres Besuches in Jerusalem wurde der Reichtum
Salomos besonders erwähnt. Demnach besaß er unsagbar viel Gold, einen
Thron aus Elfenbein, Spezereien, sogar Affen und Pfauen, vierzehnhundert
Wagen und zwölfhundert Reiter. Er war im Besitze einer Flotte, die bis
nach Tarsis fuhr (wahrscheinlich Spanien). Er hatte des Weiteren hunderte
Frauen und Nebenfrauen, und eine davon war gar die Tochter des ägyptischen Pharaos. Nach der revidierten Chronologie fiel die Regierungszeit
Salomos zum großen Teil mit der der großen Königin Hatschepsut von
Ägypten zusammen, eine Königin aus der achtzehnten Dynastie. Beide waren mächtige Herrscher und friedliebende Fürsten, die prächtige Tempel
und Paläste bauten und eine Flotte auf dem Roten Meer unterhielten. In den
Inschriften des Tempels Deir el-Bahari in Luxor beschreibt Königin Hatschepsut ihren Besuch im Lande Punt und in »Gottes Land« mit über-
schwenglichen Worten.

Die Königin von Saba muss identisch sein mit der Königin Hatschetpsut
(siehe Anm. 8, Anhang B1). »Eine Überlieferung im Talmud besagt, dass
mit Saba nicht das Herkunftsland der Königin bezeichnet wird, sondern ihr
Name. Auch die Äthiopier erheben Anspruch auf die Königin von Saba; sie
nennen sie Makeda, während Hatschepsuts königlicher Name Makera war.
Außerdem ist Scheba oder Saba der Name der Hauptstadt des Äthiopiens
jener Zeit. Der jüdische Geschichtsschreiber Flavius Josephus sagt ausdrücklich, dass die Fürstin, die Salomo besuchte, Königin von Ägypten
und Äthiopien war. Im Übrigen gibt es in der ganzen antiken Geschichte
Ägyptens keine andere vergleichbare Königin von Ägypten als Hatschepsut. Sie beschreibt ihre Reise nach Punt und ›Gottes Land‹ in überschwäng-
licher Weise. Inschriften weisen darauf hin, dass Punt östlich von Ägypten
lag und mit Byblos, der Hauptstadt von Phönizien, in Verbindung stand
und dass ein Teil Palästinas ›Gottes Land‹ genannt wurde. In diesem Fall
wäre Punt Palästina-Phönizien, und ›Gottes Land‹ muss das Heilige Land
um Jerusalem sein. Hatschepsut reiste über das Rote Meer und den Golf
von Akaba nach Elath, und sie verließ Palästina an der Westküste und fand
über das Meer und den Nil wieder zurück nach Theben.« [25] Als Dank für
ihre erfolgreiche Reise errichtete sie in Deir el-Bahari einen dem Amon geweihten Tempel, der, abgesehen von der Umgebung, in der er stand, eine
gewisse Ähnlichkeit mit dem Tempel Salomos aufweist.

Abbildung 5.7: Nachdem Hatschetpsut, die Königin von Saba, aus dem Heiligen Land zurückgekehrt war, beeindruckt von allem, was sie gesehen und gehört hat, baute sie in Deir el-Bahari einen Tempel für Amon. Dieser Tempel ist ganz anders gelegen als der Tempel in Jerusalem, der auf einem Hügel liegt, und trotzdem weist dieser Tempel eine gewisse Ähnlichkeit mit dem Tempel Salomos auf.

5.4 Das zweigeteilte Reich

5.4.1 Die Teilung des Reiches [26]

Nach dem goldenen Zeitalter unter den Königen David und Salomo geriet das Land immer mehr in die Zange der großen Mächte der Weltpolitik, die sich in den nächsten Jahrhunderten entwickelten oder, wie z.B. in Ägypten, wieder erstarkten. Unter Salomos Sohn wurde das Reich geteilt, und es entstanden das Nordreich, das aus 10 Stämmen bestand, sowie das Südreich, das aus den Stämmen Juda und Benjamin bestand. Beide suchten nun im Lauf der Geschichte ihren eigenen Weg zwischen den Weltmächten, und beide Reiche gingen denn auch aus einer ganz bestimmten Ursache unter, nämlich wegen des Abfalles von Gott und der Hinwendung zum Götzendienst. Dies hat auch für das heutige Israel eine große Bedeutung: Will der heutige Staat Israel mitten unter den Weltmächten bestehen können, wird das schlussendlich auch nur geschehen können, wenn Israel durch eine biblische Umkehr zu Gott zurückfindet und Jesus Christus als Messias anerkennt.

Nach der Sünde Salomos und Jerobeams Aufstand, war die Teilung des Königreiches nicht mehr aufzuhalten. Rehabeam, der törichte Sohn Salomos, führte aber durch seine eigene Torheit noch eine dritte Ursache für die Teilung herbei. Er wollte sich in Sichem zum König ausrufen lassen statt in Jerusalem und handelte somit nachsichtig gegenüber den nördlichen Stämmen. Beim Tod des Salomo stellte sich heraus, dass des Königs Lasten zu schwer gewesen waren für das Volk. Es traf nämlich genau das ein, wovor der HERR das Volk gewarnt hatte, als es um einen König bat. Israels Söhne waren von dem König als Diener, Kutscher und Krieger gebraucht worden und die Töchter als Krämerinnen und Köchinnen. Von jeder Art von Einkünften musste der Zehnte bezahlt werden. Rehabeam handelte nun sehr unklug, als er ankündigte, dass er die Lasten noch erschweren werde. Damit war das Urteil definitiv über das geeinte Reich gesprochen, und es zerfiel in zwei Teile, denn inzwischen hatte das Volk Jerobeam aus Ägypten zurückgerufen, und dieser stellte sich an die Spitze einer Delegation, die wenig später zu Aufständischen wurde. Der Prophet Schemaja warnte Rehabeam aber vor einem Bürgerkrieg und verkündete ihm, dass Gott hier am Werk sei und das Königtum vom Haus Salomo weggenommen werden solle. Nur die Stämme Juda und Benjamin blieben Rehabeam treu, die anderen zehn Stämme beriefen Jerobeam zum König über sich.

Die Geschichte des Nordreiches finden wir fast ausschließlich im Buch der Könige; die Geschichte des Südreiches hingegen wird zwar auch im Buch der Könige, aber doch hauptsächlich im Buch der Chronik behandelt. Die Bücher Samuel und Könige bilden ein fortlaufendes geschichtliches Ganzes. Sie wurden vor der babylonischen Gefangenschaft geschrieben und zeigen uns mehr die objektiven Tatsachen, mehr den Menschen in seiner Verantwortung und auch mit allen seinen Fehlern. Die Bücher der Chronik hingegen, geschrieben nach der babylonischen Gefangenschaft, wurden wahrscheinlich deshalb geschrieben, um den zurückkehrenden Juden die schönen Seiten ihrer früheren Geschichte zu zeigen. Deshalb wird in den Büchern der Chronik über das Zehnstämmereich, die Sünden Davids, Salomos und der folgenden Könige nur das unbedingt Notwendige erzählt. In diesen Büchern scheint es wichtiger zu sein, die Linie göttlicher Gnade während der früheren Geschichte aufzuzeigen. Im Südreich blieben die Nachkommen Davids bis zur babylonischen Gefangenschaft an der Regierung. Im Nordreich hingegen herrschten in der Zeit ihres Bestehens nicht weniger als neun Dynastien. Die Könige beider Reiche mit den Regierungszeiten sind im Anhang B2 aufgeführt.

5.4.2 Das Nordreich Israel

Nachdem die politische Einheit zerbrochen war und die beiden neuen Reiche ihren Weg in der internationalen Politik suchten, zerbrach Jerobeam auch die religiöse Einheit des israelitischen Volkes. Weil er befürchtete, wegen dem Tempeldienst in Jerusalem sein Volk an das Südreich zu verlieren, dachte er sich einen eigenen Gottesdienst aus. Zu diesem Zwecke stellte er zwei kultische goldene Kälber auf, eines davon in Bethel, an der Südgrenze seines Reiches, das andere in Dan, an der Nordgrenze. Außer diesen kultischen Kälbern war seine neue Religion eine Kopie des wahren Gottesdienstes in Jerusalem mit einem nachgebildeten Tempel, einem imitierten Altar und einer imitierten Priesterschaft. Neben der politischen Macht übernahm Jerobeam nun auch noch die religiöse Führung des Landes. Dies zeigt einmal mehr auf, dass der effizienteste Verführungsbereich des Widersachers derjenige der Religionen ist. Die Idee mit den goldenen Kälbern wird Jerobeam aus Ägypten übernommen haben, wo er sich jahrelang aufhielt; denn in Ägypten wurde die goldene Hathor-Kuh verehrt. Ein berühmtes Vorbild dafür finden wir in dem Schrein aus Hatschepsuts Tempel in Deir el-Bahari. Die Pharaonen der achtzehnten Dynastie waren feurige Anhänger von Hathor, der himmlischen Kuh, der großen Frau, der Meisterin des Himmels und der Erde. Jerobeam verachtete den wahren Gottesdienst und die von Gott erwählten Priester, und er wollte sogar selbst das Opfer auf dem Altar anzünden. Darum schickte Gott einen Priester aus Juda zu ihm, und der Mann Gottes sprach weder mit dem König noch zu dem Kalb, sondern zum Altar und sagte voraus, dass ein König mit Namen Josia aus dem Haus Davids auf eben dem Altar die Priester der Höhen schlachten und dann den Altar zerstören würde. Der Prophet Ahija sprach später das Urteil aus: Jerobeams Kind würde sterben, und das Haus Jerobeam würde ausgerottet werden. Nach Jerobeams Tod regierte sein Sohn Nadab nur noch zwei Jahre. Er wurde durch eine Verschwörung getötet, und der Anführer des Aufstands, Bascha, der wahrscheinlich Nadabs General war, rottete das ganze Haus Jerobeam aus.

Im Folgenden sind die wichtigsten Fakten der Geschichte des Nordreiches Israels in aller Kürze zusammengefasst. Seit der Spaltung des Großreiches regierten neun Dynastien das Nordreich. Die erste Dynastie, das Haus Jerobeam, dauerte von 975 bis 958 v.Chr.

Zweite Dynastie: Nach der Ausrottung des gesamten Hauses Jerobeam durch Bascha übernahm die zweite Dynastie die Macht im Nordreich. Bascha wurde somit zum ersten Königsmörder in Israel, und an Bosheit stand er dem Haus Jerobeam in nichts nach. Deshalb kündigte der Prophet Jehu auch ihm und seinem Haus das Gericht Gottes an. Ela, der Sohn Baschas, war genau wie Nadab ein Königssohn, der nur zwei Jahre regierte und danach ermordet wurde. Das Einzige, was wir über Ela wissen, ist seine Trunksucht, und diese wurde ihm zum Verhängnis, denn er wurde von Simri, einem seiner Generäle, während eines Rauschzustandes umgebracht und mit ihm wurde sein ganzes Haus ausgerottet.

Dritte Dynastie: Der Königsmörder Simri regierte nur gerade 7 Tage, denn als die Nachricht das Heer Israels erreichte, rief das Heer sofort einen anderen König aus: den General Omri. Dieser zog dann mit seinem Heer nach Tirza und belagerte die Stadt, in der sich Simri verschanzt hielt. Als die Stadt eingenommen war, steckte Simri den Palast in Brand und verübte auf diese Weise Selbstmord.

Vierte Dynastie: Mit dem König Omri begann eine Dynastie, die vier Könige hervorbrachte und gleichzeitig die berüchtigste Dynastie wurde. Omri muss ein großer Stratege und Staatsmann gewesen sein, aber er war ein gottloser König und er ließ es zu, dass sein Sohn Ahab die bösartige sidonitische Prinzessin Isebel heiratete und mit ihr den phönizischen Götzendienst einführte. Nun entstand nach dem verschleierten Götzendienst mit Kälbern der allgemeine öffentliche Götzendienst der kanaanitischen Baale und Astarten in Israel. Die Zeit Ahabs und seiner Söhne war auch die Zeit eines der größten Propheten Israels: Elia. Elia kündigte eine dreijährige Trockenheit an und versteckte sich anschließend am Bach Krith, wo er von Raben mit Brot und Fleisch versorgt wurde. Nach drei Jahren erhielt Elia den Befehl Gottes, das Volk auf dem Berg Karmel zu versammeln, um herauszustellen, wer Gott ist: Jahwe oder Baal. Die 450 Baalspriester wie auch Elia bauten einen Altar und bereiteten darauf Opfertiere vor. Die Baalspriester mühten sich den ganzen Tag vergeblich ab, um Baal dazu zu bewegen, Feuer vom Himmel fallen zu lassen und das Opfer zu verschlingen. Elia betete ein schlichtes Gebet, und sofort kam Feuer vom Himmel und verzehrte das Opfer auf seinem Altar. Das ganze Volk rief aus: Jahwe ist Gott! Alle Baalspriester wurden umgebracht, und schon bald wurde der Himmel schwarz vor Wolken, und es brach ein Sturzregen los. Ahab fiel später in einer Schlacht durch einen verirrten Pfeil, der genau die ungeschützte Stelle in seinem Panzer traf. Sein Sohn Ahasja war gleichgültig und götzendienerisch wie sein Vater. Er regierte nur kurz, denn ein Sturz brachte ihn aufs Sterbelager. Sein Bruder Joram wurde sein Nachfolger. In dieser Zeit fand die Himmelfahrt des Elia statt. Vor den Augen Elisas wurde Elia auf feurigen Wagen und Pferden in den Himmel getragen: Sein Mantel fiel auf Elisa, der in der Kraft Elias zurückkehrte. König Joram war ein Zeitgenosse der berühmten ägyptischen Pharaonen Echnaton, Smemchare und Tutenchamon (18. Dynastie, Anm. 9, Anhang B1).

Im Jahre 1868 stieß ein deutscher Missionar in Dhiban, Jordanien, auf einen 115 cm hohen und etwa 70 cm breiten Stein, der hebräisch beschriftet ist und heute im Louvre in Paris steht. Das Fundstück, das unter dem Namen »Meshab-« oder »Moab-Stele« bekannt ist, löste damals eine kleine Sensation aus, denn die 34 Inschrift-Zeilen berichten in Hebräisch von den Taten des moabitischen Königs Mescha, der sich im 9. Jahrhundert v.Chr. mit den beiden jüdischen Staaten im heutigen Israel herumschlug. Unter anderem wird in dieser Inschrift König Omri erwähnt, und 14 von 17 beschriebenen Orten korrespondieren mit in der Bibel beschriebenen Plätzen. Diese Stele lieferte damals den ersten archäologischen Beweis, dass die Berichte des Alten Testaments auf historischen Fakten beruhen. [27]

Fünfte Dynastie: Joram von Israel und Ahasja von Juda zogen gegen Hasael, den König von Aram, in den Krieg. Zu diesem Zeitpunkt sandte Elisa einen Propheten, der Jehu zum König über Israel salbte. Dieser Jehu tötete Joram mit einem Pfeil und tötete nach einer wilden Verfolgungsjagd auch Ahasja von Juda. Danach hastete Jehu zurück nach Jesreel, um Isebel vor Gericht zu stellen. Diese wusste, was ihr passieren würde, schmückte ihr Äußeres und schaute spöttelnd aus dem Torgebäude auf den nahenden Jehu herab. Doch ihre Eunuchen stießen sie aus dem Fenster, und Jehu ritt über sie hinweg, und die Pferdehufe zermalmten ihren Körper. Danach wurde die böse Hexe von den Hunden zerfleischt. Wie die Könige vor ihm rottete Jehu das ganze Haus Ahabs aus und zerstörte den Baalsdienst in Israel; doch den Kälberdienst setzte er fort. Deshalb war sein Lohn begrenzt, denn nur vier Geschlechter aus seinem Haus erhielten das Königsamt. Gemäß dem schwarzen Obelisken von Salmanassar III. unterwarf sich Jehu, und er wird darauf abgebildet, wie er Salmanassar die Ehre erweist. Die weiteren Könige dieser Dynastie waren Joahas, über den wir als einzigen König Israels lesen, dass er zu Gott betete, Joasch, der den sterbenden Elisa besuchte, Jerobeam II., der die längste Regierungszeit in Israel hatte, und Sacharja, der nur gerade sechs Monate regierte und von Schallum ermordet wurde.

Abbildung 5.8: Der weltberühmt gewordene schwarze Obelisk aus dem Tell Nimrud (Kalchu), ein zwei Meter hohes Denkmal aus schwarzem Alabaster, verherrlicht die Taten des assyrischen Herrschers Salmanassar III. Auf der links abgebildeten Seite dieses Obelisken ist der israelische König Jehu abgebildet, wie er sich vor Salmanassar III. niederwirft (zweites Relief von oben). Auf diesem Obelisken sind auch die Tributzahlungen der unterworfenen Völker aufgelistet.

Sechste Dynastie: In Hosea 4 und 5 wird die Zeit von Schallum und Menahem beschrieben, die Zeit der drei Königsmörder innerhalb von zehn Jahren. Schallum regierte nur einen Monat lang, er war nur eine Zwischenfigur, die schon sehr bald auch ermordet wurde.

Siebte Dynastie: Der Mörder Schallums war Menahem, nach Josephus Flavius ein General Sacharjas, der sich an Sacharjas Mörder rächen wollte. Während seiner Regierungszeit hören wir das erste Mal etwas von den Assyrern in der Bibel. Menahem selbst wird auf den assyrischen Monumenten von Tighlath Pileser III. erwähnt. Menahems Sohn Pekachja wurde schon nach zwei Jahren durch Pekach, wahrscheinlich ein Hauptmann der Leibwache, ermordet.

Achte Dynastie: Pekach schloss wieder einen Bund mit Aram, hauptsächlich gegen Ahas von Juda, der sich Hilfe bei dem Assyrer Thiglath Pileser III. holte. Pekachs pro-aramäische und anti-assyrische Politik wurde zu einem großen Fiasko: Der Assyrer eroberte das ganze Land westlich des Jordan, und dies war denn auch der Beginn der assyrischen Deportation und somit auch der Anfang vom Ende des Nordreiches.

Für den Untergang des Nordreiches benutzte Gott das damalige Weltreich der Assyrer, über das bereits im Abschnitt 4.6.3 berichtet wurde. Das Ende des Nordreiches bahnte sich in der neunten und letzten Dynastie unter Hosea an.»Dieser König war zwar pro-assyrisch eingestellt und wurde auch, nach assyrischen Monumenten zu urteilen, von Thiglath-Pileser III. anerkannt. Hosea musste eine schwere Steuer zahlen und übte darum Verrat, indem er heimlich einen Bund mit dem Pharao So von Ägypten schloss. Sofort zog der König von Assur, Salmanassar V., gegen ihn in den Kampf und belagerte Samaria drei Jahre lang. Diese Belagerung ist auch auf assyrischen Monumenten beschrieben; da wird ersichtlich, dass 27.290 Verbannte aus der Stadt Samaria deportiert wurden. Viele blieben von der Deportation verschont, weil sie rechtzeitig ins Südreich auswichen. Die Bibel macht deutlich, dass die zehn Stämme wegen ihres abscheulichen Götzendienstes nach Assur weggeführt wurden, und dass ihr Reich für immer zu Ende ging. Samaria fiel um das Jahr 722 v.Chr. unter dem assyrischen König Sargon II.; der in 2. Könige 17,24 genannte König ist wahrscheinlich Asar-Haddon. Dieser brachte allerlei Menschen aus den umliegenden Ländern in das Land Samaria, die sich mit den zurückgebliebenen Israeliten vermischten; so entstand ein Volk, das bis heute ›Samariter‹ genannt wird.« [28] Diese Vermischung der Völker war eine assyrische Taktik, um so wenig Ärger wie möglich mit Aufständischen zu haben. Darum ist auch unbekannt, wo die zehn Stämme als Ganzes geblieben sind.

5.4.3 Das Südreich Juda

Nachdem Rehabeam sich mit der Teilung des Reiches abgefunden hatte, erkannte er, dass er sein reduziertes Reich verstärken musste. Er verfiel schon sehr bald dem Götzendienst, ließ im ganzen Land geweihte Steine und Säulen der Baalim Säulen und Ascheroth aufrichten und erlaubte die rituelle Prostitution. Als Strafe für diesen Götzendienst ließ Gott den ägyptischen Pharao Schischak von Ägypten gegen ihn aufziehen. In der Folge wurden die jüdischen Festungsstädte von einem riesigen Heer eingenommen. Der Pharao Schischak eroberte auch Jerusalem und raubte alle Schätze aus dem Tempel und dem Palast. Durch den Propheten Schemaja erfuhr Rehabeam, dass dies die Strafe Gottes für den Götzendienst war, worauf sich der König und die Obersten vor Gott tief demütigten. Aufgrund dessen bewirkte Gott, dass die Ägypter wieder abzogen. Juda blieb in der Folge den Ägyptern unterworfen und dort blieb auch der wahre Gottesdienst, trotz einiger götzendienerischer Einflüsse, bestehen. Das war auch der Grund dafür, dass das Zehnstämmereich nie die Macht über Juda erringen konnte.»Während in Israel Salomo regierte, war Hatschepsut Königin von Ägypten. Ihr Gemahl, Thutmose III., der unter Hatschepsut eine unbedeutende zweite Rolle gespielt hatte, wurde ihr Nachfolger und war ein gewaltiger Eroberer, vor allem in Palästina und Syrien. Der revidierten Chronologie zufolge muss Thutmose III. identisch sein mit Schischak (Anm. 10, Anhang B 1). Die Inschriften im großen Amontempel in Karnak geben eine ausführliche Aufzählung der Beute, die aus Palästina mitgeführt wurde; die Aufzählung stimmt treffend überein mit der biblischen Beschreibung der Schätze im Tempel und des Palastes in Jerusalem.« [29]

Der Sohn Rehabeams, **Abija,** wandelte in den Sünden seines Vaters, aber unter ihm blieb der Gottesdienst Jahwes aufrechterhalten. Darum gelang es dem Nordreich trotz seiner Übermacht nicht, das Südreich zu besiegen. **Asa** war nach Salomo der erste König, der Jahwe treu diente. Er räumte mit dem Götzendienst auf und befestigte das Land, sodass es lange Zeit Ruhe hatte. Der Kuschit Serach, nach der revidierten Chronologie der Pharao Amenophis II., zog mit einem riesigen Heer gegen Asa in den Kampf. Asa rief zu Jahwe, und dieser gab ihm einen großen Sieg über Serach. **Joschafat** war ein gläubiger und treuer König und stellte das wieder her, was seit Asas Reform verloren gegangen war. Leider verschwägerte er sich durch die Heirat seines Sohnes Joram mit Ahabs Tochter Atalja mit Ahab von Israel und knüpfte Beziehungen zu den Königen Ahab, Ahasja und Joram von Israel. Die Beziehung zu Israel beinhaltete einen Bund mit diesem gegen die Aramäer und in einer Schlacht gegen Aram fiel Ahab, und auch Joschafat verlor beinahe sein Leben. Der Prophet Jehu kündigte Joschafat als Strafe wegen dessen falschem Bündnis eine Invasion des Feindes an. Danach fiel Moab mit seinen Verbündeten in das Land ein. Weil sich Joschafat in der Folge vor Gott demütigte, teilte ihm der Prophet Jahasiel mit, dass Jahwe, der den Feind gebracht hatte, diesen auch selbst besiegen werde, indem er die Feinde gegeneinander aufhetzte. Dadurch wurde Juda von dieser Invasion verschont.

Joram war der gottlose Sohn eines frommen Vaters mit einer gottlosen Frau. Als er sich stark genug fühlte, ermordete er seine sechs Brüder und verführte trotz eines warnenden Briefes des alten Elia aus Israel, der ihm ankündigte, dass er an einer schrecklichen Bauchkrankheit sterben würde, das Volk zum Götzendienst. Bevor er aber starb, drangen die Philister und Araber ins Land ein und plünderten den Palast. Joram starb ruhmlos und wurde nicht einmal zu seinen Vätern versammelt. **Ahasja** war der jüngste Sohn Jorams, der einzige Überlebende nach dem Raubüberfall der Araber. Ahasjas Regentschaft währte nur wenige Jahre, und in dieser Zeit stand er unter dem Einfluss seiner Mutter, der Hexe Atalja. Mit seinem Onkel Joram von Israel zog Ahasja in den Kampf gegen Hasael von Aram. Beide wurden in der Jesreel-Ebene von Jehu getötet. **Atalja**, die gottlose Tochter der gottlosen Isebel, durch die Ehe mit Joschafats Sohn Joram Königin von Juda geworden, ließ alles, was noch vom königlichen Haus übrig war, kaltblütig ermorden. Durch Gottes Vorhersehung wurde Joasch, Ahasjas kleiner Sohn, gerettet. Nach sieben Jahren stiftete der Priester Jojada eine Verschwörung an, und die Leviten riefen den kleinen Joasch zum König aus. Der Tempel des Baal wurde zerstört und der Gottesdienst im Tempel Jahwes wieder eingeführt.

Ab 1966 fanden in Tell-Dan, dem biblischen Dan (Ri 20,1) an der Grenze des ehemaligen israelitischen Nordreiches, archäologische Grabungen statt. Aber erst viel später, am 21. Juli 1993, wurde dann der eigentliche sensationelle Fund gemacht: das Fragment einer größeren Monumentalinschrift, auf dem deutlich lesbar die Worte *bytdwd* »Haus Davids«, erschienen. Töpferwaren unter dem Schutt erlaubten die Datierung auf das neunte vorchristliche Jahrhundert. Knapp ein Jahr später wurden zwei weitere Bruchstücke derselben Stele gefunden, und mit diesen Bruchstücken war es nun möglich, den aramäischen Text relativ sicher zu übersetzen. Diese Stele wurde vom syrischen König Hasael erstellt, und darauf brüstet er sich, die zwei israelitischen Könige Joram (Nordreich) und Ahasja (Südreich) getötet zu haben. Die Bibel nennt als Mörder dieser beiden Könige aber Jehu, der von Elisa als Nachfolger von Joram, dem König des Nordreiches Israel, gesalbt wurde. Hasael selbst wurde auch nicht auf normalem Weg König, sondern er riss den Königsthron an sich, indem er den syrischen König Ben-Hadad ermordete (2. Kön 8,9-15). Die Sensation an der Tell-Dan-Stele ist aber neben der Bestätigung des biblischen Berichtes die Benennung des Südreiches als »Haus Davids«, denn dies ist die einzige direkte außerbiblische Bestätigung von König David. [30]

Joasch wurde von Jojada geführt und ausgebildet, und zu Lebzeiten Jojadas fand eine große Sammlung unter dem Volk zur Reinigung und Wiederherstellung des Tempels statt. Nach dem Tod Jojadas kehrte das Volk trotz der Warnungen der Propheten wieder zum alten Götzendienst zurück. Einer dieser Propheten, Jojadas Sohn Secharja, wurde sogar im Vorhof des Tempels gesteinigt – eine außergewöhnlich unverschämte Tat, die nach rabbinischer Tradition eine der Hauptursachen für die spätere Zerstörung des Tempels wurde (vgl. Mt 23,25). Als Strafe brachte Gott ein Eliteheer von Hasael über Juda, das Jerusalem bedrohte. Joasch konnte sich zwar mittels aller Tempelschätze freikaufen, wurde aber schließlich von einem Diener ermordet. **Amazja**, der Sohn Joaschs, nahm nach einem Sieg über Edom die edomitischen Götzen mit, die er anscheinend respektierte und sogar mit Opfern verehrte. Die Strafe dafür war, dass er gegen Joasch von Israel eine schwere Niederlage einstecken musste. Amazja war ein guter und gläubiger König, aber mit vielen Fehlern. Deshalb berief das Volk schon bald seinen Sohn Usija neben ihm ins Amt des Königs. Als Amazja sich durchsetzen wollte, schmiedete man eine Verschwörung gegen ihn, und auf der Flucht nach Lachisch wurde er getötet.

Usija war genau wie sein Großvater Joasch ein guter König, solange sein geistlicher Führer lebte. Auf dem Höhepunkt seiner Macht wurde er hochmütig und wollte den Priesterdienst im Tempel ausüben. Der Priester Asarja warnte ihn davor und musste mit ansehen, wie der König vor seinen Augen aussätzig wurde. Dadurch wurde er ausgestoßen und musste bis zu seinem Tod abgesondert wohnen. **Jotam**, der Sohn Usijas, war endlich ein guter König, über den es nichts Gottloses zu berichten gibt. **Ahas** kennzeichnete einen Tiefpunkt, indem er den Baalsdienst wieder einführte und sogar seinen eigenen Sohn als Opfergabe verbrannte. Jahwe bewegte den neuen aramäischen König Rezin und König Pekach von Israel, gegen Ahas in den Krieg zu ziehen. Entgegen dem Rat des Propheten Jesaja zog Ahas in den Kampf und erlitt eine schwere Niederlage. Dann suchte er Hilfe beim König von Assur, Thiglath Pileser III., obwohl Jesaja ihn davor gewarnt hatte. Die Assyrer unterwarfen in der Folge Juda, und Juda wurde dadurch zum Vasallenstaat, und das blieb so bis zu den Tagen Josias.

Die Schlussphase des Königreiches Juda wurde noch einmal aufgehellt von zwei großen Erweckungen, nämlich unter **Hiskia** und Josia. Hiskia reinigte das Land vom Götzendienst und vernichtete sogar die Kupferschlange, die ein Gegenstand der Abgötterei geworden war. In dieser Zeit war Juda Vasallenstaat von Assur unter dem König Sargon II. Um das assyrische Joch abzuwerfen, suchte Hiskia die Hilfe der Ägypter, aber Jesaja warnte ihn davor. Nach dem Tod von Sargon versuchte Hiskia, sich von neuem der assyrischen Macht zu entziehen und bezahlte keine Steuern mehr. Daraufhin zog Sanherib, der Sohn von Sargon II., gegen ihn auf und schickte eine große Heeresmacht nach Jerusalem.

Abbildung 5.9: Diese Rekonstruktionszeichnung der Stadt Assur vermittelt den machtvollen Eindruck, den die Stadt Assur zu ihrer Glanzzeit geboten haben muss. Hinter den imposanten Stadtmauern ragte der Tempel des Stadtgottes Assur und rechts davon die Zikkurat für Enlil und Assur empor. Von den beiden einst so stolzen Bauwerken sind heute nur noch jämmerliche Ruinenberge übrig geblieben.

Sanherib sandte einen Boten mit einem Brief zu Hiskia, in dem er diesen aufforderte, aufzugeben und ihm die Stadt Jerusalem zu übergeben. Der Prophet Jesaja sandte eine Nachricht zu Hiskia mit einem glänzenden Spottlied auf Assur und der Vorhersage der Befreiung Jerusalems. In derselben Nacht schlug der Engel Jahwes das Heer von Assur mit einer gigantischen Plage. Sanherib musste nach Ninive zurückkehren, wo er später von zweien seiner Söhne ermordet wurde. Nach dem frommen Hiskia regierte nun der gottlose **Manasse.** Er führte den Baalsdienst wieder ein, vermischt mit assyrischer Abgötterei, und aus Babel importierte er Spiritismus, Wahrsagerei und Magie. Später entstand ein Aufstand gegen Assurbanipal, und Manasse wurde von Assurs Hauptleuten mit Haken ergriffen und nach Babel geführt. In der Folge demütigte sich Manasse tief vor Jahwe, woraufhin Gott ihn nach Jerusalem zurückkehren ließ. Manasse reinigte das Land vom Götzendienst, aber dies führte zu keiner bleibenden Reform, denn wir sehen seinen Sohn **Amon** in denselben Sünden wandeln. Er wurde von seinen eigenen Dienern ermordet, vielleicht weil sie von seiner pro-assyrischen Haltung genug hatten und sich wieder auf Ägypten stützen wollten.

Josia ist der letzte fromme König von Juda, und er brachte die letzte Reform zustande. Er war erst acht Jahre alt, als er König von Juda wurde, und als Zwanzigjähriger begann er mit der großen Reform. Inzwischen schwand auch die Macht Assyriens, und noch während Josias Jugend starb Assyriens letzter großer König Assurbanipal. Bei den Reparaturarbeiten am Tempel fand der Priester Hiskia das Gesetzbuch und ließ es zum König bringen. Als dieser den Inhalt vernahm, zerriss er seine Kleider als Zeichen der Reue und erkannte nun die ganze Schuld, die durch den Abfall Manasses und Amons entstanden war. Nach der Befragung Jahwes gab die Prophetin Hulda aber keinen Anlass zur Hoffnung, denn die Schuld Judas war zu groß geworden. Josia beging leider eine Torheit, die ihn das Leben kostete, indem er sich, als der ägyptische Pharao Necho II. hinaufzog nach Karkemisch an den Euphrat, um dem schwachen König Assurubalit von Assur zu helfen, trotz der Warnungen Jeremias bei Meggido diesem in den Weg stellte und im Kampf tödlich verwundet wurde. Das Volk krönte seinen jüngsten Sohn **Joahas** sofort zum König, doch schon nach drei Monaten machte Pharao Necho dieses wieder rückgängig, setzte Joahas gefangen, machte dessen Halbbruder Eljakim zum König und änderte dessen Namen in Jojakim. Er nahm Joahas mit nach Ägypten, wo dieser starb, wie Jeremia es vorhergesagt hatte. Für den Untergang des Südreiches benutzte Gott das neu entstandene neubabylonische Weltreich, über das bereits im Abschnitt 4.6.2 berichtet wurde. Unter dem König **Jojakim** begann der eigentliche Untergang des Südreiches. Im Jahre 606 v.Chr. unternahm Nebukadnezar bereits einen Feldzug gegen Jerusalem und deportierte junge Leute aus den Reihen der Edlen und Prinzen nach Babylon. Jojakim wurde nun Vasall von Nebukadnezar, aber einige Jahre später versuchte er, das Joch wieder abzuwerfen. Vorerst schickte Nebukadnezar nur eine Besatzungsmacht, um den Aufstand Jojakims zu brechen. Drei Jahre später kam er aber selber und belagerte Jerusalem. Jojakim starb während dieser Belagerung und wurde nicht einmal »zu seinen Vätern versammelt«. Sein Sohn **Jojachin** musste ihm nun unter den traurigsten Umständen, während der Belagerung Jerusalems, auf den Thron folgen. Er konnte die Belagerung nur gerade siebzig Tage aufrecht erhalten, dann übergab er sich und die Stadt den Streitkräften Nebukadnezars. Dies führte zur zweiten Deportation und Jojachin musste anschließend 37 Jahre lang die Schmach der Gefangenschaft in Babel ertragen, bevor er von Amel-Marduk, dem Sohn Nebukadnezars, begnadigt wurde. Die davidische Linie wurde übrigens mit diesem Jojachin fortgesetzt, dem Vater von Schealtiel und dem Großvater von Serubbabel, dem Anführer der späteren Rückkehrer aus Babylon. Nach der zweiten Deportation, bei der auch Jojachin nach Babel weggeführt wurde, gelang es der Mutter von Josias Söhnen, einen ihrer Söhne zum König zu machen, nämlich **Zedekia.**

Zedekia begann einen Aufstand gegen den König von Babel, indem er heimlich Abgesandte nach Ägypten zu Pharao Hophra schickte, um Hilfe zu erbitten. Im neunten Jahr Zedekias sandte Nebukadnezar deshalb eine große Strafexpedition gegen ihn. Jeremia verkündete dem König, dass der Fall Jerusalems unabwendbar sei. Anschließend wurde die Stadt durch die Babylonier belagert und eingenommen. Zedekia wurde gefangen genommen und geblendet und schließlich nach Babel weggeführt. Im fünften Monat kam Nebusaradan, der Befehlshaber von Nebukadnezars Leibwache, und verbrannte die ganze Stadt, einschließlich des herrlichen Tempels von Salomo und dessen Palast. Die Bevölkerung wurde, bis auf die Armen, nach Babel weggeführt (dritte Deportation). Fünf Jahre später fand noch eine vierte Deportation statt. Nebukadnezar bestellte Gedalja zum Statthalter über die Zurückgebliebenen in Juda. Unter der Leitung von Johanan beschloss nun das ganze Volk, trotz der eindringlichen Warnungen von Jeremia nach Ägypten zu ziehen. Sie flohen aus Angst vor den Babyloniern nach Ägypten, nicht ahnend, dass Nebukadnezar auch Ägypten erobern würde.

»Die letzte Phase des Königreiches Juda ist, archäologisch gesehen, die Eisenzeit I und II. Bei fast allen freigelegten Städten dieser Periode finden wir eine oder mehrere Zerstörungen, meistens vom Wiederaufbau gefolgt, wie z.B. in Arad, Hazor, Megiddo und Samaria. In verschiedenen Orten wurden Ostraka (Tonscherben) gefunden, von denen die aus Lachisch, gefunden in der Wachstube der Stadtpforte, besondere Bedeutung erlangt haben. Auf diesen Tonscherben wird berichtet, dass man die Signale von Lachisch und Azekah nicht mehr sehen konnte. Man nimmt an, dass sie aus der Zeit von Zedekia stammen, als Nebukadnezar Jerusalem belagerte.« [31]

5.5 Das babylonische Exil

5.5.1 Nebukadnezar

Nachdem ein großer Teil des judäischen Volkes nach Babel weggeführt war und ein anderer Teil nach Ägypten geflüchtet war, blieb das Land Juda leer und geplündert zurück. Im Süden des Landes setzten sich die Edomiter durch, und dieser Teil des Landes wurde erst im Jahre 129 v.Chr. durch den hasmonesischen Hohen Priester Johannes Hyrcanus zurückerobert. Der nördliche Landesteil kam unter die Verwaltung des Statthalters von Samarien. Viele der Deportierten wurden in Babylon zu Sklaven gemacht. Anderen erging es besser, denn ihnen wurde in Tel-Abib ein Gebiet zugewiesen, wo Gemeinschaften unter Juden entstanden, die völlige Freiheit genossen. In dieser Gemeinschaft lebte auch der Prophet Hesekiel. Am Hof des babylonischen Königs Nebukadnezar wurde eine kleine Gruppe von Adligen und Prinzen aufgenommen. Sie fanden dort Aufgaben im engsten Kreis des Königs und wurden zu seinen Beratern. Einer dieser Adligen war der junge Prophet Daniel, der wegen seiner großen Weisheit eine besondere Stellung innehatte. Daniel kam zu seinem hohen Amt, als er dem König Nebukadnezar erzählte, was dieser geträumt hatte und dazu auch noch die Auslegung des Traumes gab. Dieser Traum vom großen Standbild brachte den König anscheinend auf die Idee, sich selbst ein Standbild zu errichten und sich anbeten zu lassen. Doch die drei Freunde Daniels weigerten sich, dieses Standbild anzubeten. Ihre wunderbare Errettung aus dem Feuerofen zwang dann aber Nebukadnezar dazu, die Souveränität Jahwes anzuerkennen.

Das Neubabylonische Reich, in das die Juden verbannt wurden, hatte einen großen Umfang und war das erste eigentliche Weltreich in der Menschheitsgeschichte. Doch so groß und mächtig dieses Reich auch war, es war wie jedes andere Reich in der Hand des allmächtigen Gottes. Das bekam auch Nebukadnezar zu spüren, als ihm vom Propheten Daniel vorausgesagt wurde, dass er aus der menschlichen Gemeinschaft ausgestoßen, bei den Tieren leben und sich wie ein Tier ernähren würde. »Ein Jahr später verfiel der König wieder dem Hochmut und stellte seine Leistungen und seine Macht heraus, indem er sagte: ›Ist dies nicht das große Babel, das ich gebaut habe ... durch die Stärke meiner Macht.‹« [32] Und so geschah, was ihm verheißen wurde, Gott strafte ihn mit sieben Jahren Wahnsinn und ließ ihn dadurch eine Zeit lang wie ein Tier werden. Der babylonisch-griechische Geschichtsschreiber Berossos (280 v.Chr.) berichtet denn auch tatsächlich, dass Nebukadnezar am Ende seines Lebens krank wurde. [33] Worin seine Krankheit bestand, wird in der Überlieferung aber nicht berichtet. Wir haben Nebukadnezar beim Turmbau zu Babel bereits angetroffen, wo er sich damit brüstete, das große Babel sowie den Turm zu Babel wieder aufgebaut zu haben. Babel wurde im Jahr 680 v.Chr. durch den Assyrerkönig Sanherib völlig zerstört, und babylonische Keilschrifttafeln bestätigen die Tatsache, dass die Stadt Babel von Nebukadnezar zu einem der gewaltigsten Bauwunder des Altertums gemacht worden war. Auf einer Inschrift sagte Nebukadnezar:»die Stadt machte ich prächtig zu einen Schaustück, ich machte die Stadt Babylon zu einer Feste«. [34] Babylon war zur Verteidigung mit einem Graben und einer doppelten Mauer umgeben. Entlang der breiten Prozessionsstraße und im Palast standen Löwen, Stiere und farbige Drachen, die aus farbigen Emailsteinen hergestellt waren. Das berühmte Ischtar-Tor war der eindrucksvolle Eingang zu dieser Straße.

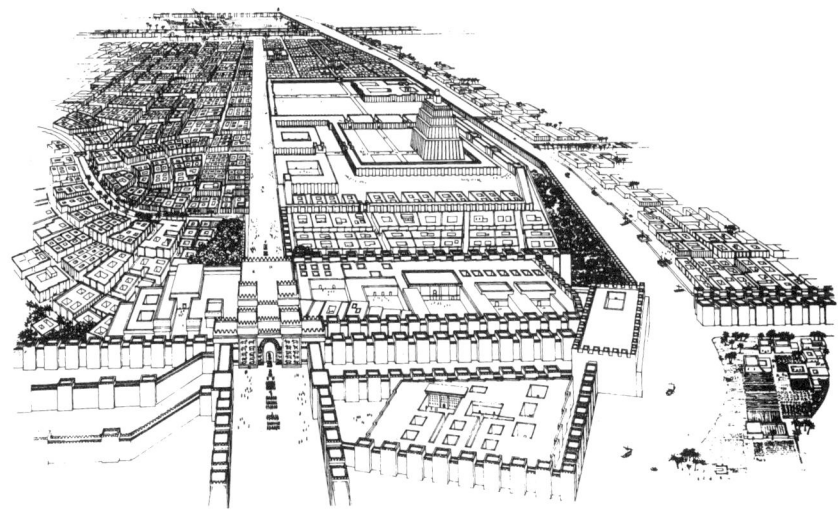

Abbildung 5.10: Diese Rekonstruktionszeichnung des »großen Babylon« gibt uns einen kleinen Eindruck von der Pracht und der Größe dieser vor allem von Nebukadnezar wieder aufgebauten Stadt. Im Vordergrund sehen wir das prächtige Ischtar-Tor und dahinter die lange Prozessionsstraße mit dem Tempelgelände. In diese Stadt wurden viele Einwohner von Jerusalem deportiert, und dieses Exil dauerte siebzig Jahre.

Der Wiederaufbau der Zikkurat, des Turms zu Babel, war das herausragende Unternehmen im Tempelgebiet. Die hängenden Gärten, die von Nebukadnezar erbaut wurden, um seiner medischen Königin zu gefallen, wurden von den Griechen als eines der sieben Weltwunder betrachtet. Nebukadnezar war es denn auch, der das Neubabylonische Reich, das erste der vier Weltreiche, begründete. Sein Vater, Nabopolassar, sandte den

Kronprinzen Nebukadnezar mit der babylonischen Armee im Jahr 605
v.Chr. aus, um der Bedrohung der Ägypter am oberen Euphrat zu begegnen. In der Schlacht von Karkemisch wurden die Ägypter von Nebukadnezar entscheidend geschlagen. Sein Vater starb am 15. August des Jahres
605 v.Chr. Der Kronprinz eilte sofort zurück nach Babel und wurde am Tag
seiner Ankunft, am 6. September, zum König von Babylon gekrönt. Nach
dem Tod Nebukadnezars im Jahr 562 v.Chr. begann der Ruhm des babylonischen Reiches zu verblassen. Durch die großen Erfolge dieses Königs
hatte sich das anfänglich kleine Reich der Babylonier so sehr ausgedehnt,
dass es den Nahen Osten von Susa bis zum Mittelmeer, vom Persischen
Golf bis zum oberen Tigris und vom Taurusgebirge bis hinunter zum ersten
Katarakt Ägyptens umspannte. Keiner der Nachfolger von Nebukadnezar
kam je seiner Macht und Schöpfungskraft, die seine 43-jährige Herrschaft
ausgezeichnet hatten, gleich. [35]

5.5.2 Der Fall Babels

Nach dem Tod Nebukadnezars bestieg sein Sohn Nabonid, der in der Bibel
nicht erwähnt wird, den Thron Babyloniens. Er machte seinen Sohn Belsazar zum Mitregenten in seinem Reich. Auch über Belsazar sind authenti-
sche Keilschrifttafeln aus dem 6. Jahrhundert v.Chr. entdeckt worden, die
Belsazar unter anderem als Mitregenten Nabonids erwähnen, während der
Zeit, als Nabonid sich in Arabien aufhielt. Aus dem so genannten »Stro-
phengedicht« geht hervor, dass Nabonid vor seiner Abreise nach Arabien
die Herrschaftsembleme aus der Hand legte und das Königtum Belsazar
übertrug. Nach dem 6. Jahrhundert v.Chr. findet sich Belsazar in keiner
Quelle mehr; anscheinend ist er bald in Vergessenheit geraten, denn er war
kein bedeutender Regent. [36] Wie Daniel den Aufstieg des Neubabylonischen Reiches unter Nebukadnezar miterlebte, so erlebte er auch den Untergang dieses Reiches unter dem König Belsazar. Als dieser ein Fest hielt
und dabei auch von dem aus Jerusalem geraubten Tempelgeschirr Gebrauch machte, erschien zum Entsetzen aller Anwesenden eine Hand, die
etwas auf die Mauer schrieb. Da niemand die Schrift entziffern konnte,
wurde Daniel geholt, von dem man noch wusste, dass er Ratgeber von Nebukadnezar war. Er konnte mit Gottes Eingebung die Schrift lesen und eine
Erklärung der Worte geben: *»Mene, mene, tekel upharsin. Dies ist die Deutung des Wortes: Mene – Gott hat dein Königtum gezählt und macht ihm
ein Ende. Tekel – du bist auf der Waage gewogen und zu leicht befunden
worden. Peres – dein Königreich wird zerteilt und den Medern und Persern
gegeben«* (Dan 5,26-28). Auf Belsazars Befehl bekleidete man daraufhin
Daniel mit Purpur und einer goldenen Kette um seinen Hals, und man rief
über ihn aus, dass er der Drittmächtigste im Königreich sei. Der Mächtigste

war Nabonid, der König, der Zweitmächtigste sein Sohn und Mitregent Belsazar und dann Daniel. Noch in der gleichen Nacht wurde Babel von Kyrus, dem Perser, überraschend eingenommen, und Belsazar wurde getötet. Auf diese Weise wurde das von Gott angekündigte Urteil über Babel von den Medern und Persern vollstreckt.

Die neuen Herrscher über das zweite Weltreich, das Medopersische Reich, waren Jafetiter (Meder) und Semiten (Perser), die sich im heutigen Iran gefestigt hatten. Die Hauptstadt von Medien war Ekbatana (Achmeta in Esra 6,2). Die Perser werden in der Bibel auch Elamiter genannt, Nachkommen von Elam, dem Sohn Sems; das eigentliche Persien lag in Wirklichkeit etwas südlich von Elam. Sowohl die Meder als auch die Perser waren unter dem Joch der Assyrer gewesen. »Sargon II. hatte nach dem Fall Samarias sogar Israeliten nach Medien und nach Elam deportiert, und einige Elamiter waren nach Samaria weggeführt worden. Später sind die Meder von Assyrien abgefallen und haben um das Jahr 621 v.Chr. gemeinsam mit den Babyloniern Ninive erobert. Auch brachten sie Elam und Persien unter ihren Einfluss. Im Jahr 550 v.Chr. brachte jedoch Kyrus II. (Kores), König von Ansjan, Medien unter seine Kontrolle, gab vielen Medern hohe Ämter und legte so den Grundstein für ein großes Medopersisches Reich. Neben Ekbatana in Medien und Persepolis in Persien wird Susa in Elam die Hauptstadt des Reiches. Kyrus machte sich auch Anatolien, Lydien und Assyrien untertan und fügte das neubabylonische Reich seinem eigenen Reich zu. Dies geschah mit der Eroberung Babels im Jahr 539 v.Chr.« [37]

Den Propheten Daniel treffen wir am Hof von Darius wieder, einem Meder, der wahrscheinlich ein unbekannter Vizeregent von Kyrus war. Dort versuchten eifersüchtige Fürsten und Statthalter Daniel in Bezug auf seine Treue und seinen Glauben zu Gott zu Fall zu bringen. Daniel widerstand aber diesen Versuchen, ihn von Gott abzubringen und wurde deshalb in eine Löwengrube geworfen. Auf wundersame Weise wurde Daniel dort durch Gott bewahrt, was Darius dazu brachte, den Gott Daniels zu loben (Dan 6). Es geschah dann im ersten Regierungsjahr des Darius, dass Daniels Aufmerksamkeit auf den Propheten Jeremia gelenkt wurde. Dieser hatte prophezeit, dass die babylonische Gefangenschaft nur siebzig Jahre dauern würde. Da Daniel bereits seit 68 Jahren in Babel lebte, schöpfte er aus dieser Prophezeiung Hoffnung auf eine baldige Beendigung der Gefangenschaft. In der Folge betete er um die Erfüllung von Gottes Verheißung und der Erzengel Gabriel überbrachte ihm die herrliche Prophezeiung der »siebzig Wochen«, mit der wir uns später beschäftigen werden.

5.5.3   Der Wiederaufbau Jerusalems [38]

Das babylonische Exil dauerte, von der ersten Deportation unter Jojakim gerechnet, von 609 bis 539 v.Chr., also 70 Jahre. Als das Medopersische Reich seinen Anfang genommen hatte, erlaubte Kyrus den Juden, mit allen Tempelgeräten in ihr Land zurückzukehren und den Tempel wieder aufzubauen. Schon lange vorher hatte Jahwe diesen Kyrus seinen »Hirten« und seinen »Gesalbten« genannt (Jes 44,28; 45,1), weil er Gottes Instrument sein würde für die Rückkehr der Gefangenen. Im gleichen Jahr, in dem er Babel eroberte, ließ er alle gefangenen Völker, die er in Babylonien fand, in ihre eigenen Länder ziehen. Anders als die assyrischen und babylonischen Könige festigten die persischen Könige, so weit wie möglich, die jeweilige Kultur und den Wohnort der Völker in ihrem Reich. Auch die Juden machten von dieser Möglichkeit Gebrauch und unter der Führung von Serubbabel und des Hohen Priesters Joschua, kehrten mehr als 42.000 Juden in ihre Heimat zurück. Als erstes wurde der Altar auf dem alten Tempelplatz aufgebaut und sie feierten das erste Mal nach über siebzig Jahren das Laubhüttenfest in Jerusalem. Dann machten sie sich an den Wiederaufbau des Tempels und stellten das Fundament wieder her. Die heimgekehrten Juden bekamen schon bald Schwierigkeiten mit den Samaritern. Diese hatten den Juden zwar ihre Hilfe beim Tempelbau angeboten, aber die Juden wollten mit diesem götzendienerischen Mischvolk nichts zu tun haben. Bedingt durch die Auseinandersetzungen mit den Samaritern, aber auch durch die eigene Gleichgültigkeit, ruhte der Tempelbau bis etwa 520 v.Chr. In dieser Zeit wirkten auch die Propheten Haggai und Sacharja, die das Volk dazu aufriefen, den Tempel wieder aufzubauen. In der Folge informierte sich der persische Statthalter Thathnai beim König Darius I. über die Legalität des Wiederaufbaus. Nachdem Darius im Dekret des Kyrus in seiner Bibliothek in Ekbatana (Achmeta) nachgelesen hatte, schickte er nicht nur eine positive Antwort zurück, sondern er gab gleichzeitig auch den Auftrag, die Juden beim Wiederaufbau zu unterstützen. Der Wiederaufbau des Tempels dauerte fünf Jahre und wurde mit einem großen Fest eingeweiht.

Etwa sechzig Jahre später, wir schreiben das Jahr 458 v.Chr., trat nun ein anders gearteter Mann als Führer auf: Esra aus der hohenpriesterlichen Familie und ein »Schriftgelehrter« (Esra 7-10). »Schriftgelehrter« war früher die Bezeichnung für »Schreiber« oder »Sekretär«; seit der Gefangenschaft änderte sich die Bedeutung in »Kenner, Ausleger und Abschreiber des Gesetzes«. Esra wurde von König Artaxerxes I. Longimanus beauftragt, nach Judäa zu gehen. Dort sollte er den Stand der Dinge erforschen, eine große Gabe überbringen und Verwalter einsetzen. Mit Esra zogen etwa 1.500 Personen in ihr Land zurück, darunter viele Leviten und Tempeldiener. Neben dem offiziellen Auftrag des Königs war es sein Ziel als treuer Knecht Gottes, das Volk in Judäa im Gesetz Gottes zu unterweisen. Im Jahr 445 v.Chr. vernahm Nehemia, der jüdische Mundschenk von Artaxerxes I., dass die Mauern Jerusalems immer noch verfallen und die Einwohner von einer großen Katastrophe getroffen waren (Neh 1-13); dies weist vermutlich auf den Baustopp unter Artaxerxes hin (Esr 4,23). Diese Nachricht stürzte Nehemia in tiefe Trauer und so wandte er sich in einem langen Gebet an Gott. Durch dieses Gebet und sein Gottvertrauen fasste er den Mut, vor den König zu treten und diesen darum zu bitten, das Verbot zurückzuziehen. Diese Bitte hätte ihn leicht das Leben kosten können, aber der König gewährte ihm seine Bitte und ließ Nehemia sogar für einige Zeit nach Judäa ziehen, um die Sache voranzutreiben. In der Folge begann er mit einer großen Anzahl von Bauleuten mit dem Wiederaufbau der Stadtmauer und der Tore von Jerusalem. Trotz aller Versuche der Samariter, den Wiederaufbau der Stadtmauer zu verhindern, wurde der Wiederaufbau abgeschlossen, die Tore wurden eingesetzt und die Bewachung der Stadt geregelt. Im siebten Monat ließ Nehemia das Gesetz des Mose durch den Schriftgelehrten Esra verlesen, und anschließend wurde das Laubhüttenfest gefeiert.

Dieser Heimkehrbewegung schlossen sich aber nicht alle Juden an und viele blieben in Babylon. Im Buch Ester wird uns eine Geschichte dieser babylonischen Juden erzählt, und zwar zur Zeit des großen Königs Xerxes I. aus Persien (Ahasveros). Dieser König verstieß während seines dritten Regierungsjahres seine Frau Wasti. Diese hatte sich geweigert, zu einem Festmahl zu erscheinen. Xerxes erwählte sich erst im siebten Jahr einen Ersatz für seine Frau, und seine Wahl fiel auf die schöne Jüdin Ester. Nachdem Ester zur Königin erhoben wurde, entdeckte ihr Vetter und Erzieher, Mordechai, eine Verschwörung gegen den König, die dann vereitelt wurde. Derselbe Mordechai lehnte es ab, sich als Jude vor Haman, einem Günstling des Königs, zu verbeugen. Haman wurde darüber so wütend, dass er sich von Xerxes die Erlaubnis holte, alle Juden im ganzen Land auszurotten. Nun musste gehandelt werden und Mordechai bat Ester, bei ihrem Gemahl, dem König Xerxes, für die Rettung der Juden einzustehen. In der Folge ging Ester ungeladen zum König und fand Gnade vor seinen Augen. Sie lud den König und Haman zu einem Festmahl ein. Weil der König in dieser Nacht nicht schlafen konnte, ließ er sich aus den Chroniken vorlesen. Dabei vernahm er auch, dass Mordechai ihm einmal das Leben gerettet hatte. Am nächsten Morgen beauftragte der König ausgerechnet Haman damit, Mordechai als Dank für die Rettung seines Lebens fürstliche Ehre zu erweisen. Beim anschließenden Festmahl beschuldigte Ester Haman, dass er ihr Volk ausrotten wolle. Nun erst wurde dem König bewusst, dass Ester eine Jüdin war und darauf ließ er Haman an den Galgen hängen, den dieser für Mordechai errichtet hatte. Da nun aber der erste Erlass des Königs, die Ausrottung der Juden, nicht zurückgezogen werden konnte, erließ der König einen weiteren Erlass, nach dem es den Juden gestattet war, sich gegen Feinde zu verteidigen. Die Juden feiern seither diesen Tag als Purimfest (Pur = Los, das ist das Los, mit dem der Tag der Ausrottung der Juden von Haman bestimmt wurde).

5.6 Weltgeschichte des Propheten Daniel [39]

5.6.1 Der Traum Nebukadnezars

In seinem 2. Regierungsjahr als König des neubabylonischen Reiches, im Jahr 603 v.Chr., hatte Nebukadnezar einen sehr beunruhigenden Traum. Daraufhin rief er alle seine Weisen zusammen und verlangte von ihnen, zuerst den Traum selbst herauszufinden und ihn dann zu deuten. Außer dem Propheten Daniel war aber keiner seiner Weisen dazu in der Lage. Denn Gott gab ihm Kenntnis über den Inhalt sowie die Deutung des Traums (Dan 2,1-30). In den Versen 2,31 bis 45 wird der Traum und die Deutung des Traums durch Daniel wie folgt beschrieben: *»Du, o König, schautest: Und siehe, ein großes Bild! Dieses Bild war gewaltig und sein Glanz außergewöhnlich; es stand vor dir, und sein Aussehen war furchtbar. Dieses Bild, sein Haupt war aus feinem Gold, seine Brust und seine Arme aus Silber, sein Bauch und seine Lenden aus Bronze, seine Schenkel aus Eisen, seine Füße teils aus Eisen und teils aus Ton. Du schautest, bis ein Stein losbrach, und zwar nicht durch Hände, und das Bild an seinen Füßen aus Eisen und Ton traf und sie zermalmte. Da wurden zugleich das Eisen, der Ton, die Bronze, das Silber und das Gold zermalmt, und sie wurden wie Spreu aus den Sommertennen; und der Wind führte sie fort, und es war keinerlei Spur mehr von ihnen zu finden. Und der Stein, der das Bild zerschlagen hatte, wurde zu einem großen Berg und erfüllte die ganze Erde. Das ist der Traum. Und seine Deutung wollen wir vor dem König ansagen: Du, o König, du König der Könige, dem der Gott des Himmels die Königsherrschaft, die Macht und die Stärke und die Ehre gegeben hat – und überall, wo Menschenkinder, Tiere des Feldes und Vögel des Himmels wohnen, hat er sie in deine Hand gegeben und dich zum Herrscher über sie alle gesetzt –, du bist das Haupt aus Gold. Und nach dir wird ein anderes Königreich erstehen, geringer als du, und ein anderes, drittes Königreich, aus Bronze, das über die ganze Erde herrschen wird. Und ein viertes Königreich wird stark sein wie Eisen, deshalb weil das Eisen alles zermalmt und zerschmettert; wie das Eisen, das alles zertrümmert, wird es all jene zermalmen und zertrümmern. Und dass du die Füße und die Zehen teils aus Töpferton und teils aus Eisen gesehen hast: das wird ein geteiltes Königreich sein; aber* *von der Festigkeit des Eisens wird etwas in ihm sein, weil du das Eisen mit lehmigem Ton vermischt gesehen hast. Und die Zehen der Füße, teils aus Eisen und teils aus Ton: zum Teil wird das Königreich stark sein, und zum Teil wird es zerbrechlich sein. Dass du das Eisen mit lehmigem Ton vermischt gesehen hast: sie werden sich durch Heiraten untereinander vermischen, aber sie werden nicht aneinander haften, so wie sich Eisen mit Ton nicht mischen lässt.«* Die Verse 44 und 45 beziehen sich bereits auf die Endzeit und werden in einem späteren Kapitel erklärt.

Abbildung 5.11: Im Jahr 603 v. Chr. hatte Nebukadnezar, der neue König des Neubabylonischen Reiches, einen tief beunruhigenden Traum. Einzig der Prophet Daniel vermochte dem Herrscher den Inhalt des Traumes zu erzählen sowie den Traum zu deuten. Dieses Standbild stellte prophetisch vier aufeinander folgende Weltreiche dar, von denen das Babylonische Reich das erste ist und durch das goldene Haupt symbolisiert wird.

Wie aus der Deutung Daniels hervorgeht, stellt das schreckliche Standbild im Traum Nebukadnezars prophetisch vier aufeinander folgende Weltreiche dar, die mit den vier Teilen der Statue symbolisiert werden, mit dem Kopf, der Brust, den Lenden und den Beinen. Das Haupt von Gold deutet Daniel auf Nebukadnezar, und damit wird das erste Reich, das Neubabylonische Weltreich, verkörpert. Die Brust und die Arme aus Silber verkörpern das zweite Reich, das Medopersische Weltreich. Im Jahr 539 v.Chr. wurde Babylon durch die Perser und die Meder eingenommen, und damit nahm die babylonische Weltherrschaft ein Ende. Das Medopersische Reich erlangte allerdings nie den Glanz des Neubabylonischen Weltreiches unter Nebukadnezar, genauso wie Silber den Wert von Gold nicht erreicht. Die Meder und Perser bildeten ein Doppelreich, darauf weisen die beiden Arme des Standbildes hin. Das dritte Reich wird mit dem Bauch und den Lenden aus Erz verkörpert. Bei diesem handelt es sich um das Griechische Weltreich. Alexander der Große zerschmetterte um 334-331 v.Chr. die medopersische Herrschaft unter Darius III. Alexander dehnte sein Reich in geradezu phänomenaler Weise aus und regierte über Mazedonien, Griechenland, Kleinasien, Syrien, Israel, Ägypten, Mesopotamien, Persien, Afghanistan und Indien bis über den Indus hinaus sowie über Landstriche, die zur ehemaligen Sowjetunion gehörten. Auch hier findet wiederum eine Wertabnahme gegenüber dem Silber und Gold statt. Diese symbolische Angabe trifft denn auch auf das Griechische Weltreich zu, denn nach dem Tod des noch so jungen Alexander im Jahr 323 v.Chr., der in Babylon an Malaria starb, entbrannten heftige Machtkämpfe unter seinen Generälen. Die Folge davon war, dass das Riesenreich Alexanders in mehrere Teile zersplittert wurde. Was da übrig blieb, lag tief unter der Herrlichkeit des Medopersischen Reiches. Die Schenkel von Eisen und die Füße von Eisen und Ton verkörpern schlussendlich das vierte Reich, das Römische Weltreich, das außerordentlich typisch charakterisiert wird. Während das zersplitterte Griechische Reich unter den Nachfolgern Alexanders immer mehr zerfiel, dehnte sich die römische Macht unaufhaltsam aus. Ein Land nach dem anderen kam unter die unwahrscheinlich autoritäre Härte dieser Weltmacht. Wer Rom Widerstand bot, wurde grausam zermalmt und zerschlagen. Um 395 n.Chr. wurde diese Macht jedoch in zwei Teile gespalten; in ein Ost- und ein Weströmisches Reich. Darauf weisen die beiden Schenkel hin. Der zerbrechliche Bestandteil Ton, der sich nicht mit Eisen zu einer Einheit verbinden lässt, ist ein Hinweis auf die barbarischen Horden, die im 5. Jahrhundert von Norden und von Osten her in das Römische Reich einfielen. Sie schwächten es und bildeten nach und nach getrennte Königreiche innerhalb des römischen Gebietes. Ein Zusammenhalt der völlig verschiedenen Bestandteile war aber undenkbar. Das Römische Weltreich ist in zahllose Teile zerfallen, und auf dieses Reich folgt kein weiteres. Aber es wird nirgends über ein Ende dieses Reiches berichtet.

5.6.2 Die vier Tiere aus dem Meer

Es war im ersten Jahr des Königs Belsazars, im Jahre 549 v.Chr., als Daniel in einer Nacht einen sehr eigentümlichen Traum von vier Tieren hatte. Diese vier Tiere stiegen nacheinander aus dem Meer und nachdem das letzte Tier aus dem Meer gestiegen war, sah er den »Sohn des Menschen« mit den Wolken des Himmels kommen, um ein weltweites Königreich aufzurichten (Dan 7). Auch in diesen vier Tieren aus dem Meer sind wieder die vier Weltreiche symbolisiert, die bereits im Traum des Nebukadnezars mit den vier Teilen des Standbildes symbolisiert werden. »Im Traum von Nebukadnezar werden die vier Weltreiche im Bild eines Menschen gesehen; dies weist auf ihre von Gott gegebene Aufgabe hin, die Herrschaft Gottes auf der Erde zu repräsentieren. Denn der Mensch wurde im Bild Gottes erschaffen; damit sollte er etwas von der Herrlichkeit Gottes in dieser Schöpfung zur Darstellung bringen. Daniel 7 hingegen beschreibt die vier Weltreiche als wilde Tiere. Dadurch wird der Charakter dieser Weltmächte zum Ausdruck gebracht; sie waren alle weit entfernt von der Erfüllung ihres göttlichen Auftrages, weil der lebendige Gott in diesen Herrschaften weitgehend ausgeschlossen war. In Daniel 2 und 7 wird folgende Wahrheit zum Ausdruck gebracht: **»Humanität ohne Divinität wird zur Bestialität«!«** [40]

»Daniel fing an und sprach: Ich schaute in meinem Gesicht in der Nacht, und siehe, die vier Winde des Himmels wühlten das große Meer auf. Und vier große Tiere stiegen aus dem Meer herauf, jedes verschieden vom anderen« (Dan 7,2.3). In den prophetischen Schriften der Bibel ist das aufgewühlte und tosende Meer ein Bild der unruhigen, politisch und sozial bewegten Völkermassen. In diesem Zusammenhang hat es die Bedeutung, dass die vier wilden Tiere aus der Mitte der Völker aufsteigen und deshalb vier Weltreiche symbolisieren.

»Das erste war wie ein Löwe und hatte Adlerflügel; ich sah hin, bis seine Flügel ausgerissen wurden und es von der Erde aufgehoben und wie ein Mensch auf seine Füße gestellt und ihm das Herz eines Menschen gegeben wurde« (Dan 7,4). Das Babylonische Reich wurde im Jahr 539 v.Chr. durch das Medopersische Reich wohl erobert und gedemütigt, aber nicht vernichtet. Bis dahin war das Babylonische Weltreich ein gefürchteter Beherrscher anderer Völker, nun aber sah sich Babylon selbst unversehens in der Situation, sich vor anderen Nationen fürchten zu müssen. Das ist denn auch die Bedeutung des ängstlichen Menschenherzens, das dem ersten Tier gegeben wurde, denn das ehemals mächtige Babylon verlor durch die Medoperser alle Macht.

»Und siehe, ein anderes, ein zweites Tier, war einem Bären gleich. Und es war auf der einen Seite aufgerichtet und hatte in seinem Maul drei Rippen zwischen den Zähnen. Und man sprach zu ihm so: Steh auf, friss viel Fleisch« (Dan 7,5). Die Weltherrschaft ging nun auf das Medopersische Reich über. Dieses Reich kam nicht an die majestätische Macht der Babylonier heran und war, wie das auch mit dem Bären symbolisiert wird, viel schwerfälliger. Das Medopersische Reich bestand zwar aus zwei Völkern, aus Medern und Persern, aber die Macht lag immer in der Hand eines Persers. Das Medopersische Weltreich hatte einen ungewöhnlich raubgierigen und gefräßigen Eroberungsdrang; darauf weisen die drei Rippen im Maul des Bären hin sowie der Befehl: *»Stehe auf, friss viel Fleisch«*!

»Nach diesem schaute ich, und siehe, ein anderes, wie ein Leopard: das hatte vier Vogelflügel auf seinem Rücken. Und das Tier hatte vier Köpfe, und Herrschaft wurde ihm gegeben« (Dan 7,6). Dieses dritte Tier stellt das Griechische Weltreich dar. Es ist durch außerordentliche Schnelligkeit charakterisiert. Das Reich Alexanders des Großen könnte denn auch nicht treffender charakterisiert werden; denn in der unfasslich kurzen Zeit von etwas mehr als zehn Jahren eroberte er sein Weltreich vom Ägäischen Meer bis zum Indus und vom Schwarzen Meer bis zum Nil. Nach seinem unerwartet frühen Tod stritten sich seine Generäle und deren Nachfolger um das Riesenreich. Nach jahrelangen erbitterten Kämpfen gingen aus der Weltmacht Alexanders vier große Splitterreiche hervor: die Reiche des Ptolemäus, des Seleukus, des Kassanders und des Lysimachus. Auf diese vier Diadochenreiche weisen die vier Köpfe des Leoparden hin.

»Nach diesem schaute ich in Gesichten der Nacht: und siehe, ein viertes Tier, furchtbar und schreckerregend und außergewöhnlich stark, und es hatte große eiserne Zähne; es fraß und zermalmte, und den Rest zertrat es mit seinen Füßen. Und es war verschieden von allen Tieren, die vor ihm waren, und es hatte zehn Hörner« (Dan 7,7). Mit diesem furchtbaren und Schrecken erregenden Tier, das mit keinem existierenden Tier verglichen werden kann, wird die römische Weltmacht symbolisiert. Mit unwiderstehlicher Gewalt brachten die Römer ein Land nach dem anderen unter ihre autoritäre Macht. Alle, die den Römern Widerstand entgegenbrachten, wurden brutal vernichtet oder, mit den Worten der Bibel, *»gefressen und zermalmt«*. Wir haben bereits beim Traum Nebukadnezars gesehen, dass das Römische Reich zwar in viele einzelne Königreiche zersplitterte, aber nie ganz unterging. Der letzte Satz aus Daniel 7,7 – *»und es hatte zehn Hörner«* – ist bereits eine zukünftige Prophetie, die sich bis heute noch nicht erfüllt hat. Die Verse 8 bis 28 handeln denn auch von der Endzeit.

5.6.3 Der Widder und der Ziegenbock

Mit den Prophezeiungen in Daniel 2 und 7 über die vier Weltreiche, erhalten wir einen groben Überblick über den Ablauf der Weltgeschichte. In der Vision über den Widder und den Ziegenbock werden sehr detaillierte Aussagen über die medopersische und die griechische Herrschaft gemacht, also über die Zeit von etwa 539 bis 163 v.Chr. Diese Vision hatte Daniel im 3. Jahr Belsazars erhalten, dies entspricht dem Jahr 547 v.Chr. (Dan 8).

»Und ich sah im Geist: Und es geschah, während ich sah, da war ich in der Burg Susa, die in der Provinz Elam ist; und ich sah im Gesicht, dass ich am Fluss Ulai war« (Dan 8,2). In der Zeit, in der Daniel diese Vision hatte, gehörte die Stadt Susa noch zum Babylonischen Weltreich. Nach der Eroberung durch die Medoperser wurde diese Stadt zur Winterresidenz der neuen Herrscher.

»Und ich erhob meine Augen und sah: Und siehe, ein Widder stand vor dem Fluss, der hatte zwei Hörner; und die zwei Hörner waren hoch, und das eine war höher als das zweite, und das höhere stieg zuletzt auf« (Dan 8,3). Der Widder symbolisiert die Medopersische Weltmacht. Wenn Daniel von Susa her zu diesem Fluss schaute, stand der Widder auf der anderen Seite des Flusses, auf der Ostseite des Ulai. Die Medoperser drangen aus dieser Richtung vor, um das babylonische Reich zu erobern. Die beiden Hörner des Widders symbolisieren das Doppelreich der Meder und Perser, wobei das eine Horn, das zuletzt höher emporstieg, die Perser darstellt. Den Persern gelang es erst unter Kyrus, die Meder zu beherrschen und seither lag das Zepter im Medopersischen Reich immer in der Hand eines Persers.

»Ich sah den Widder nach Westen und nach Norden und nach Süden stoßen, und kein Tier hielt ihm stand, und niemand rettete aus seiner Hand; und er handelte nach seinem Belieben und wurde groß« (Dan 8,4). Das Medopersische Reich dehnte sich von Osten kommend mit unaufhaltsamer Gewalt nach dem Westen, dem Norden und dem Süden aus. Etwa zwei Jahrhunderte lang konnte kein Volk vor der medopersischen Militärmacht bestehen. »Auf dem Grab des Königs Kyrus (gestorben 530 v.Chr.) steht noch heute folgende Inschrift: ›O Mann, wer immer du bist und wann du auch kommst, denn ich weiß, dass du kommen wirst – ich bin Kyrus und gewann den Persern ihr Weltreich. Missgönne mir nicht dieses Fleckchen Erde, das meinen Körper bedeckt!‹ Heute ist dieses Grab allerdings leer.« [41]

»Und während ich Acht gab, siehe, da kam ein Ziegenbock von Westen her über die ganze Erde, und er berührte die Erde nicht; und der Bock hatte ein ansehnliches Horn zwischen den Augen (Dan 8,5). In Daniel 8,21 ist die Auslegung zu diesem Vers zu lesen: *»Und der zottige Ziegenbock ist der König von Griechenland.*

Abbildung 5.12: Diese Zeichnung zeigt das Grab des medopersischen Herrschers Kyrus (gestorben 530 v. Chr.). Dieser König zerbrach im Jahr 550 v. Chr. das Joch der Meder und brachte Medien unter seine Kontrolle. Mit der Eroberung des Neubabylonischen Reiches wurde das medopersische Reich zum zweiten Weltreich. Die medopersische Militärmacht konnte sich etwa zwei Jahrhunderte lang behaupten, bis sie von Alexander dem Großen zerschlagen wurde. Damit entstand das dritte, das Hellenistische Weltreich.

Und das große Horn, das zwischen seinen Augen war, das ist der erste König«. Alexander der Große begann seinen Siegeszug von Griechenland her, also von Westen her, indem er sich durch Kleinasien nach Osten durchkämpfte. Er nahm in der unbegreiflich kurzen Zeit von etwas mehr als zehn Jahren die ganze damals bekannte Welt ein.

»Und er kam zu dem Widder mit den zwei Hörnern, den ich vor dem Fluss hatte stehen sehen; und im Zorn seiner Kraft rannte er auf ihn zu. Und ich sah ihn neben dem Widder eintreffen, und er ergrimmte gegen ihn, und er stieß den Widder und zerbrach seine beiden Hörner; und in dem Widder war keine Kraft, vor ihm zu bestehen. Und er warf ihn zu Boden

und zertrat ihn, und niemand rettete den Widder aus seiner Hand« (Dan 8,6.7). Alexander der Große hatte es bei seinen Feldzügen besonders auf das Medopersische Reich abgesehen. Mit unauslöschlichem Hass stürzte er sich auf seine Feinde und zerschmetterte diese Weltmacht in den Jahren 334 bis 331 v.Chr. in den Schlachten bei Granikos, bei Issos und bei Gaugamela. Unter den Königen Darius I. und Xerxes, also etwa 150 Jahre früher, hatten die Perser verheerende Kriege gegen die Griechen geführt. Spartanischer Heldenmut und der Marathonlauf sind seitdem allgemein bekannt. Diese Kriege lösten bei den Griechen einen Perserhass aus, der sich von einer Generation auf die andere vererbte. Angetrieben von diesem Hass auf die Perser, zertrat Alexander das Weltreich der Medoperser. »Der jüdische Historiker Flavius Josephus beschreibt in seinem Werk ›Jüdische Altertümer‹ den Besuch Alexanders des Großen in Jerusalem um das Jahr 330 v.Chr. Der Hohe Priester Jaddua habe ihm dort das Buch Daniels gezeigt. Alexander habe sich selbst darin prophetisch beschrieben wiedererkannt.« [42]

»Und der Ziegenbock wurde überaus groß. Und als er stark geworden war, zerbrach das große Horn, und vier ansehnliche Hörner wuchsen an seiner Stelle nach den vier Winden des Himmels hin« (Dan 8,8). Alexander wurde überaus mächtig und brachte die gesamte damals bekannte Welt unter seine Macht. Er begann seinen Feldzug um 336 v.Chr. und starb bereits im Jahre 323 v.Chr., erst 33-jährig, in Babylon an Malaria. Nach dem Tod Alexanders kämpften seine Generäle und deren Nachfolger um das Erbe. Nach der Schlacht bei Ipsos im Jahr 301 v.Chr. bildeten sich vier große getrennte Königreiche:

1. Kassander erwarb Mazedonien (Westen).

2. Lysimachus bekam Kleinasien und Thrakien (Norden).

3. Seleukus erhielt Syrien (Osten).

4. Ptolemäus blieb in Ägypten (Süden).

»Und aus dem einen von ihnen kam ein einzelnes Horn hervor, zunächst klein, aber es wurde übermäßig groß gegen Süden und gegen Osten und gegen die Zierde« (Dan 8,9). Dieser Vers hat sich in dem König Antiochus IV. Epiphanes von Syrien erfüllt (175-164 v.Chr.). Er ging aus dem Seleuzidenreich hervor, stieß nach Süden gegen Ägypten, nach Osten gegen Mesopotamien und gegen »die Zierde«, gegen Israel vor.

»Und es wuchs bis an das Heer des Himmels, und es warf einige von dem Heer und von den Sternen zur Erde herab und zertrat sie. Selbst bis an den Obersten des Heeres wuchs er empor. Und er nahm ihm das regelmäßige Opfer weg, und die Stätte seines Heiligtums wurde gestürzt. Und ein

*Opferdienst wurde verbrecherisch gegen das regelmäßige Opfer einge-
richtet. Und das Horn warf die Wahrheit zu Boden und hatte Erfolg«* (Dan
8,10-12). Antiochus IV. Epiphanes entwickelte eine grässliche Wut gegen
das Volk Israel und seinen Gottesdienst. Er ging direkt gegen Jahwe, den
Gott Israels, vor. Um 167 v.Chr. entweihte er den Tempel in Jerusalem, indem er aus dem Brandopferaltar einen Zeusaltar machte und unreine
Schweine(!) darauf opfern ließ. Er führte in Judäa den Zeuskult ein und befahl allen Juden, diesen anzunehmen. Gleichzeitig wurde ihnen bei Todesstrafe verboten, den Sabbat einzuhalten sowie ihre Kinder beschneiden zu
lassen. Weil viele gesetzestreue Israeliten sich weigerten, vom lebendigen
Gott abzufallen, mussten sie das Martyrium erleiden.

*»Und ich hörte einen Heiligen reden. Und es sprach ein Heiliger zu je-
mandem – dem Redenden nämlich –: Bis wann gilt das Gesicht von dem re-
gelmäßigen Opfer und von dem entsetzlichen Verbrechen, dass sowohl das
Heiligtum als auch der Opferdienst zur Zertretung preisgegeben sind? Und
er sagte zu mir: Bis zu 2300 Abenden und Morgen; dann wird das Heiligtum wieder gerechtfertigt«* (Dan 8,13.14). Die göttliche Zahlenangabe von
2300 Abenden und Morgen richtet sich nach dem beständigen Opfer, das
jeden Morgen und jeden Abend dargebracht werden sollte, und nun wegen
Antiochus 1150 Tage ausfallen musste. *»Diese Zeit passt ganz genau zwischen die Tempelschändung durch Antiochus am 6. Dezember 167 v.Chr.
und Befestigung des Zionsberges durch die Makkabäer im Januar 163
v.Chr. Die Befestigung fand nämlich kurz nach der Tempelweihe, am 4.
Dezember 164 v.Chr. statt, und zwar mit dem Zweck, das Heiligtum zu
schützen. Gott ließ das Wüten des Seleuzidenkönigs als eine Strafe wegen
der vorangegangenen Sünden im Volk Israel ›...um des Frevels willen‹ zu.
Aber der Ewige hat alles in seiner Hand, denn das von ihm bestimmte Maß
durfte nicht überschritten werden!«* [43]

Alle diese Verse über den Widder und den Ziegenbock haben sich in der
Vergangenheit erfüllt. Bei diesen Versen muss man sich bewusst sein, dass
sie mehr als 200 Jahre **vor** der Erfüllung von Daniel niedergeschrieben
wurden. Ist es nicht erstaunlich, wie präzise sich die Prophezeiungen über
diese weltgeschichtlich hochbedeutenden Ereignisse erfüllt haben? Im Kapitel 8 ist es wieder wie in den Kapiteln 2 und 7; ab dem Vers 15 richtet
sich das Geschehen auf das Ende der Zeiten. Die Verse 23-25 beschreiben
einen künftigen Herrscher, der sich in ähnlicher Weise wie Antiochus IV.
Epiphanes an dem Volk Israel vergehen wird. Der Letztgenannte, »das
kleine Horn«, war nur ein Vorbote dieses zukünftigen Führers. Im 3. Jahr
des Königs Kyrus von Persien, im Jahre 536 v.Chr., hatte Daniel wieder
eine Vision (Dan 10,1). In dieser Vision erhielt der Prophet eine göttliche
Botschaft über kommende Ereignisse von der Zeit des Kyrus bis zur »Zeit

des Endes«. Die Verse 2-35 des 11. Kapitels beschreiben die Zeit von Kyrus (6. Jahrhundert v.Chr.) bis zu Antiochus IV. Epiphanes (2. Jahrhundert v.Chr.), und bei diesen Versen handelt es sich um die detaillierteste Prophetie über die Weltgeschichte. Dieser Abschnitt enthält alleine über 150 erfüllte Prophezeiungen, die von Roger Liebi (Weltgeschichte im Visier des Propheten Daniel) hervorragend ausgelegt werden.

5.6.4 Das Makkabäerreich

Während der Zeit von Esra und Nehemia wirkte auch der letzte Prophet und damit auch der letzte Bibelautor des Alten Testamentes, nämlich Maleachi. Mit diesem Propheten wurde das Alte Testament etwa im Jahr 435 v.Chr. abgeschlossen. Der babylonische Talmud berichtet darüber: »Nach den letzten Propheten Haggai, Sacharja und Maleachi wich der Heilige Geist von Israel.« [44] Damit begann die intertestamentarische Zeitperiode, die Periode der Geschichte zwischen dem Alten und dem Neuen Testament, die etwas über vierhundert Jahre dauerte. Über diese Zeit erfahren wir einiges aus den apokryphen Büchern wie den zwei Büchern der Makkabäer sowie aus den sehr bemerkenswerten Visionen des Propheten Daniel über die Weltgeschichte im Allgemeinen und im Speziellen über die Geschichte von Xerxes bis zu Antiochus IV. Epiphanes. In Daniel 11 ab Vers 21 begegnen wir wieder diesem Antiochus, der Ursache für den Aufstand der Makkabäer war. Er besiegte seinen Neffen Ptolemäus IV. in Ägypten, und auf seinem Rückweg nach Syrien raubte er die wichtigsten goldenen Geräte aus dem jüdischen Tempel (Verse 25-28). Im Jahr 168 v.Chr. unternahm Antiochus einen zweiten Feldzug gegen seinen Neffen, doch eine römische Gesandtschaft, die »Kittiter«, kam per Schiff, um Antiochus zur Ordnung zu rufen. Er zog sich aus Ägypten zurück und ließ seine Wut an den Juden aus. Seine Truppen entheiligten den Tempel und machten ihn zum Heiligtum des griechischen Götzen Zeus (Verse 29-31). Unter den Makkabäern, welche »die kleine Hilfe« aus Vers 34 sind, brach ein Aufstand unter den getreuen Juden aus. Der Priester Mattathias und seine fünf Söhne entfesselten den Widerstand, überall wurden heidnische Altäre vernichtet und abtrünnige Juden getötet. Der Aufstand hatte einen solchen Erfolg und die Heere des Antiochus wurden so weit zurückgeschlagen, dass Jerusalem wieder ganz in die Hände der Juden kam.

Dreißig Kilometer von Jerusalem entfernt, am Westrand des Judagebirges, lag der kleine Ort Modein, der heutige Marktflecken el-Medieh, in dem der Priester Mattathias mit seinen fünf Söhnen lebte. Eines Tages kamen Soldaten von Antiochus auch nach Modein, wo sie die Einwohner zwingen wollten, von ihrem Gottesdienst abzufallen und den neuen Götzen zu opfern. Mattathias weigerte sich aber standhaft, dem Befehl zu folgen, und als er einen Juden opfern sah, entbrannte sein Eifer um das Gesetz und er tötete den Juden sowie einen Hauptmann des Antiochus (1Makk 2,1-25). Das war der Anstoß zum Widerstand, zum Kampf um die Freiheit des Glaubens, und damit begannen die Kriege der Makkabäer. Mattathias und seine Söhne mussten in die Berge fliehen und dort sammelten sie eine immer größer werdende Schar von Kämpfern um sich, mit denen sie einen erbitterten Guerillakrieg gegen die Machthaber führten. Als der alte Priester starb, übernahm sein Sohn, Judas Makkabäus, was »Hammer« bedeutet, die Führung dieser Truppen. Die Aufständischen errangen ihre ersten Erfolge im Bergland von Juda, und nahmen in der Folge eine Stadt nach der anderen ein. Die Seleukiden mussten sich zurückziehen und darauf warten, bis Verstärkung von Antiochia eintraf. Im Jahre 164 v.Chr. eroberten die Makkabäer Jerusalem und stellten dort die alte Ordnung im Tempel wieder her. Im Tempel wurde der Altar wieder aufgebaut, und die Opfer für Jahwe konnten nach einer langen Unterbrechung wieder dargebracht werden. In der Folge dehnten die Makkabäer auf ihren Kriegszügen die Grenzen der Provinz Judäa immer weiter aus und kamen bis nach Galiläa und in das Ostjordanland. In der Zwischenzeit hatten sich die Seleukiden wieder gesammelt und in der entscheidenden Schlacht setzten sie ihre Kriegselefanten sowie Kavallerieabteilungen ein. Die Makkabäer standen dieser ungeheuren Übermacht hilflos gegenüber und wurden geschlagen. Die Seleukiden drängten jedoch zu einem Friedensschluss mit den Makkabäern, der sehr günstige Bedingungen für die Unterlegenen vorsah.

Die Nachfolger von Judas Makkabäus, seine Brüder Jonatan und Simon, entfachten den Kampf von Neuem, der unter Simon im Jahr 142 v.Chr. damit endete, dass Syrien den Juden die politische Freiheit zubilligte (1Makk 15,1ff). Die Bücher der Makkabäer schließen mit der Ermordung Simons, eines Bruders von Judas Makkabäus. Das Amt des Hohen Priesters schloss die religiöse wie auch die politische Führung des Volkes ein. Nach Simons Tod ging dieses Amt auf seinen Sohn Johannes Hyrkanus über. Die weitere Geschichte des Johannes Hyrkanus und seiner Nachfolger erfahren wir aus den Aufzeichnungen des Flavius Josephus. Die Grenzen Judäas wurden in ununterbrochenen Kriegen immer weiter ausgedehnt und unter Alexander Jannäus war ihr Herrschaftsgebiet bereits bis an die Grenzen der einstigen Königreiche Israel und Juda angewachsen. Das Seleukidenreich war dem Untergang geweiht, denn von Westen her nahte Schritt für Schritt das vierte Tier aus Daniels Prophezeiung, das Römische Imperium. Nachdem Rom die Heere Hannibals besiegt und das verfeindete Karthago zerstört hatte, war Rom der unumschränkte Herrscher des westlichen Mittelmeers. Nachdem der gefährlichste Gegner Roms im Osten,

Mithriadates von Pontos, besiegt wurde, eroberte der römische General Pompejus das Reich der Seleukiden und machte es zur römischen Provinz Syrien. Anschließend drang er auch in Palästina ein und belagerte Jerusalem drei Monate lang. Nachdem Jerusalem von den römischen Legionen im Jahr 63 v.Chr. eingenommen wurde, führte er in Palästina eine Gebietsneuordnung durch. Dadurch wurden dem jüdischen Staat schwere Einbußen auferlegt. Doch auch hier galt nun der Wille des neuen Herrn der Welt: das Römische Weltreich, das vierte und furchtbare Tier aus der Prophetie Daniels. [45]

5.6.5 Herodes der Große

Am Ende dieses Teils der jüdischen Geschichte, der Geschichte der Erzväter, der Könige und der Propheten, steht Jesus Christus, »der Sohn Davids, der Sohn Abrahams«. Jesus Christus wurde noch in der Regierungszeit Herodes des Großen, Königs der Juden, geboren, der nach der offiziellen Geschichtsschreibung in den Jahren von 73 v.Chr. bis ca. 4 v.Chr. lebte. Wir werden später noch sehen, dass sein Todesjahr auf das Jahr 1 v.Chr. korrigiert werden muss. Herodes zählt zu den schillerndsten Figuren der Weltgeschichte und ging als König und Bauherr in die Annalen ein, aber auch als Despot und Kindermörder. Eine der Leidenschaften von Herodes war das architektonische Gestalten. Er ließ den Hafen und die Stadt Caesarea nach römischem Vorbild bauen und auch Tiberias am Meer. Neben verschiedenen Tempeln zu Ehren des Kaisers und heidnischer Götter baute er auch zahlreiche Festungen: die Burg Antonia in Jerusalem, die er ausbauen ließ, um die Kontrolle über den Tempelbereich zu behalten, seine eigene Grabstätte Herodeion sowie die Festung Massada am Toten Meer, die als Zufluchtsort für Notzeiten geschaffen wurde. Aber vor allem ist Herodes in die Geschichte eingegangen als Erbauer und Gestalter des Tempels in Jerusalem. Die so genannte »Klagemauer« ist der Überrest des einst gewaltigen Baus. Der Tempel wurde im Jahr 70 n.Chr. von den Römern »geschleift«, aber sie ließen die Westmauer als warnendes Mahnmal bewusst stehen. Die Rabbiner sollen über den herodianischen Tempel gesagt haben: »Wer den Tempel des Herodes nicht gesehen hat, hat noch kein prächtiges Gebäude gesehen.« Wer sich als Erbauer des endgültigen Tempels Gottes ausgab, erhob damit indirekt den Anspruch, der Messias zu sein. Der Tempelbau war nach antiker jüdischer Sicht geradezu messianische Pflicht.

Von der Abstammung her war Herodes kein Israelit oder Jude. Er war ein Nachkomme der Edomiter, die erst vor wenigen Jahrzehnten vom Makkabäer bzw. Hasmonäer Johannes Hyrkan I. (135-104 v.Chr.) zwangsbeschnitten worden waren. Herodes konnte seine Königsherrschaft erst antreten, nachdem er mit römischer Hilfe die Hasmonäer besiegt hatte. Die Römer benutzten Herodes, um Judäa zu befrieden, denn er war die ideale Person dazu: Von der Religion her war er Jude, aber von der Abstammung her nicht. Herodes selbst fühlte sich der griechisch-römischen Kultur viel mehr verbunden als der jüdischen, denn den spartanischen Geschmack der jüdischen Orthodoxie mochte er nicht. Geliebt wurde er von seinem Volk aber nie, denn es lehnte ihn innerlich ab und akzeptierte Herodes nie voll als seinen König. Herodes war ein Gewaltherrscher und Anpasser und somit genau das Gegenbild des verheißenen messianischen Königs, der noch zu Herodes Lebzeiten in Bethlehem geboren wurde. Kaiser Augustus soll über Herodes in einem Wortspiel gesagt haben: »Es ist besser, eines der Schweine des Herodes zu sein als sein Sohn, denn als sein Schwein hat man bessere Chancen, in einer jüdischen Gemeinschaft zu überleben«. Bei diesem Wortspiel muss man wissen, dass das griechische Wort für »Schwein« (huos) sich nur in einem einzigen Buchstaben vom Wort für »Sohn« (huios) unterscheidet. Dieser kaiserliche Ausspruch zeigt, dass auch Rom keinerlei Achtung vor seinem Vasallenkönig in Jerusalem hatte. Sie wussten um den zwiespältigen Charakter dieses Mannes, der gleichzeitig heucheln und morden konnte und alles tat, um an der Macht zu bleiben. Rom benutzte denn auch den machtbesessenen Herodes, um Jerusalem unter seiner Herrschaft zu behalten.

Die Ermordung Cäsars im Jahr 44 v.Chr. hatte in Palästina ein Machtvakuum ausgelöst und es brachen Unruhen aus, die sich zu einem Bürgerkrieg entwickelten. In dieser Zeit floh Herodes außer Landes. Als die Parther Syrien und Palästina besetzten und den Hasmonäer (später Makkabäer genannt) Antigonus als Herrscher einsetzten, setzten es Antonius und Octavian im römischen Senat durch, Herodes den Titel »König der Juden« zu verleihen (40 v.Chr.). Sie verhalfen ihm zur Rückkehr nach Palästina, und in der Folge war Herodes drei Jahre lang ein König ohne Reich. Im Jahre 37 v.Chr. fiel das belagerte Jerusalem und Herodes konnte seine Herrschaft antreten. Kaum hatte er den Thron bestiegen, begann er damit, seine Gegner und möglichen Rivalen systematisch zu vernichten. Die Hasmonäer oder Makkabäer hatten Herodes nie ganz akzeptiert, und um seinen Anspruch auf die Königsherrschaft zu legitimieren, heiratete er die Hasmonäerin Mariamne, die sich im Gegensatz zu ihrer Verwandtschaft nie gegen ihren Mann stellte. Anders machte es zum Beispiel ihre Mutter Alexandra, die sich einen Platz in der Regierungsgilde sicherte, indem sie durch Intrigen unbekannter Art erreichte, dass ihr erst 17-jähriger Sohn Aristobul zum Hohepriester gemacht wurde. Der junge Mann war bei den Juden sehr beliebt, und sie erachteten ihn als künftigen Nachfolger für Herodes. Doch Heraufkömmlinge oder potenzielle Thronanwärter hat Herodes zu keiner

Zeit akzeptiert. Außer sich vor Wut schickte er einige Freunde mit dem Auftrag nach Jericho, Aristobul beim Baden zu ertränken. Herodes täuschte Trauer vor und sprach von einem tragischen Unfall, doch jeder wusste, wer hinter dem Verbrechen stand. Als König der Juden nicht akzeptiert zu sein, war der Stachel in seinem Fleisch, der ihn über Dutzende von Leichen gehen ließ. Im Verlauf der Jahre trieb ihn sein Argwohn dazu, alle Überlebenden der Führungsschicht der Makkabäer auszurotten – seine Frau, von der es heißt, er habe sie leidenschaftlich geliebt, eingeschlossen.

Die Regierungszeit von Herodes festigte die römische Herrschaft in Palästina und ermöglichte den Wechsel von den hasmonäischen Vasallenkönigen zur direkten römischen Verwaltung und damit zur Provinz Judäa. Trotz aller Widersprüchlichkeit seitens des Königs war es eine Zeit des Aufschwungs für das Land. Die Verleumdungen innerhalb der eigenen Familie – immerhin hatte Herodes im Verlauf seines 70-jährigen Lebens nacheinander zehn Frauen gehabt – nährten das Misstrauen des Königs ständig von Neuem. Für die Juden blieb Herodes zeit seines Lebens eine zwiespältige Person, denn das war nicht »ihr« König. Er war weder Grieche noch Jude und blieb zeitlebens gespalten und gierte selbstverliebt nach Anerkennung beim Volk. Gegen Ende seines Lebens wuchs sein Misstrauen in krankhafte Dimensionen aus, und in den letzten Regierungsjahren floss besonders viel Blut. Auch verletzte Herodes zunehmend das religiöse Empfinden der Juden, etwa damit, dass er am Tempel ein Adlerbild aufrichten ließ. Herodes I. hatte tiefe Dunkelheit in der Seele, und die trieb ihn schließlich in den Wahn. Die beiden Söhne, die Mariamne ihm geboren hatte, wuchsen in Rom auf und waren seine Erben. Weil Alexander und Aristobul mütterlicherseits hasmonäischer Abstammung waren, galten sie den Juden als annehmbar. Doch ihre privilegierte Stellung rief Hass hervor, vor allem bei dem ältesten Herodes-Sohn Antipater. Er brachte seinen Vater mit Erfolg gegen seine beiden Halbbrüder auf, und diese wurden im Jahr 7 v.Chr. der Verschwörung bezichtigt und hingerichtet. In seinen letzten Lebensjahren litt Herodes unter Arteriosklerose, und seine Angst ums Überleben wuchs ins Krankhafte. Vor seinem Tod änderte er sein Testament dreimal, und kurz vor seinem Tod ließ er sogar seinen ältesten Sohn, Antipater, umbringen. Stewart H. Perowne, Historiker und Autor mehrerer Bücher über Herodes und seine Zeit, schreibt: »Die Ermordung der Kinder in Bethlehem kurz vor seinem Tod steht im völligen Einklang mit der Verwirrung, die ihn erfasst hatte. Nach einem ersten misslungenen Suizidversuch starb Herodes. Sein letztes Testament bestimmte, den Sanktionen des Augustus folgend, dass sein Reich unter seinen Söhnen aufzuteilen war: Archelaus wird König von Judäa und Samaria, Philippus und Antipas teilen sich den Rest als Tetrarchen.« (factum 1/2000, Seite 18)

5.7 Die Propheten

5.7.1 Einleitung

In der Heiligen Schrift sind sechzehn Propheten verzeichnet, die ihre Prophezeiungen in einem Buch niedergeschrieben haben. Die jüdische Tradition spricht denn auch von den vier »großen« Propheten Jesaja, Jeremia, Hesekiel und Daniel sowie von den zwölf »kleinen« Propheten. Allen Propheten gemeinsam ist ihr Auftrag, den sie von Gott erhielten. Ihre prophetischen Schriften enthalten immer drei Botschaften bzw. drei Aussagen zu bestimmten Zeitabschnitten.

1. Prophezeiungen zu ihrem Zeitgeschehen

Diese Aussagen beziehen sich immer auf die Zeit, in der sie lebten oder auf die darauf folgende nächste Zukunft. Der Zeithorizont war aber meistens überschaubar und vielfach für die zu dieser Zeit lebende Generation oder allenfalls für die nächsten Generationen bestimmt. An diesen Prophezeiungen wurden die Propheten denn auch von ihren Zeitgenossen gemessen, denn diese konnten in vielen Fällen auf ihre »Echtheit« überprüft werden. Damit konnte sich ein Prophet als echter Gesandter Gottes ausweisen.

2. Ankündigung des ersten Kommens des Messias

Diese Aussagen beziehen sich immer auf das erste Kommen von Jesus Christus. Im Alten Testament finden sich über 300 Aussagen, die sich auf dieses erste Kommen des Messias beziehen. Der Prophet Daniel macht dabei sogar Aussagen über die Zeit und den Zeitpunkt, wann dies geschehen soll (die 70 Jahrwochen). Anhand dieser Häufung von Prophezeiungen über das sehnsüchtig erwartete Kommen des Messias ist es nicht leicht zu verstehen, weshalb die Juden, die diese Prophezeiungen im Übrigen bestens kannten, Jesus Christus nicht als den Messias anerkannt haben. Das erste Kommen des Messias ist seit fast 2000 Jahren eine historische Tatsache, die in den vier Evangelien bestens dokumentiert ist.

3. Ankündigung des zweiten Kommens des Messias

Diese Aussagen beziehen sich immer auf das zweite Kommen des Messias, das auch für uns noch in der Zukunft liegt und deshalb unter der Kategorie »noch nicht erfüllte Prophetie« einzureihen ist. Dabei ist es aber nicht immer klar ersichtlich, wann die Propheten vom ersten Kommen und wann sie vom zweiten Kommen sprechen. Wir können es aber an der Art des Kommens und des Auftrages des Messias erkennen. Das erste Kommen vollzog sich in der Stille und Bescheidenheit und war als solches nicht direkt erkennbar. Er kam als Sohn von einfachen Leuten und wurde in einer Krippe, in einem Stall zu Betlehem, geboren. Das war ein Erscheinen ohne Dramatik und Aufsehen, und genau so war auch sein Auftrag. Er kam als der verheißene Prophet und verkündete eine völlig neue Botschaft, eine Botschaft der Liebe. Er gründete dabei einen neuen Bund mit der Menschheit, einen Bund der Liebe. Sein zweites Kommen hingegen werden alle Menschen erkennen, denn er kommt wie ein Blitz aus den Wolken vom Himmel daher und auch sein Auftrag ist ein völlig anderer. Er kommt als König und Herrscher mit großer Macht zum Gericht und um sein Friedensreich auf Erden zu gründen, sein Reich auf Erden, das 1.000 Jahre währen soll. Ein Missverständnis wurde den Juden zum Verhängnis. Sie erwarteten das Kommen des Königs, der sie vom römischen Joch befreien sollte, und nicht einen Propheten, der ihnen das Reich der Liebe, das Reich Gottes »bloß« in Aussicht stellte.

Für das Verständnis der Propheten des Alten Testamentes ist es von entscheidender Bedeutung, diese drei Aussagen zu erkennen und voneinander zu unterscheiden. Am einfachsten erkennen wir die Aussagen zum aktuellen Zeitgeschehen. Vom ersten Kommen Christi wissen wir aus den vier Evangelien bereits so viel, dass wir diese Aussagen auch meistens als solche erkennen können. Da das zweite Kommen des Messias noch vor uns liegt, ist es wichtig zu wissen, was alles *vor* diesem zweiten Kommen geschehen muss. Die Zeit vor diesem zweiten Kommen, vor allem die große Trübsal, leitet dieses zweite Kommen ein, noch mehr, sie ist die Voraussetzung für das zweite Kommen. Über das zweite Kommen wird sehr viel in der besonderen Prophezeiung berichtet, die Johannes in der Offenbarung von Jesus Christus erhielt, die uns im letzten Buch der Bibel, in der Offenbarung, überliefert wurde. Die Propheten des Alten Testament konnten immer nur bis zum Friedensreich, bis zum 1000-jährigen Reich Gottes auf Erden »sehen«. Johannes ist der einzige, dem der Blick über dieses Reich hinaus erlaubt war; er durfte einen Blick ins ewige Reich Gottes werfen.

Aber nicht nur die Propheten erhielten von Gott den Auftrag, Aussagen über künftige Ereignisse zu machen, solche prophetischen Aussagen finden sich denn auch in den meisten Büchern der Bibel, angefangen bei den fünf Büchern Mose über die Schriften von David und Salomon bis hin zu den Büchern des Neuen Testaments. Gott hat nicht nur durch die Propheten über künftige Dinge zu uns gesprochen, sondern er benutzte einen großen Teil der Heiligen Schrift und viele seiner Diener für prophetische Aussagen, und nicht zuletzt hat uns auch Jesus Christus selbst einiges über künftige Dinge berichtet, wie zum Beispiel die Zerstörung des Tempels in Jerusalem durch die Römer, die sich im Jahr 70 n.Chr. wörtlich erfüllt hat, oder die große Endzeitrede von Jesus Christus in den Kapiteln 24 und 25 des Matthäus-Evangeliums, die denn auch eine der größten und gewaltigsten Prophezeiungen über die Endzeit ist. Viele Prophezeiungen sind als solche manchmal auch nicht direkt erkennbar, weil sie in eine Geschichte, in ein Gleichnis oder in ein Geschehnis der aktuellen Zeit eingeflochten sind.

In der Heiligen Schrift sind viel mehr Propheten aufgetreten als die sechzehn Propheten, die ihre Prophezeiungen in Schriften niedergelegt haben, die uns in den prophetischen Büchern erhalten geblieben sind. Nach der Führerschaft von Mose und Josua über das Volk Israel und der Landnahme traten die Richter auf, die wie Mose Führer und Propheten waren. Auch in der Zeit der ersten Könige traten verschiedene Propheten auf, wie zum Beispiel Nathan in der Zeit des Königs David. Ihre Hauptaufgabe bestand meistens darin, das Volk von seinem Abfall von Gott und den abscheulichen Praktiken des Götzendienstes zur Reue und zur Umkehr zu dem Gott ihrer Väter zu bewegen. Eine Übersicht über alle 16 Propheten findet sich im Abschnitt 2.4.2.

5.7.2 Erfüllte Prophetien

Es gibt sehr viele Prophezeiungen in der Heiligen Schrift, die sich in der Geschichte bereits wörtlich erfüllt haben. Wir zählen in der Bibel 6.408 Verse mit einem prophetischen Inhalt, und von diesen haben sich bereits 3.268 Aussagen erfüllt. Damit steht die Bibel einzigartig da, denn ohne göttliche Eingebung sind Weissagungen derart gewagt, dass alle so genannten »heiligen Bücher menschlicher Herkunft« praktisch keine Prophezeiungen enthalten, denn nur Gott kann verborgene Dinge offenbaren. Jesus Christus hat uns denn auch den Sinn des prophetischen Wortes erklärt: »*Von jetzt an sage ich es euch, ehe es geschieht, damit ihr, wenn es geschieht, glaubt, dass ich es bin*« (Joh 13,19). Prophetie dient somit nicht zur Spekulation, zur Befriedigung der Neugier, zur sensationellen Verkündigung oder zur Verbreitung von Schreckensnachrichten, sondern zur Glaubensstärkung und zum Hinweis auf Jesus Christus. Die Prophetie erstreckt sich auf den gesamten Bereich der Zeitachse und darüber hinaus in den Bereich außerhalb von Raum und Zeit. Denn entgegen allen evolutionistischen Denkmodellen bezeugt die Bibel einen Anfang und ein Ende der uns sichtbaren Welt in Raum und Zeit. »Prophezeiung ist die sichere Vorhersage eines bestimmten freien Ereignisses der Zukunft. Sie geschieht nicht mit normalen Mitteln der menschlichen Erkenntnis. Prophezeiungen sind somit immer übernatürliche Offenbarungen, die nicht durch menschliche Weisheit und Einsicht hervorgebracht werden können. Die Verkündigung der göttlichen Mitteilung geschieht konkret in die geschichtliche Stunde hinein und ist in keiner Weise aus einem vorhergehenden oder schon gegenwärtigen Zustand ableitbar.« [46] Im Folgenden beschäftigen wir uns beispielhaft mit der Erfüllung von zwei Prophezeiungen: den Gerichtsandrohungen gegen die Städte Tyrus und Ninive.

1. Der Untergang von Tyrus [47]

Die phönizische Stadt Tyrus liegt an der Mittelmeerküste im heutigen Libanon. Diese alte Hafenstadt wird bereits in ägyptischen Texten des 2. Jahrtausends v.Chr. und in den Amarna-Briefen erwähnt. Die ursprüngliche Stadt befand sich an der Küste auf dem Festland (Alt-Tyrus), die neuere Stadt wurde auf der vorgelagerten Insel gebaut (Neu-Tyrus). Die Tyrer waren kühne Seefahrer und gründeten verschiedene Kolonien wie Karthago in Nordafrika und Gadir (heute Cadiz) in Spanien. Die Stadt Tyrus lebte von ihrem Hafen und trieb einen emsigen Handel mit der ganzen damals bekannten Welt. Durch diese Aktivitäten erlebte Tyrus einen großen Aufschwung, und diesem folgte der Hochmut auf den Fuß. Im Jahre 587/586 v.Chr. ließ Gott durch den Propheten Hesekiel Untergangsprophezeiungen über diese Stadt verkündigen, das Gericht für ihre Arroganz, weil sie sich mit Gott gleichsetzten, sowie dem Spott der Tyrer über den Fall Jerusalems. Im Folgenden werden sechs prägnante Aussagen dieser ausführlichen Prophetie anhand der historischen Fakten überprüft.

1. Tyrus soll von vielen Völkern zerstört werden: *»Siehe, ich will an dich, Tyrus! Und ich werde viele Nationen gegen dich heraufführen... Sie werden die Mauern von Tyrus zerstören und seine Türme abbrechen«* (Hes 26,3-4).

2. Von Tyrus soll nur noch ein nackter Felsen übrigbleiben, auf dem die Fischer ihre Netze trocknen werden: *»Ich werde Erde von ihm wegfegen und es zum kahlen Felsen machen. Ein Trockenplatz für Netze soll es werden mitten im Meer«* (Hes 26,4-5).

3. Der babylonische König Nebukadnezar wird als Erster über Tyrus herfallen: *»Siehe, ich lasse Nebukadnezar, den König von Babel, ...von Norden her kommen über Tyrus, mit Pferden und Wagen und Reitern, einem Aufgebot und mit viel Volk«* (Hes 26,7).

4. Die Trümmer der Stadt sollen ins Meer geworfen werden: *»Sie werden dein Vermögen rauben und deinen Handelsgewinn plündern, und deine Mauern abbrechen und deine prächtigen Häuser niederreißen, und zerstören deine Steine und dein Holz und deinen Schutt werden sie mitten ins Wasser schütten«* (Hes 26,12).

5. Tyrus soll nie wieder aufgebaut werden: *»Du wirst nicht wieder aufgebaut werden. Denn ich, der HERR, habe geredet«* (Hes 26,14).

6. Von Tyrus soll jede Spur verwischt werden: *»Du wirst nicht mehr sein! Du wirst nicht mehr sein, und du wirst gesucht, aber nicht wiedergefunden werden für ewig«* (Hes 26,21).

Im Jahre 585 v.Chr., also bereits ein Jahr nach der Verkündigung der Prophezeiung, stürmte Nebukadnezar gegen Tyrus. Nach 13-jähriger Belagerung plünderten die Babylonier die Stadt. Die Prophezeiung Nr. 3 und teilweise Nr. 1 haben sich damit bereits erfüllt, aber Reste der einstigen Metropole sowie Ruinen der Stadt existierten noch. 252 Jahre später, wir schreiben das Jahr 334 v.Chr., zog Alexander der Große nach Persien, und nach der Niederlage der Perser marschierte er südwärts auf Ägypten zu und rief die phönizischen Städte auf, sich zu ergeben und ihre Stadttore zu öffnen. Mit leichter Hand ergriff er Stadt um Stadt, nur jene Stadt auf der vorgelagerten Insel, der Rest des alten Tyrus, den wir Neu-Tyrus nennen wollen, ergibt sich nicht. Die Insel ist denn auch schwer befestigt und durch hohe Mauern geschützt.

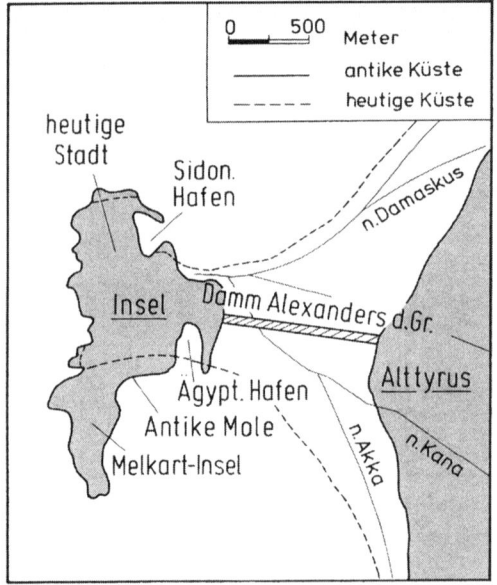

Abbildung 5.13: Im Lauf der Jahrhunderte entstand durch die Festlandverbindung der Insel über den Damm Alexanders des Großen und durch Schwemmsandablagerungen eine Halbinsel. Der heutige Küstenverlauf ist durch die gestrichelte Linie markiert. Auf dem Gebiet der ehemaligen Insel befindet sich die heutige libanesische Stadt Tyros. Auf dem Platz der antiken Metropole Tyrus ist nie wieder eine Stadt gebaut worden.

Die Einnahme der Insel wird nun durch Alexander und seinem Heer mit einer in der Geschichte wohl einmaligen Kriegsstrategie vorbereitet: Das alte Tyrus auf dem Festland wird abgerissen und mit den Trümmern wird ein 60 Meter breiter Damm gebaut, der das Festland mit der vorgelagerten Insel verbinden soll. Nach Fertigstellung des Dammes zimmerten die Pioniere an der Küste fahrbare Geschütztürme mit einer Höhe von 50 Metern. Es sind die höchsten Belagerungstürme, die je in der Kriegsgeschichte eingesetzt wurden. Nach siebenmonatiger Vorbereitung rollten diese Ungetüme schwerfällig, aber unaufhaltsam auf den Inselteil von Tyrus zu und besiegelten damit das Schicksal dieser Stadt. Alexander der Große hatte beileibe nicht die Absicht, biblische Prophetie zu erfüllen, dennoch wurde er in besonderer Weise einer der Vollstrecker des Gerichtes Gottes an der alten Stadt Tyrus auf dem Festland. Damit ist die Prophezeiung Nr. 1 nun vollständig erfüllt und die Prophezeiungen Nr. 3 und 4 wurden durch Alexander erfüllt. Der Platz, auf dem das alte Tyrus stand, wäre auch heute noch ein geeigneter Ort, um eine Stadt zu bauen, aber sie wurde tatsächlich niemals wieder aufgebaut, und aufgrund der Prophezeiung Nr. 5 wird an dieser Stelle auch niemals mehr eine Stadt gebaut werden. Wie in der Prophezeiung angekündigt, hängen die Fischer in dieser Gegend noch immer ihre Netze zum Trocknen auf. Auch die Prophezeiung Nr. 6 hat sich erfüllt, denn vom alten Tyrus fehlen tatsächlich sämtliche Spuren.

7. Die Zerstörung von Ninive [48]

Die beiden großen Hauptstädte der antiken Welt waren Ninive in Assyrien und Babylon in Mesopotamien. Sie waren die Hauptstädte der beiden großen Reiche der Assyrer, die dem Nordreich Israels ein Ende bereiteten, und der Babylonier, die das Volk des Südreiches in die babylonische Verbannung verschleppten. Beide waren unglaublich große, mächtige und starke Städte. Sie waren dicht bevölkert und sehr stark militarisiert – sie waren beide Zentren von extrem starken Königreichen und galten lange Zeit als uneinnehmbar. Trotzdem wurden gegen ihre unbezwingbaren Mauern um die Zeit ihres jeweiligen Höhepunktes an Macht und Einfluss Untergangsprophezeiungen geschleudert – woraufhin sie auch bald erobert wurden: Ninive fiel nach einer nur dreimonatigen Belagerung und Babylon gar ganz ohne Widerstand. Wir beschäftigen uns im Folgenden mit Ninive, der gottlosen Hauptstadt des assyrischen Reiches, obwohl wir uns ebenso gut mit Babylon beschäftigen könnten, denn Babylon erlitt das gleiche Schicksal wie Ninive; auf Babylon kommen wir aber später noch einige Male zu sprechen. Ninive war eine der größten der antiken Städte, und seine Befestigungsanlagen waren sehr eindrucksvoll:

- Die innere Mauer war ca. 30 Meter hoch – dies entspricht einem 10-stöckigen Gebäude – und war 15 Meter dick. Auf dieser Mauer konnten drei Kriegswagen nebeneinander fahren.

- Die Türme waren gar 60 Meter hoch; dies entspricht einem 20-stöckigen Gebäude.

- Die Stadt hatte 15 Stadttore.

- Rund um die Stadt war ein 45 Meter breiter Wallgraben angelegt.

- Der Umfang der Stadt betrug etwa 11 Kilometer.

Der Prophet Nahum (661 bis 612 v.Chr.) wurde von Gott nach Ninive gesandt, um Buße zu predigen, und später, um Gottes Willen zu prophezeien. Von der Prophezeiung Nahums wollen wir uns auch wieder nur einige Details anschauen, die wir dann anhand historischer Fakten überprüfen werden.

1. Ninive sollte in berauschtem Zustand zerstört werden: *»Denn wenn sie wie Dornen verflochten sind und sich mit Ranken umwinden, sie sollen völlig verzehrt werden wie dürres Stroh«* (Nah 1,10).

2. Die Stadt sollte in einer überschwemmenden Flut vernichtet werden: *»Doch mit einer überschwemmenden Flut wird er ihrem Ort ein Ende machen, und Finsternis wird seine Feinde verfolgen«* (Nah 1,8).

3. Die Überschwemmung sollte von Menschenhand herbeigeführt werden: *»Die Flusstore sind geöffnet, und der Palast verzagt«* (Nah 2,7).

4. Die Stadt sollte verbrannt werden: *»Siehe, dein Kriegsvolk – Weiber sind sie in deiner Mitte! Für deine Feinde sind die Tore deines Landes weit geöffnet, Feuer verzehrt deine Riegel«* (Nah 3,13).

5. Sie sollte völlig zerstört werden und nie wieder erbaut werden: *»Keine Heilung für deinen Bruch! Dein Schlag ist tödlich! Alle, die die Nachricht von dir hören, klatschen über dich in die Hände. Denn über wen ist deine Bosheit nicht ständig ergangen«* (Nah 3,19)?

»Unter dem Pharao Psammetich I. (664-610 v.Chr.) erlebte Ägypten bald einen Machtaufschwung, der den assyrischen Ambitionen in Ägypten für immer ein Ende setzte. Noch vor Assurbanipals Tod ging auch das Gebiet Elam an die Meder verloren. Es waren relativ geringe Verluste, aber sie zeigten an, dass das Rad der Geschichte sich nun gegen Assyrien zu drehen begann. Sein letzter Akt auf der Bühne der Weltgeschichte hatte begonnen, und es ist eines der großen Rätsel der Geschichte, dass das Reich der Assyrer, das noch im Jahr 663 v.Chr. auf dem Gipfel ihrer Macht stand, in nur etwa 50 Jahren in völlige Vergessenheit geriet.« [49] Die Mauern Ninives mochten stark sein, aber auch sie konnten den sicheren Untergang des assyrischen Reiches nicht verhindern. Der medische König Kyaxares zog im Jahr 614 v.Chr. gegen Ninive auf. Da er die mächtigen Mauern nicht durchbrechen konnte, gab er die Belagerung auf und marschierte gegen die ein paar Kilometer südwestlich gelegene Stadt Tarbis und zerstörte sie. Dann richtete er sich nach Süden und eroberte die Stadt Nimrud. Der Stadt Ninive wurde aber nur eine kurze Ruhepause gegönnt, denn am Ende der Regierungszeit Assurbanipals marschierten die Meder, unterstützt von den verbündeten Stämmen der Umman-Manda, gegen die Stadt Ninive auf. Im Jahr 612 v.Chr. fiel die Stadt und wurde von den Medern zerstört. Wie kam es nun aber dazu, dass eine so mächtige und überaus gut befestigte Stadt in der sehr kurzen Zeit von nur drei Monaten eingenommen werden konnte?

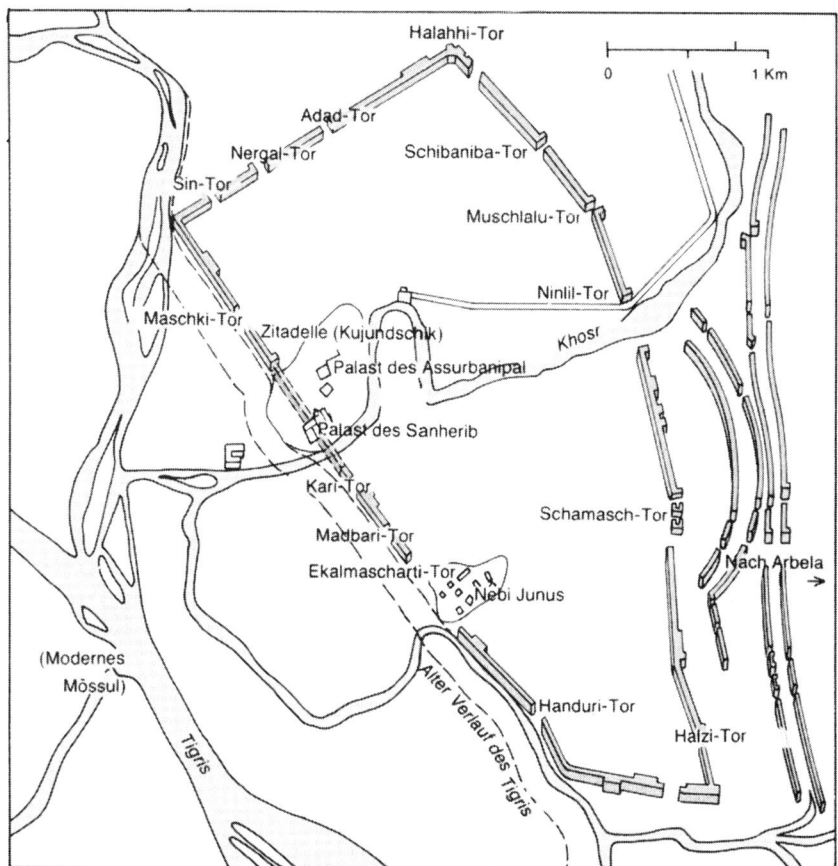

Abbildung 5.14: Der assyrische Herrscher Sennacherib (704 – 681 v. Chr.) wählte Ninive am Ende des 8. Jahrhunderts zur Hauptstadt des assyrischen Reiches. Im Südwesten des städtischen Areals ließ er seinen Palast errichten und nannte ihn »Palast, der nicht seinesgleichen hat«. Dieser Herrscher ließ auch die Stadtmauern von Ninive erbauen und benannte auch selbst die 15 Stadttore.

»Der letzte König von Assyrien hatte zunächst Erfolge gegen die rebellierenden Meder und Chaldäer, die unter dem skythischen General Arbakes gegen ihn kämpften. Durch diese Erfolge in Sicherheit gewiegt, hielt er mit seinen Soldaten vor den Toren der Stadt ein großes Gelage. Er wusste nicht, dass inzwischen eine Armee des Königs von Baktrien zu den Aufständischen übergelaufen war. Die Aufständischen griffen das Lager des Königs mitten in der Nacht an, rieben es fast auf und schlossen den König

in der Stadt ein. Damit ging die Prophezeiung Nr. 1 in Erfüllung. Der König richtete sich nun auf die Belagerung ein und verließ sich auf eine alte
Weissagung, in der es hieß, dass niemand die Stadt erobern könne, wenn
nicht zuerst der Strom ihr feindlich geworden sei. Die Aufständischen waren denn auch nicht imstande, die Mauern zu durchbrechen, und die Stadtbewohner hatten große Vorräte. Aber im dritten Monat trat nach anhaltenden schweren Regenfällen der Tigris über die Ufer, überschwemmte einen
großen Teil der Stadt und riss einen Teil der Mauern nieder. Der König sah
die alte Weissagung erfüllt, gab alle Hoffnung auf und verbrannte sich und
seine Diener und Reichtümer. Daraufhin drangen die Aufständischen über
die eingestürzte Mauer in die Stadt ein und eroberten sie.« [50] So wird uns
der Fall Ninives vom Historiker Diodor von Sizilien berichtet (1. Jahrhundert v.Chr.).

Von Ninive wusste man nicht einmal mehr, in welcher Gegend man
nach dieser Stadt hätte suchen sollen, sie war nichts anderes mehr als ein
bloßer Mythos. Erst im 19. Jahrhundert wurde die Stadt Ninive durch Sir
Austen H. Layard und anderen wiederentdeckt und seither haben dort gro
ße Ausgrabungen stattgefunden. Diese Ausgrabungen bestätigen denn
auch, dass Ninive durch Feuer zerstört worden war, denn man fand eine dicke Brandschicht in den Trümmern von Ninive. Auch von einer Überschwemmung wurden Spuren in den Trümmern gefunden. Aber die Flut
hätte auch anders als durch eine Überschwemmung des Tigris entstanden
sein können, denn der zweite Fluss, der Chausar, hatte zwei in typischer assyrischer Weise gebaute Dämme, die das Hochwasser dieses Flusses zurückhalten sollten. An diesen Dämmen befand sich ursprünglich ein Tor
oder eine Schleuse, die die Strömung des Wassers regulieren sollte. Wie
leicht war es also für die belagernde Armee, den Chausar an dieser Stelle
aufzustauen! In einer Regenzeit würde sich das Wasser sehr schnell so
stark stauen, dass dann durch das Öffnen der Flusstore die Massen der aufgestauten Wasser auf die Stadt herabstürzen und die tieferen Stadtteile
überschwemmen würden. Heute noch verbreitet sich der Chausar an der
vermutlichen Stelle des Ninliltores in der Stadtmauer, um die Worte des
Propheten ins Gedächtnis zu rufen: »*Ninive war von jeher wie ein Wasserteich*« (Nah 2,9). Ninive fiel in einem Zustand der Betrunkenheit, dies wird
uns vom Historiker Diodor bestätigt. Dann haben wir gesehen, dass der Fall
der Stadt durch eine Überschwemmung, wahrscheinlich sogar von Menschenhand herbeigeführt, verursacht wurde. Nach der Eroberung wurde die
Stadt von den Angreifern gebrandschatzt. Ninive wurde seither niemals
mehr aufgebaut; im Gegenteil, der Name dieser Stadt geriet so vollständig
in Vergessenheit, dass man nicht einmal mehr ihre Lage kannte. Damit haben sich alle fünf Voraussagen wörtlich erfüllt.

5.7.3 Ankündigung des Messias

Im Alten Testament gibt es laut Canon (Dekan) Liddon, der auf diesem Gebiet als die Autorität angesehen wird, 332 deutliche Voraussagen, die sich buchstäblich in Jesus Christus erfüllt haben. [51] Im Folgenden sind einige dieser Prophezeiungen nach Themen sortiert aufgelistet. Als Vergleich zum ersten Kommen sind im nächsten Abschnitt noch einige Voraussagen zum zweiten Kommen aufgeführt. Dies gilt als Verdeutlichung des grundsätzlichen Unterschiedes zwischen dem ersten und dem zweiten Kommen von Jesus Christus.

1. Jesu Kommen

1.1. Die Tatsache

Das Kommen von Jesus Christus wurde im Alten Testament als Tatsache prophezeit, und das jüdische Volk war denn auch von dieser großen Erwartung auf das Kommen des Messias erfüllt. Es ist sehr erstaunlich, mit welcher Präzision und mit welchen Details dieses Kommen im Alten Testament vorausgesagt wurde. Dabei muss man sich vor Augen halten, dass diese Prophezeiungen in der Zeit von Mose bis Maleachi, also in einer Zeitspanne von über 1000 Jahren niedergeschrieben wurden; die ersten Prophezeiungen wurden von Mose im 15. Jahrhundert v.Chr. niedergeschrieben und die letzten vom Propheten Maleachi um das Jahr 435 v.Chr., also über 400 Jahre vor der Erfüllung dieser Vorhersagen!

1. *Und ich werde Feindschaft setzen zwischen dir und der Frau, zwischen deinem Samen und ihrem Samen; er wird dir den Kopf zermalmen, und du, du wirst ihm die Ferse zermalmen.* (1Mo 3,15)

2. *Denn ein Kind ist uns geboren, ein Sohn uns gegeben, und die Herrschaft ruht auf seiner Schulter; und man nennt seinen Namen: Wunderbarer Ratgeber, starker Gott, Vater der Ewigkeit, Fürst des Friedens. Groß ist die Herrschaft, und der Friede wird kein Ende haben auf dem Thron Davids und über seinem Königreich, es zu festigen und zu stützen durch Recht und Gerechtigkeit von nun an bis in Ewigkeit. Der Eifer des HERRN der Heerscharen wird dies tun.* (Jes 9,5-6)

3. *Sagt zu denen, die ein ängstliches Herz haben: Seid stark, fürchtet euch nicht! Siehe, da ist euer Gott, Rache kommt, die Vergeltung Gottes! Er selbst kommt und wird euch retten.* (Jes 35,4)

4. *Höre doch, Joschua, du, der Hohe Priester, du und deine Gefährten, die vor dir sitzen – denn Männer des Wunders sind sie! Ja, siehe, ich will meinen Knecht, Spross genannt, kommen lassen.* (Sach 3,8)

1.2 Die Zeit

Auch der Zeitpunkt seines Kommens wird in den Prophezeiungen vorausgesagt. Wir werden uns später mit den 70 Jahrwochen des Propheten Daniel beschäftigen. Mit dieser Prophezeiung ist es möglich, den Zeitpunkt der Kreuzigung von Jesus Christus sehr genau zu berechnen.

5. *Nicht weicht das Zepter von Juda, noch der Herrscherstab zwischen seinen Füßen weg, bis dass der Schilo kommt, dem gehört der Gehorsam der Völker.* (1Mo 49,10)

6. *Ich sehe ihn, aber nicht jetzt, ich schaue ihn, aber nicht nahe. Es tritt hervor ein Stern aus Jakob, und ein Zepter erhebt sich aus Israel und zerschlägt die Schläfen Moabs und zerschmettert alle Söhne Sets.* (4Mo 24,17)

1.3 Seine Göttlichkeit

Man kann der Person Jesus Christus nur gerecht werden, wenn man neben seinem Menschsein seine Göttlichkeit anerkennt.

7. *Lasst mich die Anordnung des HERRN bekannt geben! Er hat zu mir gesprochen:* »*Mein Sohn bist du, ich habe dich heute gezeugt.* (Ps 2,7)

8. *Spruch des HERRN für meinen Herrn: Setze dich zu meiner Rechten, bis ich deine Feinde gemacht habe zum Schemel deiner Füße!* (Ps 110,1)

9. *Denn ein Kind ist uns geboren, ein Sohn uns gegeben, und die Herrschaft ruht auf seiner Schulter; und man nennt seinen Namen: Wunderbarer Ratgeber, starker Gott, Vater der Ewigkeit, Fürst des Friedens.* (Jes 9,5)

10. *An jenen Tagen wird man sagen: Siehe da, unser Gott, auf den wir hofften, dass er uns rette! Da ist der HERR, auf den wir hofften! Wir wollen jauchzen und uns freuen in seiner Rettung!* (Jes 25,9)

1.4 Seine Menschlichkeit

Trotz seiner Göttlichkeit war Jesus Christus auch ganz Mensch; er wurde von einer Frau geboren, er wuchs in einer jüdischen Familie auf, er kannte Freude, Leid und Schmerzen und er musste vor allem in seinen letzten Tagen sehr leiden. Deshalb wird in der Bibel auch so viel Wert auf seine Abstammung als »Sohn Davids« gelegt.

11. *Und ich will segnen, die dich segnen, und wer dir flucht, den werde ich verfluchen; und in dir sollen gesegnet werden alle Geschlechter der Erde!* (1Mo 12,3)

12. *Der HERR hat David einen Treueid geschworen, er wird nicht davon abweichen:* »*Von der Frucht deines Leibes will ich auf deinen Thron setzen.* (Ps 132,11)

13. *Und ein Spross wird hervorgehen aus dem Stumpf Isais, und ein Schößling aus seinen Wurzeln wird Frucht bringen.* (Jes 11,1)

14. *Siehe, Tage kommen, spricht der HERR, da werde ich dem David einen gerechten Spross erwecken. Der wird als König regieren und verständig handeln und Recht und Gerechtigkeit im Land üben.* (Jer 23,5)

2. Sein Vorläufer

Diese Prophezeiungen beziehen sich auf Johannes den Täufer, der sein Vorläufer war und seine erste Ankunft ganz Israel verkündete.

15. *Eine Stimme ruft: In der Wüste bahnt den Weg des HERRN! Ebnet in der Steppe eine Straße für unseren Gott!* (Jes 40,3)

16. *Siehe, ich sende meinen Boten, damit er den Weg vor mir her bereite. Und plötzlich kommt zu seinem Tempel der Herr, den ihr sucht, und der Engel des Bundes, den ihr herbeiwünscht, siehe, er kommt, spricht der HERR der Heerscharen!* (Mal 3,1)

3. Seine Geburt und Kindheit

Seine Geburt von einer Jungfrau, sein Geburtsort Bethlehem, die Weisen aus dem Morgenland, sein Aufenthalt in Ägypten sowie der Kindermord durch den König Herodes wurden bereits Jahrhunderte vor Christi Geburt vorausgesagt.

17. *Darum wird der Herr selbst euch ein Zeichen geben: Siehe, die Jungfrau wird schwanger werden und einen Sohn gebären und wird seinen Namen Immanuel nennen!* (Jes 7,14)

18. *Und du, Bethlehem Efrata, das du klein unter den Tausendschaften von Juda bist, aus dir wird mir der hervorgehen, der Herrscher über Israel sein soll; und seine Ursprünge sind von der Urzeit, von den Tagen der Ewigkeit her!* (Mi 5,1)

19. *Und es ziehen Nationen zu deinem Licht hin und Könige zum Lichtglanz deines Aufgangs. Eine Menge Kamele wird dich bedecken, junge Kamele von Midian und Efa. Sie alle werden aus Saba kommen. Gold und Weihrauch tragen sie, und sie werden das Lob des HERRN fröhlich verkündigen.* (Jes 60,3.6)

20. *So spricht der HERR; Horch! In Rama hört man Totenklage, bitteres Weinen. Rahel beweint ihre Kinder. Sie will sich nicht trösten lassen über ihre Kinder, weil sie nicht mehr da sind.* (Jer 31,15)

21. *Als Israel jung war, gewann ich es lieb, und aus Ägypten habe ich meinen Sohn gerufen.* (Hos 11,1)

4. Sein Auftrag und Amt

In diesen Prophezeiungen wird sein Auftrag und sein Amt während seines ersten Kommens beschrieben. Er kommt als Retter, als Prophet und als Priester. Seine Aufgabe ist es, die Schuld der Menschheit auf sich zu nehmen, für die Menschen als Opfer zu sterben und die Menschen zu Gott zurückzuführen. Aber sein Auftrag besteht auch darin, die frohe Botschaft durch seine Jünger allen Menschen zu verkünden. Denn bis zu seinem ersten Kommen war die Heilsbotschaft den Juden vorbehalten gewesen.

4.1 Seine Sendung

22. *Einen Propheten wie mich will ich ihnen aus der Mitte ihrer Brüder erstehen lassen. Ich will meine Worte in seinen Mund legen, und er wird zu ihnen reden, was ich ihm befehlen werde. Und es wird geschehen, der Mann, der nicht auf meine Worte hört, die er in meinem Namen reden wird, von dem werde ich Rechenschaft fordern.* (5Mo 18,18.19)

23. *In jenen Tagen wird Juda gerettet, und Jerusalem wird in Sicherheit wohnen. Und das wird sein Name sein, mit dem man es benennt: Der HERR, unsere Gerechtigkeit.* (Jer 33,16)

4.2 Priester und Prophet

24. *Geschworen hat der HERR, und es wird ihn nicht gereuen:* »*Du bist Priester in Ewigkeit nach der Weise Melchisedeks!* (Ps 110,4)

25. *Der Geist des Herrn, HERRN, ist auf mir; denn der HERR hat mich gesalbt. Er hat mich gesandt, den Elenden frohe Botschaft zu bringen, zu verbinden, die gebrochenen Herzens sind, Freilassung auszurufen den Gefangenen und Öffnung des Kerkers den Gebundenen.* (Jes 61,1)

4.3 Bekehrung der Heiden

26. *Siehe, mein Knecht, den ich halte, mein Auserwählter, an dem meine Seele Wohlgefallen hat: ich habe meinen Geist auf ihn gelegt, er wird das Recht zu den Nationen hinausbringen.* (Jes 42,1)

27. *Ja, er spricht: Es ist zu wenig, dass du mein Knecht bist, um die Stämme Jakobs aufzurichten und die Bewahrten Israels zurückzubringen. So habe ich dich auch zum Licht der Nationen gemacht, dass mein Heil reiche bis an die Enden der Erde.* (Jes 49,6)

4.4 Wunder, Tugenden, Tempelreinigung

28. *Das Volk, das im Dunkel lebt, sieht ein großes Licht. Die im Land der Finsternis wohnen, Licht leuchtet über ihnen. Du vermehrst den Jubel, du machst die Freude groß. Sie freuen sich vor dir, wie man sich freut in der Ernte, wie man jauchzt beim Verteilen der Beute.* (Jes 9,1.2)

29. *Dann werden die Augen der Blinden aufgetan und die Ohren der Tauben geöffnet. Dann wird der Lahme springen wie ein Hirsch, und jauchzen wird die Zunge des Stummen.* (Jes 35,5.6)

30. *Denn der Eifer um dein Haus hat mich verzehrt, und die Schmähungen derer, die dich schmähen, sind auf mich gefallen.* (Ps 69,10)

4.5 Geistliche Tugenden

31. *Und auf ihm wird ruhen der Geist des HERRN, der Geist der Weisheit und des Verstandes, der Geist des Rates und der Kraft, der Geist der Erkenntnis und Furcht des HERRN.* (Jes 11,2)

32. *Und viele Völker werden hingehen und sagen: Kommt, lasst uns hinaufziehen zum Berg des HERRN, zum Haus des Gottes Jakobs, dass er uns auf Grund seiner Wege belehre und wir auf seinen Pfaden gehen! Denn von Zion wird Weisung ausgehen und das Wort des HERRN von Jerusalem.* (Jes 2,3)

5. Seine Passion

In den Prophezeiungen über seine Passion finden wir äußerst präzise Voraussagen über seine Verwerfung, seine Verfolgung, seinen Einzug in Jerusalem, den Verrat eines seiner Jünger und dessen Tod, die falsche Anklage und falschen Zeugenaussagen, den Spott und die Geißelung sowie schlussendlich über seine Kreuzigung. Vor allem bei der Kreuzigung muss man wissen, dass diese Art der Hinrichtung erst durch die Römer eingeführt wurde und deshalb bei den Propheten noch unbekannt war. Trotzdem finden wir sehr exakte Voraussagen über diese Art der Hinrichtung.

5.1 Verworfen von Juden und Heiden

33. *Warum toben die Nationen und sinnen Eitles die Völkerschaften? Es treten auf Könige der Erde, und Fürsten tun sich zusammen gegen den HERRN und seinen Gesalbten.* (Ps 2,1.2)

34. *Und er sprach: Geh hin und sprich zu diesem Volk: Hören, ja, hören sollt ihr und nicht verstehen! Sehen, ja, sehen sollt ihr und nicht erkennen! Mache das Herz dieses Volkes fett, mache seine Ohren schwerhörig, und verklebe seine Augen: damit es mit seinen Augen nicht sieht und mit seinen Ohren nicht hört und sein Herz nicht einsichtig wird und es nicht umkehrt und Heilung für sich findet!* (Jes 6,9.10)

35. *Wer hat unserer Verkündigung geglaubt? An wem ist der Arm des HERRN offenbar geworden? Er ist wie ein Trieb vor ihm aufgeschossen und wie ein Wurzelspross aus dürrem Erdreich. Er hatte keine Gestalt und keine Pracht. Und als wir ihn sahen, da hatte er kein Aussehen, dass wir Gefallen an ihm gefunden hätten.* (Jes 53,1.2)

5.2 Verfolgung

36. *Ich aber bin ein Wurm und kein Mensch, ein Spott der Leute und verachtet vom Volk. Alle, die mich sehen, spotten über mich; sie verziehen die Lippen, schütteln den Kopf.* (Ps 22,7.8)

37. *Er war verachtet und von den Menschen verlassen, ein Mann der Schmerzen und mit Leiden vertraut, wie einer, vor dem man das Gesicht verbirgt. Er war verachtet, und wir haben ihn nicht geachtet* (Jes 53,3)

5.3 Einzug in Jerusalem

38. *Gesegnet sei, der da kommt im Namen des HERRN. Vom Haus des HERRN aus haben wir euch gesegnet.* (Ps 118,26)

39. *Juble laut, Tochter Zion, jauchze, Tochter Jerusalem! Siehe, dein König kommt zu dir: Gerecht und siegreich ist er, demütig und auf einem Esel reitend, und zwar auf einem Fohlen, einem Jungen der Eselin.* (Sach 9,9)

5.4 Verrat und Tod des Verräters

40. *Denn nicht ein Feind höhnt mich, sonst würde ich es ertragen; nicht mein Hasser hat großgetan gegen mich, sonst würde ich mich vor ihm verbergen; sondern du, ein Mann meinesgleichen, mein Freund und Vertrauter, die wir die Süße der Gemeinschaft miteinander erlebten, ins Haus Gottes gingen in festlicher Unruhe.* (Ps 55,13-15)

41. *Da sprach der HERR zu mir: Wirf ihn dem Töpfer hin, den herrlichen Wert, den ich ihnen wert bin! Und ich nahm die dreißig Silberschekel und warf sie in das Haus des HERRN dem Töpfer hin.* (Sach 11,13)

42.*Wach auf, Schwert, gegen meinen Hirten und gegen den Mann, der mein Gefährte ist! spricht der HERR der Herrscharen. Schlage den Hirten, dass die Schafe sich zerstreuen!* (Sach 13,7)

5.5 Falsche Anklage, Spott und Geißelung

43.*Gib mich nicht preis der Gier meiner Bedränger, denn falsche Zeugen sind gegen mich aufgestanden und der, der Gewalttat schnaubt.* (Ps 27,12)

44.*Er wurde misshandelt, aber er beugte sich und tat seinen Mund nicht auf wie das Lamm, das zur Schlachtung geführt wird, und wie ein Schaf, das stumm ist vor seinen Scherern; und er tat seinen Mund nicht auf.* (Jes 53,7)

45.*Ich bot meinen Rücken den Schlagenden und meine Wangen den Raufenden, mein Angesicht verbarg ich nicht vor Schmähungen und Speichel.* (Jes 50,6)

5.6 Kreuzigung und Tod

46.*Wie Wasser bin ich hingeschüttet, und alle meine Gebeine haben sich zertrennt; wie Wachs ist mein Herz geworden, zerschmolzen in meinem Inneren. Meine Kraft ist vertrocknet wie eine Scherbe, und meine Zunge klebt an meinem Gaumen; und in den Staub des Todes legst du mich. Denn Hunde haben mich umgeben, eine Rotte von Übeltätern hat mich umzingelt. Sie haben meine Hände und Füße durchgraben.* (Ps 22,15-17)

47.*Mein Gott, mein Gott, warum hast du mich verlassen? Fern von meiner Rettung sind die Worte meines Gestöhns.* (Ps 22,2)

48.*In deine Hand befehle ich meinen Geist. Du hast mich erlöst, HERR, du Gott der Treue!* (Ps 31,6)

5.7 Tod und Begräbnis

49.*Und man gab ihm bei Gottlosen sein Grab, aber bei einem Reichen ist er gewesen in seinem Tod, weil er kein Unrecht begangen hat und kein Trug in seinem Mund gewesen ist.* (Jes 53,9)

50.*Sie teilen meine Kleider unter sich, und über mein Gewand werfen sie das Los.* (Ps 22,19)

51.*Er bewahrt alle seine Gebeine, nicht eines von ihnen wird zerbrochen.* (Ps 34,21)

52. *Jedoch unsere Leiden – er hat sie getragen, und unsere Schmerzen – er hat sie auf sich geladen. Wir aber, wir hielten ihn für bestraft, von Gott geschlagen und niedergebeugt. Doch er war durchbohrt um unserer Vergehen willen, zerschlagen um unserer Sünden willen. Die Strafe lag auf ihm zu unserm Frieden, und durch seine Striemen ist uns Heilung geworden.* (Jes 53,4-6)

6. Seine Auferstehung

Nicht nur seine Passion wurde in den Prophezeiungen vorausgesagt, sondern auch seine Auferstehung am dritten Tag.

53. *HERR, du hast meine Seele aus dem Scheol heraufgeholt, hast mich am Leben erhalten und bewahrt vor dem Hinabfahren zur Grube.* (Ps 30,4)

54. *Er wird uns nach zwei Tagen neu beleben, am dritten Tag uns aufrichten, dass wir vor seinem Angesicht leben.* (Hos 6,2)

7. Seine Himmelfahrt

Schlussendlich wird uns in den Prophezeiungen auch seine Himmelfahrt vorausgesagt.

55. *Erhebt, ihr Tore, eure Häupter, und erhebt euch, ihr ewigen Pforten, dass der König der Herrlichkeit einziehe! Wer ist dieser König der Herrlichkeit? Der HERR, stark und mächtig! Der HERR, mächtig im Kampf.* (Ps 24,7.8)

56. *Du bist hinaufgestiegen zur Höhe, du hast Gefangene weggeführt, hast Gaben empfangen bei den Menschen; und sogar Widerspenstige sind bereit, sich Jah, Gott, zu unterwerfen.* (Ps 68,19)

5.7.4 Ankündigung des zweiten Kommens

Im Gegensatz zu seinem ersten Kommen als Prophet und Priester, bei der sein Kommen in aller Stille geschah, wird sein zweites Kommen nicht unbemerkt bleiben, denn alle Menschen werden ihn bei seinem Erscheinen wahrnehmen, denn er wird mit Macht und Herrlichkeit kommen, um auf dieser Erde sein tausendjähriges Königreich zu errichten. In seiner Endzeitrede beschreibt uns Jesus Christus sein zweites Kommen wie folgt: »*Und dann wird das Zeichen des Sohnes des Menschen am Himmel erscheinen; und dann werden wehklagen alle Stämme des Landes, und sie werden den Sohn des Menschen kommen sehen auf den Wolken des Himmels mit großer Macht und Herrlichkeit*« (Mt 24,30). Was dieses Zeichen des Sohnes des Menschen sein wird, wird uns nicht berichtet, aber es könnte sich dabei um gewaltige kosmische Erscheinungen handeln, die keinem Menschenauge verborgen bleiben werden. Und dann werden ihn alle Menschen mit den Wolken des Himmels kommen sehen. Die folgenden Prophezeiungen sind hier deshalb aufgeführt, um den Unterschied zwischen dem ersten und dem zweiten Kommen zu illustrieren.

1. *Unser Gott kommt, und er wird nicht schweigen; Feuer frisst vor ihm her, und rings um ihn stürmt es gewaltig. Er ruft dem Himmel droben und der Erde zu, um sein Volk zu richten:* »*Versammelt mir meine Frommen, die meinen Bund geschlossen haben beim Opfer!*« *Und die Himmel verkünden seine Gerechtigkeit, dass Gott Richter ist, er selbst.* (Ps 50,3-6)

2. *Ich schaute in Gesichten der Nacht: und siehe, mit den Wolken des Himmels kam einer wie der Sohn eines Menschen. Und er kam zu dem Alten an Tagen, und man brachte ihn vor ihn. Und ihm wurde Herrschaft und Ehre und Königtum gegeben, und alle Völker, Nationen und Sprachen dienten ihm. Seine Herrschaft ist eine ewige Herrschaft, die nicht vergeht, und sein Königtum so, dass es nicht zerstört wird.* (Dan 7,13.14)

3. *Spruch des HERRN für meinen Herrn: Setze dich zu meiner Rechten, bis ich deine Feinde gemacht habe zum Schemel deiner Füße! Den Stab deiner Macht wird der HERR aus Zion ausstrecken. Herrsche inmitten deiner Feinde! Dein Volk ist voller Willigkeit am Tage deiner Macht. In heiliger Pracht, aus dem Schoß der Morgenröte habe ich dich wie Tau gezeugt.* (Ps 110,1-3)

4. *Groß ist die Herrschaft, und der Friede wird kein Ende haben auf dem Thron Davids und über seinem Königreich, es zu festigen und zu stützen durch Recht und Gerechtigkeit von nun an bis in Ewigkeit. Der Eifer des HERRN der Heerscharen wird dies tun.* (Jes 9,6)

5. *Denn wie der Blitz ausfährt von Osten und bis nach Westen leuchtet, so wird die Ankunft des Sohnes des Menschen sein.* (Jesus Christus in Mt 24,27)

5.7.5 Die 70 Wochen Daniels [52]

Eine der erstaunlichsten und präzisesten Voraussagen im Alten Testament ist die Prophezeiung der 70 Wochen in Daniel 9,24-27. Mit dieser Prophezeiung ist es möglich, den genauen Zeitpunkt für das erste Kommen des Messias zu bestimmen. Dabei wird aber nicht die Geburt von Jesus Christus vorausgesagt, sondern seine Kreuzigung. Nach seiner Kreuzigung richtet sich die Voraussage auf die Endzeit, auf die »große Trübsal«. Wir werden uns deshalb später noch einmal mit Daniels 70 Wochen und im Speziellen mit der 70. Jahrwoche beschäftigen. «*Siebzig Wochen sind über dein Volk und über deine heilige Stadt bestimmt, um das Verbrechen zum Abschluss zu bringen und den Sünden ein Ende zu machen und die Schuld zu sühnen und eine ewige Gerechtigkeit einzuführen und Gesicht und Propheten zu versiegeln, und ein Allerheiligstes zu salben. So sollst du erkennen und verstehen: Von dem Zeitpunkt an, als das Wort erging, Jerusalem wiederherzustellen und zu bauen, bis zu einem Gesalbten, einem Fürsten, sind es sieben Wochen. Und zweiundsechzig Wochen lang werden Platz und Stadtgraben wiederhergestellt und gebaut sein, und zwar in der Bedrängnis der Zeiten. Und nach den zweiundsechzig Wochen wird ein Gesalbter ausgerottet werden und wird keine Hilfe finden. Und das Volk eines kommenden Fürsten wird die Stadt und das Heiligtum zerstören, und sein Ende ist in einer Überflutung; und bis zum Ende ist Krieg, fest beschlossene Verwüstungen. Und stark machen wird er einen Bund für die Vielen, eine Woche lang; und zur Hälfte der Woche wird er Schlachtopfer und Speisopfer aufhören lassen. Und auf dem Flügel von Greueln kommt ein Verwüster, bis fest beschlossene Vernichtung über den Verwüster ausgegossen wird*» (Dan 9,24-27). Diese Prophezeiung ist über das Volk Daniels, über Israel und die Stadt Jerusalem ausgesprochen worden. Es werden darin zwei Fürsten genannt: der Messias und der kommende Fürst. Die Zeit wurde auf 70 Wochen festgesetzt, die in drei Perioden eingeteilt wurde: 7 Wochen, 62 Wochen und 1 Woche. Der Anfang dieser Wochen wird konkret festgelegt, und der Messias wird am Ende der 69. Woche »ausgerottet«. Anschließend wird die Zerstörung der Stadt und des Heiligtums durch den kommenden Fürsten angekündigt. Dies kann sich auf die Zerstörung von Jerusalem im Jahr 70 n.Chr. beziehen und gleichzeitig auch auf die Endzeit. Am Anfang der letzten Woche schließt Israel einen Bund mit diesem kommenden Fürsten, und dieser Bund wird in der Mitte der Woche durch den Fürsten gebrochen. Am Ende dieser 70 Wochen wird Israel ewige Gerechtigkeit erfahren.

1. Das Zeitmaß der 70 Wochen

Das hebräische Wort für »Woche« ist »shabua« und bedeutet wörtlich sieben. Im Hebräischen wird demnach der Zeitraum von 70 Wochen als »siebzig mal sieben« verstanden. Die Juden kannten sowohl ein Sieben an Tagen als auch ein Sieben an Jahren. Das Letztere war in gewisser Hinsicht sogar das Wichtigere. Deshalb kann angenommen werden, dass die in Daniel genannten 70 Wochen 70 Jahrwochen sein müssen. Folgende Gründe sprechen im Weiteren dafür:

a) Daniel spricht bereits zu Anfang dieses Kapitels von Jahren und einer Mehrzahl von Sieben.

b) Die Babylonische Gefangenschaft wurde wegen der Nichteinhaltung der Sabbatjahre verhängt, und da sich Israel 70 Jahre in Gefangenschaft befand, war das Sabbatjahr offenbar 490 Jahre lang nicht mehr eingehalten worden, also 70 mal 7 Jahre.

c) Der Kontext ist sinnvoll, wenn wir die 70 Wochen als Jahrwochen interpretieren.

Das prophetische Jahr wird in der Bibel immer als eine Zeitdauer von 360 Tagen verwendet. Dies geht auch aus Offenbarung 12,6 hervor, wo die Dauer von 3 ½ Jahren als »zwölfhundertsechzig« Tage festgelegt wird.

2. Beginn der 70 Wochen

Der Schlüssel für die Festlegung des Beginns der 70 Wochen liegt in Daniel 9,25. Dort geht es um den Erlass Jerusalem wiederherzustellen und zu bauen. Der einzig mögliche Erlass, der dafür in Frage kommt, ist der Erlass von Artaxerxes in Nehemia 2,1-8. Aus diesen Versen erfahren wir, dass das Wort »im Monat Nisan (März) des zwanzigsten Jahres des Königs Arthsasta« erging. Artaxerxes bestieg im Jahr 465 v.Chr. den Thron, daher kann man Nehemia 2,1 definitiv auf das Jahr 445 v.Chr. datieren. Da in diesem Vers kein bestimmter Tag angegeben wurde, gilt nach jüdischem Brauch der erste des Monats als Erlassdatum. Nach unserem Kalender wäre demnach der 14. März 445 v.Chr. das entsprechende Datum.

3. Die ersten 69 Wochen

In den ersten sieben Wochen wurde die Stadt Jerusalem wieder aufgebaut, und dies dauerte demnach 49 Jahre. Ab diesem Zeitpunkt dauerte es 62 Wochen, also 434 Jahre bis zur »Ausrottung des Gesalbten«. Die Umrechnung der 69 Jahrwochen in Tage ergibt 173.880 Tage (69 Wochen x 7 Jahre x 360 Tage = 173.880). 173.880 Tage vom 14. März 445 v.Chr. an gerechnet ergibt das Datum 6. April 32 n.Chr. Dieses Datum kann wie folgt nachgewiesen werden: vom Jahr 445 v.Chr. bis zum Jahr 32 n.Chr. sind es 476 Jahre (die Zeit von 1 v.Chr. bis 1 n.Chr. ergibt ein Jahr).

476 Jahre x 365 Tage	=	173.740	Tage
Zusätzliche Tage für Schaltjahre	=	116	Tage
14. März bis 6. April	=	24	Tage
Insgesamt	=	173.880	Tage

Aufgrund dieser Berechnung wurde Jesus Christus am 6. April des Jahres 32 n.Chr. gekreuzigt, an diesem Tag wurde »der Gesalbte ausgerottet«.[53] 38 Jahre später, im Jahre 70 n.Chr. wurde die Stadt Jerusalem und das Heiligtum von Titus zerstört und die Bewohner in alle Welt zerstreut. Mit der Kreuzigung unseres Herrn Jesus Christus wurde die 69. Jahrwoche vollendet. Der Beginn der 70. Woche liegt auch für uns noch in der Zukunft und diese Woche, die demnach 7 Jahre dauern wird, wird als die »große Trübsal« bezeichnet.

Diese Berechnung hat leider einen kleinen Haken. Wenn das Todesjahr Jesu Christi tatsächlich das Jahr 32 n.Chr. gewesen wäre, müsste in diesem Jahr das Passah an einem Samstag gefeiert worden sein. Das Passah fiel aber in diesem Jahr (der 15. Nisan des Jahres 3792 nach jüdischem Kalender bzw. nach der »Gaußschen Osterformel«) auf Dienstag, den 15. April 32 n.Chr.! [54] Da Jesus Christus im Jahre 2 v.Chr. geboren wurde und bei seinem Tod etwa 33 bis 35 Jahre alt war, kann seine Kreuzigung auch im Jahr 33 n.Chr. gewesen sein, denn das ist das einzige Jahr zwischen 30 und 33 n.Chr., in dem das Passah auf einen Samstag fiel. Da der Herr am Freitag hingerichtet wurde und das Passah im Jahr 33 n.Chr. auf Samstag, den 4. April fiel, muss die Kreuzigung demnach am Freitag, dem 3. April 33 n.Chr. stattgefunden haben. Die obige Berechnung legt den Todestag Jesu Christi somit **um ein Jahr und 3 Tage zu früh** fest. Wenn man aber berücksichtigt, dass die Jahreszahlen in der Geschichte vor Christi Geburt nicht mit hundertprozentiger Sicherheit festgelegt werden können und auch der genaue Tag des Erlasses nicht genau bestimmt werden kann, bleibt diese Abweichung unbedeutend – gemessen an den 490 Jahren beträgt diese Differenz nur gerade 0,2 %. Deshalb ist die Berechnung trotz der kleinen Abweichung eine phantastische Bestätigung für die Erfüllung der biblischen Prophetie in Daniel 9,24-27.

Jesus Christus

6.1 Die Ankunft des Messias

6.1.1 Die Zeitenwende

Wir befinden uns nun an der Schwelle der Zeitenwende im Jahr »Null«; das war die Zeit der Römer, die ein hohes Kulturniveau erreicht hatten, aber langsam dem moralischen Untergang zur Beute fielen. Es ist bemerkenswert, dass unsere heutige Zeit derjenigen um die Zeitenwende sehr stark ähnelt. Im Jahr 31 v.Chr. machte die Schlacht von Actium, wo Octavian, der spätere Kaiser Augustus, seinen Rivalen Antonius und Kleopatra schlug, einem Jahrhundert von Bürgerkriegen ein Ende. Die Menschen waren kriegsmüde und bejubelten begeistert den neuen Kaiser Augustus, der die »Pax Romana«, den Römischen Frieden, zustande gebracht hatte. Aber bereits um die Zeit von Christi Geburt waren die Menschen tief enttäuscht, und in dieser Zeit begann der moralische Sittenverfall mit Orgien, Massen-Homosexualität und allen möglichen Perversionen. Aber auch die römische Religion war nicht besser, denn die Götter waren ebenso bestialisch, pervers, betrügerisch und habsüchtig wie die Menschen. Deshalb wandten sich viele Menschen von diesem würdelosen Gottesdienst ab und suchten ihre Zuflucht in Mystik und Magie. Horoskope waren damals ebenso populär wie heute – und ebenso wertlos. Andere wandten sich der Philosophie zu, aber die philosophischen Schulen waren zu Beginn unserer Zeitrechnung im Allgemeinen ebenso arm wie heute. »Seneca war einer der größten Philosophen dieser Zeit, aber je älter er wurde, umso mehr begann er die Morschheit der damaligen Philosophie zu erkennen indem er zugab, dass ›das Böse seinen Sitz in uns hat, in unserem Innern, und dass er selbst nicht einmal ein erträglicher Mensch, geschweige denn ein guter Mensch war.‹« [1]

Abbildung 6.1: Dieses idealisierte Porträt zeigt Kaiser Augustus zu Beginn seiner Herrschaft. Im Jahr 31 v. Chr. machte die Schlacht von Actium, wo Octavian, der spätere Kaiser Augustus seinen Rivalen Antonius und Kleopatra schlug, einem Jahrhundert von Bürgerkriegen ein Ende. Dieser Kaiser brachte die »Pax Romana«, den Römischen Frieden, zustande und dieser Kaiser war es auch, der die Einschreibung verordnete, auf Grund derer der Messias in Bethlehem zur Welt kam.

Die Menschen waren damals besessen von Angst; sie hatten Angst voreinander, Angst vor den Schicksalsgöttern, und vor allem hatten sie Angst vor dem Tod, den man wie heute verdrängte und über den man nicht gerne sprach. »Es gab wenig Hoffnung auf ein Leben nach dem Tod, und Catull drückte die Gefühle vieler aus, als er schrieb: ›Sonnen mögen untergehen und wieder aufgehen. Aber wenn unser kurzlebiges Licht einmal untergegangen ist, bleibt nichts übrig als eine ununterbrochene Nacht.‹« [2] Solche Worte der Hoffungslosigkeit vernehmen wir auch von heutigen Humanisten, Evolutionisten und Philosophen. Dann aber geschah etwas Unerklärliches: Innerhalb von zwei oder drei Generationen begann eine neue Hoffnung und Lebensfreude im ganzen Römischen Reich aufzublühen. Diese hatte ihren Ausgangspunkt in einer unbedeutenden Provinz am Rand des

Römischen Reiches: Judäa. Die große Wandlung wurde denn auch nicht durch eine gesellschaftliche Revolution verursacht, sondern durch einen ziemlich jungen Mann, der nur drei Jahre lang seine Botschaft verkündete, dabei nicht einmal außerhalb der Grenzen Palästinas gekommen war, und schließlich von seinem eigenen Volk an die römischen Besatzer überliefert und getötet wurde. Was war nun der Grund dafür, dass seine Botschaft vom Reich Gottes das Römische Reich in geistiger Hinsicht in Aufruhr versetzte? Seine Predigt war zwar sehr eindrücklich, aber sie alleine hätte nicht dafür ausgereicht, dass sich das Christentum in den ersten Jahrzehnten wie ein Steppenbrand im Römischen Reich ausbreitete. Nein, zu Beginn des Christentums steht ein leeres Grab, denn am dritten Tag nach seinem Tod stand er allen »Naturgesetzen« der modernen Wissenschaft zum Trotz vom Tode auf. Die ersten Christen verkündeten deshalb keine neue Religion, sondern die Tatsache der Auferstehung, die wie keine andere die Weltgeschichte verändert hat.

Wer waren diese »Römer«, die im Alten Testament unter der Bezeichnung »Kittim« (Dan 11,30) erwähnt werden? »Nach der Sage waren sie Nachkommen von Romulus, einem Sohn des Kriegsgottes Mars, der nach der Ermordung seines Bruders Remus der Stadt Rom seinen Namen gab. Nach einer anderen Überlieferung sollten sie von Äneas und seinen Kameraden abstammen, die von Troja entkommen waren, als diese Stadt von den Griechen erobert wurde. Jedenfalls ist sicher, dass es hier um einen der vielen Volksstämme Mittelitaliens geht, der in einem Gebiet namens ›Latium‹ lebte, wovon das Wort ›Latein‹ abgeleitet ist, die Sprache dieses Stammes. Nach der Sage gründete der Stamm im Jahre 753 v.Chr. am Fluss Tiber die Stadt Rom auf sieben Hügeln.« [3] Die ursprüngliche Regierungsform Roms war die Monarchie. Im 6. Jahrhundert v.Chr. wurde die Stadt eine Zeit lang durch das feindliche Bauernvolk der Etrusker besetzt. Nach dieser Besetzung gründeten die Einwohner eine Republik, die beinahe fünf Jahrhunderte Bestand hatte. Rom konnte in der Folge unter den Städten von Latium eine immer stärkere Position erringen, sodass die Stadt im 3. Jahrhundert v.Chr. schließlich ganz Süditalien beherrschte. Bereits in der Mitte des 2. Jahrhunderts v.Chr. dehnte Rom seine Macht über die Grenzen von Italien aus und eroberte nach langen Kämpfen das berühmte nordafrikanische Karthago. Damit war der Weg frei und Rom dehnte seinen Machtbereich unaufhaltsam nach Griechenland aus.

In Judäa schlugen der Priester Mattathias und seine Söhne, auch bekannt als die Familie der Hasmonäer und später nach seinem Sohn Judas auch die Makkabäer genannt, im Jahre 142 v.Chr. die Syrer und erreichten damit die religiöse und politische Autonomie. Der letzte übrig gebliebene Sohn von Mattathias, Simon, wurde vom dankbaren Volk belohnt, indem es ihn und seine Nachkommen zu Hohen Priestern und Volksbeherrschern ausrief. Simons Sohn Johannes Hyrkanus I. (134-104 v.Chr.) eroberte Idumäa, ein edomitisches Gebiet, Samaria und einen Teil von Galiläa. Dessen Sohn Alexander Jannäus (103-76 v.Chr.) erweiterte das Reich sogar noch darüber hinaus, sodass es beinahe wieder so groß war wie in den Tagen Davids und Salomos. Im Gegensatz zu den gottesfürchtigen und moralisch hochstehenden Königen vor ihm war Jannäus ein gottloser und gewalttätiger König. Als dieser König gestorben war, übernahm seine Witwe Salome die Regierungsgeschäfte und brachte ihre beiden Söhne an die Macht: Hyrkanus II. wurde zum Hohen Priester und Aristobulus II. zum militärischen Oberbefehlshaber (76-67 v.Chr.). Nach Salomes Tod entbrannte ein Streit um die Nachfolge zwischen ihren beiden Söhnen. Der nicht besonders ehrgeizige Hyrkanus fungierte dabei nur als Strohmann von Antipater, einem Idumäer.

Im Jahr 66 v.Chr. eroberte der römische Feldherr Pompejus das Land Pontus in Kleinasien, worauf er nach Süden weiterzog und dort dem syrischen Reich ein Ende machte. Im Jahr 63 v.Chr. belagerte Pompejus Jerusalem, nahm es in der Folge ein, und Palästina wurde ein von Rom abhängiges Gebiet. Hyrkanus durfte in einem stark verkleinerten jüdischen Staat Hohe Priester bleiben, und so fasste der Idumäer Antipater festen Fuß in Judäa. »Während nämlich Pompejus im Osten gewaltige Macht erwarb, hatte sein größter Rivale, Julius Cäsar, ein enormes Gebiet in Nordwesteuropa erobert. Im Jahr 60 v.Chr. bildeten diese beiden zusammen mit einem dritten Feldherrn, Crassus, ein Triumvirat, das Rom regierte. Nachdem Crassus umgekommen war, musste Pompejus den römischen Senat dazu bringen, Julius Cäsar auszuschalten. Dieser zog aber mit seinem Heer über den Rubicon (wobei er die berühmten Worte sprach: ›Die Würfel sind gefallen‹), unterwarf innerhalb weniger Monate Italien und Spanien und schlug seinen Rivalen bei Pharsalus in Griechenland (48 v.Chr.). Pompejus flüchtete nach Ägypten, wo er unmittelbar bei seiner Landung auf Befehl des Königs ermordet wurde. Cäsar wusste das aber nicht und zog Pompejus nach, um ihn in Ägypten endgültig zu schlagen. Mit einem ziemlich kleinen Heer kam er in Ägypten an. Dort traf er zu seinem Entsetzen auf eine gewaltige ägyptische Streitmacht. Dies war die Chance für den schlauen Antipater, der der eigentliche Machthaber in Judäa war. Mit dreitausend Mann zog er nach Ägypten, wo er Cäsar in einem der gefährlichsten Augenblicke seiner ganzen Karriere zum Sieg verhalf. Der dankbare Cäsar schenkte Antipater das römische Bürgerrecht, befreite ihn von der Steuerpflicht und ernannte ihn zum Prokurator von Judäa.« [4]

Im Jahr 44 v.Chr. wurde Cäsar in Rom ermordet, und der Opportunist Antipater suchte unmittelbar darauf die Freundschaft mit dessen Mördern, wurde aber ein Jahr später selbst ermordet. Unter der Führung von Cäsars Adoptivsohn Octavian sowie des jungen Feldherrn Markus Antonius wurden die Gegner Cäsars im Jahr 42 v.Chr. bei Philippi in Macedonien geschlagen. Zur gleichen Zeit stritten sich In Jerusalem die Söhne Antipaters, Phasael und Herodes, mit dem Hasmonäer Antigonos, einem Sohn von Aristobulus, um die Macht. Mit Hilfe des Volkes der Parther versuchte Antigonos, Judäa in seinen Besitz zu bekommen. Dies führte zu heftigen Auseinandersetzungen, bei denen Phasael Selbstmord beging und der Hohe Priester Hyrkanus in Gefangenschaft kam. Antigonos, der als Sieger aus dieser Auseinandersetzung hervorging, wurde Hohe Priester und politischer Führer von Judäa. Herodes musste daraufhin um 40 v.Chr. nach Rom fliehen, wo er bei der Anhängerschaft Cäsars als Sohn Antipaters großes Ansehen genoss. Der Senat ernannte ihn noch im gleichen Jahr zum König über Judäa, und Herodes versuchte in der Folge, seine Ernennung zum König in Judäa durchzusetzen. Aber erst einige Jahre später, im Jahr 37 v.Chr., konnte er sich auf den Thron setzen, nachdem er mit einem starken römischen Heer Jerusalem erobert hatte. In der Folge regierte Herodes, genannt »der Große«, 33 Jahre als »König der Juden«, als treuer Bundesgenosse der Römer, die ihm allmählich ganz Palästina anvertrauten. Der Messias, der wahre »König der Juden«, wurde in den allerletzten Tagen dieses Königs geboren.

6.1.2   Das Wort wurde Fleisch [5]

Menschen, die Gott gefunden haben, gehen ihren Weg mit Gott und zu Gott und werden von anderen Menschen, die Gott (noch) nicht gefunden haben, nicht verstanden. Es wäre auch eine Illusion zu glauben, ein »Ungläubiger« könne sich in die Lage versetzen, einem »Gläubigen« nachzuempfinden. Genau so unsinnig ist es (um ein schwaches Bild zu gebrauchen), jemandem das Gefühl des Verliebtseins erklären zu wollen, der diesen Zustand selbst noch nie erlebt hat. Das ist das Schicksal des Gläubigen, dass er von den Ungläubigen nicht verstanden wird, ja, nicht verstanden werden kann. Auch Jesus erlebte das gleiche Schicksal, nur mit dem Unterschied dass er nicht von dieser Welt war und den Menschen nicht etwas von dieser Welt mitteilen wollte. Jesus sprach selten von dieser Welt und wurde deshalb nicht einmal von seinen eigenen Jüngern ganz verstanden (Johannes ist die Ausnahme). Jesus unterschied immer ganz klar zwischen dieser Welt und dem Himmelreich oder einfach dem VATER. Doch alle seine Äußerungen wurden immer zuerst konkret und materiell verstanden und auf das Hier und Jetzt, auf diese Welt bezogen. Das Johannes-Evangelium zeigt Kapitel für Kapitel diese Missverständnisse: Jesus redet vom Tempel, den er in drei Tagen wieder aufbauen will – dabei denken die Jünger an den Tempel Jerusalems, er aber meint seinen Leib. Jesus redet mit Nikodemus von der Wiedergeburt im Geist, doch dieser denkt an eine Kindsgeburt. Jesus erzählt der Frau am Brunnen vom Wasser des Lebens, sie denkt an Trinkwasser. Jesus versucht, den Blick des Menschen auf die Bedeutung und Wichtigkeit der Einheit mit ihm zu lenken, während seine Zuhörer sich krampfhaft und ängstlich an der sichtbaren Welt festklammern. Wir kennen von Jesus keine einzige Aufforderung, die Welt zu verbessern und in ein Paradies zu verwandeln – aber in jedem Satz versucht er, die Menschen zu ermutigen, den Schritt zu wagen, der zum Heil führt. Doch dieser Schritt löst immer Angst aus, denn er führt durch Leid und durch das Grauen hindurch. Die Welt lässt sich nur dadurch überwinden, indem man sie auf sich nimmt – Leid lässt sich nur dadurch vernichten, dass man es auf sich nimmt, denn Welt ist immer auch Leid. Jesus lehrte, dass diese Welt nur dann einen Sinn bekommt, wenn sie einen Bezugspunkt hat, der *außerhalb* von ihr selbst liegt!

Jesus Christus ist sicher die umstrittenste »Person« der ganzen Menschheitsgeschichte. Von vielen Menschen, die zwar vorgeben, an Gott zu glauben, wird er verworfen, von anderen wiederum, die vorgeben, an ihn zu glauben, wird er als »Kultfigur« missbraucht und sie klammern sich fanatisch an seine »Person« und schließen daneben alles andere aus. Diese alle sehen Jesus als Menschen, als Propheten. Das ist er aber nicht. Jesus ist zwar auch Mensch und auch Prophet, aber, und das ist das Entscheidende, Jesus ist unendlich mehr: *»Im Anfang war das Wort, das Wort schuf, das Wort wurde Fleisch.«* Wir müssen lernen, Jesus als den zu sehen, der er ist, nämlich nicht nur Mensch und Prophet sondern *Gott!* Das Wort wurde Fleisch. Gott selbst ist Fleisch geworden, ist Mensch geworden und in die Welt gekommen, um mit der Menschheit einen neuen Bund zu schließen. Jesus war aber auch ganz Mensch und lebte in dieser Welt unter uns Menschen als Mensch. Alle Propheten des Alten Testaments haben von alters her immer auf das Kommen Christi hingewiesen, entweder auf das *erste* Kommen als »Prophet«, um mit seinem Blut den neuen Bund mit den Menschen zu schließen, einen neuen Bund, der nicht mehr nur sein Volk Israel einschloss, sondern der ausgeweitet wurde auf die gesamte Menschheit, oder auf das *zweite* Kommen als »König«, als Herrscher, um auf Erden sein Friedensreich aufzubauen.

Jesus war als Sohn Gottes schon von Anbeginn an der Schöpfung Gottes beteiligt, und deshalb müssen wir ihn als Person des »dreieinigen« Gottes verstehen. Gott ist der »dreieinige« Gott, der trotzdem der »einige« Gott ist. Er ist Vater, Sohn und Heiliger Geist zugleich. Deshalb ist Jesus Gott selbst, er kann gar keine unabhängige Person sein, denn die Heilige Schrift bestätigt immer wieder, dass es nur »einen« Gott gibt. Dies wird auch mit dem ersten der zehn Gebote dokumentiert. Wäre dem nicht so, müssten wir konsequenterweise von Göttern sprechen, denn dann gäbe es drei Götter, den Vater, den Sohn und den Heiligen Geist. Was wäre dann noch der Unterschied zu der Götterwelt der Griechen, der Römer oder der Inder, da ja die letztgenannten auch drei Haupt-Götter kennen? So etwas lässt die Heilige Schrift aber entschieden nicht zu! Es ist nicht einfach, wenn nicht gar unmöglich, die »Drei-Einigkeit« zu verstehen, es sind »Drei«, die aber »Eins« sind! Auch wenn wir dies nicht verstehen können, ist es trotzdem wichtig, dies zu akzeptieren. In diesem Licht müssen wir auch die Aussage von Jesus sehen, wenn er sagt, dass wir nur durch ihn zum Vater kommen. Deshalb lässt sich Jesus weder ausschließen noch *absolut* setzen, denn er ist eine Person des dreieinigen Gottes. Doch diese »Person Jesus« ist unzertrennlich mit der Heiligen Schrift verbunden, ist auch unzertrennlich mit dem Heilsplan Gottes verknüpft, sodass sich dieser Heilplan Gottes nur durch ihn, Jesus Christus, erfüllen wird. Die Heilige Schrift ist voller Hinweise auf Jesus Christus, ja noch mehr, die Heilige Schrift lebt förmlich durch ihn.

Wie bereits beim Schöpfungsbericht erwähnt, ist der Mensch ein Bestandteil der Schöpfung. Sein Grundbauplan gleicht dem der Tiere, vor allem was seinen Körper und seine Organe anbelangt. Nur unterscheidet sich der Mensch völlig von den Tieren, da er sich *nicht* aus den Tieren entwickelt haben kann, da der Mensch in Gottes Bild, ihm ähnlich, geschaffen wurde, und nur dem Menschen hauchte Gott den »Odem des Lebens« in die Nase. Mit dem »Odem des Lebens« sind wir ihm ähnlich, denn wir verfügen als einzige Wesen auf der Erde über einen Geist. Mit diesem Geist ist es uns möglich zu denken und Gott zu erkennen, deshalb kann er auch zu den Menschen sprechen und der Mensch ist in der Lage, ihn als seinen Schöpfer zu erkennen. Gott spricht vom »Odem des *Lebens*«, und mit diesem Leben ist nicht das biologische Leben gemeint, sondern das »geistige« Leben. Wenn Jesus von »Leben« spricht, so meint er in der Regel nicht das natürliche Leben des Menschen auf dieser Erde, sondern dann sieht er weit über das jetzige Leben im Hier und Jetzt hinaus, dann sieht er das wirkliche, geistige Leben in der Gemeinschaft mit Gott. Leben ist für Jesus denn auch die Gemeinschaft mit Gott, seinem Vater, und auch wir dürfen uns Kinder Gottes nennen, dafür ist Jesus Mensch geworden, und dafür gab er für uns sein Leben am Kreuz dahin, damit unsere Schuld ein für allemal gesühnt ist und wir Kinder Gottes werden dürfen. Das Ziel jedes gläubigen Menschen ist denn auch die Gemeinschaft mit Jesus Christus und damit mit Gott, dem Vater.

»Wenn man wissenschaftliche Bücher durchsieht, stößt man auf Jesus als politischen Revolutionär, als Magier, der Maria Magdalena heiratete, als Charismatiker aus Galiläa, Rabbi oder friedliebenden, jüdischen Zyniker, als Pharisäer oder pharisäerfeindlichen Essener, als eschatologischen Propheten, als ›Hippie in einer Welt von augustinischen Yuppies‹ oder als halluzinogenen Führer eines heiligen Pilz-Kultes. Ansonsten ganz seriöse Wissenschaftler veröffentlichen diese Werke ohne die geringsten Anzeichen von Verlegenheit.« [6] Aber auch in den Evangelien erfahren wir nur einen Bruchteil dessen, was Jesus alles noch getan und bewirkt hat, denn die vier Verfasser der Evangelien ließen einiges aus, was den heutigen Leser interessiert hätte, da sie nur etwa ein Zehntel seines Lebens beschrieben. Der Kommentar am Ende des Johannesevangeliums teilt uns mit: *»Es gibt aber auch viele andere Dinge, die Jesus getan hat, und wenn diese alle einzeln niedergeschrieben würden, so würde, scheint mir, selbst die Welt die geschriebenen Bücher nicht fassen«* (Joh 21,25). Da die Verfasser der Evangelien mit keiner Silbe auf seine äußere Erscheinung eingingen, wissen wir nicht einmal etwas über seine Figur, seine Augenfarbe und sein Aussehen. Auch von Jesus selbst erhalten wir keine Informationen über seine Person. Wurde er dazu herausgefordert, ließ er zwar Bemerkungen über seine Person fallen, mit denen aber nicht auf seine Identität geschlossen werden konnte, denn er sagte auch: *»Selig ist jeder, der sich nicht an mir ärgert«*. Und tatsächlich, erst beim Glauben an ihn erschließt sich seine Person. Alle die verdrehten Theorien, die seit dem Tod Jesu immer wieder auftauchen, bestätigen aber eines: Gott rechnete, als er sich entschloss Mensch zu werden, mit der Kritik der Menschheit – aber er ging dieses Risiko gerne ein mit der Aufforderung: Komm und untersuch mich, prüf mich – denn es ist deine Entscheidung! [7]

6.1.3   Gottes überraschender Auftritt [8]

»Gott hält sich zurück; er verbirgt sich, er weint, Warum? Weil er etwas erstrebt, was mit Macht niemals erreicht werden kann. Er ist ein König, der keine Unterwürfigkeit möchte, sondern Liebe. Deshalb wählte er den langsamen und harten Weg der Menschwerdung, der Liebe und des Todes, statt Jerusalem, Rom und jede Macht der Welt einfach in die Knie zu zwingen. Es war eine Eroberung von innen heraus« (Philip Yancey). Die Geschehnisse von Weihnachten sind uns allen so vertraut, dass wir leicht die Botschaft hinter diesen Ereignissen übersehen. Beim Durchlesen dieser Geschichten kommen einem spontan Begriffe in den Sinn, die überraschen: demütig, zugänglich, benachteiligt, mutig – nicht unbedingt Wörter, mit denen man gewöhnlich eine Gottheit beschreibt.

1. Demütig

Vor Jesus benutzte niemand den Begriff »demütig« als Kompliment, und doch weisen die Ereignisse von Weihnachten unausweichlich auf das hin, was wie ein Widerspruch erscheint: auf einen Gott, der nicht als verwüstender Wirbelsturm oder verschlingendes Feuer auf diese Erde kam, sondern der sanftmütig und von Herzen demütig ist. Der Schöpfer aller Dinge machte sich ganz klein, so klein wie eine Eizelle, ein kleines befruchtetes Ei, das man mit bloßem Auge kaum sehen kann, ein Ei, das sich teilte und nochmals teilte, bis der Fötus Gestalt annahm, und das schließlich zu einem Teenager heranwuchs. Als die Juden Jesajas Worte über die Verheißungen des Messias lasen, dachten sie sicherlich mit Wehmut an die ruhmreichen Tage Salomos zurück, als es in Jerusalem so viel Silber gab wie Steine. Der Messias, der dann kam, besaß jedoch eine andere Herrlichkeit – die Herrlichkeit der Demut. »Gott ist groß!« – dieser Ausruf musste den Menschen nicht von einem übernatürlichen Wesen nahe gebracht werden. Aber dass Gott klein wird und sich erniedrigt, hat Jesus die Menschen gelehrt. Der zornige Gott, der Armeen und Königreiche wie Bauern auf dem Schachbrett befehligte, wurde in Israel Mensch, ein Säugling, der nicht sprechen und keine feste Nahrung zu sich nehmen konnte. Für Schutz, Nahrung und Liebe war er auf ein Menschenpärchen angewiesen, und obwohl dieses Ereignis unsere Geschichte in zwei Hälften teilt, waren bei diesem Anlass nur wenige Menschen dabei.

2. Zugänglich

Jesus Christus hat unser Verhältnis und unseren Zugang zu Gott von Grund auf verändert. Denn in den meisten Religionen ist Angst das vorherrschende Gefühl, wenn man sich Gott nähert; Hindus bringen ihren Göttern im Tempel Opfer dar, Moslems verbeugen sich so tief, dass ihre Stirn den Boden berührt, und auch für die Juden war Anbetung immer mit Furcht verbunden. Moses brennender Busch, die heißen Kohlen Jesajas, Hesekiels außerirdische Visionen – jeder, dem die Gnade einer direkten Begegnung mit Gott gewährt wurde, erwartete dabei, versengt zu werden. Oder wenn man mit der Bundeslade falsch verfuhr, bedeutete das mit absoluter Sicherheit den Tod, und wenn man im Tempel das Allerheiligste betrat, kam man nicht mehr lebend heraus. Und inmitten der Menschen, die im Tempel einen heiligen Bereich für Gott abgrenzten und es nicht wagten, seinen Namen auszusprechen oder zu buchstabieren, inszeniert Gott seinen Überraschungsauftritt als Kind in einer Krippe. Was kann denn noch weniger Furcht einflößend sein als ein Neugeborenes? Durch Jesus Christus konnte Gott zu den Menschen sprechen, ohne dass Furcht und Angst aufkommen musste. Die Angst hatte bis dahin selten etwas Gutes bewirkt, denn im Alten Testament finden wir wesentlich mehr Tiefschläge als Höhepunkte. Die riesige Kluft zwischen Gott und den Menschen sollte nicht hervorgehoben, sondern überbrückt werden. Deshalb wurde der allmächtige und ewige Gott, der Schöpfer aller Materie, der Welt und des Universums ein hilfloses, kleines Kind. Der Gott, der die Materie erschaffen hat, nimmt selbst in ihr Gestalt an, der Gott, der außerhalb von Raum und Zeit ist, kommt zu uns in Raum und Zeit, wird einer von uns. Das Wort wurde Fleisch!

3. Benachteiligt

Wenn wir aus den Geschichten über die Geburt Jesu schließen, dass sich die Welt den Reichen und Mächtigen zuwendet, so sehen wir auch, dass Gott sich an die Benachteiligten richtet. *»Er hat Mächtige von Thronen hinabgestoßen und Niedrige erhöht. Hungrige hat er mit Gütern erfüllt und Reiche leer fortgeschickt«* (Lk 1,52f). So sagte es Maria in ihrem Lobgesang. Kaum war ihr Sohn in einer Krippe in Bethlehem geboren, musste sie mit ihm nach Afrika fliehen, das bis heute der Kontinent mit den meisten Flüchtlingen ist. Was dachte Maria während der Jahre in Ägypten über ihr kämpferisches Loblied? Ägypten weckte in jedem Juden die gute Erinnerung an einen mächtigen Gott, der die ägyptische Armee zerschlagen und Befreiung gebracht hatte. Nun floh Maria genau dorthin, verzweifelt, eine Fremde in einem fremden Land, auf der Flucht vor der eigenen Regierung. Konnte ihr kleiner Junge – gejagt, hilflos, auf der Flucht – jemals die überströmenden Hoffnungen ihres Volkes erfüllen? Als Jesus aufwuchs, entwickelte er eine große Sensibilität gegenüber den Armen, den Ohnmächtigen, den Unterdrückten – also allen Benachteiligten. Aber Gott schuf die Umstände selbst, unter denen Jesus auf diese Erde kam – nämlich ohne Macht oder Reichtum, ohne Rechte und ohne Gerechtigkeit – denn Gott wollte nicht eine Eroberung von außen erreichen, sondern eine Eroberung von innen heraus.

4. Mutig

Jesus wurde zeitlebens von den meisten seiner Zeitgenossen verachtet und verstoßen, und sein Messias-Anspruch wurde von den Juden abgewiesen. Jesus war denn auch eine Provokation für seine Zeitgenossen und rief in ihnen immer wieder negative Reaktionen hervor. Seine Nachbarn fragten denn auch: *»Woher hat er diese Weisheit und die Wunderwerke? Ist er nicht der Sohn des Zimmermanns? Heißt nicht seine Mutter Maria und seine Brüder Jakobus und Josef und Simon und Judas?«* (Mt 13,54f). Seine eigenen Familienangehörigen verachteten ihn, weil sie dachten, er sei nicht ganz bei Sinnen, und die religiösen Führer wollten ihn umbringen. Das launische Volk bezeichnete ihn einmal als »von einem bösen Geist besessen« und »wahnsinnig« und wollte ihn ein anderes Mal gegen seinen Willen zum König krönen. Gott musste viel aufbringen, Macht und Ruhm aufgeben, als er sich unter die Menschen begab, die ihm mit Hochnäsigkeit und Skepsis begegneten. Was bedeutete es für ihn, zu einem Planeten hinabzusteigen, der berühmt-berüchtigt ist für seine unverhohlene Gewalt, und zu einem Volk, das bekanntermaßen seine Propheten ablehnt?

Gläubige Menschen sind der Ansicht, dass sie in parallelen Welten leben. Die eine Welt besteht aus Hügeln, Seen, Scheunen, Politikern und Hirten, die nachts ihre Herden bewachen. Die andere Welt besteht aus Engeln und finsteren Mächten, und irgendwo liegen diese Orte, die wir Himmel und Hölle nennen. In einer kalten, finsteren Nacht, in den zerfurchten Bergen von Bethlehem, überschnitten sich diese beiden Welten in einem dramatischen Ereignis. Gott, der kein Vorher und Nachher kennt, trat in Zeit und Raum ein! Gott, der keine Grenzen kennt, wurde Mensch und nahm damit die bedrohlichen Einschränkungen der Sterblichkeit auf sich. *»Er ist das Bild des unsichtbaren Gottes, der Erstgeborene aller Schöpfung. Denn in ihm ist alles in den Himmeln und auf der Erde geschaffen worden, das Sichtbare und das Unsichtbare, es seien Throne oder Herrschaften oder Gewalten oder Mächte: alles ist durch ihn und zu ihm hin geschaffen; und er ist vor allem, und alles besteht durch ihn«* (Kol 1,15-17). Kann sie wahr sein, diese Geschichte von Bethlehem, von einem Schöpfer, der auf einem winzigen Planeten geboren wurde? Falls ja, ist dies keine Geschichte wie jede andere. Dann brauchen wir nie mehr zu fragen, ob die Ereignisse auf dem kleinen Planeten Erde Bedeutung für das übrige Universum haben. Und dann ist es auch kein Wunder, dass ein Engelschor in spontanen Gesang ausbrach und nicht nur ein paar Hirten, sondern das ganze Universum aufrüttelte.

6.1.4   Die Geburt in Bethlehem

In Nazareth, einem unscheinbaren Ort in einem abgelegenen Teil Galiläas gelegen, wohnte eine junge Frau namens Maria, vermutlich eine Tochter Elis aus dem Haus David. Sie war verlobt mit Joseph, auch einem Nachkommen der königlichen Linie des Hauses Davids. Dieser Maria erschien der Engel Gabriel in ihrem Haus, um ihr anzukündigen, dass sie die Mutter des Messias werden sollte. Gabriel sagte auch ausdrücklich, dass sie das Kind vom Heiligen Geist empfangen werde und nicht von ihrem Mann Joseph. Denn das Kind sollte nicht irgendein Kind sein, sondern dieses Kind war in einem gewissen Sinne Gott und Mensch, vom Heiligen Geist gezeugt und von einer Frau geboren. Das gottesfürchtige Mädchen gab die großartige Antwort: *»Siehe, ich bin die Magd des Herrn; es geschehe mir nach deinem Wort«* (Lk 1,26-38). Als Joseph merkte, dass seine Verlobte ein Kind erwartete, obwohl er keine Gemeinschaft mit ihr gehabt hatte, wollte er sie nicht anklagen, denn das hätte die Todesstrafe bedeuten können. So entschloss er sich dazu, seine Verlobte heimlich zu verlassen, um ihr und ihm die Schande zu ersparen. Doch da erschien ihm ein Engel, der ihm die außergewöhnliche Situation klar machte und ihn aufforderte, Maria zur Frau zu nehmen, damit Joseph der gesetzliche Vater des Kindes würde. Damit war das Kind über seinen gesetzlichen Vater ein Sohn Davids mit den vollen Rechten auf den Thron Davids. Dann erhielt er auch noch den Auftrag, dem neugeborenen Sohn den Namen »Jesus« zu geben, was »Jahwe ist Rettung« bedeutet.

Aber der Messias durfte nicht in Galiläa zur Welt kommen, denn: »*Der Christus kommt doch nicht aus Galiläa? ... Forsche und sieh, dass aus Galiläa kein Prophet aufsteht*« (Joh 7,41.52). Gott benützte nun den mächtigen Kaiser Augustus, der vom ganzen Römischen Reich als göttlicher Erlöser und Friedensstifter betrachtet wurde, als Instrument dafür, dass der wahre Erlöser und Friedefürst, in Bethlehem geboren wurde, wie von den Propheten vorausgesagt. Denn Augustus erließ den Befehl, den ganzen Erdkreis einzuschreiben, und so musste auch Joseph aus der Stadt Nazareth in Galiläa hinauf nach Bethlehem ziehen, um sich einschreiben zu lassen. Joseph musste deshalb mit Maria, die hochschwanger war, die beschwerliche dreitägige Reise von Nazareth nach dem südlich davon gelegenen Bethlehem auf sich nehmen. Da sie nun keinen Platz in den Herbergen fanden, mussten sie sich mit einem Schlafplatz in einem Stall begnügen. Der allmächtige Gott suchte diese armselige Unterkunft aus, um Mensch zu werden. Dort lag das göttliche Kind, das von Maria geboren wurde, in Windeln gewickelt in einer Futterkrippe für Tiere! Kann man sich noch ärmlichere Verhältnisse vorstellen? Als der Junge acht Tage alt war, wurde er nach den Gesetzesvorschriften beschnitten und erhielt den Namen Jesus. Der Beschneidung folgten die vorgeschriebenen Tage der rituellen Reinigung und anschließend wurde das Kind nach Jerusalem gebracht. Durch das Darbringen des Armenopfers wurde seine Mutter vom Hohen Priester wieder für rein erklärt. [9]

In dieser Zeit wurden sie von den Magiern besucht, den Weisen aus dem Osten, die aus der Entdeckung eines neuen Sterns die Geburt eines bedeutenden jüdischen Königs abgeleitet hatten. In Jerusalem erkundigten sie sich nach dem König der Juden, der geboren worden sei, denn sie hätten seinen Stern vom Osten her gesehen und seien gekommen, um ihm zu huldigen. Herodes wurde die Ankunft der Fremden und ihre Aussagen gemeldet, und er war außer sich, denn da wagte jemand in seiner Gegenwart nach einem neuen König der Juden zu fragen. Seine Gedanken rotierten und er schmiedete einen Plan, die Magier samt dem Objekt ihrer Behauptungen aus der Welt zu schaffen. Herodes der Große nahm die Aussagen der Magier sehr ernst, denn sie passten zu dem, was die Juden immer wieder sagten: Aufgrund der prophetischen Schriften erwarteten sie den Messias, den wahren König der Juden. Herodes achtete die Schriftkenntnisse der Juden, deshalb ließ er den Hohen Rat zu sich rufen und ihre Antwort war denn auch präzise: »*Zu Bethlehem in Judäa; denn so steht durch den Propheten geschrieben: Und du, Bethlehem, Land Juda, bist keineswegs die geringste unter den Fürsten Judas; denn aus dir wird ein Führer hervorkommen, der mein Volk Israel hüten wird*« (Mt 2,5.6).

Die Mitglieder des Hohen Rates, die religiösen Führer des Volkes, hatten es gewusst. Die Schriftgelehrten hatten das nötige Wissen über Christus; aber – sie machten sich nicht auf den Weg zu ihm, um ihm zu huldigen, wie die Magier aus fernen Landen. Sie wussten ganz genau, dass der Messias dort geboren worden war, aber sie **glaubten** es nicht! Denn das Wissen allein, ohne eine sichtbare Bewegung und Veränderung, erlöst nicht, denn Glaube ist eine Reaktion auf die Wahrheit. Auch Herodes hatte es gewusst, und er war überzeugt von der Richtigkeit der Auslegung der Heiligen Schrift durch die Hohe Priester und die Schriftgelehrten. Kaum waren die Priester und Schriftgelehrten aus dem Haus, ließ er sich in einer geheimen Sitzung von den sternkundigen Magiern alles über ihre Erkenntnisse berichten. Dann schickte er sie nach Bethlehem mit der Aufforderung, dass sie die Situation vor Ort untersuchen und das Kind suchen sollten. Und sollten sie es finden, dann wollte er alles genau und aus erster Hand von ihnen erfahren, damit auch er sich aufmachen könne, um dem Kind zu huldigen. In Bethlehem sahen die Weisen den Stern des Messias, und sie waren überwältigt und wurden erfüllt mit einer Freude, wie sie sie zuvor noch nie erlebt hatten. Der griechische Text lautet wörtlich:»sie freuten sich mit großer Freude heftig«. Ein Kommentar meint dazu:»Vier Worte sind also nötig, um die Größe der Freude auszudrücken. Man hat den Eindruck: Diese Männer haben das Ziel ihres Lebens und Strebens erreicht! Was für ein krasser Gegensatz zwischen dem mordgierigen Herodes und den sich heraushaltenden jüdischen Führern einerseits und den anbetenden Magiern aus den Heiden andererseits!« (factum 1/2000, Seite 18)

Herodes wusste es nun, denn er schickte die Magier nicht in die Gegend von Nazareth, sondern an den richtigen Ort, nach Bethlehem in Judäa. Kaum war die Tür hinter den Magiern ins Schloss gefallen, kroch die Angst wieder in Herodes hoch, der Verfolgungswahn, die Machtbesessenheit, sein Stolz und sein Mord- und Rachegeist. Das Böse stand ihm im Weg, und er versagte total; die dunkle Seite des Genies gewann die Oberhand. Nicht anbeten, nein – töten würde er das Kind! Im Bruchteil einer Sekunde fällte Herodes der Große seine Entscheidung gegen Gott und das Leben.

Die Magier sollten für Herodes genau ermitteln und berichten, dann hat er noch genug Zeit, die Fremden samt dem gefährlichen Konkurrenten auf die Seite zu schaffen. Der spätere Kindermord war ein vom Wahnsinn gesteuerter Befehl, der wahrscheinlich in dieser Form nicht geplant war. Von Beginn an schwebt über dem Leben Jesu das Schwert des Todes, ausgerechnet über ihm, der selbst das Leben ist und bringt. Doch Herodes wartete vergebens auf die Rückkehr der Magier, denn diese hatten im Traum eine göttliche Weisung erhalten, dass sie nicht zu Herodes zurückkehren sollten, und auch Joseph wurde gewarnt und zur Flucht nach Ägypten gemahnt. Als Herodes allmählich klar wurde, dass sich die Magier in eine ganz andere Richtung, jedenfalls nicht zu ihm aufgemacht hatten, schickte er seine Todesschwadron mit dem Auftrag nach Bethlehem, alle Jungen bis zu zwei Jahren zu töten. Einige Zeit später ließ Herodes auch Antipater, seinen eigenen Sohn exekutieren; aber nur fünf Tage danach starb Herodes mit schmerzverzerrtem Gesicht in Jericho. Der ungeliebte König war tot, und die Juden jubelten. Seine Familie und die Militärs überführten seine Leiche ins Herodeion, jenes Mausoleum gleich neben Bethlehem. Carl Rasmussen kommentierte treffend: »Von einem ewigen Standpunkt aus gesehen, können die bleibenden Werke des einen, der im Herodeion begraben wurde – einem prachtvollen Steinmonument –, in keiner Weise mit denen des einen verglichen werden, der in Bethlehem, beinahe im Schatten des Herodeion, geboren wurde«. [10]

6.1.5 Der Stern des Messias [11]

Bedingt durch unsere christliche Erziehung und Tradition, sind wir es gewohnt, dass der »Weihnachtsstern« in den Kirchen und auf Abbildungen als Komet mit einem langen Schweif dargestellt wird. »Der Glaube an den Einfluss der Kometen auf irdische Ereignisse hielt sich hartnäckig weiter. Erst als der englische Astronom Edmond Halley (1656-1742), gestützt auf die Beobachtungen John Flamsteeds und dessen Assistenten in Greenwich, mit den Differentialgleichungen Isaak Newtons (1643-1727) die Bahnen der Kometen berechnen konnte und für Ende 1758, Anfang 1759 die Wiederkehr des 1682 erschienenen Kometen vorherbestimmte, wurde der Kometenglaube empfindlich erschüttert. Der Komet wurde tatsächlich am 25. Dezember 1758 entdeckt.« [12] Da in dieser Zeit der Aberglaube weit verbreitet war, dass Kometen einen negativen Einfluss auf das Erdenleben ausüben, kamen auch Gelehrte auf den Gedanken, dass es sich beim Stern von Bethlehem um einen Kometen gehandelt haben könnte. Die Meinung, der Stern des Messias könnte ein Komet gewesen sein, wird heute in der Wissenschaft nicht mehr vertreten. Heute lehren die Wissenschaftler fast einhellig, dass es sich beim Stern von Bethlehem um eine seltene Planeten-konstellation gehandelt haben müsse. Bei den drei »Weisen« habe es sich um am Sternenhimmel bewanderte Gelehrte gehandelt, denen diese Konstellation, die sonst von niemandem wahrgenommen werden konnte, sofort aufgefallen war. Gemeint ist damit die so genannte große Konjunktion im Jahre 7 v.Chr., das dreimalige Zusammentreffen der Planeten Jupiter und Saturn im Sternbild der Fische innerhalb von sechs Monaten.

»Im Dezember des Jahres 1603 erregte eine Konjunktion von Jupiter und Saturn beim Sternbild des Skorpions die Aufmerksamkeit gelehrter Kreise. Im September des folgenden Jahres trat Mars an die beiden Planeten heran und kurz darauf erschien ein ›neuer Stern‹ (stella nova) am Fuße des Schlangenträgers [...] unmittelbar neben Jupiter und Mars und nur knapp zehn Grad von der Stelle entfernt, wo im Jahr zuvor die große Konjunktion stattgefunden hatte. [...] Kepler war geneigt, beide Phänomene in einen ursächlichen Zusammenhang zu bringen und meinte fälschlicherweise, der ›neue Stern‹, den wir heute eine Supernova nennen, sei gleichsam durch jene scheinbare Begegnung der beiden Planeten verursacht worden, was aufgrund der astronomischen Gegebenheiten natürlich unmöglich war. Wir wissen heute, dass eine Supernova durch eine plötzliche, gewaltige Lichtemission eines weit von unserem Sonnensystem [...] entfernten Fixsternes hervorgerufen wird.« [13] Kepler, der die Konjunktion vom Dezember 1603 sowie auch die Supernova des Jahres 1604 im Schlangenträger beobachtet hatte, folgerte daraus, dass es sich beim Stern des Messias um eine Supernova gehandelt haben könnte, die möglicherweise durch die vorangegangene Konjunktion von Jupiter und Saturn ausgelöst wurde. Kepler rechnete nun zurück und kam zu dem Ergebnis, dass die einzige Konjunktion, die für den Stern des Messias überhaupt in Frage kommen könnte, im Jahre 7 v.Chr. stattfand. Damals begegneten sich die Planeten Jupiter und Saturn innerhalb eines halben Jahres dreimal im Sternbild der Fische. Diese Theorie wurde von den modernen Wissenschaftlern übernommen und seither gilt die so genannte große Konjunktion in gelehrten Kreisen als »Stern des Messias«.

Diese Theorie steht aber nicht im Einklang mit dem biblischen Bericht, denn der Evangelist Matthäus spricht viermal von einem einzigen Stern und es ist nirgends die Rede von mehreren Planeten oder mehreren Sternen. Die beiden Planeten Jupiter und Saturn waren mit bloßem Auge auch deutlich voneinander getrennt am Himmel zu sehen, denn sie kamen einander nur etwa bis auf 1 Grad nahe (dies entspricht dem doppelten Durchmesser des Vollmondes). Da die Begegnung der beiden Planeten im Sternbild der Fische stattfand, mussten die drei Weisen, von denen angenommen wird, dass sie babylonische Astronomen waren, daraus schließen, dass der erwartete Retter im Land der Juden geboren worden sei. Weiter wird argu-

mentiert, dass der Planet Jupiter in Babylonien seit Urzeiten als »Königs-
Stern« gegolten habe, der Planet Saturn in der Astrologie als Planet Israels
angesehen wurde, und das Sternbild der Fische dem Land Judäa zugeordnet wurde. Das steht aber im Widerspruch zu Keilschriftdokumenten, die
man in dieser Gegend gefunden hat, und auf denen Jupiter seit dem dritten
Jahrtausend v.Chr. als Stern »Nimrods« bezeugt ist. Dieser Nimrod wurde
zur Zeit Hammurabis gar unter dem Namen Marduk zum obersten Staatsgott der Babylonier erklärt, und der Planet Jupiter hat seither die Bedeutung
des an die Himmelsphäre projizierten Königs von Babylon. Wie wir in einem früheren Abschnitt bereits gesehen haben, wurde der Planet Saturn in
der chaldäischen Mysterienreligion als Stern des Kusch bezeugt, und hatte
somit nie einen Bezug zu Israel. Kusch ist bekanntlich der Vater Nimrods
und der Sohn Hams, des Sonnengottes.

Das Sternbild der »Fische« war den Chaldäern im dritten Jahrtausend
v.Chr. noch unbekannt. In dieser Himmelsregion sahen babylonische Astronomen damals »eine ›Schwalbe‹, ein ›Viereck‹ und das Sternbild der ›Anunitum‹«. Von diesem Viereck und von der Schwalbe gehen zwei Flüsse aus,
die als die himmlischen Abbilder von Euphrat und Tigris bezeugt sind. Später wurden aus der »Schwalbe« und »Anunitum« zwei Fische, die in den
Flüssen Euphrat und Tigris schwimmen. In dieser Art wurde das Sternbild
von den Ägyptern und Griechen übernommen, wobei man mit der Zeit die
zwei Flüsse als »gemeinsames Band« der Fische deutete, und das Viereck
wurde zum Pegasus-Quadrat. Aufgrund dieser Überlegungen wird klar ersichtlich, dass das Sternbild der Fische nie auf das Land der Juden bezogen
wurde, sondern immer auf den Süden von Mesopotamien. »Es gibt weder einen Keilschrifttext noch irgendeine andere klassische Quelle, worin das
Sternbild (oder auch Sternzeichen) der ›Fische‹ mit Palästina oder dem Land
der Juden identifiziert wird. […] Hinzu kommt, dass die Magier […] ganz
sicher nicht *babylonische* Sterndeuter waren: seit der Mitte des ersten Jahrtausends v.Chr. werden die babylonischen Sternkundigen *Chaldäer* genannt,
auch in der Bibel. Dagegen war ›Magier‹ der stehende Begriff für Angehörige einer ursprünglich *medo-persischen* Priesterkaste. […] Das Wort ›Magier‹ selbst ist von dem altpersischen *maga-van* abgeleitet, was so viel wie ›Besitzer der Offenbarung‹ bedeutet und deshalb wohl am besten mit ›Seher‹
übersetzt wird. Weil sich später Scharlatane gern als ›Magier‹ bezeichnen
ließen, […] wurde der Begriff schließlich im weiteren Sinne auch auf Spiri-
tisten und Okkultisten angewandt.« [14] Ob die Magier wirklich aus Persien
kamen, ist hingegen nicht sicher. Da die frühen christlichen Schriftsteller darin aber übereinstimmen, dass die Magier Anhänger der aus Persien stam-
menden Zoroaster waren, können wir davon ausgehen, dass es sich bei den
Magiern um »*persische* Gelehrte« handelte.

Die heute am weitesten verbreitete Meinung ist die, dass Jesus im Jahr 7 v.Chr. geboren worden sei, und diese Datierung steht und fällt mit der Planeten-Konjunktions-Theorie. Wir haben bereits gesehen, dass aufgrund der Prophetie der 70 Wochen von Daniel die Kreuzigung im Jahre 33 n.Chr. stattfand. Dies stimmt mit der Angabe des Evangelisten Lukas überein, dass Jesus im 15. Jahr der Regierung des Tiberius öffentlich zu lehren begann. Dieses 15. Jahr des Tiberius dauerte vom 19. August 28 bis zum 18. August 29 n.Chr. Über das Alter von Jesus erfahren wir in den Evangelien nur so viel, dass er etwa dreißigjährig war, als er seinen Dienst auf Erden begann, und des Weiteren wissen wir, dass sein Dienst drei Jahre gedauert hat. Demzufolge starb Jesus im Alter von etwa 33 bis 35 Jahren. Wenn wir so auf sein Geburtsjahr zurückrechnen, erhalten wir eine Zeit zwischen den Jahren 1 und 3 v.Chr. Aufgrund dessen fand die große Konjunktion 4 bis 6 Jahre zu früh statt, um auch vom Zeitpunkt her als Stern von Bethlehem überhaupt in Frage kommen zu können. Aufgrund dieser Argumente ist es völlig ausgeschlossen, dass es sich beim Stern von Bethlehem um die dreifache Konjunktion von Jupiter und Saturn im Sternbild der Fische im Jahr 7 v.Chr. gehandelt haben könnte.

Da nun ein Komet als Stern von Bethlehem ebenso ausgeschlossen ist wie eine Planetenkonjunktion, »bleibt als einzige wissenschaftlich vertretbare Möglichkeit, dass bei der Geburt des Erlösers ein *neuer* Stern am gestirnten Himmel erschien: [...] eine Supernova. Sprechen doch die frühen christlichen Schriftsteller davon, dass der Stern des Messias besonders hell glänzte. [...] Noch im vierten Jahrhundert schreibt Prudentius, nicht einmal der Morgenstern, der Sirius, habe solch einen Glanz gehabt wie der Stern von Bethlehem: Ein Stern also, heller als Sirius, der hellste Fixstern überhaupt, ja, heller noch als die Venus am Morgen vor Sonnenaufgang! Plötzlich stand er strahlend am sternenübersäten Himmel da.« [15] Natürlich konnte dieser Stern nur von jemandem als ein neuer Stern erkannt werden, der sich am gestirnten Himmel auskannte. Und hier stellt sich dann die Frage, weshalb dieser neue Stern so zwingend die Geburt des Messias anzeigte. Es kann nur eine einzige Stelle am Himmel geben, an der ein neuer Stern erscheinen musste, damit er als Stern des Messias erkannt wurde. Um diese Stelle zu finden, muss man wieder zurück ins dritte Jahrtausend v.Chr., zurück nach Babylonien zum gestirnten Himmel über Sinear. »Dort oben nämlich stand vor bald fünftausend Jahren hinter dem Löwen das Sternbild der Jungfrau, die den Namen ERUA besaß. [...] Wem diese ERUA am Himmel auf Erden entspricht, verrät uns unmittelbar ihr geheimnisvoller Name selbst.« [15a] In diesem Wort ist das sumerische Wort EDIN enthalten, »das wohl aus einer noch älteren Sprache entlehnt wurde und in der Genesis des Mose mit EDEN wiedergegeben wird und eine uralte Bezeichnung für das Paradies ist. Das

Zeichen für Eden - EDIN (RU$_6$) - ist wiederum aus zwei einfacheren Keilschriftzeichen - GAB und PUR$_2$ - zusammengesetzt. GAB bedeutet ›Überfluss‹ und PUR$_2$ heißt ›Glanz‹, ›Herrlichkeit‹, ›Wonne‹, was den paradiesi-
schen Zustand des Gartens Eden sehr schön veranschaulicht.« [16] Die
weiteren Keilschriftzeichen des Wortes ERUA bedeuten »Same« und »hervorbringen«, »gebären«. Der Name ERUA lässt sich nun übersetzen mit:
»diejenige, welche den männlichen Samen von Eden gebären wird«. [16a]

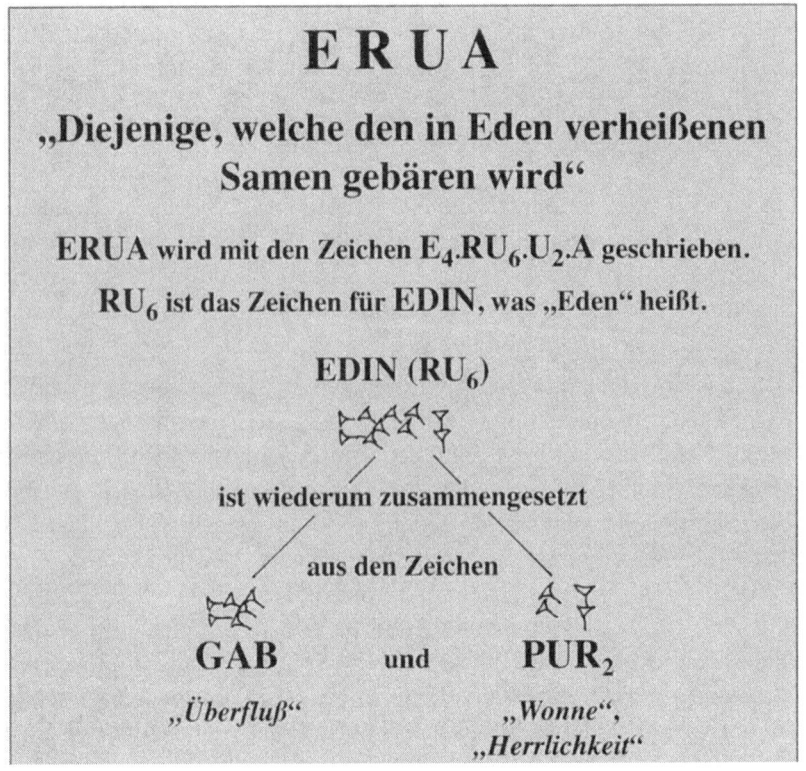

Abbildung 6.2: Die Bedeutung des Keilschriftzeichens ERUA

Wie wir daraus ersehen können, symbolisierte das Sternbild der Jungfrau
ERUA am gestirnten Himmel über Sinear bereits seit Urzeiten eine Jungfrau,
die den männlichen Samen gebären sollte, der bereits in Eden verheißen wurde. Aus dem biblischen Bericht können wir entnehmen, dass Gott die Verheißung eines Erlösers noch in Eden aussprach, bevor Adam und Eva aus
dem Garten Eden vertrieben wurden: »*Und ich werde Feindschaft setzen
zwischen dir und der Frau, zwischen deinem Samen und ihrem Samen; er
wird dir den Kopf zermalmen, und du, du wirst ihm die Ferse zermalmen*«
(1Mo 3,15). Daraus erkennen wir, dass die Frau, die Mutter des Erlösers, be-

reits Jahrhunderte vor Mose am Himmel im Sternbild der jungfräulichen ERUA dargestellt war. Daraus erkennen wir weiter, dass diese göttliche Prophezeiung für die Menschen, die in den ersten Jahrhunderten nach der Sintflut lebten, sozusagen zum Allgemeinwissen gehörte. Es ist sehr interessant, dass die Babylonier diesbezüglich nicht vom Samen eines Mannes sprechen, sondern vom Samen der »Frau«, eine ganz außergewöhnliche Bezeichnung im Alten Orient. Diese Bezeichnung kann deshalb nichts anderes bedeuten, als dass die alten Kulturen, von denen schriftliche Dokumente erhalten geblieben sind, das Wissen um die wundersame Geburt des kommenden Erlösers von einer Jungfrau besaßen. Von diesem »Urwissen« zeugt noch heute das Sternzeichen der Jungfrau an der Himmelssphäre.

Nun muss man sich noch die Frage stellen, wie die heidnischen Magier, die Anhänger der Lehre des Zarathustra waren, Kunde von jenem Zeichen des Messias erhielten? Der syrische Gelehrte Abu'l Faradsch (1226-1286) schreibt, »dass Zarathustra oder Zoroaster, der Stifter der nach ihm benannten persischen Religion, in Babylon ein Schüler des Propheten Daniel gewesen sei. Daniel war ja 605 v.Chr. von Nebukadnezar aus dem Land der Juden nach Babylon deportiert worden. […] Wir wissen heute sicher, dass Zarathustra seit etwa 560 v.Chr. in Babylon lebte, und es ist darum nicht ausgeschlossen, dass er mit Daniel zusammengetroffen ist. Es ist dann auch nicht mehr verwunderlich, wenn im Zoroastrismus sehr viele *jüdische* Glaubensvorstellungen enthalten sind und besonders auf das Kommen des Erlösers hingewiesen wird. « Auch dies beweist wiederum, dass die wesentlichen Elemente der Verheißung des ›Samens der Frau‹ damals allgemein bekannt waren und weiter tradiert wurden. »Tatsächlich bedeutet *Zoroaster*, wie auch die Griechen den Namen schrieben, nichts anderes als der *Same* […] *des Weibes* […] Zoroaster war folglich ein vehementer Verkünder des kommenden ›Samens des Weibes‹. […] Nach der Reform des älteren Feuer-Kultes unter Darius I. erhielt der ›Same des Weibes‹, Zoroaster, den durch Friedrich Nietzsche im Abendland weithin bekannt gewordenen Namen Zarathustra, ›erlösender Sohn‹, was beweist, dass auch die Perser auf den Befreier vom Tod, den Messias warteten. […] Abu'l Faradsch schreibt darum auch, Zarathustra habe den Magiern vorausgesagt, dass, wenn ein ›*neuer Stern*‹ am Himmel erscheinen würde, dies die Geburt eines wunderbaren Knaben anzeige, den sie anbeten sollten. […] Und nach außerbiblischen frühen Quellen soll Zarathustra prophezeit haben, dass der ›neue Stern‹ im Sternbild der Jungfrau hervorleuchten würde.« [17] Über Zarathustra war die Kunde vom Stern des Erlösers auf die persischen Magier gekommen. Als sie den neuen Stern, eine Supernova, im Sternbild der Jungfrau erblickten, machten sie sich auf den Weg nach Jerusalem, um dem verheißenen Erlöser, dem Messias, ihre Ehrerbietung darzubringen.

Sie folgten nun diesem neuen Stern, der sich im Sternbild der Jungfrau von Nordosten her in Richtung auf den Zenit von Bethlehem zu bewegte. Als die Magier in Bethlehem ankamen, »stand« der neue Stern gerade senkrecht über ihnen im Zenit. Da Bethlehem eine nördliche geographische Breite von rund 31,7 Grad aufweist, befindet sich dieser dementsprechend auch 31,7 Grad nördlich vom Himmels-Äquator entfernt. Eine genauere Rechnung zeigt nun, dass zur Zeitenwende der Zenit von Bethlehem rund 24 Grad von der Ekliptik entfernt lag und demzufolge hier, im Schoße der Jungfrau, der Stern des Messias plötzlich strahlend hervorbrach. Unweit dieser Stelle des Himmels befindet sich nun der galaktische Nordpol. Dieser galaktische Nordpol entspricht ungefähr dem äußersten Norden unseres Milchstraßensystems. »Dieser äußerste Norden war den Babyloniern bereits im dritten Jahrtausend v.Chr. bekannt. Um dies zu zeigen, müssen wir noch einmal viereinhalb Jahrtausende in die Vergangenheit zurückgehen [...] Wenn wir dann [...] unseren Blick zum Himmel richten, sehen wir fast senkrecht über uns, nur 8 ½ Grad vom Zenit in südlicher Richtung entfernt, den hellen Regulus, den ›Königsstern‹, im Sternbild des Löwen funkeln, der majestätisch an der höchsten Stelle der Ekliptik einherschreitet [...] Östlich neben ihm steht erhaben die jungfräuliche ERUA, die [...] das himmlische Zeichen des ›Weibes‹ ist, das den in Eden verheißenen Samen gebären soll [...] Aus dem Gilgamesch-Epos [...] erfahren wir nun, dass an dieser Stelle des Himmels ›die Heimstätte der Götter‹ ist und die jungfräuliche Mutter des Erlösers hier ihren ›Thronsitz‹ hat. Sie ›thront‹ hier am galaktischen Nordpol [...] und dies ist der bisher noch von niemandem erahnte tiefere Grund, warum bereits die Chaldäer diese ›*fürstliche*‹ Jungfrau [...] die ›Himmelskönigin‹ nannten.« [18] Es ist nun nicht ausgeschlossen, dass diese »Götter«, die sich an dieser Stelle im höchsten Norden des Alls aufhalten, den Engeln der Bibel entsprechen, denn aus der Bibel erfahren wir, dass über allen Sternen der Thron Gottes steht, und dass die Engel sich an dieser Stelle vor Gott versammeln. An dieser Stelle des Alls, »im äußersten Norden«, im Sternbild der Jungfrau ERUA, erschien nun der Stern des Messias. Dieses große Zeichen am Himmel kündigte symbolisch das Erscheinen des Messias auf Erden an. Das war für die Magier, denen diese uralten Vorstellungen bestens bekannt waren, die unüberhörbare Botschaft, dass der Messias direkt vom Thron Gottes kam. Als die Magier in Bethlehem standen und im Zenit den Stern des Messias leuchten sahen, ging für sie damit eine jahrhundertealte Erwartung in Erfüllung. Die unbeschreibliche Freude, die die Magier beim Anblick des Sternes ergriff, beschreibt die Bibel mit folgenden Worten: »*Als sie aber den Stern sahen, freuten sie sich mit sehr großer Freude*« *(Mt 2,10).*

Aus diesen Erläuterungen ist ersichtlich, dass die wahrscheinlichste Erklärung für den Stern von Bethlehem eine Supernova ist, das Hervorbrechen eines neuen Sterns im Schoße der himmlischen Jungfrau ERUA. Doch wann erschien dieser neue Stern den Magiern, und wann wurde Jesus denn nun wirklich geboren? Aufgrund des biblischen Zeugnisses muss Jesus Christus irgendwann in den Jahren 3 bis 1 v.Chr. geboren sein. Nach herrschender Meinung der Gelehrten starb Herodes aber bereits im Jahr 4 v.Chr. und war, wenn diese Angabe wirklich stimmen würde, bei der Geburt Jesu bereits seit über zwei Jahren tot. Bei der Festlegung dieses Datums beziehen sich die Gelehrten auf die Aussage des Josephus in seinen »Jüdischen Altertümern«, worin er berichtet, dass Herodes nicht lange vor dem jüdischen Passahfest gestorben sei. Einige Monate vorher habe er noch zwei Schriftgelehrte lebendig verbrennen lassen. Josephus berichtet weiter, dass in der Nacht nach dieser schändlichen Tat eine Mondfinsternis stattfand. Im Jahr 4 v.Chr. fand aber keine totale Mondfinsternis statt, sondern diese ereignete sich in der Nacht vom 9. auf den 10. Januar kurz nach Mitternacht im Jahr 1 v.Chr. Das Todesjahr des Herodes müsste nun eigentlich in allen Geschichtsbüchern korrigiert werden!

Auf das große Zeichen am Himmel weist auch Johannes in seiner Offenbarung hin, wenn er im zwölften Kapitel schreibt: »*Und ein großes Zeichen erschien im Himmel: Eine Frau, bekleidet mit der Sonne, und der Mond war unter ihren Füßen und auf ihrem Haupt ein Kranz von zwölf Sternen. Und sie ist schwanger und schreit in Geburtswehen und in Schmerzen und soll gebären. Und sie gebar einen Sohn, ein männliches Kind, der alle Nationen hüten soll mit eisernem Stab*« (Offb 12,1.2.5). Auch diese Parallele in Offenbarung 12 ist beeindruckend, denn es könnte durchaus sein, dass Johannes am Himmel das Sternbild der Jungfrau ERUA sah. Dies weist uns auch wieder darauf hin, dass das Wissen um die jungfräuliche Mutter des Erlösers von Noah an seine Nachkommenschaft weitergegeben wurde. Wie wir aus diesen Versen entnehmen können, ist die Frau am Himmel soeben im Begriff, den in Eden verheißenen Samen der Frau zu gebären. »Der Stern des Messias war eine Supernova, die am Abend des 30. August 2 v.Chr., als Jesus geboren wurde, 31,7 Grad vom Himmelsäquator entfernt, unweit des galaktischen Nordpols im Schoß der Jungfrau ERUA erschien. Zu diesem Zeitpunkt stand die Sonne ›in‹ der Jungfrau, der Mond unter ihren Füßen, und alle klassischen Planeten (außer Saturn) waren bei der Jungfrau versammelt. [...] Sogar der in der Vision des Johannes erschaute ›*Kranz von zwölf Sternen auf ihrem Haupt*‹ (Offenbarung 12,1) ist am Himmel tatsächlich real vorhanden. [...] Die Supernova [muss] bei der Geburt Jesu im Schoße der Jungfrau (ERUA) 31,7 Grad nördlich vom Himmelsäquator erschienen sein; denn die Magier sahen später ja den Stern im *Zenit* von Bethlehem stehen. Der durch den Zenit von Bethlehem verlaufende *Parallelkreis* (zum Äquator) ging damals genau mitten durch den Uterus der ERUA hindurch, sodass die Mitte des Sternbildes eindeutig festgelegt ist. […] Wir erhalten so für diesen Augenblick im Jahr 2 v.Chr. die Sonnenlänge von 154 Grad, das heißt, dass die Sonne dann in der Ekliptik 154 Grad vom Frühlingspunkt entfernt stand. […] Die Sonnenlänge 154 Grad entspricht dem 30. August (julianisch).« [19] An diesem Abend stand der Mond als Neumondsichel rund 11 Grad weiter östlich tatsächlich genau unter den Füßen der Jungfrau. Die Sonne versank an diesem Abend gegen 18.26 Uhr unter dem Westhorizont und die Supernova gegen 20.15 Uhr. Der Messias muss deshalb innerhalb dieser knapp zwei Stunden geboren worden sein, denn die Supernova muss gleich nach Sonnenuntergang erschienen sein. Da sich Persien im Osten von Jerusalem befindet, konnten die Magier das Erscheinen des »neuen« Sterns über dem Westhorizont beobachten.

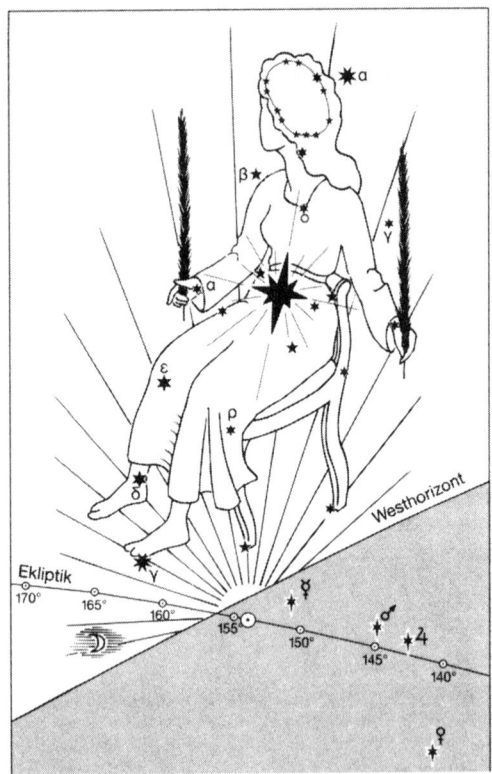

Abbildung 6.3: Der Stern des Messias war eine Supernova, die am Abend des 30. August 2 v. Chr., als Jesus geboren wurde, im Schoß der Jungfrau ERUA erschien. Zu diesem Zeitpunkt stand die Sonne »in der Jungfrau«, der Mond unter ihren Füßen und alle klassischen Planeten außer Saturn waren bei der Jungfrau versammelt. Sogar der in der Vision des Johannes erschaute »Kranz von zwölf Sternen auf ihrem Haupt« ist am Himmel real vorhanden!

Bei diesem Geburtsdatum des Messias gibt es noch etwas ganz Besonderes zu vermerken. Mit dem Sonnenuntergang begann am Abend dieses 30. August 2 v.Chr., an dem der verheißene Messias geboren wurde, der 1. Tischri, der jüdische Neujahrstag. In der jüdischen Tradition war dies der Tag, an dem sich die Juden an die Schöpfung der Welt erinnerten. Dieser Tag galt für sie des Weiteren als Zeichen für die zukünftige Auferstehung der Toten, und wie an diesem Tag tatsächlich geschehen, als Antritt der Herrschaft des Königs aller Könige. So soll die Geburt Jesu am 1. Tischri auch uns auf die bevorstehende Erneuerung der Welt durch die Herrschaft des Messias hinweisen. Mit dieser Festlegung des Geburtstages von Jesus Christus auf den 1. Tischri ist natürlich auch das Datum des 25. Dezembers hinfällig. Dieses Datum ist völlig ausgeschlossen, weil in dieser auch in Palästina kalten Zeit die Hirten ihre Herden ganz sicher nicht mehr auf den Fluren Bethlehems hüteten.»Der 25. Dezember wurde von Julius Cäsar als Wintersonnenwendetag (im von ihm 46 v.Chr. eingeführten julianischen Kalender) festgesetzt. An diesem Tag feierte man in Rom das Fest der ›Brumalia‹, dem die ›Saturnalia‹ vorangingen, die vom 17. bis zum 24. Dezember (spätestens) gehalten wurden. Dieser 25. Dezember wurde als Geburtstag *(dies natalis)* des Sonnengottes begangen, den Kaiser Aurelian im Jahr 274 n.Chr. unter dem Namen ›Sol invictus‹, ›unbesiegter Sonnengott‹, zum Reichsgott erklärte. Diesen Tag, der sich im Römischen Reich so sehr eingebürgert hatte, dass er aus dem Kalender nicht mehr wegzudenken war, hat dann die Kirche durch ein christliches Fest zu ersetzen gesucht. Liberius, der Bischof von Rom, setzte im Jahr 354 n.Chr. zum ersten Mal die Feier der Geburt Jesu auf den 25. Dezember fest.« [20] So wurde aus dem Geburtstag des heidnischen »Sonnengottes« der Geburtstag unseres Messias Jesus Christus. Welch eine Ironie der Weltgeschichte!

6.2 Leben und Wirken [21]

6.2.1 Die Historizität Jesu Christi

An der Historizität des »Menschen« Jesus Christus ist schon sehr viel gezweifelt worden, und viele sprechen denn auch von einem »Christusmythos«. Andere wiederum lassen diesen Menschen zwar eine historische Person sein, sprechen ihm aber seine Göttlichkeit ab und vergleichen ihn mit den Religionsstiftern anderer Religionen oder setzen ihn neben Revolutionäre wie Che Guevara. Beweise im Sinne eines wissenschaftlichen Beweises gibt es für seine Existenz nicht, aber diese »Beweise« gibt es auch für andere historische Personen nicht, an deren Echtheit wir aber trotzdem nicht zweifeln. Immerhin wurde seine Geschichte von vier von einander unabhängigen Menschen aufgeschrieben, so viele schriftliche Dokumente sind nicht einmal über Julius Cäsar vorhanden und trotzdem zweifelt niemand an seiner Existenz. Es gibt zwar nur einige wenige Hinweise auf Christus, aber einige dieser alten römischen Zeugnisse sind es wert, erwähnt zu werden, obwohl manche »Bibelkritiker« sie als spätere christliche Zusätze betrachten.

- Tacitus, römischer Geschichtsschreiber, etwa 112 n.Chr.: »Die Christen ... leiten ihren Namen von Christus ab, der als Missetäter durch den Statthalter Pontius Pilatus getötet wurde, unter der Regierung von Kaiser Tiberius. Dieser hartnäckige Aberglaube, obwohl eine Zeitlang unterdrückt, brach aufs Neue aus, und verbreitete sich nicht allein über Judäa, die Quelle dieses Übels, sondern erreichte auch die Stadt Rom« (Annalen 15, Kap. 44).

- Sueton, römischer Geschichtsschreiber, etwa 120 n.Chr.: »Da die Juden andauernde Schwierigkeiten verursachten auf Anstiftung von Chrestus, vertrieb er (Kaiser Claudius) sie aus Rom« (Leben des Claudius, 25,4); »Im ganzen Osten war ein alter und starker Glaube verbreitet, dass es einmal für Männer aus Judäa bestimmt wäre, die Welt zu regieren« (Leben der Cäsaren).

- Mara Bar-Serapion, Syrer, der kurz nach 73 n.Chr. an seinen Sohn schrieb und in diesem Brief, der im Britischen Museum aufbewahrt wird, die Morde an Sokrates, an Pythagoras und an Christus vergleicht: »Welchen Vorteil hatten die Juden davon, dass sie ihren weisen König hinrichteten? Es geschah genau danach, dass ihr Königreich zugrunde gerichtet wurde. Gott rächte diese drei weisen Männer auf gerechte Art und Weise: ... Die Juden, ruiniert und aus ihrem Land vertrieben, leben in vollständiger Zerstreuung ... Auch starb der weise König nicht für immer; er lebte fort in der Unterweisung, die er gegeben hatte«. [22]

- Flavius Josephus, jüdischer Geschichtsschreiber, ca. Ende 1. Jahrhundert: »Zu dieser Zeit lebte ein weiser Mann, der Jesus genannt wurde. Sein Verhalten war gut und er war bekannt dafür, tugendhaft zu sein. Und viele Menschen aus den Juden und den anderen Nationen wurden seine Jünger. Pilatus verurteilte ihn, um gekreuzigt zu werden und zu sterben. Und die, die seine Jünger genannt wurden, gaben ihre Jüngerschaft nicht auf. Sie berichteten, dass er ihnen drei Tage nach der Kreuzigung erschienen war und dass er am Leben war; deshalb war er vielleicht der Messias, über den die Propheten Wunder vorausgesagt hatten« (Jüdische Altertümer 18,13).

Auch im Talmud, dem heiligsten Buch der Juden nach dem Alten Testament, kommen verschiedene versteckte Anspielungen auf Christus vor. »Auf ihn wird darin angespielt als ›Jeschu Ben Pandera‹, was so viel wie ›Sohn von Pandera‹ heißt, was entweder eine Verballhornung von ›parthenos‹ ist, dem griechischen Wort für ›Jungfrau‹ oder eine Anspielung auf seinen vermeintlichen Vater. Manchmal wird er auch Jeschu von Nazareth genannt. Der Talmud beschreibt ihn als einen Gesetzesübertreter, der Zauberei betrieb, das Volk verführte, die Worte der Weisen verachtete und am Tag vor dem Passah aufgehängt wurde. Durch diese Aussagen brachten die Schreiber ihren Hass zum Ausdruck; aber eines taten die antiken Schriftsteller niemals: die Geschichtlichkeit von Jesus Christus anzuzweifeln.« [23] Denn am Beginn unserer Zeitrechnung steht eine historische Person, die die Zeitrechnung in zwei Hälften teilte und die die Geschichte dieser Welt von Grund auf veränderte.

6.2.2 Die Zeit seines Dienstes

Über den weitaus größten Teil des Lebens von Jesus Christus schweigt die Bibel, aber wir wissen, dass er seine Jugend im stillen Nazareth verbrachte. Denn über seine Jugendzeit erfahren wir aus der Bibel nur gerade ein einziges Ereignis, als er als zwölfjähriger Junge mit den Eltern nach Jerusalem pilgerte, um dort das Passahfest zu feiern. In diesem Jahr war das ein ganz besonderer Anlass, denn am dreizehnten Geburtstag wurde ein junger Israelit »Bar Mizwa«, Sohn des Gesetzes. Damit wurde er religiös als erwachsen angesehen und durfte in der Synagoge zum ersten Mal aus dem Gesetz vorlesen. Damit waren aber auch Pflichten verbunden, so musste er jedes Jahr zu den drei wichtigsten Festen nach Jerusalem hinaufziehen. In diesen Versen wird uns weiter berichtet, dass der junge Jesus im Tempel des Herodes mit den Schriftgelehrten diskutierte und sie durch seinen Verstand und seine Weisheit in Erstaunen versetzte. Seine beunruhigte Mutter, die ihn überall gesucht hatte, fand ihn schließlich im Tempel im Kreise der Gelehrten. Die folgenden Worte, die er zu seinen Eltern sprach, zeigen uns seine eigentliche Berufung auf: »*Wusstet ihr nicht, dass ich in dem sein muss, was meines Vaters ist?*« (Lk 2,49). Aber niemand verstand diese Worte, welche ganz klar auf seine Bestimmung als Messias hinweisen.

Jesus Christus wurde am 1. Tischri des Jahres 2 v.Chr. geboren, dies entspricht dem 30. August des julianischen Kalenders. Zu dieser Zeit regierte noch Herodes der Große in Judäa, und dieser starb kurze Zeit, nachdem Jesus Christus geboren war und nachdem die Magier aus dem Osten in Jerusalem angekommen waren. Als Herodes der Große starb, wurde in seinem Reich, nach seinen Wünschen, die folgende Aufteilung ausgeführt, die durch den Kaiser Augustus bestätigt wurde:

- **»Archelaus** wurde der Nachfolger seines Vaters in Judäa und Samaria. Auf seinen Münzen wurde er ›Herodes der Ethnarch‹ genannt. Er hatte den schlechtesten Ruf von allen Herodes-Söhnen und wurde wegen seiner Schreckensherrschaft auf Ersuchen der Juden und der Samariter im Jahr 6 n.Chr. abgesetzt, wonach sein Gebiet unter die Verwaltung eines römischen Prokurators kam. Der Prokurator residierte in Cäsarea an der Meeresküste und kam nur zu besonderen Angelegenheiten nach Jerusalem.

- **Antipas**, im Neuen Testament ›Herodes der Vierfürst‹ genannt, wurde der Nachfolger seines Vaters in Galiläa und Peräa, das im Neuen Testament als das Gebiet jenseits des Jordan bezeichnet wird. Er war zuerst mit einer Tochter des nabatäischen Königs Aretas IV. verheiratet, danach mit Herodias, der Tochter seines Halbbruders Aristobulus und der Exfrau seines Halbbruders Philippus, des Sohnes Herodes des Großen und einer anderen Mariamne, der Tochter des Hohe Priesters Simon. Dies ist denn auch derjenige Herodes, der Johannes den Täufer hinrichten ließ und der eine kurze Unterredung mit dem gefangenen Christus hatte.

- **Philippus**, oder Herodes Philippus II., der ›Vierfürst‹, ein Sohn der fünften Frau von Herodes, Kleopatra von Jerusalem, wurde der Nachfolger seines Vaters in Ituräa und der Trachonitis, Gebiete nordöstlich des Sees von Genezareth. Er heiratete Salome, die »Tochter der Herodias« und Philippus des I., also die Frau, die von dem Vierfürsten Herodes Antipas das Haupt Johannes des Täufers forderte. Er erbaute unter anderem Cäsarea Philippi im Quellgebiet des Jordan.« [24]

Nach der Absetzung von Archelaus im Jahr 6 n.Chr. wurde Valerius Gratus erster Prokurator von Judäa, und als er Statthalter wurde, war der Sadduzäer Annas Hoher Priester. In der Folge wechselte Valerius Gratus den Hohen Priester viermal aus, und der letzte Hohe Priester, den Gratus vermutlich im Jahr 18 n.Chr. einsetzte, war Annas' Schwiegersohn Kaiphas. Dieser hatte sein Amt bis 36 n.Chr. inne, aber wie uns auch aus den Evangelien berichtet wird, hatte sein Schwiegervater Annas immer eine leitende Position im Hintergrund inne. Im Jahr 26 n.Chr. wurde Gratus schließlich von Pontius Pilatus abgelöst, der das Amt des Prokurators bis zum Jahr 36 n.Chr. bekleidete. Pontius Pilatus provozierte die Juden immer wieder und lag deshalb ständig im Streit mit ihnen. »Der jüdische Schriftsteller Philo von Alexandrien beschreibt Pilatus als einen hartherzigen, starrköpfigen, jähzornigen, korrupten, grausamen und bestialischen Menschen.

Er hatte allein Angst vor einem Mann: seinem Kaiser. Mit Herodes, dem Vierfürsten von Galiläa, Pontius Pilatus, dem Statthalter in Judäa, und den Hohen Priestern Annas und Kaiphas, sind die politischen Hauptfiguren beschrieben, die eine so bedeutende Rolle spielen sollten am Ende des Lebens von Jesus Christus auf der Erde.« [25]

6.2.3 Sein erster Auftritt

»Eine Stimme ruft: In der Wüste bahnt den Weg des HERRN! Ebnet in der Steppe eine Straße für unseren Gott!« (Jes 40,3). Mit diesen Worten kündigte der Prophet Jesaja den Vorläufer von Jesus Christus an, Johannes den Täufer, der kurze Zeit vor Jesus geboren wurde. Die Ankündigung der Geburt des Johannes erinnert an die Ankündigung der Geburt Isaaks an Abraham und Sarah; denn auch Zacharias, ein Priester, und seine Frau Elisabeth hatten kein Kind, weil Elisabeth unfruchtbar war und beide an Tagen bereits weit vorgerückt waren. Wie etwas später Maria erschien auch der Engel Gabriel dem Zacharias während seines Dienstes im Tempel und kündigte ihm die Geburt eines Sohnes an: *»Fürchte dich nicht, Zacharias! Denn dein Flehen ist erhört, und Elisabeth, deine Frau, wird dir einen Sohn gebären, und du sollst seinen Namen Johannes nennen. Und er wird dir zur Freude und zum Jubel sein, und viele werden sich über seine Geburt freuen. Denn er wird groß sein vor dem Herrn; weder Wein noch starkes Getränk wird er trinken und schon von Mutterleibe an mit Heiligem Geist erfüllt werden. Und viele der Söhne Israels wird er zu dem Herrn, ihrem Gott, bekehren. Und er wird vor ihm hergehen in dem Geist und der Kraft des Elia, um der Väter Herzen zu bekehren zu den Kindern und Ungehorsame zur Gesinnung von Gerechten, um dem Herrn ein zugerüstetes Volk zu bereiten«* (Lk 1,13-17). Da Zacharias aufgrund seines fortgeschrittenen Alters und desjenigen seiner Frau Elisabeth an den Worten des Engels zweifelte, wurde er stumm bis zur Geburt seines Sohnes.

Als Johannes erwachsen war, zog er an den Jordan, wo er predigte und taufte. Der furchtlose Prophet in seinem Mantel aus Kamelhaaren stellte mit starken Worten die Heuchelei seiner Zeitgenossen an den Pranger: *»Otternbrut! Wer hat euch gewiesen, dem kommenden Zorn zu entfliehen? Bringt nun der Buße würdige Früchte ... Ich zwar taufe euch mit Wasser; es kommt aber ein Stärkerer als ich, und ich bin nicht würdig, ihm den Riemen seiner Sandalen zu lösen; er wird euch mit Heiligem Geist und Feuer taufen«* (Lk 3,7.8.16). Zu dieser Zeit kam auch Jesus zu ihm an den Jordan, um sich von ihm taufen zu lassen. Als Johannes ihn sah, lenkte er die Aufmerksamkeit der um ihn versammelten Menge auf diesen jungen Mann und sprach, vom Heiligen Geist getrieben: *»Siehe, das Lamm Gottes, das die*

Sünde der Welt wegnimmt!« (Joh 1,29). So kündigte Johannes der Täufer, der letzte und größte Prophet vor dem Messias, das Auftreten des Herrn Jesus Christus an. Mit diesen Worten wies Johannes aber auch auf den großen Auftrag unseres Herrn hin, als Lamm Gottes für unsere Sünden dahingeschlachtet zu werden, damit unsere Gottesferne hinweggenommen werde. Das war dann auch die große Aufgabe, für die Gott sich so tief erniedrigte und selbst ein Mensch wurde! Sein Dienst auf Erden muss etwas mehr als drei Jahre gedauert haben, da das Evangelium von Johannes von vier jährlichen Festen berichtet, die in die Zeit dieser öffentlichen Predigten fielen. Sein öffentlicher Dienst muss etwa im Winter des Jahres 29/30 n.Chr. begonnen haben, denn im Frühling des Jahres 33 n.Chr. wurde Jesus hingerichtet. In Johannes 5,1 ist die Rede von einem »Fest der Juden«, mit dem vermutlich das Passahfest gemeint war. Von diesem Passahfest an fielen insgesamt vier Passahfeste in die Zeit seines öffentlichen Dienstes, also in den Jahren 30, 31, 32 und 33.

Nach der Taufe durch Johannes im Jordan, zog sich Jesus zurück in die Einsamkeit. Vom Jordan richtete er sich nach Südwesten und ging in die Wüste von Judäa, die sich am Toten Meer entlang erstreckt. Dort fastete er vierzig Tage und vierzig Nächte und wurde vom Widersacher, Satan, in der Folge dreimal auf die Probe gestellt. Dort stellte er seine wahre Berufung unter Beweis, indem er, im Gegensatz zum ersten Menschen, Adam, den Versuchungen widerstand. Damit stellte er aber auch deutlich seine Identität unter Beweis: vollkommener Mensch und vollkommener Gott. Da Jesus nach vierzig Tagen hungerte, war die erste Versuchung des Satans denn auch die Aufforderung, einen Stein in Brot zu verwandeln. Doch Jesus antwortete ihm: »*Es steht geschrieben: Nicht vom Brot allein soll der Mensch leben, sondern von jedem Wort Gottes*« (Lk 4,4). Die zweite Versuchung bestand darin, dass Satan ihn auf einen hohen Berg führte und ihm alle Macht und Herrlichkeit der Reiche dieser Erde versprach, wenn Jesus ihn anbeten würde. Und Jesus antwortete ihm: »*Es steht geschrieben: Du sollst den Herrn, deinen Gott, anbeten und ihm allein dienen!*« (Lk 4,8). Die letzte Versuchung bestand darin, dass Satan Jesus auf die Zinne des Tempels führte und ihn herausforderte, sich als Beweis seiner Gottessohnschaft vom Tempel zu stürzen und sich von seinen Engeln bewahren zu lassen. Und Jesus antwortete ihm darauf: »*Es ist gesagt: Du sollst den Herrn, deinen Gott, nicht versuchen*« (Lk 4,12). Danach gab der Widersacher seine Versuchungen auf und wich für eine Zeit von ihm.

6.2.4 Sein öffentlicher Dienst

Sein öffentlicher Dienst ist in den vier Evangelien hervorragend beschrieben, sodass an dieser Stelle nur ein kurzer Überblick darüber gegeben wird. Eine Übersicht über diese Zeit findet sich im Anhang C. Nach seinem vierzigtägigen Fasten in der Wüste kehrte er an den Jordan zurück, wo er die ersten Jünger sammelte. Alle diese Männer waren galiläische Fischer, und mit ihnen zog er in das verachtete Galiläa, wo sie alle aufgewachsen waren, und dort setzte er auch sein erstes Zeichen, das seine besondere Person und Berufung unterstrich. Jesus nahm in Kana, unweit von Nazareth entfernt, an einer Hochzeit teil und als der Wein ausging, verwandelte er etwa sechshundert Liter Wasser in Wein! Damit illustrierte er, dass er nicht nur ein Bußprediger war wie Johannes der Täufer, aber auch kein strenger Asket wie die damaligen Essener, sondern dass er der war, der das Leben und die Freude bringen würde.

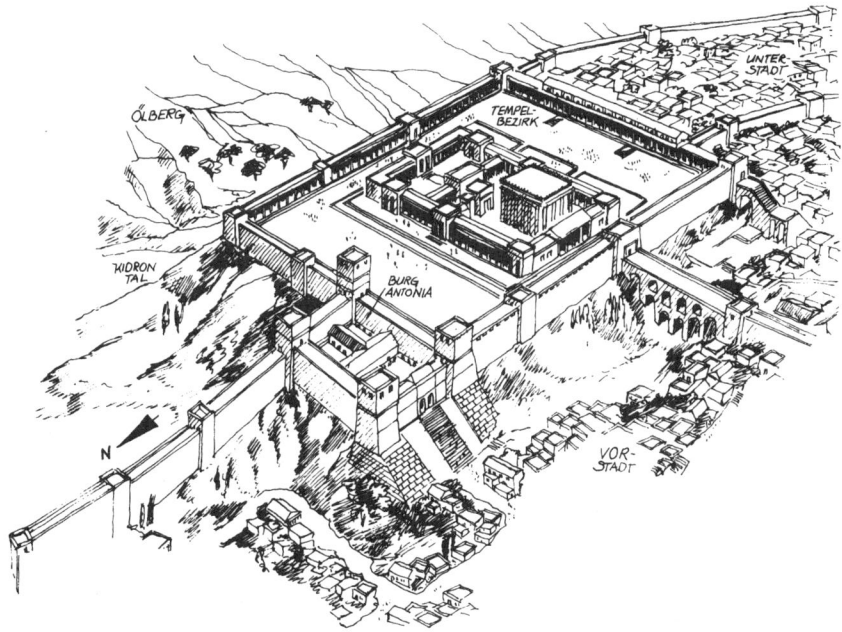

Abbildung 6.4: Auf dieser Rekonstruktionszeichnung von der Stadt Jerusalem zur Zeit Jesu ist vor allem der Tempelbezirk abgebildet sowie die Burg Antonia, die Herodes ausbauen ließ, um den Tempelbezirk überwachen zu können. Im Hintergrund befindet sich das Kidrontal und der Ölberg. Der Hinrichtungsplatz Golgatha befindet sich im Vordergrund vor der Vorstadt.

Nach der Ruhe in Kapernaum kam schon bald die erste »Feuerprobe«, das Passahfest in Jerusalem. Während des Passahfestes wurde die Tempelsteuer eingezogen, und deshalb war der Vorhof voller Geldwechsler und Viehhändler, die dort Opfertiere verkauften. Als Jesus dieses Treiben im Tempelhof sah, eiferte er sich für das Haus seines Vaters und jagte die Händler mit einer Peitsche aus Stricken aus dem Vorhof. Der Tempelwache, die daraufhin nach einer Legitimation für sein Handeln verlangte, gab er die geheimnisvolle Antwort: »*Brecht diesen Tempel ab, und in drei Tagen werde ich ihn aufrichten*« (Joh 2,19). Die Juden dachten an den Tempel des Herodes, aber Jesus sprach von seinem eigenen Leib und seiner Auferstehung. In der Passahwoche fand das erste öffentliche Auftreten von Jesus statt, und viele Juden waren davon stark beeindruckt. In dieser Woche führte Jesus auch ein Gespräch mit Nikodemus, einem Pharisäer und Mitglied des Hohen Rates. Jesus versuchte ihm klar zu machen, dass nicht die Kenntnis und Beobachtung des Gesetzes ihm Eingang ins ewige Reich Gottes verschaffen würden, sondern allein die innere Erneuerung der Wiedergeburt, die nur Gottes Geist bewirken kann.

Erste Rundreise in Galiläa

Nach diesem Besuch in Jerusalem muss Jesus den Rest des Jahres in der Ebene von Judäa zugebracht haben, wo viele Menschen durch die Jünger Jesu getauft wurden, was bei den Pharisäern großen Ärger erregte. Da Jesus noch keine Konfrontation mit den Pharisäern suchte, verließ er die Ebene von Judäa und reiste durch den Landstrich von Samaria zurück nach Galiläa. Die Juden mieden diesen Weg durch Samaria, weil sie sich seit alter Zeit in einem Zwist mit den Samaritanern befanden. Am Jakobsbrunnen richtete Jesus das Wort an eine samaritanische Frau, eine Ehebrecherin, und im Gespräch mit ihr sprach er das erste Mal offen aus, dass er der Messias sei. Der Herr begann nun seinen öffentlichen Dienst mit seiner ersten Rundreise durch die Städte und Dörfer von Galiläa. In der Stadt Kapernaum hat Jesus vielleicht die meisten Wunder gewirkt; dort heilte er einen Besessenen und an demselben Tag die Schwiegermutter von Petrus, er heilte auch einen Aussätzigen, und es war auch in Kapernaum, wo er einen Gelähmten heilte, der wegen der großen Menschenmenge durch das Dach hinabgelassen wurde. Durch all diese Wunder und seine vollmächtige Predigt, bekam Jesus aber schon bald Ärger mit den Pharisäern und Schriftgelehrten. Das Fass zum Überlaufen brachte er aber, indem er einem von ihm Geheilten seine Sünden vergab, denn nach jüdischer Tradition kann nur Gott alleine Sünden vergeben. Auch schien er ihre strengen Überlieferungen nicht zu respektieren, denn er kümmerte sich tatsächlich nicht um ihre Vorschriften, die über die Schrift hinausgingen. Deshalb ließ er seine Jünger am Sabbat Ähren pflücken und heilte am Sabbat sogar in einer Synagoge einen Mann mit einer verdorrten Hand.

In dieser Zeit wählte Jesus aus seinen vielen Jüngern zwölf aus, die auch Apostel genannt wurden. Es waren zumeist einfältige, ungelehrte Männer, die Jesus auswählte, um, abgesehen von Judas Iskariot, seine Person und seine Lehre in der ganzen Welt zu verkündigen und Jünger für das Königreich Gottes zu gewinnen. In dieser Zeit hielt Jesus auch seine berühmte und gewaltige »Bergpredigt«, in der er darlegte, welche Grundprinzipien in seinem Königreich gelten sollten (Mt 5-7). In dieser Zeit machte Jesus auch durch seine vielen Wunder deutlich, wer er war und dass in seinem Königreich andere Prinzipien als in dieser Welt gelten. Er wandte sich sehr stark den Armen und Elenden zu, heilte in Kapernaum den sterbenden Sklaven eines römischen Centurio, erweckte am Stadttor von Nain den einzigen Sohn einer Witwe von den Toten und heilte überall Besessene, Lahme, Blinde und Aussätzige. Johannes der Täufer war in der Zwischenzeit von Herodes Antipas verhaftet worden, und aus dem Gefängnis überbrachte er Jesus eine Nachricht mit der Frage, ob er tatsächlich der Messias sei. Hier sehen wir den größten und letzten Propheten, der trotz seiner Größe und Furchtlosigkeit letztlich auch nur ein schwacher Mensch war, der von der Gnade Gottes abhängig ist. Über Johannes sprach Jesus die erstaunlichen Worte: »*Denn ich sage euch: Unter den von Frauen Geborenen ist kein größerer Prophet als Johannes der Täufer; aber der Kleinste in dem Reich Gottes ist größer als er*« (Lk 7,28).

Zweite Rundreise in Galiläa

Im nächsten Frühling machte sich Jesus zur zweiten Rundreise durch die Städte und Dörfer von Galiläa auf und verkündigte überall das Evangelium vom Königreich Gottes. Auch hoch stehende Frauen wie Maria Magdalena und Johanna folgten Jesus und seinen Jüngern nach und versorgten sie mit Gütern. Eines Tages heilte Jesus in einem Haus einen Besessenen, der blind und stumm war. Da stumme Dämonen nach jüdischer Tradition nur vom Messias ausgetrieben werden konnten, mussten die Schriftgelehrten dem Volk eine Erklärung dafür liefern, weshalb Jesus offensichtlich über diese Vollmacht verfügte. Da sie Jesus aber als Messias ablehnten, behaupteten sie, Jesus treibe die Dämonen mit Hilfe von Beelzebub, Satan, dem Obersten der Dämonen aus. Jesus machte ihnen deutlich, dass dies eine schreckliche Lästerung des Heiligen Geistes sei, durch den Jesus sprach und handelte. Damit hatten sie auch die unvergebbare Sünde begangen. Das war denn auch der Sauerteig der Pharisäer und Schriftgelehrten, vor dem Jesus seine Jünger immer wieder warnte. Das Volk und auch seine Verwandten wollten einfach nicht begreifen, wer er war und verstanden ihn deshalb nicht. Jesus gab den Menschen aber zu verstehen, dass diejenigen seine wahren Brüder sind, die sein Wort annehmen und an ihn glauben.

An einem Abend ging er mit seinen Jüngern auf ein Schiff und gab ihnen den Auftrag, an das andere Ufer des Sees zu fahren, um der Menge zu entkommen. Jesus schlief ein, und es kam ein gewaltiger Sturm auf, und das Schiff drohte zu versinken. Als die Jünger, zu Tode verängstigt, ihn aufweckten, beschämte er ihren Glauben, indem er mit einem einzigen Machtwort den Sturm und den See zum Schweigen brachte. Am anderen Ufer lag das Land der Gergesener, und dort heilte er zwei Besessene, indem er die Dämonen in eine Schweineherde austrieb, die dort gehütet wurde. Die Herde stürzte sich ins Wasser, was die Wut der Bewohner so erregte, dass sie den Meister wegjagten. Er setzte wieder über den See, und schnell versammelte sich dort wieder eine gewaltige Menschenmenge, aus der sich ein bedeutender Mann löste: Jairus, der Synagogenvorsteher. Dieser bedeutende Mann flehte Jesus an, mit ihm zu kommen, um seine kleine Tochter zu retten, die im Sterben lag. Jesus ging mit ihm zu seinem Haus. Unterwegs wurde er von einer Frau, die an Blutfluss litt, an seinem Kleid berührt. Dank ihrem Glauben wurde sie augenblicklich von ihrer Krankheit geheilt. Bevor sie nun zum Haus des Jairus kamen, erhielten sie die Nachricht, dass seine Tochter bereits gestorben war. Dies hinderte Jesus aber nicht daran, ins Haus zu gehen und dort das Mädchen vom Tode aufzuwecken. Diese Nachricht verbreitete sich wie ein Lauffeuer in der Gegend.

Dritte Rundreise in Galiläa

Bei seiner dritten und letzten Rundreise durch Galiläa wohnte er dem Gottesdienst in Nazareth bei, wo er aufgewachsen war und die Menschen ihn kannten. Während des Gottesdienstes nahm er die Buchrolle und las ihnen die messianische Prophezeiung aus Jesaja 61 vor. Bei der anschließenden Auslegung dieser Verse, machte er ihnen klar, dass er selbst die Erfüllung dieser Prophezeiung sei. Daraufhin wurde er vom aufgebrachten Volk auf einen hohen Hügel geschleppt, wo sie ihn in den Abgrund stürzen wollten. Sie konnten ihm aber nichts antun, denn seine Zeit war noch nicht erfüllt, und er ging einfach aus ihrer Mitte weg und zog nun für immer von seiner Vaterstadt weg. Bei seiner nächsten Reise durch Galiläa setzte er auch seine Jünger zum Dienst ein und sandte sie jeweils zu zweit im ganzen Land umher. Überall wo sie hinkamen, verkündeten sie das Evangelium und heilten Kranke. So wurden sie auf ihre große Aufgabe der Predigt vorbereitet, zu der sie von Jesus auserwählt worden waren.

Nachdem die Jünger von ihrer Rundreise zurückgekehrt waren, nahmen sie ein Schiff und suchten sich einen stillen Ort an der anderen Seite des Sees. Doch die begeisterte Menge war ihnen dorthin gefolgt, und als Jesus ihre geistliche Armut sah, wurde er so erweicht, dass er aufs Neue begann, ihnen seine Unterweisung zu geben. Gegen Abend forderte Jesus seine Jünger dazu auf, den Menschen Essen zu geben. Aber sie fanden nichts anderes als einen Jungen, der fünf Brote und zwei Fische bei sich hatte. Doch für Jesus war das genug: In seinen Händen vervielfachte sich die Speise, bis es für jeden genug gab. Die Menschen standen derart unter dem Eindruck dieses Wunders, dass sie ihn zum König machen wollten. Am nächsten Abend lehrte er die Menschen in der Synagoge und begann ihnen auszulegen, was die wundersame Speisung zu bedeuten hatte. Sie sollte eine symbolische Darstellung davon sein, wie er selbst, das wahre Brot des Lebens, als Mensch auf die Erde gekommen war, um sein Leben zu geben für alle, die an ihn glaubten. Nach dieser Auslegung verließen ihn viele Menschen, weil diese Auslegung für sie unverständlich und enttäuschend war. Jesus fragte dann auch seine Jünger, ob sie ihn auch verlassen wollten. Petrus drückte die Gefühle der anderen aus, als er sagte:»Herr, zu wem sollten wir gehen? Du hast Worte ewigen Lebens«.

Letzter Aufenthalt in Galiläa

Wir schreiben in der Zwischenzeit das Jahr 32 und befinden uns kurz vor dem Passahfest dieses Jahres. Jesus wird dieses Fest wiederum in Jerusalem gefeiert haben, wo er mit den Pharisäern ein Streitgespräch über die Überlieferung der Ältesten führte, die Jesus verwarf. Anschließend zog er mit seinen Jüngern in den Norden, in das Gebiet der Hafenstadt Tyrus in Phönizien. Nach einem Abstecher nach Galiläa, wo er viele Kranke heilte und seine zweite wundersame Speisung einer großen Menschenmenge vollzog, zog er aufs Neue nach Norden, in die Umgebung von Cäsarea Philippi, das vom Vierfürsten Philippus zur Ehre des Kaisers Tiberius gebaut worden war. Dort stellte er seinen Jüngern seine berühmte Frage:»Wer sagt ihr, dass ich bin?« Und wiederum ergriff Petrus das Wort:»Du bist Christus, der Messias, der Sohn des lebendigen Gottes!« Jesus offenbarte dem Petrus, dass er seine Gemeinde auf diesem Fundament bauen werde. Diesem Petrus gab Jesus auch die»Schlüssel« des Reiches der Himmel, ein Symbol für die Autorität, mit der er Menschen in die Jüngerschaft Christi einführen sollte. Danach nahm er seine drei bedeutendsten Jünger mit auf den»Berg der Verklärung« (wahrscheinlich der Hermon), und dort wurden diese drei Jünger Zeugen eines einzigartigen Ereignisses. Christus wurde für sie»von Gestalt verändert« und sie sahen ihn in strahlendem Glanz im Gespräch mit Mose und Elia, den zwei größten Männern Gottes aus dem Alten Testament. Mose verkörpert dabei das Gesetz und Elia die Propheten. Und sie hörten eine Stimme aus dem Himmel, die sprach:»Dieser ist mein geliebter Sohn, an dem ich Wohlgefallen gefunden habe; ihn hört!« Nach dieser Erscheinung kehrten sie zurück nach Kapernaum.

Auf der Reise nach Jerusalem

Bei seiner nächsten Reise nach Jerusalem wählte Jesus den Weg über Samaria. Er sandte siebzig Jünger vor, um an allen Orten, an denen er durchziehen würde, das Evangelium vom Reich Gottes zu verkündigen. Unterwegs erzählte er sein berühmtes Gleichnis vom barmherzigen Samariter, der sich eines misshandelten Juden erbarmte. Dieses Gleichnis bezog Jesus auch auf sich selbst, denn wie den misshandelten Juden würden die geistlichen Führer auch ihn selbst im Stich lassen. In Jerusalem wurde das Laubhüttenfest gefeiert und das Volk war über der Frage zerstritten, ob er der Messias sei oder nicht. Die Pharisäer führten dann eine ehebrecherische Frau vor ihn und wollten ihn damit herausfordern, aber anstatt die Frau zu verurteilen, stellte er die Heuchelei der Pharisäer an den Pranger, sodass niemand es wagte, die Frau zu verurteilen.

Als Jesus dann am Sabbat noch einen blind geborenen Mann heilte, provozierte er damit eine erneute Auseinandersetzung mit den Schriftgelehrten. In der anschließenden Scheltrede machte er ihnen deutlich, dass er sich im Gegensatz zu ihnen als der gute Hirte um seine Schafe kümmerte. Zwei Monate später war er während des Festes der Tempelweihe wieder in Jerusalem, wo einige Juden wieder versuchten, ihn wegen seines Anspruchs auf seine Göttlichkeit zu steinigen. Darauf zog Jesus nach Peräa, dem jenseits des Jordan gelegenen Gebiet und erzählte dort viele seiner berühmten Gleichnisse, wie die von den Arbeitern im Weinberg, vom verlorenen Schaf, vom reichen Mann und dem armen Lazarus und vielen mehr. Es war in dieser Zeit, als er von der Krankheit seines Freundes Lazarus erfuhr. Jesus machte sich auf nach Betanien, und als er dort ankam, war Lazarus bereits seit vier Tagen tot und begraben. Um seine Berufung ein letztes Mal öffentlich unter Beweis zu stellen, ging Jesus mit den Schwestern, begleitet von einer großen Menge, zum Grab, ließ die Grabhöhle öffnen und rief mit lauter Stimme: »Lazarus, komm heraus!« Er verursachte mit dieser Auferweckung bei den religiösen Führern Israels eine große Hassreaktion, und sie schmiedeten nun definitiv den Plan, Jesus umzubringen.

6.2.5   Die Karwoche

Es war Frühling des Jahres 33 n.Chr. und Jesus schickte sich an, sein letztes Passahfest in Jerusalem zu feiern. Dies geschah im vollen Bewusstsein, diesmal selbst das Passah-Lamm zu sein. Nachdem Jesus wochenlang untergetaucht war, offenbarte er seinen Jüngern, dass er nach Jerusalem gehen werde und dass die geistlichen Führer ihn dort zum Tod verurteilen und den Römern überliefern würden, die das Urteil mit dem Tod am Kreuze vollstrecken würden. Etwa eine Woche vor dem Passahfest ging Jesus nach

Jericho, wo die ganze Stadt auf den Beinen war, um den Rabbi zu sehen. Der Oberzöllner Zachäus, der klein von Gestalt war, war sogar auf einen Baum geklettert, um Jesus nicht zu verpassen. Jesus holte ihn vom Baum und kündigte öffentlich an, dass er bei diesem »Kollaborateur« der römischen Besatzungsmacht logieren wollte. Zachäus war ein reumütiger und geretteter Mann geworden. Außerhalb von Jericho traf Jesus auch noch zwei blinde Bettler, die er, umringt von einer enormen Menschenmenge, heilte. Auf dem Wege nach Jerusalem machte Jesus halt in dem Dörfchen Bethanien, um dort bei seinen geliebten Freunden zu wohnen. Dort verbrachte er den Sabbat und einen Teil des Sonntags vor dem Passahfest.

Sonntag und Montag

Am Samstagabend hielt Jesus sich in Betanien auf. Dort waren sie im Hause von Simon, eines geheilten Aussätzigen, versammelt. Während sie zu Tische lagen, stand Maria auf und machte sich daran, das Haupt und die Füße Jesu mit einem Pfund Nardenbalsam zu salben. Die Jünger empörten sich darüber, weil sie das Geld für das kostbare Nardenbalsam besser für die Armen verwendet hätte. Jesus machte ihnen aber deutlich, dass Maria ihn damit symbolisch zu seinem Begräbnis gesalbt hatte. Am nächsten Tag zog Jesus weiter nach Jerusalem und auf dem Kamm des Ölbergs wurde er umdrängt von einer Menge von Pilgern, die auch auf dem Weg zum Fest waren. Eine andere Menschenmenge, voller politischer Erwartungen, kam ihm aus der Stadt entgegen, um dem überall gesuchten Rabbi einen messianischen Einzug zu bereiten. Jesus ließ sich von zwei Jüngern ein Eselsfüllen besorgen, und die Menschen legten ihre Kleider auf das Tier und auf den Weg. Jesus setzte sich auf das Eselsfüllen und ritt den Abhang des Ölberges hinunter. Die begeisterte Volksmenge schwenkte Palmzweige und rief den messianischen Segenswunsch aus: »Hosanna dem Sohn Davids! Gesegnet sei der König, der da kommt im Namen des Herrn; gesegnet sei das kommende Reich unseres Vaters David!« Die Menge jauchzte, die Pharisäer waren wütend, und Jesus weinte über die Stadt Jerusalem, weil die Menschen nicht wirklich an ihn glaubten. Am nächsten Morgen machte er sich wieder auf den Weg nach Jerusalem. Unterwegs wurde er hungrig und wandte sich zu einem Feigenbaum. Als er aber sah, dass der Feigenbaum keine Früchte trug, verfluchte er den Feigenbaum. Im Tempel angekommen, wiederholte er die Tempelreinigung, die er auch zu Beginn seines Auftretens ausgeführt hatte, indem er die Händler und Geldwechsler aus dem Vorhof verjagte, denn Gottes Haus sollte ein Haus des Gebets und keine Räuberhöhle sein. Am Abend kehrte er wieder zurück nach Betanien, um dort zu übernachten.

Dienstag und Mittwoch

Am nächsten Tag, auf der Reise nach Jerusalem, kamen die Jünger am verfluchten Feigenbaum vorbei, der bis zur Wurzel verdorrt war. Jesus legte ihnen aus, dass sie dadurch lernen sollten, in derselben Weise über Menschen, die keine Frucht bringen, ein geistliches Urteil zu fällen. Auf dem Tempelplatz angekommen, versuchten seine Feinde ihn mit Fangfragen in die Falle zu locken, wie z.B. mit der Frage über die kaiserlichen Steuern. Doch auf seine Antwort wussten sie nichts mehr zu entgegnen: *»Und er spricht zu ihnen: Wessen Bild und Aufschrift ist das? Sie sagten zu ihm: Des Kaisers. Da spricht er zu ihnen: Gebt dem Kaiser, was des Kaisers ist, und Gott, was Gottes ist«* (Mt 22,20.21). Nun machte ihnen Jesus endgültig klar, dass er nicht nur der Sohn Davids, sondern vielmehr Davids göttlicher Herr war. Anschließend stellte er in einer langen und harten Rede die Heuchelei der Schriftgelehrten und Pharisäer an den Pranger. Mit dieser Scheltrede schloss er seinen öffentlichen Dienst endgültig ab und er verließ mit seinen Jüngern den Tempelplatz. Sie stiegen zusammen zum Ölberg hinauf und dort angekommen, machten ihn seine Jünger auf die Gebäude des Tempels aufmerksam. Dort hielt er seine großartige »Endzeitrede« an seine Jünger. Er legte ihnen aus, dass die Römer die Stadt und den Tempel völlig zerstören und die Juden in alle Welt zerstreuen würden. Dann sprach er lange und ausführlich von der Endzeit.

Donnerstag

Am Mittwoch oder am Donnerstag bot Judas Iskariot den Feinden Jesu seinen Dienst an, indem er ihnen gegen eine Belohnung mitteilen wollte, wann sich eine günstige Gelegenheit bieten würde. Am Donnerstagmorgen schickte der Herr zwei seiner Jünger nach Jerusalem. Dort würden sie einem Mann mit einem Wasserkrug auf dem Kopf begegnen und dieser würde sie zu einem Haus eines Freundes bringen, wo sie einen vorbereiteten Obersaal finden würden. In diesem Saal sollten sie für Jesus und die Jünger das Passahmahl vorbereiten. Am Abend, als Jesus mit seinen Jüngern im Saal eintraf, stand kein Personal für die rituelle Fußwaschung zur Verfügung. Da sich alle Jünger für diese Sklavenarbeit zu gut waren, stand Jesus selbst auf und wusch seinen Jüngern die Füße. So würde er es auf Golgatha für sie machen, und so sollten sie es im geistlichen Sinn einander tun. Während sie zu Tisch lagen, wurde zuerst der Verräter Judas bezeichnet, indem Jesus als Gastgeber ihm das erste Stück Brot reichte. Dies war eine traditionelle Handlung, die normalerweise demjenigen galt, mit dem man sich am engsten verbunden fühlte. Die Jünger erfassten dieses ergreifende Verhalten nicht, und Judas verließ, vom Teufel besessen, den Saal. Er ging durch die Finsternis direkt zu den religiösen Führern, die im Palast von Kaiphas zusammen waren, und verriet ihnen den Ort, wo sie Jesus ergreifen konnten: im Garten Gethsemane, dem Olivenhain am Ölberg. Während sie noch darüber diskutierten, wie sie Jesus in dieser kurzen Zeit verurteilen und hinrichten könnten, setzte Jesus bei dem Essen eine neue symbolische »Mahlzeit« ein, indem er ein Stück Brot von dem Passah nahm und sagte: »Nehmt, esst, das ist mein Leib, der für euch gegeben wird; dies tut zu meinem Gedächtnis«. Danach nahm er einen von den Passahbechern und sprach: »Trinkt alle daraus! Denn dies ist der neue Bund in meinem Blut, das für viele vergossen wird zur Vergebung der Sünden«.

Die letzte Nacht

Nach dem Singen des Schluss-Lobliedes verließ Jesus mit seinen Jüngern den Saal und machte sich mit ihnen auf den Weg zum Ölberg. Unterwegs sprach er mit seinen Jüngern über sich als den wahren Weinstock. Dann kam der ergreifende Augenblick, wo er still stand und empor zum Sternenhimmel blickte und zu seinem Vater betete für seine Jünger und alle, die durch sie an ihn glauben würden: »*Heiliger Vater, bewahre sie in deinem Namen ... Auf dass die Liebe, womit du mich geliebt hast, in ihnen sei und ich in ihnen.*« Dann gingen sie weiter und kamen zum Garten Gethsemane. Dort nahm er seine drei Lieblingsapostel, Petrus, Johannes und Jakobus mit, damit sie mit ihm wachten. Ihm stand das bevorstehende Gottesgericht, das er am Kreuz würde tragen müssen, so entsetzlich vor Augen, dass er in Todesangst betete, davon verschont bleiben zu dürfen. Dreimal brachte er sein insbrünstiges Flehen vor Gott, und dreimal kam er zu den Jüngern zurück, die er schlafend vorfand. Doch trotz seiner Todesängste, die der Herr an diesem Abend ausstand, war für ihn auch klar: »Nicht mein Wille geschehe, sondern der deine!« In der Zwischenzeit liefen bei den religiösen Führern die Vorbereitungen für die Verhaftung und Verurteilung von Jesus auf Hochtouren. Möglicherweise hatte sich ein hoch gestellter Abgesandter am Abend bei Pilatus empfangen lassen, der mit seiner Frau Claudia Procula gerade in der Stadt weilte. Der grausame, gefühllose Pilatus mag vielleicht eine schnelle Verurteilung versprochen haben, denn andernfalls hätten es die Juden nicht gewagt, Jesus noch in derselben Nacht zu verhaften. Hat Pilatus das seiner Frau, einer Enkelin von Kaiser Augustus, erzählt? Sie verbrachte jedenfalls eine schlechte Nacht. Nun musste nur noch der Hohe Rat am Morgen früh die zwei unrechtmäßigen Taten schlucken, die jetzt begangen wurden. Nicht die anklagenden Zeugen, sondern Kaiphas' eigene Tempelwache verhaftete Jesus, und gegen das Gesetz wurde der Vorprozess noch in der gleichen Nacht durchgeführt. Judas begleitete die Soldaten zum Garten Gethsemane und gab durch einen Verräterkuss zu erkennen, wen sie verhaften sollten. Jesus ließ sich bereitwillig festnehmen und bat dabei für seine Jünger. Da Petrus noch nicht begriffen hatte, um was es ging, zog er sein Schwert und schlug einem der Knechte ein Ohr ab. Jesus heilte das Ohr wieder und brachte zum Ausdruck, dass seine Zeit nun gekommen war. Deshalb ließ er sich bereitwillig festnehmen und die Jünger ergriffen daraufhin die Flucht.

Der jüdische Prozess

Die Führer versammelten sich im Haus von Annas, dem Schwiegervater von Kaiphas und dem Haupt der hohenpriesterlichen Familie. Was Kaiphas für seine Schnellgerichtsprozedur brauchte, war ein Zeugnis, das nach jüdischem Recht von mindestens zwei übereinstimmenden Zeugen abgelegt wurde und das beeindruckend genug war, um den teilweise kritischen Hohen Rat zur Verhängung der Todesstrafe zu bringen. Nach dem jüdischen Recht gab es keinen Ankläger, es gab allein Belastungszeugen, und diese mussten eine falsche Anklage über etwas, worauf die Todesstrafe stand, selbst mit dem Tod bezahlen. Anfangs standen viele falsche und sich widersprechende Zeugen auf, was Kaiphas nichts brachte. Aber endlich kamen zwei Zeugen, die erklärten: »Dieser hat gesagt: Ich kann den Tempel Gottes abbrechen und innerhalb von drei Tagen wiederaufbauen.« Das war eine Anklage wegen Zauberei und Schändung des Heiligtums, beides ausreichend für ein Todesurteil. Aber Kaiphas war sich klar darüber, dass das nicht genug sein würde, um den Hohen Rat zu einem Todesurteil über diesen Mann zu bewegen. Nun beging Kaiphas aufs Neue eine unrechtmäßige Tat und begann, völlig gegen das jüdische Gesetz, den Angeklagten selbst zu verhören, und das noch unter Eid. Auf jüdische Weise beschwor er den Angeklagten bei dem lebendigen Gott, dass er sagen solle, ob er der Messias, der Sohn Gottes sei. Nun bekannte Jesus öffentlich, dass er der Messias war und verwies auf seine Wiederkunft als »Sohn des Menschen« aufgrund der Prophezeiung in Daniel 7. Das war genau das, was Kaiphas hören wollte, und er zerriss in vorgetäuschtem Schmerz sein Gewand und die ganze Gesellschaft erklärte Jesus des Todes schuldig. Anschließend ergossen sich die »unparteiischen« Richter in Spott und Hassbezeugungen, die sie auf den Angeklagten niedergehen ließen. Dieses Todesurteil, das am Morgen in aller Frühe vom Hohen Rat bestätigt wurde, musste nun nur noch durch den Statthalter bestätigt werden, dann war der Weg frei, Jesus noch an demselben Morgen zu kreuzigen. Zwei Dinge sind also während dieses Scheinprozesses festgestellt worden: Jesus sagte voraus, dass er am dritten Tage aus dem Tode auferstehen werde und die Juden verurteilten ihn, weil er sich Gottes Sohn nannte.

Der römische Prozess

Früh an diesem Morgen brachten die jüdischen Führer Jesus zum Palast des Herodes, wo Pilatus während des Festes residierte und richtete. Die Juden warteten auf die formelle Bestätigung des Todesurteils, aber der Statthalter kam selbst nach draußen und wollte wissen, welche Anklage die Juden gegen diesen Mann hatten. Es sah so aus, als ob er einen formellen Prozess wollte, statt einfach das Urteil, das der Hohe Rat gefällt hatte, zu bestätigen. Was bewegte diesen Römer plötzlich, so viel Rücksicht auf einen jüdischen Gefangenen an den Tag zu legen? Vielleicht wollte Pilatus gerade jetzt die jüdischen Führer ärgern. Zum Zweiten schickte ihm seine Frau eine hastige Notiz, dass er mit diesem Gerechten nichts zu schaffen haben solle, weil sie im Traum seinetwegen gelitten habe. Während der Prozess fortschritt, kam noch ein dritter Grund hinzu: Pilatus kam mit Jesus, diesem merkwürdigen, beeindruckenden Mann, der so völlig ungefährlich und unschuldig war, in ein Gespräch, und er setzte wirklich alles in Gang, um Jesus vor einem Todesurteil zu bewahren. Zuerst versuchte er, Jesus wieder an die Juden abzuschieben, aber diese durften ohne seine Zustimmung kein Todesurteil fällen. Als er erfuhr, dass Jesus ein Galiläer war, versuchte er ihn seinem Feind Herodes Antipas zu übergeben. Das glückte zwar, aber Herodes schickte Jesus wieder zurück. Als letzten Rettungsanker erinnerte er sich daran, dass er die Gewohnheit hatte, am Fest einem bestimmten Gefangenen Amnestie zu gewähren, und er gab den Juden die Wahl zwischen Jesus und einem gefährlichen Kriminellen, aber die Volksmenge zögerte keinen Augenblick und entschied sich für Letzteren. *»Als aber Pilatus sah, dass er nichts ausrichtete, sondern vielmehr ein Tumult entstand, nahm er Wasser, wusch seine Hände vor der Volksmenge und sprach: Ich bin schuldlos an dem Blut dieses Gerechten. Seht ihr zu! Und das ganze Volk antwortete und sprach: Sein Blut komme über uns und über unsere Kinder!«* (Mt 27,24.25). Dies erfüllte sich denn auch im Jahr 70 n.Chr., als Jerusalem von Titus völlig zerstört wurde und hunderttausende von Juden gekreuzigt wurden. Für die Überlebenden begann die bis Mitte des Zwanzigsten Jahrhunderts dauernde Zerstreuung über die ganze Erde.

Nun ließ Pilatus Jesus auspeitschen und von seinen Soldaten verspotten und mit einem roten Soldatenmantel und einer Dornenkrone elend drapieren. So hoffte Pilatus, das Mitleid der Juden zu erwecken. Pilatus blieb hartnäckig, bis die Juden ihn an seinem schwächsten Punkt trafen, an seiner Beziehung zum Kaiser. Dadurch brachten die Juden Pilatus dazu, das Todesurteil über einen Menschen auszusprechen, der von seiner Frau Claudia respektiert wurde und von dem er selbst überzeugt war, dass er völlig unschuldig war. Was wie eine Routinearbeit ausgesehen hat, die Bestätigung eines Urteils, wie er es schon oft ohne irgendeine Gefühlsregung getan hatte, entwickelte sich zu einem Drama, dem auch er sich nicht entziehen konnte. Auch wenn Pilatus anschließend seine Hände in »Unschuld« wusch, machte er sich als Repräsentant des Weltreichs der Heiden ebenso schuldig an der Verurteilung Jesu, wie die Juden es vor ihm getan hatten. Weshalb verwarfen die Juden Jesus Christus, nachdem sie ihn erst fünf Tage vorher noch zum König krönen wollten? Wahrscheinlich war es Enttäuschung, pure, große, bittere Enttäuschung über ihren Propheten Jesus, der sich nicht zum König krönen lassen wollte und stattdessen die Botschaft vom Reich Gottes verkündete, eine Botschaft der Demut, der Nächstenliebe, der Sanftheit. Alle, ausnahmslos alle, wussten, dass Jesus der Messias hätte sein können, denn seine Worte und seine Wunder wiesen ohne Wenn und Aber auf seine Messianität hin. Aber sie erwarteten einen anderen Messias, einen der mit göttlicher Macht und Kraft, begleitet von seinen himmlischen Heerscharen, die verhassten Römer aus dem Land werfen und im Hier und Jetzt das seit langem angekündigte Reich Gottes gründen würde. Stattdessen stand oben auf der Terrasse neben Pilatus eine hilflose, erbärmliche Gestalt, eine Dornenkrone auf dem Haupt, blutüberströmt, in einem purpurroten Mantel eines römischen Soldaten gehüllt. Dieser Mann dort oben stand da und ...schwieg, er schwieg einfach. Er hüllte sich in ein unheimliches Schweigen: **das Schweigen des Lammes!** Nein, das konnte nicht ihr König sein, das konnte unmöglich ihr sehnlichst erwarteter Messias sein: erniedrigt, demütig, geschlagen und geschunden! – Nein, so hatten sie sich ihren Messias nicht vorgestellt, auf den sie seit vielen Generationen unendlicher Sehnsucht warteten. Aber trotzdem, sie hätten es wissen sollen, denn die Propheten des Alten Testamentes weisen mit völliger Klarheit auf diesen demütigen und geschundenen Messias hin, allen voran der Prophet Jesaja im 53. Kapitel seines Buches.

6.2.6 Das Lamm Gottes

Die Kreuzigung

»Er wurde misshandelt, aber er beugte sich und tat seinen Mund nicht auf wie das Lamm, das zur Schlachtung geführt wird, und wie ein Schaf, das stumm ist vor seinen Scherern; und er tat seinen Mund nicht auf« (Jes 53,7). Die Kreuzigung und seinen Tod am Kreuz können wir nur im Zusammenhang mit dem Opferdienst verstehen. Das Brandopfer, das ganz auf dem Altar verbrannt wurde, war denn auch von Anfang der Menschheitsgeschichte an ein Typus auf Christi vollkommene Hingabe an Gott in seinem Opfertod, und das Sünd- und Schuldopfer, dargebracht wegen der Sünden und der Schuld, die vom ganzen Volk begangen wurden, war ein Typus auf Christus als das wahre Sünd- und Schuldopfer. Mit seiner Opferung nahm er die Sün-

de und die Schuld ein für alle Mal von uns, und wenn wir zum Kreuz aufschauen, zu unserem Herrn, unserem Retter, unserem Gott, erfahren wir Erlösung von all unserer Schuld. Denn es ist nicht möglich, unsere Schuld durch eigene Werke wieder gutzumachen, wir können auf den Knien nach Rom kriechen, es wird uns damit kein Jota unserer Schuld vergeben. Die Vergebung unserer Schuld ist reine Gnade, und die Schuld ist bereits durch den Opfertod Christi bezahlt. Auf den Opfertod Christi wurde im Alten Testamten in verschiedenen Prophezeiungen hingewiesen, wie zum Beispiel in der großen Prophezeiung in Psalm 22: *»Wie Wasser bin ich hingeschüttet, und alle meine Gebeine haben sich zertrennt; wie Wachs ist mein Herz geworden, zerschmolzen in meinem Inneren. Meine Kraft ist vertrocknet wie eine Scherbe, und meine Zunge klebt an meinem Gaumen; und in den Staub des Todes legst du mich. Denn Hunde haben mich umgeben, eine Rotte von Übeltätern hat mich umzingelt. Sie haben meine Hände und meine Füße durchgraben«* (Ps 22,15-17). Bei dieser Prophezeiung beachte man den letzten Vers: »Sie haben meine Hände und meine Füße durchgraben«. Der Prophet sah in seiner Vision das Lamm Gottes am Kreuz hängen, und seine Hände und Füße waren mit Nägeln durchbohrt. In der Zeit, in der die Psalmen verfasst wurden, war die Hinrichtung durch Kreuzigung noch unbekannt, denn diese wurde erst durch die Römer eingeführt!

Nach dem Verhör bei Pontius Pilatus, nachdem dieser sich dem Willen des Volkes gebeugt und seine Hände in »Unschuld« gewaschen hatte, wurde Jesus, mit dem Querbalken des Kreuzes beladen, durch die belebten Straßen Jerusalems geführt. Sein Weg führte ihn hinaus nach Golgatha, das bedeutet »Schädelstätte«, wahrscheinlich so genannt wegen der Form dieses Ortes. Unterwegs wurde Simon von Cyrene von den Soldaten gezwungen, den Kreuzbalken von Jesus zu tragen. Der Rabbi, der die ganze Woche auf dem Tempelplatz gelehrt und Wunder gewirkt hatte, wurde hingerichtet! Vielen Frauen ging das ans Herz, aber Jesus sagte ihnen, dass sie lieber über sich selbst weinen sollten, denn binnen kurzem würden diese Schrecken über sie selbst kommen! Es war neun Uhr morgens, als sie auf dem Richtplatz ankamen. Jesus wurde entkleidet und auf die Bohle gelegt, seine Hände oder seine Handgelenke wurden mit großen Nägeln am Querbalken festgenagelt, und danach wurde der Balken mit Seilen emporgezogen und am senkrecht stehenden Balken befestigt. Jesus betete zu seinem Vater: »Vater, vergib ihnen, denn sie wissen nicht was sie tun.« Die Füße wurden an der Fußstütze festgenagelt, und über dem Kreuz wurde ein Brett angenagelt mit den Worten: »Dies ist Jesus, der Nazaräer, der König der Juden«, geschrieben in Hebräisch, Griechisch und Lateinisch. Gleichzeitig mit Jesus wurden noch zwei Verbrecher gekreuzigt. Das prächtige Gewand Jesu losten die Soldaten unter sich aus.

»Die Hinrichtung durch Kreuzigung war von den Römern von den Phöniziern oder den Persern übernommen worden. Es war eine der grausamsten Formen der Hinrichtung, die man sich vorstellen kann. Ursprünglich allein für Sklaven bestimmt, erschien diese Strafe selbst einigen Römern, darunter auch Cicero, zu extrem, und sie wurde erst im Jahre 314 durch den Kaiser Konstantin abgeschafft. Der Todeskampf dauerte gewöhnlich mindestens 36 Stunden und manchmal viele Tage. Deshalb war es nötig, dass ein Centurio mit vier Soldaten das Kreuz bewachte, sodass niemand den Verurteilten befreien konnte. Der Schmerz war unerträglich, der ganze Leib wurde gedehnt, und nach einiger Zeit waren die Schlagadern des Kopfes und des Magens von Blut überlastet, was grauenhafte Kopfschmerzen verursachte. Durch die festgenagelten Arme wurde der Brustkorb so auseinander gezerrt, dass das Opfer beinahe erstickte und sich ab und zu auf den fest genagelten Füßen einigermassen aufrichten musste, um Luft zu bekommen. Der Durst war unbeschreiblich, und zum Schluss traten Wundfieber und heftige Krämpfe ein.« [26]

Abbildung 6.5: Rechts (a) ist eine Nahaufnahme eines Dornstrauches. Für Jesu »Krönung« benutzten die Römer diese Dornenart mit gemeinen Stacheln, die tief in das Fleisch eindrangen und für hässliche Infektionen sorgen konnten. Links (b) eine Aufnahme eiserner Nägel von der damals gebräuchlichen Art. Mit ihnen wurden Hände und Füße des Verurteilten am Kreuz befestigt.

Jesus hing so am Kreuz und wurde von der Menge und von den Hohen Priestern und Schriftgelehrten grausam verspottet, und auch die zwei mit ihm Gekreuzigten verspotteten ihn, bis einer von ihnen zur Umkehr kam. Jesus verhieß ihm denn auch:»Wahrlich, ich sage dir, heute wirst du mit mir im Paradies sein.« Beim Kreuz standen vier Frauen, die Jesus aus Galiläa nachgefolgt waren, darunter seine Mutter und Maria Magdalena. Von den Jüngern stand dort einzig Johannes, Petrus hatte sich aus Reue versteckt, und seine anderen Jünger werden nach Betanien geflohen sein. Jesus sah seine Mutter und Johannes an und machte trotz seines eigenen Schmerzes seine tiefe Liebe zu Maria deutlich, indem er sie der Fürsorge des Johannes übergab. Dann wurde es der so schrecklich mitgenommenen Mutter zu viel, und Johannes sowie Salome, die Schwester von Maria, verließen die Schädelstätte. Zurück blieben noch zwei Frauen, Maria Magdalena und Maria, die Frau des Klopas, nach einer alten Überlieferung ein Bruder Josephs, des Mannes von Maria. Sie blieben da und beobachteten das leidvolle Schauspiel bis zum Ende – Jesu einzige Freunde bei seinem leidvollen Sterben!

Das Sterben Jesu

Als Jesus bereits drei Stunden am Kreuz hing, wurde die Sonne verfinstert, und im ganzen Land wurde es dunkel. In dieser Phase kam das volle Gericht Gottes auf Jesus nieder, und wir hören seinen schmerzhaften Schrei: »Mein Gott, mein Gott, warum hast du mich verlassen?« Jesus wusste, dass jetzt das Ende nahe war und er rief, um die Schrift zu erfüllen: »Mich dürstet« (Ps 69,21)! Jemand tauchte einen Schwamm in ein Gefäß mit saurem Wein, steckte diesen auf ein Schilfrohr und gab dem Schmerzgeplagten zu trinken. Drei Stunden später rief Jesus:»Es ist vollbracht!« Das göttliche Erlösungswerk, worin er den Zorn Gottes getragen hat über die Sünde der Welt, war zu Ende gebracht. Es war genau dieser Augenblick, um drei Uhr nachmittags, in dem im Tempel die Passahlämmer geschlachtet und von den Pilgern das Abendgebet gesprochen wurde. Jesus schloss sich ihrem Gebet an und bat mit lauter Stimme nach dem Gebot:»Vater, in deine Hände übergebe ich meinen Geist«. Im Gegensatz zu allen anderen war er der Einzige, der »Vater« sagte. Das Werk war vollbracht.

Dies war einer der dramatischsten Augenblicke der Weltgeschichte. Während die Hohen Priester glaubten, über Jesus triumphiert zu haben, riss im Tempel der Vorhang des Allerheiligsten von oben nach unten entzwei, und in diesem Augenblick opferte ein Priester das Abendrauchopfer auf dem goldenen Altar. Dann geschah ein heftiges Erdbeben, wodurch Felsen sich spalteten. Der Centurio, der beim Kreuz stand, war tief beeindruckt und rief aus:»Fürwahr, dieser Mensch war gerecht, ein Sohn Gottes!«

Selbst die Menschenmenge war schockiert und schlug sich voller Gewissensbisse und Angst an die Brust. Aber die religiösen Führer blieben kalt und hartherzig. Da die Gekreuzigten wegen des bevorstehenden Sabbats nicht nach Sonnenuntergang hängen bleiben durften, ersuchten sie Pilatus darum, dem Leben der Gekreuzigten ein Ende zu machen und die Leichname abzunehmen. Pilatus genehmigte dies, und die Soldaten machten dem Todeskampf der beiden Verbrecher durch das Brechen der Schienbeine mit Hilfe einer Keule oder eines Hammers ein Ende. Zu ihrem Erstaunen sahen sie, dass Jesus bereits gestorben war. Ein Soldat verschaffte sich Gewissheit und durchbohrte mit seinem Speer die Seite Jesu in der Höhe der Herzgegend. Sofort floss Blut sowie eine wässerige Flüssigkeit heraus. Und so geschah es, dass Jesus, wie von den Propheten vorhergesagt, die Gebeine nicht gebrochen wurden. Ein gewisser Joseph von Arimathia erhielt von Pilatus die Genehmigung, den Leib Jesu zu begraben. Joseph war wie Nikodemus ein Mitglied des Hohen Rates, welcher der Hinrichtung Jesu nicht zugestimmt hatte, sondern im Gegenteil im Geheimen ein Jünger von ihm geworden war. Joseph und Nikodemus balsamierten den Körper mit Myrre und Aloe ein, wickelten den Leichnam in ein Leichentuch und legten ihn in ein neues Grab, das Joseph für sich selbst in einen Felsen in einem nahe gelegenen Garten hatte aushauen lassen. Die zwei Frauen, die beim sterbenden Jesus ausgeharrt hatten, beobachteten das Geschehen aus einer sicheren Entfernung, denn sie hatten diese vornehmen Einwohner von Jerusalem zweifellos nicht ge- oder erkannt, und sie prägten sich den Ort des Grabes ein. Die zwei Frauen kehrten bei Einbruch der Dunkelheit in das Haus zurück, in dem sich Petrus, Johannes, Maria und Salome befanden, um dort den Sabbat in größter Traurigkeit und Verzweiflung zu verbringen. Die jüdischen Führer ließen mit Zustimmung des Pilatus den großen, runden Stein vor dem Grab versiegeln und eine Wache davor stellen, denn sie befürchteten, dass die Jünger den Leichnam stehlen könnten, um nachher zu behaupten, Jesus sei, wie er ihnen angekündigt hatte, am dritten Tage von den Toten auferstanden.

6.2.7 Die Auferstehung

»Darum freut sich mein Herz und frohlockt meine Seele. Auch mein Fleisch wird in Sicherheit ruhen. Denn meine Seele wirst du dem Scheol nicht lassen, wirst nicht zugeben, dass dein Frommer die Grube sehe. Du wirst mir kundtun den Weg des Lebens; Fülle von Freuden ist vor deinem Angesicht, Lieblichkeiten in deiner Rechten immerdar« (Ps 16,9-11). Wie sein Leiden und sein Sterben wird auch seine Auferstehung im Alten Testament vorausgesagt. Dieser Psalm ist ein klarer Hinweis auf das Sterben und Auferstehen des Messias, hier »dein Frommer« genannt, und der Prophet Hosea

sagt sogar aus, dass die Auferstehung am dritten Tag stattfinden werde: »*Er wird uns nach zwei Tagen neu beleben, am dritten Tag uns aufrichten, dass wir vor seinem Angesicht leben*« (Hos 6,2). Am Sonntagmorgen in aller Frühe, als es noch dunkel war, machten sich vier Frauen auf den Weg zum Grab: Maria Magdalena, Maria, die Frau des Klopas, Salome und Johanna, die Frau des Verwalters des Herodes. Während sie noch auf dem Weg waren, geschah am Grab etwas Gewaltiges. Ein starkes Erdbeben fand statt und in blendendem Licht erschien ein Engel, der den Stein von der Öffnung wälzte und sich darauf setzte. Die römischen Wachtposten, die Zeugen dieses Ereignisses wurden, flüchteten in Todesangst. Im ersten Morgenlicht kamen die Frauen zum Grab und sahen zu ihrem Erstaunen, dass der Stein weg gewälzt war, und mit einem Blick in das Grab wurden sie darüber belehrt, dass das Grab leer war. Eine der Frauen kehrte unmittelbar ins Haus zurück, um den zwei Jüngern ihre Entdeckung mitzuteilen. Die anderen drei Frauen gingen vorsichtig in die Grabkammer hinein. Dort sass ein Engel, der wie ein junger Mann aussah, und da war noch ein zweiter. Einer der Engel sprach zu den zu Tode erschrockenen Frauen: »*Fürchtet euch nicht! Denn ich weiß, dass ihr Jesus, den Gekreuzigten, sucht. Er ist nicht hier, denn er ist auferstanden, wie er gesagt hat. Kommt her, seht die Stätte, wo er gelegen hat, und geht schnell hin und sagt seinen Jüngern, dass er von den Toten auferstanden ist! Und siehe, er geht vor euch hin nach Galiläa, dort werdet ihr ihn sehen. Siehe, ich habe es euch gesagt*« (Mt 28,5-7). Petrus und Johannes, denen eine der Frauen mitgeteilt hatte, dass das Grab leer sei, liefen zum Grab und gingen in die Grabkammer. Die Engel waren nicht mehr da, aber sie sahen dort die leinenen Tücher liegen, in die Jesus eingewickelt gewesen war sowie das Schweißtuch, das sorgfältig zusammengerollt auf einem eigenen Platz lag. In diesem Moment begann es Johannes zu dämmern, denn sie hatten keinen Augenblick an die Auferstehung gedacht, aber jetzt kamen ihm die Worte Jesu in den Sinn: »Der Sohn des Menschen ... muss am dritten Tage auferstehen ...«

Die Erscheinungen

Maria Magdalena, die den Männern gefolgt war, ging jetzt ihrerseits in die Grabkammer hinein. Auch sie sah die Engel, die sie fragten, weshalb sie weine. Sie antwortete: »Weil sie meinen Herrn weggenommen haben, und ich nicht weiß, wo sie ihn hingelegt haben«. Sie wartete ihre weiteren Worte nicht ab und ging aus der Grabkammer hinaus. Durch einen Tränenschleier hindurch sah sie in dem Garten, in dem das Grab lag, einen Fremden stehen, den sie für den Gärtner hielt und der zu ihr sprach: »Frau, warum weinst du?« Sie fragte diesen Mann, ob er vielleicht den Leichnam irgendwo anders hingelegt habe. Der Fremde sprach nur ein einziges Wort:

»Maria ...!« Da gingen ihr die Augen auf, und sie rief aus: »Rabbuni!« Sie hatte Jesus erkannt und fiel ihm zu Füßen. Aber sie musste lernen, dass der auferstandene Jesus zu seinem Vater zurückkehren würde. Diese Nachricht durfte sie den Jüngern bringen. Ihr gegenüber sprach Jesus nun zum erstenmal von »eurem Vater ... eurem Gott!« Es ist bezeichnend, dass Jesus zuerst den Frauen erschien, zuerst Maria Magdalena und dann den anderen Frauen. Die traurige Gesellschaft konnte das »Geschwätz« der Frauen einfach nicht glauben, aber im Laufe dieses Sonntags änderte einer von ihnen seine Meinung: Simon Petrus! Denn Jesus erschien auch ihm. Als auch Petrus erzählte, der Herr sei ihm erschienen, mussten sie es allmählich doch glauben und über sie kam großes Staunen und große Freude. In der Zwischenzeit hatten die jüdischen Führer von den Wachtposten erfahren, dass in dem Garten seltsame Dinge geschehen waren. Dieses wichtige Ereignis wurde im Hohen Rat besprochen, denn ein Glaube an einen auferstandenen Jesus wäre noch viel schlimmer als ein Glaube an einen nicht gestorbenen Jesus! Darauf beschlossen sie, die Geschichte zu verbreiten, dass die Jünger in der Nacht, während die Soldaten schliefen, den Leichnam gestohlen hätten. Sie gaben den Soldaten Geld dafür, dass sie diese Geschichte verbreiten sollten und mit dieser Lüge wurden viele von der Wahrheit abgehalten.

Die nächste Erscheinung geschah an diesem Abend, als zwei Jünger Jesu auf dem Weg von Jerusalem nach Emmaus waren. Während sie darüber sprachen, was alles geschehen war, schloss sich Jesus ihnen an, aber sie erkannten ihn nicht. Sie erzählten Jesus alles, was geschehen war, und Jesus tadelte ihren Unglauben und begann, ihnen anhand des Alten Testamentes ausführlich auszulegen, dass der Messias alles Leiden notwendigerweise erdulden musste, um in seine Herrlichkeit eingehen zu können. Aber erst beim gemeinsamen Abendessen, als der Herr die Danksagung sprach, das Brot brach und es ihnen gab, gingen ihnen plötzlich die Augen auf. Aber in demselben Augenblick, als sie den Herrn Jesus Christus erkannten, verschwand er aus ihren Augen. Die Männer waren sehr erstaunt über diese Erscheinung und vor allem auch über die Auslegung der Schrift, und nun war ihnen auch klar, wer der Ausleger war. Sie liefen nun die zwei Stunden zurück nach Jerusalem, um den Jüngern mitzuteilen, was sie erlebt hatten. Als sie zu Tisch lagen, trat plötzlich Jesus in ihre Mitte. Er stand auf einmal einfach da, wie eine Erscheinung und die erste Reaktion war denn auch Entsetzen. Aber Jesus beruhigte sie mit den Worten: »Friede sei mit euch.« Er tadelte ihren Unglauben und zeigte seine durchbohrten Hände und seine Seite, sodass sie sehen konnten, dass er es wirklich war. Nun begann er auch, ihnen auszulegen, dass sein Leiden, sein Sterben und seine Auferstehung die notwendige Erfüllung der Propheten gewesen war. Thomas, der an diesem Abend nicht dabei gewesen war, glaubte den Ausführungen aller Jünger nicht und wollte erst glauben, wenn er die Wunden Jesu mit seinen eigenen Händen berührt hätte. Aber Thomas musste die Wunden Christi nicht mehr berühren; denn bei der nächsten Erscheinung des Herrn war er bereits überzeugt. Beschämt und beglückt beugte er sich nieder und stammelte: »*Mein Herr und mein Gott!*« Und Jesus sprach zu ihm: »*Weil du mich gesehen hast, hast du geglaubt. Glückselig sind, die nicht gesehen und doch geglaubt haben!*« (Joh 22,29).

Nach seiner Auferstehung erschien der Herr Jesus noch einige Male einigen oder mehreren seiner Jünger und einmal sogar mehr als fünfhundert Nachfolgern zugleich. Auch seinem Bruder Jakobus, der während des Lebens Jesu nicht an ihn geglaubt hatte, ist Jesus erschienen. Vielleicht ist er durch diese Erscheinung Jesu zur Bekehrung gelangt; denn er wurde später einer der Führer der Gemeinde in Jerusalem. Später erschien Jesus seinen Jüngern verschiedene Male in Galiläa, wohin die Jünger auf sein Geheiß zurückgekehrt waren. Einmal stand er am Strand des Sees, während sie beim Fischen waren. Da sie die ganze Nacht nichts gefangen hatten, riet ihnen der »Fremde« am Strand, das Netz auf der anderen Seite des Bootes wieder auszuwerfen, und sie fingen so viele Fische, dass das Netz zu reißen drohte. Erst dann erkannten sie ihn und gingen zu ihm an den Strand. Während der Mahlzeit wurde Petrus in seiner Ehre wiederhergestellt, und gerade als Petrus durch die Fragen Jesu aufs Tiefste gedemütigt war, vertraute er ihm die höchste Pflicht an: seine Herde zu weiden und zu hüten. Auch sagte ihm der Herr voraus, dass er für ihn den Märtyrertod sterben würde, und deutete an, dass Johannes alle anderen überleben würde. Bei einer dieser Gelegenheiten gab der Meister ihnen den berühmten Missionsbefehl: »*Mir ist alle Macht gegeben im Himmel und auf Erden. Geht nun hin und macht alle Nationen zu Jüngern, und tauft sie auf den Namen des Vaters und des Sohnes und des Heiligen Geistes, und lehrt sie, alles zu bewahren, was ich euch geboten habe! Und siehe, ich bin bei euch alle Tage bis zur Vollendung des Zeitalters*« (Mt 28,18-20).

Das letzte Treffen mit den Jüngern war wieder in Jerusalem. Es war der vierzigste Tag nach Christi Auferstehung, und die Jünger fragten sich noch immer, ob der Herr nun doch noch das messianische Königreich für Israel aufrichten würde. Der Herr widersprach dem nicht, machte ihnen aber deutlich, dass die Zeit dafür noch nicht reif sei, denn der Zeitpunkt war vom Vater bestimmt worden. In der Zwischenzeit sollten die Jünger auf die Entsendung des Heiligen Geistes warten. Danach würden sie vom Herrn zeugen, ausgehend von Jerusalem, dann in ganz Judäa und Samaria und schließlich bis ans Ende der Erde. Als der Herr diese Worte gesprochen hatte, nahm er sie mit auf den Ölberg. Dort hob er seine Hände auf, und während er sie segnete, wurde er von ihnen weg aufgenommen. Die Jünger sahen ihm nach, bis eine Wolke ihn ihren Blicken entzog. Während sie ihm noch nachblickten, sahen sie zwei Männer in weißen Kleidern, die ihnen verkündeten: »*Männer von Galiläa, was steht ihr da und seht hinauf zum Himmel? Dieser Jesus, der von euch weg in den Himmel aufgenommen worden ist, wird so kommen, wie ihr ihn habt hingehen sehen in den Himmel*« (Apg 1,11).

Die Bedeutung der Auferstehung

Bei der Auferstehung Jesu gibt es nur zwei Möglichkeiten: Entweder ist sie eine Tatsache oder sie ist eine Lüge. Ist sie eine Lüge, dann hat sie in der Geschichte der Menschheit Millionen von Menschen auf eine abscheuliche Weise getäuscht, ist sie aber eine Tatsache, dann ist sie das einzige Ereignis der Weltgeschichte von wirklicher Bedeutung. Sie ist denn auch der Stein des Anstoßes, der die Spreu vom Weizen trennen wird, denn der Glaube an die Auferstehung Christi ist das Herzstück des christlichen Glaubens. Aber auch bei der Frage der Auferstehung geht es letztlich um die Frage, ob Jesus Christus tatsächlich Gottes Sohn ist oder nicht. Die Frage, ob die Auferstehung stattgefunden hat oder nicht, stellt sich gar nicht. Relevant ist einzig und alleine die Frage, *ob Jesus Christus der Sohn Gottes ist*. Wenn wir diese Frage nämlich mit einem klaren »Ja« beantworten, dann ist die Auferstehung lediglich eine logische Folge davon. Denn wenn Gott tatsächlich existiert, dann ist die Auferstehung für ihn kein Problem, denn Gott ist der Herr über das Leben! Wenn wir diese Frage aber mit einem »Nein« beantworten, dann ist Gott, wie Nietzsche verkündete, tatsächlich tot und dann ist der christliche Glaube nichts anderes als eine Farce. Ohne die historische Tatsache der Auferstehung gibt es keinen christlichen Glauben, dieser ist auf Gedeih und Verderb mit der Auferstehung verflochten. So verkündeten die Jünger Jesu auch nicht eine neue Moralpredigt von Liebe und Gerechtigkeit, sondern der Kern ihrer Predigt war die Verkündigung der Tatsache der Auferstehung. Die Auferstehung ist somit auch der notwendige Beweis der Macht und der Gottheit Jesu und die absolute Voraussetzung für die Vergebung und Erlösung der Gläubigen. Denn allein diejenigen, die mit dem Herzen glauben, dass Gott Jesus Christus tatsächlich von den Toten auferweckt hat, werden gerettet werden (Röm 10,9). Durch die Auferstehung ist Jesus Christus der »Erstling der Entschlafenen«, der Erste einer ganz neuen Wesensordnung, wo der Tod keine Macht mehr hat, wo unverwesliches Leben herrscht. In seiner Auferstehung wird auch die Auferstehung offenbar, die einmal alle Gläubigen erfahren werden, ja, die ganze Schöpfung wird erneuert. Auferstehung bedeutet den Durchbruch des neuen Lebens, das einmal in der neuen Schöpfung vollkommen offenbar werden wird. Mit der Auferstehung Jesu hat die neue Schöpfung bereits begonnen!

Die historischen Quellen

Im Laufe der Jahrhunderte haben viele Theologen, Historiker und Juristen die historischen »Beweise« der Auferstehung Jesu untersucht. Viele davon waren Fachleute, die es gewohnt waren, Zeugenaussagen danach zu beurteilen, ob die behaupteten Geschehnisse tatsächlich auch stattgefunden haben. Viele dieser Gelehrten haben nach ihren Untersuchungen bestätigt, dass die historischen und juristischen Beweise für die Auferstehung umfangreich und unwiderlegbar sind. Immerhin existieren in den Evangelien vier schriftliche Zeugnisse, in denen dieses Ereignis bezeugt wird, es gibt keine andere geschichtliche Tatsache, die besser und überzeugter dokumentiert ist als die Auferstehung. »Die historische Zuverlässigkeit der Tatsache der Auferstehung ist an erster Stelle abhängig von der Zuverlässigkeit der Zeugenaussagen und damit also von den Evangelien im Neuen Testament. Für die historische Zuverlässigkeit der Zeugen sprechen folgende Punkte:

1. Die Evangelien wurden von direkten Augenzeugen geschrieben oder von Männern, die in engem Kontakt mit den Augenzeugen standen. Lukas erzählt, dass er sein Evangelium auf der Grundlage sorgfältiger historischer Untersuchungen schrieb und er spricht von ›vielen untrüglichen Beweisen‹.

2. Die Evangelien wurden von Männern geschrieben, die nach allem, was wir über sie wissen, Menschen von höchstem moralischem Niveau waren – genau das Gegenteil von der Art von Menschen, die raffinierte Lügengeschichten zusammenspinnen.

3. Die Evangelien wurden innerhalb weniger Jahrzehnte nach der Auferstehung und auf jeden Fall vor dem Beginn des jüdischen Aufstands 66 n.Chr. abgefasst, also in einer Zeit, in der noch zahllose, auch feindliche Augenzeugen am Leben waren. Wenn die Evangelien unwahre Geschichten über die Auferstehung enthalten hätten, wäre ihnen von vielen Gegnern widersprochen worden, und das Christentum hätte niemals eine so schnelle und weite Ausbreitung nehmen können. Die Christen wurden tatsächlich mit zahllosen Gegnern konfrontiert, auch mit Menschen, die zur Zeit der Kreuzigung in Jerusalem waren. Viele bekämpften die Christen grausam – aber sie haben sie nicht der Lüge bezichtigt!« [27]

Die Auferstehung wurde nicht von den Jüngern, sondern von Jesus selbst einige Male vorausgesagt. Er sagte dabei nicht nur seinen eigenen Martertod voraus, sondern er kündigte auch an, dass er am dritten Tag auferstehen würde. »Natürlich kann man behaupten, dass die Evangelisten diese Voraussagen Jesu beim Abfassen ihrer Schriften einfach in den Mund gelegt haben, aber es gibt einen starken Beweis, dass Jesus in der Tat solche Worte gesprochen haben muss, denn bei dem Verhör durch Kaiphas wurde eine Aussage Jesu sonnenklar festgestellt, nämlich dass er den abgebrochenen Tempel in drei Tagen wieder aufbauen werde. Eben die Tatsache, dass dieses Zeugnis akzeptiert wurde, dass es völlig verkehrt verstanden wurde, dass Matthäus und Markus, die dieses Zeugnis erwähnen, es nicht weiter erklären, und dass ein anderer Evangelist mitteilt, dass Jesus dieses Wort tatsächlich gesprochen und dabei auf seine Auferstehung angespielt hat, das alles ist ein Paradebeispiel für etwas, das unter Geschichtswissenschaftlern als überzeugender Beweis dafür gilt, dass etwas wirklich geschehen oder gesagt worden ist. Jesus hat unleugbar seine eigene Auferstehung am dritten Tag angekündigt.« [28]

Im Verlauf der letzten Jahrhunderte wurde schon oft versucht, die historischen Beweise für die Auferstehung zu diskreditieren, und es wurden verschiedene Hypothesen aufgestellt, die im Folgenden aufgelistet und nur kurz kommentiert werden, denn diese Hypothesen sind völlig aus der Luft gegriffen, und der Leser kann sich deshalb seine eigenen Gedanken über deren Wahrscheinlichkeit machen:

1. **Jesus ist nicht wirklich gestorben**, sondern wurde am Kreuz nur bewusstlos und kam in der Kühle des Grabes wieder zum Bewusstsein. Danach erschien er seinen Jüngern. Es ist undenkbar, dass ein Halbtoter, der aus seinem Grabe kriecht, den Jüngern die Vorstellung vermitteln kann, er sei der Sieger über Tod und Grab, der Fürst des Lebens!

2. **Der Leichnam wurde von den Jüngern gestohlen**. Die feigen Jünger hätten das niemals gewagt, aus einem von den Römern bewachten Grab die Leiche zu stehlen.

3. **Der Leichnam wurde irgendwoanders hingebracht**, entweder durch Joseph von Arimathia oder durch die Juden oder die Römer. Man kann sich dafür keinen einzigen Grund vorstellen. Wenn die Juden das Grab gekannt hätten, wäre es für sie ein Leichtes gewesen, den Leichnam zum Vorschein zu bringen und die Jünger der Lüge zu bezichtigen. Aber sie hatten die Leiche nicht!

4. **Die Frauen irrten sich im Grab**. Auch hier kann man wie bei der 3. Hypothese argumentieren. Irgendwann hätten die Juden das Grab von Jesus gefunden und wären in den Besitz des Leichnams gekommen. Damit hätten sie die Jünger der Lüge bezichtigen und das aufkommende Christentum im Keim ersticken können. **Aber sie hatten die Leiche nicht!**

6.3 Die Heilsbotschaft [29]

6.3.1 Die anstößige Predigt

Wenn wir die Heilsbotschaft, die Jesus Christus uns hinterließ, verstehen wollen, so kommen wir an der Bergpredigt, die uns in Matthäus 5 bis 7 überliefert wurde, nicht vorbei. Jesus hielt diese berühmte Predigt, als seine Popularität auf dem Höhepunkt war. Die Menschenmengen folgten ihm überallhin und waren besessen von einer einzigen Frage: Ist der Messias nun endlich gekommen? Mit dieser Bergpredigt haben viele Menschen ihre Mühe, und wir sind versucht, diese Predigt als eine rhetorische Übertreibung abzutun. Aber je mehr man sich mit Jesus beschäftigt, desto deutlicher muss man erkennen, dass die Aussagen der Bergpredigt im Zentrum seiner Botschaft stehen. In unserer Welt sind wir genau die Umkehrung der Seligpreisungen gewohnt: »Selig sind die Starken, selig sind die Triumphierenden«, aber stattdessen lesen wir die Worte Jesu: »Selig sind die Armen im Geist, denn ihrer ist das Himmelreich«. Wären wir damals dabei gewesen, wären wir wahrscheinlich völlig verwirrt oder gar aufgebracht, aber auf keinen Fall getröstet weggegangen. Auch Psychologen und Psychiater im Gefolge von Sigmund Freud haben die Seligpreisungen analysiert und interpretieren sie als »Beweis« für die Unausgeglichenheit Jesu. So führte ein bekannter Psychologe bei einem Ärztekongress aus, dass der Geist der Selbstaufopferung in den Lehren Jesu Christi in der Bergpredigt ein nur wenig abgemildeter Masochismus sei. Handelt es sich bei der Bergpredigt nun um Masochismus, oder liegt versteckt dahinter eine tiefe Weisheit, die wir zu ergründen suchen?

Die Grundvoraussetzung, die Bergpredigt verstehen zu wollen, ist, dass wir uns vor Augen führen, wer Jesus Christus war. Wenn wir ihm seine Göttlichkeit nicht absprechen, dann hatte Jesus seinen Zuhörern keine Belohnungen für die Zeit auf Erden anzubieten, sondern sein Blick war auf die Ewigkeit, auf die ewige Gemeinschaft mit Gott gerichtet, und er hatte seinen Zuhörern deshalb auch beständige, ja sogar ewige Belohnungen anzubieten! Denn Jesus war neben seiner Göttlichkeit auch ganz Mensch und somit der einzige Mensch, der »auf der anderen Seite« gelebt hat. »Die

Traurigen werden getröstet werden, die auf Gewalt verzichten, werden die ganze Erde besitzen...« Jesus konnte mit Recht diese Versprechungen machen, denn er war gekommen, um Gottes Reich zu errichten, das ewig dauern wird. Den Armen, den Trauernden, den Sanftmütigen, den Hungernden, den Verfolgten, den geistlich Armen sicherte er zu, dass ihr Dienst nicht unvergolten bleiben, sondern reichlich belohnt werde. Bei vielen Christen ist eine spätere Belohnung aus der Mode gekommen, und in dem Ausmaß, in dem Kirchen reicher und erfolgreicher werden, wechselt ihre Vorliebe bei Chorälen von »Diese Welt ist nicht meine Heimat« zu »Dies ist meines Vaters Welt«. Es ist eine unumstößliche historische Tatsache, dass für die Sträflinge im sowjetischen Gulag, die Sklaven in Amerika und die Christen, die in den römischen Zwingern darauf warteten, den wilden Tieren vorgesetzt zu werden, die Aussicht auf Belohnung eine Quelle der Hoffnung war. Wie eine Glocke, die aus einer anderen Welt herüberklingt, ist die Zusage Jesu, dass entgegen allem Anschein nicht das Böse eine Zukunft hat, sondern nur das Gute. Oder wie Stephanus es vor seiner Steinigung erlebte: »*Siehe, ich sehe die Himmel geöffnet und den Sohn des Menschen zur Rechten Gottes stehen!*« Und bei seiner Steinigung lebte er dann den Inhalt der Bergpredigt voll aus, als er sagte: »*Herr, rechne ihnen diese Sünde nicht zu!*« (Apg 7,56.60). Diese benachteiligten Verfolgten haben trotz großer Schwierigkeiten in ihrem Leben gelernt, dass der Himmel für sie nicht ein unbekannter Ort ist, sondern ein lang ersehntes Zuhause.

6.3.2 Die Seligpreisungen

Die Seligpreisungen beschreiben nicht nur die Zukunft, sondern haben auch eine große Bedeutung für die Gegenwart, denn sie zeigen auf, was für das Reich Gottes Bedeutung hat im Gegensatz zu dem, was auf der Erde gefragt ist. Die moderne Gesellschaft beruht auf dem Grundsatz, dass der Stärkste überlebt. Die Seligpreisungen hingegen machen deutlich, dass Gott diese Welt mit ganz anderen Augen betrachtet als wir. Es sieht nämlich ganz so aus, als ob Gott die Armen und Trauernden den oberen Zehntausend oder den Supermodels und Superstars vorzieht. Einige Begebenheiten in den Evangelien zeichnen ein anschauliches Bild von den Menschen, denen Jesus sich zuwandte. Da waren eine Witwe, die ihre letzten beiden Münzen opferte, ein Zolleintreiber, der auf einen Baum kletterte, um Jesus besser sehen zu können, eine Frau mit fünf gescheiterten Ehen, ein blinder Bettler, eine Ehebrecherin, ein Aussätziger. Stärke, gutes Aussehen, Beziehungen und Kampfgeist führen vielleicht in unserer Gesellschaft zu Erfolg, aber diese Eigenschaften verwehren unter Umständen die Hinwendung im Glauben zu Jesus Christus, dem demütigsten und sanftmütigsten Menschen aller Zeiten, der den Schlüssel zum Eintritt in das himmlische Königreich in den Händen hält. Leid, Demut, Reue und die Sehnsucht sich zu ändern sind vielmehr die Tore zu Gottes Reich.

Da sich die Armen und Verzweifelten an keinen anderen wenden können, richten sie sich vielleicht an Jesus, der als Einziger vollbringen kann, wonach sie sich sehnen. Jesus glaubte wirklich, dass die Armen und Verzweifelten anderen gegenüber im Vorteil sind, weil diese Verzweifelten Gott vielleicht um Hilfe bitten würden, und wenn das geschieht, sind sie wirklich gesegnet. Viele Theologen beschäftigen sich denn auch mit dem Phänomen, das sich im Alten wie im Neuen Testament findet: Gottes Vorliebe für die Armen und Benachteiligten. Warum sollte Gott die Armen anders behandeln als alle anderen? Die Autorin Monika Hellwig zählte einige »Vorteile« der Armen auf:

- »Arme wissen, dass sie dringend erlöst werden müssen.

- Arme wissen, dass sie nicht nur von Gott und einflussreichen Menschen abhängig sind, ihnen ist auch bewusst, dass sie aufeinander angewiesen sind.

- Arme nehmen sich selbst nicht so wichtig.

- Arme können zwischen Luxus und Notwendigem unterscheiden.

- Die Ängste von Armen sind realistischer und nicht so übertrieben, weil sie am eigenen Leib erfahren haben, dass man Leid und Mangel überleben kann.

- Wenn Arme das Evangelium hören, klingt es für sie wie eine gute Nachricht und nicht wie eine Drohung oder Rüge.« [30]

Die Armen befinden sich, ohne dass sie selbst es so gewollt hätten und sich nicht sogar sehnlichst das Gegenteil wünschten, in einer Lage, die sie bedrückt, aber die für Gottes Gnade die ideale Voraussetzung ist. In ihrer Bedürftigkeit, ihrem Angewiesensein auf andere, ihrer Unzufriedenheit mit dem Leben ist ihnen vielleicht das Geschenk der Liebe Gottes willkommen. Angewiesen sein auf andere, Demut, Einfachheit, Zusammenarbeit und Sinn für Verzicht zahlen sich im geistlichen Leben aus. Das ist auch der Grund, weshalb einige Gläubige freiwillig in die Armut gingen. Aber dies können Reiche nur schwer tun, und der Weg zu Gott ist sehr mühsam, so mühsam, als würde ein Kamel versuchen, sich durch ein Nadelöhr zu quetschen. In der großen Umkehrung von Gottes Reich gibt es denn auch nur sehr wenige wohlhabende Gläubige. Das bedeutet aber nicht, dass Arme tugendhafter sind als Reiche, aber sie besitzen nicht die Arroganz der gut Situierten, die ihre Schwierigkeiten hinter einer Fassade der Selbstgerechtigkeit verstecken. Arme sind auf andere angewiesen, weil sie gar keine andere Wahl haben, und deshalb erlebt man sie auch oft als mitfühlender und großzügiger als Reiche. Die Seligpreisungen sind deshalb tief gehende Einsichten in das Geheimnis der menschlichen Existenz, denn Gottes Reich kehrt das Unterste nach oben, und deshalb sind Arme, Hungrige, Trauernde und Unterdrückte gesegnet, weil sie eher dazu neigen, sich in ihrer Not an Gott zu wenden.

Jesus Christus hat uns in seinen Seligpreisungen der Bergpredigt nicht nur ein Ideal angeboten, um das wir uns hier in diesem Leben bemühen sollen, sondern er kehrte die Werte der erfolgsgewohnten Gesellschaft radikal um. Aber er schenkte uns die tiefste Ebene von Wahrheit, die uns möglich ist, denn in den Seligpreisungen zeigt er uns auf, dass wir auf das Gute, das er uns im Reich Gottes in Aussicht stellt, auch in diesem Leben nicht ganz verzichten müssen. »Glücklich sind, die erkennen, wie arm sie vor Gott sind... Glücklich sind, die auf Gewalt verzichten«. Wenn wir bei den Menschen auf den Titelbildern der Hochglanz-Magazine genauer hinsehen, sehen wir, dass diese Menschen, die Ansehen genießen, denen manche nacheifern, nicht so erfüllt, glücklich und ausgeglichen sind, wie wir uns das vielleicht vorstellen. Auf der anderen Seite begegnen uns immer wieder Menschen, die als Dienende unter den Ausgestoßenen, den Leprakranken in Indien, den Obdachlosen in den Großstädten, für wenig Geld arbeiten. Diese Dienenden kann man würdigen, bewundern und als positive Beispiele herausstellen, denn sie haben eine besondere Tiefe, Fülle und auch Freude, wie man sie sonst nirgendwo findet.

»Jesus kam nicht, wie er selbst sagte, um Leben zu zerstören, sondern damit wir Leben im Überfluss haben. Aber wir erlangen dieses pralle Leben nicht so, wie wir uns das vorstellen, sondern wir bekommen es, indem wir uns für andere hingeben, indem wir uns mutig für Gerechtigkeit stark machen, indem wir den Schwachen und Bedürftigen dienen, indem wir Gott folgen und nicht uns selbst. In den Seligpreisungen, diesen seltsamen Aussprüchen, die auf den ersten Blick so absurd erscheinen, bietet Jesus uns einen paradoxen Schlüssel für ein erfülltes Leben. Das Reich Gottes, sagt er, ist ein solch wertvoller Schatz, dass ein kluger Investor in seiner Freude alles verkaufen würde, um ihn zu erwerben, denn sein Wert ist viel realer und unvergänglicher als alles, was die Welt bieten könnte. Und Jesus legt dabei den Schwerpunkt auf das, was wir bekommen, und nicht auf das, was wir dafür aufgeben müssen.« [31] Wenn man die Seligpreisungen das erste Mal hört, klingen sie in unseren Ohren wie unmögliche Ideale eines verträumten Mystikers. Aber in Wirklichkeit sind es tiefe Wahrheiten eines Realisten, der pragmatisch handelte und genau wusste, wie das Leben funktioniert, hier auf der Erde sowie auch im Himmel.

6.3.3 Die Erfüllung des Gesetzes

Nachdem wir die zeitlosen Wahrheiten der Seligpreisungen erkannt haben, wenden wir uns nun der kompromisslosen Strenge der restlichen Rede Jesu zu, deren Absolutheit uns den Atem verschlägt mit Worten wie: »Ihr aber sollt so vollkommen sein wie der Vater im Himmel.« Dies sagte Jesus fast beiläufig zwischen den Aufforderungen, seine Feinde zu lieben und den Besitz wegzugeben. Wir können diese Radikalität nicht einfach übergehen, denn sie kommt noch an verschiedenen anderen Stellen der Evangelien vor. Als ein reicher Mann Jesus fragte, wie er ewiges Leben erlangen könne, forderte Jesus ihn auf, sein Geld fortzugeben – nicht einige Prozente seines Vermögens, nein, alles, sein gesamtes Vermögen! Und auf die Frage eines Jüngers, ob er seinem Bruder siebenmal vergeben müsse, erwiderte Jesus, dass siebenmal nicht genügt, sondern dass er seinem Bruder immer wieder vergeben müsse. Jesus kehrte die »goldene Regel«, die wir in der begrenzten, negativen Form als Sprichwort kennen: »Was du nicht willst, dass man dir tu, das füg auch keinem andern zu« radikal um und erweiterte sie: »So wie ihr von den Menschen behandelt werden möchtet, so behandelt sie auch.« Hat denn jemals ein Mensch so vollkommen gelebt wie Jesus Christus oder befolgt irgendjemand die goldene Regel wirklich? Anstößig, streng – diese Worte treffen wirklich auf den Inhalt der Bergpredigt zu.

Die Bergpredigt verwirrte die Menschen nicht nur, nein, sie machte sie wütend. Die Bergpredigt hielt Jesus zu Beginn seines Dienstes und in dieser Zeit fragten sich die meisten Zuhörer, ob er nun ein Revolutionär oder ein echter jüdischer Prophet sei. Diese Frage beantwortete Jesus, indem er seine Beziehung zur Thora mit den folgenden Worten beschrieb: »Meint nur nicht, ich bin gekommen, das Gesetz und das, was Gott durch die Propheten gesagt hat, aufzuheben. Im Gegenteil, ich werde beides voll zur Geltung bringen und erfüllen ... Aber ich warne euch: Wenn ihr nicht mehr aufweisen könnt als die Pharisäer und Schriftgelehrten, kommt ihr nicht in das Reich Gottes.« »Die letzte Aussage ließ die Menge sicherlich aufhorchen. Die Pharisäer und Schriftgelehrten überboten sich gegenseitig an Strenge, denn sie hatten Gottes Gesetz in winzige Teilchen zerlegt: 613 Vorschriften, 248 Anordnungen und 365 Verbote, die sie mit 1.521 Zusätzen unterlegt hatten. Um das dritte Gebot: ›Du sollst meinen Namen nicht missbrauchen!‹, nicht zu brechen, sprachen sie den Namen Gottes überhaupt nicht laut aus. In ihrem Bestreben, den Sabbat zu heiligen, verboten sie neununddreißig Handlungen, die man im weitesten Sinne als ›Arbeit‹ betrachten konnte. Wie sollte ein normaler Mensch jemals rechtschaffener sein als diese heiligen Männer?« [32] Die Bergpredigt zeigt in Einzelheiten auf, was Jesus damit meinte, und diese Erklärung erscheint den

Menschen im einundzwanzigsten Jahrhundert genauso absurd wie den Juden in Palästina des ersten Jahrhunderts. Jesus nahm die Thora als Ausgangspunkt und legte sie so scharf aus, wie es kein Pharisäer bisher gewagt hatte, und viel konsequenter, als jemals ein Mönch gewagt hat zu leben. Die Bergpredigt führte einen neuen Grundsatz in die Ethik ein. Jesus machte es unmöglich, das Gesetz zu befolgen, und gebot uns dann, es genau zu erfüllen.

Jede menschliche Gesellschaft hat ein Gesetz gegen Mord, aber niemals hatte eine Gesellschaft eine solche radikale Vorstellung von Mord wie Jesus: »Schon wer auf seinen Bruder zornig ist, den erwartet das Gericht. Wer zu seinem Bruder »Idiot« sagt, der wird vom Obersten Gericht abgeurteilt, und wer seinen Bruder verflucht, dem ist das Feuer der Hölle sicher.« Des Weiteren besitzt auch jede Gesellschaft Tabus, was die sexuelle Freizügigkeit betrifft, und so haben denn viele Gesellschaften Gesetze zum Schutz von Minderjährigen. Aber niemand stellte für eine Gesellschaft eine so strikte Regel auf, wie Jesus es tat: »Schon wer eine Frau mit begehrlichen Blicken ansieht, der hat im Herzen mit ihr die Ehe gebrochen. Wenn dich also dein rechtes Auge verführt, dann reiß es heraus und wirf es weg! Besser du verlierst eins deiner Glieder, als dass du heil und unversehrt in die Hölle geworfen wirst.« Wenn man die Literatur durchsieht, um den Schlüssel für die Bergpredigt zu finden, ist es zumindest tröstlich zu sehen, dass wir nicht die Einzigen sind, die mit diesen hohen Idealen zu kämpfen haben. Wie kann man nun die Spannung zwischen diesen hohen Idealen einerseits und unserer harten Wirklichkeit andererseits auflösen? Jesus zeigte uns den einzig möglichen Weg auf: Auf der einen Seiten müssen wir akzeptieren, dass wir den Ansprüchen des Evangeliums niemals gerecht werden können und auf der anderen Seite haben wir die absolute Gewissheit, dass wir es auch nicht müssen! Denn Jesus schenkt allen Gläubigen die Gerechtigkeit Christi, und wir werden nach dieser beurteilt, und glücklicherweise nicht nach unserer eigenen. Das bedeutet aber auch, dass wir keine Chance haben, uns mit den moralischen Ansprüchen Gottes zu arrangieren. Es gibt nur einen einzigen Weg, den Weg zu Gottes vergebender Gnade. »Wer nun zu Christus gehört, wird der Verurteilung durch Gott entgehen; er wird leben.« Dies bedeutet etwas Phantastisches, dessen Tiefe wir niemals völlig ergründen können: uneingeschränkte Ideale und gleichzeitig uneingeschränkte Gnade!

Diese Botschaft zieht sich denn auch durch alle seine Lehren in den Evangelien und wird besonders und absolut in der Bergpredigt zum Ausdruck gebracht:»In seiner Reaktion auf den reichen Jüngling, in dem Gleichnis vom barmherzigen Samariter, in seinen Äußerungen zu Scheidung, Geld oder anderen moralischen Fragen. Niemals schraubte Jesus die Ansprüche Gottes herunter. ›Ihr aber sollt so vollkommen sein wie euer

Vater im Himmel‹, forderte er und: ›Liebe Gott, den Herrn, von ganzem Herzen, mit ganzer Hingabe und mit deinem ganzen Verstand!‹ Weder Franz von Assisi noch Mutter Teresa noch sonst irgend jemand hat diese Forderung jemals völlig erfüllt. Und doch schenkt derselbe Jesus liebevoll uneingeschränkte Gnade, denn er vergibt der Ehebrecherin, einem Dieb am Kreuz, einem Jünger der abstritt, ihn zu kennen, und wählte genau diesen treulosen Petrus aus, damit dieser Christi Gemeinde gründen konnte. Und dann wandte sich Jesus, um seine Sache voranzutreiben, an einen Mann namens Saulus, der für seine Christenverfolgung berüchtigt war, um genau diesen Mann für seine Sache einzuspannen.« [33] Seine Gnade ist absolut, unbeirrbar und allumfassend und schließt sogar die Menschen ein, die Jesus ans Kreuz nagelten: »Vater, vergib ihnen, denn sie wissen nicht, was sie tun!« Dies war einer der letzten Sätze, die Jesus auf dieser Erde sprach, ein Satz voller Gnade!

Wenn wir die Bergpredigt noch einmal aus dieser Optik lesen, sehen wir diese zweiteilige Botschaft: Auf der einen Seite die absoluten Ideale Gottes und auf der anderen Seite die genauso absolute Gnade; und trotz aller Ideale wird die Predigt eindeutig von dieser Gnade bestimmt. Es beginnt bei den Seligpreisungen und zieht sich hindurch bis zum Vaterunser: »Vergib uns unsere Schuld ... und erlöse uns von dem Bösen!« Die Gnade gilt den Verzweifelten, den Bedürftigen, den Zerbrochenen, denen, die es nicht allein schaffen. Die Gnade gilt uns allen! Das Ziel, das Jesus mit der Bergpredigt verfolgte war nicht, dass wir an unseren Unzulänglichkeiten verzweifeln sollen, sondern er wollte uns damit die absolute Reinheit Gottes aufzeigen, die von einem Menschen niemals erreicht werden kann. Dadurch wird uns in der Bergpredigt die unüberwindliche Kluft zwischen Gott und uns aufgezeigt, und diese Kluft kann nur durch einen Mittler, Jesus Christus, überbrückt werden. Jeder Versuch, diese Distanz durch die Abschwächung der Ideale zu überbrücken, oder die Bergpredigt in eine neue Form der Gesetzlichkeit zu verwandeln, muss das Ziel verfehlen. Jesus Christus brachte uns keine neue Gesetzlichkeit, sondern er kam, wie er sagte, um jeglicher Gesetzlichkeit ein Ende zu machen. Denn jede Gesetzlichkeit war seit jeher zum Scheitern verurteilt, weil es für den gefallenen Menschen absolut unmöglich ist, die Ideale Gottes auch nur annähernd zu erfüllen.

Die Bergpredigt zeigt uns denn auch ungeschminkt und brutal, dass wir vor Gott alle auf der gleichen Stufe stehen: Mörder und Jähzornige, Ehebrecher und Lüstlinge, Diebe und Neider. Für einen Menschen, der Gott kennen lernen möchte, ist die Verzweiflung der einzig angemessene Zustand, denn nachdem wir aus dem absoluten Ideal herausgefallen sind, kann uns nur noch eins auffangen: Das Netz der absoluten Gnade Gottes!

Abbildung 6.6: Das leere Kreuz steht für das Eigentliche, das Zentrum des Willens Gottes: das Werk unseres Herrn auf Golgatha. Jesus Christus gibt allen Menschen die absolute Sicherheit, dass alle die ihn von tiefem Herzen suchen, ihn auch finden werden. Er hat mit seinem Dienst auf Erden und seinem stellvertretenden Tod am Kreuz für uns den entscheidenden Schritt getan. Das Kreuz ist somit auch das Zeichen von Gottes bedingungsloser Gnade!

6.3.4   Das Reich Gottes

Jesus gab seinen Jüngern den Auftrag, seine Heilsbotschaft allen Völkern bis ans Ende der Erde zu predigen. Aber Jesus zeigte ihnen auch die Grenzen ihrer Verkündigung auf. In seiner letzten Woche vor seinem Tod am Kreuz, am Montagmorgen, machte sich Jesus auf den Weg nach Jerusalem. Unterwegs wurde er hungrig und wandte sich zu einem Feigenbaum. Als er aber sah, dass der Feigenbaum keine Früchte trug, verfluchte er den Feigenbaum. Am nächsten Tag entdeckten die Jünger bei der Rückkehr nach Jerusalem, dass der verfluchte Feigenbaum bis zur Wurzel verdorrt war. Jesus machte ihnen deutlich, dass dies eine Lektion des Glaubens für sie sei. In derselben Weise sollten sie auch ein geistliches Urteil fällen lernen. Was ist nun der Sinn des verdorrten Feigenbaums? Der Feigenbaum wird von Jesus verflucht, weil er keine Früchte trägt. Damit zeigt Jesus seinen Jüngern im geistlichen Sinn auf, dass ein Mensch, der die Frohe Botschaft hört, Früchte tragen soll. Damit sollen die Jünger lernen, ihre Bemühungen an fruchtlosen Menschen zu begrenzen. Denn es ist nicht in ihrer Macht, Menschen zu Gott zu führen, ihre Aufgabe und ihr Dienst besteht in der Verkündigung der Frohen Botschaft, und wenn Menschen die Botschaft nicht annehmen wollen, dann sollen sie ihr geistliches Urteil fällen und die Menschen, die sich weigern, die Botschaft anzunehmen, sich selbst überlassen.

Dieses Thema wird von Jesus auch in der Bergpredigt aufgegriffen, wenn er sagt: «*Gebt nicht das Heilige den Hunden; werft auch nicht eure Perlen vor die Schweine, damit sie diese nicht etwa mit ihren Füßen zertreten und sich umwenden und euch zerreißen*» (Mt 7,6). Mit dem Heiligen und der Perle ist die Frohe Botschaft gemeint, und diese Botschaft ist für Menschen bestimmt, die von ganzem tiefem Herzen bereit sind, diese Botschaft aufzunehmen und den Weg zu Gott unter ihre Füße zu nehmen. Denn Jesus Christus gibt uns die absolute Sicherheit, dass alle Menschen, die ihn von Herzen suchen, ihn auch finden werden. Er hat mit seinem Dienst auf Erden und mit seinem stellvertretenden Tod am Kreuz für uns den entscheidenden Schritt getan. Den nächsten kleinen Schritt müssen wir tun. Auch dieses Thema wird von ihm in der Bergpredigt aufgegriffen, wenn er sagt: »*Bittet, und es wird euch gegeben werden; sucht, und ihr werdet finden; klopft an, und es wird euch geöffnet werden. Denn jeder Bittende empfängt, und der Suchende findet, und dem Anklopfenden wird aufgetan werden*« (Mt 7,7.8). Jesus fordert uns hiermit auf, um seine unendliche Gnade und Liebe zu bitten, ihn zu suchen und an seiner Pforte anzuklopfen. Das ist sein Angebot an uns, wir müssen es nur noch annehmen.

In der Bergpredigt warnt uns Jesus aber auch vor falschen Propheten, die während der ganzen Geschichte der Gemeinde Jesu aufgetreten sind und vor allem in der Endzeit vermehrt auftreten werden: »*Hütet euch vor den falschen Propheten, die in Schafskleidern zu euch kommen! Inwendig aber sind sie reißende Wölfe. An ihren Früchten werdet ihr sie erkennen. Liest man etwa von Dornen Trauben oder von Disteln Feigen? So bringt jeder gute Baum gute Früchte, aber der faule Baum bringt schlechte Früchte*« (Mt 7,15-17). Auch hier begegnen wir wieder dem Symbol des Baumes, der schlechte Früchte bringt und ähnlich wie der Feigenbaum ein

Zeichen für ungläubige Menschen ist. Dies gilt besonders für Menschen, die sich dem Dienst der Predigt zugewendet haben und vor allem bei diesen Menschen sollen wir prüfen, ob sie gute Früchte tragen. Denn wie viele Prediger und Amtsträger in den Staatskirchen, die von den theologischen Hochschulen kommen, die gelehrte Menschen sind, aber die trotz aller Weisheit und Unterrichtung den wahren Glauben an Jesus Christus nicht gefunden haben, reden zu unwissenden Menschen? Diese »Würdenträger« müssen wir ganz speziell prüfen, und wenn wir feststellen, dass sie reißende Wölfe im Schafspelz sind, dann sollen wir den Umgang mit ihnen meiden. Wir erkennen sie an der Predigt, die wir mit den zentralen Aussagen der Bibel überprüfen können. Wenn sie etwa die Göttlichkeit Jesu oder seine Auferstehung in Frage stellen, wie das heute ja modern geworden ist, oder wenn sie seine Wunder als mythologische Märchen abtun und uns Jesus als nichts anderes als einen »guten Menschen und Propheten« vorstellen wollen oder wenn sie den Schöpfungsbericht ins Reich der Fabeln verbannen und uns stattdessen eine »theistische Evolution« predigen, dann ist es an der Zeit, diese Kirche oder Gemeinde zu verlassen. Jesus sagte: *»Jeder Baum, der nicht gute Frucht bringt, wird abgehauen und ins Feuer geworfen. Deshalb, an ihren Früchten könnt ihr sie erkennen«* (Mt 7,19.20).

Jesus lehrt uns in der Bergpredigt aber auch rechtes Beten und mahnt uns davor, wie die Heuchler vor den Leuten zu beten, damit sie von allen Leuten gesehen werden: *»Und wenn ihr betet, sollst du nicht sein wie die Heuchler; denn sie lieben es, in den Synagogen und an den Ecken der Straßen stehend zu beten, damit sie von den Menschen gesehen werden. Wahrlich, ich sage euch, sie haben ihren Lohn dahin. Wenn du aber betest, so geh in deine Kammer, und nachdem du die Tür geschlossen hast, bete zu deinem Vater, der im Verborgenen ist, und dein Vater, der im Verborgenen sieht, wird dir vergelten«* (Mt 6,5.6). Beten ist für Jesus eine sehr intime und höchst private Angelegenheit zwischen dem Betenden und Gott alleine; es ist ein vertrauliches Zwiegespräch, eine vertrauensvolle Zuwendung im Glauben. Während seines Dienstes hier auf Erden hat sich Jesus immer wieder in die völlige Einsamkeit zurückgezogen, um ganz alleine zu seinem Vater zu beten. Er sucht immer wieder die Zweisamkeit, das Zwiegespräch mit seinem Vater. Eines der einzigen Male, wo wir Jesus vor seinen Jüngern beten sehen, ist am letzten Abend vor seinem Tod auf dem Weg in den Garten Gethsemane, als er das »hohepriesterliche Gebet« betet (Joh 17). An diesem Abend, als Jesus sein Sterben am Kreuz vor Augen hatte, in dieser außergewöhnlichen und dramatischen Situation, wendet sich Jesus in seinem Gebet an Gott den Vater und tritt für seine Jünger ein; es ist in diesem Sinne nicht »sein Gebet« sondern ein Gebet für die Menschen, die ihn im Dienst hier auf Erden begleitet haben und die diesen Dienst nach seiner Himmelfahrt fortsetzen sollen.

Weiter warnt uns Jesus ausdrücklich davor, irdische Güter anzusammeln. Dabei geht es Jesus aber nicht darum, die irdischen Güter zu verdammen, sondern er macht uns darauf aufmerksam, **dass unser Herz dort sein wird, wo unser Schatz ist.** Die Gefahr der Ansammlung von irdischen Gütern sieht Jesus darin, dass wir unser Herz an Geld, Reichtum, gesellschaftliches Ansehen und Aussehen hängen und deshalb für ihn keinen Platz mehr frei haben in unserem Herzen. Der erste Platz in unserem Leben soll Gott gehören, und einzig ihm sollen wir unser Herz schenken. Alles Materielle vergeht, unser Körper zerfällt, und wenn wir von dieser Welt gehen müssen, können wir absolut nichts mitnehmen; nackt, wie wir gekommen sind, werden wir diese Welt wieder verlassen. Deshalb sollen wir Schätze im Himmel ansammeln, denn nur diese sind von bleibendem Wert und werden nicht vergehen, denn Gott ist der ewig Seiende, der ewig Unveränderliche. Genauso wie wir unser Herz nicht an die materiellen Güter *und* an Gott verschenken können, so wenig ist es uns auch möglich, zwei Herren gleichzeitig zu dienen: *»Niemand kann zwei Herren dienen; denn entweder wird er den einen hassen und den anderen lieben, oder er wird einem anhängen und den anderen verachten. Ihr könnt nicht Gott dienen und dem Mammon«* (Mt 6,24). Der »Mammon« an sich ist nicht schlecht, denn wir benötigen ihn zum Leben, schlecht ist einzig unser Verhältnis zum Mammon, ob wir ihn als lebensnotwendige Nebensache betrachten oder ob wir unser Herz an ihn verschenken und unser Heil auf Erden davon abhängig machen. Eine solche Hingabe zum Mammon versperrt uns den Weg in das Reich Gottes, denn wir können tatsächlich nicht zwei Herren dienen.

Eine der schönsten Stellen des Neuen Testamentes ist zweifellos Matthäus 6,25-34. In diesen Versen macht uns Jesus Christus deutlich, dass wir in erster Linie nach dem Reich Gottes streben und uns nicht den ganzen Tag und das ganze Leben Sorgen um irdische Güter machen sollen. Denn Gott ist nicht nur der Schöpfer, sondern im besonderen Masse auch der Erhalter von allem und er lässt die Sonne scheinen über Gute und Böse. Jesus gab uns die Zusage, dass Gott das ganze Leben lang für uns sorgen wird: *»Deshalb sage ich euch: Seid nicht besorgt für euer Leben, was ihr esst und was ihr trinken sollt, noch für euren Leib, was ihr anziehen sollt. Ist nicht das Leben mehr als die Speise und der Leib mehr als die Kleidung? Seht hin auf die Vögel des Himmels, dass sie weder säen noch ernten, noch in Scheunen sammeln, und euer himmlischer Vater ernährt sie doch. Seid ihr nicht viel wertvoller als sie? Wer aber unter euch kann mit Sorgen seiner Lebenslänge eine Elle zusetzen? Und warum seid ihr um Kleidung besorgt? Betrachtet die Lilien des Feldes, wie sie wachsen: sie mühen sich* *nicht, auch spinnen sie nicht. Ich sage euch aber, dass selbst nicht Salomo in all seiner Herrlichkeit bekleidet war wie eine von diesen. Wenn aber Gott das Gras des Feldes, das heute steht und morgen in den Ofen geworfen wird, so kleidet, wird er das nicht vielmehr euch tun, ihr Kleingläubigen? So seid nun nicht besorgt, indem ihr sagt: Was sollen wir essen? Oder: Was sollen wir trinken? Oder: Was sollen wir anziehen? Denn nach diesem allen trachten die Nationen; denn euer himmlischer Vater weiß, dass ihr dies alles benötigt. Trachtet aber zuerst nach dem Reich Gottes und nach seiner Gerechtigkeit. Und dies alles wird euch hinzugefügt werden. So seid nun nicht besorgt um den morgigen Tag, denn der morgige Tag wird für sich selbst sorgen. Jeder Tag hat an seinem Übel genug«.* Jesus möchte uns damit die Verheißung geben, dass Gott für uns sorgen wird, dass Gott uns erhalten wird, damit wir die Prioritäten hier auf Erden richtig setzen können. Das Wichtigste ist demnach, nach Gottes Reich zu streben, und dieses Streben darf niemals unter der Last unserer irdischen Sorgen zermalmt werden. Wir müssen im Streben nach dem Reich Gottes nicht weltfremd werden, aber wir dürfen wegen unserer irdischen Sorgen und Mühen das große Ziel niemals aus den Augen verlieren: das Streben nach dem Reich Gottes!

6.4 Die Gemeinde Christi [34]

6.4.1 Die Entstehung der Gemeinde

»Mir ist alle Macht gegeben im Himmel und auf Erden. Geht nun hin und macht alle Nationen zu Jüngern, und tauft sie auf den Namen des Vaters und des Sohnes und des Heiligen Geistes, und lehrt sie alles zu bewahren, was ich euch geboten habe! Und siehe, ich bin bei euch alle Tage bis zur Vollendung des Zeitalters« (Mt 28,18-20). Diesen berühmten Missionsbefehl gab Jesus Christus seinen Jüngern kurze Zeit bevor er vom Ölberg in den Himmel aufgenommen wurde. Nach der Himmelfahrt kehrten die Jünger nach Jerusalem zurück, wo sie fortwährend im Tempel waren, um Gott zu loben und zu preisen. Die Gesellschaft dieser Jünger bestand aus etwa 120 Personen, darunter die elf Apostel und die Frauen, die bei der Kreuzigung und Auferstehung dabei gewesen waren. Die Wartezeit dauerte nur gerade zehn Tage, und zwar bis zum darauf folgenden Pfingstfest. Das Wort »Pfingsten« geht auf das griechische Wort »pentekoste« zurück, das »das Fünfzigste« bedeutet, denn dieses Fest fiel auf den fünfzigsten Tag nach dem ersten Tag des Festes der ungesäuerten Brote. In diesem Jahr fiel dieser Tag auf einen Sonntag. Dieser »Tag des Herrn«, der seit der Auferstehung von Jesus Christus von den Toten an einem Sonntag so genannt

wird, wurde also auch zum Wochentag der Ausgießung des Heiligen Geistes. »Das Pfingstfest hieß im Alten Testament auch ›das Fest der Erstlinge der Weizenernte‹. Zu Beginn der sieben Wochen wurde eine Erstlingsgarbe der Gerstenernte eingesammelt und am Pfingstfest die Erstlinge der Weizenernte. Es ist sehr interessant, dass Christus am Tag des Festes der Erstlingsgarbe auferstand. Christus ist somit die »Erstlingsfrucht« und seit Pfingsten wird die Ernte der Christen eingesammelt.« [35]

Es geschah am Morgen dieses Pfingstfestes, als sich die Jünger in einem Haus zusammengefunden hatten, dass sie plötzlich mit dem Heiligen Geist Gottes erfüllt wurden. Es kam ein gewaltiger Sturmwind auf, und etwas wie feurige Zungen bewegte sich über den Anwesenden. Nachdem dies alles geschehen war, waren sie in der Lage, das Evangelium in fremden Sprachen zu verkünden, die sie nie gelernt hatten. Der Tempelplatz war ebenso wie sieben Wochen zuvor am Passahfest wieder voller Pilger. Viele dieser Pilger hatten sieben Wochen vorher noch den Herrn Jesus auf dem Tempelplatz predigen hören und nun hörten sie auf diesem Tempelplatz die Jünger, welche die »frohe Botschaft« verkündeten und dies dazu noch in den Sprachen all der Völker, unter denen die Juden in der Diaspora (Zerstreuung) wohnten. Und im Tempel von Jerusalem stand an diesem Tag ein galiläischer Fischer und hielt eine Ansprache, die viele von den Pilgern in großes Erstaunen versetzte, denn er legte ihnen anhand des Alten Testamentes aus, wer Jesus Christus wirklich gewesen war und weshalb er sterben musste, wie in den Propheten geschrieben stand. An diesem Tag konnte die erste Gemeinde Christi eine große Ernte von dreitausend Bekehrten mit einer riesigen Taufversammlung feiern. Damit begann im Jahre 33 n.Chr. die Geschichte des Christentums, die uns im biblischen Buch der Apostelgeschichte überliefert wurde.

Die erste Gemeinde Christi entstand am Pfingstfest, einem Sonntag, in Jerusalem, und diese erste Christengemeinde war denn auch eine Gemeinde im ersten Feuer der Liebe zum Herrn. Alle Dinge hatten sie gemeinschaftlich, die Armen wurden versorgt, jeden Tag kamen sie zusammen, um das Abendmahl zu feiern und um zu beten und zu lobpreisen und auch die Unterweisung der Apostel zu hören. Die christliche Taufe hatte für die ersten Christen eine enorme praktische Bedeutung, denn für diese bekehrten Juden bezog sie sich auf die »Errettung von diesem verkehrten Geschlecht«, das den Messias gekreuzigt hatte, und es kam zu einer scharfen Trennung zwischen den bekehrten und den unbekehrten Juden. Solange die Christen ausschließlich jüdischer Herkunft waren, wurden sie von Außenstehenden als nichts anderes als eine jüdische Sekte angesehen, die »der Weg« genannt wurde oder auch »Sekte der Nazaräer«. Die jüdischen Christen besuchten deshalb weiterhin den Tempel, um dort den rituellen jüdischen Gebeten beizuwohnen.

Am Anfang der ersten Christengemeinde spricht alles von großem Gedeihen und Gemeinschaft, aber mit der Verkündigung des Evangeliums und dem Anwachsen der Gemeinde in Jerusalem bekamen die Apostel zunehmenden Ärger mit den geistlichen Führern des Volkes. An einem Tag ließen die Hohen Priester alle zwölf Apostel zugleich verhaften. Aber in der Nacht darauf wurden sie durch einen Engel befreit, und am Morgen standen sie bereits wieder im Tempel und predigten. Die Obersten ließen sie aufs Neue verhaften und verhörten sie wütend in einer Sitzung des Hohen Rates. Die Mehrheit des Hohen Rates bestand aus Sadduzäern, aber es gab dort auch eine Minderheit von Pharisäern. »Zu ihnen gehörte der berühmte Rabbi Gamaliel, ein Enkel und Nachfolger des großen liberalen Pharisäers Hillel und Lehrer des Saulus von Tarsus. Gamaliel riet denn auch dem Hohen Rat, aus rein politischen Überlegungen abzuwarten, wie sich diese ›Sekte‹ entwickeln würde. Falls es sich lediglich um eine Eintagsfliege handelte, würde die Sekte von selbst wieder auseinander brechen. Dieser Ratschlag wurde im Hohen Rat angenommen mit dem Zusatz, die Apostel geißeln zu lassen und sie dann mit ernsten Drohungen wegzuschicken.« [36]

Mit dem Anwachsen des Christentums fanden immer mehr griechisch sprechende Juden den Weg in die Gemeinden, was zu Reibungen zwischen den Hellenisten und den Hebräern führte. So wurde die erste Aufgabenteilung organisiert; die Apostel kümmerten sich fortan um die Verkündigung und das Gebet, und für den »Innendienst« wurden sieben weise Männer gewählt, auch »Diakone« genannt. Einer dieser Diakone war Stephanus, der mit seinen Wundertaten und seiner Predigt bereits schnell in Konflikt mit einigen Synagogen geriet. In der Folge musste er sich vor dem Hohen Rat verantworten, wo man ihm vorwarf, er habe gegen den Tempel und das Gesetz geredet. Vor dem Hohen Rat hielt Stephanus seine lange und berühmte Ansprache (Apg 7) in der er mit einem Blick in die Vergangenheit aufzeigte, dass sich die Juden in der Geschichte immer wieder den von Gott gesandten Propheten widersetzt hatten. Auch führte er ihnen vor Augen, dass der Tempel nur ein symbolisches Haus Gottes war und dass auch die Juden in der Vergangenheit immer wieder dem abscheulichsten Götzendienst verfallen waren. Nachdem Stephanus den Hohen Rat direkt für die Tötung des Messias verantwortlich gemacht hatte, schleppten sie ihn vor die Stadt hinaus und steinigten ihn dort. Während der Steinigung erhielt er eine Vision des verherrlichten Christus und mit seinen letzten Worten betete er für seine Mörder. Da in Judäa nur die Römer das Recht hatten, die Todesstrafe zu vollstrecken, war diese Hinrichtung gesetzeswidrig. So wurde Stephanus zum ersten Märtyrer der christlichen Gemeinde. Teilnehmer und Zuschauer bei diesem Martyrium war ein noch junger Mann: Saulus von Tarsus, und dieser Saulus wirkte denn auch an einer großen Verfolgung mit, die gegen die Gemeinde in Jerusalem losbrach. Durch die Zerstreuung, die dadurch entstand, kam das Evangelium endlich aus Jerusalem heraus, und schnell kamen die Christen in das nördliche Galiläa, und nach dem Ablauf einiger Jahre erreichte das Evangelium auch Phönizien, die Insel Zypern und die Stadt Antiochien in Syrien, wo sich überall jüdische Gemeinschaften befanden.

Auch der Diakon Philippus war einer dieser geflohenen Bewohner von Jerusalem und er zog in die Stadt Samarias, damit ist wahrscheinlich das alte Sichem gemeint, das heutige Nablus. Hier konnte Philippus bei seiner Verkündigung an die einstige Predigt des Herrn Jesus in dieser Gegend anknüpfen, und viele Menschen bekehrten sich in der Folge zu Jesus Christus. Diese Nachricht erreichte auch die Apostel in Jerusalem, und sie sandten daraufhin Petrus und Johannes nach Samarien, um als »Grundsteinleger« der Gemeinde Christi dafür zu sorgen, dass das Werk des Philippus in Einheit mit der Lehre Christi erfolgte. Nachdem sie das bestätigen konnten, legten sie den bekehrten Samaritern die Hände auf, und diese empfingen den Heiligen Geist. Mit diesen Bekehrungen breitete sich das Christentum auch auf halbjüdische Gemeinschaften aus, wie es die Samariter waren. Später erschien dem Philippus ein Engel, der ihm den Auftrag gab, auf einer bestimmten Straße nach dem südwestlich gelegenen Gaza zu gehen. Dort zog ein äthiopischer Kämmerer, von Jerusalem kommend, seines Weges. Auf diesem Weg nach Gaza begegnete er dem von Gott gesandten Philippus, der ihm die Prophetie von Jesaja 53 auslegte. Nachdem er sich hatte taufen lassen, setzte der Kämmerer seine Reise mit Freuden fort. Diese Szene wird uns als Beispiel erzählt, denn dieser Kämmerer war aus Äthiopien, damals die Gegend von Nubien im Norden des Sudan, unmittelbar südlich von Ägypten. Das Christentum wurde also auch von Menschen verbreitet, welche die frohe Botschaft mit in ihre Länder nahmen.

In Cäsarea geschah es dann, dass durch den Apostel Petrus die erste eigentliche Ernte aus den Heiden eingebracht wurde. Petrus hielt sich in dieser Zeit in Joppe bei einem Gerber auf, also bei jemandem, der oft mit unreinen Tieren in Berührung kam, und dieser Beruf war deshalb bei den Juden auch nicht beliebt. An einem Mittag bekam Petrus auf dem Dach des Hauses eine Vision, worin ihm gesagt wurde, unreine Tiere nicht nur zu berühren, sondern sogar zu essen. Das ging dem jüdischen Petrus natürlich völlig gegen seine Überzeugung, und er fragte sich verwundert, was ihm Gott damit sagen wollte. Die Antwort kam unmittelbar, denn zwei römische Sklaven und ein Soldat standen vor der Tür und fragten nach ihm. Er wurde eingeladen, mit nach Cäsarea zu ihrem Herrn, dem römischen Centurio Cornelius, zu kommen. Auch dieser Cornelius hatte kurz zuvor die Vision eines Engels gehabt, der ihm gebot, Petrus einzuladen, der Worte zu ihm reden würde,»*wodurch du errettet werden wirst, du und dein ganzes Haus*« (Apg 11,14). Petrus ging zusammen mit noch sechs Brüdern mit den Männern und sie fanden dort Cornelius mit seiner Familie und seinen besten Freunden versammelt. Petrus ließ diese erste Gruppe von Christen aus den Nationen bereitwillig taufen, nachdem sie gläubig geworden waren, und blieb noch einige Tage, um sie näher zu unterweisen. Hier in Cäsarea wurde denn auch die Grenze zwischen Juden und Heiden radikal durchbrochen, und unbeschnittene Heiden erhielten nun Anteil an demselben Heil in Christus wie die Juden, und Gottes Gemeinde bestand nun fortan aus Juden und Heiden.

Über das Schicksal der Apostel erfahren wir aus der Apostelgeschichte nicht viel. Von Petrus wissen wir, dass er auch Antiochien besucht hat und dort in Konflikt mit dem Apostel Paulus kam. Aus Zeugnissen von Kirchenvätern wissen wir auch, dass sich Petrus am Ende seines Lebens in Rom aufhielt. Die Gemeinde in Rom wurde aber nicht, wie die römisch-katholische Tradition es gerne möchte, von Petrus gegründet, denn diese Gemeinde war schon viel früher entstanden. Über seinen Tod erfahren wir aus einem apokryphen Buch, dass er, wahrscheinlich in den sechziger Jahren, in Rom unter Kaiser Nero mit dem Haupt nach unten gekreuzigt wurde. Noch weniger Informationen als über den Apostel Petrus besitzen wir über den Lebensweg des Apostels Johannes. Man nimmt heute an, dass er längere Zeit ein Pfeiler der Gemeinde in Jerusalem war und später in Ephesus, in der römischen Provinz Asia, Ältester war. Von dort aus wurde er auf die Insel Patmos im Ägäischen Meer verbannt, wo das Buch der Offenbarung entstand. Es ist gut möglich, dass die Verbannung bereits zur Zeit Neros in den sechziger Jahren begann, was darauf hinweisen würde, dass das Buch der Offenbarung, das letzte Buch der Heiligen Schrift, noch vor der Zerstörung Jerusalems im Jahr 70 n.Chr. niedergeschrieben wurde. Nach seinem Exil kehrte Johannes zu seiner Gemeinde in Ephesus zurück, wo er anfangs des zweiten Jahrhunderts, zur Zeit der Regierung Kaiser Trajans, starb.

6.4.2 Paulus von Tarsus

»›*Paulus, ein Mann, klein von Gestalt, mit wenig Haaren auf dem Haupt, krummen Beinen, in guter körperlicher Verfassung, zusammengewachsenen Augenbrauen und einer etwas krummen Nase und dabei voller Gnade: Denn manchmal schien er wie ein Mensch, und manchmal hatte er das Gesicht eines Engels.*‹ So wird Paulus in dem apokryphen Buch der ›Taten von Paulus und Thekla‹ beschrieben, und dieser wenig ›beeindruckende‹ Mann war es vor allem, der das Evangelium nach Europa brachte und weitaus mehr als jeder andere Apostel zu dessen Verbreitung beigetragen hat.

Paulus wurde als Saulus in der Stadt Tarsus geboren, einer Stadt in der nordöstlichen Ecke des Mittelmeeres.« [37] Seine Vorfahren gehörten zum Stamm Benjamin, sodass Saulus wahrscheinlich nach dem berühmten Benjaminiter Saul, seines Zeichens erster König von Israel, benannt wurde. Daneben war Paulus als Bewohner von Tarsus auch noch römischer Bürger, und seine Familie gehörte zur konservativen Partei der Pharisäer. Paulus muss in Tarsus mit den griechischen Philosophien in Berührung gekommen sein, denn er kann es später in Athen ohne Schwierigkeiten mit ihnen aufnehmen, und er zitiert in seinen Briefen auch griechische Schreiber wie Epimenides, Menander und den Stoiker Aratus. In der heiligen Stadt wurde er vom weisen, liberal-pharisäischen Rabbiner Gamaliel unterwiesen nach der Strenge des väterlichen Gesetzes, und wurde so »ein Eiferer für Gott«. Saulus verfügte, wie es für religiöse Fanatiker typisch ist, über eine konsequente und fanatische Logik und war deshalb aufrichtig und ehrlich davon überzeugt, der Sache Gottes zu dienen. Diese Denkweise führte dazu, dass Saulus zu einem der eifrigsten Christenverfolger wurde.

Aufgrund der Verfolgungen in Jerusalem konnte das Evangelium schon sehr bald feste Wurzeln in Damaskus schlagen, der Hauptstadt des heutigen Syrien. Davon erfuhr auch Saulus und er beschloss, die dort wohnenden Christen zu verhaften und nach Jerusalem zu bringen. Mit den Empfehlungsschreiben vom Hohen Rat für die jüdischen Führer von Damaskus, machte er sich auf die lange und beschwerliche Reise. Dann aber, kurz vor Damaskus, bereits die schön gelegene Stadt im Blick, fand das dramatische Geschehen statt, das einen radikalen Einfluss auf das Leben von Saulus und auf die Geschichte der Welt hatte. Es war gerade um die Mittagszeit, als er ein Licht sah, »*das den Glanz der Sonne übertraf*« (*Apg 26,13*), das ihn und seine Reisekameraden aus dem Himmel umstrahlte, als Jesus Christus Saulus erschien und den Christenverfolger Saulus in Paulus, den eifrigsten Verkünder des Reiches Gottes, verwandelte. »*Saul, Saul, warum verfolgst du mich? Es ist hart für dich, gegen den Stachel auszuschlagen.*« Die natürliche Reaktion von Saulus war denn auch zu fragen: »*Wer bist du, Herr?*« Die Antwort muss dem Christenverfolger Saulus von Tarsus durch Mark und Bein gegangen sein: »*Ich bin Jesus, den du verfolgst. Aber richte dich auf, und stelle dich auf deine Füße. Denn hierzu bin ich dir erschienen, dich zu einem Diener und Zeugen dessen zu verordnen, was du gesehen hast, auch dessen, worin ich dir erscheinen werde. Ich werde dich herausnehmen aus dem Volk und den Nationen, zu denen ich dich sende, ihre Augen zu öffnen, dass sie sich bekehren von der Finsternis zum Licht und von der Gewalt des Satans zu Gott, damit sie Vergebung der Sünden empfangen und ein Erbe unter denen, die durch den Glauben an mich geheiligt sind«* (Apg 26,14-19). Saulus war nun plötzlich klar geworden, dass der gesteinigte Stephanus Recht und die Juden Unrecht hatten. Seine Reisegefährten hatten zwar das Licht gesehen und den Klang der Stimme gehört, aber nicht verstanden, was gesagt wurde. Als Saulus aufstand, zeigte es sich, dass er blind geworden war und geführt werden musste. In Damaskus angekommen, wurde er in das Haus eines Juden gebracht, und dort sass Paulus drei Tage und drei Nächte in völliger Finsternis; hier lag ein völlig zerschlagener und desillusionierter Mann in tiefer Reue vor dem Herrn Jesus niedergebeugt. Der Herr gab Ananias, einem jüdischen Christen, in einer Vision den Auftrag, zu Saulus zu gehen und ihm die Hände aufzulegen. Unmittelbar darauf konnte er wieder sehen und wurde mit dem Heiligen Geist erfüllt. Anschließend ließ sich Saulus taufen und wurde später Paulus genannt.

Aufgrund dieser Bekehrung des ehemaligen Eiferers und Christenverfolgers wurde der vom jüdischen Glauben »abgefallene« Paulus nun seinerseits von den Juden verfolgt, und sie trachteten ihm nach dem Leben. Als die Christen erfuhren, dass die Juden Paulus töten wollten, brachten sie ihn in die für römische Bürger sichere Stadt Cäsarea, wo er ein Schiff fand, das ihn nach Tarsus brachte. Das Bekehrungsjahr des Paulus ist nicht sicher, muss aber zwischen den Jahren 35 und 38 n.Chr. liegen. Die Hungersnot unter Claudius begann im Jahr 44, sodass Paulus spätestens im Jahr 43 nach Antiochien gekommen ist. In Gottes Vorsehung konnte sich Paulus somit einige Jahre in Tarsus in aller Ruhe auf seine außergewöhnlich schwere Aufgabe vorbereiten. Sein eigentlicher Dienst begann mit dem Besuch von Barnabas in Tarsus, der einen begabten Mitarbeiter für den Dienst in der Stadt Antiochien suchte. So brachte Barnabas Paulus nach Antiochien, wo die beiden Freunde ein ganzes Jahr das Evangelium verkündigten und in der Gemeinde arbeiteten. Es war denn auch in dieser Stadt, in der die Gläubigen zum ersten Mal den Beinamen »Christen« (christianoi) bekamen.

Nach diesem Jahr des Dienstes in Antiochien begann für Paulus die Zeit seiner drei großen Missionsreisen, die ihn durch das ganze nordöstliche Mittelmeergebiet führten. Auf diesen Missionsreisen konnte Paulus, wie kein anderer nach ihm, viele Menschen zu Jesus Christus führen. Auf diesen Reisen wurde er aber auch, wie wahrscheinlich wenige nach ihm, von den Feinden des Christentums angefeindet und verfolgt. Diese Reisetätigkeit wurde etwa im Jahr 55 n.Chr. unterbrochen, weil er den großen Wunsch hegte, nach Jerusalem zurückzukehren. Auf dem Tempelplatz wurde Paulus von fanatischen Juden aus Asia erkannt, die ihn vom Tempelplatz wegschleppen und außerhalb des Tempels töten wollten. Römische Soldaten retteten ihn aus der Hand der Mörder und brachten ihn in die Burg Antonia. Die Nacht darauf wurde Paulus durch den Herrn Jesus mit den Worten ermutigt: *»Sei guten Mutes! Denn wie du meine Sache in Jerusalem bezeugt hast, so musst du sie auch in Rom bezeugen«* (Apg 23,11). Paulus' Wunsch, nach Rom zu reisen, sollte damit in Erfüllung gehen, aber er reiste nicht als Missionar, sondern als Gefangener dorthin. Es war um das Jahr 60, als Paulus die Reise nach Rom antrat. In Rom angekommen, der »Ewigen Stadt«, dem pulsierenden Herzen des Römischen Reiches und damals die Residenz von Kaiser Nero, durfte Paulus selbstständig zusammen mit einem Soldaten wohnen, der ihn bewachte. Allen Menschen, die zu ihm kamen, verkündete er freimütig das Evangelium und predigte ihnen das Königreich Gottes; und damit hört das Buch der Apostelgeschichte abrupt auf. Wir hören wohl, dass Paulus zwei Jahre in seiner eigenen gemieteten Wohnung geblieben ist, aber wir vernehmen nichts über seine Rechtssache vor dem Kaiser und über seine weiteren Erlebnisse. Nach der Überlieferung muss Paulus um die Mitte der sechziger Jahre unter Kaiser Nero den Märtyrertod gestorben sein und zwar nicht durch die Kreuzigung – da er ein römischer Bürger war –, sondern durch Enthauptung. Nach der Überlieferung soll dies außerhalb Roms geschehen sein, am Tor von Ostia, und er soll an der Straße nach Ostia begraben sein. So endete das Leben des größten aller Apostel und auch die erste Phase der Geschichte der Gemeinde.

6.4.3 Die Zerstörung Jerusalems

»Und Jesus trat hinaus und ging von dem Tempel weg; und seine Jünger traten zu ihm, um ihn auf die Gebäude des Tempels aufmerksam zu machen. Er aber antwortete und sprach zu ihnen: Seht ihr dies alles? Wahrlich, ich sage euch: Hier wird nicht ein Stein auf dem anderen gelassen werden, der nicht abgebrochen werden wird« (Mt 24,1-2). Diese prophetischen Aussagen, die Jesus im Jahr 33 n.Chr. kurz vor seinem Opfertod am Kreuz machte, erfüllten sich erst 37 Jahre später, im Jahr 70. Diese Prophezeiung erfüllte sich wahrscheinlich deshalb erst 37 Jahre später, weil zuerst in Jerusalem und in ganz Palästina die Gemeinde Jesu entstehen musste, damit genügend Zeit blieb, die frohe Botschaft von Palästina aus in das ganze Römische Reich zu tragen. In dieser Zeit hatte sich das Evangelium vom Zentrum des Judentums, Jerusalem, zum Zentrum des Heidentums, Rom ausgebreitet. Außerdem entwickelte sich das Christentum von einer speziell jüdischen »Sekte« zu einer völlig davon getrennten Weltreligion. Die Juden waren und blieben Nachfolger Moses; die Christen hingegen waren Nachfolger des durch Mose angekündigten Messias: Jesus von Nazareth. Es war vor allem der Apostel Paulus, der den Unterschied und die Bedeutung des neu angebrochenen Zeitalters klar und deutlich begriffen und konsequent gepredigt hat. Trotz des Auftrags des Herrn Jesus an die

zwölf Apostel, das Evangelium in der ganzen Welt zu verkünden, blieben sie hauptsächlich in Judäa und entwickelten dort diese ganz spezielle Form des »judaistischen« Christentums. In der Anfangszeit wurde das von Gott geduldet, aber im Jahr 70 wurde dieser Strömung durch den Fall Jerusalems ein Ende gemacht, als auch die Christen aus Judäa unter die Völker zerstreut wurden. Seither konnte sich eben dieses Christentum entwickeln, wie es vor allem von Paulus gepredigt wurde und wie wir es noch heute kennen. Jerusalem und Rom, die beiden Städte, die bei der Verwerfung von Jesus Christus die Hauptschuldigen waren, haben beide viel zur Verbreitung des Christentums beigetragen.

»Die Prokuratoren Felix und Festus hatten bereits mit zunehmendem Widerstand unter den Juden zu tun gehabt, und ihre Nachfolger Lucceius Albinus und Gessius Florus brachten die Juden noch mehr gegen die Römer auf. Nach gegenseitigen Plänkeleien ließ Florus seine Legionäre im Mai 66 in Jerusalem nach Herzenslust morden und plündern, und dies wurde zum Signal für den Aufstand der Juden. Der Aufstand breitete sich rasend schnell über das Land aus und führte zu großen Blutbädern, sodass sich der Legat von Syrien, Cestius Gallus, zum Eingreifen gezwungen sah. Er kam mit etwa 40.000 Soldaten nach Judäa, wurde aber kläglich geschlagen und sogar die ganze römische Besatzungsmacht wurde aus dem Land vertrieben. Kaiser Nero konnte dabei natürlich nicht einfach zusehen und sandte Vespasian, seinen besten Feldherrn, gegen die Aufständischen. Im Lauf der Jahre 67 und 68 unterwarf dieser mit einer großen Übermacht das aufrührerische Land und war gerade dabei, Jerusalem zu belagern, als ihn Mitte 68 die Nachricht von Neros Tod erreichte. Durch die Verwirrung, die dadurch in Rom entstand, geriet der Jüdische Krieg für zwei Jahre ins Stocken. Nach dem nacheinander folgenden Tod von drei Kaisern wurde im Jahr 69 Vespasian selbst zum Kaiser ausgerufen. Er trug nun seinem Sohn Titus auf, Jerusalem zu erobern. Im Frühjahr 70 begann ein riesiges Heer mit der Belagerung der Stadt, die voller Pilger war. Innerhalb einiger Wochen brach Titus durch die zwei äußeren Steinmauern, aber die innere Mauer und die Burg Antonia leisteten so heftigen Widerstand, dass Titus beschloss, die Stadt auszuhungern. Da sich die Juden nicht ergeben wollten, wagte Titus einen Sturmangriff auf die Stadt und eroberte am 5. Juli die Burg und am 10. August drang er bis zum Tempel vor. Dieser wurde gegen seinen Befehl durch die brennende Fackel eines Soldaten zu Asche gemacht, wie der Herr Jesus vorhergesagt hatte, und die ganze Stadt und der Tempel wurden beinahe völlig eingeebnet. Der Krieg war vorbei, und die riesige Zahl von rund einer Million Juden, zwölfmal so viel wie beim Atomangriff auf Hiroshima, hatte den Tod gefunden. Hunderttausende von ihnen waren gefangen genommen worden, und die Kämpfer wurden alle gekreuzigt, außer siebenhundert gut gebauten jungen Männern, die für den Triumphzug in Rom aufbewahrt wurden. Der Jüdische Krieg endete drei Jahre später mit dem Fall der jüdischen Festung Massada, als beinahe tausend Sikarier freiwillig in den Tod gingen, um nicht in die Hände der Römer zu fallen. Der jüdische Staat wurde von den Römern so völlig ausgelöscht, dass niemals wieder von einem jüdischen Staat die Rede sein sollte. Sein definitiver Untergang wurde durch einen gewaltigen Triumphzug in Rom gefeiert, wo Titus mit aller Macht und Pracht seine jüdischen Kriegsgefangenen zeigte, ihren Anführer Simon bar Giora auf grausame Weise hinrichtete und die Tempelbeute umher führte: den Tisch der Schaubrote, den siebenarmigen Leuchter und eine Rolle des Gesetzes.« [38]

Abbildung 6.7: In Rom wurde ein Triumphbogen für Titus errichtet, auf dem die Eroberung Jerusalems im Jahr 70 n. Chr., die Wegführung der Bevölkerung sowie die gemachte Beute abgebildet sind. Auf diesem Ausschnitt wird der siebenarmige Leuchter, die Menora, aus dem herodianischen Tempel von römischen Soldaten weggetragen.

Die Christen in Judäa hatten sich an die Worte des Herrn erinnert: »*Wenn ihr aber Jerusalem von Heerscharen umzingelt seht, dann erkennt, dass seine Verwüstung nahe gekommen ist. Dann sollen die in Judäa auf die Berge fliehen, und die, die in ihrer Mitte sind, daraus entweichen. Denn große Not wird auf der Erde sein und Zorn gegen dieses Volk. Und sie wer-*

den fallen durch die Schärfe des Schwertes und gefangen weggeführt wer-
den unter alle Nationen; und Jerusalem wird zertreten werden von den Na-
tionen« (Lk 21,20-24). Als sich die Ereignisse in Jerusalem langsam
abzeichneten, zogen die Christen, auf die Worte des Herrn vertrauend, von
Jerusalem weg und ließen sich in Pella nieder, einer Stadt jenseits dem Jordan im Gebiet der Dekapolis, dem Gebiet des Königs Agrippa, wo sie vor
den Römern sicher waren. Die Römer bereiteten nicht nur dem jüdischen
Staat ein Ende, sondern das bedeutete auch das Ende für das jüdische
Christentum. Es bedeutete aber weder das Ende für das Christentum noch
für das Judentum. Das Christentum verbreitete sich in der Folge wie ein
Steppenbrand im ganzen Römischen Reich und gar über die Grenzen des
Reiches hinaus. Zu Beginn des zweiten Jahrhunderts hatte das Evangelium
bereits Ägypten, Karthago, verschiedene Orte in Spanien, das französische
Lyon und Deutschland erreicht. Der größte Feind des Christentums wurde
der Kaiserkult, denn der Kaiser wurde als Gottheit betrachtet, und weil sich
die Christen weigerten, dieser falschen Gottheit zu huldigen und zu opfern,
wurden sie oft grausam verfolgt. Diese Verfolgungen dauerten, mit Unter-
brechungen, bis zum Jahr 312, als Kaiser Konstantin der Große den Christen die Religionsfreiheit gewährte. Am Ende des vierten Jahrhunderts wurde das Christentum gar zur Staatsreligion des Römischen Reiches erklärt.
Das Römische Reich ging zwar unter den Angriffen der germanischen
Volksstämme aus Nordeuropa zugrunde, aber auch das bedeutete nicht das
Ende des Christentums, sondern führte zur Christianisierung von ganz Europa. Schließlich erreichte das Evangelium von Europa aus alle Länder der
Erde, so wie Jesus Christus vorausgesagt hatte: *»Geht hin in die ganze Welt*
und predigt das Evangelium der ganzen Schöpfung« (Mk 16,15). *»Ihr wer-*
det meine Zeugen sein, sowohl in Jerusalem als auch in ganz Judäa und Sa-
maria und bis an das Ende der Erde« (Apg 1,8).

6.4.4 Die Zeiten der Heiden [39]

Die Zeiten der Heiden kann man am besten beschreiben als den langen
Zeitraum von der Zerstörung Jerusalems durch Nebukadnezar zu Beginn
des babylonischen Weltreiches bis zum zweiten Kommen Christi. Das
Kennzeichen für die Zeiten der Heiden ist, dass die Heiden die Herrschaft
über die Stadt Jerusalem haben. Dies ist seit der Zerstörung Jerusalems
durch Nebukadnezar der Fall, auch wenn die Juden verschiedene Male vorübergehend die Herrschaft über die Stadt übernehmen konnten. Solche Perioden gab es in der Zeit der Makkabäer, beim ersten jüdischen Aufstand
gegen Rom, in der Zeit des zweiten jüdischen Aufstandes in den Jahren
132-135 und seit 1967 nach dem Sieg im Sechs-Tage-Krieg, als die israelische Armee den unter arabischer Herrschaft stehenden Ostteil von Jeru-

salem eroberte. Aber auch diese Herrschaft der Juden ist zeitlich begrenzt, da die Heiden Jerusalem mindestens noch einmal für dreieinhalb Jahre zertreten werden. Die Zeiten der Heiden dauern deshalb trotz der Herrschaft der Juden über Jerusalem weiter an und werden erst enden, wenn der größte aller Könige das Zepter über Jerusalem in seine Hände nehmen wird.

Die Zeiten der Heiden werden vor allem vom Propheten Daniel vorausgesehen, und dies insbesondere in Nebukadnezars Traum vom Standbild, das wir bereits ausführlich besprochen haben und das vier Weltreiche darstellt. Das letzte Weltreich wird erst untergehen, wenn der Stein losgerissen wird, der das Standbild zermalmt und zu einem großen Berg wird, der die ganze Erde erfüllt. Dieser Stein ist ein Hinweis auf das zweite Kommen Christi mit großer Kraft und Macht. Auch bei der Vision mit den vier Tieren, die aus dem Meer steigen, sind wiederum die vier aufeinander folgenden Weltreiche symbolisiert, und auch in dieser Vision wird das vierte Tier, welches das Römische Weltreich symbolisiert, wieder speziell hervorgehoben. Im Gegensatz zu den anderen drei Tieren wird das vierte Tier aber als völlig andersartig und ausdrücklich als von den anderen verschieden geschildert, und es besiegt und vernichtet seine Vorgänger ganz. In dieser Vision sehen wird dann auch, wie das vierte Tier von Gott gerichtet wird und wie der Sohn des Menschen mit den Wolken des Himmels kommt, um das messianische Königreich aufzurichten. Die Zeiten der Heiden haben also nicht mit der Zerstörung Jerusalems im Jahr 70 begonnen, sondern mit der ersten Zerstörung Jerusalems im Jahr 586 v.Chr., und dauern bis zum zweiten Kommen unseres Herrn an. Aber mit der Zerstörung von Jerusalem und der weltweiten Zerstreuung der Juden wurde eine Trennung vollzogen zwischen der Vorsehung Gottes mit Israel und mit der Gemeinde, auf die wir noch häufig treffen werden. Wenn von Israel gesprochen wird, dann dürfen wir das niemals auf die Gemeinde beziehen, und wenn von der Gemeinde oder auch von der Braut Christi die Rede ist, dann ist damit nie Israel gemeint. Die Gemeinde hat sich bei der Zerstörung Jerusalems sozusagen von Israel getrennt und geht seither ihre eigenen Wege. Gott hat für Israel und für die Gemeinde verschiedene Wege in seiner Offenbarung vorgesehen.

6.4.5 Die Gemeinde Christi

Die wahre Gemeinde wird in der Heiligen Schrift oft als die »Braut Christi« oder als der »Leib Christi« dargestellt. Diese Gemeinde setzt sich aus Juden und Heiden zusammen, die durch **den Glauben an Christus** zu einer Einheit geworden sind. Juden hingegen, die den Glauben an Christus nicht gefunden haben, gehören genauso wenig zur Gemeinde wie ungläubige Heiden. Im Gegensatz zu diesen gehören die Juden aber nach wie vor zu Israel, und Gott geht mit ihnen einen eigenen Heilsweg. Aber christusgläubige Juden gehören der gleichen Gemeinde an wie die gläubigen Heidenchristen, denn die Heiden wurden in einen jüdischen Ölbaum eingepfropft und nicht die Juden in einen heidnischen (Röm 11,16-24). Die Heiden sind demnach Miterben und Miteinverleibte der Verheißung in Christus durch das Evangelium. Die Heidenchristen erfreuen sich des geistlichen Segens, der aus dem Bund Gottes mit den Juden kommt, **»denn das Heil kommt von den Juden«** (Joh 4,22). Alleine mit diesem Vers sind alle vergangenen, gegenwärtigen und zukünftigen antisemitischen Tendenzen und Äußerungen »ad absurdum« geführt.

Die Gliedschaft am Leib Christi wird erlangt, wenn jemand mit dem Geist getauft wird. Das geschieht in dem Augenblick, in dem er an Christus gläubig wird, und ab diesem Augenblick ist der gläubige Christ auch bereits gerettet! Die Rettung kann deshalb nicht durch Werke oder Rituale oder anderweitig erreicht werden, sondern einzig und allein durch unsere Hinwendung im Glauben zu Christus und damit zu Gott. Denn Rettung ist kein eigenes Werk, das wir aus eigener Kraft erwirken können, dass wir uns damit nicht rühmen, nein, Rettung basiert ganz alleine auf der unendlichen Gnade des liebenden Gottes. Denn unsere Sünde und unsere Schuld wurde damals in Golgatha ein für alle Mal gesühnt. Die Taufe mit dem Geist ist denn auch, historisch gesehen, die Geburtsstunde der Gemeinde Christi. Aus Apostelgeschichte 1,5 geht dabei hervor, dass die Taufe mit dem Geist zu der Zeit, als Jesus sie ankündigte, noch nicht gekommen war: *»Denn Johannes hat mit Wasser getauft, ihr aber sollt mit Heiligem Geist getauft werden nach diesen wenigen Tagen«.* Also besteht die Gemeinde, der Leib Christi, aus Juden- und Heidenchristen, die nur durch die Taufe mit dem Geist zu Gliedern des Leibes geworden sind. Deshalb konnte es vor dem Pfingstfest in Jerusalem noch keine wahre Gemeinde gegeben haben. Die Gemeinde entstand deshalb mit dem Ausgießen des Heiligen Geistes am Pfingstfest in Jerusalem, an der die Jünger Jesu teilhaben durften, und diese Gemeinde, die aus allen wahren Gläubigen in Christus besteht, wird bestehen bleiben bis zur Entrückung der Gemeinde. Die wahre Gemeinde Christi entstand somit im Jahr 33 und existiert deshalb seit bald 2000 Jahren. Wie lange sie noch auf dieser Erde anwesend sein wird, das wissen wir nicht, das weiß nur Gott allein. Die Geschichte der Christenheit ist denn auch eine sehr bewegte Geschichte mit vielen Höhepunkten, aber auch Tiefschlägen, und diese wird uns in der Offenbarung von Jesus, die er seinem Apostel Johannes offenbart hat, in den sieben Sendschreiben an die sieben Gemeinden mitgeteilt. In diesen Sendschreiben sehen wir, wie sich die anfängliche »Braut Christi«, die jahrhundertelang verfolgt wurde, zu einer Staatskirche entwickelte und bereits bald von der wahren Lehre abfiel. Nach der Gründung der römischen Staatskirche, die dann in die römisch-katholische Kirche einmündete, entstand ein Machtgebilde, das von Klerikern und Würdenträgern verwaltet wurde und absolut nichts mehr zu tun hatte mit der wahren Gemeinde. Deshalb müssen wir hier auch einen klaren Trennstrich ziehen; es gibt weder eine Kirche noch irgendeine christliche Vereinigung, die sich als die »wahre Gemeinde« bezeichnen darf, denn die wahre Gemeinde ist ein **unsichtbarer Leib**, der aus allen an Christus gläubigen Menschen auf der ganzen Erde besteht, unabhängig davon, in welche Kirche oder Glaubensrichtung oder Religion dieser Mensch hineingeboren wurde. Weder Hautfarbe noch Rassenzugehörigkeit noch irgendein anderes äußeres Merkmal kennzeichnet die wahre Gemeinde oder den wahren Leib Christi, und nur Gott alleine kennt seine »Schafe«. Die einzige Voraussetzung, diesem unsichtbaren Leib anzugehören, ist allein der echte und tiefe Glaube an den Erlöser Jesus Christus.

6.5 Die sieben Sendschreiben

6.5.1 Einleitung

Die sieben Sendschreiben in den Kapiteln 2 und 3 der Offenbarung des Johannes haben drei Bedeutungen: erstens richtete Jesus, der sie Johannes mitgeteilt hat, sie an sieben in der Zeit des Johannes tatsächlich existierende Gemeinden in Kleinasien; zweitens beschreibt jede Gemeinde eine historische Epoche in der Geschichte der Gemeinde Christi, und drittens beschreiben die sieben Sendschreiben sieben Typen von Gemeinden, die wir noch heute vorfinden. Bei diesen Gemeinden handelt es sich aber um die sichtbare und nicht um die unsichtbare Gemeinde, also um die Körperschaft oder Kirche vor Ort, in der sich sowohl wahrhaft Gläubige als auch Ungläubige zusammenfinden. In der Folge wenden wir uns der historisch-prophetischen Deutung zu, denn obwohl alle sieben Gemeindetypen zu jeder Zeit der Kirchengeschichte anzutreffen waren, hat eine davon in jeder Epoche eine bestimmende Rolle gespielt. Mit diesen sieben Sendschreiben gab uns Jesus Christus demnach eine prophetische Vorausschau auf die Entwicklung der Gemeinde bis hin zur Endzeit. Diese sieben Gemeinden wurden speziell ausgewählt wegen der besonderen Bedeutung ihrer Namen und weil die Situation der betreffenden Kirchgemeinden bezeichnend sein wird für eine zukünftige Periode.

Aber auch heute noch existieren alle sieben Typen von Kirchengemeinden. »Die *Ephesus-Kirche* findet man in der jungen Kirche der zweiten Generation, die die Glut der ersten Liebe verloren hat und die bereits träge geworden ist. Der *Smyrna-Kirche* begegnen wir in kommunistischen Ländern oder auf Missionsfeldern, wo Christen um ihres Glaubens willen verfolgt werden. Die *Pergamon-Kirche* existiert noch immer in den Ländern Europas, die eine Staatskirche haben. Der Typ der *Thyatira-Kirche* zeichnet sich deutlich in der römisch-katholischen Kirche ab. Die *Sardes-Kirche* kann man oft in den Hochburgen der orthodoxen und auch der protestantischen Kirchen finden, die zwar ein gutes und schriftgemäßes Glaubensbekenntnis, aber kein geistliches Leben in sich haben. Die *Philadelphia-Kirche* ist in den Gemeinden und unabhängigen Kirchen zu finden, die viel für die Missionsarbeit opfern, mit Kraft und Eifer evangelisieren und von denen manch ein Gemeindeglied zum Dienst auf dem Missionsfeld bereit ist. Heute herrscht aber offensichtlich trotz allem die *Laodizea-Kirche* oder die abgefallene Kirche vor.« [40]

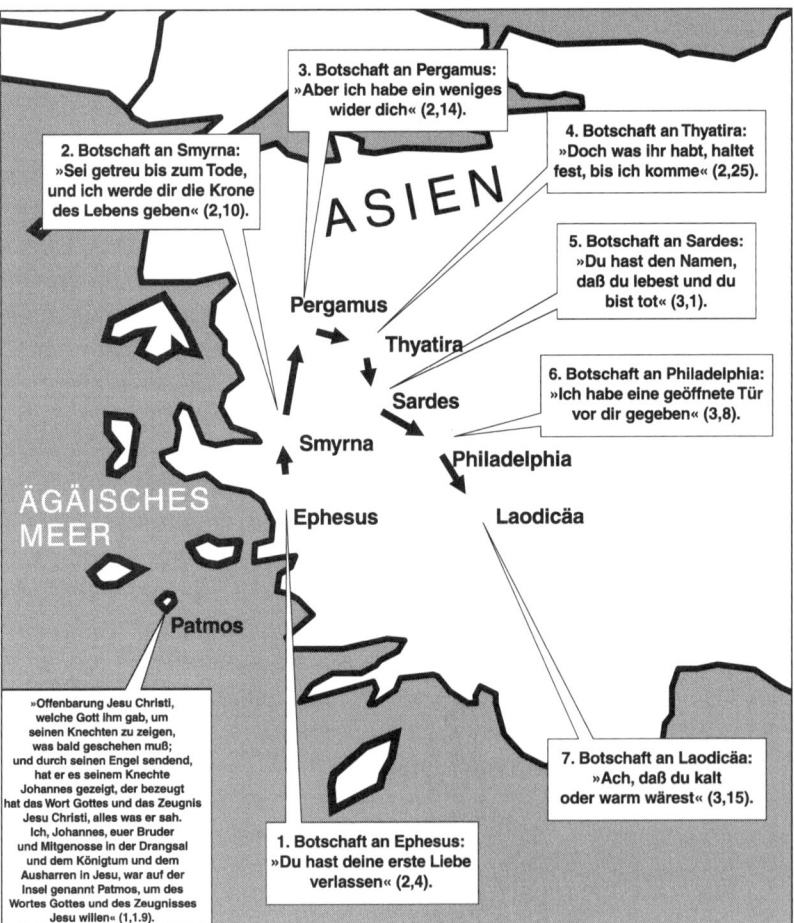

Abbildung 6.8: Auf dieser Karte ist die geografische Lage der sieben Gemeinden eingezeichnet, die sich alle im Gebiet von Kleinasien, der heutigen Türkei befanden. Jesus richtete diese sieben Sendschreiben an diese sieben Gemeinden, die zur Zeit Johannes tatsächlich auch existierten. Diese sieben Sendschreiben beschreiben gleichzeitig aber auch je eine Epoche der sichtbaren Gemeinde Christi auf Erden sowie sieben Gemeinde-Typen, welche wir noch heute vorfinden.

Die folgenden sieben Sendschreiben werden wie folgt gegliedert:

1. die Bedeutung   4. die Ermahnung

2. das Lob   5.die Verheißung

3. der Tadel

6.5.2 Ephesus: Apostolische Gemeinde (30-100)

»Dem Engel der Gemeinde in Ephesus schreibe: Dies sagt der, der die sieben Sterne in seiner Rechten hält, der inmitten der sieben goldenen Leuchter wandelt: Ich kenne deine Werke und deine Mühe und dein Ausharren, und dass du Böse nicht ertragen kannst; und du hast die geprüft, die sich Apostel nennen und es nicht sind, und hast sie als Lügner erkannt; und du hast Ausharren und hast vieles getragen um meines Namens willen und bist nicht müde geworden. Aber ich habe gegen dich, dass du deine erste Liebe verlassen hast. Denke nun daran, wovon du gefallen bist, und tue Buße und tue die ersten Werke! Wenn aber nicht, so komme ich dir und werde deinen Leuchter von seiner Stelle wegrücken, wenn du nicht Buße tust. Aber dies hast du, dass du die Werke der Nikolaiten hasst, die auch ich hasse. Wer ein Ohr hat, höre, was der Geist den Gemeinden sagt! Wer überwindet, dem werde ich zu essen geben von dem Baum des Lebens, welcher in dem Paradies Gottes ist« (Offb 2,1-7). **Bedeutung:** Die Gemeinde in Ephesus steht symbolisch für die apostolische Gemeinde, die im Jahr 33 begann und etwa bis ins Jahr 100 dauerte, als Johannes, der auch die Offenbarung niederschrieb, als letzter der Apostel gestorben war. **Lob:** Die Gemeinde in Ephesus erhält das erste Lob dafür, dass sie falsche Lehrer nicht gewähren ließ und ihnen in dieser Zeit erfolgreich widerstand. Das zweite Lob erhalten die Christen dafür, dass sie die Werke der Nikolaiten hassen. In der Kirchengeschichte gibt es keine schriftlichen Hinweise auf diese Gruppe. Das griechische Wort für Nikolaiten bedeutet »Beherrscher des Volkes«, und das könnte ein Hinweis dafür sein, dass man versuchte, zwischen Amtsträgern und Laien einen Unterschied zu machen und diese beiden voneinander zu trennen. Dadurch könnte es zu einer Beherrschung der Laien durch die Amtsträger gekommen sein. **Tadel:** Aber diese Gemeinde wird auch getadelt, denn sie hat die erste große Liebe verlassen, die Liebe zu Christus und seinem Wort. Die zweite Generation der Gläubigen ist lahm und müde geworden und hat nicht mehr die heiße Liebe zu Christus wie die erste Generation. **Ermahnung:** Sie werden deshalb auch dazu ermahnt, ihrer ersten Liebe zu gedenken, Buße zu tun und zu dieser ersten großen Liebe zurückzukehren. **Verheißung:** Den Überwindern wird verheißen, dass sie in der Herrlichkeit Gottes von der Frucht des Lebensbaumes essen dürfen. Mit jemandem zu essen bedeutet, mit ihm Gemeinschaft zu haben. So wird den Überwindern die Gemeinschaft mit Jesus Christus verheißen.

6.5.3   Smyrna: Verfolgte Gemeinde (100-313)

»*Und dem Engel der Gemeinde in Smyrna schreibe: Dies sagt der Erste und der Letzte, der tot war und wieder lebendig wurde: Ich kenne deine Drangsal und deine Armut – du bist aber reich – und die Lästerung von denen, die sagen, sie seien Juden, und es nicht sind, sondern eine Synagoge des Satans. Fürchte dich nicht vor dem, was du leiden wirst! Siehe, der Teufel wird einige von euch ins Gefängnis werfen, damit ihr geprüft werdet, und ihr werdet Drangsal haben zehn Tage. Sei treu bis zum Tod. Und ich werde dir den Siegeskranz des Lebens geben. Wer ein Ohr hat, höre, was der Geist den Gemeinden sagt! Wer überwindet, wird keinen Schaden erleiden von dem zweiten Tod*« (Offb 2,8-11). **Bedeutung:** Der Name dieser Stadt, Smyrna (das heutige Izmir), bedeutet »Myrre« und wird in Verbindung gebracht mit Sterben und Einbalsamieren. Christus beschreibt sich hier als derjenige, der tot war und wieder lebendig wurde. Da viele Menschen in dieser Periode der Kirchengeschichte durch Rom einen gewaltsamen Tod erleiden mussten, dient diese Beschreibung Christi ihnen zum Trost, denn auch sie werden Anteil haben an der Auferstehung. **Lob:** Die Gemeinde wird dafür gelobt, dass sie geduldig ist im Leiden, denn sie haben Schweres durchgemacht, haben aber alles geduldig ertragen. Sie werden des Weiteren auch dafür gelobt, dass sie die Lästerung derer zu ertragen haben, die behaupten, Juden zu sein und es doch nicht sind, sondern aus der Synagoge Satans stammen. Dies könnte auf die Römer gedeutet werden, die sich als ein göttliches Volk und ihren Kaiser als Gott betrachteten. Christen wurden oft aus eben diesem Grund getötet, weil sie sich weigerten, dem Kaiser wie einem Gott zu opfern. **Tadel:** Smyrna ist eine der Gemeinden, die von Christus keinen Tadel erhält, sondern nur drei Ermahnungen bzw. Hinweise. **Ermahnung:** Die erste Ermahnung ist ein Aufruf, sich nicht vor dem zu fürchten, was sie zu erleiden haben. Das zweite ist ein Hinweis darauf, dass die Verfolgung zehn Tage dauern wird. Mit diesen 10 Tagen könnten auch 10 Kaiser gemeint sein, denn zwischen den Jahren 81 und 312 haben tatsächlich genau zehn Kaiser die offizielle christliche Gemeinde verfolgt, obwohl in dieser Zeit mehr als 10 Kaiser regiert haben. Die dritte Ermahnung ist gleichzeitig eine Verheißung, denn diejenigen, die bis zuletzt treu bleiben, erhalten die Krone des Lebens. **Verheißung:** Auch wenn sie eines gewaltsamen Todes sterben müssen, werden sie doch nicht ein zweites Mal sterben, denn der zweite Tod wird keine Macht über sie haben.

6.5.4 Pergamon: Konstantinische Kirche (313-600)

»Und dem Engel der Gemeinde in Pergamon schreibe: Dies sagt der, der das zweischneidige, scharfe Schwert hat: Ich weiß wo du wohnst: wo der Thron des Satans ist; und du hältst meinen Namen fest und hast den Glauben an mich nicht verleugnet, auch in den Tagen des Antipas, meines treuen Zeugen, der bei euch, wo der Satan wohnt, ermordet worden ist. Aber ich habe ein Weniges gegen dich, dass du solche hast, welche die Lehre Bileams festhalten... sodass sie Götzenopfer aßen und Unzucht trieben. So hast auch du solche, die in gleicher Weise die Lehre der Nikolaiten festhalten. Tu nun Buße! Wenn aber nicht, so komme ich dir bald und werde Krieg mit ihnen führen mit dem Schwert meines Mundes. Wer ein Ohr hat, höre, was der Geist den Gemeinden sagt! Wer überwindet, dem werde ich von dem verborgenen Manna geben; und ich werde ihm einen weißen Stein geben und, auf den Stein geschrieben, einen neuen Namen, den niemand kennt, als wer ihn empfängt« (Offb 2,12-17). **Bedeutung:** Der Name der Stadt Pergamon bedeutet »ganz fest verheiratet«, und diese größere Stadt pflegte einen ausgeprägten Götzenkult und besaß dementsprechend viele Tempel, darunter den Tempel des Äskulap mit einem Götzenbild in Gestalt einer Schlange. Auf dieses Götzenbild könnte sich der Ausdruck »des Satans Thron« beziehen. Diese Gemeinde steht symbolisch für das konstantinische Zeitalter. Unter dem Kaiser Konstantin begann sich die Kirche mit dem Staat zu vermählen, und gegen Ende des 4. Jahrhunderts wurde das Christentum die offizielle Staatsreligion des Römischen Reiches. **Lob:** Diese Gemeinde wird dafür gelobt, dass sie den Glauben nicht verleugnet hat. Der Hinweis auf den treuen Diener »Antipas«, ein Name, der so viel wie »gegen alle« heißt, könnte bedeuten, dass er sich entschieden gegen alle Satansverehrung stellte. Von der Gemeinde in Pergamon heißt es, dass sie dort wohnt, wo der Satan selbst ist, wo Äskulap, der Sohn der Schlange, verehrt wurde. **Tadel:** Die Gemeinde in Pergamon wird zweimal getadelt: einmal, weil sie solche gewähren ließ, die an der Lehre Bileams festhielten. Bileam war ein Seher aus Mesopotamien und wurde von Balak, dem König der Moabiter, gegen hohe Bezahlung dazu beauftragt, als Prophet einen Fluch gegen das Volk Israel auszusprechen (4Mo 22 – 24). Gott bemächtigte sich aber dieses Sehers und zwang ihn, stattdessen die Juden zu segnen. Als das Vorhaben gescheitert war, sandte er nun Frauen der Moabiter und Midianiter aus, um die jüdischen Männer zu verführen. Zu dieser Verführung gehörte vor allem auch die Verehrung der Götzen Moabs und Midians. Diese Taktik gelang denn auch wirklich, und Israel geriet unter den Fluch Gottes. »Die Lehre Bileams bedeutet deshalb Ermutigung zum sittlichen Verfall durch blutsmäßige Vermischung von Gläubigen und Heiden, was zu Unzucht und Götzendienst führen musste. Im Zeitalter Konstantins

ging die Kirche eine enge Verbindung mit dem Staat ein, und dies führte zur Unzucht auf religiösem Gebiet und zum Götzendienst. Nachdem die christliche Kirche nun zur Staatskirche geworden war, wurden überall im Römischen Reich Menschen getauft und zu Mitgliedern der Gemeinde gemacht, ohne dass dabei nach ihrem persönlichen Glauben gefragt wurde.« [41] Diese Heiden, die in der Folge in die Kirchen strömten, brachten auch ihre heidnischen Rituale mit, und so drang der Götzendienst in die Kirche ein. Das führte zu einem tiefen geistlichen Abfall, mit einer geistigen Unzucht vergleichbar, und hier wurde eine unheilvolle Saat ausgestreut, die später in der römisch-katholischen Kirche aufgehen sollte. Den zweiten Tadel erhält die Gemeinde in Pergamon dafür, dass sie die Lehre der Nikolaiten annahmen, die von der Gemeinde in Ephesus gehasst wurde. Durch den Einfluss dieser Lehre begann sich in den Kirchen eine scharfe Trennung zwischen den Amtsträgern und den Laien herauszubilden, und dies führte zu einer besonderen Ordnung der Priester. Diese Entwicklung barg einen weiteren geistlichen Verfall in sich, der dann in der folgenden Periode der Kirchengeschichte voll zur Entfaltung kam. **Ermahnung:** Die Christen werden dazu ermahnt, Buße zu tun, also ihren Sinn zu ändern. **Verheißung:** Auch in dieser Gemeinde finden wir eine dreifache Verheißung: Erstens wird demjenigen, der die Staatskirche verlässt und damit vielleicht seinen Lebensunterhalt verliert, das Manna versprochen. Das bedeutet, dass Gott für sein Leben sorgen wird. Zweitens wird dem Überwinder ein weißer Stein verheißen. Im Altertum erhielt man einen weißen Stein, wenn man vom Gericht freigesprochen wurde oder wenn jemand als Mitglied in einen privaten Klub aufgenommen wurde. Drittens erhält der Überwinder einen neuen Namen, der auf dem Stein geschrieben steht. In der Bibel erhalten Menschen oft einen neuen Namen, nachdem sie gewisse Glaubensprobleme überwunden haben, z.B. Jakob, dem der neue Name »Israel« gegeben wurde, oder Abram, dessen Name später in »Abraham« umgewandelt wurde.

Abbildung 6.9: *Als Konstantin und seine Soldaten sich Rom näherten, standen sie kurz vor der so genannten »Schlacht an der milvischen Brücke«. Wie es so Sitte war, befragte er vor der Schlacht die Wahrsager, und es wurde ihm orakelt, dass die Götter ihm nicht gut gesonnen seien und er die Schlacht verlieren würde. Wie er selbst erzählte, erschien ihm in einer Vision ein Kreuz mit den Worten: »In diesem Zeichen siege«. Am nächsten Tag, am 28.10.312, rückte er hinter einer Standarte, auf der ein Kreuz dargestellt war, weiter vor und ging als Sieger aus diesem Kampf hervor und bekannte danach, sich bekehrt zu haben.*

6.5.5   Thyatira: Kirche des Mittelalters (600-1517)

»Und dem Engel der Gemeinde in Thyatira schreibe: Dies sagt der Sohn Gottes, der Augen hat wie eine Feuerflamme und Füße gleich glänzendem Erz: Ich kenne deine Werke und deine Liebe und deinen Glauben und deinen Dienst und dein Ausharren und weiß, dass deine letzten Werke mehr sind als die ersten. Aber ich habe gegen dich, dass du das Weib Isebel gewähren lässt, die sich eine Prophetin nennt und meine Knechte lehrt und verführt, Unzucht zu treiben und Götzenopfer zu essen. Und ich gab ihr Zeit, damit sie Buße tue, und sie will nicht Buße tun von ihrer Unzucht. Siehe, ich werfe sie aufs Bett und die, welche Ehebruch mit ihr treiben, in große Bedrängnis, wenn sie nicht Buße tun von ihren Werken. Und ihre Kinder werde ich mit dem Pest-Tod töten, und alle Gemeinden werden erkennen, dass ich es bin, der Nieren und Herzen erforscht; und ich werde euch einem jeden nach euren Werken geben. Euch aber sage ich, den übrigen in Thyatira, allen, die diese Lehre nicht haben, welche die Tiefen des Satans, wie sie es nennen, nicht erkannt haben: Ich werfe keine andere Last auf euch. Doch was ihr habt, haltet fest, bis ich komme. Und wer überwindet und meine Werke bis ans Ende bewahrt, dem werde ich Macht über die Nationen geben; und er wird sie hüten mit eisernem Stab, wie Töpfergefäße zerschmettert werden, wie auch ich von meinem Vater empfangen habe; und ich werde ihm den Morgenstern geben. Wer ein Ohr hat, höre, was der Geist den Gemeinden sagt« (Offb 2,18-29). **Bedeutung:** Der Name der Gemeinde Thyatira bedeutet »fortgesetztes« oder »beständiges Opfer«. Das ist eine sehr treffende Beschreibung der Kirche des finsteren Mittelalters sowie der Lehre vom immer wiederkehrenden Opfer in der Messe der römisch-katholischen Kirche. Nach dieser Lehre sollen sich das Brot und der Kelch des Abendmahls durch die Segnung des Priesters in den wirklichen Leib und das wirkliche Blut Christi verwandeln (Transsubstantiationslehre). Da die Priester befürchteten, dass die Laien das wirkliche Blut Christi aus Versehen verschütten könnten, gab man ihnen nur das Brot. Damit war die Lehre der Nikolaiten, die Unterscheidung zwischen Amtsträgern und Laien, zu ihrer Vollendung gebracht. **Lob:** Die Gemeinde von Thyatira erhält das Lob für ihre Liebeswerke, ihren Glauben, ihren Dienst und ihre Geduld. Aus diesem Lob ersehen wir aber auch, dass es in dieser Gemeinde trotz der falschen Lehren viele tiefgläubige Menschen gibt. **Tadel:** Der längere Tadel bezieht sich auf die Duldung einer Frau mit Namen Isebel. Wahrscheinlich wird damit auf Isebel, die phönizische Tochter aus Sidon, hingewiesen, die die Frau des Königs Ahab wurde, eines Königs von Israel (1Kö 16,29-33). Durch diese Frau wurde in Israel ein heidnischer Götzendienst eingeführt, der alle bis dahin bekannten Sünden der Abgötterei im Nordreich Israel in den Schatten stellte. Vor ihr waren einige Könige be-

reits dem Götzendienst verfallen, aber bei ihnen handelte es sich mehr um eine Entstellung und Verzerrung des wahren Gottesdienstes. Aber Isebel führte in Israel einen völlig neuen Gott und ein neues Gottesdienstsystem ein. Durch sie drang der Baalskult, die Verehrung des Gottes Baal, den wir bereits mit Nimrod identifiziert haben, nach Israel vor und verführte das Volk zu mehr Götzendienst als je zuvor. Bei dem entstellten Gottesdienst für Jahwe galten immer noch die Gebote über sittliches Verhalten; beim Baalskult jedoch war jede Moral außer Kraft gesetzt. So wurde die israelitische Königin Isebel zu einem treffenden Symbol für das religiöse System der römisch-katholischen Kirche, die sich im Mittelalter entwickelte und ein heidnisches Denken einführte, das schließlich zu Götzendienst und geistlicher Unzucht führte. Während dieser Epoche wurden auch zehn falsche Dogmen in die Kirche eingeführt: [42]

1. »Rechtfertigung aus Werken – nicht nur aus dem Glauben.

2. Taufwiedergeburt – ein Mensch wird bereits durch die Taufe selig.

3. Verehrung von Bildern.

4. Zölibat: Den Priestern wird verboten zu heiraten. Damit ist die Kluft zwischen Laien und Priestern unüberwindbar.

5. Konfessionalismus. Überbewertung der Ohrenbeichte, indem die Sünden einem Priester gebeichtet werden, der den Beichtenden von seinen Sünden losspricht.

6. Lehre vom Fegefeuer: Ein Ort der Reinigung, weder Himmel noch Hölle, ein Ort, wo die Menschen gereinigt werden müssen, bevor sie in den Himmel kommen.

7. Transsubstantiationslehre: Wandlung von Brot und Wein in den wirklichen Leib und in das Blut Christi, die Lehre vom fortgesetzten und beständigen Opfer Christi.

8. Ablasslehre: Verkürzung der Zeit im Fegefeuer durch das Spenden von Geld.

9. Bußlehre: Bußübungen und Selbstgeißelung, um die Zeit im Fegefeuer abzukürzen.

10. Marienverehrung: Verehrung der Jungfrau bleibenden Maria; später dann (1950) die Lehre über ihre Himmelfahrt als Mutter Gottes und ihre Erhebung in den göttlichen Stand.«

Alle diese falschen Lehren, die nicht auf der Bibel gründen, führten zum Götzendienst und damit verbunden zu einem geistlichen Abfall von Gott.

Ermahnung: Diejenigen, die die Lehre der Isebel ablehnen und deshalb die Tiefen des Satans nicht kennen, werden dazu ermahnt, an der Reinheit des Wortes Gottes festzuhalten, denn die Wahrheit der Heiligen Schrift ist unendlich viel höher und reiner als die römisch-katholischen Dogmen. **Verheißung:** Den Überwindern wird die Teilhabe am messianischen Reich verheißen sowie der Morgenstern. Dies ist in der Offenbarung ein neues Bild für Jesus Christus, der selbst der helle Morgenstern genannt wird. Das bedeutet, dass die Grundlage des wahren Glaubens ein enges persönliches Verhältnis zu Jesus Christus ist.

6.5.6   Sardes: Kirche der Reformation (1517-1648)

»Und dem Engel der Gemeinde in Sardes schreibe: Dies sagt der, der die sieben Geister Gottes und die sieben Sterne hat: Ich kenne deine Werke, dass du den Namen hast, dass du lebst, und bist tot. Wach auf und stärke das Übrige, das im Begriff stand zu sterben! Denn ich habe vor meinem Gott deine Werke nicht als völlig erfunden. Denke nun daran, wie du empfangen und gehört hast, und bewahre es und tue Buße! Wenn du nun nicht wachst, werde ich kommen wie ein Dieb, und du wirst nicht wissen, zu welcher Stunde ich über dich kommen werde. Aber du hast einige wenige Namen in Sardes, die ihre Kleider nicht besudelt haben; und sie werden mit mir einhergehen in weißen Kleidern, denn sie sind es wert. Wer überwindet, der wird so mit weißen Kleidern bekleidet werden, und ich werde seinen Namen aus dem Buch des Lebens nicht auslöschen und seinen Namen bekennen vor meinem Vater und vor seinen Engeln. Wer ein Ohr hat, höre, was der Geist den Gemeinden sagt!« (Offb 3,1-6). **Bedeutung:** Der Name Sardes bedeutet »diejenigen, die entkommen« und steht gleichzeitig auch für die Epoche der Reformation. Diese begann im Jahre 1517, als Martin Luther seine 95 Thesen an die Tür der Wittenberger Schlosskirche heftete, und endete im Jahr 1648 mit der Unterzeichnung des Westfälischen Friedens. **Lob:** Das Lob wird über diejenigen ausgesprochen, die entkommen sind und somit ihre Kleider nicht befleckt haben. Diese Gläubigen haben ihren Todeszustand dadurch überwunden, indem sie das geistliche Leben bewahrt haben. **Tadel:** Die Kirche der Reformation hatte den Namen, dass sie lebendig sei, denn die Reformation brachte viele Korrekturen falscher Glaubenslehren und gute Bekenntnisse hervor. Die protestantischen Kirchen hatten denn auch gute Glaubensbekenntnisse und eine biblisch gegründete Lehre, aber sie waren trotzdem tot, denn ihnen fehlte die geistliche Kraft. Sie gingen geistlich zurück, weil sie es nicht vermochten, das Grundübel zu beseitigen, nämlich die Einheit von Kirche und Staat; denn nachdem sie sich von der römisch-katholischen Kirche getrennt hatten, wurden auch sie zu Staatskirchen! Wie bereits in der Gemeinde von Perga-

mon wurden auch in dieser Gemeinde die Kinder, die in dieses System hineingeboren wurden, einfach getauft und somit auch Mitglieder der Kirche, unabhängig davon, ob sie gläubig waren oder nicht, und im Lauf der Zeit bestand diese Kirche zum größeren Teil aus Nichtglaubenden. Trotz der guten Glaubensbekenntnisse war diese Gemeinde tot, denn es gab in ihr kein geistliches Leben, weil den meisten Mitgliedern der persönliche Glaube fehlte, und dies ist in den Staatskirchen Europas bis heute so geblieben. **Ermahnung:** Die Christen werden ermahnt, zum geistlichen Leben zurückzukehren, denn geistliches Leben ist unmöglich ohne eine gesunde Lehre, aber ohne geistliches Leben ist auch eine gute Lehre nichts anderes als totes Dogma. **Verheißung:** Auch dieser Gemeinde gibt Jesus Christus eine dreifache Verheißung: Erstens werden diese Christen weiße Kleider anziehen und diese weißen Kleider sind ein Symbol für die Errettung. Zweitens wird ihnen verheißen, dass ihre Namen nicht aus dem Buch des Lebens ausgetilgt werden, und drittens verspricht Christus, den Namen des Glaubenden vor Gott dem Vater und den Engeln zu bekennen.

6.5.7 Philadelphia: Kirche der Mission (1648-1900)

»Und dem Engel der Gemeinde in Philadelphia schreibe: Dies sagt der Heilige, der Wahrhaftige, der den Schlüssel Davids hat, der öffnet, und niemand wird schließen, und schließt, und niemand wird öffnen: Ich kenne deine Werke. Siehe, ich habe eine geöffnete Tür vor dir gegeben, die niemand schließen kann; denn du hast eine kleine Kraft und hast mein Wort bewahrt und hast meinen Namen nicht verleugnet. Siehe, ich gebe dir Leute aus der Synagoge des Satans, von denen, die sich Juden nennen und es nicht sind, sondern lügen; siehe, ich werde sie dahin bringen, dass sie kommen und sich niederwerfen vor deinen Füßen und erkennen, dass ich dich geliebt habe. Weil du das Wort vom Harren auf mich bewahrt hast, werde auch ich dich bewahren vor der Stunde der Versuchung, die über den ganzen Erdkreis kommen wird, um die zu versuchen, die auf der Erde wohnen. Ich komme bald. Halte fest, was du hast, damit niemand deinen Siegeskranz nehme! Wer überwindet, den werde ich im Tempel meines Gottes zu einer Säule machen, und er wird nie mehr hinausgehen; und ich werde auf ihn schreiben den Namen meines Gottes und den Namen der Stadt meines Gottes, des neuen Jerusalem, das aus dem Himmel herabkommt von meinem Gott, und meinen neuen Namen. Wer ein Ohr hat, höre, was der Geist den Gemeinden sagt!« (Offb 3,7-13). **Bedeutung:** Der Name von Philadelphia bedeutet »Bruderliebe« und ist ein passendes Symbol für die Kirche während der großen Erweckungs- und Missionsbewegungen von etwa 1700 bis 1900, einer Zeit mit den bekannten Namen großer Prediger und Missionare wie Hudson Taylor, Adoniram Judson und andere. Jesus

bezeichnet sich in diesem Schreiben als derjenige, der Türen auf- und auch zuschließen kann. **Lob:** Die Christen werden gelobt, weil sie von der ge-öffneten Tür Gebrauch machen, denn diese Tür wurde durch Christus selbst geöffnet. In dieser Epoche konnten die Missionare hingehen, wohin sie wollten, alle Orte auf der ganzen Erde standen ihnen offen. Es gab für die Missionare keinerlei Beschränkungen, und alle Grenzen standen ihnen offen. Die Kirchen dieser Zeit nutzten denn auch diesen Vorteil und sand-ten ihre Missionare in alle Himmelsrichtungen aus. Sie hatten zwar nur eine kleine Kraft, denn jene Missionare wurden nur von einer Minderheit unterstützt, aber sie nutzten diese kleine Kraft, um große Dinge zu vollbrin-gen. **Tadel:** Wie bei Smyrna findet Christus auch an dieser Gemeinde nichts auszusetzen, sondern ist mit ihr zufrieden. **Ermahnung:** Jesus er-muntert diese Christen, weiter so zu leben und zu handeln, denn es ist gut so. **Verheißung:** Dieser Gemeinde gibt Jesus gar eine vierfache Verhei-ßung: Erstens wird ihnen von denen Frucht zugesagt, die von sich behaup-ten, Juden oder das Volk Gottes zu sein, und es doch nicht sind. Dabei kann es sich um Juden handeln, die sich in dieser Zeit, nicht zuletzt auch durch die Judenmission, zu Jesus Christus bekehrten. Zweitens werden die Gläu-bigen aus Philadelphia nicht durch die große Trübsal gehen müssen. Drit-tens wird ihnen versprochen, dass sie Pfeiler im Tempel Gottes sein wer-den. Damit könnte der Tempel des Tausendjährigen Reiches gemeint sein. Viertens werden die Überwinder drei neue Namen tragen: den Namen Got-tes, den Namen Jerusalems und den neuen Namen Christi.

6.5.8 Laodizea: Kirche des Abfalls (ab 1900)

»Und dem Engel der Gemeinde in Laodizea schreibe: Dies sagt der »Amen«, der treue und wahrhaftige Zeuge, der Anfang der Schöpfung Got-tes: Ich kenne deine Werke, dass du weder kalt noch warm bist. Ach, dass du kalt oder heiß wärest! Also, weil du lau bist und weder heiß noch kalt, werde ich dich ausspeien aus meinem Munde. Weil du sagst: Ich bin reich und bin reich geworden und brauche nichts, und nicht weißt, dass du der Elende und bemitleidenswert und arm und blind und bloß bist, rate ich dir, von mir im Feuer geläutertes Gold zu kaufen, damit du reich wirst; und weiße Kleider, damit du bekleidet wirst und die Schande deiner Blöße nicht offenbar werde; und Augensalbe, deine Augen zu salben, damit du siehst. Ich überführe und züchtige alle, die ich liebe. Sei nun eifrig und tu Buße! Siehe, ich stehe an der Tür und klopfe an; wenn jemand meine Stimme hört und die Tür öffnet, zu dem werde ich hineingehen und mit ihm essen, und er mit mir. Wer überwindet, dem werde ich geben, mit mir auf meinem Thron zu sitzen, wie auch ich überwunden und mich mit meinem Vater auf seinen Thron gesetzt habe. Wer ein Ohr hat, höre, was der Geist den Ge-

meinden sagt!« (Offb 3,14-22). **Bedeutung:** Der Name der Gemeinde in Laodizea bedeutet »das Volk spricht Recht« und ist die treffende Beschreibung der Kirche des Abfalls, die zu Beginn des 20. Jahrhunderts ihren Anfang nahm und bis in die Gegenwart hinein besteht. Hier geht es um eine Kirche, die nur von Menschen regiert wird, denn hier ist der Heilige Geist nicht mehr gegenwärtig, um seine Leitung auszuüben. **Lob:** Alle übrigen sechs Gemeinden erhalten wenigstens ein Wort der Anerkennung, aber diese Gemeinde erhält von Jesus Christus kein einziges Wort des Lobes. **Tadel:** Statt eines Lobes geht der Text direkt zum Tadel über und bezichtigt diese Christen der Lauheit, denn trotz ihres äußeren Reichtums sind sie in Wirklichkeit geistlich arm, blind und bloß: eine treffende Beschreibung der Kirche des Abfalls. Das ist das Abweichen von einer Wahrheit, die ein Abgefallener aufgrund der Mitgliedschaft einer bestimmten Kirche oder Vereinigung zu besitzen vorgibt. In Wirklichkeit jedoch leugnet ein Abtrünniger diese Lehren und hat sich von der Wahrheit losgesagt, die zu besitzen er bekennt. Dass in den letzten Tagen viele von der wahren Lehre abfallen würden, hat bereits der Apostel Paulus in seinem 2. Brief an die Thessalonicher vorausgesagt: *»Das niemand euch auf irgendeine Weise verführe! Denn dieser Tag kommt nicht, es sei denn, dass zuerst der Abfall gekommen und der Mensch der Gesetzlosigkeit geoffenbart worden ist, der Sohn des Verderbens«* (2Thes 2,3). Wie wir später noch sehen werden, bedeutet der Begriff »Tag des Herrn« immer die Zeit der großen Trübsal. In diesen Versen nennt Paulus Dinge, die noch zwingend vor der großen Trübsal geschehen müssen: Das eine ist der Abfall; weil der großen Trübsal eine Zeit des geistlichen Abfalls vorausgeht, wird auch die offizielle Kirche von diesem Abfall nicht verschont bleiben und damit von der Wahrheit der Heiligen Schrift abfallen; und das andere ist die Offenbarung des Menschen der Gesetzlosigkeit oder des Antichristen, wie dieser »Sohn des Verderbens« auch genannt wird. Dieser Abfall wird von Dämonen hervorgerufen, denn ein Teil dieser dämonischen Lehre ist ein Angriff auf die christliche Freiheit, indem die Ehe verboten wird und Vorschriften ergehen, die den Genuss von Fleisch verbieten. Diese Beispiele zeigen, dass die römisch-katholische Kirche von der Wahrheit bereits abgefallen ist, aber es werden immer mehr abgefallene Pfarrer und Prediger auftreten, die das geistliche Gewand und kirchliche Titel tragen, die aber Gottes Kraft verleugnen, weil sie sich von der wahren Macht christlichen Glaubens entfernt haben. Gegenüber dem Abfall lässt die Bibel überhaupt keine Liebe oder Toleranz erkennen, sondern geißelt diesen sehr streng, denn die Lehre der Abtrünnigen besteht darin, die Person und das Heilswerk Jesu Christi zu leugnen. Damit werden aber auch sein Platz in der Trinität, seine Gottheit, seine Menschwerdung als wahrer Gott und wahrer Mensch durch die Jungfrauengeburt

und schließlich auch seine leibliche Auferstehung und Wiederkunft verleugnet. Grundlage dafür ist die Leugnung der Inspiration der Heiligen
Schrift überhaupt, denn wenn sich ein Mensch einmal von der Anerkennung der Autorität der Heiligen Schrift entfernt, ist der Weg offen für alle
erdenklichen Lehrirrtümer. Auf diesen Umstand machte schon der Apostel
Johannes in seinem 2. Brief aufmerksam: *»Denn viele Verführer sind in die
Welt hinausgegangen, die nicht Jesus Christus, im Fleisch gekommen, bekennen; dies ist der Verführer und der Antichrist«* (2Jo 7).

Vom wahren Glauben Abgefallene erkennt man vor allem am Spott. Da
Abtrünnige sich aktiv gegen den wahren Glauben einsetzen, machen sie
sich über die fundamentalen Wahrheiten der Heiligen Schrift lustig wie
z.B. über die Inspiration der Bibel, die Geburt durch eine Jungfrau, den
stellvertretenden Tod Christi, seine leibliche Auferstehung von den Toten
sowie seine prophezeite Wiederkunft. Es waren vor allem die so genannten
Modernisten, die in der Zeit der Jahrhundertwende um 1900 die fundamentalen Glaubenssätze verleugneten. Fortan war nicht mehr allein die Heilige
Schrift die Quelle der Wahrheit, sondern die Kirche und die Vernunft wurden der Bibel gleichgestellt. Des Weiteren wurde die Erfüllung von alttestamentlichen Prophezeiungen aufgehoben, die Verfasserschaft Mose bei
den fünf Büchern Moses in Frage gestellt und die Inspiration der Heiligen
Schrift geleugnet. Vor allem mit dieser Leugnung der Inspiration wurde die
Bibel »entmythologisiert«, das heißt, dass Jesu Anspruch, der Sohn Gottes
zu sein sowie alle Wunder und mit der Vernunft allein nicht erklärbare Geschehnisse ins »Reich der Fabeln« verbannt wurden. In dieser Zeit entstand
aber auch ein neuer Begriff, der heute als Schimpfwort gegen Gläubige
verwendet wird, die »Fundamentalisten«. Diese Menschen bekannten sich
zu den fünf Fundamentalsätzen des Glaubens und hielten an diesen fest:

1. Die Inspiration der Heiligen Schrift.

2. Die Jungfrauengeburt.

3. Das stellvertretende Erlösungswerk Christi.

4. Die Auferstehung.

5. Die Wunder Christi.

»Die zwanziger Jahre waren von den tief greifenden Auseinandersetzungen zwischen den Modernisten und den Fundamentalisten gekennzeichnet.
Es wurden viele Versuche unternommen, aus der Kirche selbst heraus den
Modernismus zu bekämpfen, aber gegen Ende des Jahrzehnts zeigte sich,
dass die meisten führenden Positionen in den Kirchen fest in den Händen
und unter dem Einfluss der Modernisten waren, die auch die Ausbildungs-
stätten beherrschten. Dies führte zu den Abspaltungen der Dreißigerjahre,

als Fundamentalisten die Kirchen verließen, indem sie entweder neue Kirchen oder unabhängige Gemeinden gründeten. Die Vierzigerjahre und die Zeit bis zur Gegenwart sind von der ökumenischen Bewegung gekennzeichnet. Im Jahr 1948 wurde der Weltkirchenrat auf der Basis von zwei Grundsätzen gegründet: 1. Einheit aller Kirchen auf der Basis liberaler Lehren und 2. Einheit der Religionen. Die Folge dieser Entwicklung ist, dass die sichtbare Kirche heute weithin eine Kirche des Abfalls ist, was dazu führt, dass liberale Pastoren auf den Kanzeln predigen.« [43] **Ermahnung:** Die erste Ermahnung ist eine Aufforderung an die Gläubigen, den geistlichen Reichtum in Jesus Christus zu suchen. Die zweite Ermahnung ist die Aufforderung, wegen ihrer Nacktheit von Christus die weißen Kleider der Rettung anzunehmen. Im Buch der Offenbarung sind die weißen Kleider immer ein Symbol für das durch Christus geschenkte Heil. Die dritte Ermahnung ist ein Aufruf an alle geistlich Erblindeten, die Augensalbe Christi zu kaufen, um dadurch im geistlichen Sinne sehend zu werden. Bei dieser Gemeinde findet sich kein einziger Hinweis, dass dies eine von Christus errettete Gemeinde ist, denn hier fehlt jede Art von Anerkennung durch Christus. **Verheißung:** Wer den Abfall überwindet und Christus annimmt, soll nach seiner Verheißung Anteil bekommen am messianischen Reich, aber der überwiegende Teil dieser Kirche wird sich in der großen Trübsal wiederfinden. Die Gläubigen haben keinen Anteil an dieser Kirche des Abfalls und werden aufgefordert, keine Gemeinschaft mit den Abgefallenen zu haben, denn ein Abtrünniger ist nicht nur ein Ungläubiger, sondern ein Abtrünniger setzt sich aktiv ein für die Verleugnung der Glaubensgrundsätze und kann somit zu Spaltungen innerhalb der Gemeinde beitragen. Solche abgefallenen Menschen sollen von den Gläubigen deshalb aus der Gemeinde ausgeschlossen werden, denn sie streuen eine unheilvolle Saat aus, und sie stehen unter dem Fluch Gottes. Das betreffende griechische Wort »anathema« bedeutet denn auch »unberührbar«! Wenn Abtrünnige gar in einer führenden Position der Gemeinde Leitungsvollmacht besitzen und nicht ausgeschlossen werden können, dann ist ein Gläubiger verpflichtet, diese Gemeinde zu verlassen. Es gibt absolut nichts Gemeinsames zwischen dem Licht, der Gemeinschaft der Gläubigen, und der Finsternis, der Gemeinschaft der Abgefallenen, genauso wenig, wie es etwas Gemeinsames gibt zwischen Christus und Satan.

Gegenwart und Zukunft

7.1 Gegenwart

7.1.1 Das 20. Jahrhundert

Wir stehen heute am Anfang des 21. Jahrhunderts, und trotz aller »Endzeit-Prophezeiungen«, die auf den Jahrtausendwechsel hin aus allen erdenklichen Kreisen gemacht wurden, geschah beim Übergang vom 31.12.1999 zum 1.1.2000 absolut nichts, und die Erde zieht ihre Bahn um die Sonne genau wie im letzten Jahrtausend. Wir leben noch! Dies zeigt wieder einmal auf, wie unmöglich es für uns Menschen ist, die Zukunft vorauszusagen. In diesem siebten und letzten Kapitel dieses Buches werden wir uns sehr stark mit der Zukunft und im Speziellen mit der Endzeit beschäftigen, aber es werden keine Voraussagen auf Zeitpunkte gemacht, denn in seiner berühmten Endzeitrede in Matthäus 24 und 25 sagt Jesus selbst: »*Von jenem Tag aber und jener Stunde weiß niemand, auch nicht die Engel in den Himmeln, sondern mein Vater allein*« (Mt 24,36). Von heute aus gesehen, können wir über den Zeitpunkt absolut nichts Verlässliches aussagen; wenn die Zeit aber gekommen ist, dann gibt es genügend Hinweise darauf, dass es soweit ist, und ab einem bestimmten Geschehen ist es möglich, die Zeitdauer ziemlich genau zu bestimmen. Leben wir bereits in der Endzeit, oder wann beginnt diese Endzeit?

Das 20. Jahrhundert hat die Welt so stark geprägt und verändert, dass wir heute, zu Beginn des 21. Jahrhunderts, viele Zeichen sehen, die darauf hinweisen, dass wir uns bereits in der Endzeit befinden. Die beiden Weltkriege, die Gründung des Staates Israels und die Eroberung der Stadt Jerusalem durch die Juden sind ganz klar erfüllte Prophezeiungen und damit die ersten Wehen der Endzeit. In seiner Endzeitrede gibt uns Jesus auch noch weitere charakteristische Kennzeichen dieser Endzeit, die bei einer realistischen Betrachtung vor allem auf das zwanzigste Jahrhundert zutreffen: »*Dann werden sie euch in Bedrängnis überliefern und euch töten; und ihr*

*werdet von allen Nationen gehasst werden um meines Namens willen. Und
dann werden viele verleitet werden und werden einander überliefern und
einander hassen; und viele falsche Propheten werden aufstehen und werden viele verführen; und weil die Gesetzlosigkeit überhand nimmt, wird die
Liebe der meisten erkalten; wer aber ausharrt bis ans Ende, der wird errettet werden. Und dieses Evangelium des Reiches wird gepredigt werden
auf dem ganzen Erdkreis, allen Nationen zu einem Zeugnis, und dann wird
das Ende kommen«* (Mt 24,9-14). Wir haben bereits in der Gemeinde von
Laodizea gesehen, dass heute vorwiegend die Kirche des Abfalls vor-
herrscht, die von Jesus Christus kein einziges Lob erhält. Die ökumenische
Bewegung wird sich weiterentwickeln, und es sind Bestrebungen im Gange, über die Weltreligionen hinweg eine »Super-Kirche« zu gründen, die
alle Mitglieder der großen Weltreligionen vereinigen wird. Wir werden
dieser »Super-Kirche« unter dem Begriff »die große Hure Babylon« in der
Endzeit wieder begegnen. Es wird denn auch diese Kirche sein, die die
wirklich an Jesus Christus Gläubigen verfolgen wird.

Die Welt hat sich von Jesus Christus und auch von den biblischen Grundsätzen entfernt und die Regierungen eliminieren Sätze wie »im Namen Gottes« aus ihren Verfassungen. Die Christen werden schon heute von der ganzen Welt gehasst, und der Name »Jesus Christus« ist tatsächlich ein Stein des
Anstoßes in unserer heutigen Zeit. Seine Lehre wirkt heute wie noch nie in
der Geschichte »anstößig«, und viele Menschen verlassen Jesus, um ihr
Glück und Seelenheil in den fernöstlichen Religionen und Philosophien zu
suchen oder in der Esoterik des New Age. Vor allem diese moderne Bewegung des New Age, die eine neue Religion entwickelt, die aus Teilen von
verschiedenen Philosophien und esoterischen Praktiken und Ritualen zusammengesetzt ist, erhebt den Anspruch, uns mit dieser ungenießbaren Brühe selig machen zu können. Aber diese Praktiken fördern nur den Egoismus, und
dieser ist stärker als alle Liebe, und dieser Egoismus ist denn auch unser neuer Götze, dem wir alles opfern. Nicht mehr Gott ist das Zentrum alles Seins,
sondern der Mensch. Dies wird uns nun seit über 200 Jahren gelehrt, sodass
es heute beinahe schon zum »Allgemeinwissen« der Menschheit zählt und
niemand sich traut, diesem zu widersprechen. Damit ist auch bereits gesagt,
dass es keinen Gott gibt, der die Erde, das Universum und das Leben in einer
großartigen Schöpfung erschaffen hat, sondern der Urknall und der sagenhafte Zufall sollen dies alles bewerkstelligt haben.

Aber der Preis dafür ist sehr hoch, denn die Liebe wird in uns erkalten.
Dies beginnt damit, dass die Menschen ihre erste große Liebe, die Liebe zu
Gott, verlassen haben. Dadurch benötigen sie einen Ersatz für die Liebe zu
Gott, und sie finden diesen Ersatz in sich selbst. Heute hört man sehr häu-
fig, dass man an sich selbst glauben müsse. Aber was bin ich, was ist mein

»Selbst« und wie ist dieses Selbst entstanden? Wir können ja nicht aus uns selbst heraus entstehen! Dies ist eine brutale Tatsache und wird, wenn man dieses Gedankengebäude zu Ende denkt, unser »Selbst« vom Sockel stoßen. Denn wir haben nicht die Kraft in uns, dass wir uns erhalten können, und trotz aller medizinischer Fortschritte, die das Leben zwar etwas verlängern und den Tod etwas hinauszögern können, vermögen wir weiterhin nicht, Leben zu geben, wirkliches, reines und erfülltes Leben. Wie sollte das auch möglich sein, wenn trotz des wissenschaftlichen Fortschrittes und trotz der Ansammlung eines riesigen Berges an Wissen hinter den großen Fragen des Lebens weiterhin nichts anderes als Fragezeichen stehen. Deshalb wird menschliche Philosophie niemals den Wert des Papiers besitzen, auf der sie geschrieben ist. Wir können uns getrost an Philosophen wie Friedrich Nietzsche wenden und mit ihm in den Chor der heutigen Welt einstimmen und das große Lied der Menschheit singen: Gott ist tot! Aber dadurch ist Gott gar nicht tot; wir sind es, die tot sind! Haben wir Leben in uns und aus uns heraus? Wohl kaum. Aber es ist nicht zu spät zur Umkehr, denn alle, die bitten, werden erhalten, alle, die suchen, werden finden und denen, die anklopfen, denen wird aufgetan werden. Und das Evangelium, die froh machende Botschaft, wird allen Völkern gepredigt werden und wird so zu einem Zeugnis vor den Nationen. Alle erhalten eine Chance, ihr Leben zu überdenken und den Weg der Nachfolge Christi zu gehen. Und dann erst, dann wird das Ende kommen.

7.1.2 Die Weltkriege [1]

Wir leben tatsächlich in der Endzeit, denn bestimmte, für die Zeit vor der großen Trübsal vorhergesagte Ereignisse sind bereits eingetroffen. Das erste ist der Erste Weltkrieg, dem der Zweite Weltkrieg folgte. Den biblischen Hinweis darauf finden wir wiederum in der Endzeitrede in Matthäus 24: *»Und Jesus antwortete und sprach zu ihnen: Seht zu, dass euch niemand verführe! Denn viele werden unter meinem Namen kommen und sagen: Ich bin der Christus! Und sie werden viele verführen. Ihr werdet aber von Kriegen und Kriegsgerüchten hören. Seht zu, erschreckt nicht! Denn es muss geschehen, aber es ist noch nicht das Ende. Denn es wird sich Nation gegen Nation erheben und Königreich gegen Königreich, und es werden Hungersnöte und Erdbeben da und dort sein. Alles dies aber ist der Anfang der Wehen«* (Mt 24,4-8). Was wird nun das Zeichen für das Ende dieses Zeitalters sein? Christus beschreibt uns zuerst schlicht, was für die Zeit charakteristisch sein wird; aber keines von diesen Kennzeichen deutet darauf hin, dass das Ende der Welt bereits gekommen ist. Diese Zeit wird durch das Auftreten von falschen Messiassen gekennzeichnet sein, und weiter werden begrenzte Kriege in verschiedenen Teilen der Welt diese

Zeit charakterisieren; aber auch sie sind noch nicht das Ende, denn: »*Es muss so geschehen, aber es ist noch nicht das Ende*«.

Doch in den Versen 7 und 8 dieser Stelle weist Christus auf das Ereignis hin, das anzeigt, dass die Endzeit begonnen hat. Diese Prophezeiung hat sich erfüllt, wenn »ein Volk sich gegen das andere erheben wird und ein Königreich wider das andere«. Diese Ereignisse werden begleitet von großen Hungersnöten, von Seuchen und von Erdbeben und Jesus sagt, dass dies alles erst der »Beginn der Wehen« ist. In der Bibel wird die Endzeit vielfach auch als »Wehen« bezeichnet. Diese Wehen sind ein Vergleich mit den Geburtsschmerzen, die eine Frau vor der Geburt ihres Kindes durchstehen muss. Bevor nun das neue Reich Gottes auf Erden »geboren« werden kann, ist die Welt wie eine Gebärende, die eine Reihe von Geburtsschmerzen, die »Wehen« der Endzeit, über sich ergehen lassen muss. Bei diesem Ölberggespräch mit seinen Jüngern spricht Jesus von einem weltweiten Konflikt und macht deutlich, dass dieses Ereignis der erste Geburtsschmerz ist und damit auch der Beginn der Endzeit. Der erste weltweite Konflikt in der Weltgeschichte ist der Erste Weltkrieg, der von 1914 – 1918 ausgefochten wurde. Nach der Meinung von vielen Historikern ist der Zweite Weltkrieg, der von 1939 – 1945 dauerte, nichts anderes als die Fortsetzung des Ersten Weltkrieges. Das erste Zeichen oder die erste Geburtswehe sollte ein weltweiter Krieg sein. Er wurde in den zwei großen Weltkriegen zwischen den Jahren 1914 bis 1945 ausgefochten.

7.1.3 Der Staat Israel

Die Neugründung des jüdischen Staates Israel im Jahre 1948 hat all denen einen heftigen Stoß versetzt, die weder an die Erfüllung von Prophetie noch an ein Tausendjähriges Reich glauben, und für viele ist die Neugründung des Staates Israel deshalb nichts anderes als ein Zufallsprodukt der Geschichte. Der Stein des Anstoßes ist die Tatsache, dass die Juden nicht nur im Unglauben an den Herrn Jesus Christus in ihr Land zurückgekehrt sind, sondern dass die große Mehrheit der Israelis nicht einmal mit dem jüdischen orthodoxen Glauben verbunden ist. Dieses Bild passt denn auch nicht in all diejenigen Bibelstellen hinein, die von einer wiedergeborenen Nation sprechen. Wenn man nun aber die prophetischen Aussagen aufmerksam studiert, wird sehr schnell deutlich, dass die Propheten von zwei verschiedenen weltweiten Sammlungen der Juden sprechen. Die erste Rückführung der Juden ist eine Sammlung zum Gericht und erfolgt deshalb im Unglauben. Die zweite Rückführung hingegen ist eine Sammlung im Glauben.

Abbildung 7.1: David Ben Gurion proklamierte am 14. Mai 1948 in Tel Aviv den neuen Staat Israel. Hinten an der Wand ist das Bild Theodor Herzls zu sehen, der als »geistiger Vater« des modernen Israel bezeichnet werden kann. Theodor Herzl eröffnete im August 1897 in Basel den ersten Zionisten-Kongress mit folgenden Worten: »Wir sind ein Volk. Alle Völker haben eine Heimat. Auch wir brauchen eine Heimat für unser Volk. Darum wollen wir den Grundstein legen zu dem Haus, das dereinst die jüdische Nation beherbergen wird«.

Eine der vielen Prophezeiungen über die Rückführung im Unglauben zum Gericht finden wir in Hesekiel 22,17-22: *»Und das Wort des HERRN geschah zu mir so: Menschensohn, das Haus Israel ist für mich zu Schlacken geworden; sie alle sind Kupfer und Zinn und Eisen und Blei im Schmelzofen; Silberschlacken sind sie geworden. Darum, so spricht der Herr, HERR: Weil ihr alle zu Schlacken geworden seid, darum, siehe, werde ich euch in Jerusalem zusammentun. Wie man Silber und Kupfer und Eisen und Blei und Zinn in einen Schmelzofen zusammentut, um Feuer darunter anzublasen, um es zu schmelzen, so werde ich euch in meinem Zorn und in meinem Grimm zusammentun und euch hineinlegen und schmelzen. Und ich werde euch sammeln und das Feuer meines Grimms gegen euch anblasen, dass ihr darin geschmolzen werdet. Wie Silber im Ofen geschmolzen wird, so werdet ihr mitten in ihm geschmolzen werden. Und ihr werdet erkennen, dass ich, der HERR, meinen Grimm über euch ausgegossen habe«.* Dass diese Zusammenführung und Sammlung nicht im Glauben, sondern im Unglauben geschieht, geht daraus hervor, dass Gott die Juden im Zorn und im Grimm zum Gericht sammeln wird. Diese Sammlung wird stattfinden, nachdem Gott seinen Zorn über sein Volk ausgegossen hat. Deshalb ist es kein Zufall, dass der Staat Israel, wie es Arnold G. Fruchtenbaum formulierte,»aus den Feuern des national-sozialistischen Holocaust« geboren wurde. Nach der Vollendung dieser Sammlung im Unglauben erwartet das Volk Israel das Gericht der großen Trübsal.

Eine weitere Stelle über die Rückführung seines Volkes aus allen Teilen der Welt ist Jesaja 11,11-12. Im Gegensatz zur ersten Rückführung ist diese zweite Rückführung eine Rückführung im Glauben: *»Und an jenem Tag wird es geschehen, da wird der Herr noch einmal seine Hand erheben, um den Überrest seines Volkes, der übrig bleibt, loszukaufen aus Assur und Ägypten, aus Patros und Kusch, aus Elam, Schinar und Hamat und von den Inseln des Meeres. Und er wird den Nationen ein Feldzeichen aufrichten und die Vertriebenen Israels zusammenbringen, und die Verstreuten Judas wird er sammeln von den vier Enden der Erde«.* Die Rückführung, von der hier die Rede ist, wird ausdrücklich als eine weltweite Rückführung bezeichnet, und es ist eine Rückführung im Glauben. Die erste weltweite Rückführung im Unglauben findet vor der großen Trübsal statt, und diese Rückführung wird mit dem Beginn oder allenfalls mit dem Ende der Trübsal abgeschlossen sein. Die zweite weltweite Rückführung endet im Segen Gottes, und deshalb kann diese Rückführung erst nach der großen Trübsal stattfinden. Die erste Rückführung, die ihren Höhepunkt mit der Gründung des jüdischen Staates im Jahr 1948 erreichte, bezeichnet deshalb eine weitere Wehe der Endzeit, und die Wiederherstellung des jüdischen Staates stellt somit die Erfüllung jener Prophezeiungen dar.

7.1.4 Jerusalem in jüdischer Hand

Das dritte Ereignis oder die dritte Wehe vor der großen Trübsal schließt die jüdische Herrschaft über die Stadt Jerusalem ein. »Nach dem israelitischen Unabhängigkeitskrieg in den Jahren 1948 bis 1949 beherrschten die israelitischen Truppen das westliche Jerusalem, die Altstadt von Jerusalem fiel der jordanischen Legion in die Hände und wurde später dem haschemitischen Königreich Jordanien angegliedert. So wurde Jerusalem eine geteilte Stadt und blieb es für die folgenden 19 Jahre.« [2] Nach den Worten der Propheten, die sich vor allem mit dem dritten Tempel befassen, musste aber die ganze Stadt unter jüdische Herrschaft kommen. Die folgenden beiden Stellen stehen stellvertretend für die vielen Stellen, in denen Jerusalem und der dritte Tempel behandelt werden. Die erste Stelle entnehmen wir dem Propheten Daniel: »*Und stark machen wird er einen Bund für die Vielen, eine Woche lang; und zur Hälfte der Woche wird er Schlachtopfer und Speisopfer aufhören lassen. Und auf dem Flügel von Greueln kommt ein Verwüster, bis fest beschlossene Vernichtung über den Verwüster ausgegossen wird*« (Dan 9,27). In unserem Zusammenhang ist es wichtig zu sehen, dass der dritte Tempel in dieser Zeit eine wichtige Rolle spielen wird. Denn Schlacht- und Speisopfer werden ausschließlich im Tempel dargebracht, also muss der Tempel in der großen Trübsal seinen Gottesdienst wieder aufgenommen haben. Die Juden werden den dritten Tempel oder den »Tempel der Trübsal« nur an einer Stelle neu aufbauen, nämlich auf dem Tempelplatz, auf dem der salomonische und der herodianische Tempel standen. Und diese beiden Tempel standen beide auf dem Tempelplatz, auf dem heute der Felsendom, das drittgrößte Heiligtum des Islams steht. Um diesen Tempel wieder aufbauen zu können, ist es notwendig, dass die Altstadt von Jerusalem unter jüdischer Herrschaft ist.

Eine weitere Stelle können wir der Endzeitrede in Matthäus 24 und 25 entnehmen: »*Wenn ihr nun den Greuel der Verwüstung, von dem durch Daniel, dem Propheten, geredet ist, an heiliger Stätte stehen seht – wer es liest, der merke auf! –, dann sollen die in Judäa auf die Berge fliehen*« (Mt 24,15-16). Diese Stelle nimmt direkt Bezug auf die Prophezeiung von Daniel, also auf die oben erwähnte Stelle in Daniel 9,27. Beide Stellen setzen voraus, dass der dritte jüdische Tempel wieder aufgebaut ist und der Tempel wieder für den Gottesdienst genutzt wird. Diese Stellen gehen natürlich auch davon aus, dass der Tempelbezirk unter jüdischer Kontrolle steht und damit auch die Altstadt von Jerusalem. Diese Prophezeiung wurde sehr deutlich 1967 im Sechs-Tage-Krieg erfüllt, denn in diesem Krieg eroberten die israelitischen Truppen den Ostteil von Jerusalem, und seitdem ist Jerusalem wieder ganz in jüdischer Hand. Dieser Krieg brachte die Prophezeiung von der jüdischen Herrschaft über die Altstadt von Jerusalem zur Erfüllung. Es ist somit die dritte Wehe und das dritte wichtige Ereignis vor dem Beginn der großen Trübsal.

7.1.5 Wo stehen wir heute?

Die Welt wird wie ein riesiges Theater auf den letzten Akt vorbereitet, und dieser letzte Akt ist die große Trübsal. Es gibt noch einige Ereignisse, die sich vor der großen Trübsal erfüllen müssen, aber diese liegen alle noch in der Zukunft. Wo stehen wir heute? Wie wir gesehen haben, befinden wir uns bereits in der Endzeit, und drei große Wehen sind bereits Geschichte geworden. Das zwanzigste Jahrhundert hat wie noch nie zuvor einen großen geistlichen Abfall verursacht und die Menschen von der Wahrheit weggeführt. Wir sehen diese Zeichen des Abfalls sehr deutlich in der Gemeinde von Laodizea, die ja für die Kirche des Abfalls steht. Die zwei großen Weltkriege des Zwanzigsten Jahrhunderts markieren sozusagen den Beginn der großen Wehen, der Endzeit. Aus den Vernichtungsöfen des nationalsozialistischen Holocausts heraus entstand der neue Staat Israel, die neue Heimstätte des Volkes Gottes. Seit dem Jahr 1967, während des Sechs-Tage-Krieges, wurde die Altstadt von Jerusalem von den israelitischen Truppen erobert, und seitdem ist Jerusalem fest in jüdischer Hand. Die Voraussetzungen sind also gegeben, dass der dritte Tempel gebaut werden könnte. Noch ist es aber nicht so weit, denn der Tempel steht noch nicht, obwohl die Pläne bereits existieren. Aber es müssen noch weitere Ereignisse vor der großen Trübsal stattfinden, um die Voraussetzung zu schaffen, dass dieser Tempel wirklich auch gebaut werden wird, denn das heutige Israel hat durch seinen Unglauben wenig Neigung, in der heutigen Zeit diesen Tempel zu bauen. Deshalb ist es notwendig, dass dieser letzte Akt des menschheitsgeschichtlichen Theaters, die große Trübsal, noch weiter vorbereitet wird.

Es ist müßig darüber zu spekulieren, wann diese große Trübsal denn stattfinden wird. In geistlicher Hinsicht stehen wir schon darin, denn wir leben heute in einem tiefen geistlichen Abfall. Die große Mehrheit der »modernen« Menschen hat sich von der biblischen Wahrheit weit entfernt und sucht ihr Glück in der Selbstverwirklichung. Das ist aber nur die eine Seite. Auf der anderen Seite müssen auch die politischen Voraussetzungen für die große Trübsal geschaffen werden. Zwei dieser politischen Voraussetzungen wurden bereits geschaffen, denn der Staat Israel ist seit dem Jahr 1948 eine historische Tatsache, an der niemand vorbeikommt, und Jerusalem ist seit dem Jahr 1967 wieder völlig in jüdischer Hand. In diesen beiden Ereignissen keine Erfüllung der biblischen Prophetie sehen zu wollen ist reines Wunschdenken und gleichzeitig das Verschließen der Augen vor den historischen Tatsachen, die kein Mensch ungeschehen machen kann. Es ist natürlich auch ein Wunder, wenn wir sehen, wie der Staat Israel entstanden ist und wie sich die Juden in den Kriegen gegen die arabische Übermacht behauptet haben. Wenn man die Geschichte des neu erstandenen jüdischen Staates liest, kann man darin Zeile für Zeile das Handeln Gottes erkennen. Bismarck sagte über das Handeln Gottes: »Man kann nicht selbst etwas schaffen, man kann nur abwarten, bis man den Schritt Gottes durch die Ereignisse hallen hört; dann den Zipfel seines Mantels fassen – das ist alles«. [3]

Das 20. Jahrhundert brachte aber auch einen Zusammenbruch der atheistischen und gottfeindlichen »Heilsreiche«, des dritten Reichs und der Sowjetunion sowie eine Verschiebung des Machtgefüges von Europa nach Amerika.

Denn nach dem Zweiten Weltkrieg lag Europa zerstört und ausgeblutet am Boden. Sieger und Besiegte, sie waren alle Kriegsverlierer. Deutschland, Frankreich, Italien und die Benelux-Länder legten 1951 den Grundstein für die Europäische Union im tiefen Wunsch nach Frieden. Das 20. Jahrhundert brachte aber auch die Anerkennung der Würde des Menschen, die Menschenrechte und die Freiheit des Menschen. Dabei handelt es sich um christliches Erbe, das durchgesetzt werden konnte, weil die Vereinigten Staaten von Amerika, die größte Macht der Welt, diese Werte überall durchsetzen. Diese globalen Veränderungen und Umwälzungen sind letztlich nichts anderes als erfüllte Prophezeiungen und sind eine Reaktion auf den »Antijudaismus« bzw. auf das Verhältnis der Staaten zu den Juden, denen man die Menschenwürde geraubt hatte. Denn das Volk Gottes, Israel oder die Juden, wird auch der »Augapfel Gottes« genannt, und wer es antastet, wird damit unweigerlich das Gericht Gottes auf sich ziehen. Europa musste das schmerzhaft erfahren, denn Staaten, Imperien und Dynastien, die seit Jahrhunderten bestanden hatten, versanken in weniger als zwei Generationen. Das gemeinsame Merkmal jener gefallenen Reiche war der »Antijudaismus«, in Spanien im 16. Jahrhundert, im übrigen Europa im 19. und 20. Jahrhundert. Ganz massiv war der Antisemitismus in Russland, dann in Frankreich und Polen. In Deutschland mündete die Diskriminierung und Verfolgung in einen geplanten Völkermord. Der Jude hatte Schuld an allem Unglück in der Welt und musste deshalb verbrannt werden – so wie im Ring der Nibelungen von Richard Wagner die Götter Schuld hatten und auf Walhalla verbrannt wurden. Diese Schreckensjahre bildeten aber den Auslöser für die zionistische Bewegung, die zur Gründung des Staates Israel führte. England, das die Juden aufnahm und das teuflische Regime in Deutschland bekämpfte, verriet die Israelis in Palästina, als diese ihren Staat gründen wollten, indem es schwere Waffen an die Araber lieferte. Die Araber waren in 10-facher Übermacht und gut organisiert; sie hatten alle geografisch-strategischen Vorteile, das Waffenarsenal der Briten, und – sie verloren den Krieg! Das war die Erfüllung einer Zusage Gottes an sein Volk und gleichzeitig Gericht am Britischen Empire, dessen Untergang nicht mehr aufzuhalten war. Europa, ein kleiner Kontinent, der die Welt beherrschte, versank binnen weniger Jahrzehnte in die politische Bedeutungslosigkeit. [4] Auf der anderen Seite begann der Aufstieg der USA zur heute einzigen Weltmacht. Die USA sind heute aber auch die einzige Schutzmacht von Israel und stimmen bei Abstimmungen in der UNO in der Regel als einziges Land für Israel. Deshalb, und nur aus diesem Grund, sind die USA heute die führende Weltmacht und werden es so lange bleiben, wie sie keinen Verrat an Israel üben. Das ist denn auch die Bedeutung der Zusage, die Gott dem Abraham gab: *»Und ich will segnen, die dich segnen, und wer dir flucht, den werde ich verfluchen; und in dir sollen gesegnet werden alle Geschlechter der Erde!«* (1Mo 12,3).

7.1.6 Die Globalisierung

Das letzte Jahrzehnt des 20. Jahrhunderts war geprägt von einer unheimlichen Globalisierung, vor allem in der Wirtschaft. Die riesigen Fortschritte in der Telekommunikation, in der Informatik und auch im Verkehr haben es möglich gemacht, dass die für uns Menschen ehemals riesige Welt zu einem Dorf zusammengeschrumpft ist. Es sind denn auch vor allem die wirtschaftlichen Interessen, die in den letzten Jahrzehnten zu gewaltigen und weltweit tätigen »Super-Unternehmen« geführt haben. Diese globale, über sämtliche Landesgrenzen hinwegreichende wirtschaftliche Tätigkeit wird die Politiker früher oder später dazu zwingen, auch ihre Politik zu globalisieren. Nicht zuletzt zeigt sich die Globalisierung in Organisationen wie der UNO und, auf Europa bezogen, der EU. Aber auch auf militärischem Gebiet schließen sich Nationen immer mehr zusammen, wie zum Beispiel in der NATO, die nach dem Zusammenbruch der UdSSR zum größten Militärpakt der Welt geworden ist. Diese Globalisierung ist aber kein Zufallsprodukt der Weltgeschichte, sondern sie hat prophetische Dimensionen, indem sie die Voraussetzung für den letzten Akt des Welttheaters ist, sie ist sozusagen das Bühnenbild des letzten Aktes. Um das zu verstehen, müssen wir uns mit dem vierten Tier aus der Vision des Propheten Daniel beschäftigen, denn dieses Tier stellt nicht nur das Römische Weltreich dar, sondern es steht symbolisch für die politische Situation der Endzeit.

»Nach diesem schaute ich in Gesichten der Nacht: und siehe, ein viertes Tier, furchtbar und Schrecken erregend und außergewöhnlich stark, und es hatte große eiserne Zähne; es fraß und zermalmte, und den Rest zertrat es mit seinen Füßen. Und es war verschieden von allen Tieren, die vor ihm waren, und es hatte zehn Hörner. Während ich auf die Hörner achtete, siehe, da stieg ein anderes, kleines Horn zwischen ihnen empor, und drei von den ersten Hörnern wurden von ihm ausgerissen; und siehe, an diesem Horn waren Augen wie Menschenaugen und ein Mund, der große Worte redete« (Dan 7,7-8). Im Gegensatz zu den anderen drei Tieren wird das vierte nicht näher beschrieben, und es kann auch nicht mit bekannten Tieren verglichen werden. Dieses vierte Tier besitzt zehn Hörner und ein elftes Horn erhebt sich daraus, das drei von den anderen zehn Hörnern ausreißt und dann damit beginnt, große Dinge zu reden. Das elfte Horn ist der Antichrist, der sich über die anderen zehn Hörner, die als Könige oder Machthaber von zehn Reichen stehen, erhebt und diese beherrscht. Die Deutung dieses vierten Tieres erfahren wir anschließend in der gleichen Vision des Propheten Daniel. Der Prophet Daniel war von dieser Vision höchst beunruhigt und wollte von einem, der da stand, die Deutung wissen. Dieser gab

ihm folgende Deutung: *»Er sprach so: Das vierte Tier bedeutet: ein viertes Königreich wird auf Erden sein, das von allen anderen Königreichen verschieden sein wird. Es wird die ganze Erde auffressen und sie zertreten und sie zermalmen. Und die zehn Hörner bedeuten: aus diesem Königreich werden sich zehn Könige erheben. Und ein anderer wird sich nach ihnen erheben, und dieser wird verschieden sein von den vorigen, und er wird drei Könige erniedrigen. Und er wird Worte reden gegen den Höchsten und wird die Heiligen des Höchsten aufreiben; und er wird danach trachten, Festzeiten und Gesetz zu ändern, und sie werden in seine Hand gegeben werden für eine Zeit und zwei Zeiten und eine halbe Zeit«* (Dan 7,23-25). Das vierte Tier, das wir mit dem Römischen Weltreich identifiziert haben, durchläuft in dieser Vision verschiedene Stadien: Das erste Stadium des geeinten Reiches lässt den Unterschied zu den vorangegangenen Reichen erkennen. Diesem ersten Stadium folgt das der Weltherrschaft, denn es heißt, dass dieses vierte Reich die gesamte Erde verschlingen wird. Darauf folgt das Stadium der zehn Reiche, und aus diesem Stadium kommt das kleine Horn auf oder das Stadium des Antichristen. Hier wird darauf hingewiesen, dass sich der Antichrist *nach* dem zehngeteilten Stadium erheben und drei der zehn Könige niederwerfen wird. Er wird aber nur eine Zeit, zwei Zeiten und eine halbe Zeit herrschen dürfen, was aufgrund der Prophetie der 70 Jahrwochen und anderen Stellen eine Zeitdauer von dreieinhalb Jahren bedeutet.

Wenn wir die beiden Prophezeiungen von Daniel 2, den Traum Nebukadnezars mit dem großen Standbild, und Daniel 7, die Vision der vier Tiere, miteinander vergleichen, erhalten wir folgendes Bild: [5]

Das babylonische Weltreich	
Das medo-persische Weltreich	
Das hellenistische Weltreich	
Das vierte Weltreich:	Das geeinte Stadium
	Das zweigeteilte Stadium
	Das Weltherrschaftsstadium
	Das zehngeteilte Stadium
	Das Antichrist-Stadium
Das messianische Reich	

Das vierte Reich durchläuft fünft verschiedene Stadien, von denen Rom nur das erste darstellt. Im Gegensatz zu vielen Auslegern sehe ich im vierten Reich nicht das »wiedererstandene Heilige Römische Reich«. »Der Unterschied zu den vorhergehenden Reichen liegt in der Regierungsform, die erstmals durch Rom eingeführt wurde: **dem Imperialismus**. Wenn die vorhergehenden drei Reiche ein neues Gebiet eroberten, setzten sie dort in der Regel einheimische Herrscher ein.« [6] Rom hingegen führte ein neues Regierungssystem ein, den Imperialismus, indem in alle eroberten Gebiete Römer als Statthalter entsandt wurden, wie zum Beispiel Pontius Pilatus. Das vierte Reich können wir deshalb als »Imperialismus« bezeichnen, und nicht als Rom, denn Rom war nur das erste von fünf Stadien. Das geeinte Stadium ist das römische Weltreich, das als geeintes Reich von 63 v.Chr. bis 364 n.Chr. bestand. Das zweigeteilte Stadium begann im Jahr 364 n.Chr., als der Kaiser Valentinian das Römische Reich in ein östliches und ein westliches Reich teilte. Diese Trennung markiert denn auch den Beginn der heutigen Machtverhältnisse zwischen dem Westen und dem Osten. Diese Entwicklung begann im Jahr 364 mit Rom, dem Zentrum des weströmischen Reiches, und mit Konstantinopel, dem Zentrum des oströmischen Reiches. Diese Machtzentren haben sich seither zwar immer wieder verlagert, aber diese Ost-West-Teilung blieb im Wesentlichen bis in die Gegenwart bestehen. Der westliche Machtblock blieb Rom bis im Jahr 476, als es erobert wurde und unterging. Mit der Machtübernahme Karls des Großen im Jahr 800 verlagerte sich der westliche Machtschwerpunkt in das Gebiet des heutigen Frankreichs. Die Franken wurden im Jahr 962 von Otto I. besiegt und dieser errichtete daraufhin das »Heilige Römische Reich Deutscher Nation« und die Könige dieses Reiches betitelten sich mit dem deutschen Wort für Cäsar als »Kaiser«. Das Machtzentrum des »weströmischen Reiches« liegt seither in den demokratischen Ländern des Westens. Konstantinopel blieb bis 1453 das Zentrum des östlichen Machtblockes, als die Türken die Stadt eroberten und damit das »oströmische Reich« liquidierten. Die politischen Herrscher und Gelehrten flohen nach Russland und führten auch dort den Imperialismus als neue Regierungsform ein. Wie die Könige des Westens gaben auch sie sich mit dem russischen Wort für Cäsar, »Zar«, denjenigen Titel, der an die »göttlichen Herrscher« des römischen Imperiums erinnert. Bis heute stellt Russland mit den ehemaligen Ostblockländern die östliche Seite des Machtgleichgewichtes dar, das zwar durch den Untergang der UdSSR empfindlich gestört wurde, aber de facto weiterhin besteht.

Die ersten beiden Stadien des imperialistischen Weltreiches sind bereits Geschichte, die weiteren drei Stadien liegen noch in der Zukunft. Die nächste Ausprägung des heidnischen Weltreiches bzw. des vierten Tieres ist das Stadium der Welteinheitsregierung. In der Vision von Daniel wird berichtet, dass das vierte Reich alle Länder der Erde »auffressen« wird, das hat das römische Reich niemals getan.

Denn das römische Reich erfasste nicht einmal die gesamte damals bekannte Welt, gebietsmäßig dehnte es sich nicht einmal so weit nach Osten aus wie das Reich Alexanders des Großen, der bis zum Indus vorrückte. Aber auch das Reich der Parther wurde von Rom nie ganz erobert, und auch Schottland gehörte zur damals bekannten Welt und wurde von den Römern nie erobert. Im Gegenteil: die Römer mussten den Hadrianswall bauen, um die umherziehenden Stämme Schottlands daran zu hindern, den Teil Britanniens zu überrennen, der damals unter römischer Herrschaft stand. Das Stadium des Weltreiches kann sich deshalb unmöglich auf Rom beziehen, und somit wird es auch nicht ein »wiedererstandenes Heiliges Römisches Reich« geben. Wenn man die Stelle in der Vision Daniels aber wörtlich auslegt, wird das vierte Reich des Imperialismus in Zukunft einmal die ganze Welt beherrschen, und zwar durch die Bildung einer einzigen Weltregierung. Das ist einmalig, und das hat es bisher in der Weltgeschichte noch nicht gegeben.

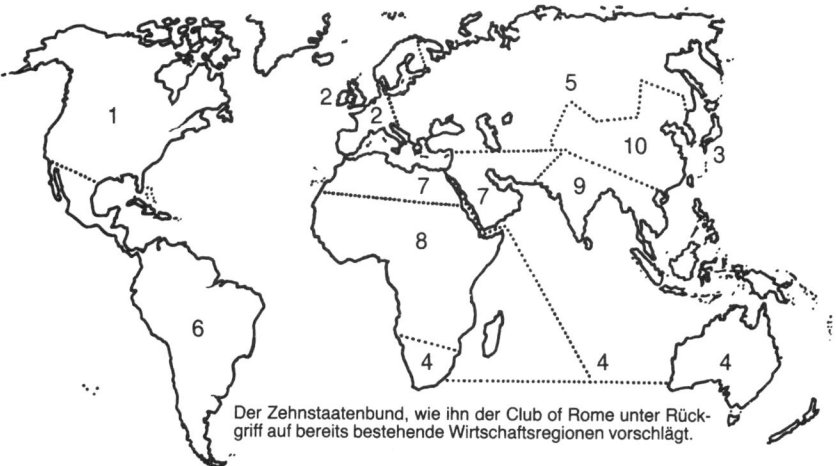

Der Zehnstaatenbund, wie ihn der Club of Rome unter Rückgriff auf bereits bestehende Wirtschaftsregionen vorschlägt.

1. Kanada und USA · 2. Europäische Gemeinschaft · 3. Japan · 4. Israel, Südafrika und Australien · 5. Rat für gegenseitige Wirtschaftshilfe (Comecon) · 6. Lateinamerikanische Freihandelszone · 7. Arabische Liga · 8. Organisation für Afrikanische Einheit (OAU) · 9. Nichtkommunistische Staaten Asiens und des Südpazifik · 10. China und kommunistisches Asien.

Abbildung 7.2: Die zehn Reiche nach dem Club of Rome

Nach dem Stadium der Welteinheitsregierung wird sich dieses Reich in zehn Reiche aufspalten, die durch die zehn Hörner des Tieres symbolisiert werden. Der Grund dieser Aufspaltung wird in dieser Stelle nicht genannt, aber die Weltregierung wird möglicherweise aus wirtschaftlichen Gründen

in zehn Reiche aufgespalten, die sich über die ganze Welt verteilen. Viele
Ausleger sahen im zehngeteilten Stadium die Europäische Union. Der
Text erlaubt diese Deutung aber nicht, denn die Europäische Union
besteht aus mehr als zehn Ländern und könnte deshalb bestenfalls eines
dieser zehn Reiche darstellen. Diese Prophezeiung kommt dem Vorschlag
des »Club of Rome« sehr nahe, der empfahl, die Welt in zehn
Verwaltungsbezirke aufzuteilen, um einen Zusammenbruch der
Weltwirtschaft zu vermeiden. In der Zeit, in der diese zehn Könige
regieren, beginnt der Antichrist mit dem Aufbau seiner Macht. Er wird
Krieg führen gegen die zehn Könige, wobei er drei davon vernichten und
die anderen sieben seiner Herrschaft unterwerfen wird. Erst dann beginnt
die letzte Phase der Weltgeschichte, das fünfte Stadium des
imperialistischen Weltreiches, das »antichristliche Weltreich«.

7.2 Die Endzeit

7.2.1 Die Offenbarung des Johannes

Jesus Christus gab dem Apostel Johannes diese Offenbarung während
seiner Verbannung auf der Insel Patmos, und Johannes schrieb sie in ein
Buch. Dieses Ereignis muss vor dem Jahr 70 n.Chr. stattgefunden haben,
denn der Kanon der Heiligen Schrift musste vor diesem Datum
abgeschlossen sein, sonst wäre das für die Juden so katastrophale Ereignis
der Zerstörung Jerusalems und der Zerstreuung über die ganze Erde in
irgendeiner Form in der Offenbarung erwähnt worden. Das Buch der
Offenbarung gibt uns selbst eine Beschreibung von Jesus Christus sowie
den Grundriss des Buches: *»Und als ich ihn sah, fiel ich zu seinen Füßen
wie tot! Und er legte seine Rechte auf mich und sprach: Fürchte dich
nicht! Ich bin der Erste und der Letzte und der Lebendige, und ich war tot,
und siehe, ich bin lebendig in alle Ewigkeit und habe die Schlüssel des
Todes und des Hades. Schreibe nun, was du gesehen hast und was ist und
was nach diesem geschehen wird!«* (Offb 1,17-19) Der letzte Vers teilt die
Offenbarung in drei große Abschnitte: Die Dinge, die Johannes sah
(Kapitel 1); die Dinge, die sind (Kapitel 2 und 3); und die Dinge, die
später geschehen sollen. Das Buch der Offenbarung liefert uns den
Rahmen zum Verständnis der Ordnung und der chronologischen
Reihenfolge der Ereignisse, von denen vor allem in den prophetischen
Worten des Alten Testaments die Rede ist. Dagegen stellt der Inhalt der
letzten beiden Kapitel etwas völlig Neues dar, weil hier die neue, ewige
Welt Gottes beschrieben wird. Die Propheten des Alten Testamentes
konnten nie weiter vorausschauen als bis zum messianischen Reich, und

dieses Reich war denn auch der Höhepunkt in der alttestamentlichen Prophetie. Die Kapitel 21 und 22 berichten hingegen von etwas völlig Neuem, und dem Apostel Johannes wurde als einzigem Menschen ein Blick über das messianische Reich hinaus in das ewige Reich Gottes gewährt.

Das Buch der Offenbarung gebraucht sehr viele Symbole, und das führt natürlich zwangsläufig zu verschiedenen Standpunkten der Auslegung. Die einen behaupten, dass man dieses Buch der Offenbarung aufgrund der vielen Symbole nie verstehen könne, die anderen nutzen die Symbole zu unkontrollierten Spekulationen und Sensationsdarstellungen. Es gibt aber auch einen Mittelweg zwischen diesen zwei extremen Standpunkten: die goldene Regel der Auslegung. Diese goldene Regel geht von der Voraussetzung aus, dass alle im Buch der Offenbarung vorkommenden Symbole an anderer Stelle der Offenbarung oder in einem anderen Teil der Heiligen Schrift erklärt werden. Die Offenbarung wurde von Johannes schriftlich niedergelegt und an die sieben Gemeinden übermittelt. In Vers 1 erfahren wir, dass diese Ereignisse bald geschehen sollen. Der Ausdruck »bald« bedeutet, dass der Tag der Erfüllung gewiss kommen und dass es dann keinen Aufschub mehr geben wird. In den Versen 4 und 5 erfahren wir wiederum, dass Johannes nicht der eigentliche Autor der Offenbarung war, sondern der dreieinige Gott, der hier als derjenige beschrieben ist, »der da ist und der da war und der da kommt«. Als Nächster wird der Heilige Geist erwähnt, die Quelle der Offenbarung und Inspiration, der als »die sieben Geister, die vor seinem Thron stehen« bezeichnet wird. Schließlich wird auch die zweite Person der Gottheit in der fortlaufenden Offenbarungsmitteilung erwähnt: »*und von Jesus Christus, der der treue Zeuge ist, der Erstgeborene der Toten und der Fürst der Könige der Erde! Dem der uns liebt und uns von unseren Sünden erlöst hat durch sein Blut und uns gemacht hat zu einem Königtum, zu Priestern seinem Gott und Vater: Ihm sei die Herrlichkeit und die Macht von Ewigkeit zu Ewigkeit! Amen. Siehe, er kommt mit den Wolken, und jedes Auge wird ihn sehen, auch die, welche ihn durchstochen haben, und wehklagen werden seinetwegen alle Stämme der Erde. Ja, Amen. Ich bin das Alpha und das Omega, spricht der Herr, Gott, der ist und der war und der kommt, der Allmächtige*« (Offb 1,5-8). Das zentrale Thema dieses Buches ist die Wiederkunft Christi auf diese Erde, und deshalb stellt sich Christus als der Ewige vor, der Anfang und Ende umfasst. Er ist der göttliche, souveräne Allherrscher, der den Lauf der Geschichte in seinen Händen hat und die Ereignisse herbeiführen wird, die in der Offenbarung beschrieben sind. Im Folgenden sind einige Ereignisse beschrieben, welche noch **vor** der großen Trübsal stattfinden werden, die aber nur sehr schwer in eine zeitliche Abfolge einzuordnen sind.

7.2.2 Die russische Invasion

Der Prophet Hesekiel beschreibt in den Kapiteln 38,1 bis 39,16 eine Invasion Israels von Norden her und die darauf folgende Vernichtung der feindlichen Streitkräfte, wenn sie das Gebiet der Berge Israels erreichen. Diese Invasion hat in der Vergangenheit nicht stattgefunden und muss deshalb in Zukunft noch kommen. Die Frage, wann diese Invasion stattfinden wird, ist sehr umstritten. Diese Invasion muss noch vor der großen Trübsal kommen und wird dazu führen, dass dieses nördliche Bündnis von Völkern unter der Führung Russlands vernichtet wird. Dies ist dann auch die Voraussetzung dafür, dass aufgrund der Schwächung des östlichen Machtbereiches eine Welteinheitsregierung entstehen kann. In Hesekiel 38,1-6 wird der Fürst von Rosch, Mesech und Tubal genannt, der mit »Gog« bezeichnet wird. Die Völker Mesech und Tubal, die hier genannt werden, bevölkerten in der Antike das Gebiet des heutigen südlichen Russlands zwischen dem Schwarzen und dem Kaspischen Meer, das Volk Rosch das nördliche Russland. In Vers 6 wird noch erwähnt, dass diese Völker aus dem äußersten Norden kommen. Von Israel aus betrachtet, ist der äußerste Norden das nördliche Russland, und Moskau liegt fast genau auf der von Jerusalem nach Norden verlaufenden Linie. Russland wird unter dem Machthaber Gog das nördliche Bündnis anführen, an dem noch weitere Völker beteiligt sind wie der Iran, Äthiopien, Somalia und das heutige Armenien und viele weitere Völker. Interessant ist, dass nicht ein einziger arabischer Staat an dieser Invasion teilnimmt.

Hesekiel 38,7-9 gibt Auskunft darüber, dass die Invasion in den Bergen Israels stattfinden wird, und in Vers 9 wird die Wucht dieser Invasion mit einer finsteren Wolke verglichen, die das ganze Land bedeckt. Auch diese Stelle zeigt deutlich auf, dass der Staat Israel zu dieser Zeit existieren muss, denn der jüdische Staat wird als ein Land beschrieben, welches dem Schwert entronnen ist, das aus vielen Völkern gesammelt wurde und dessen Land beständig verödet war. Hesekiel 38,10-13 zeigt auf, dass der Grund der russischen Invasion die »Beute« ist, die im Text aber nicht näher umschrieben wird. Diese Invasion könnte im Zusammenhang mit einer Öl- krise stehen, d. h. dass Russland mit der Invasion Israels bezwecken könn- te, an den Ölreichtum des Nahen Ostens zu kommen. Dass an der Invasion keine arabischen Länder beteiligt sind, könnte darauf hinweisen, dass Isra- el in dieser Zeit in einem Friedensverhältnis mit seinen arabischen Nach- barn lebt oder gar in einer wirtschaftlichen oder politischen Koalition mit ihnen steht. In Vers 13 werden einige Völker genannt, die gegen diese In- vasion protestieren werden, Seba und Dedan sind Länder in Nordarabien, und Tarsis ist ein Volk von Seefahrern und Kaufleuten im westlichen Mittelmeerraum. Es wird sich bei diesen Völkern wahrscheinlich um das westliche Machtbündnis handeln. Die Verse in Hesekiel 38,14-23 beschreiben die Invasion und geben Antwort auf die Frage, wie die eingedrungene feindliche Armee vernichtet und unschädlich gemacht wird. Es werden dabei mehrere Ursachen aufgeführt: Erdbeben, Feindseligkeiten unter den Soldaten der verbündeten Armeen, die zur Selbstvernichtung führen, Pest, Blut, Platzregen, Hagelkörner, Feuer und Schwefel. Dadurch, dass alle diese Katastrophen die angreifende Armee ohne die Hilfe anderer Völker völlig vernichten, hat Gott seine Absicht verwirklicht, und Gott erweist sich dadurch als heilig vor den Augen vieler Völker. In Hesekiel 39,1-16 erfahren wir weitere Details über die Invasion, aber auch einige Wiederholungen. Nicht nur die von Russland angeführte Armee wird auf den Bergen Israels vernichtet, auch Russland selbst wird durch furchtbare Hagelunwetter verwüstet, und es werden schreckliche Zerstörungen angerichtet. Dies wird Russland dazu zwingen, seine politische Vormachtstellung aufzugeben. Durch diese Errettung der Juden durch Gott wird es in Israel zu einer Erweckung kommen, und viele Juden werden sich zum Herrn bekennen.

Die am meisten umstrittene Frage ist die nach dem Zeitpunkt dieses Ereignisses, und es gibt einige Theorien darüber. Die Bibel nennt zwar keinen genauen Zeitpunkt dafür, aber aus dem Zusammenhang kann entnommen werden, dass diese Invasion aus dem Norden noch **vor** der großen Trübsal stattfinden **muss**. Einige Hinweise über den Zeitpunkt finden wir beim Propheten Hesekiel. Bevor diese Invasion stattfinden kann, muss Israel wieder ein Staat sein, die verödeten Orte müssen wieder bewohnt sein, Israel wird in unbefestigten Dörfern wohnen und sich sicher fühlen, das heißt, Israel kann auf seine eigene Stärke vertrauen. Heute ist Israel sicher und vertraut darauf, dass seine Armee jede mögliche Invasion eines arabischen Landes zurückschlagen kann. Obwohl Israel geografisch eher im östlichen Machtbereich liegt, gehört es aber politisch eindeutig dem westlichen Machtbereich an, und die Vereinigten Staaten treten denn auch als die Schutzmacht von Israel auf. Aus dem westlichen Machtbereich kann diese Invasion also nicht kommen. Deshalb bleibt als einzig möglicher Feind neben den arabischen Nachbarn die führende Macht des östlichen Machtbereiches übrig, und das ist Russland. Bei der Datierung der Invasion vor der Trübsal bleibt auch genügend Zeit für die sieben Jahre, die für das Wegräumen des militärischen Materials nötig sind.

7.2.3 Der dritte Tempel

Das jüdische Volk, das Volk Gottes, das aus dem Samen Abrahams entsprungen ist, wurde durch die Zerstörung Jerusalems im Jahr 70 n. Chr. in alle Welt zerstreut und musste wie kein anderes Volk sehr viel Leid, Unterdrückung und Verfolgung über sich ergehen lassen. Aber Gott hat sein Volk wieder in dessen Land versammelt, und seit 1948 ist der Staat Israel eine historische Tatsache, an der niemand vorbeisehen kann und darf. Diese erste Sammlung seines Volkes geschah im Unglauben, und das heutige Israel ist deshalb (noch) nicht das eigentliche auserwählte Volk Gottes. Es ist denn auch ein großes Rätsel, wieso die Juden, obwohl sie seit dem Sechs-Tage-Krieg im Jahr 1967 im Besitz von ganz Jerusalem sind, den dritten Tempel noch nicht gebaut haben. Ein weiteres Rätsel ist, welches Ereignis dieses heute ungläubige Volk zu einem gläubigen Volk machen wird. Dass Gott auch dem ungläubigen Volk Israel beisteht, das beweisen die Kriege, die die Israelis seit 1948 allesamt souverän gegen eine erdrückende Übermacht gewonnen haben. Da die Mehrheit des jüdischen Volkes ungläubig ist, haben sie überhaupt keine Veranlassung dazu, den dritten Tempel zu bauen. Das Problem des Wiederaufbaus des Tempels ist der Felsendom der Moslems. Er steht auf dem Gelände des Tempels, wenn auch nicht an derselben Stelle wie die früheren beiden Tempel. Es ist nämlich nicht der Felsendom selbst, der dem Islam heilig ist, sondern der Platz, auf dem er steht. Nach moslemischer Überlieferung wurde der Felsendom an der Stelle errichtet, von der aus Mohammed in den Himmel gefahren sein soll. Die Stellung Jerusalems im Islam beruht einzig auf dem Bericht dieser nächtlichen Himmelsreise von dem Felsen unter dem heutigen Felsendom. Dieses Ereignis ist jedoch nirgends niedergeschrieben und beruht einzig auf einer Überlieferung. Die Grundlage im Koran bildet der erste Vers der Sure 17, wo es heißt: »...von der heiligen Moschee bis zur weitesten Moschee«. Die erste Moschee ist Mekka und die weiteste soll Jerusalem sein. Mohammed hat aber seinen Fuß zeitlebens nie in Jerusalem aufgesetzt, und im Koran wird Jerusalem kein einziges Mal erwähnt, aber 634 Mal im Alten Testament. In den Tagen Mohammeds gab es in Jerusalem nur Kirchen und keine Moschee, selbst auf dem Tempelberg. Erst 80 Jahre nach seinem Tod wurde die Kirche »zur heiligen Maria« auf dem Tempelberg in eine Moschee umgebaut und wurde Al-Aksa-Moschee genannt (die am weitesten Entfernte). Deshalb kann der Verfasser des Korans bei der Abfassung dieser Stelle niemals die Moschee im Sinn gehabt haben, da sie einfach noch nicht existierte! Viel wahrscheinlicher ist es, dass er damit die Moschee in Medina im Auge hatte. [7]

Da die Araber aber trotzdem davon überzeugt sind, dass mit der »am weitesten entfernten Moschee« Jerusalem gemeint ist, werden sie einer Versetzung des Felsendoms niemals zustimmen, und dessen Abbruch würde mit großer Sicherheit einen neuen Krieg mit den arabischen Nachbarn bedeuten. Die Heilige Schrift bezeugt aber eindeutig, dass der Tempel wieder aufgebaut wird. Auf welche Weise und an welcher Stelle des Tempelbezirks der Aufbau erfolgen wird, kann nur die Geschichte selbst zeigen, wenn es so weit ist. Die Heilige Schrift lässt keine genaue Datierung für den Wiederaufbau des jüdischen Tempels zu, aber an einigen Stellen wird dieser Tempel der Trübsalszeit erwähnt. Eine Stelle ist Daniel 9,27: »*Und stark machen wird er einen Bund für die Vielen, eine Woche lang; und zur Hälfte der Woche wird er Schlachtopfer und Speisopfer aufhören lassen. Und auf dem Flügel von Gräueln kommt ein Verwüster, bis festbeschlossene Vernichtung über den Verwüster ausgegossen wird*«. Eine weitere Stelle ist Matthäus 24,15: *Wenn ihr nun den Gräuel der Verwüstung, von dem durch Daniel, den Propheten, geredet ist, an heiliger Stätte stehen seht – wer es liest, der merke auf! – dann sollen die in Judäa auf die Berge fliehen*«. Beide Stellen beschreiben Ereignisse, die mit dem jüdischen Tempel in Zusammenhang stehen, und beide Ereignisse treten in der Mitte der großen Trübsal ein. Somit steht dieser Tempel in der Mitte der Trübsal bereits einige Zeit und wird auch benutzt. Da ein solcher Tempel eine längere Bauzeit haben dürfte, wird der Tempel noch **vor** der großen Trübsal erbaut.

Doch dieser Tempel wird nicht die Zustimmung Gottes finden. Das geht aus Jesaja 66,1-6 hervor: »*So spricht der HERR: Der Himmel ist mein Thron und die Erde der Schemel meiner Füße. Wo wäre denn das Haus, das ihr mir bauen könntet, und wo denn der Ort meines Ruhesitzes? Hat doch meine Hand dies alles gemacht, und alles dies ist geworden, spricht der HERR. Aber auf den will ich blicken: auf den Elenden und den, der zerschlagenen Geistes ist und der da zittert vor meinem Wort. Wer ein Rind schlachtet, ist wie einer, der einen Menschen erschlägt; wer ein Schaf opfert, ist wie einer, der einem Hund das Genick bricht; wer Speisopfer opfert: es ist Schweineblut; wer Weihrauch als Gedächtnisopfer darbringt, ist wie einer, der Unheil segnet. Wie diese ihre eigenen Wege gewählt haben und ihre Seele an ihren Scheusalen Gefallen hat, so werde auch ich Misshandlung für sie wählen und über sie bringen, wovor ihnen graut, weil ich gerufen habe und niemand geantwortet hat, weil ich geredet und sie nicht gehört haben, sondern getan haben, was böse ist in meinen Augen, und das gewählt haben, woran ich kein Gefallen habe. Hört das Wort des HERRN, die ihr zittert vor seinem Wort! Es sagen eure Brüder, die euch hassen, die euch verstoßen um meines Namens willen: Der HERR erweise sich herr-*

lich, dass wir auf eure Freude sehen können! Aber sie werden zuschanden werden. Schall eines Getöses von der Stadt her! Schall aus dem Tempel! Schall vom HERRN, der Vergeltung übt an seinen Feinden. In diesen Versen ist von einem Haus bzw. einem Tempel die Rede, der für Gott gebaut werden soll, aber nicht die Zustimmung Gottes finden wird. Da Gott die beiden früheren Tempel, den Tempel Salomos und den Tempel Serubbabels, segnete, kann damit keiner dieser beiden Tempel gemeint sein. Deshalb muss es sich um den dritten Tempel handeln. Doch Gott erwartet von Israel, dass es im Glauben zu Jesus Christus umkehrt (den die Juden ja verworfen hatten), und nicht, dass ihm ein Tempel gebaut wird. Deshalb wird Gott diesen Tempel weder annehmen noch segnen und wird die Opfer ihres wieder eingeführten Opferdienstes genauso ablehnen wie er Menschenopfer, Schweinefleisch und Götzendienst ablehnt. Durch den Bau dieses Tempels zeigen die Juden auch auf, dass sie weder fähig noch bereit sind, im Glauben an Jesus, den Messias, zu Gott zu kommen.

»Eine weitere Anmerkung im Zusammenhang mit dem dritten Tempel betrifft den Stamm Levi. Diesem Stamm, zu dem auch Mose und Aaron gehörten, war es als einzigem erlaubt, sich um den Tempel zu kümmern und den Opferdienst zu verrichten. Es ist interessant, dass nur der Stamm Levi seine Identität nicht verloren hat, seit die Aufzeichnungen über die Stammeszugehörigkeit im Jahr 70 n.Chr. vernichtet wurden. Wenn ein Jude nicht dem Stamm Levi angehört, kann er nicht nachweisen, von welchem Stamm Israels er abstammt. Aber der Stamm Levi hat seine reine Abstammung bewahrt. Juden mit den Namen Levi, Levy, Levin, Leventhal, Levinson, Cohen und anderen vergleichbaren Namen sind Angehörige des Stammes Levi. Es ist nicht wichtig zu wissen, wer die Angehörigen der anderen Stämme sind, nur bei den Leviten ist es wichtig, und der Stamm Levi ist bekannt. So sind in jeder Beziehung die Voraussetzungen für den Bau des dritten jüdischen Tempels geschaffen worden.« [8]

Das moderne Israel ist im Großen und Ganzen ein ungläubiges Volk, und viele Israeliten sind eigentliche Atheisten. Ein ungläubiges Volk hat überhaupt keine Veranlassung dazu, einen Tempel zu bauen und damit einen neuen und mit noch größerem Hass und Verbitterung geführten Krieg mit den Arabern in Kauf nehmen zu müssen. Des Weiteren würden sich die Juden mit dem Tempelbau die letzten Sympathien der Weltöffentlichkeit und vor allem diejenigen der Vereinigten Staaten verscherzen. Es muss etwas Gewaltiges geschehen, etwas, das die Juden aufrüttelt und ihnen wieder bewusst werden lässt, dass der Gott ihrer Vorväter nicht eine fromme Legende, sondern tatsächlich eine spürbare Realität ist. Was aber wird die Ursache sein, dass die Juden, zwar noch nicht zum Glauben an ihren Messias Jesus Christus, aber doch zum Glauben an ihren »mosaischen« Gott zurückfinden werden? Es ist anzunehmen, dass der Anstoß dazu die russische Invasion sein wird. Die erdrückende Übermacht von Magog und seinen Scharen kann niemals von den Juden selbst zerschlagen werden. Die Heilige Schrift teilt uns dies sehr direkt mit, dass er es ist, der das Gericht über Magog und seine Scharen bringt. Das jüdische Volk wird das Eingreifen Gottes erkennen, und deshalb werden sich viele Juden zum Glauben bekennen und den dritten Tempel zu seinen Ehren als Dank für die Errettung durch Gott bauen. Gott wird diesen Tempel aber nicht annehmen, denn das halsstarrige Volk weigert sich weiterhin, im richtigen Glauben zu ihm zu finden, stattdessen setzen sie im Tempel wieder das mosaische Opfergesetz ein. Aber er wird ihre Opfer nicht annehmen.

Somit ist die russische Invasion eine der wichtigsten Meilensteine der Endzeit, nicht aber der Beginn der Trübsalszeit, denn die große Trübsal muss erst noch »hergerichtet« werden. In dieser Zeit müssen noch einige Dinge geschehen, aber die Zerschlagung der russischen Invasion leitet diese Geschehnisse ein. Dieses Geschehen wird deshalb wahrscheinlich das Nächste sein, das uns erwartet. Magog und seinen Scharen geht es darum, Beute zu machen. Wenn wir die Geschehnisse in der ehemaligen Sowjetunion und generell im europäischen Osten und insbesondere die wirtschaftliche Lage dieser Völker näher betrachten, dann fällt es uns nicht mehr schwer vorzustellen, dass diese Völker im Nahen Osten Beute machen wollen, ja man ist versucht zu sagen, Beute machen **müssen.** Diese Länder liegen wirtschaftlich am Boden, wurden durch die 70-jährige kommunistische Gewaltherrschaft völlig ausgebeutet, ausgemergelt; der Übergang zur westlichen Marktwirtschaft kann niemals funktionieren, denn diese Völker haben die Entwicklung des Westens, die letzten 150 Jahre der industriellen Revolution, nicht mitgemacht, sie haben in den letzten 70 Jahren aufgehört, selbst die Verantwortung für ihr Leben in die Hände zu nehmen. Ließen die Zaren bereits sehr wenig Freiheiten und persönliche Entwicklung zu, das kommunistische Regime würgte das letzte bisschen Freiheit und Persönlichkeit zu Tode. Diese Völker werden in den nächsten Jahren wirtschaftlich die Hölle erleben, und genau das wird der Nährboden für Gog sein, den russischen Führer, der wie seinerzeit ein Adolf Hitler die Volksmassen in seinen Bann ziehen wird. Und damit wird die russische Invasion im Nahen Osten ihren Anfang nehmen.

7.2.4 Die Entrückung der Gemeinde

Die unsichtbare Gemeinde Christi setzt sich aus allen wahren Gläubigen zusammen, während die sichtbare Kirche aus Ungläubigen und Gläubigen besteht. Den endzeitlichen Weg der sichtbaren Kirche werden wir im Zusammenhang mit der großen Trübsal behandeln, die Eschatologie der unsichtbaren Kirche dagegen gehört in den Zusammenhang der Ereignisse, die **vor** der großen Trübsal stattfinden. Um Klarheit über die Entrückung zu erhalten, müssen wir uns gründlich mit zwei Bibelstellen befassen. Die erste finden wir im 1. Brief an die Thessalonicher, wo Paulus den Ablauf der Entrückung beschreibt: *»Denn der Herr selbst wird beim Befehlsruf, bei der Stimme eines Erzengels und bei dem Schall der Posaune Gottes herabkommen vom Himmel, und die Toten in Christus werden zuerst auferstehen; danach werden wir, die Lebenden, die übrig bleiben, zugleich mit ihnen entrückt werden in Wolken dem Herrn entgegen in die Luft; und so werden wir allezeit beim Herrn sein«* (1Thes 4,16-17). Im Zusammenhang mit den toten Gläubigen gebraucht der Apostel Paulus das Wort »schlafen«, und dieses synonyme Wort für Tod wird immer nur auf Gläubige, aber nie auf Ungläubige angewandt. Der Ablauf der Entrückung wird uns in sieben Schritten beschrieben. Zuerst wird der Herr selbst vom Himmel herniederfahren, und dann ertönt ein lauter, militärischer Befehl, der die Auferstehung und die Verwandlung auslöst. Dann gibt Christus den Befehl zum Beginn der Entrückung, und ein Erzengel leitet das Geschehen ein, indem er den Befehl Christi wiederholt. Der vierte Schritt ist der Klang der Posaune Gottes, und dadurch wird die Entrückung ausgelöst. Die in Christus Entschlafenen werden im fünften Schritt als Erste die Freuden der Entrückung erfahren, und diese Auferstehung bleibt auf die Heiligen der wahren Gemeinde Christi beschränkt. Im nächsten Schritt werden die zu diesem Zeitpunkt noch lebenden Gläubigen von der Erde emporgehoben und mit dem Herrn Jesus Christus im Himmel vereint werden. Dies geschieht dann zusammen mit den Auferstandenen. Im letzten Schritt wird die Gewissheit ausgesprochen, dass wir nach der Vereinigung mit Christus in der Luft mit ihm in den Himmel zurückkehren und immer bei ihm sein werden.

Die zweite Stelle wird uns wiederum vom Apostel Paulus in seinem 1. Brief an die Korinther mitgeteilt, in der er von der Verwandlung zu einer neuen Leiblichkeit spricht: *»Dies aber sage ich, Brüder, dass Fleisch und Blut das Reich Gottes nicht erben können, auch die Vergänglichkeit nicht die Unvergänglichkeit erbt. Siehe, ich sage euch ein Geheimnis: Wir werden nicht alle entschlafen, wir werden aber alle verwandelt werden, in einem Nu, in einem Augenblick, bei der letzten Posaune; denn posaunen wird es, und die Toten werden auferweckt, werden unvergänglich, und wir werden verwandelt werden. Denn dieses Vergängliche muss Unvergänglichkeit anziehen und dieses Sterbliche Unsterblichkeit anziehen«* (1Kor 15,50-53). Die Sünde haftet immer noch am natürlichen Leib, und dieser Leib kann deshalb keine Gemeinschaft mit Gott haben, kann also nicht in den Himmel kommen. Deshalb ist eine Verwandlung des natürlichen Leibes in einen geistlichen Leib notwendig, und diese Verwandlung geschieht denn auch im Nu, und der Ton liegt dabei auf der Geschwindigkeit dieses Ereignisses. Das griechische Wort hat etwas mit dem Begriff »Atom« in Bezug auf die Winzigkeit des Zeitraumes zu tun. Wenn hier Paulus von der letzten Posaune spricht, so meint er damit die Posaunen des Alten Testaments, denn die letzte Posaune betrifft das Fest der Posaunen und den jüdischen Brauch, in jedem Jahr an diesem Fest die Posaunen zu blasen. Damit will Paulus sagen, dass die letzte Posaune bei der Entrückung die Erfüllung des Posaunenfestes ist. In 1. Korinther 15,35-49 erfahren wir weitere Einzelheiten über diesen neuen Leib; dieser Auferstehungsleib ist ein unverweslicher Leib, ein Herrlichkeitsleib, ein Leib in Auferstehungskraft, ein geistlicher Leib, ein himmlischer Leib und ein unsterblicher Leib. Weitere Informationen über die Art des neuen Leibes kann man auch den Berichten über den auferstandenen Jesus entnehmen.

Die Entrückung muss zwingend vor der großen Trübsal stattfinden, denn die Gemeinde wird in keiner einzigen Bibelstelle erwähnt, die von der großen Trübsal handelt. Die Gemeinde wird in der Offenbarung, in den Kapiteln 1 bis 3 noch erwähnt, die von den Ereignissen **vor** der großen Trübsal sprechen. Später begegnen wir der Gemeinde erst wieder in den Kapiteln 19 bis 22, die die Zeit **nach** der großen Trübsal behandeln. Das ist höchst ungewöhnlich, wenn man bedenkt, welch breiten Raum sie in den Kapiteln einnimmt, die von der Zeit vor und nach der großen Trübsal handelt. In 1. Thessalonicher 1,9-10 erfahren wir, dass Jesus Christus alle Gläubigen vor dem kommenden Zorn erretten wird. Das Wort »Zorn« wird vielfach für den Zorn der großen Trübsal gebraucht, denn Christus kommt nicht wieder, um seine Gemeinde zu retten, denn das hat er bereits am Kreuz vollbracht. Christus wird aber kommen, um seine Gemeinde vor dem kommenden Zorn Gottes der Trübsalszeit zu erretten. Einen weiteren Vers über die Entrückung finden wir in Offenbarung 3,10: »*Weil du das Wort vom Harren auf mich bewahrt hast, werde auch ich dich bewahren vor der Stunde der Versuchung, die über den ganzen Erdkreis kommen wird, um die zu versuchen, die auf der Erde wohnen*«. Hier wird der Gemeinde in Philadelphia die Bewahrung vor der Stunde der Versuchung zugesagt, und es wird somit ganz klar gesagt, dass die Gemeinde **vor** der Stunde der Versuchung verschont wird und nicht **in** der Stunde der Versuchung. Das setzt ganz klar eine Entrückung vor der großen Trübsal voraus. Alle zitierten Stellen bestätigen somit, dass die unsichtbare Gemeinde noch **vor dem Tag des Herrn**, vor der großen Trübsal, entrückt wird und somit nicht durch die große Trübsal gehen muss. Das Kommen Christi kann für den Gläubigen in jedem Augenblick geschehen, und deshalb ist es für die Gläubigen an der Zeit, vom Schlaf aufzustehen und ein Leben zu führen, das sich für die Söhne und Töchter des Lichts gehört.

7.2.5   Die Hochzeit des Lammes

Der Richterstuhl Christi

Nachdem die Gemeinde Christi in den Himmel entrückt wurde, wird in den himmlischen Örtern der Richterstuhl Christi aufgestellt und anschließend findet die Hochzeit des Lammes statt. Vor dem Richterstuhl Christi müssen alle Gläubige, die durch die Entrückung in den Himmel aufgenommen wurden, erscheinen. Dabei geht es aber nicht mehr um das Gericht über die Sünden der Glaubenden, denn das ist schon für immer am Kreuz geschehen. Im 2. Brief an die Korinther teilt uns Paulus mit, auf welcher Grundlage dieses Gericht gehalten wird: *»Denn wir müssen alle vor dem Richterstuhl Christi offenbar werden, damit jeder empfange, was er durch den Leib vollbracht, dementsprechend, was er getan hat, es sei Gutes oder Böses«* (2Kor 5,10). In diesem Gericht geht es nicht um die Menge der getanen Werke, sondern um die Qualität, und es wird nur bewertet, ob es sich dabei um Gold, Silber und Edelsteine handelt oder ob es nur Holz, Stroh und Stoppeln waren. Das Mittel der Prüfung dieser Werke ist das Feuer, denn wenn Feuer an Holz, Stroh oder Stoppeln gerät, bleibt nur Asche übrig. Aber wenn Gold, Silber oder Edelsteine ins Feuer geraten, werden sie bei diesem Vorgang geläutert. So werden einige Gläubige erleben, dass ihre Werke im Feuer verbrennen, und andere werden ihre Werke geläutert wiederfinden und dafür eine Krone als Lohn erhalten. »In der griechischen Sprache gibt es zwei Begriffe für das Wort Krone. Das ›Diadem‹ ist die Königskrone, die Krone des Herrschers, der von der Abstammung und Stellung her ein König ist. Diese Krone trägt Christus. Das andere griechische Wort lautet ›stephanos‹ und bezieht sich auf den Kranz oder die Krone, die ein Sieger erhält, der einen Kampf oder einen Lauf gewonnen hat. Solche Kronen erhalten die Gläubigen, weil sie vor dem Richterstuhl Christi bestanden haben.« [9] Diejenigen aber, die mit Holz, Stroh und Stoppeln gebaut haben, werden durch das Feuer einen Verlust erleiden. Damit niemand auf den Gedanken kommt, dass er in einem solchen Falle sein ewiges Heil verlieren könnte, macht Paulus in 1. Korinther 3,14-15 dem Gläubigen die Zusage, dass seine Werke nicht über sein Heil entscheiden, weil sein Heil auf der Gnade durch den Glauben beruht und nicht von seinen Werken abhängig ist.

Die Hochzeit des Lammes

Ein weiteres Ereignis, das sich im Himmel ereignen wird, ist die Hochzeit des Lammes. Um verstehen zu können, was mit diesem Ausdruck gemeint ist, müssen wir uns klar machen, wie zu jener Zeit in Israel eine Hochzeit ablief. Diese lief in vier Schritten ab und begann damit, dass der Vater des

Bräutigams mit den Eltern der Braut Verhandlungen führte und den Brautpreis bezahlte. Im zweiten Schritt zog der Bräutigam zum Haus der Braut, um sie zu sich zu holen. Dann folgte der dritte Schritt, die Hochzeitszeremonie, zu der nur wenige geladen waren. Der vierte Schritt war das Hochzeitsfest selbst; dieses konnte bis zu sieben Tage dauern, und es wurden sehr viele Menschen eingeladen. Bei der Hochzeit des Lammes treten alle vier Schritte deutlich zutage, denn zuerst traf Gott der Vater die Vorbereitungen für seinen Sohn und bezahlte den Brautpreis, in diesem Falle mit dem Blut Christi. So wie zwischen dem ersten und dem zweiten Schritt der jüdischen Hochzeitsvorbereitungen oft eine lange Zeitspanne liegen konnte, ist es auch hier, denn es sind nun beinahe schon zweitausend Jahre vergangen, seit Gott den ersten Schritt getan hat. Die Entrückung bedeutet denn auch nichts anderes als das Heimholen der Braut. Christus wird in der Luft erscheinen, um seine Braut, die unsichtbare Gemeinde Christi, in sein himmlisches Vaterhaus zu holen. Im Himmel erfolgt dann der dritte Schritt, die Hochzeitszeremonie, wie sie uns in Offenbarung 19,6-8 dargestellt wird: »*Und ich hörte etwas wie eine Stimme einer großen Volksmenge und wie ein Rauschen vieler Wasser und wie ein Rollen starker Donner, die sprachen: Halleluja! Denn der Herr, unser Gott, der Allmächtige, hat die Herrschaft angetreten. Lasst uns fröhlich sein und frohlocken und ihm die Ehre geben; denn die Hochzeit des Lammes ist gekommen, und sein Weib hat sich bereit gemacht. Und ihr wurde gegeben, dass sie sich kleide in feine Leinwand, glänzend, rein; denn die feine Leinwand sind die gerechten Taten der Heiligen*«. Die Hochzeitszeremonie findet im Himmel nach dem Gericht vor dem Richterstuhl Christi statt, denn die Braut ist in weiße Leinwand gekleidet, was ein Symbol für die gerechten Werke der Heiligen ist. An dieser Hochzeitszeremonie, die nach der Entrückung, aber noch vor dem zweiten Kommen Christi im Himmel stattfindet, sind aber nur die Heiligen der Gemeinde Christi beteiligt. Der vierte Schritt ist das Hochzeitsfest, und dieses größte aller Feste wird auf Erden gefeiert werden nach dem zweiten Kommen Christi und dieses Fest wird das messianische Reich einleiten. An diesem Fest werden dann aber auch die Heiligen des Alten Bundes und die Heiligen aus der großen Trübsal teilnehmen.

7.3 Beginn der Trübsal

7.3.1 Ereignisse vor der Trübsal

Drei Ereignisse, die den Beginn der Endzeit markieren, sind bereits Geschichte geworden. Diese Ereignisse sind die beiden Weltkriege, die

Gründung des Staates Israel und damit im Zusammenhang die Sammlung der Juden im Unglauben sowie die Eroberung des Ostteiles der Stadt Jerusalem. Weitere drei Ereignisse, die wir bereits behandelt haben, sind die russische Invasion, der Bau des dritten jüdischen Tempels in Jerusalem sowie die Entrückung der Gemeinde. Diese drei Ereignisse liegen alle noch vor uns in der Zukunft, sie werden aber alle noch **vor** der großen Trübsal stattfinden. Nach einem Abstecher in die himmlischen Gefilde, wo wir gesehen haben, was mit der Gemeinde nach der Entrückung geschieht, richtet sich unser Augenmerk wieder auf die Geschehnisse auf der Erde. Im Folgenden werden weitere sieben Ereignisse beschrieben, die sich noch **vor** der großen Trübsal ereignen werden.

1. **Die Welt-Einheitsregierung:** Eine weitere Geburtswehe, die zur großen Trübsal hinführt, ist die Entstehung einer einheitlichen Regierung für die ganze Welt. Das vierte Weltreich der Heiden hat sich nach seinem ersten Stadium schließlich in einen östlichen und einen westlichen Teil aufgespalten. Eines Tages wird diese Ost-West-Achse einer einheitlichen Welt-Einheitsregierung weichen müssen. Durch den Zusammenbruch des östlichen Machtblockes unter der Führung von Russland, der mit der Vernichtung der russischen Streitkräfte in Israel aufgrund des direkten Eingreifens Gottes erfolgt, wird der Weg für eine Welt-Einheitsregierung frei sein. Vielleicht wird sie vom Aufbau her den Vereinten Nationen ähnlich sein oder sich in Form einer Alleinherrschaft äußern. Es ist aber gewiss, dass sie kommen und die ganze Welt vereinnahmen wird.

2. **Die zehn Reiche:** In der Prophezeiung der vier Tiere von Daniel sehen wir, dass sich die Welt-Einheitsregierung zuletzt in zehn Reiche aufspalten wird. Viele sahen oder sehen in diesen zehn Reichen die Europäische Gemeinschaft oder eine »Wiederbelebung des alten römischen Weltreiches«, aber die Bibel lässt diese Deutung nicht zu, denn zuerst muss die Welt-Einheitsregierung kommen, und erst danach spaltet sich deren Herrschaftsbereich in zehn Reiche auf und des Weiteren umfassen diese zehn Reiche die ganze Welt und nicht nur Europa. Das Stadium des zehngeteilten Reiches beginnt vor der großen Trübsal und wird sich zeitlich bis in die Mitte der Trübsal erstrecken.

3. **Der Aufstieg des Antichristen:** Nach dem Apostel Paulus gibt es zwei Ereignisse, die noch vor dem Tag des Herrn eintreten sollen. Das erste ist der Abfall, den wir in der Gemeinde von Laodizea bereits besprochen haben, und das andere ist das Offenbarwerden des Menschen der Sünde, des Sohnes des Verderbens. Noch vor der großen Trübsal soll sichtbar werden, wer der Antichrist ist, und dies wird in der Zeit der

zehn Reiche geschehen. In der Bibel wird nicht gesagt, wie der Antichrist seine Identität zeigen wird, vielleicht geschieht dies durch den Zahlenwert seines Namens, aber der Antichrist muss zwingend **vor** der großen Trübsal an die Macht kommen, denn die große Trübsal beginnt mit der Unterzeichnung eines Vertrages zwischen Israel und dem Antichristen, der für die Dauer von sieben Jahren abgeschlossen wird.

4. **Zeit des Friedens und der falschen Sicherheit:** Ein weiteres Ereignis, das zur großen Trübsal hinführt, steht in 1. Thessalonicher 5,1-3: *»Was aber die Zeiten und Zeitpunkte betrifft, Brüder, so habt ihr nicht nötig, dass euch geschrieben wird. Denn ihr selbst wisst genau, dass der Tag des Herrn so kommt wie ein Dieb in der Nacht. Wenn sie sagen: Friede und Sicherheit! dann kommt ein plötzliches Verderben über sie, wie die Geburtswehen über die Schwangere; und sie werden nicht entfliehen«.* Die Zeit vor der großen Trübsal wird so trügerisch sein, denn unter der Herrschaft der zehn Reiche und wenn der Antichrist an die Macht kommen wird, wird es eine Periode des Friedens und der falschen Sicherheit geben, die aber mit dem Beginn der großen Trübsal zu Ende geht.

5. **Das Siebenjahresbündnis:** Die große Trübsal wird, wie wir später noch sehen werden, mit der Unterzeichnung eines Siebenjahresvertrages zwischen Israel und dem Antichristen eingeleitet. Nicht die Entrückung der Gemeinde leitet die große Trübsal ein, sondern die Unterzeichnung dieses Vertrages.

6. **Erste allgemeine Finsternis:** Die Bibel berichtet, dass in der Endzeit, einschließlich der letzten Tage der Gemeinde auf Erden und der großen Trübsal, fünfmal eine totale Finsternis eintreten wird. Eine Finsternis bedeutet, dass das Licht der Sonne, des Mondes und der Sterne plötzlich erlischt und die Erde in eine völlige Finsternis gehüllt wird. Eine solche Finsternis treffen wir in den zehn Plagen von Ägypten an (2Mo 10,21-23) sowie in der Kreuzigungsgeschichte in Matthäus 27,45. Die erste der fünf Finsternisse für die Zeit vor der großen Trübsal wird in Joel 3,4 angekündigt: *»Die Sonne wird sich in Finsternis verwandeln und der Mond in Blut, ehe der Tag des HERRN kommt, der große und furchtbare«.* Die erste Finsternis soll bereits vor dem Tag des Herrn, also vor der großen Trübsal eintreten und sie wird eine weltweite Finsternis sein.

7. **Die Rückkehr Elias:** Das letzte Ereignis, das noch vor der großen Trübsal eintreten wird, ist nach dem Propheten Maleachi 3,23-24 die Rückkehr Elias: *»Siehe, ich sende euch den Propheten Elia, bevor der Tag des HERRN kommt, der große und furchtbare. Und er wird das Herz der Väter zu den Söhnen und das Herz der Söhne zu ihren Vätern umkehren lassen, damit ich nicht komme und das Land mit dem Bann schlage«.* Bezeichnenderweise sind dies die letzten zwei Verse des Alten Testaments, das mit dem Buch des Propheten Maleachi endet. Der Auftrag des Propheten Elia ist, die jüdischen Familien wieder zu vereinen, denn der Zusammenhalt der jüdischen Familie, der jahrhundertelang sehr stark war, ist in der letzten Zeit mehr und mehr zerbrochen. Zur Zeit des Dienstes unseres Herrn auf Erden waren die Jünger in Bezug auf die Frage nach dem Verhältnis zwischen Elia und Johannes dem Täufer verwirrt. Denn in Matthäus 17,9-13 bestätigte Jesus bei ihrer Frage nach dem Kommen des Elia, dass dieser wirklich noch kommen muss. Die Verwirrung der Jünger ist darauf zurückzuführen, dass sie noch immer darauf hofften, Jesus würde sein Reich noch zu ihrer Zeit errichten. Als dann Jesus noch hinzufügte, dass Johannes der Täufer in einem gewissen Sinne doch Elia gewesen war, verstanden die Jünger die Welt nicht mehr. Wenn nämlich Israel die Botschaft vom Reich Gottes in Christus angenommen hätte, so hätte der Dienst des Elia durch Johannes vollendet werden können, aber sie lehnten seine Botschaft ab. Durch die Verwerfung ihres Messias war es für Johannes nicht möglich, die Aufgabe des Elia zu erfüllen und deshalb muss dieser in der Zukunft noch kommen. Diese Parallele zwischen Elia und Johannes sehen wir auch in der Ankündigung der Geburt des Johannes, denn der Engel erklärte, dass Johannes im Geist und in der Kraft des Elia auftreten werde. Da aber der Dienst des Elia nicht erfüllt werden konnte, steht sein Kommen noch aus. Elia wird deshalb, wie Johannes der Täufer vor dem ersten Kommen, als Vorläufer des zweiten Kommens Christi auftreten.

7.3.2 Ereignisse im Himmel

Bevor die große Trübsal beginnt, lenkt die Offenbarung in den Kapiteln 4 und 5 unser Augenmerk in den Himmel. Dort, in den himmlischen Örtern, sehen wir den Thron Gottes und das Buch mit den sieben Siegeln. Der Apostel Johannes wird in seiner Vision in den Himmel genommen: *»Nach diesem sah ich: Und siehe, eine Tür, geöffnet im Himmel, und die erste Stimme, die ich gehört hatte wie die einer Posaune, die mit mir redete, sprach: Komm hier herauf, und ich werde dir zeigen, was nach diesem geschehen muss«* (Offb 4,1). Dieses Geschehen beginnt unmittelbar nach dem letzten Sendschreiben an die Gemeinde von Laodizea. Damit ist das, was ist, abgeschlossen, und die Offenbarung wendet sich nun den Dingen zu, die »nach diesem geschehen müssen«. Zu diesem Zeitpunkt befindet sich die Gemeinde Christi, die wahre Braut, bereits im Himmel. In Offenbarung 4,2-3 beschreibt Johannes den Thron Gottes und den, der darauf sitzt: Gott der Vater. Im Vers 4 wird die Umgebung des Thrones geschildert, denn rings um den Thron Gottes befinden sich vierundzwanzig Throne und auf diesen Thronen sitzen vierundzwanzig Älteste, die mit weißen Kleidern angetan sind und auf ihren Häuptern goldene Kronen tragen. Weil diese Ältesten mit weißen Kleidern angetan sind, muss es bei ihnen einmal eine Zeit des Verlorenseins gegeben haben, und sie empfingen eines Tages das Heil und die Vergebung. Bei den Kronen, die diese Ältesten tragen, handelt es sich wiederum nicht um Diademe, sondern um Siegeskränze. Des Weiteren wird die Bezeichnung »Älteste« immer für Menschen in führender Stellung in der Synagoge oder in der Gemeinde gebraucht. Bei diesen vierundzwanzig Ältesten handelt es sich also um Heilige, welche die Gemeinde Christi im Himmel repräsentieren.

Im Kapitel 5 wird das Lamm und die Buchrolle mit den sieben Siegeln besprochen, und dies ist denn auch ein Vorspiel zu den sieben Siegelgerichten: »*Und ich sah in der Rechten dessen, der auf dem Thron saß, ein Buch, innen und auf der Rückseite beschrieben, mit sieben Siegeln versiegelt. Und ich sah einen starken Engel, der mit lauter Stimme ausrief: Wer ist würdig, das Buch zu öffnen und seine Siegel zu brechen? Und niemand im Himmel, auch nicht auf der Erde, noch unter der Erde konnte das Buch öffnen noch es anblicken. Und ich weinte sehr, weil niemand würdig erfunden wurde, das Buch zu öffnen noch es anzublicken. Und einer von den Ältesten spricht zu mir: Weine nicht! Siehe, es hat überwunden der Löwe aus dem Stamm Juda, die Wurzel Davids, um das Buch und seine sieben Siegel zu öffnen*« (Offb 5,1-5). Bei diesem Buch handelt es sich eigentlich um eine Buchrolle, die beidseitig beschrieben und mit sieben Siegeln verschlossen ist. Einzig und allein Jesus Christus, die zweite Person der Dreieinigkeit, ist würdig, die siebenfach versiegelte Schriftrolle zu öffnen. Jesus Christus wird zuerst als der Löwe aus dem Stamm Juda beschrieben, aber in den folgenden Versen sieht Johannes den Herrn als ein geschlachtetes Lamm. Zuerst kam Jesus Christus als das Lamm Gottes, das für die Sünden der Welt am Kreuz für alle Gläubigen hingeschlachtet wurde. Aber vor seinem zweiten Kommen erscheint er nun als der Löwe, der das Gericht über seine Feinde ausgießen wird. Weil nun Jesus das Lamm und der Löwe in einer Person ist und dazu als einziger würdig ist, die Siegel aufzubrechen, folgt am Schluss des Kapitels 5 die Anbetung des Lammes durch die zehntausendmal Zehntausende und tausendmal Tausend: die Gemeinde Christi. Die Gerichte der großen Trübsal werden mit dem Öffnen der sieben Siegel eingeleitet. Bevor wir uns mit der großen Trübsal befassen, müssen wir uns noch mit den Zeiten der großen Trübsal beschäftigen, die uns durch die 70. Jahrwoche des Propheten Daniel mitgeteilt wird, sowie mit den drei »Hauptdarstellern« der großen Trübsal, mit dem »Antichristen«, dem »falschen Propheten« sowie der »großen Hure Babylon«.

7.3.3   Daniels 70. Jahrwoche

Wir haben uns bereits mit der Prophezeiung Daniels von den 70 Jahrwochen beschäftigt und haben gesehen, dass im Jahr 33 n.Chr. die ersten 69 Wochen erfüllt wurden. Die letzte Woche, die 70. Woche, die noch unerfüllt ist, wird von der Heiligen Schrift als »die große Trübsal« bezeichnet. Die Frage, wann die große Trübsal beginnen wird, beantwortet Daniel 9,27: »*Und stark machen wird er einen Bund für die Vielen, eine Woche lang; und zur Hälfte der Woche wird er Schlachtopfer und Speisopfer aufhören lassen. Und auf dem Flügel von Gräueln kommt ein Verwüster, bis fest beschlossene Vernichtung über den Verwüster ausgegossen wird*«. Dieser Text spricht von einem Bund, den jemand mit dem jüdischen Volk schließen wird, und dieser Bund wird für sieben Jahre abgeschlossen, denn eine Woche mit sieben Tagen steht für eine Dauer von sieben Jahren. Dieser, der im Text mit »er« bezeichnet wird, ist kein geringerer als der »Antichrist«, der »Mensch der Sünde« und der »Sohn des Verderbens«, wie der Apostel Paulus den Antichristen bezeichnet. Wenn also der Antichrist kraft seiner Machtposition mit Israel ein Siebenjahresbündnis unterzeichnet, brechen die letzten sieben Jahre der von Gott verordneten Zeit der Menschheitsgeschichte an, und dann erst beginnt die große Trübsal. Mit den »Vielen« im Text sind die jüdischen Führer gemeint, die bevollmächtigt sind, solche Verträge abzuschließen, und auch ein großer Teil des Volkes. Aber ein Teil des jüdischen Volkes wird sich weigern, irgendetwas mit diesem Bündnis zu tun zu haben. Aber in der Mitte dieser Woche wird dann das geschehen, wovor diese Juden, die gegen dieses Bündnis waren, immer gewarnt haben: Nach dreieinhalb Jahren wird der Antichrist den Bund mit den Juden brechen. Er wird dann im Tempel »Schlachtopfer und Speisopfer aufhören lassen«, das heißt, dass er den jüdischen Opferkult abschaffen wird.

Dieser Bund mit dem Antichristen wird uns auch von Jesaja prophezeit, aber im Gegensatz zu Daniel 9,27 sieht Jesaja diesen Bund aus der Perspektive Gottes: »*Darum hört das Wort des HERRN, ihr Männer der Prahlerei, Beherrscher dieses Volkes, das in Jerusalem ist! Denn ihr sagt: Wir*

*haben einen Bund mit dem Tod geschlossen und mit dem Scheol einen Ver-
trag gemacht. Wenn die einherflutende Geißel hindurchfährt, wird sie uns
nicht erreichen, denn wir haben Lüge zu unserer Zuflucht gemacht und in
Trug uns geborgen«* (Jes 28,15-16). Gott nennt diejenigen, die diesen Bund
schließen: »Männer der Prahlerei«, also Spötter, und Gott selbst sieht diese
Männer nicht als ernsthafte Führer des Volkes an, die diesen Bund offenbar
eingehen, um ein gewisses Maß an Sicherheit zu erhalten, um der »überschwemmenden Flut« zu entgehen. Das Bild der Überschwemmung wird
immer als Symbol für eine militärische Invasion gebraucht. Die Führer Israels werden zu jener Zeit dem Irrglauben verfallen sein, sie könnten durch
dieses Bündnis künftigen militärischen Invasionen entgehen. Aber Gott erklärt ihnen, dass es nicht ein Bund zum Leben, sondern ein Bund des Todes
ist, der nicht mit dem Himmel, sondern mit dem Totenreich abgeschlossen
ist. Denn anstatt in Sicherheit zu leben, geben sie sich der Unsicherheit
preis, denn sie liefern sich ausgerechnet demjenigen aus, der sich zum Ziel
gesetzt hat, die Juden zu vernichten.

7.4 Hauptdarsteller der Trübsal

7.4.1 Der Antichrist

Der erste Hauptdarsteller der großen Trübsal, der Antichrist, wird in der
Offenbarung das erste Mal im ersten der sieben Siegelgerichte
angekündigt. Es gibt sieben Siegelgerichte, wobei das siebente die sieben
Posaunengerichte enthält und das siebente Posaunengericht enthält die
sieben Schalengerichte. Die ersten vier der sieben Siegelgerichte sind
auch unter dem Namen »die vier apokalyptischen Reiter« bekannt. Das
erste Siegel wird in Offenbarung 6,1-2 beschrieben: *»Und ich sah, als das
Lamm eines von den sieben Siegeln öffnete, und hörte eines von den vier
lebendigen Wesen wie mit einer Donnerstimme sagen: Komm! Und ich
sah: und siehe, ein weißes Pferd, und der darauf sass, hatte einen Bogen;
und ihm wurde ein Siegeskranz gegeben, und er zog aus, siegend und um
zu siegen«.* Diese Gestalt auf dem weißen Pferd wird in der großen
Trübsal eine wichtige Rolle spielen, und dass es sich dabei nicht um
Christus handelt, sehen wir daran, dass Christus keinen Siegeskranz trägt,
sondern eine Herrscherkrone, ein Diadem. Diese Gestalt, die in der großen
Trübsal auszieht, um zu siegen, kann deshalb nur noch der Antichrist sein.
»Nach Offenbarung 13 wird in der großen Trübsal eine unheilige Trinität
in Nachäffung der göttlichen Trinität auftreten. Dabei wird Satan die Rolle
des Vaters übernehmen und seine ganze Vollmacht und Autorität seinem
Sohn, dem Antichristen, übertragen, und der falsche Prophet wird dann

die Rolle des ›Heiligen Geistes‹ mimen.« [10] Der Antichrist wird deshalb
in vielen Einzelheiten die Rolle des Sohnes spielen. Der Name
»Antichrist« beschreibt denn auch seine wahre Absicht, nämlich in allem
»gegen Christus« zu wirken.

Da der Antichrist eine Fälschung oder mehr noch, eine Nachäffung des
wahren Sohnes sein wird, wird er wie Jesus eine natürliche und eine übernatürliche Herkunft aufweisen, um auch darin den wahren Sohn zu imitieren.
Das Ergebnis wird ein falscher Gott-Mensch sein, der wahrscheinlich auch
ständigen Zugang zur satanischen und dämonischen Welt haben wird.
Schließlich wird der falsche Sohn das Angebot Satans annehmen, dass der
wahre Sohn bei der dreimaligen Versuchung in der Wüste zurückwies. Im
Gegensatz zu Jesus Christus wird der Antichrist das Angebot Satans, die
Herrschaft über alle Reiche der Welt, annehmen, und dann wird sein Aufstieg zur politischen und religiösen Machtstellung über die ganze Welt beginnen und nicht mehr aufzuhalten sein. Der Antichrist wird denn auch nicht
aus seiner eigenen Macht heraus herrschen, sondern er vereinigt alle Macht
der Finsterniswelt hinter sich, und das gibt ihm den Zugang zu der uneingeschränkten Machtfülle, die ihm sein Vater, Satan, gewähren wird. Er wird
sich in seinem Herzen erheben und sich dann selbst zum Gott erklären und
wird gegen den Fürsten der Fürsten, den Messias, auftreten und sich gerade
darin als der »Anti-Christus« erweisen. Mit der Hilfe Satans wird er die ganze Welt erobern und schließlich als unbesiegbar gelten. Aufgrund der »unheiligen Trinität« ist der Antichrist ein Wesen, das unter der Herrschaft Satans steht und von diesem die Macht über die ganze Welt erhält. Der Aufstieg
des Antichristen beginnt mit dem ersten Siegel, die Herrschaft über die ganze
Welt wird er aber erst gegen Mitte der Trübsal erreichen.

7.4.2 Der falsche Prophet

Wir haben nun die unheilige und böse Nachahmung des wahren Vaters
durch Satan und des wahren Sohns durch den Antichristen gesehen. Um
diese nachgeäffte Dreieinigkeit zu vervollständigen, bringt Offenbarung
13,11-15 eine Beschreibung des falschen Propheten, des zweiten
Hauptdarstellers der großen Trübsal: »*Und ich sah ein anderes Tier aus
der Erde aufsteigen; und es hatte zwei Hörner gleich einem Lamm, und es
redete wie ein Drache. Und die ganze Macht des ersten Tieres übt es vor
ihm aus, und es veranlasst die Erde und die auf ihr wohnen, dass sie das
erste Tier anbeten, dessen Todeswunde geheilt wurde. Und es tut große
Zeichen, dass es selbst Feuer vom Himmel vor den Menschen auf die Erde
herabkommen lässt; und es verführt die, welche auf der Erde wohnen,
wegen der Zeichen, die vor dem Tier zu tun ihm gegeben wurde, und es*

sagt denen, die auf der Erde wohnen, dem Tier, das die Wunde des Schwertes hat und wieder lebendig geworden ist, ein Bild zu machen. Und es wurde ihm gegeben, dem Bild des Tieres Odem zu geben, sodass das Bild des Tieres sogar redete und bewirkte, dass alle getötet wurden, die das Bild des Tieres nicht anbeteten«. Dieses zweite Tier erscheint wie ein Lamm und stellt frommes Aussehen zur Schau, mit dem es viele täuschen wird, aber es redet wie ein Drache. Dieser falsche Prophet ist die unheilige und bösartige Nachäffung des Heiligen Geistes und verführt die Menschen zur Anbetung des Antichristen, und sie machen dem Antichristen ein Bild, das von allen Menschen angebetet werden muss. Der falsche Prophet verleiht diesem Bild sogar Leben, sodass dieses Bild sprechen kann und alle Menschen tötet, die sich weigern, dieses Bild anzubeten.

7.4.3 Die Hure Babylon

Die dritte »Hauptdarstellerin« der großen Trübsal neben dem Antichristen ist die »Hure Babylon«. Wir haben die Hure Babylon bereits in der Gemeinde Laodizea kennen gelernt: Es ist die abgefallene Kirche der Endzeit. Prostitution bedeutet, dass etwas aus seinem natürlichen und normalen Gebrauch in einen unnatürlichen verkehrt wird. Eine Hure gebraucht denn auch ihre Sexualität, die ihren guten Sinn hat, zu etwas Unnatürlichem und verkehrt sie deshalb zu etwas Unerlaubtem, das zur Unzucht führt. Die Hure Babylon hat denn auch den guten Sinn ihrer Religion in einen bösen verkehrt; denn der falsche Gebrauch der Frömmigkeit verursacht geistliche Unzucht, und deshalb wird der Begriff »Hurerei« in der Heiligen Schrift sowohl für leibliche als auch für geistliche Untreue genutzt. Die Babylon-Kirche oder die Hure Babylon wird uns in Offenbarung 17,1-6 beschrieben: *»Und es kam einer von den sieben Engeln, welche die sieben Schalen hatten, und redete mit mir und sprach: Komm her, ich will dir das Gericht über die große Hure zeigen, die an vielen Wassern sitzt, mit der die Könige der Erde Unzucht getrieben haben; und die Bewohner der Erde sind trunken geworden von dem Wein ihrer Unzucht. Und er führte mich im Geist hinweg in eine Wüste; und ich sah eine Frau auf einem scharlachroten Tier sitzen, das voll Lästernamen war und sieben Köpfe und zehn Hörner hatte. Und die Frau war bekleidet mit Purpur und Scharlach und übergoldet mit Gold und Edelgestein und Perlen, und sie hatte einen goldenen Becher in ihrer Hand, voll Gräuel und Unreinheit ihrer Unzucht; und sie hatte an ihrer Stirn einen Namen geschrieben, ein Geheimnis: »Babylon, die große, die Mutter der Huren und der Gräuel der Erde.« Und ich sah die Frau trunken vom Blut der Heiligen und vom Blut der Zeugen Jesu. Und ich wunderte mich, als ich sie sah, mit großer Verwunderung«.* Während der großen Trübsal wird es zwei religiöse Systeme geben, eines dieser Systeme wird bis zur Mitte der großen

Trübsal andauern und wird dann vom anderen System abgelöst werden. Das erste religiöse System ist die Hure Babylon, die die Weiterentwicklung der ökumenischen Bewegung zu einer Super-Kirche sein wird. Das andere religiöse System lernen wir mit den Ereignissen kennen, die sich um die Mitte der großen Trübsal zutragen werden. Die Hure Babylon, die Kirche des Abfalls, reitet auf einem scharlachroten Tier mit sieben Köpfen und zehn Hörnern. Ein ähnliches Tier haben wir bereits als das vierte Tier in der Prophezeiung von Daniel kennen gelernt und dieses Tier mit dem politischen System der Endzeit identifiziert. Dass die Hure auf diesem Tier reitet, hat die Bedeutung, dass das falsche religiöse System in der ersten Hälfte der großen Trübsal die Unterstützung der Regierung genießt und deshalb Macht ausüben kann. Diese Frau erscheint in diesen Versen sehr wohlhabend und einflussreich zu sein, und in ihrem Namen haben wir die letzte Ausprägung des religiösen Abfalls vor uns. Es ist die falsche Braut, die sich im Gegensatz zur wahren Braut Christi als Prostituierte darstellt. Die wahre Braut Christi hingegen wird immer als eine reine Jungfrau dargestellt. Das Hauptquartier wird Rom sein, das geistig für die untergegangene Stadt Babylon steht, die »Mutter des Götzendienstes«, denn dort, in der Stadt Babylon, begannen damals der Götzendienst und auch die falschen Religionen.

Abbildung 7.3: Als Johannes das Buch der Offenbarung schrieb, war die Stadt Babylon bereits zerstört und als Ruine hinterlassen worden. So hatten es die Propheten des Alten Testamentes vorausgesagt (Jes 13,19-22; Jer 51). Obwohl die Stadt Babylon nur noch eine unbewohnte Ruine war, existierten die religiösen Vorstellungen und Gebräuche, die in Babylon ihren Ursprung hatten, weiter. Die Bibel nennt dieses religiöse antigöttliche System: »DAS GEHEIMNIS BABYLON«.

Die Frau ist trunken vom Blut derer, die für Christus den Märtyrertod erlitten haben. Dieser Vers bezieht sich auf die erste Hälfte der großen Trübsal, in der sehr viele Heiden, die zum Glauben an Jesus Christus kommen, von dieser Super-Kirche verfolgt und getötet werden. Aber dieser Vers blendet gleichzeitig weit zurück in die Vergangenheit und steht für alle die Gräuel und Schandtaten, die durch die ganze Kirchengeschichte hindurch durch die offizielle Kirche begangen wurden. Denn in Offenbarung 17,9 wird gesagt, dass die Frau, die das Tier reitet, zugleich eine auf sieben Hügeln erbaute Stadt ist, die über die Könige der Erde herrscht: *»Hier ist der Verstand nötig, der Weisheit hat: Die sieben Köpfe sind sieben Berge, auf denen die Frau sitzt«.* Die Frau, die wir mit der Kirche des Abfalls identifiziert haben, sitzt auf dem Tier mit den sieben Köpfen, und die sieben Köpfe werden als sieben Berge oder Hügel beschrieben, auf denen die Frau sitzt. Obwohl es auch noch andere Städte gibt, die auf sieben Hügeln gebaut sind, wie zum Beispiel Rio de Janeiro, kann damit nur Rom gemeint sein, denn Rom behauptete von Anfang an, das weltweite geistige Zentrum der Christenheit gewesen zu sein und hält auch heute noch an dieser Behauptung fest. Ihr in Rom auf dem Thron sitzender Papst behauptet, der alleinige Repräsentant Gottes, der Stellvertreter Christi auf Erden zu sein, und dieser Papst verleiht sich dazu noch selbst einen Hauch von Göttlichkeit, indem er behauptet, er sei unfehlbar in seinen Entscheidungen! So ist Rom. »Sogar der katholische Apologet Karl Keatin gibt zu, dass Rom schon lange als Babylon bekannt ist. Er behauptet denn auch, dass die Bemerkung des Petrus ›*Es grüßt euch die Miterwählte in Babylon*‹ (1Petr 5,13) beweise, dass Petrus diesen Brief von Rom aus geschrieben habe. Auch die Bezeichnung ›Geheimnis‹ (griechisch: mysterion), die auf der Stirn der Frau geschrieben steht, ist eine treffende Bezeichnung für die Vatikanstadt. Denn Geheimnis und Mystik ist das innerste Zentrum des römischen Katholizismus, angefangen beim Geheimnis des Glaubens, das nach der angeblichen Verwandlung von Brot und Wein in den buchstäblichen Leib und das wirkliche Blut Christi verkündet wird, bis hin zu den rätselhaften Erscheinungen ›Marias‹ rund um die Welt. Jedem Sakrament, von der Taufe bis zur Krankensalbung, wird denn auch eine geheimnisvolle Macht zugesprochen, an deren Anwendung durch den Priester der Katholik zu glauben hat, für deren Existenz es jedoch keinen sichtbaren Hinweis gibt. Der neue Katechismus Roms erklärt denn auch, dass die Liturgie ›dazu nützlich ist, Seelen in das Geheimnis Christi einzuführen, und dass die ganze Liturgie der Kirche mystisch ist.‹« [11]

Die katholische Kirche tritt auch mit einem Absolutheitsanspruch an, denn sie behauptet, ihr Papst in Rom sei der Stellvertreter Christi auf Erden und sie selbst sei die einzig wahre Kirche, die Braut Christi. Aber das Ziel der »wahren« Braut Christi ist einzig die Hochzeit mit dem Bräutigam im Himmel und deshalb kann ihr Ehrgeiz nicht auf die Welt bezogen sein. Dennoch geht der Vatikan weltlichen Interessen nach, sammelt auf dieser Erde unermessliche Reichtümer an und hat sich während der ganzen Kirchengeschichte in Beziehungen mit den Königen der Erde verwickelt. Das heidnische Rom machte sich einen Sport daraus, Tausende von Christen und auch viele Juden den Löwen zum Fraß vorzuwerfen, zu verbrennen oder auf andere Weise umzubringen. Aber das »christliche« Rom ermordete ein Vielfaches davon, sowohl an Christen wie an Juden. Zu den Opfern der Inquisition, die alleine in Spanien 300.000 Opfer zählte, die auf dem Scheiterhaufen verbrannt wurden, kommen noch weitere Hunderttausende von Hugenotten, Albigensern, Waldensern und anderen Christen hinzu, die massakriert, gefoltert und auf dem Scheiterhaufen verbrannt wurden, und das nur, weil sie sich weigerten, sich unter die römisch-katholische Kirche und deren Verdorbenheiten, Irrlehren, Gebräuchen und Ritualen zu beugen. »Das ›christliche‹ Rom brachte auch die Juden zu Tausenden um – weit mehr, als das heidnische Rom es jemals tat. Das Land Israel wurde als zur römisch-katholischen Kirche gehörend angesehen, und im Jahr 1096 rief Papst Urban II. den ersten Kreuzzug zur Rückeroberung Jerusalems von den Muslimen aus. Mit dem Kreuz auf ihren Schilden und Rüstungen massakrierten die Kreuzritter auf ihrem Weg zum Heiligen Land die Juden quer durch Europa. Eine ihrer ersten Aktionen bei der Einnahme Jerusalems für die ›Heilige Mutter Kirche‹ war es, die Juden in die Synagoge zu treiben und diese dann in Brand zu setzen.« [12] Aber auch in der jüngeren Vergangenheit hat sich der Vatikan nicht als »wahre Braut Christi« offenbart, denn über Papst Pius XII. ist hinreichend bekannt, dass er für den nationalsozialistischen Holocaust zumindest eine Mitverantwortung tragen muss. Denn obwohl er von jüdischen Organisationen sowie den alliierten Mächten dazu angehalten wurde, gegen den Völkermord zu protestieren, hüllte er sich während des Krieges zu diesem Thema in ein unheimliches Schweigen. Warum hat er nicht protestiert? Hatte er Angst davor, damit seine eigene Kirche zu verurteilen? Die Verbrechen der römisch-katholischen Kirche durch die ganze Kirchengeschichte hindurch sind erdrückend. [13]

7.5 Die große Trübsal

7.5.1 Der Sinn der Trübsal

Die große Trübsal, die mit dem Siebenjahresbündnis des Staates Israel mit dem Antichristen beginnen und sieben Jahre dauern wird, ist eine Zeit des Gerichtes über die ungläubigen Menschen. Im Alten und im Neuen Testament gibt es für diese Zeit aber noch viele andere Bezeichnungen, wie zum Beispiel »der Tag des Herrn«, »Tag Jahwes«, »der Zorn Gottes« oder »der Tag der Rache«. Die große Trübsal verfolgt drei große Ziele: Erstens wird sie der Bosheit ein Ende bereiten und das Gericht über alle Ungläubige bringen; zweitens wird sie eine weltweite Erweckung herbeiführen, die vor allem von den Juden ausgeht, und drittens ist die große Trübsal darauf ausgerichtet, die Juden zu ihrem Messias zu führen. Deshalb steht das Volk Gottes, die Juden, im Zentrum der Geschehnisse, denn die Gemeinde Christi befindet sich in dieser Zeit nicht mehr auf der Erde. Das erste Ziel der großen Trübsal wird unter anderem in Jesaja 13,9 beschrieben: *»Siehe, der Tag des HERRN kommt, grausam mit Grimm und Zornglut, um die Erde zur Wüste zu machen; und ihre Sünder wird er von ihr austilgen«.* In dieser Zeit soll aller Bosheit, die in der großen Trübsal völlig ungehemmt und in noch nie da gewesenen Ausmaßen ihr Unwesen treiben wird, ein für alle Mal ein Ende gemacht werden.

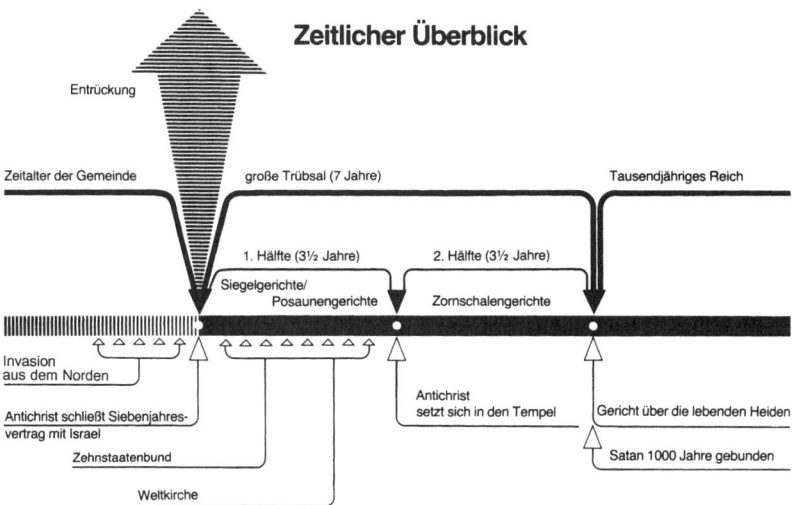

Abbildung 7.4: Auf dieser Grafik ist ein zeitlicher Überblick über die Endzeit ersichtlich. Die Ereignisse vor der großen Trübsal können zeitlich nicht festgelegt werden und geschehen, von heute aus gesehen, irgendwann in der Zukunft. Der Beginn der großen Trübsal hingegen kann mit dem Abschluss des Siebenjahresvertrages zwischen Israel und dem Antichristen bestimmt werden.

Das zweite Ziel der großen Trübsal wird uns in Offenbarung 7,1-4 berichtet. In diesen Versen werden die vier Engel, die an den vier Ecken der Erde stehen, von einem anderen Engel angewiesen, mit dem Gericht zuzuwarten, bis die Knechte Gottes mit dem Zeichen Gottes auf der Stirn versiegelt sind, und es sind 144.000 Versiegelte, aus jedem Stamm zwölftausend. Mit Hilfe dieser jüdischen Evangelisten wird Gott die weltweite Erweckung bewirken und so vielen Menschen die allerletzte Chance geben, ihr Herz unserem Herrn hinzuwenden. Dass Gott für diese weltweite Erweckung Juden auswählt, ist nicht ganz zufällig. Erstens kennt sich der große Teil der Juden recht gut aus im Alten Testament, und zweitens sprechen die meisten Juden, da sie aus allen Völkern der Erde nach Israel eingewandert sind, mindestens eine zweite Sprache. Diese Evangelisation findet in der ersten Hälfte der Trübsal statt, und dadurch wird die Prophetie in Matthäus 24,14 erfüllt werden: *»Und dieses Evangelium des Reiches wird gepredigt werden auf dem ganzen Erdkreis, allen Nationen zu einem Zeugnis, und dann wird das Ende kommen«.*

Das dritte Ziel der Trübsal ist, eine nationale Erneuerung des Volkes Israel herbeizuführen. Die weltweite Erweckung durch die 144.000 Juden findet in der ersten Hälfte der Trübsal statt und ist in der Mitte der großen Trübsal zum Abschluss gebracht. Anschließend beginnt eigentlich erst die große Trübsal für Israel, denn erstens beendet der Heilige Geist seinen Dienst auf der Erde und lässt das satanisch Böse ungehemmt wüten, und zweitens wird das Siebenjahresbündnis durch den Antichristen gebrochen. Eine prophetische Stelle, die diese Erneuerung sehr gut beschreibt, ist Hesekiel 20,34-38, wo das Gericht und die Erneuerung mit dem Auszug des Volkes Israel aus Ägypten verglichen wird: *»Und ich werde euch aus den Völkern herausführen und euch aus den Ländern, in die ihr zerstreut worden seid, mit starker Hand und mit ausgestrecktem Arm und ausgegossenem Grimm sammeln. Und ich werde euch in die Wüste der Völker bringen und dort mit euch ins Gericht gehen von Angesicht zu Angesicht; wie ich mit euren Vätern ins Gericht gegangen bin in der Wüste des Landes Ägypten, ebenso werde ich mit euch ins Gericht gehen, spricht der HERR. Und ich werde euch unter dem Hirtenstab hindurchziehen lassen und euch abgezählt hineinbringen. Und ich werde von euch ausscheiden, die sich empörten und mit mir brachen; ich werde sie aus dem Land ihrer Fremdlingschaft herausführen, aber in das Land Israel sollen sie nicht kommen. Und ihr werdet erkennen, dass ich der HERR bin«.* Durch dieses Gericht werden die rebellischen und abtrünnigen Juden ausgesondert, und erst nach dieser Aussonderung darf das gesamte Volk als eine erneuerte Nation in das verheißene Land, das Tausendjährige Reich unter dem Messiaskönig einziehen.

7.5.2 Die Siegelgerichte

Die große Trübsal beginnt denn auch mit der ersten von drei Wehen, mit den sieben Siegelgerichten, die weiteren zwei Wehen sind die sieben Posaunengerichte und schließlich die sieben Schalengerichte. Die Siegelgerichte beginnen mit den »vier apokalyptischen Reitern«, und den ersten Reiter haben wir bereits als den Antichristen identifiziert. Das zweite Siegelgericht wird in Offenbarung 6,3-4 beschrieben: »*Und als es das zweite Siegel öffnete, hörte ich das zweite lebendige Wesen sagen: Komm! Und es zog aus ein anderes, ein feuerrotes Pferd; und dem, der darauf sass, ihm wurde gegeben, den Frieden von der Erde zu nehmen und die Menschen dahin zu bringen, dass sie einander schlachteten; und ihm wurde ein großes Schwert gegeben*«. Mit dem zweiten apokalyptischen Reiter ist die Periode des Scheinfriedens und der falschen Sicherheit vorbei, die vor der großen Trübsal bestand. Da der Antichrist »als Sieger kommt, um zu siegen«, wird die große Trübsal mit einem Krieg beginnen, denn er muss ja drei der zehn Könige erniedrigen. Das dritte Siegelgericht finden wir in Offenbarung 6,5-6: »*Und als es das dritte Siegel öffnete, hörte ich das dritte lebendige Wesen sagen: Komm! Und ich sah: und siehe, ein schwarzes Pferd, und der darauf sass, hatte eine Waage in seiner Hand. Und ich hörte etwas wie eine Stimme inmitten der vier lebendigen Wesen, die sagte: Ein Maß Weizen für einen Denar und drei Maß Gerste für einen Denar! Und dem Öl und dem Wein füge keinen Schaden zu!*« Mit dem dritten apokalyptischen Reiter zieht eine weltweite Hungersnot herauf, wie sie oft auf einen Krieg folgt, denn der Ausdruck »ein Maß Weizen für einen Denar« zeigt, dass die wichtigen Nahrungsmittel sehr knapp geworden sind. Das vierte Siegelgericht wird in Offenbarung 6,7-8 geschildert: »*Und als es das vierte Siegel öffnete, hörte ich die Stimme des vierten lebendigen Wesens sagen: Komm! Und ich sah: und siehe, ein fahles Pferd, und der darauf sass, dessen Name ist »Tod«; und der Hades folgte ihm. Und ihnen wurde Macht gegeben über den vierten Teil der Erde, zu töten mit dem Schwert und mit Hunger und mit Tod und durch die wilden Tiere der Erde.*« Der vierte apokalyptische Reiter bringt die Vernichtung eines Viertels der Weltbevölkerung.

Damit sind die ersten vier Siegelgerichte abgeschlossen. Das fünfte Siegelgericht in Offenbarung 6,9-11 beschreibt eine Zeit in der ersten Hälfte der großen Trübsal, in der viele an Christus Glaubende ihr Leben verlieren. Diese Menschen wurden durch die Predigt der 144.000 Juden zum Glauben an den Herrn Jesus Christus geführt und werden in der ersten Hälfte der großen Trübsal von der Kirche des Abfalls, von der »großen Hure Babylon«, verfolgt und getötet. Das sechste Siegelgericht wird uns in Offenbarung 6,12-17 berichtet, und dieses beginnt mit einem großen Erdbeben, auf das eine tiefe Finsternis folgt, denn Sonne und Mond verlieren ihren Schein; dies ist die zweite von insgesamt fünf solcher Finsternisse. Danach ergießt sich ein Meteoritenhagel über die Erde, und Anarchie und Chaos machen sich breit, wenn die Menschen lieber vor dem Zorn Gottes fliehen, als sich im Glauben zu ihm zu wenden. In Offenbarung 7 wird das zweite große Ziel der großen Trübsal beschrieben, die weltweite Erweckung durch die Predigt der 144.000 Juden. Diese Juden wurden versiegelt, und dies geschah einerseits zum Schutz der 144.000 Juden, damit sie von den Gerichten Gottes und der Verfolgung durch die Ungläubigen nicht verletzt werden können, und andererseits zum Dienst, denn sie verkündigen die frohe Botschaft des Evangeliums in der großen Trübsal. Die Auswirkung ihres Dienstes sehen wir in den Versen 9 bis 12, denn Johannes sieht eine große Schar von Heiden aus allen Völkern vor dem Throne Gottes stehen. Sie stehen vor dem Thron Gottes und preisen mit lauter Stimme Gott und das Lamm Gottes (Offb 7,13-17). Aus diesen Versen geht auch hervor, dass der Heilige Geist auch während der großen Trübsal am Werk sein wird und seinen Dienst an den Menschen erfüllt, die Gott von ganzem Herzen suchen. Mit dem Kapitel 7 der Offenbarung ist das zweite Ziel der großen Trübsal erreicht: die weltweite Erweckung.

7.5.3 Die Posaunengerichte

Beim Öffnen des siebten Siegels entstand eine große Stille im Himmel, die etwa eine halbe Stunde dauerte, und den sieben Engeln, die vor Gott standen, wurden sieben Posaunen gegeben. Die zweite Serie von Gerichten in der großen Trübsal wird durch das siebte Siegelgericht angekündigt, und diese Gerichte werden in Offenbarung 8,1-6 eingeleitet. Die ersten vier Posaunengerichte treffen vor allem die natürliche Erde. Im ersten Posaunengericht wird ein Drittel der Landoberfläche der Erde vernichtet. Bei der zweiten Posaune wird ein großer, Feuer speiender Berg ins Meer geworfen, der den dritten Teil des Meeres in Blut verwandelt und den dritten Teil der Meereslebewesen, aber auch den dritten Teil der Schiffe vernichtet. Bei diesem brennenden Berg könnte es sich um einen Meteor oder einen Vulkan handeln, aber die Auswirkungen sind übernatürlicher Art und erinnern an die Plagen, die Gott über Ägypten brachte. Die dritte Posaune zerstört einen Drittel des Süßwassers durch einen Stern mit Namen »Wermut«, der das Süßwasser bitter werden lässt, sodass viele Menschen daran sterben. Mit dem Stern, der in den meisten Fällen einen Engel symbolisiert, könnte ein gefallener Engel gemeint sein. Die vierte Posaune nimmt den kosmischen Lichtquellen ein Drittel ihres Lichtes weg, indem das Licht daran gehindert wird, die Erde voll zu erreichen.

Nach den ersten vier Posaunen werden in Offenbarung 8,13 die letzten drei eingeleitet, die für die Menschheit besonders hart und schlimm sind, denn sie heißen deshalb auch »Wehegerichte«. Die ersten beiden Wehegerichte stellen Angriffe von Dämonen auf die Erde dar, während das dritte und letzte Wehegericht die Schalengerichte enthält. Die fünfte und sechste Posaune sind im Kapitel 9 der Offenbarung beschrieben. Dieses Kapitel beginnt damit, dass ein Stern, der gefallen ist, den Schlüssel zum Abgrund erhält. Der »Abgrund« ist ein vorübergehendes Gefängnis für gefallene Engel oder Dämonen, und es ist derjenige Ort, vor dem sich die Dämonen, die Jesus austrieb, fürchteten (Lk 8,31). In diesem Abgrund warten die Dämonen, die dort eingeschlossen sind, um zu dem von Gott bestimmten Zweck freigelassen zu werden. Wenn der Abgrund durch den gefallenen Engel aufgeschlossen worden ist, fällt zum dritten Mal tiefe Finsternis auf die Erde. Aus diesem Abgrund wird eine große Anzahl von Dämonen freigelassen, um die erste von zwei großen dämonischen Invasionen der Erde heraufzuführen. Diese Dämonen haben den Auftrag, das fünfte Posaunengericht zu vollstrecken, und sie sollen diejenigen fünf Monate lang quälen, die nicht das Siegel Gottes an ihren Stirnen haben. Die Dämonen dürfen die Menschen nur quälen, aber nicht töten, und die gequälten Menschen selbst werden sich nicht den Tod geben können, obwohl sie am liebsten durch den Freitod von ihren Qualen erlöst werden würden. Die Beschreibung dieser »Heuschrecken-Skorpione« zeigt deutlich, dass es sich nicht um wirkliche Heuschrecken oder Skorpione handeln kann, denn ihre Herkunft aus dem Abgrund weist sie deutlich als Dämonen aus. Zum Abschluss wird der gefallene Engel, der den Abgrund öffnete, mit Namen vorgestellt. Er heißt auf Hebräisch »Abaddon« und auf Griechisch »Apollyon« und beides bedeutet »Verderber«.

Mit dem Ertönen der sechsten Posaune werden die vier gefallenen Engel, die am Euphrat gebunden sind, losgebunden, und sie führen die zweite dämonische Invasion an. Während die erste Invasion die Menschen nur quälen durfte, bekommt die zweite Invasion den Auftrag, ein Drittel der Erdbevölkerung zu töten. Die Anzahl der an dieser Invasion beteiligten Dämonen wird mit zweihundert Millionen angegeben. Da das kommunistische China einmal erklärt hat, es könne ein Heer von zweihundert Millionen Soldaten ins Feld führen, haben viele fälschlicherweise daraus geschlossen, es handle sich bei dieser Invasion um eine chinesiche Invasion. Bei diesem Heer handelt es sich aber nicht um Menschen, weil diese von vier gefallenen Engeln angeführt werden und der Ausgangspunkt dieser Invasion der Euphrat ist und dieser nicht in China liegt, sondern in Mesopotamien, im alten Babylonien, und das ist ein Ort, den die Bibel oft mit Dämonen in Verbindung bringt. Auch die Beschreibung dieses Heeres in den Versen 17-19 schließt aus, dass es sich dabei um Menschen handeln könnte. Diese Invasion des Dämonen-Heeres wird auch in Joel 1,15-2,11 beschrieben. Aber auch bei diesem sechsten Posaunengericht verweigern die Menschen die Buße und huldigen weiter den Dämonen. Die Posaunengerichte enden zur Mitte der großen Trübsal.

Ein weiteres Geschehen, das sich über die erste Hälfte der Trübsalszeit hinzieht, ist das Wirken der zwei Zeugen nach Offenbarung 11,3-6: *»Und ich werde meinen zwei Zeugen Vollmacht geben, und sie werden tausendzweihundertsechzig Tage weissagen, mit Sacktuch bekleidet. Diese sind die zwei Ölbäume und die zwei Leuchter, die vor dem Herrn der Erde stehen. Und wenn jemand ihnen schaden will, so geht Feuer aus ihrem Mund und verzehrt ihre Feinde; und wenn jemand ihnen schaden will, muss er ebenso getötet werden. Diese haben die Macht, den Himmel zu verschließen, damit während der Tage ihrer Weissagung kein Regen falle; und sie haben Gewalt über die Wasser, sie in Blut zu verwandeln und die Erde zu schlagen mit jeder Plage, sooft sie nur wollen«.* Die Dauer des Wirkens dieser zwei Zeugen wird mit 1.260 Tagen angegeben, dies entspricht der ersten Hälfte der großen Trübsal. Über die Identität dieser zwei Zeugen gibt es die wildesten Spekulationen, und viele sehen in ihnen Elia und Henoch, weil diese beiden Männer Gottes nicht gestorben sind, sondern von Gott in den Himmel aufgenommen wurden. Von Elia wissen wir zwar, dass er in der Endzeit kommen und die jüdischen Familien wieder zurechtbringen wird, aber es gibt keinen sicheren Beweis dafür, dass einer dieser beiden Zeugen wirklich Elia ist. Deshalb sieht man in diesen beiden Zeugen am besten zwei jüdische Propheten, die Gott während der großen Trübsal zum prophetischen Dienst erwecken und mit Wunderkräften ausstatten wird. Das Zentrum ihres Wirkens ist Jerusalem, und wir werden diesen beiden Zeugen in der Mitte der Trübsal wieder begegnen.

7.5.4 Die Mitte der Trübsal

Gegen die Mitte der großen Trübsal werden sich die Völker in großer politischer Turbulenz und Aufruhr befinden, denn der Antichrist ist auf dem Weg zur Übernahme der politischen, wirtschaftlichen und religiösen Weltherrschaft. Die Offenbarung behandelt diese Zeit um die Mitte der großen Trübsal in den Kapiteln 10 bis 14 und 17. Das sechste Posaunengericht schließt gegen Mitte der großen Trübsal, und ihm folgt eine vorübergehende Unterbrechung der göttlichen Gerichte. Im Kapitel 10 der Offenbarung sah Johannes einen starken Engel, der eine kleine Buchrolle trug. Der Engel kündigt die Auswirkungen der siebten Posaune an, in der die sieben Schalengerichte enthalten sind, durch die die

Gottesgerichte zur Vollendung gebracht werden. In den Versen 8-10 erhält Johannes die Weisung, das kleine Büchlein aufzuessen. In seinem Mund schmeckt es süß wie Honig, aber in seinem Magen wird es bitter. Weissagung hat für viele Menschen etwas sehr Süßes an sich und der gewaltige Umsatz mit Büchern über sensationelle Prophetie bestätigt, wie süß Prophetie sein kann. Aber nur mit dieser süßen Seite allein ist die Prophetie nichts wert, denn wie die Erfahrung des Johannes zeigt, verursacht Prophetie auch ein bitteres Grimmen im Bauch.

In der Mitte der großen Trübsal beginnt der zweite weltweite Konflikt damit, dass der Antichrist den zehn Königen den Krieg erklärt. Dieser zweite weltweite militärische Konflikt wird in Daniel 11,40-45 beschrieben. Der Antichrist rückt mit seinen Armeen in sämtliche Richtungen mit dem Ziel vor, alle Reiche der Welt zu erobern. Drei Könige kann er dabei vernichten, die Bibel bezeichnet diese als König des Nordens, König des Südens und König des Ostens. Dann wird er sich gegen Israel richten, das hier als das »liebliche Land« bezeichnet wird. Schließlich wird es dem Antichristen gelingen, die Herrschaft über die ganze Welt zu erringen. Am Ende dieser Eroberungskriege werden nur noch drei Länder nicht von ihm beherrscht: Edom, Moab und Ammon, drei Länder der Antike auf dem Gebiet des heutigen Jordanien. Weshalb es dem Antichristen nicht möglich sein wird, diese Länder zu erobern, wird später erläutert. Während seines Krieges errichtet der Antichrist sein Hauptquartier »zwischen den Meeren« am »lieblichen Berg des Heiligtums«. Zwischen den Meeren bedeutet zwischen dem Mittelmeer und dem Toten Meer, und mit dem lieblichen Berg kann nur der Tempelberg gemeint sein, der Berg Morija, auf dem Abraham beinahe seinen Sohn Isaak Gott geopfert hätte, der Berg Zion, wie er von den Juden genannt wird.

Im Verlauf des Konfliktes wird der Antichrist offensichtlich getötet: *»Und ich sah einen seiner Köpfe wie zum Tod geschlachtet«* (Offb 13,3). Das siebte Haupt, der Antichrist, wird tödlich verwundet, denn der Ausdruck »wie zum Tod geschlachtet« spricht von jemandem, der wirklich tot war und später wieder auferweckt wurde. Aber nach seiner tödlichen Verwundung wird seine Todeswunde wieder geheilt: *»Und seine Todeswunde wurde geheilt, und die ganze Erde staunte hinter dem Tier her«* (Offb 13,3). Bevor dies aber geschieht, wird der Satan vom unsichtbaren Bereich des Himmels auf die Erde geworfen, denn Offenbarung 12,7-12 schildert uns einen Kampf im Himmel, der zwischen dem Erzengel Michael und seinen Engeln gegen den Drachen, die Schlange oder Satan, mit seinem Heer ausgebrochen ist. Michael und seine Engel siegen über den Drachen und sein Heer, und sie werden aus dem Himmel auf die Erde geworfen. Durch diese Verbannung auf die Erde ist ihm nun der Zugang zum Himmel verwehrt, und er kann seine Brüder nicht mehr vor dem Thron Gottes anklagen, und darüber herrscht Freude im Himmel. Satan wird nun alles daran setzen, um die Juden zu vernichten, und er versucht, dies durch die beiden Tiere aus Offenbarung 13 zu erreichen. Aus dem Zusammenhang geht hervor, dass Satan selbst den Antichristen zum Leben erwecken wird, aber ohne die Vollmacht Gottes wäre ihm das nicht möglich, denn das sehen wir bereits in der Geschichte von Hiob, Gott gibt ihm alle Macht über Hiob, nur nicht über sein Leben, denn Gott alleine hat die Macht über Leben und Tod. Aber in diesem Zusammenhang ist es wichtig, dass der Antichrist zum Leben erweckt wird, denn damit ist ihm die »göttliche« Verehrung der Menschen sicher. Und so bekommt der Antichrist die ganze Macht Satans, um auch noch das zweite Kommen Christi zur Herrschaft der Welt nachzuahmen, indem er sich anschickt, alle Völker und Königreiche der Welt in Besitz zu nehmen.

Auf dem Weg zur alleinigen Weltherrschaft, die durch seinen Tod und seine Auferstehung unterbrochen wurde, geht der zweite weltweite Konflikt weiter, bis drei der zehn Könige den Tod gefunden haben. Anschließend unterwerfen sich die sieben anderen Könige dem Antichristen und werden alle zu »einerlei Ansicht« kommen. Damit wird der Antichrist die politische Macht über die ganze Welt mit Ausnahme von Jordanien übernehmen. Das nächste Ziel des Antichristen besteht nun darin, auch die religiöse Macht über die Welt zu erlangen, und auf seinem Weg zur religiösen Macht wird er das religiöse System der ersten Hälfte der großen Trübsal, die Kirche des Abfalls oder die große Hure Babylon, vernichten: *«Und die zehn Hörner, die du gesehen hast, und das Tier, diese werden die Hure hassen und werden sie verwüsten und nackt machen und werden ihr Fleisch fressen und sie mit Feuer verbrennen«* (Offb 17,16). In der ersten Hälfte der großen Trübsal genoss die Hure Babylon die Unterstützung der zehn Könige, aber nun, auf dem Weg zur religiösen Weltherrschaft, die mit der Einführung einer neuen Religion, der Anbetung des Antichristen, beginnt, hat die Kirche des Abfalls keinen Platz mehr und wird vom politischen System des Antichristen zerstört.

In Offenbarung 11,7-13 wird geschildert, wie der Antichrist nach seiner Auferstehung gegen die zwei Zeugen vorgehen und sie töten wird. Diese Ermordung der zwei Zeugen wird ein weiterer Grund dafür sein, dass die Menschen den Antichristen anbeten, denn die Menschen wurden von den zwei Zeugen dreieinhalb Jahre lang gepeinigt, und aufgrund ihrer Wunderkräfte gelang es keinem vor ihm, diese zwei Zeugen zu töten. Um seine Macht öffentlich zur Schau zu stellen, dürfen die zwei Zeugen nicht begraben werden und werden dreieinhalb Tage in den Straßen von Jerusalem liegen gelassen, sodass sie von der ganzen Welt gesehen werden können, was heute mit dem Fernsehen und der Übertragung über Satellit jederzeit und von jedem Ort der Erde aus möglich ist. Alle Bewohner der Erde werden sich über den Tod der zwei Zeugen freuen und dieses Ereignis in ausgelassener Freude feiern. Doch die Freude ist nur von kurzer Dauer, denn nach drei Tagen werden die beiden Zeugen von Gott zum Leben erweckt, und alle Menschen werden Augenzeugen davon, wie die beiden heiligen Männer in den Himmel aufgenommen werden. Als Gericht über diesen Mord wird in Jerusalem ein Erdbeben stattfinden, dass den zehnten Teil der Stadt zerstören und siebentausend Menschen vernichten wird. Die jüdischen Bewohner Jerusalems beginnen nun damit, dem Gott des Himmels die Ehre zu gehen, was den Hass des Antichristen noch verstärkt nach sich ziehen wird.

Nachdem der Antichrist nun neben der politischen auch die religiöse Weltmacht erobert hat, ist seine absolute und bösartige Machtbesessenheit noch nicht befriedigt, denn er strebt nun auch nach der wirtschaftlichen Macht. Dies wird uns in Offenbarung 13,16-18 bezeugt: »*Und es bringt alle dahin, die Kleinen und die Großen, und die Reichen und die Armen, und die Freien und die Sklaven, dass man ihnen ein Malzeichen an ihre rechte Hand oder an ihre Stirn gibt; und dass niemand kaufen oder verkaufen kann, als nur der, welcher das Malzeichen hat, den Namen des Tieres oder die Zahl seines Namens. Hier ist die Weisheit. Wer Verständnis hat, berechne die Zahl des Tieres; denn es ist eines Menschen Zahl; und seine Zahl ist sechshundertsechsundsechzig*«. Alle Menschen, die sich der Herrschaft des Antichristen unterwerfen und ihn als Gott anbeten, erhalten das Zeichen des Tieres an der Stirn oder an der rechten Hand; und dieses Zeichen ist die Zahl des Tieres: **die Zahl 666**. Nur diejenigen, die dieses Zeichen oder Siegel tragen, können arbeiten, kaufen, verkaufen und somit ihren Lebensunterhalt verdienen. Aber trotz aller Macht und trotz seiner übernatürlichen Abstammung, ist der Antichrist »nur« ein Mensch, denn die Zahl oder das Zeichen ist die Zahl eines Menschen, und der Antichrist ist der letzte Herrscher im letzten Stadium des vierten heidnischen Weltreiches. Aber die Zahl ist auch die Zahl seines Namens, und der Zahlenwert beträgt 666. Im Hebräischen hat jeder der 22 Buchstaben einen zahlenmäßigen Wert, die nacheinander folgende Zahlenwerte darstellen: 1, 2, 3, 4, 5, 6, 7, 8, 9, 10, 20, 30, 40, 50, 60, 70, 80, 90, 100, 200, 300 und 400. Zählt man nun die Zahlen jedes einzelnen Buchstabens des hebräischen Namens zusammen, erhält man den Zahlenwert seines Namens. So beträgt der Zahlenwert des Namens Jesus Christus 749 und der Zahlenwert des Antichristen wird 666 betragen, und mit dieser Zahl kann die Identität des Antichristen festgestellt werden. Nun ist es aber nicht möglich, den Namen dieses Menschen im Voraus zu berechnen, da es viele Kombinationsmöglichkeiten von Buchstaben gibt, die diese Zahl ergeben. Aber diese Zahl hat noch eine ganz andere Bedeutung, denn die Zahl des Menschen ist die Sechs und die Zahl Gottes, die Zahl der Vollendung, die Sieben. Dies bedeutet demnach auch, dass der Mensch immer viel weniger sein wird als Gott, aber dass der Mensch trotzdem »nahe« bei Gott ist, so nahe eben, wie die Zahl Sechs bei der Zahl Sieben ist, indem er einen Brosamen des göttlichen Geistes erhalten hat. Die Zahl Drei ist ebenfalls eine göttliche Zahl und symbolisiert die Dreieinigkeit, und weil die Zahl Sechs im Zahlenwert des Antichristen dreimal vorkommt, symbolisiert diese Zahl auch die ungöttliche und bösartige Dreieinigkeit, die aus Satan als dem unwahren Vater, aus dem Antichristen als dem unwahren Sohn und aus dem falschen Propheten als dem unwahren und somit auch »unheiligen« Geist besteht. Die dreimalige Sechs symbolisiert denn auch, dass diese unheilige Dreieinigkeit sich immer nur auf der Stufe des Menschlichen bewegen kann und diese trotz aller Wunder und der Macht, die ihnen von Gott für die Erfüllung der Prophetie gegeben wurde, nie auf eine göttliche und nicht einmal auf eine »ungöttliche« Stufe erheben kann.

7.5.5 Die Verfolgung der Juden

Wenn nun der Antichrist zu der absoluten weltlichen, politischen, religiösen und wirtschaftlichen Macht aufgestiegen ist, wird er sich in seinem großen und unstillbaren Hass gegen die Juden wenden und als Erstes das Siebenjahresbündnis mit dem Staat Israel brechen: »*Und stark machen wird er einen Bund für die Vielen, eine Woche lang; und zur Hälfte der Woche wird er Schlachtopfer und Speiseopfer aufhören lassen. Und auf dem Flügel von Gräueln kommt ein Verwüster, bis fest beschlossene Vernichtung über den Verwüster ausgegossen wird*« (Dan 9,27). Da der Antichrist die religiöse Weltmacht erreicht hat, kann er es natürlich nicht mehr zulassen, dass die Juden im Tempel den Opferdienst für ihren himmlischen Gott weiterführen. Die Bibel teilt nicht mit, was der »Gräuel der Verwüstung« genau sein wird, aber es wird ein Götzenbild oder sogar das Bild des Antichristen sein, das auf der Zinne des Tempels oder im Allerheiligsten aufgestellt wird. Aus anderen Bibelstellen erfahren wir, dass sich der Antichrist in den Tempel Gottes setzen und sich vor aller Welt mittels Direktübertragung im Fernsehen als Gott erklären wird. Eine ähnliche Entweihung des Tempels erlebten die Juden in der Zeit von 167 bis 163 v.Chr., als Antiochus IV. Epiphanes aus dem Brandopferaltar einen Zeusaltar machte und auf diesem Schweine opfern ließ. Bis dahin gibt es für die Menschen noch immer den Weg, Jesus Christus im Glauben anzunehmen; dieser Weg wird aber immer härter und schwerer werden, weil diese Gläubigen aus dem wirtschaftlichen Leben ausgeschlossen und bis aufs Blut verfolgt werden. Wenn die Menschen aber das Zeichen des großen

Lügners, der selbst ernannten Gottheit, des Antichristen, angenommen haben, gibt es keinen Weg mehr zurück, und sie sind endgültig vom Himmelreich abgeschnitten. Die Trennung vom wahren Licht wird eine absolute und unwiderrufliche Trennung sein; es ist denn auch ein Pakt mit der Hölle und ein Verkauf der Seele an den großen Widersacher Gottes, den Satan, die alte Schlange und den großen Drachen.

Die weltweite Judenverfolgung ist auch in der Endzeitrede von Jesus Christus in Matthäus 24,15-22 bezeugt: *»Wenn ihr nun den Gräuel der Verwüstung, von dem durch Daniel, dem Propheten, geredet ist, an heiliger Stätte stehen seht – wer es liest, der merke darauf! -, dann sollen die in Judäa auf die Berge fliehen; wer auf dem Dach ist, soll nicht hinabsteigen, um etwas aus seinem Haus zu holen; und wer auf dem Feld ist, soll nicht zurückkehren, um seinen Mantel zu holen. Wehe aber den Schwangeren und den Stillenden in jenen Tagen! Betet aber, dass eure Flucht nicht im Winter geschehe noch am Sabbat; denn dann wird große Drangsal sein, wie sie von Anfang der Welt bis jetzt nicht gewesen ist noch je sein wird. Und wenn jene Tage nicht verkürzt würden, so würde kein Fleisch gerettet werden; aber um der Auserwählten willen werden jene Tage verkürzt werden«.* Mit diesen Versen warnt Christus die Juden, und er rät ihnen dringend, die Flucht so schnell wie möglich zu ergreifen. Sie sollen auch darum beten, dass ihre Flucht nicht im Winter noch am Sabbat geschieht. Die Juden werden in Richtung auf die Berge im Osten fliehen, und die meisten dieser Fluchtwege führen durch die »Wadis«, das sind ausgetrocknete Flussläufe, die sich infolge der heftigen Regenfälle im Winter rasch mit Wasser füllen und zu reißenden Fluten werden. Am Sabbat verkehren in Israel keine öffentlichen Verkehrsmittel, und deshalb werden die Juden große Schwierigkeiten haben zu entkommen. Die Verfolgung der Juden zielt besonders gegen den gläubigen Überrest Israels, gegen diejenigen Juden also, die das Zeichen des Antichristen nicht annehmen und diesen damit auch nicht anbeten wollen.

Eine weitere Stelle ist Offenbarung 12,1-17: *»Und ein großes Zeichen erschien im Himmel: Eine Frau, bekleidet mit der Sonne, und der Mond war unter ihren Füßen und auf ihrem Haupt ein Kranz von zwölf Sternen. Und sie ist schwanger und schreit in Geburtswehen und in Schmerzen und soll gebären. Und es erschien ein anderes Zeichen im Himmel: und siehe, ein großer, feuerroter Drache, der sieben Köpfe und zehn Hörner und auf seinen Köpfen sieben Diademe hatte; und sein Schwanz zieht den dritten Teil der Sterne des Himmels fort; und er warf sie auf die Erde. Und der Drache stand vor der Frau, die im Begriff war, zu gebären, um, wenn sie geboren hätte, ihr Kind zu verschlingen. Und sie gebar einen Sohn, ein männliches Kind, der alle Nationen hüten soll mit eisernem Stab; und ihr Kind wurde entrückt zu Gott und zu seinem Thron«* (Offb 12,1-5). Diese Frau symbolisiert das Volk Israel und das zweite Zeichen, der feuerrote Drachen, ist Satan in seinem grimmigen Zorn. Die sieben Häupter und die zehn Hörner auf seinem Kopf bedeuten, dass Satan seine Macht durch das letzte heidnische Weltreich ausübt. Der Drache reißt mit seinem Schwanz ein Drittel der Sterne mit sich, und auch in dieser Stelle symbolisieren die Sterne Engel. Dies ist die einzige Stelle in der Bibel, in der wir erfahren, dass sich ein Drittel aller von Gott geschaffenen Engel Luzifers Aufstand gegen Gott anschlossen.

Abbildung 7.5: Symbolische Darstellung von Christentum und Judentum am Straßburger Münster aus dem 13. Jahrhundert. Die Frau die das Judentum repräsentiert, trägt eine Augenbinde und eine gebrochene Lanze, mit der sie angeblich die Seite von Christus durchstochen hat. Triumphalistische und Verachtung hervorrufende Bilder wie diese entlarven die tiefen Wurzeln des Antisemitismus, welcher in der Endzeit unter dem Antichristen erneut ausbrechen wird.

Die Flucht der Juden wird uns im Vers 6 von Offenbarung 12 beschrieben: *»Und die Frau floh in die Wüste, wo sie eine von Gott bereitete Stätte hat, damit man sie dort ernähre tausendzweihundertsechzig Tage«.* Die Frau flieht in die Wüste, wo sie eine von Gott bereitete Stätte vorfindet. Die Flucht und die Verfolgung der Frau durch den Drachen werden weiter in den Versen 13-17 von Offenbarung 12 berichtet: *»Und als der Drache sah, dass er auf die Erde geworfen war, verfolgte er die Frau, die das männliche Kind geboren hatte. Und es wurden der Frau die zwei Flügel des großen Adlers gegeben, damit sie in die Wüste fliege, an ihre Stätte, wo sie ernährt wird eine Zeit und zwei Zeiten und eine halbe Zeit, fern vom Angesicht der Schlange. Und die Schlange warf aus ihrem Mund Wasser wie einen Strom hinter der Frau her, um sie mit dem Strom fortzureißen. Und die Erde half der Frau, und die Erde öffnete ihren Mund und verschlang den Strom, den der Drache aus seinem Mund warf. Und der Drache wurde zornig über die Frau und ging hin, Krieg zu führen mit den Übrigen ihrer Nachkommenschaft, welche die Gebote Gottes halten und das Zeugnis Jesu haben«.* Mit den Adlerflügeln wird eine erfolgreiche Flucht nach einer Verfolgung symbolisiert. Israel wurde nach dem Auszug aus Ägypten vom ägyptischen Heer verfolgt, konnte sich aber durch das Eingreifen Gottes in die Wüste Sinai retten, und das ägyptische Heer ging im Meer unter. Auch hier wird Israel von einem Heer verfolgt, und auch hier kann sich Israel dank des Eingreifens Gottes retten, indem sich hier der Boden öffnet und die anstürmenden Truppen verschlingt.

Im Holocaust unter Hitler kam ein Drittel der jüdischen Weltbevölkerung ums Leben. Unter der grimmigen Verfolgung des Antichristen werden zwei Drittel der Juden den Tod finden, und dies ist denn auch die größte aller Judenverfolgungen, die es jemals in der Geschichte des jüdischen Volkes gegeben hat. Während der großen Trübsal wird es vier verschiedene Gruppen von Juden geben. Die erste kann man als die vom Glauben abgefallenen bezeichnen, es sind die »Vielen« aus Daniel 9,27, die das Siebenjahresbündnis mit dem Antichristen eingehen. Diese Gruppe, die etwa zwei Drittel des ganzen Volkes ausmacht, wird während der weltweiten Judenverfolgung in der großen Trübsal ums Leben kommen. Die zweite Gruppe haben wir unter der Bezeichnung der 144.000 bereits kennen gelernt. Es sind die Juden, die vom Heiligen Geist versiegelt werden und die der ganzen Welt das Evangelium predigen. Die dritte Gruppe kann man als »Judenchristen« bezeichnen. Es sind die Juden, die durch die Predigt der 144.000 zum Glauben an Jesus Christus gelangen. Viele von ihnen werden als Märtyrer unter der weltweiten Judenverfolgung den Tod finden. Die vierte Gruppe wird der gläubige Überrest genannt, und diese Gruppe verkörpert die Mehrheit desjenigen Drittels des Volkes, das die große Trübsal überlebt. Während der großen Trübsal werden sie zwar nicht zum Glauben an Jesus Christus finden, aber sie werden auch nicht das Zeichen des Antichristen annehmen, was dazu führt, dass es ihnen nicht mehr möglich ist, am wirtschaftlichen Leben teilzunehmen. Deshalb wird Gott für diese gläubigen Juden in der Wüste sorgen, wie er das damals auch in der Wüste Sinai getan hat, indem er dem Volk Israel auf wundersame Weise Nahrung und Wasser besorgte.

Wo dieser Ort liegt, erfahren wir aus mehreren Stellen. Die erste Stelle ist Matthäus 24,16; dort rät Jesus Christus allen Juden, in die Berge zu fliehen. Den zweiten und dritten Hinweis finden wir in Offenbarung 12,6.14. Nach diesen beiden Stellen muss der Zufluchtsort nicht nur in den Bergen, sondern auch in der Wüste sein. Die letzte Belegstelle ist Jesaja 33,16: *»Der wird auf Höhen wohnen, Felsenfesten sind seine Burg. Sein Brot wird ihm gegeben, sein Wasser versiegt nie«.* Nach dieser Stelle wird der Zufluchtsort »auf der Höhe« liegen, und dieser Ort wird eine »Felsenfeste« sein, also ein Ort, der gut zu verteidigen ist. All diese Hinweise deuten auf die alte Stadt Bozra hin, die im Gebirge Seir lag. Das ist eine sehr felsige Gebirgskette im westlichen Teil des alten Edom, die sich vom Südosten des Toten Meeres bis zur Stadt Akaba erstreckt. Für die genaue Lage der Stadt Bozra werden zwei bestimmte Gegenden vermutet: »Die eine ist das heutige arabische Dorf Buseira, weil es den Namen Bozra bewahrt zu haben scheint, die andere ist die Stadt Petra. Petra liegt in einem Talkessel des Gebirges Seir und ist auf allen Seiten von Bergen und steilen Abhängen umgeben. Es gibt nur einen Weg in die Stadt und aus ihr heraus: zu Fuß oder zu Pferd auf einem schmalen, ungefähr 1,5 Kilometer langen Weg.« [14] Des Weiteren liegt dieses Gebiet im heutigen Jordanien, und dieses Gebiet kann aus Gründen, die nicht genannt werden, vom Antichristen als einziges Gebiet nicht eingenommen werden. Der Grund dafür muss darin liegen, dass Gott seine schützende Hand über dieses Gebiet hält.

7.5.6 Die Schalengerichte

In den Kapiteln 11 bis 13 der Offenbarung wird das Wirken der falschen Dreieinigkeit geschildert, ihr Krieg und Vernichtungsfeldzug gegen alle die Menschen, die nicht davon ablassen, Gott allein zu preisen und anzubeten, und deshalb richtet sich dieser Krieg letztlich gegen Gott. In Offenbarung 14 werden nun sieben feierliche Ankündigungen Gottes beschrieben, die das Scheitern der satanischen Dreieinigkeit ankündigen. Die erste Ankündigung steht in Offenbarung 14,1-5 und zeichnet ein Bild aus dem Tausendjährigen Reich; die 144.000 Juden befinden sich nun zusammen mit Jesus Christus auf dem Berg Zion, und sie tragen den

Namen Gottes an ihren Stirnen. Die zweite Ankündigung in Offenbarung 14,6-7 ist ein letzter dringender Aufruf an die Welt, das Evangelium von Jesus Christus anzunehmen. Angesichts der kommenden Zornschalengerichte sollen die Menschen den anbeten, der Himmel und Erde erschaffen hat. Die dritte Ankündigung steht in Offenbarung 14,8 und sagt den Sturz des politischen Babylon voraus. Wie die Hure Babylon als Symbol für die abgefallene Kirche steht, so steht das politische Babylon als Symbol für die Machtzentrale des Antichristen. Die vierte Ankündigung wird uns in Offenbarung 14,9-12 berichtet und ist an die Menschen gerichtet, die das Zeichen des Tieres annehmen, denn für sie gibt es kein Zurück mehr. In dieser Zeit wird niemand das Zeichen des Tieres aus Unwissenheit annehmen, denn das Evangelium wurde in der ersten Hälfte der großen Trübsal durch den Dienst der 144.000 der ganzen Welt verkündet. Die fünfte Ankündigung in Offenbarung 14,13 ist ein Wort der Ermutigung und des Trostes an die Heiligen, die in der zweiten Hälfte der großen Trübsal durch die schwere Verfolgung sterben werden. Die sechste Ankündigung in Offenbarung 14,14-16 bezieht sich auf eine große Ernte, die ein Bild für Menschen ist, die im Glauben an Jesus Christus zu Gott finden. Die siebte und letzte Ankündigung in Offenbarung 14,17-20 sagt die Weinkelter an, die ein Symbol für das Gericht ist. Diese Kelter, die die Schärfe des göttlichen Zorns symbolisiert, wird außerhalb von Jerusalem getreten und ist eine Vorausschau auf die Schlacht von Harmagedon.

Die siebte Posaune beendet die Ereignisse um die Mitte der großen Trübsal und kündet die Schalengerichte der zweiten Hälfte der großen Trübsal an. Das Vorspiel zu den Schalengerichten wird in Offenbarung 15,1 – 16,1 beschrieben: »*Und ich sah ein anderes Zeichen am Himmel, groß und wunderbar: Sieben Engel, die sieben Plagen hatten, die letzten; denn in ihnen wurde der Grimm Gottes vollendet*« (Offb 15,1). Den sieben Engeln werden die Schalen übergeben, und darauf füllt sich der himmlische Tempel mit der Herrlichkeit Gottes. Anschließend wird das himmlische Heiligtum verschlossen, bis die sieben Schalengerichte vollstreckt sind. Aus dem himmlischen Tempel erschallt dann eine Stimme mit dem Befehl, die Schalen mit dem Zorn Gottes auf die Erde auszugießen. Die ersten fünf Schalengerichte werden in Offenbarung 16,2-11 beschrieben. Das erste ist offensichtlich nur gegen diejenigen gerichtet, die das Zeichen des Tieres tragen, die unter einer Art Hautausschlag leiden, der große Schmerzen verursacht. Das zweite Schalengericht verwandelt das gesamte Meereswasser in Blut, sodass alles Leben im Meer vernichtet wird. Das dritte Schalengericht verwandelt das gesamte Süßwasser in Blut; dies ist die Rache an den Menschen, die das Blut der Heiligen vergossen haben und nun selbst Blut zum Trinken erhalten. Das vierte Schalengericht lässt die Temperatur der Sonne derart ansteigen, dass die Menschen von der Hitze versengt werden. Das fünfte Schalengericht löst die vierte Finsternis der Endzeit aus und verfinstert den gesamten Machtbereich des Tieres. Gleichzeitig überfällt die Menschen ein nagender Schmerz, der statt Reue noch schlimmere Gotteslästerungen auslöst.

7.5.7 Die Schlacht von Harmagedon

Die Schlacht von Harmagedon wird mit der sechsten Zornschale eingeleitet: »*Und der sechste goss seine Schale aus auf den großen Strom Euphrat; und sein Wasser vertrocknete, damit der Weg der Könige von Sonnenaufgang her bereitet wurde. Und ich sah aus dem Mund des Drachen und aus dem Mund des Tieres und aus dem Mund des falschen Propheten drei unreine Geister kommen, wie Frösche; denn es sind Geister von Dämonen, die Zeichen tun, die ausziehen zu den Königen des ganzen Erdkreises, sie zu versammeln zu dem Krieg des großen Tages Gottes, des Allmächtigen. – Siehe, ich komme wie ein Dieb. Glückselig, der wacht und seine Kleider bewahrt, damit er nicht nackt umhergehe und man nicht seine Schande sehe! – Und er versammelte sie an den Ort, der auf Hebräisch Harmagedon heißt*« (Offb 16,12-16). Die drei unreinen Geister der satanischen Dreieinigkeit, die in diesen Versen als Dämonen bezeichnet werden, bringen es zustande, alle Könige und Völker der Erde zur großen Schlacht gegen das jüdische Volk zu versammeln. Die »Schlacht von Harmagedon« ist eigentlich der falsche Ausdruck für diese Schlacht, denn in Harmagedon findet »nur« die Versammlung der Heere des Antichristen statt. Den Namen »Harmagedon« kann man mit den Worten »Berg von Megiddo« übersetzen. Megiddo war eine strategisch wichtige Stadt am Westende der Ebene Jesreel, von der aus der berühmte Pass von Megiddo beherrscht wurde und von der aus man die ganze Ebene Jesreel überblicken konnte. Eine weitere Stelle dazu ist Joel 4,9-11, die den Aufmarsch dieser Völker aus der Sicht Gottes beschreibt, und dieses Wort aus der Perspektive Gottes ist reiner Spott, denn die Völker werden ermuntert, ihre landwirtschaftlichen Werkzeuge und Geräte in Kriegswaffen umzuschmieden. Während die satanische Dreieinigkeit die Völker versammelt, um die Juden zu vernichten, verfolgt Gott seine eigene Absicht, wenn er diesen Aufmarsch zulässt.

Zwischen der sechsten Zornschale in Offenbarung 16,12-16 und Offenbarung 19, wo der Untergang von Babylon im Himmel gefeiert wird, wird in den Kapiteln 17 und 18 das große Babylon und dessen Untergang beschrieben. Die Hure Babylon haben wir bereits als die abgefallene Kirche kennen gelernt, die aber zur Mitte der Trübsalszeit vom Antichristen zerstört wird. Beim Untergang Babylons, der in Offenbarung 18 beschrieben wird, geht es um das politische Babylon, das die Machtzentrale und das wirtschaftliche Zentrum der Welt während der großen Trübsal sein wird. Welche Stadt der Sitz dieses Machtzentrums sein wird, teilt die Heilige Schrift nicht mit. Rom kann es nicht sein, da Rom nicht für das politische und wirtschaftliche Zentrum steht, sondern für das religiöse. Es kann sich dabei aber auch nicht um die wieder aufgebaute Stadt Babylon handeln, denn erstens wurde diese in der Vergangenheit zerstört und ist seit vielen Jahrhunderten nicht mehr bewohnt, und zweitens ist es nur schwer vorstellbar, dass eine »Geisterstadt« im heute bedeutungslosen Irak neu zu solcher Blüte erstehen kann, dass daraus die neue Weltmetropole des Antichristen entstehen könnte. Die einzige heute existierende Stadt, die für das politische Babylon überhaupt in Frage kommen könnte, ist die Stadt New York. Dies aus folgenden drei Gründen: Erstens liegt die Stadt New York am Wasser, zweitens steht die Wall-Street und im Besonderen der Dow-Jones-Index bereits heute als Symbol für die Weltwirtschaft, und drittens steht der Hauptsitz der UNO in New York, und die UNO ist bereits heute der Inbegriff für eine Welteinheitsregierung, also für das politische Babylon.

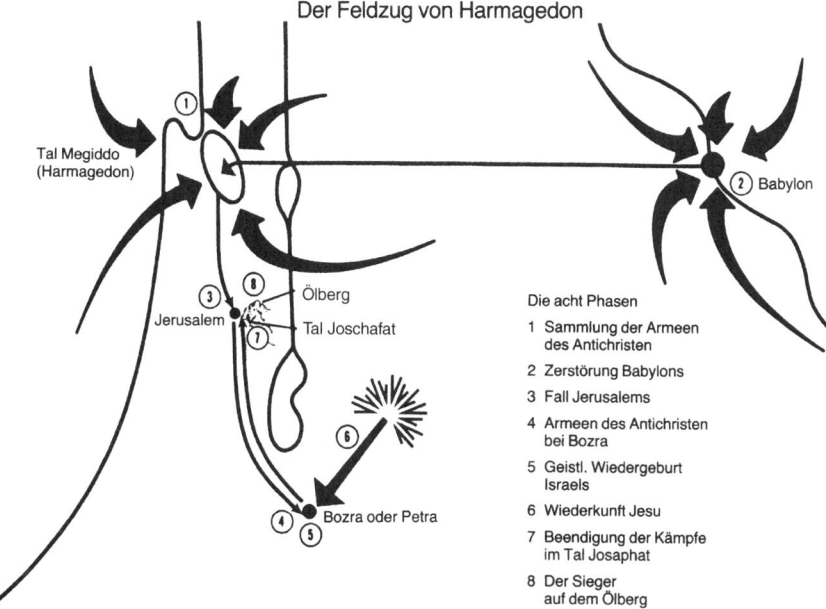

Abbildung 7.6: Auf dieser Grafik ist der Feldzug von Harmagedon abgebildet, der, wie aus der Grafik ersichtlich ist, in acht Phasen abläuft.

»Die Kaufleute dieser Dinge, die an ihr reich geworden sind, werden aus Furcht vor ihrer Qual von fern stehen, weinend und trauernd, und werden sagen: Wehe, wehe! Die große Stadt, die bekleidet war mit feiner Leinwand und Purpur und Scharlachstoff und übergoldet mit Gold und Edelgestein und Perlen! Denn in einer Stunde ist der so große Reichtum verwüstet worden«* (Offb 18,15-17). Wenn man diese Verse liest, könnte es sich dabei aber auch generell um den Zusammenbruch der Weltwirtschaft handeln, denn die große Trübsal nähert sich dem absoluten Höhepunkt der Gerichte Gottes.

Von der Ebene Jesreel aus wenden sich die Heere des Antichristen nach Süden und marschieren auf Jerusalem zu, um diese Stadt zu erobern. Diese Eroberung wird den angreifenden Streitkräften aber nicht so leicht gemacht, da Gott die Juden mit großer Kraft und Energie erfüllen wird, und die Juden leisten denn auch großen und heftigen Widerstand. Aber trotz allem Widerstand werden die Armeen des Antichristen die Stadt Jerusalem erobern. Nach der Eroberung von Jerusalem werden sich die Armeen des Antichristen in Bozra versammeln, um den Überrest Israels zu vernichten. Mit dieser Versammlung der Heere des Antichristen in Bozra brechen die letzten drei Tage der großen Trübsal an. Vor der Wiederkunft Christi muss nun aber zuerst die nationale Wiedergeburt des Volkes Israel geschehen, indem das Volk die Sünde bekennt, die es als Volk begangen hat, indem sie den Messias verworfen hat. Diese nationale Erneuerung wird uns in Hosea 6,1-3 berichtet: *»Kommt und lasst uns zum HERRN umkehren! Denn er hat zerrissen, er wird uns auch heilen; er hat geschlagen, er wird uns auch verbinden. Er wird uns nach zwei Tagen neu beleben, am dritten Tag uns aufrichten, dass wir vor seinem Angesicht leben. So lasst uns ihn erkennen, ja, lasst uns nachjagen der Erkenntnis des HERRN! Sicher wie die Morgenröte ist sein Hervortreten. Er kommt wie der Regen zu uns, wie der Spätregen, der die Erde benetzt«.* So wie die Führer einst das Volk dazu verleiteten, Jesus als Messias zu verwerfen, werden sie nun dem Volk dabei helfen, ihn als den Messias anzunehmen. Dieses Sündenbekenntnis des ganzen Volkes wird zwei Tage dauern und das erneuerte Volk Israel wird sich zu Jesus Christus hinwenden und wird ihn in ihrer großen Not darum bitten, auf die Erde zurückzukommen, um sie aus dieser verzweifelten Lage zu erretten.

7.5.8 Die Wiederkunft des Messias

Um die Wiederkunft des Messias am Ende der großen Trübsal wirklich verstehen zu können, ist es notwendig, dass wir um ca. 2000 Jahre in die Vergangenheit zurückblenden, in die Zeit seines Dienstes auf Erden, ins damals von den Römern besetzte Palästina. Während seines Dienstes vollbrachte Jesus Christus viele Wunder, deren Sinn darin bestand, seine eigene Vollmacht als der Messias und die seiner Botschaft als das Evangelium vom Reich Gottes zu belegen. Zu diesen vielen Wundern gehörte auch das Austreiben von Dämonen, das auch im Judentum praktiziert wurde. Diesen jüdischen Exorzisten gelang die Austreibung aber nur, wenn sie mit dem Dämon eine Sprachverbindung herstellen konnten, um seinen Namen zu erfahren, sie waren aber machtlos gegenüber stummen Dämonen, denn mit diesen war keine Kommunikation möglich. Das Austreiben von stummen Dämonen war nach jüdischer Theologie aber nur dem Messias möglich. In Matthäus 12,22 berichtet die heilige Schrift, wie Jesus einen stummen Dämon austrieb, und da das nur dem Messias zugetraut wurde, stellten sich die Menschen die Frage, ob Jesus der Messias sei. Aber sie waren nicht bereit, diese Entscheidung selbst zu fällen, sondern sie blickten zu ihren religiösen Führern auf und erwarteten von diesen eine Entscheidung. Diese konnten nun zwischen den beiden Möglichkeiten wählen: Ist Jesus der Messias oder ist er es nicht? Wenn sie sich nun für letzteres entscheiden sollten, müssten sie den Menschen erklären, weshalb Jesus diese Wunder, die man ausschließlich dem Messias zutraute, vollbringen konnte. Die Führer des Volkes weigerten sich aber, ihn als den Messias anzuerkennen, und erklärten die Macht Jesu, Wunder zu vollbringen, mit der Behauptung **Jesus selbst sei von Dämonen besessen,** und zwar vom Fürsten der Dämonen selbst, dem »Beelzebub«, was »Herr der Fliegen« bedeutet. Diese Behauptung war denn für Jesus auch der »Sauerteig« der Pharisäer, vor dem Jesus seine Jünger warnte. Hierin bestand denn auch die Sünde dieser Generation, und damit hatten sie die unvergebbare Sünde begangen, dass sie den Heiligen Geist lästerten.

Nach der Verwerfung seiner Messianität durch die religiösen Führer und das Volk änderte Jesus die Art, aber auch die Absicht der Wunder, denn das Urteil war gefällt und Jesus weigerte sich, ihnen ein weiteres Zeichen seiner Messianität zu geben, außer dem Zeichen des Jona. Denn wie Jona drei Tage und drei Nächte im Bauch des Fisches verbringen musste, so würde der Menschensohn drei Tage und drei Nächte im Schoße der Erde sein. Dieses Zeichen der Auferstehung konnte die damalige Generation zweimal erleben: einmal bei der Auferweckung des Lazarus und einmal bei der Auferstehung des Herrn. Die ersten beiden Zeichen wurden von den Juden abgelehnt, aber das dritte dieser Zeichen, die Auferstehung der zwei Zeugen in der großen Trübsal, werden viele Menschen annehmen. Die Pharisäer kamen in der Folge immer wieder zu Jesus und verlangten von ihm ein Zeichen seiner Messianität, aber Jesus gab ihnen nur noch das Zeichen des Jona. Die Auferweckung des Lazarus, die in Johannes 11,1-44 beschrieben wird, ist das erste Jonazeichen, das Jesus offenbarte. Die Auferstehung des Lazarus wurde von Jesus ganz bewusst als ein Zeichen von Jona inszeniert, um des Volkes willen, damit sie erkennen konnten, dass er tatsächlich der Messias war. Einige der Juden reagierten denn auch richtig und glaubten ihm, dass er der Messias war. Aber die anderen wollten diese Entscheidung weiterhin nicht selbst fällen und wandten sich mit dieser Entscheidung an ihre religiösen Führer. Der Hohe Rat versammelte sich darauf, um darüber zu beschließen, wie sie auf das Zeichen des Jona, das Jesus ihnen mit der Auferstehung des Lazarus gegeben hatte, antworten sollten. Aber in ihrer Ablehnung seiner Messianität gingen sie nun gar noch einen Schritt weiter und suchten nach einer Gelegenheit, Jesus zu töten.

Eine weitere Stelle zu der Frage nach der Art der unvergebbaren Sünde des Volkes Israel ist Lukas 19,41-44. Diese Stelle beschreibt den begeistert gefeierten Einzug Jesu in Jerusalem, bei dem Tausende von Juden riefen: »Hosianna, gelobt sei, der da kommt im Namen des Herrn«. Das ist im Judentum ein offizieller Gruß für den Messias (Ps 118,26). Obwohl die jüdischen Massen Jesus als den Messias ausriefen, hatten die jüdischen Führer die unvergebbare Sünde bereits begangen. Jesus verurteilt denn auch im Besonderen die Schriftgelehrten und Pharisäer verschiedene Male wegen ihrer Heuchelei und vor allem deshalb, weil sie das Volk zur Verwerfung des Messias verführt haben. Denn vor allem die religiösen Führer hätten es wissen müssen und haben es wahrscheinlich auch gewusst: Jesus Christus war der Messias. Aber sie verwarfen ihn deshalb, weil er aufgrund seiner Person und seinem Handeln nicht in das von ihnen selbst gemachte Bild des Messias passte. Denn sie hatten den vollständigen Kanon des Alten Testaments in Händen, sie hatten die Predigt von Johannes dem Täufer gehört, und sie hatten Jesus, den Messias, leibhaftig bei sich, der unter ihnen lebte und sich ihnen mit seinen Wundern und Zeichen als Messias auswies. Aber sie lehnten dann auch das zweite Zeichen des Jona ab, die Auferstehung am dritten Tage, und brachten statt der Wahrheit eine infame Lüge über den Verbleib des Leibes Christi in Umlauf. Bevor nun Israel von seiner Sünde gereinigt wird und Christus kommt, um sein Reich aufzurichten, muss Israel erst zu dem einen hinschauen, den es durchbohrt hat, und ihn um seine Wiederkunft bitten. Nur wenn sich die Juden von ihrer Sünde reinigen, bekommen sie Anteil an den Segnungen des messianischen Reiches.

Bozra wird also der Ort seiner Ankunft sein, und nicht, wie viele annehmen, der Ölberg, auf den er als Sieger seinen Fuß setzen wird. Dies wird zwar auch noch geschehen, aber erst etwas später. Dies erfahren wir auch vom Propheten Jesaja in den Versen 63,1-6: *»Wer ist der, der von Edom kommt, von Bozra in grellroten Kleidern, er, der prächtig ist in seinem Gewand, der stolz einherzieht in der Fülle seiner Kraft? – Ich bin's, der in Ge-*

rechtigkeit redet, der mächtig ist zu retten. – Warum ist Rot an deinem Gewand und sind deine Kleider wie die eines Keltertreters? – Ich habe die Kelter allein getreten, und von den Völkern war kein Mensch bei mir. Ich zertrat sie in meinem Zorn und zerstampfte sie in meiner Erregung. Und ihr Saft spritzte auf meine Kleider, und ich besudelte mein ganzes Gewand. Denn der Tag der Rache war in meinem Herzen, und das Jahr meiner Vergeltung war gekommen. Und ich blickte umher, aber da war keiner, der half. Und ich wunderte mich, aber da war keiner, der mich unterstützte. Da hat mein Arm mir geholfen, und mein Grimm, der hat mich unterstützt. Und ich trat die Völker nieder in meinem Zorn und machte sie trunken in meiner Erregung, und ich ließ ihren Saft zur Erde rinnen«. Der Prophet Jesaja beginnt ein Frage und Antwortspiel mit der erhabenen Gestalt, die gerade aus dem Land Edom und von der Stadt Bozra herkommt. Es ist der Messias der Juden, Jesus Christus, denn nur er kann sagen: »Ich, der ich von Gerechtigkeit rede!«, und nur einer hat die »Macht zu retten«. Das blutbefleckte Kleid stammt von einer Schlacht bei der Stadt Bozra, und Jesus kämpfte ganz alleine gegen die Völker.

Die Art seines zweiten Kommens wird in Matthäus 24,30 beschrieben: *»Und dann wird das Zeichen des Sohnes des Menschen am Himmel erscheinen; und dann werden wehklagen alle Stämme des Landes, und sie werden den Sohn des Menschen kommen sehen auf den Wolken des Himmels mit großer Macht und Herrlichkeit«.* Zuerst wird das Zeichen des Sohnes des Menschen, also das Zeichen von Jesus Christus erscheinen, und alle Menschen auf der Erde werden dieses Zeichen sehen. Dann wird der Messias mit den Wolken des Himmels kommen, und er kommt dieses Mal mit aller Macht und Herrlichkeit, um die Erde von ihrer Sünde zu befreien und das messianische Reich zu gründen. Seine Wiederkunft wird auch in Offenbarung 19,11-16 beschrieben, und dort wird Jesus als ein Reiter auf einem weißen Pferd geschildert, der als Richter der Welt auf die Erde kommt, um gegen die Völker Krieg zu führen, und auch in dieser Vision sind seine Kleider mit Blut besprengt. Aber Jesus Christus kommt nicht alleine auf die Erde zurück, sondern ihm folgen zwei Armeen, die »Heerscharen des Herrn« oder die Armee der Engel und das »Heer der Heiligen«, das ist die Gemeinde Christi, die vor der großen Trübsal in den Himmel entrückt wurde. Diese beiden Armeen kommen zwar mit Jesus Christus auf die Erde zurück, aber sie werden an dem anschließenden Kampf nicht teilnehmen, denn der Messias wird seine Schlacht alleine schlagen. Erst bei der Wiederkunft des Messias werden die Heidenvölker erkennen, dass Gott sein Volk Israel nicht für immer verstoßen hat. Das Gericht über Israel und seine weltweite Zerstreuung geschah vor allem wegen der Verwerfung des Messias Jesus, und deshalb verbarg Gott sein Angesicht eine zeitlang und ließ zu, dass die Völker die Juden verfolgten. In Offenbarung 19,19 wird uns weiter berichtet, dass das Tier und die Könige der Erde ihre Heere versammelt haben, um mit dem Reiter auf dem weißen Pferd, also mit Jesus Christus, Krieg zu führen. Diese Schlacht zwischen Christus und dem Antichristen beginnt zwar in Bozra, wird sich aber bis zu den östlichen Mauern Jerusalems hinziehen, die das Kidrontal, das Tal Josachaf, überblicken.

Nachdem der Antichrist die Welt mit großer Macht regiert und in seinem Größenwahn gegen Gott den Allmächtigen fürchterliche Lästerungen ausgestoßen hat, wird der falsche Sohn vor Christus völlig machtlos sein. Der selbst ernannte »Gott« wird von Jesus nicht mit Gewalt getötet, sondern einzig durch sein Machtwort. Die Menschen werden den Leichnam des Antichristen sehen und darüber erstaunt sein, dass der Beherrscher der ganzen Welt gegen Jesus völlig machtlos war und ohne große Mühe zu Tode kam. In der Zwischenzeit geht das Gemetzel unter den Armeen weiter und der Messias schreitet voller Zorn durch das Land. Er tritt die Völker nieder unter seinen Füßen und ihr Blut besudelt seine Kleider. Von der Gerichtskelter im Tal Josachaf, das außerhalb von Jerusalem liegt, spricht Offenbarung 14,19-20. Nachdem der Kampf zu Ende ist, besteigt der Sieger den Ölberg, wie in Sacharja 14,3-5 geschrieben steht: *»Dann wird der HERR ausziehen und gegen jene Nationen kämpfen, wie er schon immer gekämpft hat am Tag der Schlacht. Und seine Füße werden an jenem Tag auf dem Ölberg stehen, der vor Jerusalem im Osten liegt; und der Ölberg wird sich von seiner Mitte aus nach Osten und nach Westen spalten zu einem sehr großen Tal, und die eine Hälfte des Berges wird nach Norden und seine andere Hälfte nach Süden weichen. Und ihr werdet in das Tal meiner Berge fliehen, und das Tal der Berge wird bis Azal reichen. Und ihr werdet fliehen, wie ihr vor dem Erdbeben geflohen seid in den Tagen Usijas, des Königs von Juda. Dann wird der HERR, mein Gott, kommen und alle Heiligen mit ihm«.* An diesem Tag wird Jesus Christus als Sieger über die Heere des Antichristen auf dem Ölberg stehen, und im Anschluss daran werden sich einige Naturkatastrophen ereignen; denn das siebte Schalengericht steht noch aus.

Beim Ausgießen der siebten Schale ruft eine Stimme: »Es ist geschehen«, und mit dieser Schale ist die große Trübsal beendet: *»Und der siebente goss seine Schale aus in die Luft; und es kam eine laute Stimme aus dem Tempel vom Thron her, die sprach: Es ist geschehen. Und es geschahen Blitze und Donner; und ein großes Erdbeben geschah, desgleichen nicht geschehen ist, seitdem ein Mensch auf der Erde war, ein so gewaltiges, so großes Erdbeben. Und die große Stadt wurde in drei Teile gespalten, und die Städte der Nationen fielen, und der großen Stadt Babylon wur-*

de vor Gott gedacht, ihr den Kelch des Weines des Grimmes seines Zornes zu geben. Und jede Insel verschwand, und Berge wurden nicht gefunden.

Und ein großer Hagel, wie zentnerschwer, fällt aus dem Himmel auf die Menschen nieder; und die Menschen lästerten Gott wegen der Plage des Hagels, denn seine Plage ist sehr groß« (Offb 16,17-21). Nun ist es also vollbracht, der Zorn Gottes ist beendet, und es finden große Veränderungen in der Natur statt, auf die wir später zu sprechen kommen. Es wird ein so gewaltiges und schweres Erdbeben stattfinden, wie es in der Geschichte dieser Welt noch nicht geschehen ist. Dieses Beben wird die Stadt Jerusalem in drei Teile aufspalten, und die Städte der Heiden werden durch das Beben zerstört. Wenn Jesus als Sieger auf dem Ölberg steht, wird sich der Ölberg in zwei Teile spalten, und in der Mitte entsteht ein großes Tal, das in ost-westlicher Richtung verläuft. Es wird den jüdischen Einwohnern Jerusalems einen Fluchtweg vor dem Erdbeben öffnen, das die Stadt zerstören wird. Zu dieser Zeit ereignet sich noch eine weitere Naturkatastrophe, nämlich die fünfte und letzte totale Finsternis. Obwohl sehr viele Heiden in den weltweiten Konflikten und vor allem beim Feldzug von Harmagedon in dem furchtbaren Gemetzel vernichtet werden, wird doch eine Anzahl von Heiden noch am Leben sein, und über diese wird das Gericht gehalten, wie uns das in Matthäus 25,31-33 geschildert wird: *»Wenn aber der Sohn des Menschen kommen wird in seiner Herrlichkeit und alle Engel mit ihm, dann wird er auf seinem Thron der Herrlichkeit sitzen; und vor ihm werden versammelt werden alle Nationen, und er wird sie voneinander scheiden, wie der Hirte die Schafe von den Böcken scheidet. Und er wird die Schafe zu seiner Rechten stellen, die Böcke aber zu seiner Linken«.* Der Richter ist Jesus Christus, und er wird auf einem Thron sitzen, der im Tal Josachaf von seiner Herrlichkeit umstrahlt wird. Es ist ein Gericht, in das jeder hinein kommt, und alle Heiden werden in zwei große Gruppen aufgeteilt: Die Schafe stehen für diejenigen Menschen, die sich an der Verfolgung der Juden nicht beteiligt haben, die also »für Israel« waren; die Böcke stehen für die Menschen, die »gegen Israel« waren. In den Versen 34-40 wendet sich Jesus Christus zuerst den »Schafen« zu, also den Menschen, die den Juden in der großen Judenverfolgung, der großen Trübsal, geholfen haben, und für diese gute Taten dürfen sie in das messianische Reich eingehen. In den Versen 41-45 wendet sich Jesus Christus den »Böcken« zu seiner Linken zu, also den Menschen, die den Juden in der großen Verfolgung nicht geholfen haben oder sie gar an ihre Verfolger auslieferten, und diese Menschen werden getötet und in die Hölle geschickt. Dieses Gericht geschieht denn auch nicht aufgrund von Werken. In der Trübsalszeit werden die Juden für die Glaubenden oder Nichtglaubenden zur Scheidelinie, denn nur Gläubige werden es wagen, die Anordnungen des Antichristen zu übertreten und den Juden zu helfen. Diese Gläubigen handeln demnach aus Glauben. Das wird durch ihre Werke bestätigt, und sie werden folgerichtig auch durch ihren Glauben gerettet.

7.6 Das Reich Gottes

7.6.1 Die Zwischenzeit

Die große Trübsal wird dann beendet sein, wenn der Sieger, der Herr Jesus Christus, seinen Fuß auf den Ölberg setzt. Dann sind zwar die sieben Jahre der großen Trübsal erfüllt, aber das Tausendjährige Reich folgt nicht unmittelbar auf den letzten Tag der großen Trübsal, sondern die Heilige Schrift erwähnt eine Zwischenzeit. In dieser Zwischenzeit erfolgt eine Reinigung, damit das Tausendjährige Reich auf einer gereinigten Erde beginnen kann. Daniel 12,11-12 spricht sehr deutlich von einer solchen Zwischenzeit: »*Und von der Zeit an, in der das regelmäßige Opfer abgeschafft wird, um den verwüstenden Gräuel einzusetzen, sind es 1.290 Tage. Glücklich, wer ausharrt und 1.335 Tage erreicht*«. In früheren Darlegungen sind wir immer wieder auf die Zahl von 1.260 gestoßen, die den dreieinhalb Jahren der ersten und auch der zweiten Hälfte der großen Trübsal entsprechen. Der Antichrist setzte sich in der Mitte der Trübsal in das Allerheiligste und erklärte sich zum Gott, und mit dieser Proklamation wurde im Tempel auch sein Standbild aufgestellt. Der Antichrist darf seine antigöttliche Herrschaft 1.260 Tage ausüben, dann wird er von Jesus Christus getötet. Aber das Bildnis im Tempel darf aufgrund dieser Stelle des Propheten Daniel noch weitere 30 Tage dort stehen bleiben und den Tempel entweihen. Nach diesen 30 Tagen wird der Tempel zerstört, und damit wird auch der Gräuel der Verwüstung beseitigt. Die zweite Zahl, die in dieser Vision des Propheten Daniel genannt wird, ist 1.335 Tage, also eine Zeitspanne, die 75 Tage über die 1.260 Tage hinausreicht. Der Segen besteht nun darin, dass diejenigen, die bis zum 75. Tag der Zwischenzeit am Leben bleiben, den Beginn des messianischen Reiches erleben dürfen.

Nach dem Gericht über die Heiden erfolgt nun das Gericht über die unheilige Trinität, den Antichristen, den falschen Propheten und den Satan, die alte Schlange. Das Gericht über den Antichristen und über den falschen Propheten wird uns in Offenbarung 19,20 berichtet: »*Und es wurde ergriffen das Tier und der falsche Prophet – der mit ihm war und die Zeichen vor ihm tat, durch die er die verführte, die das Malzeichen des Tieres annahmen und sein Bild anbeteten – lebendig wurden die zwei in den Feuersee geworfen, der mit Schwefel brennt*«. In diesen Versen liegt eine gewisse Ironie, denn die »erste Auferstehung« ist nur für Menschen bestimmt, die vor Gott gerecht sind, die »zweite Auferstehung« hingegen ist bestimmt für alle von Gott Verdammten. »Christus war der Erstling der Auferstehung, und die Ironie besteht nun darin, dass der falsche Sohn die Rolle, die er bis dahin gespielt hat, auch bis zum Letzten spielen darf, indem er der Erstling der zweiten Auferstehung aller Verdammten wird.« [15] Mit dem Antichristen zusammen erleidet auch der falsche Prophet das gleiche Schicksal, und sie werden beide in den Feuersee geworfen. Anschließend wird der Satan, das falsche Abbild des Vaters nach Offenbarung 20,1-3, in den Abgrund geworfen: »*Und ich sah einen Engel aus dem Himmel herabkommen, der den Schlüssel des Abgrundes und eine große Kette in seiner Hand hatte. Und er griff den Drachen, die alte Schlange, die der Teufel und der Satan ist; und er band ihn tausend Jahre und warf ihn in den Abgrund und schloss zu und versiegelte über ihm, damit er nicht mehr die Nationen verführe, bis die tausend Jahre vollendet sind. Nach diesem muss er für kurze Zeit losgelassen werden*«. Im Gegensatz zum Antichristen und dem falschen Propheten, die im Feuersee enden und damit in Zukunft keine Rolle mehr spielen werden, wird der Satan von einem gewöhnlichen Engel gebunden und für tausend Jahre in den Abgrund verbannt. Aber der Satan wird noch einmal für kurze Zeit freigelassen werden, damit er die Menschheit noch einmal auf die Probe stellen kann.

Mit dem Gericht über die Heiden sowie den Gerichten über die unheilige Dreieinigkeit ist die Erde von allen ungläubigen Menschen gereinigt worden. Als Nächstes wird die Auferstehung der Heiligen vorbereitet, die uns in Offenbarung 20,4 geschildert wird: »*Und ich sah Throne, und sie setzten sich darauf, und das Gericht wurde ihnen übergeben; und ich sah die Seelen derer, die um des Zeugnisses Jesu und um des Wortes Gottes willen enthauptet worden waren, und die, welche das Tier und sein Bild nicht angebetet und das Malzeichen nicht an ihre Stirn und an ihre Hand angenommen hatten, und sie wurden lebendig und herrschten mit dem Christus tausend Jahre*«. An dieser Auferstehung werden die Heiligen der großen Trübsal, die den Märtyrertod gestorben sind, teilhaben wie auch alle Heiligen des Alten Bundes. Sie alle werden zum Hochzeitsfest des Lammes eingeladen, mit dem das Tausendjährige Reich eröffnet wird, jene lange und gesegnete Epoche, nach der die Propheten und die Heiligen voller Sehnsucht Ausschau gehalten haben. Dass an dieser ersten Auferstehung die Ungläubigen nicht beteiligt sind, wird uns auch von Offenbarung 20,5-6 bestätigt: »*Die übrigen der Toten wurden nicht lebendig, bis die tausend Jahre vollendet waren. Dies ist die erste Auferstehung. Glückselig und heilig, wer teilhat an der ersten Auferstehung! Über diese hat der zweite Tod keine Macht, sondern sie werden Priester Gottes und des Christus sein und mit ihm herrschen tausend Jahre*«. Diejenigen, die an der ersten

Auferstehung teilhaben, über diese hat der zweite Tod keine Macht, und sie werden Priester Gottes und des Christus sein und mit ihm tausend Jahre herrschen. Bei diesen Auferstandenen kann es sich nur um gläubige Menschen handeln, denn sonst würden sie nicht »Priester Gottes« genannt, denn es ist nicht denkbar, das Ungläubige Priester Gottes und des Christus genannt werden. Dies ist genau so unmöglich wie das Licht (Jesus) keine Gemeinschaft haben kann mit der Finsternis (Satan).

7.6.2 Die neue Welt [16]

Wir stehen nun am Beginn eines neuen Zeitalters, an der Schwelle des Tausendjährigen Reiches, des Reiches des Friedens und der Gerechtigkeit, das durch Jesus Christus als König regiert wird. Dieses Reich wird zwar auf dieser Erde gegründet, aber diese Erde wird nicht mehr die gleiche sein, wie wir sie heute kennen, denn es werden starke Veränderungen topografischer und biologischer Art stattfinden. Im Abschnitt 2.2.2 haben wir die Grafik »Die fünf Seinszustände der Schöpfung« behandelt. Auf dieser Übersicht ist ersichtlich, dass die Schöpfung Gottes fünf verschiedene Stadien durchläuft. Die anfänglich gute Schöpfung fiel durch den Sündenfall in den Zustand der »verfluchten Erde«. Dieser Seinszustand war aber geprägt von einer sehr lebensfreundlichen Strato- und Atmosphäre, was zu einer sehr üppigen Pflanzen- und Tierwelt führte und auch die Begründung dafür war, dass die Menschen damals für heutige Verhältnisse sehr lange lebten. Durch den Einbruch der Sintflut ist dieses damalige Ökosystem völlig zusammengebrochen, und wir befinden uns seither auf der absolut tiefsten Stufe der Schöpfung und sind somit weit von der ursprünglich »sehr guten« Schöpfung Gottes entfernt. Durch die erschütternden Gerichte der großen Trübsal wird die Schöpfung wieder auf einen höheren Seinszustand angehoben, und dieser Seinszustand wird, was die Natur anbelangt, wieder ähnlich lebensfreundlich sein wie die vorsintflutliche Welt. Aber auch der Seinszustand des Milleniums ist nicht der endgültige Seinszustand. Denn der wird uns in Offenbarung 21 und 22 prophezeit, wo Johannes den neuen Himmel und die neue Erde sieht. Im Tausendjährigen Reich befinden wir uns immer noch auf der »guten alten« Erde, die zwar durch die erschütternden Gerichte topografisch und biologisch verändert, aber nicht neu geschaffen wird.

Die Veränderungen an der Erde werden uns vor allem in Jesaja 65,17-25 berichtet. Obwohl Jesaja in diesen Versen von einem neuen Himmel und einer neuen Erde spricht, meint er nicht die neue Schöpfung, sondern sein Blick ist in das Tausendjährige Reich gerichtet. *»Denn siehe, ich* *schaffe einen neuen Himmel und eine neue Erde. Und an das Frühere wird man nicht mehr denken, und es wird nicht mehr in den Sinn kommen. Vielmehr freut euch und frohlocket allezeit über das, was ich schaffe! Denn siehe, ich schaffe Jerusalem zum Frohlocken und sein Volk zur Freude. Und ich werde über Jerusalem frohlocken und über mein Volk mich freuen. Und die Stimme des Weinens und die Stimme des Wehgeschreis wird darin nicht mehr gehört werden. Und es wird dort keinen Säugling mehr geben, der nur wenige Tage alt wird, und keinen Greis, der seine Tage nicht erfüllte. Denn der Jüngste wird im Alter von hundert Jahren sterben, und wer das Alter von hundert Jahren nicht erreicht, wird als verflucht gelten. Sie werden Häuser bauen und bewohnen, und Weinberge pflanzen und ihre Frucht essen. Sie werden nicht bauen und ein anderer bewohnt, sie werden nicht pflanzen, und ein anderer isst. Denn wie die Lebenszeit des Baumes wird die Lebenszeit meines Volkes sein, und meine Auserwählten werden das Werk ihrer Hände genießen. Nicht vergeblich werden sie sich mühen, und nicht zum jähen Tod werden sie zeugen. Denn sie sind die Nachkommen der Gesegneten des HERRN, und ihre Sprösslinge werden bei ihnen sein. Und es wird geschehen: ehe sie rufen, werde ich antworten; während sie noch reden, werde ich hören. Wolf und Lamm werden zusammen weiden; und der Löwe wird Stroh fressen wie das Rind; und die Schlange: Staub wird ihre Nahrung sein. Man wird nichts Böses und nichts Schlechtes tun auf meinem ganzen heiligen Berg, spricht der HERR«.* Der gegenwärtige Himmel und die jetzige Erde werden vor dem Beginn des messianischen Zeitalters eine Erneuerung erfahren. Dieser wunderbare Akt der Erneuerung wird, wie das Wort »schaffen« anzeigt, nur von Gott selbst durchgeführt werden. Einiges aus der alten Schöpfungsordnung wird bestehen bleiben, aber es wird viel Neues hinzukommen.

In dieser neuen Welt wird die Säuglingssterblichkeit unbekannt sein, und alle Menschen, die in dieser Zeit geboren werden, erreichen ein bestimmtes Mindestalter, das infolge der sehr hohen Lebenserwartung in dieser neuen Welt bei einhundert Jahren liegt. Da die Auserwählten nicht mehr der Sterblichkeit unterliegen, betreffen die biblischen Angaben zum Sterbealter offensichtlich nur Ungläubige. Zu Beginn dieses Friedenreiches wird es nur Gläubige geben, denn die Erde wurde vor Anbruch des Tausendjährigen Reiches von allen ungläubigen Menschen gereinigt. Doch im Laufe der Zeit werden neue Kinder geboren, und diese Neugeborenen werden von ihren leiblichen Eltern auch die sündige Natur erben und deshalb ebenfalls persönlich eine Wiedergeburt benötigen. An der Gnade Gottes wird sich auch im Tausendjährigen Reich nichts ändern, denn die Gnade Gottes ist einzig und allein durch den Glauben das Mittel zur Errettung, und der Inhalt des Glaubens wird wie bisher der stellvertretende Tod Christi für die Sünde und seine Auferstehung vom Tod sein. In diesem Reich wird das Überleben der Neugeborenen von ihrem Glauben abhängen; nehmen sie den Glauben an, werden sie das ganze Tausendjährige Reich hindurch leben und werden niemals sterben.

Das Leben in diesem Reich wird ein Leben im besonderen persönlichen Frieden sein, und es wird eine Zeit des Wohlstandes sein. Jeder, der baut und pflanzt, wird Freude haben an den Werken seiner Hände und wird auch die Früchte seiner Arbeit selbst genießen können. Die Menschen werden nicht mehr für andere bauen und für andere pflanzen müssen, denn die Zeit der Sklaverei ist endgültig vorbei. Die Menschen werden zwar weiterhin arbeiten, aber dieses Arbeiten ist nicht mehr ein »Bearbeiten des verfluchten Bodens im Schweiße des Angesichtes«, sondern bereitet den Menschen Freude und Befriedigung. Viele unheilvolle Auswirkungen des Fluches gegen das erste sündige Menschenpaar werden in dieser »Neuschöpfung« von Gott zurückgenommen, und Gott wird auf alle Anfragen und Gebete sofort antworten. Der weltweite Friede wird sich nicht nur auf die Menschen, sondern auf die gesamte Schöpfung auswirken und sich auch auf das Tierreich ausdehnen, denn alle Tiere werden wieder in den Stand des Gartens Edens zurückversetzt und werden nur noch Pflanzen fressen. Wolf und Lamm werden einträchtig weiden miteinander, und der Löwe wird Stroh fressen wie das Rind, und die Schlange wird sich mit Staub begnügen.

Des Weiteren wird diese neue Welt eine Welt des Friedens und der Gerechtigkeit sein, denn der Herr wird persönlich für weltweiten Frieden, Gerechtigkeit und Weisheit sorgen. Eine Stelle, die diese Welt des Friedens beschreibt, ist Jesaja 2,2-4: »*Und es wird geschehen am Ende der Tage, da wird der Berg des Hauses des HERRN feststehen als Haupt der Berge und erhaben sein über die Hügel; und alle Nationen werden zu ihm strömen. Und viele Völker werden hingehen und sagen: Kommt, lasst uns hinaufziehen zum Berg des HERRN, zum Haus des Gottes Jakobs, dass er uns auf Grund seiner Wege belehre und wir auf seinen Pfaden gehen! Denn von Zion wird Weisung ausgehen und das Wort des HERRN von Jerusalem. Und er wird richten zwischen den Nationen und für viele Völker Recht sprechen. Dann werden sie ihre Schwerter zu Pflugscharen umschmieden und ihre Speere zu Winzermessern. Nicht mehr wird Nation gegen Nation das Schwert erheben, und sie werden den Krieg nicht mehr lernen*«. Jesaja beschreibt einen der herausragenden Wesenszüge des messianischen Reiches: den weltweiten Frieden. Diese Verse haben auf die Menschen schon immer eine besondere Faszination ausgeübt, sodass ein Teil des Verses 4 sogar in New York am Gebäude der Vereinten Nationen, der UNO, steht. Die UNO wurde aufgrund der Erfahrungen des Zweiten Weltkrieges gegründet, um einen neuen weltweiten Konflikt zu verhindern. Dies ist ihr bis heute zwar gelungen, aber es schwelen überall auf der ganzen Welt Konflikte, Kriege und Bürgerkriege. Solange der Mensch diese Welt beherrscht, werden die Kriege und Konflikte nicht enden, denn der Krieg ist Teil des Menschen, ist ein Teil seiner sündigen Natur. Nur Gott alleine kann einen weltweiten Frieden garantieren, uns Menschen wird dies niemals möglich sein. Auch im messianischen Friedensreich wird es Konflikte zwischen Völkern geben, aber diese werden durch das Wort und die Weisung des Herrn, die von Jerusalem ausgehen, beigelegt, und die Völker werden sogar vergessen, wie man Kriege führt.

Abbildung 7.7: In der Geschichte Israels haben die Vereinten Nationen (UNO) eine große Rolle gespielt: In der Anerkennung des Staates im Jahr 1948 und in verschiedenen Resolutionen. Die UNO hat bei ihrer Gründung offiziell einen Text aus Jesaja (2,4) als Leitfaden gewählt: »Dann werden sie ihre Schwerter zu Pflugscharen umschmieden und ihre Speere zu Winzermessern. Nicht mehr wird Nation gegen Nation das Schwert erheben, und sie werden den Krieg nicht mehr lernen.«

7.6.3 Das Tausendjährige Reich

Das messianischen Reich wird ein Reich der absoluten Monarchie sein, denn Jesus Christus wird mit »eisernem Stab seine Herde weiden«. Die von ihm gegliederte Regierungsgewalt verläuft in zwei Linien: Da sind einerseits die Heiden mit der Gemeinde und den Heiligen der großen

Trübsal, die über die Könige herrschen werden, die die Nationen regieren, und andererseits die Juden, mit König David und den zwölf Aposteln, die über Israel regieren werden. Israel wird wieder eine vereinte Nation sein wie damals unter König David und auch wieder vom gleichen König regiert werden mit dem Unterschied, dass David nicht mehr der Sterblichkeit unterliegt und dass er als König unter der Herrschaft Christi regiert. Aber auch der König David regiert nicht alleine über Israel, sondern Jesus Christus versprach seinen Aposteln bei zwei Gelegenheiten (Mt 19,28 und Lk 22,28-30), dass sie im Reich Gottes Macht über die zwölf Stämme Israels ausüben würden. Jesus Christus wird den Thron Davids besteigen, der in Jerusalem errichtet wird, aber sein Herrschaftsgebiet erstreckt sich nicht nur bis an die Grenzen Israels, sondern umspannt die gesamte Welt, sodass alle Nationen der Heiden unter sein Zepter kommen. Jesus Christus wird aber nicht nur König, sondern auch Richter sein, und sein Gericht wird er in Jerusalem ausüben. Seine Rechtsprechung wird von göttlicher Gerechtigkeit geprägt sein, und Jesus wird gegenüber den gerechten Gesetzen, die von Jerusalem aus erlassen werden, von allen Menschen Gehorsam verlangen. Unter Jesus Herrschaft wird das Land reiche Frucht tragen, und alle werden in diesem König gesegnet sein und ihm Segen wünschen.

Das beherrschende Thema der alttestamentlichen Propheten für die Zeit des messianischen Friedensreiches ist das Land und das Volk Israel, und es stellt somit auch den Höhepunkt der Prophetie im Alten Testament dar. Erst unter den Schlägen Gottes in der großen Trübsal wurde das Volk Israel dazu gebracht, seinen Messias anzuerkennen, um dadurch gerettet zu werden. Durch diese nationale Erneuerung Israels wird es im messianischen Reich keinen einzigen Juden geben, der nicht an Gott glaubt. Dies ist erst möglich, weil sie von Gott ein neues Herz und einen neuen Geist erhalten, mit dem ihr menschlicher Geist wiedergeboren wird (Hes 11,19-20). Das Volk Israel wird das Land wieder besitzen, und zwar werden die endgültigen Grenzen festgelegt, und das Land ist gesegnet mit einer erhöhten Fruchtbarkeit. Es ist das Land, in dem Milch und Honig fließt und das bereits Abraham versprochen wurde. Als Gott mit Abraham den Bund unterzeichnete und siegelte, zeichnete Gott auch die Grenzen dieses Landes auf, die sich vom Euphrat im Norden bis zum Fluss Ägyptens (Suezkanal) im Süden erstrecken. Die Westgrenze ist das Mittelmeer, und diese verläuft nach Norden bis zum Euphrat und damit ist ein großer Teil des heutigen Libanons, sowie ein Teil Syriens eingeschlossen. Die Ostgrenze verläuft vom Euphrat aus in südlicher Richtung unter Einschluss der Golanhöhen und zieht sich dann südwärts zum Jordan hin, dort wo der Jordan den See Genezareth verlässt. Von da an verläuft die Grenze am Jordan entlang bis zum

Toten Meer. Vom Toten Meer aus verläuft die Ostgrenze unter Einschluss des Negev nach Süden zum Roten Meer hin. So wird das Volk Israel zum ersten Mal in seiner Geschichte das gesamte Gebiet des Gelobten Landes besitzen, das ungemein fruchtbar und reich bewässert sein wird.

Der Mittelpunkt des Geschehens im Tausendjährigen Reich wird »der Berg des Hauses Jahwes« sein, ein sehr hoher Berg, der in Israel entstehen wird und auf dessen Gipfel der Tempel Gottes und das Jerusalem des Tausendjährigen Reiches liegen. Dabei handelt es sich um etwas völlig Neues, denn dieser Berg existiert heute nicht, und es wird ein Berg mit sehr großen Ausmaßen sein, denn dieser Berg wird über alle Höhen erhaben sein. Diese Erhabenheit über alle Höhen ist einerseits im geistlichen Sinn gemeint, denn auf dieser Anhöhe befindet sich der Tempel Gottes, und dieses Heiligtum wird tatsächlich über alles erhaben sein, aber andererseits kann sich diese Erhabenheit über alle Höhen auch auf die topografische Ausdehnung beziehen, und dieser Berg wäre dann auch der höchste aller Berge. Die meisten Offenbarungen Gottes über den Berg des Hauses erhielt der Prophet Hesekiel. In Hesekiel 17,22-24 beschreibt er den »hohen Berg Israels« als einen Ort üppigen Grüns und Planzenwuchses und in den Versen in Kapitel 20,40-41 als den Berg Gottes, der das Zentrum des Gottesdienstes im Tausendjährigen Reich bildet. Nachdem Israel im Glauben zu seinem Messias gefunden hat und dadurch wiederhergestellt wurde, wird das Volk auf diesem erhabenen und heiligen Berg Gott anbeten. In Kapitel 40,1-4 sieht Hesekiel in einer Vision diesen hohen Berg und auf dessen Südseite die Silhouette einer Stadt, und diese Stadt ist das Jerusalem des Tausendjährigen Reiches. Eine weitere Stelle, die den Berg Gottes beschreibt, ist Hesekiel 45,1-8. Auf der Spitze dieses hohen Berges befindet sich ein Hochplateau mit einer Fläche von insgesamt 80 km², die in drei Abschnitte unterteilt ist. »Der nördliche Bezirk umfasst eine Fläche von 80x32 km, und darin steht der Tempel, der eine Grundfläche von 1,6 km² umfasst, und die verbleibende Fläche des Bezirks gehört den Priestern. Der mittlere Bezirk wird ebenfalls eine Fläche von 80 x 32 km aufweisen und ist für die Angehörigen des Stammes Levi reserviert. Der südliche Bezirk wird eine Ausdehnung von 80x16 km haben, und in diesem Bezirk wird das Jerusalem des Tausendjährigen Reiches stehen, das selbst 16 km² groß sein wird.« [17]

Über den Tempel selbst erhalten wir Auskunft in Hesekiel 37,26-28. In diesen Versen teilt uns Hesekiel mit, dass der Tempel Gottes inmitten von Israel stehen werde: *»Und ich schließe mit ihnen einen Bund des Friedens, ein ewiger Bund wird es mit ihnen sein; den gebe ich ihnen und lasse sie zahlreich werden und setze mein Heiligtum in ihre Mitte für ewig. Und meine Wohnung wird über ihnen sein; und ich werde ihnen zum Gott und sie werden mir zum Volk sein. Und die Nationen werden erkennen, dass ich* *der HERR bin, der Israel heiligt, wenn mein Heiligtum für ewig in ihrer Mitte ist«.* Der Inhalt dieser Verse wird dann in Hesekiel 40,5 – 43,27 näher und sehr detailliert ausgelegt, und aus den Maßangaben wird deutlich, dass dieser Tempel größer als alle vorherigen Tempel sein wird. Dann prophezeit Hesekiel die Rückkehr der »Schechinah« (der Lichtglanz Gottes). So wie die Schechinah zum salomonischen Tempel kam und ihn damit als Gottes Wohnung bestätigte, wird die Schechinah auch den Tempel Gottes feierlich bestätigen. Mit der Rückkehr der Schechinah verheißt Gott seinem Volk, dass die Schechinah nie mehr von Israel weichen, sondern für immer inmitten dieses Volkes wohnen werde.

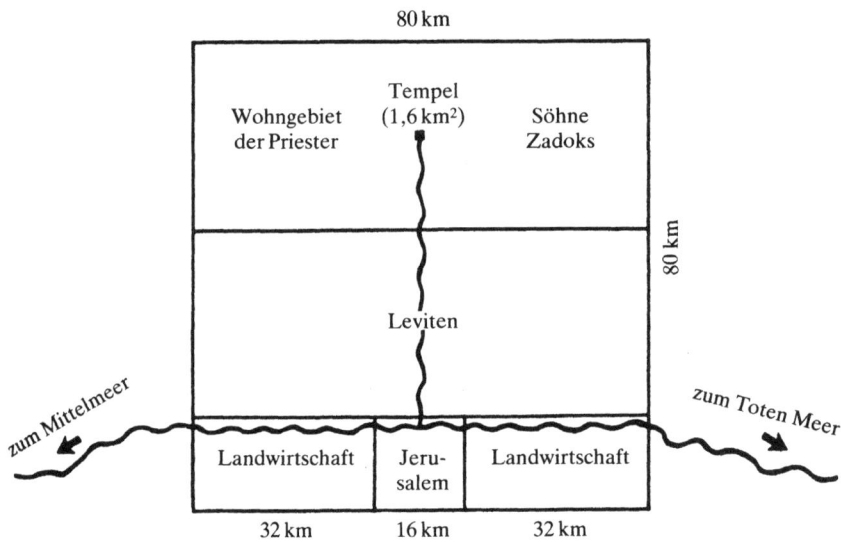

Abbildung 7.8: Auf dieser Skizze des »Berges des Herrn« sind die einzelnen Bezirke ersichtlich sowie der Fluss, der im Tempel des Herrn entspringt, nach Jerusalem fließt und sich dort in zwei Arme teilt. Der eine Arm fließt nach Westen zum Mittelmeer, der andere nach Osten zum Toten Meer.

Joel 4,18 beschreibt einen Fluss, der im Tempel entspringen wird: »*Und es wird geschehen an jenem Tag, da werden die Berge triefen von Most und die Hügel überfließen von Milch, und alle Bäche Judas werden strömen, voll von Wasser. Und eine Quelle wird aus dem Haus des HERRN hervorbrechen und das Tal Schittim bewässern*« Der Fluss wird an der Vorderseite des Tempels entspringen und sich zunächst nach Süden wenden, nach Jerusalem, wo er sich in zwei Arme aufteilt; der westliche Flussarm wird das Gebirge hinab ins Mittelmeer fließen, der östliche dagegen ins Tote Meer. Durch den Zufluss des östlichen Flussarmes wird sich der Charakter des Toten Meeres verändern und wird vor lauter Leben nur so wimmeln. Hesekiel beschreibt die Stadt am Schluss seines Buches als eine Stadt mit vier Seiten von je 16 Kilometer Länge und 12 Toren, die nach den Söhnen Jakobs benannt werden. Ihr Name wird von Jerusalem in »Jahwe schammah« (der Herr ist hier) umbenannt werden, und weil Christus hier regieren wird, entspricht sowohl ihr alter Name, Stadt des Friedens, wie auch ihr neuer Name dem Charakter dieser Stadt. In Sacharja 2,5-9 wird Jerusalem als eine offene Stadt beschrieben, deren zwölf Stadttore immer offen sein werden. Hatten Stadtmauern bisher der Sicherheit gedient, so dienen die Stadtmauern dieser Stadt nur noch dem Schmuck, denn Gott selbst wird in der Gestalt des Messias in dieser Stadt wohnen und die Herrlichkeit Gottes, die Schechinah, wird, einem Feuer gleich, die Stadt umgeben. Es muss eine außerordentlich schöne und heilige Stadt sein, denn ihr Baumeister ist Gott selbst, denn nur Gott kann etwas so Wunderbares und Schönes wie diese Stadt schaffen. Zu dieser Zeit wird Jerusalem zum ersten Mal in seiner bewegten Geschichte seinem Namen als »Stadt des Friedens« gerecht werden, denn der König des Friedens und der Gerechtigkeit herrscht von hier aus über die ganze Welt, und deshalb können die Bewohner in völliger Sicherheit in dieser Stadt leben.

Die Heiden, die nach dem Gericht am Ende der großen Trübsal als die »Schafe« Eingang in das messianische Reich erhielten, werden in diesem Reich die »Nationen der Heiden« bilden. In dieser letzten Zeit wird Christus für alle Völker in seinem Reich im wahrsten Sinn des Wortes als Licht offenbar werden, und alle Menschen werden ihn anbeten. Alle Menschen werden an den Segnungen des Tausendjährigen Reiches teilhaben dürfen, und somit ist es auch für die »Heiden« möglich, im Tempel einen Dienst zu verrichten. Alle Menschen können die Herrlichkeit des Herrn wahrnehmen, und wer sie einmal gesehen hat, wird sie den Menschen erzählen, die sie noch nicht gesehen haben. Auch in diesem Reich wird es verschiedene Feste, Feiern und Festopfer geben, und eines davon, das Laubhüttenfest, wird allen heidnischen Nationen zur Pflicht gemacht. Dies wird uns in Sacharja 14,16-19 berichtet. An diesem Fest ist jede heidnische Nation dazu verpflichtet, mit einer Abordnung am Laubhüttenfest teilzunehmen, um den König aller Könige in Jerusalem anzubeten. Über den Nationen, die dieser Verpflichtung nicht nachkommen, wird im betreffenden Jahr der Regen ausbleiben.

7.6.4   Der letzte Aufstand

Das Tausendjährige Reich wird eine Zeit von Gottes Segnungen, des Friedens und der Gerechtigkeit auf dieser Erde sein, und diese Zeit wird etwa tausend Jahre dauern. Auf der Erde herrschen in dieser Zeit die denkbar günstigsten Lebensbedingungen seit dem Sündenfall des Menschen, und die Sünde und der Tod sind in dieser Zeit sehr stark eingeschränkt. Sie sind noch nicht endgültig beseitigt, aber durch die Präsenz des Gottessohnes auf dieser Erde hat die Sünde auch keine Chance mehr, sich zu entfalten, denn sie wird beim ersten Aufflackern im Keim erstickt werden. Und trotzdem, nach eintausend Jahren der allerbesten Lebensbedingungen auf dieser Erde endet das messianische Reich mit einer letzten großen Prüfung für die Menschheit. Auch bei dieser Prüfung wird es wieder um eine Reinigung und Läuterung der Menschen gehen, denn die nächste Stufe ist »das neue Jerusalem«, der neue Himmel und die neue Erde. Das bedeutet dann die absolute und für uns unvorstellbare Gemeinschaft mit dem unendlichen Gott. Zu dieser Gemeinschaft sind nur gereinigte und geläuterte Menschen fähig, denn Gott ist die absolute Reinheit und Sündlosigkeit, und die Reinheit verträgt absolut keine Sünde bzw. keine Unreinheit. Aus diesen Gründen lässt Gott es zu, dass der Satan losgebunden wird, um die Menschen noch ein allerletztes Mal gegen Gott und den Gesalbten, Jesus Christus, zu verführen, wie uns Offenbarung 20,7-10 berichtet: *»Und wenn die tausend Jahre vollendet sind, wird der Satan aus seinem Gefängnis losgelassen werden und wird ausgehen, die Nationen zu verführen, die an den vier Ecken der Erde sind, den Gog und den Magog, um sie zum Krieg zu versammeln; deren Zahl ist wie der Sand des Meeres. Und sie zogen herauf auf die Breite der Erde und umzingelten das Heerlager der Heiligen und die geliebte Stadt; und Feuer kam aus dem Himmel herab und verschlang sie. Und der Teufel, der sie verführte, wurde in den Feuer- und Schwefelsee geworfen, wo sowohl das Tier und der falsche Prophet ist; und sie werden Tag und Nacht gepeinigt werden von Ewigkeit zu Ewigkeit«.* Trotz der vielen Segnungen, die das Tausendjährige Reich für die Menschen bringt, gelingt es der alten Schlange, die Völker der Erde ein letztes Mal zu verführen. Bei den Menschen, die sich verführen lassen, handelt es sich aber um ungläubige Menschen, von denen es dann eine große Anzahl geben wird. Wir haben Gog und Magog bereits im Zusammenhang mit der russischen Invasion vor der großen Trübsal angetroffen; hier in diesem Zusammenhang bedeuten diese zwei Namen einfach, dass die Verführung von allen Teilen der Welt ausgeht und dass der Angriff wiederum Israel gilt. Durch die Verführung Satans wird eine weltweite Rebellion gegen den Messias und gegen Israel entstehen, sodass sich die Armeen der Welt aufmachen, um Israel anzugreifen. Das Jerusalem des Tausendjährigen Reiches wird dann auch von diesen irregeleiteten heidnischen Armeen belagert. Aber in dem Augenblick, in dem sie den Berg des Hauses Gottes erreichen, fällt vom Himmel Feuer auf die Angreifer und vernichtet sie. Der Anstifter der Revolte, Satan, wird in den Feuersee geworfen, wo sich bereits der Antichrist und der falsche Prophet seit tausend Jahren befinden. Damit ist der für die Menschen so unheilvollen Laufbahn dieser falschen und ungöttlichen Dreieinigkeit ein für alle Mal ein Ende gesetzt.

Nach der Niederschlagung dieser letzten Revolte der Menschen findet eine Machtübertragung statt, die in 1. Korinther 15,24-28 beschrieben ist, denn endlich werden Macht und Königswürde wieder Gott dem Vater übergeben. Jesus Christus wird aber herrschen, bis alle Feinde beseitigt sind, denn es darf niemanden mehr geben, der Herrschaft, Würde und Macht des lebendigen Gottes herausfordert. Der letzte Feind der Menschen ist der Tod, der durch Satans Verführung von Adam und Eva in die Welt kam. Da der Widersacher und der eigentliche Verursacher des Todes an seinen endgültigen Aufenthaltsort verbannt ist, kann nun auch der Tod beseitigt werden. Das messianische Reich hört damit auf zu existieren und alles, was Christus unterworfen ist, wird von ihm an Gott den Vater übergeben, damit Gott alles in allem sei. Bevor nun die alte Welt vergehen und die neue Welt entstehen kann, wird noch einmal Gericht gehalten, und dieses letzte Gericht ist ein Gericht über die Ungläubigen: »*Und ich sah einen großen weißen Thron und den, der darauf saß, vor dessen Angesicht die Erde entfloh und der Himmel, und keine Stätte wurde für sie gefunden. Und ich sah die Toten, die Großen und die Kleinen, vor dem Thron stehen, und Bücher wurden aufgeschlagen; und ein anderes Buch wurde aufgeschlagen, welches das des Lebens ist. Und die Toten wurden gerichtet nach dem, was in den Büchern geschrieben war, nach ihren Werken. Und das Meer gab die Toten, die in ihnen waren, und der Tod und der Hades gaben die Toten, die in ihnen waren, und sie wurden gerichtet, ein jeder nach seinen Werken. Und der Tod und der Hades wurden in den Feuersee geworfen. Dies ist der zweite Tod, der Feuersee. Und wenn jemand nicht geschrieben gefunden wurde in dem Buch des Lebens, so wurde er in den Feuersee geworfen*« (Offb 20,11-15). Vor diesem Gericht wird die bisherige Weltordnung vergehen: der jetzige Himmel und die geschaffene Erde. Sie werden vor dem Angesicht dessen, der auf dem großen weißen Thron sitzt, entfliehen und keine Stätte mehr finden. Obwohl das Gericht Jesus Christus übergeben wurde, deutet diese Stelle eher darauf hin, dass Gott der Vater derjenige auf dem Thron ist.

Anschließend beginnt das Gericht über alle Ungläubigen aller Zeiten, und bei diesem Gericht muss nicht mehr herausgefunden werden, ob ein Mensch errettet ist oder nicht, denn das steht zu diesem Zeitpunkt bereits fest. Dieses Gericht legt somit vielmehr die Höhe der Bestrafung fest, denn die Bibel lehrt das Prinzip der verschieden hohen Strafen je nach dem Maß des Wissens oder der Erleuchtung, auf das ein Mensch mehr oder weniger verantwortungsbewusst eingegangen ist. Deshalb wird die Strafe für den einen erträglicher ausfallen als für den anderen; aber allesamt sind diese Menschen verloren und werden die Gemeinschaft mit Gott nicht mehr erlangen können. Zu diesem Gericht werden alle Toten aller Zeiten erscheinen müssen, die nicht im »Buch des Lebens« geschrieben sind. Die Gläubigen, die an der ersten Auferstehung teilhaben durften, und alle diejenigen, die zum Glauben an Jesus Christus und an den allmächtigen Schöpfer-Gott gelangt sind, deren Namen sind im Buch des Lebens eingetragen. Weil Errettung und Heil für ewig gewiss sind, ist es unmöglich, aus diesem Buch getilgt zu werden. Um bei diesem letzten Gericht die verschiedenen Strafmaße zu bestimmen, werden außer dem »Buch des Lebens« noch andere »Bücher« herangezogen. Das »Buch des Lebens« enthält den Namen jedes Menschen, der je geboren wurde; aber nur die Namen der Menschen, die zum Glauben gelangen, bleiben im Buch des Lebens stehen, die Namen der nicht Erretteten hingegen werden aus dem Buch des Lebens getilgt (Ps 139,16; 69,29).

Nachdem die Namen der Menschen vor dem Thron Gottes nicht im Buch des Lebens gefunden wurden, werden andere Bücher hinzugezogen. Sie enthalten genaue Eintragungen über die Taten der Menschen, und diese Aufzeichnungen bilden denn auch die Grundlage für das Strafmaß, das über jeden Einzelnen verhängt wird. Nach der Verkündigung des Urteils folgt die Vollstreckung, denn auf die zweite Auferstehung folgt der zweite Tod, der im Feuersee; dies ist in Ewigkeit der Aufenthaltsort für die Verlorenen. Hier geht es nicht mehr um Himmel und Hölle, denn beides ist vergangen und war nur für die Übergangszeit bestimmt. Wir stehen hier am Ende der ersten Schöpfung, und nachdem diese erste Schöpfung vergangen ist, gibt es etwas völlig Neues, etwas das wir mit unserem menschlichen Geist nicht erfassen können, aber es muss etwas völlig Andersartiges sein als unsere uns bekannte Welt. Deshalb ist es auch schwierig zu deuten, was der Feuersee wirklich für eine Bedeutung hat und wo er sich befinden wird. Hier geht es vor allem um die Trennung von Geschöpfen des Lichtes von den Geschöpfen der Finsternis, denn die Geschöpfe der Finsternis können keine Gemeinschaft haben mit dem Herrn des Lichtes, mit der absoluten Reinheit und Sündlosigkeit. Dass die erste Welt und der erste Himmel vergangen sind, bedeutet denn auch, dass unsere Leiblichkeit eine andere

Leiblichkeit sein wird, denn der natürliche Körper, der unter den Folgen der Sünde stand, kann ebenso wenig Gemeinschaft haben mit Gott. Wir haben bereits beim auferstandenen Christus eine andere Leiblichkeit gesehen; denn die Menschen konnten ihn als Jesus erkennen, kannten seine Stimme und sie konnten ihn auch berühren. Andererseits konnte er durch Wände gehen, entschwand er ihren Blicken, stand auf einmal mitten unter ihnen und entschwand genau so wie er gekommen war. Die neue Leiblichkeit wird mit Sicherheit eine »geistige« Leiblichkeit sein und keine Leiblichkeit aus Fleisch und Blut. Deshalb ist es schwierig zu sagen, was mit dem Feuersee gemeint ist, denn wenn die erste Welt und der erste Himmel vergangen sein werden, wird es auch keine Elemente mehr geben, wie wir sie heute kennen.

Deshalb kann nur so viel dazu gesagt werden, dass der Feuersee und der zweite Tod die Trennung von Gott symbolisieren, und diese Trennung wird eine absolute Trennung sein. Es wird die ewige Gottesferne sein, und alle Ungläubigen werden von der Herrlichkeit Gottes ausgeschlossen sein, und zwar für immer und ewig, und es wird kein Zurück mehr geben. Auch wenn der Raum und die Zeit, wie wir sie heute kennen und wahrnehmen, aufgehoben sein werden und es eine »ewige Zeitlosigkeit« geben wird, wird es trotzdem eine »ewige« Gottesferne sein. Der Begriff »ewig« bedeutet dann in diesem Sinne die »Unumkehrbarkeit« dieser Trennung und dieser Gottesferne. Aber trotz der »Brutalität« mit der wir diese Worte vom Feuersee und der ewigen Trennung heute auch empfinden mögen, so logisch ist sie auch, denn in der Logik Gottes ist das die einzig mögliche Gerechtigkeit, und es bleibt dabei, dass es unmöglich ist, dass Geschöpfe der Finsternis Gemeinschaft haben können mit dem allmächtigen, ewigen und unendlich reinen Gott, denn sie würden mit ihrer Unreinheit die neue Welt Gottes, das neue Jerusalem, besudeln. Wenn wir die Kapitel 21 und 22 der Offenbarung lesen, sehen wir, wie diese Herrlichkeit Gottes und die Reinheit dieser Stadt und dieser neuen Welt beschrieben werden, und es ist völlig undenkbar, dass etwas Unreines in diese absolute Reinheit eintreten könnte. Deshalb ist diese Trennung die einzig mögliche und auch logische Konsequenz, auch wenn unsere Wünsche vielleicht von einer Allversöhnung am Ende der Zeiten träumen; eine solche Allversöhnung wird von der Bibel aber eindeutig nicht gelehrt.

7.7 Das neue Jerusalem

In den Kapiteln 21 und 22 der Offenbarung wird die neue Welt Gottes beschrieben. Bei diesen Kapiteln müssen wir aber beachten, dass dies ein Versuch ist, mit den »armseligen« Möglichkeiten unserer Sprache etwas zu beschreiben, das sich unseren geistigen und sprachlichen Möglichkeiten entzieht. Denn die neue Erde und der neue Himmel sind nicht einfach ein gleichwertiger Ersatz für etwas, das vergangen ist, sondern es ist eine völlig neue Qualität der Schöpfung, eine völlig neue Art des Daseins und eine völlig neue Dimension der Existenz, die es vorher noch nie gegeben hat. Diese Andersartigkeit drückt sich aus in der Art der »Materie«, in der Art der »Zeit« und in der Art des »Raumes«. Wie sollen wir uns, wir, die wir in der uns umgebenden Wirklichkeit von Materie, Raum und Zeit »gefangen« sind, eine »andere« Wirklichkeit vorstellen können. Die Beschreibung des neuen Jerusalem ist deshalb ein Versuch, eine höhere Dimension in der Sprache unserer »niedrigen« Dimension auszudrücken. Deshalb versteht man diese beiden Kapitel am besten symbolisch in dem Sinn, dass die Beschreibungen der schönsten uns bekannten Dinge uns wenigstens eine kleine Vorstellung dieser unendlichen Herrlichkeit geben sollen, wenigstens einen kleinen Hauch der »Ewigkeit Gottes«, den wir mit unserem beschränkten dreidimensionalen Geist ohnehin nicht erfassen können. Jesus Christus, der ja der eigentliche Verfasser der Offenbarung ist, gibt uns damit die Gewissheit, dass unsere Mühen und Bedrängnisse in dieser Weltzeit absolut nichts sind gegen die Herrlichkeit der neuen Welt. *»Und ich sah einen neuen Himmel und eine neue Erde; denn der erste Himmel und die erste Erde waren vergangen, und das Meer ist nicht mehr. Und ich sah die heilige Stadt, das neue Jerusalem, aus dem Himmel von Gott herabkommen, bereitet wie eine für ihren Mann geschmückte Braut. Und ich hörte eine laute Stimme vom Thron her sagen: Siehe, das Zelt Gottes bei den Menschen! Und er wird bei ihnen wohnen, und sie werden sein Volk sein, und Gott selbst wird bei ihnen sein. Und er wird jede Träne von ihren Augen abwischen, und der Tod wird nicht mehr sein, noch Trauer, noch Geschrei, noch Schmerz wird mehr sein: denn das Erste ist vergangen. Und der, welcher auf dem Throne saß, sprach: Siehe, ich mache alles neu«* (Offb 21,1-5). Ein neuer Himmel und eine neue Erde werden durch Gottes Schöpfermacht die vergangene Weltordnung ersetzen. In dieser neuen Schöpfung wird es kein Meer mehr geben, und wahrscheinlich wird es die uns bekannten Elemente in dieser Form auch nicht geben, da diese Welt eine völlig andersartige Welt sein wird. Nachdem der neue Himmel und die neue Erde von Gott erschaffen sind, wird das neue Jerusalem auf die neue Erde »herabkommen«, und diese Stadt wird geschmückt sein wie eine Braut für ihren Bräutigam, die sich für die Hochzeit vorbereitet hat. Nach der Vision der Erschaffung der ewigen Welt gibt der Eine auf dem Thron eine feierliche Erklärung ab. Erstens wird die Wohnung Gottes nun bei den Menschen sein, und zweitens wird bestätigt, dass alle Auswirkungen des Fluches endgültig beseitigt sind. Dass Gott bei den Menschen wohnen wird, deutet auf die ewige Gemeinschaft mit Gott hin. Und in dieser ewigen Gemeinschaft des absolut Reinen und Sündlosen kann es die Auswirkungen des Fluches nicht mehr geben. Denn Gott selbst wird jede Träne von den Augen abwischen, und der Tod, die Trauer, das Geschrei und der Schmerz werden nicht mehr sein. In Offenbarung 21,6-8 wird eine zweite Erklärung abgegeben, und diese Erklärung betrifft die Werke Gottes. Erstens wird verdeutlicht, dass die Erschaffung der ewigen Welt durch das Alpha und das Omega, durch den Ersten und den Letzten, gewährleistet ist, weil derjenige, der diese Worte ausspricht, selbst treu und wahrhaftig ist. Zweitens wird die Quelle mit dem Wasser des Lebens genannt, die Gott für seine Auserwählten vorgesehen hat; drittens ist das Erbe der Gläubigen der neue Himmel, die neue Erde und das neue Jerusalem; und viertens ist das Erbe der Ungläubigen der zweite Tod im Feuersee.

In Offenbarung 21,9 bis 22,5 wird das neue Jerusalem detailliert beschrieben. Wie bereits erwähnt, kann die Herrlichkeit des neuen Jerusalem nur mit den bescheidenen Mitteln unserer Sprache beschrieben werden, und es ist das gleiche unmögliche Unterfangen, als wenn wir versuchen würden, die Herrlichkeit Gottes mit Worten zu beschreiben. In der Vision, die Johannes erhielt, wurde ihm etwas von dieser Herrlichkeit Gottes gezeigt, und er hat in diesen Versen den sehr schönen Versuch unternommen, diese Herrlichkeit in Worte zu fassen. Von der Herrlichkeit dieser Stadt, die von Gott her kommt, erzählt Offenbarung 21,11: *»Und sie hatte die Herrlichkeit Gottes. Ihr Lichtglanz war gleich einem sehr kostbaren Edelstein, wie ein kristallklarer Jaspisstein«.* Es ist die »Schechinah«, die Lichtherrlichkeit Gottes, die jetzt für immer über dem neuen Jerusalem bleiben wird. In den weiteren Versen wird die Beschaffenheit dieser Stadt beschrieben: Wie das alte Jerusalem wird sie eine Stadtmauer haben mit zwölf Toren, die nach den zwölf Stämmen Israels benannt sind, und sie wird auf zwölf Grundsteinen ruhen, die nach den zwölf Aposteln benannt sind. Die Maße der Stadt symbolisieren ihre Weite und Geräumigkeit, und die Länge und Breite werden etwa 2200 Kilometer nach Menschenmaß betragen. Die Mauer dieser Stadt wird aus Jaspis und die ganze übrige Stadt wird aus durchscheinendem Gold bestehen. Die Grundsteine der Mauer bilden zwölf Edelsteine, von denen jeder mit einer charakteristischen Farbe be-

schrieben wird. Die Stadttore werden nach den zwölf Stämmen Israels benannt und bestehen aus je einer einzigen riesigen Perle. Wie die Stadt selbst
so werden auch die Straßen der Stadt aus reinem, durchsichtigem Gold bestehen. Auf der neuen Erde wird es aber keinen Tempel mehr geben, denn
der Tempel war die Wohnung Gottes bei den Menschen und da der dreieinige Gott in dieser Neuschöpfung anwesend sein wird, braucht es keinen
Tempel mehr. Auch die Sonne und der Mond sind in dieser ewigen Welt
nicht mehr notwendig, denn das Licht wird vom Schöpfer selbst ausgehen
und die Herrlichkeit des Lammes wird erstrahlen. Weil Gott selbst in der
neuen Welt das Licht ist, wird es auch keine Nacht mehr geben, denn die
Finsternis war in der ursprünglichen Schöpfung nicht vorhanden, sondern
kam erst durch den Fall Satans zustande. Da nun aber alle Auswirkungen
des Fluches aufgehoben sind, kann es keine Finsternis und damit auch keine Nacht mehr geben. Alle Menschen, deren Namen im Buch des Lebens
geschrieben stehen, werden durch die immer offenen Tore des neuen Jerusalems in die Stadt kommen. Andererseits kann nichts Ungerechtes und
Unreines jemals die ewige Stadt betreten, denn das Ungerechte und Unreine ist für ewig in den Feuersee verbannt.

Der Strom des Lebens wird in Offenbarung 22,1 beschrieben: *»Und er
zeigte mir einen Strom von Wasser des Lebens, glänzend wie Kristall, der
hervorging aus dem Thron Gottes und des Lammes«.* Aus dem Thron Gottes und des Messias entspringt ein Strom, funkelnd wie Kristall, und dieser
Strom führt das Wasser des Lebens, von dem Jesus bereits während seines
Dienstes auf Erden öfter gesprochen hat. In Offenbarung 22,2 wird der
Baum des Lebens beschrieben; es ist derselbe Baum, der bereits im Garten
Eden stand. Sein Stamm wächst zu beiden Seiten des Lebensstromes und
dieser Baum ist sehr fruchtbar, denn er trägt zwölfmal Früchte und gibt jeden Monat seine Frucht. In diesem Vers ist die Rede von einem Monat, obwohl es die Sonne und den Mond nicht mehr gibt. Dies ist ein Hinweis darauf, dass es in der neuen Welt auch eine Art von »Zeit« geben wird, aber
dies wird ein völlig anderes »Zeitsystem« sein als das uns bekannte. Die
Blätter des Baumes dienen der Heilung der Völker. Dieses »Heilen« ist
aber kein Heilen von bestehenden Krankheiten, denn in der neuen Welt
gibt es keine Krankheiten, die Blätter sorgen vielmehr für »ganzheitliche«
Gesundheit, denn über der ewigen Welt liegt kein Fluch mehr. Schließlich
wird in Offenbarung 22,5 noch einmal der Lichtglanz Gottes erwähnt:
*»Und Nacht wird nicht mehr sein, und sie bedürfen nicht des Lichtes einer
Lampe und des Lichtes der Sonne, denn der Herr, Gott, wird über ihnen
leuchten, und sie werden herrschen von Ewigkeit zu Ewigkeit«.* In der neu-
en ewigen Stadt gibt es keine geschaffene Lichtquelle mehr, weil Gott
selbst in alle Ewigkeit das Licht sein wird.

So weit zu den Beschreibungen der neuen Welt und des neuen Jerusalem, die eher symbolisch zu deuten sind, da sich die Herrlichkeit Gottes nicht mit Worten beschreiben lässt, und jeder Versuch, diese Herrlichkeit mit unseren sprachlichen Mitteln zu erfassen, ein Stückwerk bleibt. Aber wir können davon einiges für unser Leben mitnehmen, denn in der allen gläubigen Menschen verheißenen neuen Welt wird die Herrlichkeit Gottes ewig anwesend sein: Dies ist denn auch die ewige Gemeinschaft mit dem dreieinigen Gott, die allen verheißen wird, die den schmalen Weg zu Gott unter ihre Füße nehmen. In den Versen 6 bis 21 des Kapitels 22 der Offenbarung folgen noch einige Schlussermahnungen und Hinweise auf das baldige Kommen Jesu. Jesus Christus bringt hier zum Ausdruck, dass diese Worte gewiss sind, denn Jesus ist das Alpha und das Omega, der Erste und der Letzte, der Anfang und das Ende (Offb 22,13). *»Glückselig, die ihre Kleider waschen, damit sie ein Anrecht am Baum des Lebens haben und durch die Tore in die Stadt hineingehen! Draußen sind die Hunde und die Zauberer und die Unzüchtigen und die Mörder und die Götzendiener und jeder, der die Lüge liebt und tut«* (Offb 22,14-15). In diesen Versen gibt Jesus den Gläubigen die Verheißung, dass sie Anteil an der ewigen Welt haben werden. Gleichzeitig macht er auch allen Ungläubigen klar, dass sie keinen Anteil an dieser ewigen Welt Gottes haben werden, denn sie werden draußen bleiben müssen, wo immer dieses »draußen« auch sein mag, wahrscheinlich ist damit auch wieder der Feuersee gemeint. In Offenbarung 22,17 macht Jesus allen Menschen das allerletzte Angebot, das Wasser des Lebens umsonst anzunehmen: *»Und der Geist und die Braut sagen: Komm! Und wer es hört, spreche: Komm! Und wen dürstet, der komme! Wer da will, nehme das Wasser des Lebens umsonst!«* Mit dem Wasser des Lebens meint Jesus die Gnade Gottes, die für alle Menschen, die Gott mit ihrem ganzen Herzen und ihrem ganzen Verstand suchen, absolut umsonst ist, kostenlos, gratis! Um die Gnade Gottes zu gewinnen, können wir aus eigener Kraft absolut nichts tun. Einzig ein Blick **im Glauben auf das Kreuz von Golgatha** schenkt uns diese Gnade Gottes, und wir erhalten damit die ewige Gemeinschaft mit dem dreieinigen Gott, unserem allmächtigen und ewigen Schöpfer-Gott. Es ist das wunderbarste Angebot, dass je unter der Sonne ausgesprochen wurde. Wir müssen dieses Angebot nur noch annehmen. Ich beende dieses Buch mit Offenbarung 22,21, dem allerletzten Vers der Heiligen Schrift: *»Die Gnade des Herrn Jesus sei mit allen!«*

Schlussbemerkungen

A.1 Der Sinn des Lebens

Das vorliegende Buch ist ein Versuch, auf die drei großen Fragen des Lebens eine Antwort zu geben. Diese drei Fragen lauten: Woher komme ich? Weshalb bin ich? Wohin gehe ich? Die erste Frage können wir damit beantworten, dass wir Geschöpfe Gottes sind, also keine zufällige Entwicklung aus einer »Ur-Amöbe«, sondern eine spezielle Schöpfung jedes einzelnen Menschen. Diese spezielle Schöpfung geschah im Bild Gottes und dies bedeutet nichts Geringeres, als dass wir etwas vom göttlichen Geist mitbekommen haben, und dieser gibt uns die Fähigkeit zur Erkenntnis Gottes und damit auch zur Verbindung mit Gott. Geschöpfe Gottes zu sein bedeutet dann aber auch, dass wir in Verantwortung vor Gott leben. Das Wissen, ein Geschöpf Gottes zu sein, ist die Überleitung zu der zweiten Frage: Weshalb bin ich? Wir sind durch die spezielle Schöpfung mit dem Geist ausgestattete Wesen, und dieser Geist unterscheidet uns Menschen grundsätzlich von den Tieren; denn wir haben uns tatsächlich nicht aus dem Tierreich entwickelt. Auch wenn verschiedene körperliche und seelische Merkmale des Menschen ähnlich aufgebaut sind wie diejenigen der Tiere, bedeutet dies keineswegs, dass wir aus der Tierwelt abstammen, sondern es bedeutet lediglich, dass Gott die Schöpfung im Sinne eines »Baukastensystems« entworfen hat. Damit war es nicht nötig, unseren natürlichen Körper völlig anders als die Körper der Tiere zu erschaffen, denn der tierische Körper hat sich für das Leben auf dieser Erde bestens bewährt. Das Neue am Menschen ist sein Geist, über den die Tiere nicht verfügen, auch wenn uns das von evolutionistischen Wissenschaftlern immer wieder weisgemacht wird. Damit dürfte auch die zweite Frage beantwortet sein: Wir Menschen sind eine spezielle Schöpfung und damit die Krönung der Schöpfung Gottes und somit auch tatsächlich der Mittelpunkt des gesamten Universums, denn das gesamte Universum und die gesamte uns umgebende Wirklichkeit wurde als Lebensraum für den Menschen geschaffen! Wir sind das Zentrum des Interesses Gottes und somit geistige Wesen, die zu einer Beziehung und zur Kommunikation mit Gott befähigt sind.

Mit der Beantwortung der ersten beiden Fragen ist auch die dritte bereits beantwortet: Das Ziel unseres Lebens ist, dass wir Gott, von dem wir herkommen, wieder finden. Das setzt allerdings eine rechte Gottesvorstellung voraus, nämlich die Erkenntnis, dass über uns Menschen ein transzendenter Gott existiert, der nicht nur alles geschaffen hat sondern der alles Geschaffene auch erhält. Deshalb ist Gott nicht nur ein Schöpfer-Gott, sondern auch ein Erhalter-Gott, denn nur durch sein großes Werk des Erhaltens kann die Schöpfung existieren. Dieses Erhalten der Schöpfung bedeutet aber nicht, dass Gott ein Teil der Schöpfung ist und dass man diesen Gott, wie viele Esoterik-Gurus und moderne Theologen behaupten, in der Natur oder im Nächsten wahrnehmen könne. Gott kann als Schöpfer dieser Erde und damit auch der Natur genauso wenig ein Teil dieser Natur sein wie ein Töpfer ein Teil des Tones sein kann, den er durch seine Hände zu einer Vase formt. Das ist der Sinn unseres Lebens: Zu Gott unserem Schöpfer zurückzukehren! Gott ist das unendliche Licht, und Gott ist das reine Leben, und für die Gemeinschaft mit diesem unendlich reinen Gott müssen die Menschen geläutert und gereinigt werden. Das können sie aber nicht selbst tun, sondern dafür hat Gott seinen Sohn, Jesus Christus, auf die Erde gesandt, damit er für die Unreinheit der Menschen, nämlich für ihre Sünden sterben sollte. Sein Opfertod ist die Grundlage dafür, dass nun die Menschen vor Gott rein werden können. Die Menschheitsgeschichte ist somit eine Chance der Reinigung für alle Menschen, die Gott von tiefstem Herzen, mit der ganzen Seele und mit dem ganzen Verstand suchen.

Gott erweist in der Geschichte seine Souveränität und erwartet von den Menschen, dass sie ihn erkennen und ehren. Ihn würdig verehren – dadurch, dass sie ihm dienen –, das können eben nur seine Erlösten. Für die anderen bleibt sein Anspruch bestehen. Er fordert sie zur Buße auf und lädt sie ein, sich reinigen zu lassen durch das Blut Jesu. Wer sein Angebot ablehnt, muss mit Bestrafung rechnen. Diese große biblische Wahrheit besteht weiterhin als die »anstößige« Predigt vom Reich Gottes, und das Bild vom Himmel und der Hölle ist kein mystisches Märchen, sondern bezeichnet eine harte Realität; es wird am Ende der Zeiten eine messerscharfe Trennung geben zwischen den Kindern des Lichtes und den Kindern der Finsternis, und diese Trennung wird absolut sein und niemals wieder aufgelöst werden. Mit der Entscheidung für den Weg der Finsternis gehen wir das Risiko ein, die Gemeinschaft mit Gott für alle Zeiten zu verspielen.

A.2 Inhalte des Glaubens

Gott ist nicht Mensch geworden, um hier auf Erden eine neue Religion zu gründen, sondern Jesus Christus brachte uns die frohe Botschaft vom Reich Gottes, eine Botschaft der Freiheit in Gott, denn Jesus hat die Gesetze und die Propheten nicht aufgelöst, sondern er hat sie ein für alle Mal erfüllt. Das Christentum der ersten Jahrhunderte war in diesem Sinn auch keine Religion, sondern der Glaube an den auferstandenen Messias, ein Glaube, der die Menschen von den Fesseln ihrer Pseudo-Religionen befreite, die Freiheit im Glauben. Erst Kaiser Konstantin machte aus diesem christlichen Glauben eine Religion, indem er ihn zur Staatsreligion erklärte. Mit dieser tragischen Vermählung von Staat und Religion wurde denn auch die Freiheit im Glauben zu Grabe getragen. Bestand die Gemeinde der Gläubigen bis dahin beinahe ausschließlich aus Menschen, die sich bewusst und in eigener Verantwortung zu Jesus Christus und damit zu Gott bekehrt hatten, strömten nun Heerscharen von Ungläubigen in die Tempel, die zu Kirchen umfunktioniert wurden. Dies war die Todesstunde des freien Glaubens und gleichzeitig die Geburtsstunde der christlichen Religion. Zu dieser Religion wurden die Menschen zwangsbekehrt, und die Nachkommen dieser zwangsbekehrten Menschen gehörten allein durch ihre Geburt dieser Religion an. Damit war nicht mehr Glaube notwendig, sondern nur die Religionszugehörigkeit. Dies ist denn auch das Tragische und Tödliche an allen Religionen: die Religions**un**freiheit! Eine wirkliche Religionsfreiheit gibt es demnach in keiner einzigen Religion, denn Religionsfreiheit würde bedeuten, dass kein Mensch in eine Religion hineingeboren würde, sondern sich bewusst für eine Religion oder konsequenterweise auch für keine Religion entscheiden könnte. Die Religionen wurden alle als Instrumente der Macht»erfunden«, um die Menschen zu unterjochen. Das Wissen war den Priestern und Machthabern vorbehalten, und dieses Wissen wurde denn auch immer, wie wir in der Geschichte der Menschheit unschwer erkennen können, zur Ausübung von Macht missbraucht. In diesem Sinne hatte Lenin nicht unrecht mit seiner Aussage, dass die Religion Opium für das Volk sei. Leider blieb Lenin der grundsätzliche Unterschied zwischen Religion und Glauben verborgen. Religion ist für den Klerus und die Machthaber denn auch tatsächlich das Opium, mit dem sie das Volk abhängig zu machen versuchen. Im krassen Gegensatz dazu steht die frohe Botschaft von Jesus Christus, dem Fleisch gewordenen Schöpfer und Erhalter des Universums, der Erde und des Lebens. Er brachte uns keine neue Gesetzlichkeit und auch keine neuen Rituale, sondern er brachte uns das Liebesangebot Gottes, das wir nur im Glauben anzunehmen brauchen – das ist alles! Darin besteht die Herrlichkeit seiner Zusage an uns, dass wir alleine durch den Glauben an ihn die ewige Gemeinschaft mit Gott erhalten.

Die Welt leidet vor allem an drei Grundübeln: Egozentrik, Machtgier und Religion; und die Umkehrung dieser drei Grundübel bedeutet: Gotteserkenntnis, Liebe und Glaube. Denn Gott ist das Zentrum allen Seins, und nicht der Mensch. Der Weg zu Gott bedeutet Nächstenliebe und nicht Macht über andere Menschen, und dieser Weg führt nicht über tote Dogmen und versklavende Rituale, sondern über den lebendigen und befreienden Glauben. Es gibt nur einen einzigen Weg zum Glauben an Gott, nämlich Jesus Christus. Aber es gibt darauf genauso viele Möglichkeiten, wie es gläubige Menschen gibt, denn trotz einiger Ähnlichkeiten geht doch jeder Gläubige seinen persönlichen individuellen Weg zu und mit Gott. Glaube oder die Beziehung zu Gott ist, wie wir in der Bergpredigt sehen, etwas sehr Persönliches und Intimes, sozusagen ein Zwiegespräch zwischen dem Gläubigen und Gott. Trotz dieser Individualität gibt es *drei* fundamentale Inhalte des Glaubens, an denen kein Mensch vorbeikommt und die die Grundlage dafür sind, um überhaupt im biblischen Sinne gläubig sein zu können. Sicher gibt es mehr als diese drei Grundsätze des Glaubens, aber alle weiteren leiten sich direkt oder indirekt aus diesen drei Grundsätzen ab. Sie kann man mit den Axiomen der Mathematik vergleichen: wird ein einziges Axiom in Frage gestellt, ist damit die ganze Mathematik in Frage gestellt.

1. Die Schöpfung

Wer die Schöpfung ablehnt und sich der Evolutionslehre anschließt, verdunkelt sich damit auch den Weg zu Gott, denn Gott und Evolution schließen sich aus. Es gibt zwar viele moderne Theologen, die behaupten, Gott habe durch Evolution »geschaffen« und sie nennen diese Theorie »theistische Evolutionslehre«. Aber der allmächtige Gott hat es sicher nicht nötig, seine Schöpfung mit Hilfe einer postulierten Evolution zu »schaffen«. Wenn wir Gott die Schöpfung nicht zutrauen, reduzieren wir ihn auf ein Geschöpf oder ein der Natur innewohnendes Urprinzip. Aber das ist nicht der Gott, der sich Hiob mit diesen gewaltigen Worten offenbart: *»Wer ist es, der den Ratschluss verdunkelt mit Worten ohne Erkenntnis? Gürte doch wie ein Mann deine Lenden! Dann will ich dich fragen, und du sollst mich belehren! Wo warst du, als ich die Erde gründete? Teile es mit, wenn du Einsicht kennst!«* (Hi 38,2-4) Die Kapitel 38 bis 41 sind die gewaltigste Demonstration des Schöpfer-Gottes in der ganzen Heiligen Schrift, und es lohnt sich sehr, diese Kapitel sehr genau zu studieren. Hier in diesen Kapiteln kommt der allmächtige Gott als Schöpfer zu uns und lädt uns dazu ein, ihm bei seinem gewaltigen Schöpfungswerk zuzuschauen, Er weiht uns in sein großes Schöpfungswerk ein. Interessant sind in diesem Zusammenhang auch die abschließenden Worte Hiobs, die er, nach der großen Demonstration des Schöpfergottes aus dem Sturm heraus, sprach: »*Vom Hörensagen hatte ich von dir gehört, jetzt aber hat mein Auge dich gesehen. Darum verwerfe ich mein Geschwätz und bereue in Staub und Asche*« (Hi 42,5-6). Obwohl Hiob ein Mann voller Erkenntnis Gottes war, kannte er Gott nur vom Hörensagen, und das Erstaunliche an diesem Hiob ist denn auch sein unerschütterlicher Glaube, denn trotz all des großen Leids, das ihn traf, rückte er keinen Millimeter von seinem Glauben ab, und dies zu einer Zeit, in der der Alte Bund Abrahams noch nicht existierte und die Völker um ihn herum dem übelsten Götzendienst verfallen waren. Aber am Schluss wurde dieser Hiob von Gott über alle Maßen mit seiner Gnade gesegnet, indem er Gott mit seinem Auge sehen und wahrnehmen durfte. Entscheidend am Buch Hiob ist aber, dass Gott dem Hiob als *Schöpfer des Himmels und der Erde* erschien und seine Belehrungen eine gewaltige Demonstration seiner Schöpfung sind. Die Heilige Schrift beginnt denn auch mit einer Demonstration seiner Schöpfung: »*Im Anfang schuf Gott die Himmel und die Erde*« (1Mo 1,1). Wir wissen nicht, wann dieser Anfang war, aber Gott teilt uns in diesem einen Vers mit, dass er der Schöpfung einen Anfang setzte, und mit diesem Anfang nahm die Zeit, der Raum und die Materie ihren Anfang. Und genau wie Gott der Schöpfung einen Anfang setzte, so setzte er der Schöpfung auch ein Ende, denn Gott ist Herr über die Zeit, wie er auch Herr ist über seine Schöpfung. Aber Gott ist nicht nur der Schöpfer allen Seins, sondern Gott ist durch die gesamte Geschichte der Menschheit hindurch auch der Erhalter seiner Schöpfung. Im Abschnitt 1.8.5, in dem es um das Wesen der Materie geht, haben wir festgestellt, dass die Wissenschaft **die Identität von Materie und Energie** einwandfrei nachgewiesen hat. Daraus ergibt sich, dass alle Energien, aus denen alle Materie letztlich besteht, ununterbrochen aus der Urquelle aller Kraft hervorgeht. Daraus kann man weiter schließen, dass alles Geschaffene nichts anderes als Gottes Gedanken darstellt, das nur so lange Bestand hat, wie er diesen Gedanken denkt. Denn »im Anfang war das Wort« – und das Wort ist Geist und Geist ist Energie! Hier sehen wir Gott den Allmächtigen als Erhalter seiner Schöpfung, indem er seinen Gedanken weiterdenkt bis zum Ende seiner ersten Schöpfung.

2. Die Göttlichkeit Jesu Christi

Im Anfang war das Wort, das Wort schuf, das Wort wurde Fleisch. Im Anfang war Gott, der Allmächtige und Unendliche, ohne Anfang und ohne Ende, das Alpha und das Omega, und Gott schuf die Himmel und die Erde. Und dieser allmächtige Gott wurde Fleisch und kam als Mensch auf diese Erde, um in Bethlehem in einem Stall als kleines hilfloses Kind geboren zu werden. Jesus Christus ist demnach das Fleisch gewordene Gotteswort, der zugleich vollkommener Gott und vollkommener Mensch war und ist. Jesus Christus ist somit der Sohn Gottes, und als solcher ist er Fleisch geworden, um Gott als Vater zu verkünden; so ist er auch das Licht der Menschen, das in der Finsternis scheint. Seit seiner Menschwerdung ist Jesus Christus der Sohn Gottes; er wurde durch Gott gezeugt und ist das Heilige, das aus Maria, seiner leiblichen Mutter, geboren wurde. Durch seine Auferstehung von den Toten hat er bewiesen, dass er Herr über Zeit, Raum und Materie ist und somit Gottes allmächtige Kraft zum Ausdruck brachte, und er ist damit der Erstgeborene aus den Toten. Jesus Christus ist als der ewige Sohn des Vaters der einzige und vollkommene Ausdruck des Wesens Gottes. Dies brachte Jesus zum Ausdruck als er sprach: »*Wer mich gesehen hat, hat den Vater gesehen*« (Joh 14,9). Er war von Ewigkeit her das Wort, der Logos, der Ausdruck Gottes; als solcher war er bei Gott und zugleich Gott selbst. Seit seiner Geburt als Mensch ist er auch für uns das sichtbare und erkennbare Bild des unsichtbaren Gottes, und mit seinem dramatischen Eintritt in seine Schöpfung ist er notwendigerweise der Erstgeborene der ganzen Schöpfung. In ihm war das Leben, und das Leben war das Licht der Menschen. Und das Licht scheint in der Finsternis, und die Finsternis hat es nicht erfasst, und dieses Licht ist es auch, das offenbar macht, wer vom Licht und wer von der Finsternis ist. Die Quelle dieses Lichtes wurde nicht erkannt, bis der Sohn Fleisch und Blut annahm und kam, um unter uns zu wohnen, und um am Kreuz für unsere Schuld zu sterben.

3. Die Inspiration der Heiligen Schrift [1]

Die Inspiration der Heiligen Schrift ist eines der wichtigsten und fundamentalsten Themen des christlichen Glaubens, weil die Glaubwürdigkeit, Unfehlbarkeit und absolute Autorität der Bibel direkt davon abhängig sind. Die Heilige Schrift legt an vielen Stellen selbst Zeugnis davon ab, dass der eigentliche Verfasser Gott ist. Gott schrieb das Buch dabei nicht selbst, sondern die Verfasser wurden vom Heiligen Geist getrieben, die Worte so niederzuschreiben, wie Gott es wollte. Die wichtigste Stelle dazu finden wir in 2. Timotheus 3,16-17: »*Alle Schrift ist von Gott eingegeben und nützlich zur Lehre, zur Überführung, zur Zurechtweisung, zur Unterweisung in der Gerechtigkeit, damit der Mensch Gottes richtig sei, für jedes gute Werk ausgerüstet*«. »Hier wird ›der Schrift‹ ein besonderes Kennzeichen gegeben, und dieses Kennzeichen ist, dass die Schrift ›von Gott eingegeben‹ ist. Das griechische Wort ›theopneustos‹ bedeutet denn auch ›gottgehaucht‹. Das heißt, dass die Schrift von ihm ausgegangen ist, und es sind somit seine Worte und diese wurden so aufgeschrieben, wie er es wollte.« [2] Diese Worte, die er eingehaucht hat, hat er durch Menschen, Propheten und Apostel niederschreiben lassen. Die Inspiration ist also Gottes

Werk, das durch die Bibelverfasser ausgeführt wurde. Die Inspiration geschah durch das Wirken des Heiligen Geistes; die Verfasser wurden beim Niederschreiben der unfehlbaren Wahrheit vom Heiligen Geist geleitet, und die Inspiration durch den Heiligen Geist geschah so, dass die Verfasser manchmal selbst nicht begreifen konnten, was diese von Gott eingegebenen Worte eigentlich bedeuteten. Die Bücher der Heiligen Schrift wurden denn auch nicht durch die eigene Initiative der Verfasser geschrieben, sondern der Heilige Geist war die treibende Kraft, der die Propheten wie die Blätter im Wind »getragen und mitgeführt« hat, um die göttlichen Mitteilungen zu Papier zu bringen. Inspiration bedeutet deshalb »vom Heiligen Geist getrieben«, denn es sollen die Gedanken Gottes, von ihm selbst ausgehend, niedergeschrieben werden, und nicht die Gedanken der Verfasser. Es handelt sich also um die Worte Gottes selbst und deshalb besitzen diese Worte auch göttliche Autorität. Im Prozess der Inspiration gibt es also folgende drei Elemente: [3]

1. »Die göttliche Verfasserschaft

Das Wort ist von Gott ausgegangen oder ›ausgehaucht‹, es sind buchstäblich seine Worte, die in der Schrift niedergelegt sind, und damit ist er selbst die Quelle und Ursache der Heiligen Schrift.

2. Das menschliche Werkzeug

Gott gebrauchte die Menschen, um sein göttliches Wort niederzuschreiben. Diese Menschen fungierten nicht nur als Schreibmaschinen, denn sie hatten alle ihren eigenen Schreibstil und Wortschatz. Gott gebrauchte ihre Persönlichkeit, um seine Gedanken zu offenbaren.

3. Das geschriebene Ergebnis

Das Produkt des ›Getriebenseins‹ ist ein geschriebenes Buch mit göttlicher Autorität, und dieses hat das letzte Wort in dogmatischen, moralischen und anderen Fragen. Deshalb waren die Verfasser der Heiligen Schrift nicht in ihrem ganzen Leben inspiriert, sondern die Heilige Schrift, die sie niedergeschrieben haben, ist ›gottgehaucht‹.«

Mit diesen Erläuterungen können wir erkennen, dass die Heilige Schrift das unfehlbare, autoritative, völlig inspirierte Wort Gottes ist. Daran erkennen wir auch das Wunder der Bibel, denn sie ist ein total menschliches Buch und gleichzeitig ein total göttliches, unfehlbares Buch! Das Wunder des geschriebenen Wortes Gottes ist vergleichbar mit Jesus Christus, dem Fleisch gewordenen Gotteswort, der zugleich vollkommener Gott und vollkommener Mensch war und ist. Aus diesen Gründen können und dürfen wir der Heiligen Schrift absolut vertrauen und ihr Glauben schenken, denn Gott hat nicht nur die Niederschrift der Heiligen Schrift inspiriert, sondern

er hat auch in wundervoller Weise dafür gesorgt, dass bei der Überlieferung der Heiligen Schrift keine menschlichen Irrtümer und Irrlehren darin
Einzug fanden. [4]

Die Reihenfolge dieser drei fundamentalen Grundsätze wurde absicht-
lich so gewählt, denn auch die Heilige Schrift beginnt mit dem Zeugnis der
Schöpfung, denn der erste Vers der Bibel ist die Offenbarung Gottes an uns
Menschen, dass er, der allmächtige Gott, im Anfang die Himmel und die
Erde geschaffen hat! Wenn wir diesen ersten Vers der Bibel ablehnen, dann
müssen wir konsequenterweise auch den Rest der Bibel ablehnen, denn
Gott begegnet uns in seiner Heiligen Schrift immer wieder als der Schöpfer
der Himmel und der Erde und somit auch als Herr über die Zeit, den Raum
und die Materie. Es ist denn auch genau dieses Herr-Sein über Zeit, Raum
und Materie, das uns Jesus Christus immer wieder in seinen Wundern demonstriert, und die größte Demonstration desselben ist seine leibliche Auferstehung von den Toten. Die Wunder und die Auferstehung sind deshalb
auch eine Demonstration des zweiten fundamentalen Grundsatzes: Der
Göttlichkeit von Jesus Christus. Jesus Christus vollbrachte während seines
Dienstes auf dieser Erde denn auch so viele Wunder, um den Menschen seiner Zeit, aber auch uns seine Göttlichkeit unter Beweis zu stellen. Seine
Göttlichkeit demonstrierte uns Jesus Christus auch durch die Jungfrauengeburt, denn er wurde durch Gott »gezeugt« und durch den »Samen einer
Frau« geboren. So war Jesus Christus denn auch gleichzeitig vollkommener Gott und vollkommener Mensch. Und letztlich wird sein stellvertreten-
der Tod am Kreuz, sein großes Erlösungswerk nur verständlich, wenn wir
zu verstehen versuchen, was an diesem denkwürdigen Tag auf Golgatha
geschah. Der vollkommene Mensch Jesus wurde vom vollkommenen Gott
am Kreuz für unsere Schuld, für unsere Sünden, geopfert, und diese Schuld
ist mit diesem einmaligen Akt in Raum und Zeit für alle Zeiten gesühnt!
Hier gilt das Gleiche wie beim dritten fundamentalen Grundsatz: ein »ent-
göttlichter« Jesus ist genauso wenig wert wie eine »entmythologisierte«
Bibel. Genau so, wie Jesus Christus, der *Logos,* das *Fleisch gewordene
Gotteswort* ist, so ist auch die Bibel eine Art von Logos, denn die Bibel ist
das *niedergeschriebene Gotteswort,* und deshalb ist die Bibel nicht einfach
irgendein interessantes und literarisch wertvolles Buch, sondern das von
Menschen niedergeschriebene und überlieferte *Wort Gottes.* Und deshalb
ist die Heilige Schrift, nein, *muss* die Heilige Schrift unfehlbar sein, und
das ist auch der Grund dafür, dass der Papst in Rom nicht unfehlbar sein
kann, sondern das kann einzig und allein Gottes niedergeschriebene Wort,
die Heilige Schrift.

Gott hat uns in der Heiligen Schrift nicht alles mitgeteilt, was er weiß,
und es gibt noch beinahe unendlich viel, was er uns hätte mitteilen können,

aber Gott hat uns alles mitgeteilt, was wir wissen müssen, um den Weg zu ihm finden zu können. Für mich persönlich hat der Weg zu Gott auch mit der Akzeptanz der Schöpfung und der gleichzeitigen Verwerfung der Evolutionslehre begonnen. Der nächste Schritt war dann eine Auseinandersetzung mit der Person Jesus Christus, der unsere Zeitrechnung in zwei Hälften teilte. Man kann ihm nur gerecht werden, wenn man ihn als die zweite Person der Dreieinigkeit Gottes annimmt und ihn als Erlöser akzeptiert. Der letzte Schritt war schlussendlich eine Auseindersetzung mit der Heiligen Schrift, in der ich je länger, desto mehr die Handschrift Gottes erkannte und heute erkennen kann. Damit ist der Kreis geschlossen und das Fundament gebaut, auf dem allein sich der Glaube und die Beziehung zu Gott und zu Jesus Christus entwickeln kann. Ich bin noch lange nicht am Ziel angekommen, und mein Weg wird noch von vielen Dornen und Disteln gesäumt sein, aber das Fundament, Jesus Christus, steht fest in der Brandung des Lebens, und er ist das einzige gute und stabile Fundament, das die kommenden Stürme und Fluten unbeschadet überstehen wird. Ich wünsche dem Leser aus tiefem Herzen, dass auch er dieses Fundament des Glaubens und der Gnade Gottes finden wird.

Chronologien

B.1 Anmerkungen zur Chronologie

Im vorliegenden Buch nimmt die Chronologie vor allem im Kapitel über das Altertum einen relativ breiten Raum ein. Bei den Fragen um die Chronologie muss man sich aber bewusst sein, dass es trotz großer Anstrengungen auf diesem Gebiet bis heute keine »richtige« Chronologie der ägyptischen Geschichte gibt. In diesem Anhang geht es nun darum, eine Übersicht über die verschiedenen ägyptischen Chronologien zu geben. Grundsätzlich sprechen wir von den folgenden drei Chronologien: der herkömmlichen, der revidierten und der neuen Chronologie.

1. Die herkömmliche Chronologie

Diese bis heute von den meisten Wissenschaftlern akzeptierte und verwendete Chronologie baut auf vier Säulen und einer Prämisse auf.[5]

- Säule 1
  Die Plünderung von Theben durch die Truppen Assurbanipals im Jahr 664 v.Chr. kennzeichnet das letzte Jahr der Herrschaft des Pharao Taharkas (sein 26. Regierungsjahr) und leitet die Spätzeit der ägyptischen Geschichte ein.

- Säule 2
  Scheschonk I., der Gründer der 22. Dynastie, ist mit dem biblischen Schischak, dem »König von Ägypten«, gleichzusetzen, der nach Jerusalem zog und im 5. Regierungsjahr Rehabeams den Tempel Salomons plündern ließ. Nach der biblischen Chronologie von Edwin Thiele fand das Ereignis im Jahr 925 v.Chr. statt.

- Säule 3
  Der Beginn des ägyptischen Neuen Reiches kann auf die Mitte des 16. Jahrhunderts datiert werden (1550 v.Chr.) – mit Hilfe des sothischen Datums aus dem Papyrus Ebers, wonach 1517 v.Chr. das 9. Regierungsjahr Amenophis I. war (18. Dynastie).

- Säule 4
  Ramses II. (19. Dynastie) trat im Jahr 1279 v.Chr. seine Herrschaft
  über Ägypten an, weil ein Monddatum aus dem Papyrus Leiden I
  350 bestätigt, dass sein 52. Regierungsjahr auf das Jahr 1228 v.Chr.
  fällt.

- Prämisse
  Ramses II. ist der Pharao der Unterdrückung des Volkes Israel während ihres Aufenthalts in Ägypten.

2. Die revidierte Chronologie

Im vorliegenden Buch wird häufig auf die revidierte Chronologie Bezug
genommen. Diese geht wahrscheinlich zurück auf I. Velikovsky und D.A.
Courville und wird vor allem von W.J.J. Glashouwer im Buch »So entstand
Israel« ausgelegt und benutzt.

3. Die neue Chronologie

Diese Chronologie wurde von David Rohl in seinem Buch »Pharaonen und
Propheten« aufgestellt. In seiner neuen Chronologie legt David Rohl dar,
dass drei der vier Säulen (Säulen 2 bis 4) der herkömmlichen Chronologie
verworfen werden müssen, sodass es für die Chronologie Ägyptens nur
noch ein einziges sicheres Datum gibt (die Säule 1 mit dem Jahr 664
v.Chr.). Aufgrund dieser Ausgangslage legt David Rohl seine neuen Datie-
rungsgrundlagen für die neue Chronologie aus.

Im Folgenden wenden wir uns der kritischen Hinterfragung der Prämisse sowie der Säulen 2-4 der herkömmlichen Chronologie zu, um damit den
Nachweis zu erbringen, dass das Gebäude der herkömmlichen Chronologie
tatsächlich nur noch auf einer Säule steht.

Prämisse: Es gibt keinen zwingenden Beweis dafür, dass Ramses II.
der biblische Pharao der Bedrückung oder des Auszugs war. Die Erwähnung der Vorratsstadt Ramses (Pi-Ramesse, Hauptstadt Ramses im Delta)
in der Bibel, auf der diese Gleichsetzung basiert, ist vermutlich nur ana-
chronistisch. Die Israeliten des 6. Jahrhunderts hätten diese Gegend unter
ihrem alten Namen nicht gekannt, aber der neue Name Pi-Ramesse war ihnen ein Begriff. Des Weiteren fand der Auszug aus Ägypten nach biblischer Chronologie im Jahr 1491 v.Chr. statt; die Regierungszeit Ramses II.
wird nach herkömmlicher Chronologie aber auf die Jahre 1279-1213
v.Chr. angesetzt. Um diese Diskrepanz auszumerzen, wurde die Zeitanga-
be aus der Bibel zwischen dem Auszug aus Ägypten und dem Tempelbau
unter Salomon von 480 Jahren einfach willkürlich auf 300 Jahre gekürzt.
Man hat angenommen, dass die 480 Jahre aus der Bibel nur eine ungefähre
Angabe seien und diese Dauer 12 Generationen entspreche (eine Genera-

tion = 40 Jahre x 12 = 480 Jahre). Da nun aber eine biologische Generation nur etwa 25 Jahre beträgt, wurde diese Zeit auf 300 Jahre festgelegt (12 Generationen zu 25 Jahren x 12 = 300 Jahre). Wenn man davon ausgeht, dass der Tempelbau unter Salomo nach Edwin Thiele etwa im Jahr 968 v.Chr. begann, fand der Auszug aus Ägypten nach dieser Interpretation etwa im Jahr 1268 v.Chr. statt, und Ramses II. war definitiv als Pharao des Auszuges festgelegt. Auch musste dieser Ramses II. nicht, wie in der Bibel geschildert, im Schilfmeer ertrinken, sondern lebte später noch viele Jahre bei guter Gesundheit. Diese Prämisse kann man also getrost vergessen.

Säule 2: Die Gleichsetzung von Scheschonk I. mit Schischak beruht einzig auf der Tatsache, dass die beiden Namen auf den ersten Blick wenigstens ähnlich scheinen. David Rohl weist aber nach, dass der Name Scheschonk immer mit »n« geschrieben wird und deshalb nicht als Schischak (ohne »n«) interpretiert werden darf.[6] Des Weiteren unternahm der Pharao Scheschonk I. tatsächlich einen Palästina-Feldzug, doch betraf dieser nicht das Königreich Juda, denn unter den eroberten Städten, die in der Triumphszene in der Südfassade des Bubastiden-Portals in Karnak eingemeisselt sind, ist keine einzige judäische Stadt erwähnt.[7] Damit hat David Rohl die Säule 2 ad absurdum geführt.

Säule 3: Die dritte Säule der herkömmlichen Chronologie wird von einem merkwürdigen Verfahren namens »Sothisdatierung« abgeleitet. Diese Datierung hing mit der jährlich stattfindenden Nilüberschwemmung zusammen. Die Priester hatten beobachtet, dass der Beginn der Überschwemmungszeit am 21. Juli (nach modernem Kalender) durch den Aufgang des Sirius beim Morgengrauen angekündigt wurde (der Sirius wurde mit der Göttin Sothis der Griechen gleichgestellt – daher auch der Begriff Sothisdatierung). Da es nun die alten Ägypter verpassten, alle vier Jahre einen Schalttag einzufügen, verschob sich dieser Aufgang des Sirius alle vier Jahre um einen Tag, und es dauerte 1461 Jahre, bis der Aufgang wieder genau am gleichen Tag (am 21. Juli) beobachtet werden konnte. Mit dem Papyrus Ebers wurde nun versucht, den Aufgang des Sirius auf das 9. Regierungsjahr Amenophis I., d.h. auf das Jahr 1517 v.Chr. festzulegen. Da in diesem Papyrus aber in jedem Monat ein Sothis-Aufgang verzeichnet ist, ist diese Festlegung willkürlich. Des Weiteren wird das Sothis-Datum aus dem Ebers-Kalender von vielen anerkannten Ägyptologen in Frage gestellt, sodass der Wert dieser Säule gleich Null ist.[8]

Säule 4: Die Datierung der vierten Säule hängt von den Säulen zwei und drei ab. Da diese nun verworfen werden müssen, fehlt der Säule vier der historische Boden. Sie hängt von Monddaten ab, die im Papyrus Leiden I 350 vermerkt sind und das 52. Regierungsjahr Ramses II. markieren. Diese Monddaten können aufgrund astronomischer Rückrechnungen im 13.

Jahrhundert v.Chr. nur in den Jahren 1278, 1273, 1228 oder 1203 v.Chr. gewesen sein, und dies kann nur zutreffen, wenn Ramses II. (19. Dynastie) tatsächlich im 13. Jahrhundert v.Chr. gelebt hat. Aufgrund verschiedener Mutmaßungen waren die Gelehrten nun der Ansicht, dass das Jahr 1228 v.Chr. das 52. Regierungsjahr Ramses II. gewesen sein musste. Dass nun die 19. Dynastie ins 13. Jahrhundert v.Chr. zu datieren sei, hängt ganz von Säule drei ab, und da die Säule drei nicht weiter aufrecht gehalten werden kann, ist auch die Säule vier hinfällig.[9]

Da von den vier Säulen der herkömmlichen Chronologie nur noch eine einzige steht, kann festgehalten werden, dass die Geschichte Ägyptens vor dem Jahr 664 v.Chr. auf einem sehr wackligen Fundament steht. Damit wenden wir uns nun den alternativen Chronologien zu. Im Folgenden habe ich aufgrund von zehn historischen Begebenheiten aus der Geschichte Israels die Interpretationen der revidierten und der neuen Chronologie miteinander verglichen. Dabei ging es mir primär darum herauszufinden, inwieweit sich diese beiden Ansichten decken und wo Unterschiede bestehen.

- Anmerkung 1 (siehe Seite 197)
  Der Bau der Cheops-Pyramide wird nach herkömmlicher Chronologie auf das Jahr 2850 bzw. 2600 v.Chr. festgelegt. Nach biblischer Chronologie wird die Sintflut in die Zeit zwischen dem 24. und 25. Jahrhundert v.Chr. datiert. (nach James Usher etwa im Jahr 2350 v.Chr.) Auch wenn ich persönlich die Sintflut eher etwas früher ansetze (ca. 2500 v.Chr.), fand der Turmbau zu Babel etwa im Jahr 2400 v.Chr. statt, und die Pyramiden von Gizeh können deshalb nicht früher als in den Jahren zwischen 2000 bis 2200 v.Chr. erbaut worden sein.

- Anmerkung 2 (siehe Seite 279)
  Gemäß der revidierten Chronologie wird der Pharao Sesostris III. als Josephs König angenommen (Ende der 12. Dynastie). David Rohl sieht den Pharao Amenemhet III., den Sohn und Mitregenten von Sesostris III. als Josephs König.[10] Beide Chronologien liegen bei der Festlegung von Josephs König sehr nahe beieinander. Trotzdem sprechen die besseren Argumente für Sesostris III. und nicht für seinen Sohn Amenemhet III.

- Anmerkung 3 (siehe Seite 287)
  Nach revidierter Chronologie wird der Aufenthalt des Volkes Israel mit 430 Jahren angegeben, was auch mit der Angabe in der Bibel übereinstimmt (2Mo 12,40ff). Aufgrund dieser Angabe hätte Joseph etwa in den Jahren 1915 bis 1805 v.Chr. gelebt. Nach neuer Chronologie dauerte der Aufenthalt in Ägypten nur 215 Jahre, und die 430 Jahre werden

von der Zeit Abrahams an gerechnet. Diese Sicht geht vor allem zurück auf Josephus jüdische Altertümer sowie auf die Übersetzung der Septuaginta.[11] Sie wird in Galater 3,17 bestätigt, wo es heißt:»Dies aber sage ich: Einen vorher von Gott bestätigten Bund macht das vierhundertdreißig Jahre später entstandene Gesetz nicht ungültig, sodass die Verheißung unwirksam geworden wäre«. Paulus spricht hier klare Worte, und auch ich folge dieser Interpretation.

- Anmerkung 4 (siehe Seite 288)
  Die revidierte wie auch die neue Chronologie sehen als Pharao des Exodus den Pharao Dudumes (Dedumose), den 36. und letzten Pharao der 13. Dynastie.[12]

- Anmerkung 5 (siehe Seite 288)
  Die revidierte wie auch die neue Chronologie sehen in den in Ägypten einfallenden Plünderern, den Hyksos, das Volk der Amalekiter. Diesem Volk begegnete Israel in der Wüste während des Auszugs aus Ägypten.

- Anmerkung 6 (siehe Seite 297)
  Die revidierte wie auch die neue Chronologie gehen davon aus, dass die Landnahme (Einnahme von Jericho sowie eines Teiles von Kanaan) am Ende der Mittelbronzezeit stattfand.[13]

- Anmerkung 7 (siehe Seite 304)
  Nach der neuen Chronologie dauerte die Hyksos-Periode etwas über 250 Jahre, und die 18. Dynastie begann um das Jahr 1194 v.Chr. Die »Beweisführung« erfolgt dabei über die Sonnenfinsternis über Ugarit, die das Computerprogramm »Redshift« auf den 9. Mai 1012 v.Chr. um 18.09 Uhr berechnete. Aufgrund eines Briefes ordnet David Rohl dieses Ereignis der Zeit Echnatons zu und rechnet von da an zurück auf Ahmose, den Gründer der 18. Dynastie, dem er die Regierungsjahre 1194-1170 zuordnet.[14] Nach der revidierten Chronologie wurde Ägypten die ganze Richterzeit hindurch durch die Hyksos beherrscht, also etwa 400 Jahre. Die revidierte Chronologie bezieht sich auf 1. Samuel 15, den Krieg von Israel unter König Saul gegen Amalek. Da wir die Amalekiter mit den Hyksos identifiziert haben und der letzte König der Hyksos, Pharao Agag oder Apop, gemäß dem biblischen Bericht sogar von Samuel persönlich getötet wurde, ist es nahe liegend, dass das Ende der Hyksos-Periode mit 1. Samuel 15 identisch ist. In Vers 2 stellt Gott selbst einen Bezug her zum Auszug aus Ägypten, als sich die Amalekiter den Israeliten in den Weg stellten. Als Gericht dafür (für die Tat der Amalekiter aus 2. Mose 17,8-16) befiehlt Gott im Vers 3, Amalek mit dem Bann zu schlagen. Für den Krieg gegen Amalek mustert Saul

210.000 Mann, also ein ziemlich ansehnliches Heer. Außerdem ist es auffallend, dass die Ägypter und/oder die Amalekiter die ganze Richterzeit hindurch (immerhin etwa 400 Jahre) in der Bibel kein einziges Mal erwähnt werden! Da diese Verse ein sehr starkes Argument dafür sind, dass Saul in diesem Krieg gegen Amalek tatsächlich der Hyksos-Periode ein Ende bereitet hat, übernehme auch ich diese Argumentation aus der revidierten Chronologie. Da die dem Ende der Hyksos-Periode nachfolgende Geschichte abhängig ist von dieser Interpretation, folge ich in dieser Zeit der revidierten Chronologie (Anmerkungen 8 bis 10).

• Anmerkung 8 (siehe Seite 310)
Die Königin von Saba ist gemäß der revidierten Chronologie identisch mit der Königin Hatschepsut von Ägypten. Die neue Chronologie äußert sich betreffend der Königin von Saba nicht explizit, ordnet diese Königin aber in der Chronologie in die Jahre 1131 bis 1116 v.Chr.[15] König Salomon regierte Israel in den Jahren 1015 bis 975 v.Chr., und der Besuch der Königin von Saba müsste demnach in dieser Zeit stattgefunden haben.

• Anmerkung 9 (siehe Seite 315)
König Joram von Israel (852 bis 841 v.Chr.) sowie sein Namensvetter Joram von Juda waren nach der revidierten Chronologie Zeitgenossen der berühmten ägyptischen Pharaonen Echnaton, Smemchare und Tutenchamun. Nach der neuen Chronologie waren diese Pharaonen aber Zeitgenossen der Könige Saul und David.[16] Nach der revidierten Chronologie korrespondierten beide Könige mit dem Pharao Echnaton (Amenophis IV) in den berühmten Amarna-Briefen. In diesen hießen sie Rib-Addi von Gubla und Sumur (Jesreel und Samarien) und Abdi-Hiba von Urusalim (Jerusalem). Andere Entsprechungen waren u.a. Abdi-Asirta und sein Nachfolger Azaru von Amurru, das sind Benhadad und Hasael von Aram. In den Briefen von Rib-Addi wird unter anderem über Abdi-Asirta (Benhadad) geklagt, der ihn mit einem Heer angegriffen und Samarien belagert hat. In einem der Briefe wird auch auf die Tatsache hingewiesen, dass früher der Vater (Benhadad) von dem Vater Jorams (Ahab) gefangen genommen worden war (vgl. 1. Kö 20,31-34). Außerdem berichten die Briefe über Benhadads Anschläge gegen Joram, einen misslungenen Anschlag auf Joram, die Krankheit und den Tod Benhadads, die Hungersnot in Samarien und den Aufstand der Moabiter, wo die »plündernden Truppen des (Königs) Mesa« genannt werden. [17]

- Anmerkung 10 (siehe Seite 318)
  Der Pharao Schischak, der unter dem König Jerobeam von Juda die Tempelschätze aus dem Tempel in Jerusalem raubte, ist nach der revidierten Chronologie Thutmose III., der Gemahl und Nachfolger von Hatschepsut, und nach der neuen Chronologie Ramses der Große bzw. Ramses II., 19. Dynastie.[18]

In der »älteren« Geschichte stimmen die revidierte und die neue Chronologie sehr gut überein (von Joseph bis zur Landnahme). Die einzige Diskrepanz bei den Anmerkungen 1 bis 6 ist die Frage, wann Joseph tatsächlich gelebt hat. Dies hängt allein davon ab, wie man die 430 Jahre in 2. Mose 12,40ff auslegt (von Abraham oder erst von Jakob an gerechnet, als dieser nach Ägypten zog). Bei der »neueren« Geschichte (von der Richterzeit bis zu den ersten Königen von Israel) weichen die beiden Chronologien aber ständig ab, sodass bei den Anmerkungen 7 bis 10 keine einzige Übereinstimmung gefunden wird. Bei näherer Betrachtung hat sich aber gezeigt, dass das »einzige« Problem die tatsächliche Dauer der Hyksos-Periode ist, denn bei diesen Anmerkungen beträgt der Unterschied zwischen der revidierten und der neuen Chronologie immer ungefähr 150 Jahre.

Stimmt die Chronologie nach Edwin Thiele?

Es gibt noch ein weiteres Problem bei den »alternativen« Chronologien, das noch geklärt werden muss. Beide Chronologien legen die Regierungszeiten der Könige Israels und Judas nach Edwin Thiele (The Mysterious Numbers of the Hebrew Kings, Chicago 1951) fest und stellen diese Daten nicht in Frage, obwohl Edwin Thiele im Widerspruch zur Bibel steht, denn die kumulierten Regierungsjahre der Herrscher des Südreiches betragen 390 Jahre (von Rehabeam bis Zedekia), und nicht 345 wie nach Edwin Thiele. Dies entspricht einer Differenz von 45 Jahren. Diese 390 Jahre der Bibel können auch aus Hesekiel 4,4-6 hergeleitet werden, wo die Schuld Israels mit 390 Tagen, was in diesem Vers 390 Jahren entspricht, festgelegt wird. Wenn man nun von der biblischen Chronologie ausgeht und die Regierungszeiten der Könige des Südreiches mit 390 Jahren annimmt, verschiebt sich das Datum des Exodus aus Ägypten um diese 45 Jahre auf das Jahr 1491 v.Chr. (revidierte Chronologie = 1446 v.Chr./, neue Chronologie = 1447 v.Chr.). Bereits James Usher (1581-1656) legte das Datum des Exodus auf das Jahr 1491 v.Chr. fest. Diesem Datum wurde auch in diesem Buch der Vorzug gegeben.

Biblische Chronologie

Zu welchen Erkenntnissen sind wir bisher gelangt? Es gibt nach wie vor kein einziges sicheres Datum außerhalb der biblischen Chronologie aus der Zeit vor dem Jahr 664 v.Chr., als die Assyrer Theben eroberten! Entgegen der allgemein anerkannten Chronologie der Könige von Israel und Juda von Edwin Thiele berichtet die Bibel von einer um 45 Jahre längeren kumulierten Regierungszeit. Dies würde bedeuten, dass die Regierungszeit von Saul in die Jahre 1095 bis 1055 fallen würde. Das Ende der Hyksos-Periode müsste demnach irgendwann in den Jahren um 1085 v.Chr. angesetzt werden (gegen Mitte von Sauls Herrschaft). Wenn nun die revidierte Chronologie den Beginn der 18. Dynastie und somit des neuen Reiches um diese Zeit ansetzt, stellt sich die Frage, ob die Zeit von 1085 bis 664 v.Chr. genügt, um die 18. bis einschließlich der 25. Dynastie in dieser Zeitspanne von etwas mehr als 400 Jahren unterzubringen. Das Problem liegt hier vor allem bei der »dritten Zwischenzeit« (21. bis 25. Dynastie), die von David Rohl als »chronologischer Morast« bezeichnet wird.[19] Was aber in der Zwischenzeit von vielen Wissenschaftlern anerkannt wird, ist, dass z.B. die 22., 23. und 24. Dynastie parallel anzusetzen sind und sich auch die 25. Dynastie mit den vorhergehenden teilweise überschneidet.[20]

Wenden wir uns nun der biblischen Chronologie zu, welche zurückgeht auf James Usher, Erzbischof von Irland (1581-1656), und John Lighfoot (1602-1675), den gelehrtesten Hebraisten jener Zeit.[21] Es ist sehr interessant festzustellen, dass die von der herkömmlichen Chronologie akzeptierten Daten mit der biblischen Chronologie übereinstimmen (z.B. das Datum des Falles Jerusalems von 586 v.Chr.). Wenn nun dieses biblische Datum mit der herkömmlichen Chronologie übereinstimmt, stellt sich die Frage, ob die kumulierten Regierungszeiten der Könige des Südreiches von 390 Jahren nicht eher stimmen als die Interpretation von Edwin Thiele. Wie wir gesehen haben, hilft uns die ägyptische Chronologie bei der Festsetzung von Eckdaten der Geschichte vor dem Jahr 664 v.Chr. nicht weiter. Die revidierte wie auch die neue Chronologie legen beispielsweise den Exodus aufgrund der **biblischen Angabe** auf 480 Jahre vor Salomos Tempelbau fest, wobei sie sich auf die Chronologie von Edwin Thiele stützen und diese, wie wir bereits gesehen haben, eine Diskrepanz von 45 Jahren zur biblischen Chronologie aufweist. – Es ist immer wieder erstaunlich zu sehen, dass die biblische Chronologie zwar grundsätzlich abgelehnt, aber trotzdem von vielen Wissenschaftlern mangels besserer Daten zu Rate gezogen wird! – Aufgrund dessen vertrete ich die Meinung, dass der biblischen Chronologie der Vorzug vor allen anderen Chronologien zu geben ist.

Schlussbemerkung und Ausblick

Für mich selbst ist das Ergebnis dieser Untersuchung eine große Überraschung. Über den Vergleich der revidierten mit der neuen Chronologie ist mir bewusst geworden, dass beide Chronologien letztlich über keinen einzigen stichhaltigen Beweis für ihre Hypothesen verfügen können. Auch in meinen eigenen Untersuchungen habe ich an mir selbst bemerkt, wie man immer wieder dazu tendiert, Argumente für die eigene Sicht anzunehmen und die Argumente gegen die eigene Sicht abzulehnen oder gar nicht zu erwähnen. Ich komme nicht umhin festzustellen, dass diese Tendenz in beiden Chronologien zu finden ist. Mich selbst hat die Untersuchung noch etwas anderes gelehrt: Es ist sehr gefährlich, den biblischen Bericht nicht ernst zu nehmen oder abzulehnen, nur weil er gerade nicht der eigenen Sichtweise entspricht. So bin ich beispielsweise vor dieser Arbeit ein Verfechter der längeren Dauer des Aufenthaltes des Volkes Israel in Ägypten gewesen. Da aber die biblische Chronologie nach James Ussher die kürzere Dauer vertritt und Gal 3,17 eine deutliche Sprache spricht, bin auch ich nach Abschluss dieser Arbeit zur Überzeugung gelangt, dass diese mit dem biblischen Bericht besser übereinstimmt. Deshalb trete ich heute für die Überzeugung ein, dass die biblische Chronologie von Abraham bis Jesus Christus nach James Ussher nach wie vor die zuverlässigste ist und dass es auch heute, viele Jahrhunderte nach James Ussher, keinen einzigen Grund gibt, daran zu zweifeln. Ich bin aber sehr gespannt, zu welchen Ergebnissen die Erforschung vor allem der Dritten Zwischenzeit gelangt. Diesbezüglich gehe ich mit David Rohl konform: Den Wissenschaftlern wird nichts anderes übrig bleiben, als das »scheinbar sichere« Gebäude der ägyptischen Chronologie völlig abzureißen und dieses, ausgehend vom einzigen sicheren Datum (664 v.Chr.), neu aufzubauen.[22]

B.2 Biblische Chronologie [23-24]

Zeitalter von	bis	Geschichte Israels und der Gemeinde	Mesopotamien	Ägypten	Die sieben Haushaltungen
	4000	Sündenfall			
	4000	Vertreibung aus dem Paradies			
4000	2500	Vorsintflutliche Epoche			Die Zeit des
	2500	Sintflut			Gewissens
	2400	Der Turmbau zu Babel	Sumerische Schrift	Ägyptische Schrift	Die Zeit unter
	2340	Gilgamesch-Epos			der Verwaltung
	2300	Hiob?			des Menschen
				Frühdyn.Epoche (1.-2.Dyn)	
1996	1821	Abraham	Sargon I.	*Altes Reich (3.-6.Dyn.)*	
1896	1716	Isaak	Ende Akkadzeit	*Erste Zwischenzeit (7.-10.Dyn)*	
1836	1689	Jakob		*Mittleres Reich (11.-12.Dyn.)*	
	1706	Jakob nach Ägypten (215 Jahre v.Exodus)			
1745	1635	Joseph		Sesostris II. (12. Dynastie)	Die Zeit der
		- nach Ägypten 1728		Sesostris III.	Patriachen
		- Wesir 1715			
1706	1491	Aufenthalt Israels in Ägypten (215 Jahre)		*Zweite Zwischenzeit (13.-17.Dyn)*	
1571	1451	Mose			
	1491	Exodus (480 Jahre vor Tempelbau)		Ende 13. Dynastie	
1491	1451	Wüstenreise		Einfall der Hyksos	
	1451	Einzug ins gelobte Land, Fall Jerichos		Herrschaft bis ca. 1085	
1451	1095	Richterzeit			
1095	1055	König Saul		*Neues Reich (18.-20.Dyn.)*	
1055	1015	König David		Amose ca. um 1085 (18.Dyn.)	
1015	975	König Salomo (Beginn Tempelbau 1011)		Thutmose I.	
	985	Besuch der Königin von Saba		Hatschepsut ca. um 985	
		Juda | **Israel**			
975	958	Rehabeam | Jerobeam 975-954		Feldzug Schischaks, 970	
958	955	Abia		Thutmose III.	
955	914	Asa			
		| Nadab 954-953			
		| Baesa 953-930			
		| Ela 930-929			
		| Simri 929			
		| Omri 929-918	**Assyrien:**		
914	889	Josaphat | Ahab 918-897	Assurnasirpal II.		
889	881	Joram | Ahasja 897-896	Salmanasser III.	Amenophis IV.	
881		Ahazia | Joram 896-884	Schlacht bei Karkar	(Echnaton, 18. Dynastie)	
881	878	Athalja | Jehu 884-857	Schamschi-Adad V.		
878	839	Joas | Joahas 857-841	Adad-Nariri III.		
839	810	Amazja | Joas 841-825			
810	758	Usia | Jerobeam II. 825-784	Salmanasser IV.		
758	742	Jotham | Menahem 773-761	Tiglath-Pileser III.		
		| Pekachja 761-759			
742	726	Ahas | Pekach 759-730		*Dritte Zwischenzeit (21.-25.Dyn.)*	Die Zeit des
726	698	Hiska | **Ende des Zehnstämme-**	Sargon II.		Gesetzes
698	643	Manasse | **Reiches Israel**	Sanherib		
643	641	Amon	Asar-Haddon	Taharka bis 664 (25.Dyn.)	
641	610	Josia	Assurbanipal		
			Fall von Ninive 612	*Spätzeit (26.-31.Dyn.)*	
610		Joahas	**Babylonien:**	Necho II. 610-595 (26.Dyn.)	
610	599	Jojakim | *1. Deportation 606*	Nabopolassar 626-605	Schlacht bei Karkemisch	
599	599	Jojachin | *2. Deportation 597*	Nebukadnezar II. 605-562	Apries (Hophra) 589-570	
599	586	Zedekia | *3. Deportation 586*		Nach Jerusalem 598/588	
		| *4. Deportation 581*	Nabonid-Belsazar 562-539		
			Fall von Babylon 539		
537		Rückkehr unter Serubbabel	**Persien:**		
515		Wiederaufbau des Tempels	Cyrus 539-530		
458		Esra nach Juda	Darius I. 522-486		
445		Nehemia Landvogt	Xerxes 486-464		
		Esther	Arthaxerxes I. 464-423		
332		Alexander der Große erobert Jerusalem			
312		Gründung des seleukidischen Reiches		*Ptolemäische Zeit (32.Dyn.)*	
218		Antiochus III. erobert Teil von Palästina			
191	190	Skipio besiegt Antiochus III.			
168		Antiochus IV Epiphanes, Tempelschändung			
168	165	Aufstand der Makkabäer			
165		Einweihung des Tempels an Jahwe	**Römer:**		
63		Judäa ein römisches Protektorat	Julius Cäsar		
40	2	Herodes König über Judäa	Augustus (Octavian)		
2		Geburt von Jesus Christus			

B.3 Vergleich der Chronologien [25-27]

Jahr	Herkömmliche Chronologie	Neue Chronologie	Revidierte Chronologie	Biblische Chronologie
2000				1996-1821 Abraham
1900				
1800	ca. 1830 Sesostris III 12. Dyn.		1890-1855 Sesostris III 12. Dyn.	
1700				1715 Joseph Wesir
1600		ca. 1670 Sesostris III 12. Dyn. / Amenemhet III 12. Dyn.		
1500	1539-1514 Ahmose 18. Dyn.			
1400	1473-1458 Hatschepsut 18. Dyn.	1447 Dedumose 13. Dyn. / Exodus 13. Dyn.	1446 Dedumose 13. Dyn. / Exodus	1491 Exodus
1300	1352-1336 Echnaton 18. Dyn. / 1268 Exodus 19. Dyn.			
1200	1279-1213 Ramses II 19. Dyn.			
1100		1194-1170 Ahmose 18. Dyn. / 1131-1116 Hatschepsut 18. Dyn.		
1000	968 Beginn Tempelbau	1002-1006 Echnaton 18. Dyn.	1018-993 Ahmose 18. Dyn.	ca. 1085 Ende Hyksos-Periode / 1015-975 König Salomo / 970 Feldzug Schischaks
900		936-870 Ramses II. 19. Dyn.	948-928 Hatschepsut 18. Dyn.	
800			848-832 Echnaton 18. Dyn. / Ramses II 19. Dyn.	
700	bis 664 Taharka 25. Dyn.	bis 664 Taharka 25. Dyn.	bis 664 Taharka 25. Dyn.	ca. 721 Ende Nordreich
600	ab 664 Psammetich 26. Dyn.	ab 664 Psammetich 26. Dyn. / bis 586 Zerstörung Jerusalems	ab 664 Psammetich 26. Dyn. / bis 586 Zerstörung Jerusalems	
500	bis 586 Zerstörung Jerusalems			bis 586 Ende Südreich / Zerstörung Jerusalems

B.4 Die Zeiten der Heiden [28]

Zeitalter von	bis	Geschichte Israels und der Gemeinde	Bibelstellen	Die sieben Haushaltungen
2 v.Chr.		Geburt von Jesus Christus		Die Zeit des Gesetzes
29	33	Dienst und Wirken von Jesus Christus		
33		Kreuzigung und Auferstehung		
35		Bekehrung von Saulus von Tarsus		
35		Paulus erster Besuch in Jerusalem	Gal 1,18	
37	41	Kaiser Gajus Caligula		
41	44	Herodes Agrippa I. König von Judäa	Apg 12,1-21	
41	54	Kaiser Claudius	Apg 11,28; 18,2	
44	48	Hungersnot unter Claudius	Apg 11,28	
48		Apostelkonferenz in Jerusalem	Apg 15	
49		Juden aus Rom vertrieben	Apg 18,2	
50	93	Herodes Agrippa II.	Apg 25,13	
51	58	Felix Prokonsul von Judäa	Apg 22,24	
54	68	Kaiser Nero		
58	60	Porcius Festus Prokonsul von Judäa	Apg 24,27	
58		Paulus Reise nach Rom		
60		Erste Gefangenschaft in Rom	Apg 28,30	
64		Märtyrertod von Paulus		
69	79	Kaiser Vespasian		
66	70	Jüdischer Aufstand		
70		Zerstörung Jerusalems/Zerstreuung der Juden	Luk 21,20-24	
		Die sieben Sendschreiben:		
30	100	Ephesus	Off 2,1-7	**Die Zeit der Gnade**
100	313	Smyrna	Off 2,8-11	
313	600	Pergamon	Off 2,12-17	
600	1517	Thyatira	Off 2,18-29	
1517	1648	Sardes	Off 3,1-6	
1648	1900	Philadelphia	Off 3,7-13	
ab 1900		Laodizea	Off 3,14-22	
1914	1918	Der erste Weltkrieg		
1939	1945	Der zweite Weltkrieg	Matth 24,4-8	
1948		Gründung des Staates Israel	Hes 22,17-22	
1967		Eroberung der Altstadt von Jerusalem	Dan 9,27	
		Zukunft:		
		Die russische Invasion	Hes 38,1 - 39,16	
		Bau des dritten Tempels in Jerusalem	Dan 9,27, Off 11,1-2	
		Die Entrückung der Gemeinde	1. Thess 4,16-17	
		Welteinheitsregierung und Zehn Reiche	Dan 7,7-8; 7,23-25	
		Das Siebenjahres-Bündnis	Jes 28,15-16	
		Die Rückkehr Elias	Mal 3,23-24	
		Die große Trübsal	Jes 13,9	
		Die Wiederkunft Jesu Christi	Matth 24,30	
		Die Zwischenzeit	Dan 12,11-12	
		Veränderungen an der Welt	Jes 65,17-25	**Die Zeit des tausendjährigen Reiches**
		Das Tausendjährige Reich	Off 20,4	
		Der letzte Aufstand	Off 20,7-10	
		Zweite Auferstehung und Weltgericht	Off 20,11-15	
		Das ewige Reich Gottes	Off 21 und 22	

Das Leben Christi[29]

Datierung	Beschreibung	Matthäus	Markus	Lukas	Johannes
	Abstammung und Jugend	1,1 - 2,23	1,1	1,5 - 2,52 3,23 - 3,32	1,1 - 1,18
Winter 29/30	Vorbereitung auf Seinen Dienst Erstes Wirken in Galiläa	3,1 - 4,11	1,1 - 1,13	3,1 - 4,13	1,19 - 1,52 2,1 - 2,12
Frühjahr 30	Erstes Wirken in Judäa				2,13 - 3,36
Ende 30	Rückkehr durch Samaria				4,1 - 4,42
	Ankunft in Galiläa, Johannes der Täufer verhaftet	4,12 - 4,16	1,14 - 1,15	4,14 - 4,15	4,43 - 4,54
Anfang 31	**Erste Rundreise in Galiläa**	4,17 - 4,23 8,1 - 8,4.14-17 9,1 - 9,17 12,1 - 12,21	1,16 - 3,12	4,31 - 6,19	
	Wahl der zwölf Apostel	10,1 - 10,4	3,13 - 3,19	6,12 - 6,16	
	Die Bergpredigt	5,1 - 7,29		6,20 - 6,49	
	Weitere Wunder	8,5 - 8,13		7,1 - 7,17	
	Die Frage Johannes und Jesu Rede über ihn	11,2 - 11,30		7,18 - 7,35	
	Jesus und die Sünderin			7,36 - 7,50	
Frühjahr 31	**Zweite Rundreise in Galiläa** Konflikt mit den Pharisäern	9,32 - 9,34 12,22 - 12,50	8,1 - 8,3 3,20 - 3,35	11,14 - 11,32 8,19 - 8,21	
	Gleichnisse vom Reich Gottes	13,1 - 13,53	4,1 - 4,34	8,4 - 8,18	13,18 - 13,21
	Wunder	8,18 - 8,24 9,18 - 9,31	4,35 - 5,43	8,22 - 8,56	
Frühjahr oder Sommer 31	Nach Jerusalem (eines der drei grossen Feste)				5,1 - 5,47
Sommer 31 bis Frühjahr 32	**Dritte Rundreise in Galiläa** Verwerfung in Nazareth	13,53 - 13,58	6,1 - 6,6	4,16 - 4,30	
	Aussendung der Zwölf; Tod Johannes des Täufers	9,35 - 11,1 14,1 - 14,13	6,7 - 6,32	9,1 - 9,10 12,2 - 12,12.51-53	
Frühjahr 32	Speisung der 5000; Seesturm, Genezareth; Passah	14,13 - 14,36	6,33 - 6,56	9,11 - 9,17	6,1 - 6,71
	Gespräch in der Synagoge	15,1 - 15,20	7,1 - 7,23		
Frühjahr oder Sommer 32	Rückzug nach Norden	15,21 - 17,23	7,24 - 9,32	9,18 - 9,45	
Spätsommer 32	Zurück in Kapernaum; Arbeit in Galiläa	17,24 - 18,35	9,33 - 9,50	9,46 - 9,50	7,1 - 7,9
	Ueber Samaria, Reise nach Jerusalem	19,1 - 19,2	10,1	9,51 9,62	7,10
	Aussendung der Siebzig; Unterweisung			10,1 - 12,59	
	Laubhüttenfest; der Blindgeborene				7,11 - 10,21
Dezember 32	Fest der Tempelweihe				10,22 - 10,39
Winter 32 / 33	Dienst in Peräa	19,3 - 20,34	10,2 - 10,52	13,22 - 19,28	10,40 - 10,42
Anfang 33	Judäa: Auferweckung des Lazarus				11,1 - 11,54
Frühjahr 33	Die Leidenswoche	21 - 27	11 - 15	19,29 - 23,56	11,55 - 19,42
	Die Auferstehung und Himmelfahrt	28	16	24	20 - 21

Literatur/Anmerkungen/ Abbildungen

D.1 Verwendete Literatur

Kapitel	Literatur	Abschnitt
1	Willem J. Ouweneel, Evolution in der Zeitenwende, Christliche Schriftenverbreitung, Hückeswagen, ohne Jahresang.	1.2-1.5
1	Hansruedi Stutz, Die Millionen fehlen, Schwengeler, Berneck (CH), 1996	1.7.1
1	Willem J. Ouweneel, Evolution in der Zeitenwende, Christliche Schriftenverbreitung, Hückeswagen, ohne Jahresang.	1.7.3
1	Hansruedi Stutz, Die Millionen fehlen, Schwengeler, Berneck (CH), 1996	1.7.4
1	Willem J. Ouweneel, Evolution in der Zeitenwende, Christliche Schriftenverbreitung, Hückeswagen, ohne Jahresang.	1.7.5
1	Junker/Scherer, Evolution ein kritisches Lehrbuch, Weyel Lehrmittelverlag, Giessen, 4. Aufl. 1998	1.7.6
1	Willem J. Ouweneel, Evolution in der Zeitenwende, Christliche Schriftenverbreitung, Hückeswagen, ohne Jahresang.	1.7.7-1.7.8
1	Erich Hitzbleck, Welträtsel Natur, Hänssler-Verlag, Neuhausen-Stuttgart 1982	1.8.1-1.8.2
1	Werner Gitt, Signale aus dem All, Christliche Literaturverbreitung, Bielefeld 1993	1.8.3
1	Erich Hitzbleck, Welträtsel Natur, Hänssler-Verlag, Neuhausen-Stuttgart 1982	1.8.4-1.8.5
1	Wolfgang Kuhn, Stolpersteine des Darwinismus (1), Förderung christlicher Publizistik, Schweiz, 1984 (Vertrieb: Schwengeler Verlag, Berneck)	
1	Factum 7/8/1998, Seiten 35-36, Schwengeler Verlag, Berneck Schweiz	1.8.7
2	Willem J.J. Glashouwer, So entstand die Bibel, Christliche Literaturverbreitung, Bielefeld 1992	2.3-2.4
2	P.J. Wiseman, Die Entstehung der Genesis, R. Brockhaus Verlag, Wuppertal, 5. Aufl. 1989	2.5
2	Willem J.J. Glashouwer, So entstand die Bibel, Christliche Literaturverbreitung, Bielefeld 1992	2.6.1-2.6.3

Kapitel	Literatur	Abschnitt
2	Carsten Peter Thiede, Der Jesus-Papyrus, Verlag Luchterhand, München 1996	2.6.4
3	Willem J. Ouweneel, Gedanken zum Schöpfungsbericht, Ernst Paulus Verlag, Neustadt, 5. Aufl. 1984	3.2-3.4
4	Willem J.J. Glashouwer, So entstand die Welt, Christl. Literaturverbreitung, Bielefeld 1991	4.1.3
4	Fred Hartmann, Der Turmbau zu Babel, Hänssler-Verlag, Neuhausen-Stuttgart 1999	4.2.3
4	Willem J.J. Glashouwer, So entstand die Welt, Christl. Literaturverbreitung, Bielefeld 1991	4.3.2
4	Willem J.J. Glashouwer, So entstand die Welt, Christl. Literaturverbreitung, Bielefeld 1991	4.3.4
4	Factum 1/1994, Seiten 30-37, Hrsg.: Schwengeler Verlag, Berneck (Schweiz)	4.3.5
4	Willem J.J. Glashouwer, So entstand die Welt, Christl. Literaturverbreitung, Bielefeld 1991	4.4.2-4.4.3
4	Fred Hartmann, Das Geheimnis des Leviathan, Schwengeler, Berneck (CH) 1993	4.4.4
4	Willem J.J. Glashouwer, So entstand Israel, Christl. Literaturverbreitung, Bielefeld 1992	4.5.3
4	Fred Hartmann, Der Turmbau zu Babel, Hänssler-Verlag, Neuhausen-Stuttgart 1999	4.5.4-4.5.5
4	Willem J.J. Glashouwer, So entstand Israel, Christl. Literaturverbreitung, Bielefeld 1992	4.6.1-4.6.5
4	Werner Papke, Die Sterne von Babylon, Gustav Lübbe Verlag, Bergisch Gladbach 1989	4.7.1
4	Ralph Woodrow, Die römische Kirche, Mysterienreligion, Sebulon Zuflucht e. V., Marienheide, 1. Aufl. 1992	4.7.2
4	Werner Tobler, Astrologie, Wissenschaft oder Aberglaube, Schwengeler, Berneck (CH), 1993	4.7.3
5	Willem J.J. Glashouwer, So entstand Israel, Christl. Literaturverbreitung, Bielefeld 1992	5.1-5.5
5	Roger Liebi, Weltgeschichte im Visier des Propheten Daniel, Schwengeler, Berneck (CH), 5. Aufl. 1997	5.6.1-5.6.3
5	Factum 1/2000, Seiten 7-18, Schwengeler Verlag, Berneck Schweiz	5.6.5
6	Willem J.J. Glashouwer, So entstand das Christentum, Christl. Literaturverbreitung, Bielefeld 1989	6.1.1
6	Factum 11/12/1999, Seiten 17-21, Schwengeler Verlag, Berneck Schweiz	6.1.3
6	Werner Papke, Das Zeichen des Messias, Christl. Literaturverbreitung, Bielefeld 1995	6.1.5
6	Willem J.J. Glashouwer, So entstand das Christentum, Christl. Literaturverbreitung, Bielefeld 1989	6.2
6	Philip Yancey, Der unbekannte Jesus, R. Brockhaus Verlag, Wuppertal 1997	6.3.1-6.3.3
6	Willem J.J. Glashouwer, So entstand das Christentum, Christl. Literaturverbreitung, Bielefeld 1989	6.4.1-6.4.3
6	Arnold G. Fruchtenbaum, Handbuch der biblischen Prophetie I, Verlag Schulte & Gerth, Asslar 1983	6.4.4-6.5.8

Kapitel	Literatur	Abschnitt
7	Arnold G. Fruchtenbaum, Handbuch der biblischen Prophetie I Verlag Schulte & Gerth, Asslar 1983	7.1.2-7.6.1
7	Arnold G. Fruchtenbaum, Handbuch der biblischen Prophetie II Verlag Schulte & Gerth, Asslar 1983	7.6.2-7.7
alle	Die Heilige Schrift, Elberfelder Bibel, revidierte Fassung, Verlag R.Brockhaus, Wuppertal und Zürich	

Weitere Angaben:

*   Das Große Bibellexikon, R. Brockhaus Verlag, Wuppertal 1998

*   Gerth, Klaus: Aufmarsch zur Apokalypse, Verlag Schulte & Gerth, Asslar 1991

*   Gitt, Werner: Das Fundament, Hänssler-Verlag, Neuhausen-Stuttgart 1985

*   Gitt, Werner: In 6 Tagen vom Chaos zum Menschen, Hänssler-Verlag, Neuhausen-Stuttgart 1980 und 1998

*   Gitt, Werner: Das biblische Zeugnis der Schöpfung, Hänssler-Verlag, Neuhausen-Stuttgart, 4. Aufl. 1991

*   Grundzüge biblischer Offenbarungen, Christl. Verlagsgesellschaft, Dillenburg 1981

*   Junker, R./Scherer, S.: Entstehung und Geschichte der Lebewesen, Weyel Verlag, Gießen 1986

*   Lexikon zur Bibel Bd 2, R. Brockhaus Verlag, Wuppertal 1994

*   Liebi, Roger: Jerusalem - Hindernis für den Weltfrieden, Schwengeler Verlag, Berneck Schweiz 1994

*   Millard, Alan: Die Zeit der ersten Christen, Brunnen Verlag, Gießen 1990

*   Pailer, Norbert: Faszination Weltraum, Hänssler-Verlag, Neuhausen-Stuttgart 1996

*   Watson, David C.C.: Weltschöpfung und Urgeschichte, Verlag Schulte & Gerth, Asslar 1979

*   Wiskin, Richard: Das biblische Alter der Erde, Hänssler-Verlag, Neuhausen-Stuttgart 1994

D.2 Anmerkungen

Kapitel 1		
[1]	Vgl. im Folgenden: W.J. Ouweneel, Evolution in der Zeitenwende, S. 19-46.	1.2.1
[2]	Ebd., S. 20.	1.2.1
[3]	Ebd., S. 21.	1.2.1
[4]	Ebd., S. 22 u. 23.	1.2.2
[5]	Ebd., S. 24 f.	1.2.3
[6]	Ebd., S. 25 u. 26.	1.2.3
[7]	Ouweneel, a.a.O., S. 28 u. 29. Im Folgenden drei von fünf Schwerpunkten seines Denkens, die Ouweneel herausstellt.	1.2.3
[8]	Im Folgenden weiter nach Ouweneel, a.a.O.	1.2.3
[9]	Ebd., S. 30.	1.2.3
[10]	Ouweneel, Zeitenwende, S. 30 f.	1.3.1
[11]	Im Folgenden weiter nach Ouweneel, a.a.O.	1.3.1
[12]	Ouweneel, S. 33.	1.3.1
[13]	Vgl. Ouweneel, S. 34 ff.	1.3.2
[14]	Ebd. S. 35.	1.3.2
[15]	Ouweneel zitiert aus: R.E.D. Clark, Darwin: *Before and After*, Chicago 1966, S. 51. Im Folgenden weiter nach Ouweneel, a.a.O., S. 36.	1.3.2
[16]	Ebd., S. 39.	1.3.2
[17]	Vgl. Ouweneel, S. 40-46.	1.3.3
[18]	Ebd., S. 43.	1.3.3
[19]	E.B. Poulten: *Essays on Evolution*, Oxford 1908, S. 193. Zitiert bei Ouweneel, S. 45.	1.3.3
[20]	Ouweneel, a.a.O., zitiert aus: T.H. Huxley: *Darwiniana*, New York 1896, S. 467.	1.3.3
[21]	Kursiv von Ouweneel, a.a.O., S. 45/46. Ouweneel zitiert aus: D. Duncan: *Life and Letters of Herbert Spencer*, New York 1908, Bd. II, S. 319.	1.3.3
[22]	Ouweneel, a.a.O., S. 46. Im Folgenden weiter nach Ouweneel.	1.3.3
[23]	Zitiert bei Oweneel, ebd. (C.A. Singer: *A History of Biology*, New York 1950, S. 480.)	1.3.3
[24]	Vgl. zum Folgenden weiter Ouweneel, a.a.O., S. 260-263.	1.3.4
[25]	Ouweneel, S. 261, bezieht sich auf C.Brinton: *Nietzsche*, Cambridge, Mass. 1941, S. 145 f. Im Folgenden weiter nach Ouweneel, S. 261-263.	1.3.4
[26]	Ouweneel, S. 262.	1.3.4
[27]	Ebd., S. 263.	1.3.4
[28]	Im Folgenden nach Ouweneel, a.a.O., S. 15-18, 64-67 (siehe auch Anm. 29-35).	1.4
[29]	Ouweneel, Seite 66-67. Hervorhebungen von mir.	1.4
[30]	Zitiert bei Ouweneel, S. 64.	1.4

[31]	Ouweneel zitiert L.H. Matthews (»*Introduction*« *to C.R. Darwin*, London 1971).	1.4
[32]	Ouweneel, S. 65.	1.4
[33]	Zitiert bei Ouweneel, S. 15 u. 16. Im Folgenden weiter nach Ouweneel, a.a.O.	1.4
[34]	Ebd.	1.4
[35]	Ebd., S. 17 u. 18.	1.4
[36]	Im Folgenden dazu Ouweneel, S. 66-72.	1.5
[37]	Ebd., S. 68 u. 69.	1.5
[38]	Ebd., S. 72.	1.5
[39]	Factum 5/2001, S. 17.	1.6.1
[40]	R. Junker, Leben durch Sterben, S. 17.	1.6.2
[41]	Ebd., S. 17-19.	1.6.2
[42]	W. Gitt, In 6 Tagen vom Chaos zum Menschen, S. 21-24.	1.6.2
[43]	Ebd.	1.6.2
[44]	Hans Ruedi Stutz, Die Millionen fehlen, S. 24.	1.7.1
[45]	Ebd., S. 24.	1.7.1
[46]	Stutz, a.a.O., S. 50 u. 51.	1.7.1
[47]	Im Folgenden weiter nach Stutz, a.a.O., S. 61-62.	1.7.2
[48]	Ebd., S. 62.	1.7.2
[49]	Zusammenfassung nach Ouweneel, a.a.O., S. 73-79.	1.7.2
[50]	Ebd., S. 78 u. 79.	1.7.2
[51]	Stutz, a.a.O., S. 62.	1.7.2
[52]	Zitiert bei Hans Ruedi Stutz, Die Millionen fehlen, S. 62.	1.7.2
[53]	Factum 10/2000, S. 46-47.	1.7.2
[54]	Dieser Abschnitt wieder nach Ouweneel, a.a.O., S. 144-148.	1.7.3
[55]	Ouweneel, a.a.O., S. 144.	1.7.3
[56]	Ebd., S. 145.	1.7.3
[57]	Ebd., S. 146.	1.7.3
[58]	Ebd., S. 147.	1.7.3
[59]	Ebd., S. 148.	1.7.3
[60]	Stutz, a.a.O., S. 64.	1.7.4
[61]	Junker/Scherer, Evolution - ein kritisches Lehrbuch, S. 64.	1.7.6
[62]	Zitiert bei Ouweneel, a.a.O., S. 115.	1.7.6
[63]	Ebd., S. 116 u. 117.	1.7.6
[64]	Vgl. zu diesem Kapitel Ouweneel, a.a.O., S. 117-119.	1.7.7
[65]	Ebd., S. 117 u. 118.	1.7.7
[66]	Vgl. Ouweneel, a.a.O., S. 110-112.	1.7.8
[67]	Ebd., S. 111 u. 112.	1.7.8

[68]	Zum Folgenden vergleiche E. Hitzbleck, Welträtsel Natur, S. 77 ff.	1.8.1
[69]	Hitzbleck, a.a.O., S. 78.	1.8.1
[70]	Im Folgenden nach Hitzbleck, a.a.O., S. 82-84.	1.8.2
[71]	In diesem Kapitel folge ich den Ausführungen von Werner Gitt, Signale aus dem All, S. 187-193.	1.8.3
[72]	Vgl. Hitzbleck, a.a.O., S. 132-136.	1.8.4
[73]	Hitzbleck, S. 134.	1.8.4
[74]	Vgl. Hitzbleck, S. 144-147.	1.8.5
[75]	Ebd., S. 145.	1.8.5
[76]	Vgl. W. Kuhn, Stolpersteine des Darwinismus (1), S. 161.	1.8.6
[77]	Ebd.	1.8.6
[78]	Vgl. Factum 7/81998, S. 35-36.	1.8.7

Kapitel 2

[1]	Werner Gitt, das biblische Zeugnis der Schöpfung, Seite 24	2.2.1
[2]	Ebd., Seite 24-25	2.2.1
[3]	Ebd., Seite 29	2.2.1
[4]	Werner Papke, Die Sterne von Babylon, Seite 26	2.2.3
[5]	Richard Wiskin, Das biblische Alter der Erde, Seite 60	2.2.4
[6]	Ebd., Seite 63	2.2.4
[7]	Vgl. zu diesem Abschnitt, auch Wiskin, Seite 34 u. 36.	2.2.5
[8]	Vgl. zu den Abschnitten 2.3.1 - 2.4.4., Willem J.J. Glashouwer, So entstand die Bibel, Seite 9-55, 139-153	2.3.1 - 2.4.4.
[9]	Glashouwer, a.a.O., Seite 12	2.3.1
[10]	Ebd., Seite 17	2.3.2
[11]	Ebd., Seite 20	2.3.2
[12]	Ebd., Seite 21	2.3.2
[13]	Ebd., Seite 28	2.4.1
[14]	Ebd., Seite 44	2.4.2
[15]	Vgl. zu diesem Abschnitt, P.J. Wiseman, Die Entstehung der Genesis, Seite 16-58	2.5
[16]	Wiseman, a.a.O., Seite 20	2.5.1
[17]	Ebd., Seite 64	2.5.2
[18]	Ebd., Seiten 55-56	2.5.3
[19]	Ebd., Seite 58	2.5.4
[20]	Vgl. zu den Abschnitten 2.6.1 - 2.6.3 Glashouwer, a.a.O., Seite 33-38, 58-73	2.6.1 - 2.6.3
[21]	Carsten Peter Thiede, Der Jesus-Papyrus, Seite 13	2.6.4

Kapitel 3

[1]	Vgl. zu den Abschnitten 3.2 - 3.4 Willem J. Ouweneel, Gedanken zum Schöpfungsbericht	3.2 - 3.4
[2]	Ouweneel, a.a.O., Seiten 23-24	3.2.1
[3]	Ebd., Seite 48	3.2.5
[4]	Ebd., Seite 53	3.2.6
[5]	Ebd., Seite 84	3.3.2
[6]	Ebd., Seite 90	3.3.3
[7]	Ebd., Seite 92	3.3.4
[8]	Ebd., Seite 139	3.3.8
[9]	Ebd., Seite 119	3.4.1
[10]	Ebd., Seite 121	3.4.1
[11]	Vgl. zu diesem Abschnitt Willem J.J. Glashouwer, So entstand die Welt	3.6.1
[12]	Glashouwer, a.a.O., Seiten 70-71	3.6.1
[13]	Ebd., Seite 125	3.6.4

Kapitel 4

[1]	Willem J.J. Glashouwer, So entstand die Welt, Seiten 147-149	4.1.2
[2]	David C.C. Watson, Weltschöpfung und Urgeschichte, Seiten 153-154	4.1.2
[3]	Glashouwer, a.a.O., Seiten 151-152	4.1.3
[4]	Watson, a.a.O., Seite 164	4.2.1
[5]	Glashouwer, a.a.O., Seiten 130-131	4.2.1
[6]	Watson, a.a.O., Seiten 162-163	4.2.1
[7]	Glashouwer, a.a.O., Seiten 131-132	4.2.1
[8]	Ebd., Seite 133	4.2.2
[9]	Ebd., Seiten 132-133	4.2.2
[10]	Fred Hartmann, Der Turmbau zu Babel, Seite 80	4.2.3
[11]	Glashouwer, a.a.O., Seiten 145-146	4.2.3
[12]	Hartmann, a.a.O., Seiten 80-81	4.2.3
[13]	Ebd., Seite 82	4.2.3
[14]	Watson, a.a.O., Seiten 166-167	4.2.4
[15]	Watson, a.a.O., Seiten 166-167	4.2.4
[16]	Watson, a.a.O., Seite 138	4.2.5
[17]	Richard Wiskin, Das biblische Alter der Erde, Seite 24	4.2.5
[18]	Werner Papke, Die Sterne von Babylon, Seite 26	4.2.5
[19]	Vgl. zu diesem Abschnitt Willem J.J. Glashouwer, So entstand die Welt, Seite 169-170	4.3.2
[20]	Joachim Scheven, Megasukzessionen und Klimax im Tertiär, Seite 23	4.3.3
[21]	Ebd., Seiten 23-26	4.3.3
[22]	Ebd., Seite 26	4.3.3

[23]	Reinhard Junker, Leben durch Sterben, Seiten 228-229	4.3.3
[24]	Willem J.J. Glashouwer, So entstand die Welt, Seite 166	4.3.4
[25]	Ebd., Seite 167	4.3.4
[26]	Ebd., Seite 168	4.3.4
[27]	Vgl. zu diesem Abschnitt Factum 1/1994, Seite 30-37	4.3.5
[28]	Willem J.J. Glashouwer, So entstand die Welt, Seite 163	4.4.2
[29]	Ebd., Seiten 163-164	4.4.2
[30]	Ebd., Seite 164	4.4.2
[31]	Ebd., Seite 161	4.4.3
[32]	Vgl. zu diesem Abschnitt Fred Hartmann, Das Geheimnis des Leviathan, Seite 152-169, 109-113	4.4.4
[33]	Hartmann, a.a.O., Seite 164	4.4.4
[34]	Ebd., Seite 9	4.4.4
[35]	Ebd., Seite 109-111	4.4.4
[36]	Vgl. zu diesem Abschnitt Factum 2/1998, Seiten 42-43	4.5.2
[37]	Vgl. zu diesem Abschnitt W.J.J. Glashouwer, So entstand Israel, Seite 13-14	4.5.3
[38]	Vgl. zu den Abschnitten 4.5.4 - 4.5.5 Fred Hartmann, Der Turmbau zu Babel, Seite 55-57, 79 und 12-36, 59.	4.5.4
[39]	Hartmann, a.a.O., Seite 57	4.5.4
[40]	Ebd., Seite 17	4.5.4
[41]	Vgl. Hartmann, Turmbau, S. 12-37	4.5.5
[42]	Willem J.J. Glashouwer, So entstand Israel, Seiten 14-15	4.5.6
[43]	Factum 2/1998, Seite 46	4.5.6
[44]	David C.C. Watson, Weltschöpfung und Urgeschichte, Seiten 185-186	4.5.7
[45]	Vgl. zu den Abschnitten 4.6.1 - 4.6.5 Glashouwer, So entstand Israel, Seite 19-20, 22, 143.	4.6.1
[46]	Willem J.J. Glashouwer, So entstand Israel, Seite 20	4.6.1
[47]	Samuel J. Schultz, Die Welt des Alten Testaments, Seiten 36-37	4.6.2
[48]	Weltatlas der alten Kulturen, Mesopotamien, Seite 98	4.6.2
[49]	Willem J.J. Glashouwer, So entstand Israel, Seite 163	4.6.2
[50]	Vgl. zu diesem Abschnitt Werner Papke, Die Sterne von Babylon, S. 200-229.	4.7.1
[51]	Ebd., Seite 200	4.7.1
[52]	Ebd., Seiten 201 f.. Die anschließende Auflistung ebenfalls nach Papke, a.a.O.	4.7.1
[53]	Ebd., Seite 206	4.7.1
[54]	Ebd., Seite 211	4.7.1
[55]	Ebd., Seite 229	4.7.1
[56]	Vgl. zu diesem Abschnitt Ralph Woodrow, Die römische Kirche, Mysterienreligion, Seite 13-27.	4.7.2

[57]	Ralph Woodrow, a.a.O., Seite 21	4.7.2
[58]	Ebd., Seite 24	4.7.2
[59]	Ebd., Seite 27-28	4.7.2
[60]	Vgl. zu diesem Abschnitt Werner Tobler, Astrologie, Wissenschaft oder Aberglaube, Seite 9-33.	4.7.3

Kapitel 5

[1]	Vgl. zu den Abschnitten 5.1 - 5.5. Willem J.J. Glashouwer, So entstand Israel, Seite 28-177 (in Auszügen, s. a. nachfolgende Verweise).	5.1 - 5.5.
[2]	Richard Wiskin, Das biblische Alter der Erde, Seiten 42-43	5.1.1
[3]	Vgl. zu diesem Abschnitt Willem J.J. Glashouwer, So entstand Israel, Seite 28-41 (in Auszügen.	5.1.2
[4]	Willem J.J. Glashouwer, So entstand Israel, Seite 37	5.1.3
[5]	Ebd., Seite 49	5.1.4
[6]	Ebd., Seite 49	5.1.5
[7]	Ebd., Seiten 55-56	5.1.5
[8]	Richard Wiskin, Das biblische Alter der Erde, Seite 59	5.1.5
[9]	Vgl. zu diesem Abschnitt Willem J.J. Glashouwer, So entstand Israel, Seite 59-61 (in Auszügen)	5.1.6
[10]	Willem J.J. Glashouwer, So entstand Israel, Seiten 65-66	5.1.7
[11]	Ebd., Seiten 70-71	5.1.8
[12]	Vgl. zu diesem Abschnitt Willem J.J. Glashouwer, So entstand Israel, Seite 75-85 (in Auszügen).	5.1.9
[13]	Willem J.J. Glashouwer, So entstand Israel, Seiten 85-86	5.2.1
[14]	Ebd., Seite 89	5.2.2
[15]	Ralph Woodrow, Die römische Kirche, Mysterienreligion, Seiten 76-77	5.2.2
[16]	Willem J.J. Glashouwer, So entstand Israel, Seite 90	5.2.3
[17]	Vgl. zu diesem Abschnitt Willem J.J. Glashouwer, So entstand Israel, Seite 95-99.	5.2.4
[18]	Willem J.J. Glashouwer, So entstand Israel, Seite 100	5.2.5
[19]	Samuel J. Schultz, Die Welt des Alten Testaments, Seite 141	5.2.5
[20]	Vgl. zu diesem Abschnitt Willem J.J. Glashouwer, So entstand Israel, Seite 100-101	5.3.1
[21]	Willem J.J. Glashouwer, So entstand Israel, Seite 102	5.3.2
[22]	Vgl. zu diesem Abschnitt Glashouwer, So entstand Israel, Seite 103-117	5.3.3
[23]	Willem J.J. Glashouwer, So entstand Israel, Seite 118	5.3.4
[24]	Ebd., Seite 125	5.3.4
[25]	Ebd., Seiten 125-126	5.3.5
[26]	Vgl. zu diesem Abschnitt Glashouwer, So entstand Israel, Seite 130-132.	5.4.1
[27]	Wil und Sigrid Tondok, Reise Know-how Jordanien, Seite 246	5.4.2
[28]	Willem J.J. Glashouwer, So entstand Israel, Seiten 148-149	5.4.2
[29]	Ebd., Seite 152	5.4.3

[30]	Factum 5/2000, Seiten 42-49	5.4.3
[31]	Willem J.J. Glashouwer, So entstand Israel, Seite 167	5.4.3
[32]	Ebd., Seite 170	5.5.1
[33]	Roger Liebi, Weltgeschichte im Visier des Propheten Daniel, Seite 22	5.5.1
[34]	Ebd., Seiten 22/24	5.5.1
[35]	Samuel J. Schultz, Die Welt des Alten Testaments, Seiten 270-272	5.5.1
[36]	Roger Liebi, Weltgeschichte im Visier des Propheten Daniel, Seiten 14-15	5.5.2
[37]	Willem J.J. Glashouwer, So entstand Israel, Seiten 172-173	5.5.2
[38]	Vgl. zu diesem Abschnitt Glashouwer, So entstand Israel, Seite 173-177.	5.5.3
[39]	Vgl. zu den Abschnitten 5.6.1 - 5.6.3 Roger Liebi, Weltgeschichte im Visier des Propheten Daniel, Seite 35-65.	5.6.1 - 5.6.3
[40]	Liebi, a.a.O., Seiten 47-48	5.6.2
[41]	Ebd., Seite 59	5.6.3
[42]	Ebd., Seite 29	5.6.3
[43]	Ebd., Seiten 62-63	5.6.3
[44]	Willem J.J. Glashouwer, So entstand die Bibel, Seite 44	5.6.4
[45]	Werner Keller, Und die Bibel hat doch recht, Seiten 298-300	5.6.4
[46]	Werner Gitt, So steht's geschrieben, Seite 119	5.7.2
[47]	Ebd., Seiten 124-130	5.7.2
[48]	Vgl. dazu Josh McDowell, Die Bibel im Test, Seiten 433-442	5.7.2
[49]	Ebd., Seite 436	5.7.2
[50]	Ebd., Seiten 437-438	5.7.2
[51]	Ebd., Seite 259	5.7.3
[52]	Vgl. zu diesem Abschnitt auch Josh McDowell, Die Bibel im Test, Seiten 256-259.	5.7.5
[53]	Josh McDowell, Die Bibel im Test, Seiten 256-259	5.7.5
[54]	Friedrich Karl Ginzel: Handbuch der mathematischen und technischen Chronologie, II. Band, Seite 104	5.7.5
Kapitel 6		
[1]	Willem J.J. Glashouwer, So entstand das Christentum, Seite 15	6.1.1
[2]	Ebd., Seite 16	6.1.1
[3]	Ebd., Seiten 17-18	6.1.1
[4]	Ebd., Seiten 22-23	6.1.1
[5]	Vgl. zu diesem Abschnitt Philip Yancey, Der unbekannte Jesus	6.1.2
[6]	Ebd., Seiten 15-16	6.1.2
[7]	Ebd., Seiten 15-18	6.1.2
[8]	Vgl. zu diesem Abschnitt Factum11/12 1999, Seite 17-21	6.1.3
[9]	Willem J.J. Glashouwer, So entstand das Christentum, Seiten 40-45	6.1.4
[10]	Factum 1/2000, Seiten 17-18	6.1.4

[11]	Vgl. zu diesem Abschnitt Werner Papke, Das Zeichen des Messias, Seite 19-114 (in Auszügen, siehe auch die Verweise in den nachfolgenden Anmerkungen).	6.1.5
[12]	Ebd., Seite 21	6.1.5
[13]	Ebd., Seiten 25-26	6.1.5
[14]	Ebd., Seiten 38-39	6.1.5
[15]	Ebd., Seite 48	6.1.5
[15a]	Ebd., Seite 48	6.1.5
[16]	Ebd., Seiten 49-50	6.1.5
[16a]	Ebd., Seiten 50	6.1.5
[17]	Ebd., Seiten 75-76	6.1.5
[18]	Ebd., Seite 84	6.1.5
[19]	Ebd., Seiten 102-103	6.1.5
[20]	Ebd., Seiten 113-114	6.1.5
[21]	Vgl. zu diesem Abschnitt Willem J.J. Glashouwer, So entstand das Christentum, Seite 26-114 (in Auszügen, siehe auch nachfolgende Anmerkungen).	6.2
[22]	Ebd., Seite 49	6.2.1
[23]	Ebd., Seite 50	6.2.1
[24]	Ebd., Seiten 26-27	6.2.2
[25]	Ebd., Seite 53	6.2.2
[26]	Ebd., Seiten 94-95	6.2.6
[27]	Ebd., Seite 112	6.2.7
[28]	Ebd., Seite 113	6.2.7
[29]	Zu den Abschnitten 6.3.1 - 6.3.3 vgl. Philip Yancey, Der unbekannte Jesus, Seiten 108-116, 117-132,135-153.	6.3.1 - 6.3.3
[30]	Ebd., Seiten 119-120	6.3.2
[31]	Ebd., Seite 132	6.3.2
[32]	Ebd., Seiten 138-139	6.3.3
[33]	Ebd., Seiten 151-152	6.3.3
[34]	Zu den Abschnitten 6.4.1 - 6.4.3 vgl. Willem J.J. Glashouwer, So entstand das Christentum. (siehe auch nachfolgende Verweise).	6.4.1 - 6.4.3
[35]	Willem J.J. Glashouwer, So entstand das Christentum, Seite 124	6.4.1
[36]	Ebd., Seite 128	6.4.1
[37]	Ebd., Seite 165	6.4.2
[38]	Ebd., Seiten 216-218	6.4.3
[39]	Zu den Abschnitten 6.4.4 - 6.5.8 vgl. auch Arnold G. Fruchtenbaum, Handbuch der bibl. Prophetie I, Seiten 28-37, 57-86.	6.4.4 - 6.5.8
[40]	Ebd., Seite 86	6.5.1
[41]	Ebd., Seiten 62-63	6.5.4
[42]	Ebd., Seiten 66-67	6.5.5
[43]	Ebd., Seiten 80-81	6.5.8

Kapitel 7		
[1]	Zu den Abschnitten 7.1.2 - 7.6.1 vgl. auch Arnold G. Fruchtenbaum, Handbuch der bibl. Prophetie I.	7.1.2 - 7.6.1
[2]	Ebd., Seite 96	7.1.4
[3]	Factum 10/2000, Seite 39	7.1.5
[4]	Ebd., Seiten 34-41	7.1.5
[5]	Arnold G. Fruchtenbaum, Handbuch der bibl.Prophetie I, Seiten 38-39	7.1.6
[6]	Ebd., Seiten 39-40	7.1.6
[7]	Factum 1/2001, Seiten 21-22	7.2.3
[8]	Arnold G. Fruchtenbaum, Handbuch der bibl.Prophetie I, Seite 127	7.2.3
[9]	Ebd., Seiten 145-146	7.2.5
[10]	Ebd., Seite 176	7.4.1
[11]	Dave Hunt, Die Frau und das Tier, Seite 68	7.4.3
[12]	Ebd., Seite 81	7.4.3
[13]	Ebd., Seiten 67-82	7.4.3
[14]	Arnold G. Fruchtenbaum, Handbuch der bibl.Prophetie I, Seite 255	7.5.5
[15]	Ebd., Seite 320	7.6.1
[16]	Zu den Abschnitten 7.6.2 - 7.7 vgl. auch Arnold G. Fruchtenbaum, Handbuch der bibl. Prophetie II.	7.6.2 - 7.7
[17]	Arnold G. Fruchtenbaum, Handbuch der bibl.Prophetie II, Seiten 81-84	7.6.3
Anhang		
[1]	Vgl. zu diesem Abschnitt Willem J.J. Glashouwer, So entstand die Bibel, Seite 91-94.	A.2
[2]	Ebd., Seite 92	A.2
[3]	Ebd., Seiten 92-93	A.2
[4]	Ebd., Seiten 91-94	A.2
[5]	David Rohl, Pharaonen und Propheten, Seiten 141-162	B.1
[6]	Ebd., Seite 158	B.1
[7]	Ebd., Seiten 156-157	B.1
[8]	Ebd., Seiten 159-166	B.1
[9]	Ebd., Seiten 162-164	B.1
[10]	Ebd., Seite 391	B.1
[11]	Ebd., Seiten 386-388	B.1
[12]	Ebd., Seiten 329-335	B.1
[13]	Ebd., Seiten 351-361	B.1
[14]	Ebd., Seiten 281-285	B.1
[15]	Ebd., Seite 285	B.1
[16]	Ebd., Seite 233	B.1
[17]	W.J.J. Glashouwer, So entstand Israel, Seite 142	B.1

[18]	David Rohl, Pharaonen und Propheten, Seiten 181-206	B.1
[19]	Ebd., Seite 170	B.1
[20]	Ebd., Seite 43	B.1
[21]	Zeittafel der Weltgeschichte, Könemann Verlag GmbH (1999)	B.1
[22]	David Rohl, Pharaonen und Propheten, Seite 170	B.1
[23]	Willem J.J. Glashouwer, So entstand Israel, Seiten 188-189	B.2
[24]	Zeittafel der Weltgeschichte, Könemann Verlagsgesellschaft mbH	B.2
[25]	David Rohl, Pharaonen und Propheten, Seiten 25-44	B.3
[26]	Willem J.J. Glashouwer, So entstand Israel, Seiten 188-189	B.3
[27]	Zeittafel der Weltgeschichte, Könemann Verlagsgesellschaft mbH	B.3
[28]	Willem J.J. Glashouwer, So entstand das Christentum, Seiten 121-122	B.4
[29]	Ebd., Seiten 80_82	C

D.3 Abbildungen

Abb.	Kap.	Inhaltlicher Bezug	Quellennachweis
Kapitel 1			
1.1	1.1	Weltbild der Veden	Watson, Weltschöpfung und Urgeschichte, S. 50, Abdruck mit freundl. Genehmigung von Gerth Medien, Asslar.
1.2	1.2.3	René Descartes	Glashouwer, So entstand die Welt, S. 11
1.3	1.3.2	Michelangelo mit grinsendem Darwin	Glashouwer, So entstand die Welt, S. 121
1.4	1.4	Methoden der Schöpfung/ Evolution	Gitt, Das biblische Zeugnis der Schöpfung, S. 93, © Hänssler Verlag. Abdruck mit freundl. Genehmigung.
1.5	1.5	Evolution und Schöpfungsglaube	Gitt, Das biblische Zeugnis der Schöpfung, S. 154, © Hänssler Verlag. Abdruck mit freundl. Genehmigung.
1.6	1.6.2	Reichweite der Erkenntnis	Gitt, In 6 Tagen vom Chaos zum Menschen, S. 22, © Hänssler Verlag. Abdruck mit freundl. Genehmigung.
1.7	1.7.1	Versteinerter Fisch	Glashouwer, So entstand die Welt, S. 141
1.8	1.7.3	Archaeopterix	Privat-Archiv von G. Seibert, Abdruck mit freundl. Genehmigung
1.9	1.7.6	Mikro- und Makroevolution	Junker/Scherer, Evolution, ein kritisches Lehrbuch, S. 26, Abdruck mit freundlicher Genehmigung des Autors (R.Junker)
1.10	1.8.3	Sonnenfinsternis	Watson, Weltschöpfung und Urgeschichte, S. 38, Abdruck mit freundl. Genehmigung von Gerth Medien, Asslar.
1.11	1.8.7	Schädel eines Spechtes	Kuhn, Stolpersteine des Darwinismus, S. 117, Abdruck mit freundl. Genehmigung. Wort und Wissen, Baiersbronn.

Kapitel 2

2.1	2.2.2	Die fünf Seinszustände der Schöpfung	Persönliches Archiv des Autors.
2.2	2.2.4	Archäologische Epochen	Wiskin, Die Bibel und das Alter der Erde, S. 61, Abdruck mit freundl. Genehmigung, Wort und Wissen, Baiersbronn
2.3	2.2.5	Zeittafel von Adam bis Abraham	Grundzüge biblischer Offenbarung, S.74, © Christliche Verlagsgesellschaft, m.b.H. Dillenburg
2.4	2.2.6	Die Finger Gottes	© Harvard Smithonian Center for Astrophysics, USA, Cambridge.
2.5	2.3.1	Übersicht biblische Bücher/ Autoren	Grundzüge biblischer Offenbarung, S.74, © Christliche Verlagsgesellschaft, m.b.H. Dillenburg
2.6	2.4.4	a) Die Qumranhöhlen, b)Auszug Jesaja-Rolle	Liebi, Jerusalem, Hindernis für den Weltfrieden, S. 84, a) © Roger Liebi, b) © Aseba, Schweiz. Abdruck mit freundl. Genehmigung
2.7	2.5.1	Tontafel eines Teiles des Gilgamesch-Epos	Glashouwer, So entstand die Welt, S. 145
2.8	2.6.4	Übersetzung der Fragmente	Thiede, Der Jesus Papyrus, Ausschnitt der Umschlagseite.

Kapitel 3

3.1	3.2.2	Der Urknall	Glashouwer, So entstand die Welt, S. 35
3.2	3.2.5	Vertreibung aus dem Himmel	Glashouwer, So entstand die Welt, S. 154.
3.3	3.3.2	Die Schöpfungs-Ebenen	Persönliches Archiv des Autors.
3.4	3.3.8	Entstehung der Arten	Junker, Scherer, Evolution, ein kritisches Lehrbuch, S. 19, Abdruck mit freundl. Genehmigung des Autors (R.Junker).
3.5	3.5	Vertreibung aus dem Paradies	Glashouwer, So entstand die Welt, S. 44.
3.6	3.6.1	Wasserdampfgürtel	Gitt, Das biblische Zeugnis der Schöpfung, S. 107, © Hänssler Verlag, Abdruck mit freundl. Genehmigung.

Kapitel 4

4.1	4.1.2	Zeichnung Arche Noah	Glashouwer, So entstand die Welt, S. 148.
4.2	4.2.2	Baumstamm durch verschiedene Schichten	Stutz, Die Millionen fehlen, S. 46. © Creation Science Foundation Ltd, Australien.
4.3	4.2.3	Weltkarte mit Sintflut-Überlieferungen	Hartmann, Der Turmbau zu Babel, S. 83, Abdruck mit freundl. Genehmigung von Wort und Wissen, Baiersbronn.
4.4	4.2.4	Chinesisches Schriftzeichen »großes Schiff«	Hartmann, Der Turmbau zu Babel, S. 86, Abdruck mit freundl. Genehmigung von Wort und Wissen, Baiersbronn.
4.5	4.3.2	Geologische Zeittafel	Junker/Scherer, Evolution - ein kritisches Lehrbuch, S. 156, Abdruck mit freundl. Genehmigung des Autors, (R.Junker).
4.6	4.3.4	Verschiebung der Kontinente	Glashouwer, So entstand die Welt, S. 167.
4.7	4.4.2	Die syrisch-afrikanische Spalte	Grundzüge biblischer Offenbarungen, S. 56, © Christl. Verlagsgesellschaft, mbH, Dillenburg.

4.8	4.4.4	Der Iguanodon und ein Mensch	Watson, Weltschöpfung und Urgeschichte, S. 67, Abdruck mit freundl. Genehmigung von Gerth Medien, Asslar.
4.9	4.4.4	Mexikanische Skulptur, Frau mit Saurier	Glashouwer, So entstand die Welt, S. 69.
4.10	4.5.2	Flaschenhals-Ereignis	Junker/Scherer, Evolution - ein kritisches Lehrbuch, S. 227, Abdruck mit freundl. Genehmigung des Autors, (R.Junker).
4.11	4.5.4	Rekonstruktion des Turms zu Babel	Hartmann, Der Turmbau zu Babel, S. 62, Abdruck mit freundl. Genehmigung von Wort und Wissen, Baiersbronn.
4.12	4.5.5	Chinesisches Schriftzeichen für Turm	Hartmann, Der Turmbau zu Babel, S. 59, Abdruck mit freundl. Genehmigung von Wort und Wissen, Baiersbronn.
4.13	4.6.1	Karte vom Nahen Osten	Glashouwer, So entstand Israel, S. 28.
4.14	4.6.3	Assur, Reichsgott der Assyrer	Papke, Die Sterne von Babylon, S. 226, Abdruck mit freundl. Genehmigung des Autors (Dr. W. Papke).
4.15	4.7.1	Sonnensystem mit den Söhnen der Sonne	Papke, Die Sterne von Babylon, S. 204, Abdruck mit freundl. Genehmigung des Autors (Dr. W. Papke).
4.16	4.7.1	Rollsiegel des Schreibers Adda	Papke, Die Sterne von Babylon, S. 204, Abdruck mit freundl. Genehmigung des Autors (Dr. W. Papke).
4.17	4.7.2	Artemis von Ephesus	Woodrow, Die römische Kirche, Mysterienreligion, S. 23, © Ralph Woodrow, Evangelistic Association, Kanada.
4.18	4.7.2	Isis, Königin der Fruchtbarkeit	Woodrow, Die römische Kirche, Mysterienreligion, S. 25, © Ralph Woodrow, Evangelistic Association, Kanada.

Kapitel 5

5.1	5.1.2	Abrahams Wanderungen	© Christliche Verlagsgesellschaft mbH, Dillenburg.
5.2	5.1.5	Der Kanal Josephs	Wiskin, Das biblische Alter der Erde, S. 59. © Wort und Wissen, Baiersbronn.
5.3	5.1.8	Wanderroute Israels/ Einfall der Amalekiter	Glashouwer, So entstand Israel, S. 68.
5.4	5.2.2	Die Opferung eines Babys dem Moloch	Woodrow, Die römische Kirche, Mysterienreligion, S. 76, © Ralph Woodrow, Evangelistic Association, Kanada.
5.5 (a)	5.2.4	Der Götze Dagon	Woodrow, Die römische Kirche, Mysterienreligion, S. 88, © Ralph Woodrow, Evangelistic Association, Kanada.
5.5 (b)	5.2.4	Papst Paul VI	Woodrow, Die römische Kirche, Mysterienreligion, S. 89, © Ralph Woodrow, Evangelistic Association, Kanada.
5.6	5.3.4	Der Tempel Salomos	© Christl. Verlagsgesellschaft mbH, Dillenburg.
5.7	5.3.5	Der Tempel der Königin von Saba	Glashouwer, So entstand Israel, S. 127.
5.8	5.4.2	Der schwarze Obelisk	© British Museum, GB - London.
5.9	5.4.3	Zeichnung der Stadt Assur	Keller, Und die Bibel hat doch recht, S. 269.

5.10	5.5.1	Zeichnung der Stadt Babylon	Millard, Schätze aus biblischer Zeit, S. 135.
5.11	5.6.1	Das Standbild des Nebukadnezar	Glashouwer, So entstand Israel, S. 168.
5.12	5.6.3	Das Grab des Königs Kyrus	Liebi, Weltgeschichte im Visier des Propheten, S. 59, Abdruck mit freundl. Genehmigung des Autors (R.Liebi).
5.13	5.7.3	Lage von Alttyrus	Gitt, So steht's geschrieben, S. 126, © Hänssler Verlag, Abdruck mit freundl. Genehmigung
5.14	5.7.3	Grundriss der Stadt Ninive	Helmut Burkhardt/Fritz Grünzweig/Fritz Laubach: Das große Bibellexikon, © Brockhaus Verlag, Wuppertal, 1996.
Kapitel 6			
6.1	6.1.1	Kopf von Augustus	Millard, Die Zeit der ersten Christen, S. 39.
6.2	6.1.5	Die Bedeutung von ERUA	Papke, Das Zeichen des Messias, S. 49, Abdruck mit freundl. Genehmigung des Autors (Dr. W. Papke).
6.3	6.1.5	Die Jungfrau ERUA	Papke, Das Zeichen des Messias, S. 102, Abdruck mit freundl. Genehmigung des Autors (Dr. W. Papke).
6.4	6.2.4	Zeichnung von Jerusalem zur Zeit Jesu	Grundzüge biblischer Offenbarung, S. 41 © Christl. Verlagsgesellschaft mbH, Dillenburg.
6.5 (a)	6.2.6	Dornstrauch	Glashouwer, So entstand das Christentum, S. 89.
6.5 (b)	6.2.6	Eiserne Nägel der Kreuzigung	Glashouwer, So entstand das Christentum, S. 93.
6.6	6.3.3	Das leere Kreuz	Grundzüge biblischer Offenbarung, S. 52 © Christl. Verlagsgesellschaft mbH, Dillenburg.
6.7	6.4.3	Triumphbogen von Titus	Glashouwer, So entstand Israel, S. 109.
6.8	6.5.1	Die sieben Gemeinden (Karte)	© Christl. Verlagsgesellschaft mbH, Dillenburg.
6.9	6.5.4	Konstantins Vision des Kreuzes	Woodrow, Die römische Kirche, Mysterienreligion, S. 58, © Ralph Woodrow, Evangelistic Association, Kanada.
Kapitel 7			
7.1	7.1.3	Proklamation des Staates Israel	Internet, Website des Staates Israel, www.israel.com.
7.2	7.1.6	Die zehn Reiche nach dem Club of Rome	Gerth, Aufmarsch zur Apokalypse, S. 105, Abdruck mit freundl. Genehmigung von Gerth Medien, Asslar.
7.3	7.4.3	Die Ruinen von Babylon	Woodrow, Die römische Kirche, Mysterienreligion, S. 13, © Ralph Woodrow, Evangelistic Association, Kanada.
7.4	7.5.1	Zeitlicher Überblick über die Endzeit	Gerth, Aufmarsch zur Apokalypse, S. 7, Abdruck mit freundl. Genehmigung von Gerth Medien, Asslar.
7.5	7.5.5	Darstellung Christentum/ Judentum	Göran Larsson, Fakten oder Fälschung? Die Protokolle der Weisen von Zion. Seite 29, 1995, AMI-Jerusalem Center für biblische Studien und Forschung.

7.6	7.5.7	Der Feldzug von Har-magedon	Fruchtenbaum, Handbuch der biblischen Prophetie I, S. 361, Abdruck mit freundl. Genehmigung von Gerth Medien, Asslar.
7.7	7.6.2	Text aus Jesaja am Gebäude der UNO	Glashouwer, So entstand Israel, S. 129.
7.8	7.6.3	Skizze des »Berg des Herrn«	Fruchtenbaum, Handbuch der biblischen Prophetie II, S. 93, Abdruck mit freundl. Genehmigung von Gerth Medien, Asslar.
Total	77 Bilder/Skizzen		

Wir haben uns bemüht, die Inhaber der Bildrechte ausfindig zu machen. In Fällen, wo dies nicht möglich war, weisen wir darauf hin, dass der Rechtsanspruch des Inhabers erhalten bleibt und sich dieser ggf. beim Verlag melden möge. Dies gilt auch für unvollständige Angaben oder eventuelle Fehler in den Bildnachweisen.

Bibelstellen

Personenverzeichnis

Stichwortverzeichnis

Der Autor:
Gian Luca Carigiet

Gian Luca (Norbert) Carigiet (geb. 1957) ist Schweizer und gebürtig aus Graubünden. Nach einer betriebswirtschaftlichen Ausbildung ist er seit 1990 als selbstständiger Unternehmensberater tätig. Nebenberuflich widmete er sich über mehr als 10 Jahre intensiv dem Studium der Philosophie, der Religionen und zeitgenössischer Literatur im Gegenüber zur Bibel, der Grundlage seines überzeugten Glaubens an Gott und Jesus Christus.

Das vorliegende Buch ist das Ergebnis seiner Suche nach dem Sinn des Lebens sowie einer intensiven Auseinandersetzung mit den Themen Schöpfung/Evolution, Bibel sowie den verschiedenen Glaubenskonzepten und Philosophien. Es ist aber auch das Ergebnis seiner großen Leidenschaft: dem Nachdenken über die letztendlichen Dinge, über Gott, über seine Schöpfung und über die Beziehung des Menschen zu seinem Schöpfer.

Dies kommt auch in seinem von ihm selbst gewählten Vornamen zum Ausdruck: »Gian Luca« bedeutet »Johannes Lukas« und soll eine Anspielung auf die beiden Evangelisten sein. Johannes ist für ihn der »Philosoph« unter den Evangelisten, Lukas der Historiker. Dies entspricht der Zielsetzung seines Buches, das er deshalb auch gerne als eine »philosophisch/historische Auseinandersetzung mit dem Leben« bezeichnet.

Im August 2001 gründete der Autor den Verein »ProGenesis« mit Sitz in Aeugst am Albis. Die Idee zu diesem Verein entstand auf seiner fünfmonatigen Nahostreise (verbunden u. a. mit dem Besuch verschiedener biblischer Länder) im Winter 2000/2001. Nach Fertigstellung des vorliegenden Buches liegt ihm die weitere Förderung schöpfungsoriertierter Forschung und Lehre am Herzen. So reifte in ihm der Entschluss, einen Verein zu gründen und sein Autorenhonorar in vollem Umfang diesem Verein zukommen zu lassen.

Zum Abschluss dieses Buches noch einige persönliche Worte des Autors an den Leser:

»Ich gratuliere Ihnen, dass Sie sich durch dieses umfangreiche Werk 'gekämpft' haben. Vielleicht waren Ihnen diese Gedanken bereits vertraut, oder sie sind völlig neu für Sie gewesen. Auf alle Fälle interessiert es mich sehr, wie Sie darüber denken. Es würde mich deshalb sehr freuen, wenn Sie Ihre Gedanken zu meinem Buch mit mir austauschen würden. Sie erreichen mich unter der unten angegebenen Adresse von ProGenesis.

Herzlichst, Ihr Gian Luca Carigiet«

ProGenesis

ProGenesis ist ein Verein, der sich zum Ziel gesetzt hat, die breite Öffentlichkeit darüber aufzuklären,

- dass die Evolutionslehre nach wie vor eine **unbewiesene Theorie** ist,

- dass die Heilige Schrift entgegen den Behauptungen moderner liberaler Theologen und evolutionsgläubiger Wissenschaftler auch **historisch relevant** ist

- und dass Gott weder ein mythologisches Märchen noch eine mystische Erfahrung und auch kein der Natur innewohnendes Urprinzip, sondern eine **erfahrbare Realität** ist.

Der Grund für diesen Aufklärungsbedarf ist, dass es vielen Menschen vor allem in den westlichen Industrieländern heute nicht mehr bewusst ist, dass wir Kinder einer zutiefst auf dem jüdisch/biblisch/christlichen Glauben gegründeten Kultur sind und dass die technischen und wissenschaftlichen Errungenschaften in erster Linie auf der Grundlage dieses christlichen Gedankengutes erreicht worden sind. Des Weiteren wenden sich immer mehr Menschen in dieser technisch und wirtschaftlich orientierten Welt den esoterischen Heilslehren sowie den fernöstlichen Lebensphilosophien zu, in denen ein persönlicher und ein sich in der Geschichte der Menschheit offenbarender Gott unbekannt sind.

Der Hauptzweck des Vereins ProGenesis ist die Verbreitung von Schrifttum und Informationen an die breite Öffentlichkeit. Unterstützen auch Sie als Mitglied, Gönner oder einfach als Interessent die Stiftung ProGenesis. Um unsere hohen Zielsetzungen erreichen zu können, sind wir auf **Ihre Mitarbeit und Unterstützung** angewiesen. Verlangen Sie unverbindlich Unterlagen bei:

ProGenesis
Gemeinnütziger Verein
Postfach 164
CH-8914 Aeugst am Albis

E-Mail: Info@progenesis.ch
Telefon:++41 / 1 / 760 53 50
Fax:++41 / 1 / 760 53 51

oder besuchen Sie uns auf unserer Homepage unter *www.progenesis.ch*. Wir freuen uns auf Ihren Besuch.

Reinhard Junker:

Leben durch Sterben?

Schöpfung, Heilsgeschichte und Evolution

Hänssler-Verlag, Holzgerlingen 1994,
2. Auflage; Reihe Studium Integrale,
ISBN 3-7751-2226-5, 284 S.;
Format 16,5 x 24; DM 34,95

In der zeitgenössischen Theologie gilt es als unzweifelhaft, dass die Evolutionsanschauung (Abstammungslehre) und die biblische Heilslehre miteinander vereinbar sind, nicht zuletzt, weil beide auf verschiedene Fragen antworten. Der Autor bespricht die unterschiedlichen Versuche, Evolutionsvorstellungen und die biblische Heilsgeschichte zur Deckung zu bringen. Er zeigt, dass eine konsequent durchdachte Evolutionslehre zu einer fundamentalen Neuinterpretation traditioneller christlicher Vorstellungen von Sünde, Inkarnation, Erlösung und Vollendung führt. Demgegenüber hält der Autor von „Leben durch Sterben?" an der Vorrangstellung der biblischen Glaubensinhalte fest und hinterfragt von dort aus evolutionistische Vorstellungen.

Aus dem Inhalt:

- Biblisch-heilsgeschichtliche und evolutionäre Geschichtsschau

- Strukturen evolutionärer Konzepte

- Merkmale theistischer Evolutionskonzepte

- „Gemäßigte" und konsequente evolutionistische Sichtweisen

- Biblische Heilstatsachen in evolutionärer Perspektive (Anthropologie, Einbruch der Sünde in die Welt, Bewertung von Krankheit, Leid und Tod, Christologie, Eschatologie, Gotteslehre)

- Geschichtsrekonstruktion auf biblisch-heilsgeschichtlichem Fundament (Inwiefern betreffen Aussagen der Bibel die Naturwissenschaft? u.a.)

Schöpfung / Evolution – ein Thema für Christen und ein Anknüpfungspunkt für das christliche Zeugnis

Die Studiengemeinschaft Wort und Wissen bietet dazu an:

- ❏ Vortragsdienste in Gemeinden, Schulen, Hochschulen usw.
- ❏ Lehrdienst in der Schweiz
- ❏ Vierteljährliches Infoblatt (kostenlos erhältlich)
- ❏ Allgemeinverständliche Literatur
- ❏ Kostenloses Informationsmaterial
  („W+W-Diskussionsbeiträge")
- ❏ Unterrichtsmaterial für Gemeindekreise (Jungschar, Kinder-kirche, Jugendkreise, Hauskreise usw.)
- ❏ Fachpublikationen
- ❏ Das evolutionskritische Lehrbuch – die Fundgrube zum Thema „Schöpfung / Evolution"
- ❏ *Studium Integrale Journal:* die evolutionskritische Zeitschrift
- ❏ Tagungen und Seminare: Einführende Tagungen für jeder-mann, Fachtagungen, Jahrestreffen für alle Interessierte
- ❏ Das Hochschul-Seminar (ca. 2 Wochen Ende August / Anfang September)

Fachliche Qualifikation und Kompetenz ist uns ebenso wichtig wie Fairness in der Auseinandersetzung und Praxisnähe der Bildungs- und Medienangebote.

Infos:

Studiengemeinschaft Wort und Wissen e. V.
Rosenbergweg 29, D-72270 Baiersbronn
Tel. 07442/81006, Fax 07442/81008
email: sg@wort-und-wissen.de

Internet: www.wort-und-wissen.de